مكتبة مدرسية
في حلب نهاية العهد العثماني

الدفتر المُجدَّد لكتب وقف عثمان باشا الدُّورِكي

نُصوصٌ وَدِرَاسَات بَـيْروتيَّـة

سِلْسِلة يُصْدرُها
المعهَد الألمانيّ للأبحاث الشرقيّة في بَيروت

١٢٤

مكتبة مدرسية
في حلب نهاية العهد العثماني
الدفتر المُجدَّد لكتب وقف عثمان باشا الدُّورِكي

تأليف
سعيد الجوماني

تقديم
كونراد هيرشلر

بيروت ٢٠١٩

ـــــــــــــــــــــــــــــــــــــ

يُطلب من دَار النَشر
«إرغون فرلاغ»

صورة الغلاف
إيناس محرز

Bibliografische Information der Deutschen Bibliothek

Die Deutsche Bibliothek verzeichnet diese Publikation
in der Deutschen Nationalbiografie;
detaillierte biografische Daten sind im Internet
über http://dnb.d-nb.de abrufbar.

Bibliographic information published by the Deutsche Nationalbibliothek

The Deutsche Nationalbibliothek lists this publication
in the Deutsche Nationalbibliografie;
detailed bibliographic data are available in the Internet
at http://dnb.d-nb.de.

ISBN 978-3-95650-634-5
ISSN 0067-4931

إرغون - دار نشر تابعة لمجموعة نوموس للنشر في بادان بادان
المعهد الألماني للأبحاث الشرقية

جميع الحقوق محفوظة

الطبعة الأولى
٢٠١٩

طبع بإشراف المعهد الألمانيّ للأبحاث الشرقيّة في بيروت
التابع لمؤسّسة ماكس فيبر (المعاهد الألمانيّة للدراسات الإنسانيّة في خارج ألمانيا)
على نفقة وزارة الثقافة والأبحاث العلميّة في ألمانيا الاتّحاديّة
طُبع في شركة درغام ش م م، بيروت – لبنان

نصوص ودراسات بيروتية: سلسلة تصدر بالتعاون مع ليلا بهزادي
وبيرجيت كرافيتس وسونيا مايشر أتاسي وبيرجيت شيبلر وهينينغ زيفيرت.
الاعتناء العلمي: كريستوفر بال وتورستن فولينا وبراق زكريا

The Library of a madrasa in Aleppo at the end of the Ottoman Era argues for the importance of Islamic libraries' inventories, most of which are still in manuscript form, in writing the histories of libraries. It provides a unique insight into the book culture of Aleppo in the 19th century. The document at the heart of this book is the "renewed register of the books endowed by ʿUthmān Pāshā". Among its over 1200 titles we find a variety of different subjects, most importantly those concerned with the transmitted fields of knowledge. Such registers also contain valuable information that can hardly be found in other sources. Conditions of endowment set out the workflow at the library. They help us to identify its targeted users, how the job of the head librarian was conceived, and how the library was supposed to function on a daily basis. Registers even included lists of librarians and their salaries. Moreover, the attached inventories themselves are arguably the best instrument at our disposal to identify disciplines and sciences that were of interest to scholars and students during that period. A qualitative and quantitative analysis and categorisation is possible on the basis of the library's acquisition as found in its inventory. In a second part, this study follows the 20th-century trajectory of the books that once sat on the shelves of this library. Most importantly, it succeeds in identifying for almost half of the titles the actual manuscripts among the holdings of the Syrian National Library in Damascus. The book invites us to reassess inventories, both as a major source for studying the histories of medieval and early modern libraries, and through a case study of an endowed library in Aleppo. It thus exemplifies the use of endowment documents and book registers as an additional window to survey the intellectual life of a city in a particular period.

المحتويات

مقدّمة: دراسة تاريخ المكتبات ومجموعات الكتب
كونراد هيرشلر، جامعة برلين الحرّة ٩

المقدّمة ١٩

الفصل الأوّل: تاريخ المدرسة العثمانيّة الرضائية، ودراسة الدفتر المجدّد
لكتب وقف عثمان باشا الدُّورِكِي ٣١
مقدّمة ٣٣
المدرسة العثمانية الرضائية ٣٥
مكتبة المدرسة العثمانية الرضائية ٣٧
قيمة مكتبة المدرسة العثمانية الرضائية ٤٣
أولاً: العلوم التي كانت تُدَرّس في هذه المدرسة
حّتى مطلع القرن الرابع عشر الهجري ٤٨
ثانيًا: ذهنيّة العمل المكتبي في هذه المكتبة ٥٣
أ) بيانات الوصف الببليوجرافي للكتب المفردة ٥٣
ب) الوصف الببليوجرافي للمجاميع ٦١
الوظائف التي اضطلع بها هذا الدفتر ٦١
ظهرية الدفتر وما قدّمته من معلومات تاريخيّة ٦٣
مقدّمة الدفتر وما قدّمته من معلومات تاريخية ٦٣
طريقة إخراج المفردات وترتيبها داخل الدفتر ٦٤
طريقة ترتيب المفردات ٦٤

مصير مكتبة المدرسة العثمانية الرضائية بحلب	٦٥
الخلاصة	٦٦

الفصل الثاني: النصّ المحقّق: الدفتر المجدّد لكتب وقف عثمان باشا الدُّورِكي

....	٦٩
كشّافان	١٧٩
– كشّاف العناوين	١٨١
– كشّاف أسماء المؤلّفين	٢١٥
قائمة المصادر والمراجع	٢٢٩
الملحق	٢٣٣

مقدّمة
دراسة تاريخ المكتبات ومجموعات الكتب

كونراد هيرشلر، جامعة برلين الحرّة
ترجمة: فيفيان كوسرملي سلوم

شكّل تاريخ المكتبات ومجموعات الكتب في الشرق الأوسط الناطق بالعربيّة جزءًا لا يتجزّأ من مجال التاريخ الشرق أوسطي/الدراسات الإسلاميّة منذ ظهوره كفرع علمي حديث[١]. ومن المجال اللغوي الأدبي إلى حدٍّ كبير، ليس من المفاجئ أن يكون رائد مبكر كإتيان كاترمير (Etienne Quatremère) قد سبق ونشر في ثلاثينيّات القرن التاسع عشر نبذةً مهمّة بعنوان «**رسالة في حبّ الشرقيّين للكتب**»[٢] وقد أصبحت هذه القطعة نمطيّة للطريقة التي جرى فيها البحث في المكتبات ومجموعات الكتب، إذ ركّزت على المصادر السرديّة (مثل كتب التاريخ) والمعياريّة (مثل الأعمال الأدبيّة للعلماء). وبقي هذا المنهاج القائم على المصادر السرديّة/المعياريّة من خاصّيات المجال المهمة، وساهم في كتابة بعض أهمّ الأعمال[٣]. ويمثّل أعظم المساهمات الأخيرة على

[١] لمراجعة أدبيّة أخرى حديثة في هذا المجال يمكن مراجعة ليبرنز، ب. (٢٠١٦)، *Die Rifāʿīya aus Damaskus: eine Privatbibliothek im osmanischen Syrien und ihr kulturelles Umfeld*، لايدن. ومن الإصدارات الأخرى ذات الصّلة، أنصاري، ح./س. شميدتكي (٢٠١٦)، ‘Bibliographical Practices in Islamic Societies, with an Analysis of MS Berlin, Staatsbibliothek zu Berlin, HS. or. 13525’، في: تاريخ الفكر في العالم الإسلامي ٤/١–٢، ص. ١٠٢–١٥١.

[٢] كاترمير، إ. (١٨٣٨)، "Mémoire sur le goût de livres chez les orientaux"، في: المجلّة الآسيويّة، المجموعة الثالثة، VI، ص. ٣٥–٧٨.

[٣] غانم، ع. (١٩٦٩)، *Zur Bibliotheksgeschichte von Damaskus* ٥٤٩/١١٥٤ – ٩٢٢/١٥١٦، أطروحة دكتوراه جامعة بون؛ عليان، ر. م. (١٩٩٠)، «تاريخ المكتبات العربيّة-الإسلاميّة: القرنين السابع حتّى الرابع عشر»، في: *International Library Review* 22, 35–119؛ بور هادي، إ. و. (٢٠٠٣)، «المكتبات الإسلاميّة في القرون الوسطى في أعمال الشّرقيّين»، في: م. هـ. فاغفوري (محرّر)، *Beacon of Knowledge: Essays in Honor of Seyyed Hossein Nasr*، لويفيل، كنتاكي: دار نشر، Fons Vitae ٤٣٩–٦٧؛ السباعي، م. م. (١٩٨٧)، مكتبات المساجد. دراسة تاريخية، لندن/نيويورك.

هذا الخطّ المعرفي كتاب **خزانة الحكمة**، لهواري تواتي و**كتاب مصر وسورية في عهد المماليك**، لدوريس بيرنس-أبو سيف[٤].

إلّا أنّ دراسة ما قاله العلماء عن الكتب لا يمكن أن يكون إلّا قطعة واحدة في الأحجية التي سيؤدّي جمعُها إلى معرفة الكتب التي كان الناس يقرؤونها والكتب التي كانت على رفوف المكتبات الخاصة والمكتبات العامة. وبالتالي نلاحظ في النصف الثاني من القرن العشرين الظهور التدريجي لمنهاجَين إضافيَّين يتمحوران حول المخطوطة بحدّ ذاتها: يمكن أن نسمّي الأول «منهاج خوارج النصوص» والوصف الأفضل الذي يمكن إعطاؤه للثاني هو «المنهاج الوثائقي». كان كتابُ يوسف العش(Youssef Eche) المبتكر، **دور الكتب العربيّة العامّة وشبه العامة**، رائدَ منهاج خوارج النصوص في ستينيّات القرن العشرين، فبالاعتماد على معرفته الوثيقة بالمخطوطات في المكتبة الوطنيّة السوريّة، المكتبة الظاهريّة آنذاك، أعاد إلى حدّ كبير في كتابه رسم تاريخ المجموعة الخطّية المُقتناة في الفترة الأيوبيّة/بداية المملوكيّة، وهي المكتبة الضيائيّة[٥]. كما أظهر هذا الكتاب الرائع أيضًا إلى أيّ مدى يسمح العمل على العدد الكبير من قيود المخطوطات (كتلك التي تسجّل الملكيّة، والإقراض، والانتقال، والقراءة والوقف... إلخ)، التي تميّز ثقافة المخطوطات العربيّة، بتعقّب تطوّر المجموعات[٦].

ولقد استغرق الأمر وقتًا طويلًا جدًّا قبل أن يستوعب المجال تمامًا حجم عمل العش وأهمّيته، وأفسح المجال منذ العقد الأوّل من القرن الحادي والعشرين أمام مجموعة من الأعمال المبتكرة حول تاريخ المكتبات ومجموعات الكتب في الشرق الأوسط. ولإبراز هذا الازدهار في مجال البحث القائم على منهاج المتون، يكفي أن نذكر هنا دراسات بيرات أتشيل (Berat Açıl) لعام ٢٠١٥ وبوريس ليبرنز (Boris Liebrenz) لعام ٢٠١٦[٧]. أخذ أتشيل واحدة من المجموعات التاريخيّة المتعدّدة المحفوظة في المكتبة السليمانيّة باسطنبول، مجموعة جار الله أفندي (Cârullah Efendi) التي جرى الوقف

---

٤ تواتي، هـ. (٢٠٠٣)، *L'Armoire à sagesse. Bibliothèques et collections en Islam*، باريس؛ بيرنس-أبو سيف، د. (٢٠١٨)، *The Book in Mamluk Egypt and Syria (1250–1517). Scribes, Libraries and Market*، لايدن.

٥ العش، ي. (١٩٦٧)، **دور الكتب العربيّة العامّة وشبه العامّة لبلاد العراق والشام ومصر في العصر الوسيط**، دمشق.

٦ غوركي، أ./ك. هيرشلر، (محرّران) (٢٠١١)، *Manuscript Notes as Documentary Sources*، فورتسبورغ.

٧ أتشيل، ب. (٢٠١٥)، *Osmanlı kitap kültürü: Cârullah Efendi kütüphanesi ve derkenar notları*، اسطنبول؛ ليبرنز، *Rifāʿīya aus Damaskus*.

عليها في بداية القرن الثامن عشر. ومع أنّ هذه المجموعة تضمّ حوالي **٢٢٠٠ مجلّد**، يبقى الواقف شخصيّةً غامضة لا يمكن إعادة رسم سيرته إلّا عبر القيود في كتبه. ينجز أتشيل عملًا مُبدعًا، فيعيد رسم الدور والسمات الخاصّة بالمكتبة، ما كانت لتتنبّه إليها أيّ دراسة ضمن المنهاج القائم على المصادر السرديّة/المعياريّة. وركّز ليبرنز بدوره على مجموعة من المخطوطات المحفوظة اليوم في «لايبزيغ» والتي حصل عليها عام ١٨٥٣ في دمشق القنصل البروسي يوهان جوتفريد فيتس شتاين (Johann Gottfried Wetzstein) (١٨١٥–١٩٠٥)[٨]. وكانت المكتبة الرفاعية هذه المؤلّفة من حوالي **٥٠٠ مجلّد** مكتبة خاصّة تجاهلتها بالكامل المصادر السّرديّة وبالكاد يمكننا رؤية سيرة مؤسّسها في هذه المصادر، ولا يتجلّى تاريخها ودورها في الحياة الثّقافيّة لدمشق العثمانيّة إلّا من خلال المخطوطات نفسها، والأهمّ من خلال قيود المخطوطات المتعدّدة التي جمعها ليبرنز بشكل رائع لإظهار الصورة الأكبر. سيواصل منهاج خوارج النصوص هذا تقديمَ مساهمات أساسيّة في مجال تاريخ المكتبات ومجموعات الكتب، ويكفي أن نفكّر بالمجموعات التاريخيّة المتعدّدة المحفوظة في السليمانيّة وحدها والتي لم تأخذ بعدُ للأسف حقّها من الدراسات. وهناك أعمال إضافيّة عن مناطقَ أخرى، فمشروع **الحياة الثقافيّة والفكريّة في عهد السعديّين** الذي ما زال فرانسوا ديروش (François Déroche) ونوريا مارتينيز دي كاستيلا (Nuria Martínez de Castilla) يعملان عليه هو من أفضل الأمثلة على ذلك. ويرتكز هذا المشروع على مجموعة المخطوطات باللّغة العربيّة في مكتبة سان لورنزو دي إسكوريال، التي تحوي كُتب مكتبة السلطان مولاي زيدان المغربي التي جرى الاستحواذ عليها في العام ١٦١٢.

أمّا المنهاج الثالث، الذي يُضاف إلى المنهاج القائم على المصادر السرديّة/المعياريّة ومنهاج خوارج النصوص، فهو المنهاج الوثائقي الذي يرتكز على الوثائق المرتبطة بمجموعات الكتب والمكتبات. وتجدر الإشارة على الفور إلى أنّ حدوده مع منهاج خوارج النصوص ليست محدّدة وثابتة، فلطالما كان العمل على المخطوطات الموجودة، كما رأينا أعلاه، يشمل العمل على قيود المخطوطات التي يمكن تصنيفها إلى حدّ كبير كمصادر وثائقيّة. وبهذا المعنى فإنّ العنصر المُميِّز للمنهاج الوثائقي كما هو مفهوم هنا هو

[٨] حول فيتس شتاين مراجعة ليبرنز، *Rifāʿīya aus Damaskus*؛ هوهن، إ. (٢٠١٦)، *Johann Gottfried Wetzstein: Orientalist und preußischer Konsul im osmanischen Syrien (1849–1861)*، برلين؛ ب .ليبرنز/ك. روش قريبًا، *Manuscripts, Politics and Oriental Studies: Life and Collections of Johann Gottfried Wetzstein (1815–1905) in context*، لايدن.

أنه يعمل على مجموعات تبعثرت على مرّ القرون. ويرتبط تجميعها ارتباطًا وثيقًا بالتحوّل الوثائقي الأوسع في دراسة التاريخ الشرق أوسطي/الدراسات الإسلاميّة، وقد نُشِرت الدّراسات الأولى، كتلك التي أجراها عبد اللطيف إبراهيم، بالتوازي مع «الاكتشاف» الأكاديمي للوقفيات ما قبل العهد العثماني في ستينيّات القرن الماضي[٩]. أما بالنّسبة إلى الفترات التي سبقت العهد العثماني، والتي لا نملك عنها إلّا عددًا قليلًا نسبيًّا من المصادر الوثائقيّة الأخرى، فقد ظلّت الوقفيات المعلَم الأهمّ للحصول على معلومات حول مجموعات الكتب في المؤسّسات[١٠].

لكن الوضع يختلف بالنّسبة إلى فترة الحكم العثماني، حيث نرى مجموعة أكبر بكثير من أنواع المصادر الوثائقيّة المستخدمة في كتابة تاريخ المكتبات ومجموعات الكتب، وهي تشمل على سبيل المثال التركات أو المخلفات، وإنّ كتاب نيلي حنّا **ثقافة الطبقة الوسطى في مصر العثمانيّة** هو أحد أفضل الأمثلة عمّا يمكن أن تقدّمه هذه التركات من أجل كتابة التاريخ الثقافي من منظور ملكيّة الكتاب[١١]. في مقابل ذلك، لسنا مطّلعين إلّا على تركة واحدة للفترة التي سبقت العهد العثماني في الأراضي السّوريّة والمصريّة، وهي تلك الخاصّة بمجموعة الحرم الشريف في القدس. حاول أولريخ هارمان (Ulrich Haarmann) مناقشة هذه الوثيقة، لكنّها لم تحصل بعد على الاهتمام الكامل الذي تستحقّه[١٢]. ومن أجل فهم المجموعة الواسعة من المصادر الوثائقيّة التي تمّ حشدها لكتابة

---

٩ إبراهيم، ع. (١٩٦٢)، «مكتبة في وثيقة: دراسة للمكتبة ونشر للوثيقة»، في: ع. إبراهيم، **دراسات في الكتب والمكتبات الإسلاميّة**، القاهرة.

١٠ النشار، س. (١٩٩٣)، **تاريخ المكتبات في مصر العصر المملوكي**، القاهرة: الدار المصريّة اللّبنانيّة؛ بيرنس-أبو سيف، د. (١٩٩٥)، "The waqf of a Cairene notable in early Ottoman Cairo. Muḥibb al-Dīn Abū al-Ṭayyib, son of a physician"، في: راندي ديغويلهيم (محرّر): *Le waqf dans l'espace islamique. Outil de pouvoir socio-politique*، دمشق، ص. ١٢٣–١٣٢.

١١ حنا، ن. (٢٠٠٤)، **ثقافة الطّبقة الوسطى في مصر العثمانيّة: ق ١٦م–ق ١٨م**، سيراكيوز. وتشمل الأمثلة الأخرى عن هذه المناهج استابلت، ك./ج. ب. باسكوال (١٩٩٩)، "Les livres des gens à Damas vers 1700"، في: *Revue des Mondes Musulmans et de la Méditerranée 87/88*، ص. ١٤٣–١٦٩؛ سيفير، هـ. (٢٠١٠)، "Verlorene Schätze–Bücher von Bürokraten in den Muḫallefāt-Registern"، في: هـ. سيفير/ت. هينزلمان (محرّران): *Buchkultur im Nahen Osten des 17. und 18. Jahrhunderts*، برن، ص. ١٩٩–٢٦٣؛ فيسلي، ر. (١٩٩٦)، "Bibliothek eines ägyptischen Arztes aus dem 16. Jhd. A.D./10. Jhd. A.H."، في: ب. زمانك (محرّر): *Studies in Near Eastern languages and literatures. Memorial volume of Karel Petrácek*، براغ، ص. ٦١٣–٦٣٠.

١٢ هارمان، أ. (١٩٨٤)، "The library of a fourteenth century Jerusalem scholar"، في: *Der Islam 61*، ص. ٣٢٧–٣٣٣.

تاريخ المكتبات ومجموعات الكتب في العهد العثماني، تبقى أعمال إسماعيل إرونسال المثال الأفضل. ففي مجموعة منشوراته الضّخمة، قدّم لنا نظرة فريدة إلى مكتبات اسطنبول حتّى القرن التاسع عشر بالاستناد إلى أنواع مختلفة من المصادر الوثائقيّة[١٣].

إنّ دراسة فهارس المكتبات – وبذلك نأتي إلى موضوع هذا الكتاب – هي جزء من المنهاج الوثائقي كما تطوّرت على مرّ العقود الماضية. ولا بدّ من التأكيد أوّلًا على ضرورة التعامل بحذر مع مصطلح «فهرس». فأنا أفهمه على أنّه قائمة كتب تشير إلى مجموعة كتب في مكان واحد، بدون أن تكون للفهرس وظيفة فقهية، وإنّ غياب الطّابع الفقهي يسمح بتمييز الفهارس من قوائم الكتب الأخرى كالتركات والوقفيات. اشتملت الوظيفة الفقهية لهذه الوثائق على مفاهيمَ مختلفةٍ للغاية عمّا يجب إدراجُه (على سبيل المثال القيمة النقديّة) وكيفيّة تنظيمها (على سبيل المثال وفقًا لِمَنْ اشتروا كميّات من الكتب). وإنّ شرط وجود «مكان واحد» هو أمر أساسيّ من أجل رسم الحدود بين الفهارس وما يمكن أن نسمّيه بالأحرى ببليوغرافيات. والمثال الكلاسيكي على هذه الأخيرة هو كتاب **الفهرست** الشّهير للنديم البغدادي من القرن الرابع/العاشر. الأمر المُحيّر هو أنّ العلماء أشاروا إلى أنّ هذه الببليوغرافيات قد تعطي لمحة عن «مكتبة»[١٤]، ومن الواضح أنّ ذلك مُضلِّل للغاية، إذ لا دليل لدينا على الإطلاق على أنّ الكتب التي يعرفها مؤلّف ببليوغرافية تمّ حفظُها في مجموعة واحدة. إنّها تعبّر بالأحرى عن المعرفة العميقة بالكتب التي اكتسبها الفرد على مدى سنوات كثيرة في مدن مختلفة ومن مجموعات ومكتبات متعدّدة. بهذا المعنى، يشكّل عمل النديم ببليوغرافيا مذهلة، لكنّه بالتأكيد ليس فهرسًا لمكتبة عامّة أو مجموعة خاصّة. ومن المنطلق عينِه، فإنّ مسألة وجود فهرس فعلي في أكبر مجموعة لوثائق الكتب الشرق أوسطيّة في القرون الوسطى المعروفة حتّى الآن، تلك الموجودة في جنيزة القاهرة، تبقى محلّ نقاش. أمّا تلك الوثائق من الجنيزة التي تشير إلى مجموعات الكتب في المؤسّسات فهي بالأحرى قوائمُ جرد ولها بالتالي اعتبارات شديدة الاختلاف لتسجيل الكتب[١٥].

---

١٣ أحدث توليف لعمله هو إرونسال، إ. (٢٠١٥[٢])، *Osmanlılarda kütüphaneler ve kütüphanecilik: tarihî gelişimi ve organizasyonu*، اسطنبول: تيماش.

١٤ كولبرغ، إ. (١٩٩٢)، *A Medieval Muslim Scholar at Work: Ibn Ṭāwūs and His Library*، لايدن.

١٥ ألوني، ن. (٢٠٠٦)، *The Jewish Library in the Middle Ages: Book Lists from the Cairo Genizah*، محرّر م. فرنكل وح. بن شماعي بالاشتراك مع م. سوكولو، القدس: مؤسّسة إسحاق بن تسفي [عبري]، رقم ٩٧–١١٤.

بالنّسبة إلى الفترات التي سبقت الحكم العثماني، فإنّ عدد الفهارس المعروفة صغير للغاية، وأقدَمُ فهرس باقٍ حتّى اليوم هو فهرس خاصّ بمؤسّسة تعليميّة صغيرة في دمشق المملوكية، وهو فهرس الأشرفية من سبعينيات القرن السابع الهجري أو الثالث عشر الميلادي (٦٧٠/١٢٧٠). استخدم كاتبُه نظامَ تصنيفٍ مبتكرًا وفقًا للحروف الأبجديّة، والموضوع والحجم، لتسجيل أكثر من ٢٠٠٠ كتاب كانت موجودة على رفوف هذه المكتبة[16]. يشير هذا النظام المتطوّر للغاية إلى أنّه كان جزءًا من عملية فهرسة واسعة النطاق، فُقِدت معظم الأمثلة عنها (أو لم تُكتشَف بعد). والنموذج العربي الآخر المعروف من العصور الوسطى هو فهرس – قائمة جرد مكتبة الجامع في مدينة القيروان في شمال أفريقيا من العام ٦٩٣، والتي تضمّ ١٢٥ عنوانًا فقط[17]. والمثال الأخير عن الفهارس ما قبل العهد العثماني هو قائمة كتب العالِم الدمشقي ابن عبد الهادي (المتوفّى عام ٩٠٩/١٥٠٣)، ويرد فيها قرابة ٣٠٠٠ عنوان من وقف ابن عبد الهادي لإحدى المدارس في المدينة[18]. وفي حين قد يبدو هذا الفهرست مُستندًا شرعيًّا مرتبطًا بالوقف – وأنا نفسي فسّرتُه بهذا الشكل سابقًا – إلّا أنّ ذلك غير صحيح[19]؛ فهو يخلو من الشّروط الأساسيّة للوثيقة الشرعية، وقد ارتبط هذا الفهرس بغاية الكاتب المتمثّلة في تخليد ما شكّل بالنّسبة إليه مجموعةً فائقة الأهميّة من المعارف الدمشقيّة. عندما نصل إلى العهد العثماني، نلاحظ أنّ فهارس المكتبة الشرق أوسطيّة صمدت بأعداد أكبر بكثير – أو أنّ عدد تلك المعروفة من بينها أكبرُ بكثير – وفي إطار اسطنبول، إنّ عمل إسماعيل إرونسال المذكور أعلاه هو الذي ساهم بشكل كبير في وضع الفهارس في

---

١٦ هيرشلر، ك. (٢٠١٦)، **دمشق في القرون الوسطى**: التعدّد والتنّوع في مَكتبة عربيّة :فهرس مَكتبة الأشرفيّة، إدنبره.

١٧ فوغيه، إ. (٢٠٠٣)، "جرد لقائمة الكتب والمخطوطات بمكتبة الجامع الكبير بالقيروان (٦٩٣/١٢٩٢–١٢٩٤)"، في: أرابيكا ٥٠، ص. ٥٣٢–٥٤٤؛ فرانسوا، د. (٢٠٠٨)، "Autour de l'inventaire médiéval de la bibliothèque de la mosquée de Kairouan livres et mosquées au Maghreb"، في: *Lieux de cultes: aires votives, temples, églises, mosquées. IXe Colloque international sur l'histoire et l'archéologie de l'Afrique du Nord antique et médiévale* (Tripoli, 19–25 février 2005)، باريس، ص. ٢٤٧–٢٥٥. ديروش، ف. (٢٠١٣)، "A note on the medieval inventory of the manuscripts kept in the Great Mosque of Kairouan"، في: ر. كير/ت. ميلو (محرّران): *Writings and writing. Investigations in Islamic text and script in honour of Januarius Justus Witkam*، كامبريدج، ص. ٧٦–٨٦.

١٨ هذه القائمة هي موضوع كتابي القادم، *A Monument to Medieval Syrian Book Culture – The Library of Ibn ʿAbd al-Hādī* إدنبره *(2019)*.

١٩ هيرشلر، **دمشق في القرون الوسطى**، ص. ٦.

محور البحث[٢٠]. وبالتالي، بات لدينا الآن مشاريعُ مختلفةٌ تتعامل مع الفهارس الفرديّة بالتّفصيل الدقيق، ومن بين أكثر المشاريع روعةً في هذا السّياق هو الجهد البحثي التعاوني الذي ترأّسه غولرو نجيب أوغلو (Gülru Necipoğlu)، بالإضافة إلى جمال كفادار (Cemal Kafadar) وكورنيل فلايشر (Cornell Fleischer)، والمتركّز على جرد مكتبة القصر لعام **١٥٠٢/٣**.

وهكذا، تكثّفت الدراسات حول تاريخ المكتبات ومجموعات الكتب بشكل كبير على مدى العقود الماضية، وباتت تستند الآن إلى مجموعة من المصادر أكبر بكثير من التي كانت تستند إليها من قبل. إلّا أنّه في سياق هذا التطوّر كشفت المعارف عن تفضيلات مناطقيّة خاصّة للغاية تُظهِر التحيّزات المناطقيّة للمجالات الأكبر المترسّخة فيها. ويتجلّى ذلك بوضوح في فهارس فترة الحكم العثماني التي تركّز إلى حدّ كبير على المجموعات في اسطنبول. في حين يبقى عالَم الكتب خارج اسطنبول أقلَّ شهرةً بكثير، وعادةً ما تكون تلك المجموعات التي جرت دراستُها قريبةً من العاصمة في مدن كبورصة، وإسكوبية، وقونية وأدرنة[٢١]. وفي الوقت نفسه تتركّز دراسات تاريخ المناطق العربية في الفترة العثمانية على العواصم الإقليميّة، بخاصّة القاهرة ودمشق، أو المدن المقدّسة، مكّة، والمدينة المنوّرة والقدس.

لدينا إذًا لبلاد الشام كتاب ليبرنز المذكور أعلاه حول المكتبة الرفاعيّة من منتصف القرن التاسع عشر، ولدينا دراسة استابلت (Establet) وباسكوال (Pascual) حول الكتب في التركات في منقلب القرن الثامن عشر، ولدينا عمل شعبان حول الكتب التي امتلكها عالم القرن الثامن عشر عبد الغني النابلسي، ولدينا كتاب الطباع حول ثقافة المخطوطات والمكتبات، ولدينا عمل المبيضين حول وقف سليمان العظم في بداية القرن الثامن عشر، ولدينا دراسة الجوماني حول وقف محمّد العظم في أواخر القرن الثامن عشر[٢٢]. ترتبط كلّ هذه الأعمال بمجموعات، وأفراد ومؤسّسات في دمشق،

---

٢٠ إرونسال، اي. إ. (١٩٨٧)، "Catalogues and Cataloguing in the Ottoman Libraries" في: ليبري ٣٧، ص. **٣٣٣–٣٤٩**؛ المرجع عينه. (١٩٨٩)، "The Establishment and Maintenance of Collections in the Ottoman Libraries: 1400–1839"، في: **ليبري ٣٩**، ص. ١–١٧.

٢١ إرونسال، اي. إ. (٢٠٠٨)، *Ottoman Libraries: A Survey of the History, Development and Organization of Ottoman Foundation Libraries*، هارفارد، ص. **١٤٣–١٦٢**؛ ستانلي، ت. (٢٠٠٤)، "The Books of Umur Bey"، في: مقرنس XXI، **٣٢٣–٣٣٢**.

٢٢ ليبرنز، *Rifāʿīya aus Damaskus*؛ استابلت/باسكوال، *Livres des gens*؛ شعبان، ع. (٢٠٠٧)، «أملاك الشيخ عبدالغني النابلسي ومكتبته في وثائق محاكم دمشق الشرعية»، في: **المجلّة التاريخيّة العربيّة للدراسات العثمانيّة ٣٦**، ص. ١٦٥–١٨٤؛ الطباع؛ إ. خ. (٢٠٠٩)، **المخطوطات الدمشقية**: المخطوط =

في حين أنّ الحياة المكتبيّة في المدن الثانويّة، كحماة وحمص، وحتّى في ثاني أهمّ مدينة في المنطقة، حلب، لم تأخذ حقّها من الدّراسات. لقد جذبت مكتبات حلب اهتمام المؤرّخين على مدار القرن العشرين، ولدينا بالتالي عدد من المقالات لمؤلّفين كمحمّد راغب الطباخ ومحمّد أسعد طلس. لكنّ هذه لم تكن سوى بدايات تخطيط للمجال، حتّى يصبح لدينا قائمة قصيرة جدًّا لبعض المخطوطات المهمّة المحفوظة في مكتبة تاريخيّة[٢٣]، ونظرة عامّة في إطار المناهج القائمة على المصادر السرديّة/المعياريّة[٢٤]، ومقال آخر في إطار المناهج عينها يترافق مع الحالة الراهنة[٢٥] وقائمة بالمكتبات التاريخيّة المتبقّية في منتصف القرن العشرين[٢٦]. ما نفتقد إليه إذًا هو الدراسات المعمّقة عن مكتبات محدّدة على أساس المجموعات المتبقّية و/أو المصادر الوثائقيّة[٢٧]. خطَتْ مؤخّرًا سيليست جياني (Celeste Gianni) خطوةً في هذا الاتّجاه في رسالة الدكتوراه الخاصّة بها المتمحورة حول فهارس المكتبات في نهاية العهد العثماني، وتضمّ هذه الرسالة فصلًا عن فهرس المدرسة الأحمدية من أواخر القرن التاسع عشر[٢٨].

ومن هنا تبرز أهميّة هذه الدراسة التي أجراها سعيد الجوماني باعتبارها أوّل دراسة طويلة ومعمّقة بشكل كتاب في إحدى مكتبات حلب، وهو يتناول إحدى أكبر المكتبات في المدينة، المدرسة العثمانيّة الرضائيّة التي تأسّست في النصف الأول من القرن

= العربي منذ النشأة حتّى انتشاره في بلاد الشام؛ دراسة ومعجم، دمشق: وزارة الثقافة؛ المبيضين، م. (٢٠٠٣)، «كتاب وقف سليمان باشا العظيم (١١٥٠–١١٥١/١٧٣٧–١٧٣٨)»، في: **مجلّة المنارة** (جامعة آل البيت) ١/٩، ص. ٣٥–٦٧؛ الجوماني، س. (٢٠١٧)، «مسرد كتب مدرسة محمّد باشا العظيم»، في: **مجلة معهد المخطوطات العربيّة** ٢/٦١، ص. ١٠–٧٣.

٢٣ الطباخ، م. ر. (١٩٢٨)، «نفائس التكية الإخلاصية بحلب»، في: **مجلّة المجمع العلمي العربي** ٦/٨، ص. ٣٦٩–٣٧٢.

٢٤ الطباخ، م. ر. (١٩٣٧)، «دور الكتب في حلب قديمًا وحديثًا»، في: **مجلّة المجمع العلمي العربي** ٧/١٥، ص. ٢٩٩–٣١٠.

٢٥ سامي كيالي. مخطوطات حلب. **مجلّة معهد المخطوطات العربية**. مج١٣، ج٢ (نوفمبر ١٩٦٧). ٢١١–٢٢٣.

٢٦ محمد أسعد طلس (١٩٥٥)، «المخطوطات وخزائنها في حلب»، في: **مجلّة معهد المخطوطات العربيّة** ١/١، ص. ٨–٣٦.

٢٧ كالدراسة الرائعة لـ Krimsti, Feras (2018), “The Lives and Afterlives of the Library of the Maronite Physician Ḥannā al-Ṭabīb (c. 1702–1775) from Aleppo”, *Journal of Islamic Manuscripts* 9, S. 190–217.

٢٨ جياني، س. (٢٠١٧)، *Poetics of the Catalogue. Library Catalogues in the Arab Provinces during the Late Ottoman Period*، أطروحة دكتوراه مدرسة الدراسات الشرقية والإفريقية (جامعة لندن).

الثامن عشر. بالاستناد إلى مصادرَ سرديّةٍ ووثائقيّة مختلفة، هو ينجح في عرض عمل المكتبة العثمانية وتطوّرها بالتفصيل، بما في ذلك المسألة الشائكة المرتبطة بالأوقاف الإضافية للمخزون الأساسي الأوّلي. وفي قلب هذا الكتاب فهرسٌ مكتوب في سنة ١٨٣٦/١٢٥٢ يعكس التطوّر الذي شهدته رفوف هذه المكتبة بعد حوالي مئة عام على تأسيسها – والمثير للاهتمام أنّ عمليّة التحديث لم تتوقّف في العقود اللاحقة. يكمُن جمال هذه الوثيقة في كونها فهرسًا معمولًا به لا تحفة للعرض، بحيث تقدّم نظرةً قيّمة إلى الجانب الفوضوي للأمور، مثل الطريقة غير المتّسقة التي يتمّ فيها ذكر العناوين وأسماء المؤلّفين.

يتمتّع الجوماني بموقع فريد يؤهّله لإجراء هذا البحث، إذ لطالما كان مهتمًّا بفهارس المكتبة التاريخيّة، وهو موضوع قام بتغطيته بالفعل في أطروحة الدكتوراه التي كتبها في جامعة القاهرة. وبالتوازي مع منشوراته عن المكتبات بشكل عام، نشر الملاحظات الأولى عن الفهارس التاريخيّة[٢٩]، والمقال الأوّل عن فهرس الأشرفية من دمشق[٣٠]، وحرّر فهرس وقف محمّد العظم في دمشق[٣١]. بالتالي، إنّه لمن دواعي السرور والفخر أن أستهلّ بمقدّمة هذه الدّراسة لأحد أبرز الخبراء في المكتبات السورية. وإنّ نشر هذه الدّراسة في هذا الوقت بالتّحديد يكتسب دون شكّ أهميّة كبرى، فبعد سنوات من الحرب في سورية، أصبح الإرث الثقافي مُعرَّضًا للخطر ولحقَت به أضرار فادحة إلى حدّ ما، لا سيّما في حلب. ومن دواعي الغبطة أيضًا أن نرى المعهد الألماني للأبحاث الشرقيّة ينشر هذا الكتاب، فهذا المعهد أدّى دورًا أساسيًّا في تسهيل التبادل بين العلماء العاملين باللّغة العربيّة بشكل أساسي من جهة وأولئك العاملين بالإنجليزيّة أو لغات أوروبيّة أخرى من جهة أخرى.

---

٢٩ سعيد ضامن الجوماني، الفهارس المخطوطة للمكتبات الإسلامية، تراثيات ١٤ (٢٠٠٩)، ص. ٧٥٩.
سعيد ضامن الجوماني، قراءة جديدة في فهارس قديمة (استخراج عناصر وصف مغفلة)، **مجلّة معهد المخطوطات العربية** ٢/٥٩ (٢٠١٥)، ص. ١١٩–١٣٦.

٣٠ سعيد ضامن الجوماني، فهرست كتب خزانة التربة الأشرفية: دراسة وتحقيق ونشر، تراثيات ١٢ (٢٠٠٨)، ص. ٧١–٨٩.

٣١ سعيد ضامن الجوماني، مسرد كتب مدرسة محمّد باشا العظيم: نشر ودراسة، **مجلة معهد المخطوطات العربية** ٢/٦١ (٢٠١٧)، ص. ١٠–٧٣.

المقدّمة

تعود علاقتي بالفهارس المخطوطة للمكتبات العربية الإسلامية إلى سنة ٢٠٠٨م، عندما كنت أحَضِّر لنيل درجة الدكتوراه في علم المكتبات من جامعة القاهرة، حيث اخترت موضوعًا لرسالتي عنوانه: فهارس المكتبات عند المسلمين من نهاية القرن السابع الهجري (الثالث عشر الميلادي) حتّى نهاية القرن الثالث عشر الهجري (التاسع عشر الميلادي)، وكان هدف الدراسة التعرّف على بيانات الوصف الببليوجرافي المستخدمة في تلك الفهارس لدعم رصيد المشتغلين بفهرسة المخطوطات العربية، والوقوف على الوظائف التي اضطلعت بها تلك الفهارس، وطريقة ترتيبها وإخراجها.

ولكن تبيّن أنّ الفهارس المخطوطة للمكتبات العربية الإسلامية لها أكثر من باب تُطرقُ منه؛ فمثلًا تُقدّم فهارسُ المكتبات في كلّ عصر صورةً عن الحركة الثقافية في المجتمع الموجودة فيه من واقع الموضوعات المقتناة، فضلًا عمّا تساهم به هذه الفهارس فيما يتعلّق بإعادة كتابة القوائم الببليوجرافية الخاصّة بمؤلّفات علماء مُحدّدين، كما أنّ فهارس المكتبات الخاصّة تقدّم مصادر علم أصحابها وأعمالهم الفكرية وثقافتهم، وهناك أيضًا الباب الذي يقود إلى الوقوف على سير العمل المكتبي في المكتبة المَعنيّة.

كما تبيّن أنّ هذه الفهارس تُعدُّ منجمًا بِكرًا لم يُستثمر بشكل أمثل في حقل تاريخ المكتبات الإسلامية، فمقدّمات بعض هذه الفهارس وخواتمها تحوي معلوماتٍ يتعذّر وجودها في مصدر آخر، وبخاصّة ما يتعلّق بشروط الواقف التي تعدّ لوائح تنظيمية لسير العمل في المكتبة، وما تضمّه من تحديدٍ لشروط الانتفاع من المجموعة الموقوفة، أو تحديد لجمهور المستفيدين منها، أو التوصيف الوظيفي لمهنة أمين المكتبة، أو تعيينٍ لمواعيد العمل في المكتبة، أو ذكرٍ لأسماء أمناء المكتبة وأجورهم[١].

[١] الجوماني، سعيد، الفهارس المخطوطة للمكتبات الإسلامية. مجلّة تراثيات، س٧، ع١٤ (يوليو ٢٠٠٩). ٩–٧٥، ٥٢–٥٥.

ونتيجة لهذا الدور الذي يمكن أن يؤدّيه فهرس المكتبة، قفزت إلى الذهن صورة الدفتر المُجدَّد لكتب وقف عثمان باشا الدُّورِكي، بعد أن اختارت آلة الحرب الأخيرة في سورية المدرسة العثمانية الرضائية في حلب هدفًا لها.

أسباب اختيار الدفتر المُجدَّد لكتب وقف عثمان باشا الدُّورِكي موضوعًا للدراسة:

- إن كان التدمير طال حجارة المدرسة العثمانية الرضائية بحلب، فبعثُ تاريخها لا بدّ من أن يُحييها، وهذا الدفتر أثرٌ مهمّ يحكي شطرًا من مجدها ما بين القرن الثالث عشر وبداية القرن الرابع عشر الهجريَّين. لذا اعتُمِدَ الدفترُ مصدرًا رئيسًا في كتابة تاريخ مكتبتها.
- إنَّ الدفترَ أداة مهمّة في كشف القنوات المخفية التي صبّت في رصيد المكتبة؛ لأنّ القسم الأعظم من المجموعة المقتناة رُتّب تحت أسماء الواقفين، وبالتالي سيفتح نشر هذا الدفتر الباب أمام الباحثين المهتمّين بتأريخ المجموعات المخطوطة، والوقوف على ثقافة ومصادر عِلم الواقفين، وإضافة معلومات إلى ترجمتهم[٢].
- إنَّ الدفترَ هو المصدر الوحيد للوقوف على مستوى العمل المكتبي الممارس في هذه المكتبة، وبخاصّة أنّه يُتيح فرصة المقارنة بين عمليّة الفهرسة المُعتمدة فيها في القرن الثالث عشر الهجري، وتلك المعتمدة في مطلع القرن الرابع عشر الهجري.
- إنَّ الدفترَ يعكس جانبًا مهمًّا من الحياة العلمية في حلب في القرن الثالث عشر الهجري ومطلع القرن الرابع عشر الهجري؛ لأنّ الكتب الموقوفة ممثّلة لعلوم العصر.
- إنَّ الدفترَ بقي حتّى الساعة في حالة سبات. فحاولت هذه الدراسة أن تفتح له نوافذ النور، وأن تخلي له المنبر ليبوح بما لديه.

---

٢ مثلًا الشيخ عيسى البيانوني (١٢٩٠هـ-١٣٦٢هـ). هو أحد الواقفين على مكتبة المدرسة العثمانية الرضائية، لكن لم تظهر هذه المعلومة عند من ترجم له. انظر: ممدوح، محمود سعيد بن محمد، تشنيف الأسماع بشيوخ الإجازة والسماع، أو إمتاع أولي النظر ببعض أعيان القرن الرابع عشر وفيه جل مشايخ مسند العصر العلامة محمد ياسين القاداني المكي، بيروت: [د.ن]، ٢٠١٣، ج٢، ٨٥-٨٨، المرعشلي، يوسف، نثر الجواهر والدرر في علماء القرن الرابع عشر وبذيله عقد الجوهر في علماء الربع الأول من القرن الخامس عشر، بيروت: دار المعرفة، ٢٠٠٦، ج١، ٩٤٣-٩٤٥. فالدفتر يتيح الفرصة لإعادة كتابة ترجمته.

الهدف من دراسة الدفتر المُجدَّد لكتب وقف عثمان باشا الدُّورِكي:

تهدف هذه الدراسة إلى إبراز قيمة الفهارس المخطوطة للمكتبات الإسلامية في كتابة تاريخ المكتبات، من خلال تبيان أنّ الدفتر المُجدَّد لكتب وقف عثمان باشا الدُّورِكي أداةٌ لا غنى عنها لاستكمال كتابة تاريخ مكتبة المدرسة العثمانية الرضائية بحلب، وأنّه الأداة الوحيدة للتعرّف على العلوم التي كانت تُدَرّس في هذه المدرسة في القرن الثالث عشر ومطلع القرن الرابع عشر الهجريّين، ولقياس التوزّع الكمّي والموضوعي للمجموعة المقتناة، كما أنّه الأداة الوحيدة للوقوف على ذهنية العمل المكتبي الممارس في هذه المكتبة.

ولتحقيق هذا الموضوع، خُصّص الفصل الأوّل لدراسة تاريخ المدرسة العثمانية الرضائية بحلب بوصفها أعظم منشأة علمية، بناءً ودخلًا ليس في حلب وحدها فحسب، بل أيضًا على مستوى البلاد السورية وكثيرٍ من البلاد الإسلامية في القرن الثالث عشر ومطلع القرن الرابع عشر الهجريَّين[٣]. ثم تمّت دراسة وتحليل الدفتر المجدد لكتب مكتبة هذه المدرسة.

أمّا بالنسبة إلى الفصل الثاني، فقد شَغَلَهُ تحقيق الدفتر المُجدَّد لكتب وقف عثمان باشا الدُّورِكي، مُذيّلًا بكشّافَين: الأوّل بالعناوين الواردة في الدفتر، والثاني بأسماء المؤلّفين الواردين فيه.

واستكمالًا للفائدة، تمّ استخراج قائمة بالمخطوطات التي وصلت من مكتبة المدرسة العثمانية الرضائية بحلب، والمحفوظة الآن في المكتبة الوطنية بدمشق[٤]، وخُصِّصَ لها الملحق، والغرض من هذه القائمة:

- إن كان الدفتر المدروس يسرد جانبًا من تاريخ مكتبة المدرسة العثمانية حتّى مطلع القرن الرابع عشر الهجري، فإنّ القائمة تغلق هذه الدائرة.
- إن الربط بين الدفتر المدروس وبين القائمة حدَّد ما وصل من مخطوطات الدفتر بالضبط.

---

٣ على حدّ تعبير الطباخ، محمّد راغب، إعلام النبلاء بتاريخ حلب الشهباء، نقحه محمد كمال، ط٢. حلب: دار القلم، ١٩٨٨، ج٣، ٢٦٤.

٤ استُخرِجت هذه القائمة من قاعدة بيانات مخطوطات المكتبة الوطنية بدمشق، اعتمادًا على بيان عائدية المخطوط الذي يُحدّد المكان الأصلي الذي قدم منه المخطوط. فتمّ حصر ما وصل إلى المكتبة الوطنية من مكتبة المدرسة العثمانية الرضائية. والجدير بالذكر أنّ تسجيل هذه المعلومة لم يكن ثابتًا في قاعدة بيانات المكتبة الوطنية، إذ استخدمت المصطلحات [المكتبة العثمانية حلب، مكتبة عثمانية حلب، المكتبة الرضائية، المكتبة الرضائية حلب، المدرسة الرضائية].

- إنَّ الربط بين الدفتر المدروس والقائمة مكَّنَ من تحديد هُوية كثير من العناوين المبتسرة والغامضة، التي لم تُدرج في المراجع الببليوجرافية التي رجعت إليها.
- إنَّ الربط بين الدفتر المدروس والقائمة، خصوصًا مع تصنيف جزء من مقتنيات الدفتر تحت أسماء الواقفين، سيمكّن المهتمّين من إعادة بناء تأريخ المجموعات.
- إنّ الربط بين الدفتر المدروس والقائمة بيَّنَ أنّ **٥٠٢** من أصل **١٢٤٨** كتابًا، هي المجموعة التي وصلت من هذا الدفتر، والمحفوظة اليوم في المكتبة الوطنية بدمشق، أي ما نِسبته **٤٠,٢**٪ فقط من أصل مجموعة الدفتر، وهذا يعكس جانبًا من تفريط أمناء المكتبة وعدم التزامهم بشروط الواقف[٥].

مكان الكتاب في حقل البحث

لم أعثر على أية دراسةٍ عُنيت بنشر فهارس المكتبات القديمة التي كانت في مدينة حلب، ولكن هناك سبعة أبحاث تناولت بالدراسة والنشر فهارس مكتبات كانت في بلاد الشام في العهدين المملوكي والعثماني، هي:

- الحسيني، إسحق موسى وأبو ليل، أمين سعيد. وثيقة مقدسية تاريخيّة: تحتوي على ترجمة الشيخ محمد الخليلي، وبحث في الوقف والحكر والخلو، وثبت بكتب الشيخ الخليلي، وأحوال القدس في القرن الثامن عشر الميلادي. القدس: دار الأيتام الإسلامية، **١٩٧٩**.

في هذا العمل قام المحقّقان بنشر وقفية الشيخ محمّد بن محمّد الخليلي المؤرّخة (سنة **١١٣٩**هـ)، وتشير هذه الوثيقة إلى بيان الأسباب التي دعت الواقف إلى تسجيل وقفه، ورغبته في بقاء كتبه في الديار المقدسية لينتفع بها أهلها، كما سردت الوثيقة الكتب الموقوفة، مرتّبةً موضوعيًّا، مع تبيان شروط الواقف للاستفادة من مجموعته الموقوفة، إضافة إلى التوصيف الوظيفي لمهنة أمين الكتب، وتحديد لجمهور المستفيدين منه، يُضاف إلى ذلك أنّها قدَّمت شخصية الشيخ محمّد الخليلي بوصفه عالِمًا متميّزًا، وبيّنَت مصادر ثقافته وغِناها، وألقت ضوءًا على ثقافة المدينة في القرن الثاني عشر الهجري.

---

٥ حول تفريط أمناء مكتبة المدرسة العثمانية، انظر ما كتبه الطباخ، محمد راغب، مخطوطات المدرسة العثمانية بحلب، مجلّة المجمع العلمي العربي، ع ٧–٨ (يوليو ١٩٣٧)، ٤٧٠–٤٧٧، ٤٧٠، الطباخ، محمد راغب، إعلام النبلاء، ج٣، ٢٦٤. وانظر مناقشة ذلك في الفصل الأول في فقرة مصير المكتبة.

- العسلي، كامل جميل. وثائق مقدسيّة تاريخية. عمّان: الجامعة الأردنية، **١٩٨٣**. مج ١، **١٥٢–١٦٥**، ونشر فيه: وقفية الشيخ يحيى شرف الدين بن محمّد ابن قاضي الصلت (نُسخ سنة ١٠٠٧هـ). تتعلّق هذه الوثيقة بالتاريخ الثقافي لمدينة القدس في القرنين العاشر والحادي عشر الهجريَّين، وتنبع أهميّتها من تسليطها الضوء على الكتب التي كان يتداولها مثقّفو القدس في تلك الفترة، كما عكست الاهتمامات العلمية للواقف.
- العسلي، كامل جميل. وثائق مقدسية تاريخية. عمّان: مؤسّسة عبد الحميد شومان، **١٩٨٥**، مج٢، **٢٥١–٢٦٢**، ونشرت فيه وثيقتان: الأولى: الكتب المخلفة عن الشيخ شرف الدين الديري إمام الصخرة (سنة ٩٨٤هـ)، والثانية: الكتب المسروقة من حجرة فخر الأفاضل ملا محمود بن ولي الله (نُسخ سنة ٩٨٤هـ)، وتحديد أسعارها، وقد أعطت هاتان الوثيقتان نبذةً عن الكتب المتداوَلة في القدس أواخر القرن العاشر الهجري، وعن طبيعة الثقافة السائدة فيه، وتميّزت الوثيقة الثانية بتحديد أسعار الكتب وقيمتها في هذا التاريخ.
- المنجد، صلاح الدين. كتاب وقف أسعد باشا العظم حاكم دمشق ١١٣٨هـ–١١٤٣هـ. بيروت: دار الكتاب الجديد، **١٩٨٠**. أتى هذا الكتاب في سبع وعشرين صفحة فقط. منها أربع صفحات هي مقدّمة المحقّق، وقد حوى **٩٢** عنوانًا في ١٨٧ مجلّدًا، ولكن مقدّمة الفهرس وخاتمته تزخران بمعلومات قيّمة عن تاريخ مكتبة مدرسة إسماعيل باشا، واللوائح التنظيمية للمجموعة الموقوفة، ويقدّم الفهرس لمحةً عن الحياة العلمية في دمشق خلال القرن الثامن عشر الميلادي.
- Hirschler, Konrad, *Medieval Damascus: Plurality and Diversity in an Arabic Library – The Ashrafīya Library Catalogue*. Edinburgh: Edinburgh University Press, 2016.

يناقش هذا الكتاب أكبر وأقدم مكتبة عائدة إلى القرون الوسطى في الشرق الأوسط، وهي مكتبة التربة الأشرفية في وسط دمشق، مع تحرير فهرسها، ويوضح الفهرس أنّ مجموعات الكتب المرتبطة بالمؤسّسات الدينية السُّنّية يمكن أن تضمّ عناوينَ متنوّعةً إلى الغاية، بما في ذلك الفكر المعتزلي، والكتيبات الطبّية، وأدلّة التجّار، والقصص مثل ألف ليلة وليلة، وفي الوقت نفسه يوسّع هذا الفهرس معرفتنا بكيفية تنظيم الكتب موضوعيًّا ومكانيًّا على رفوف

مكتبة كبيرة من القرون الوسطى. فقد أدرج فيه أكثر من ألفي كتاب، ويُعدّ هذا الفهرس ركيزةً أساسية لأيّ شخص مهتمّ بالتاريخ الثقافي والفكري للمجتمعات العربية. كما أنّ وضعه في منظور مقارن مع المكتبات المعاصرة في الجزر البريطانية يفتح آفاقًا جديدة لدراسة المكتبات في القرون الوسطى.

- الجوماني، سعيد. مسرد كتب مدرسة محمّد باشا العظم، نشر ودراسة. مجلّة معهد المخطوطات العربية، مج ٦١، ج٢ (نوفمبر ٢٠١٧م). ١٠–٧٣. تناولت هذه الدراسة مخطوطة فريدة هي: مسرد كتب مدرسة الوزير ووالي الشام محمّد باشا العظم (ت ١١٩٧هـ/١٧٨٣م)، ومثل هذا المسرد يُعدّ منطلقًا مهمًّا لمن يرُوم دراسة الحركة الفكرية في دمشق خلال القرن الثامن عشر الميلادي، كما أتاح المسرد الوقوف على المستوى الذي بلغته عملية الفهرسة في هذه المكتبة، وأيضًا جسّدت مقدّمته اللائحة التنظيمة للعمل فيها، إضافة إلى ما قدّمته من معلومات صحّحت ما جاء في كتب التاريخ عن باني المدرسة، لكن المقال لم يتطرّق إلى قياس التوزّع الكمّي ولا الموضوعي للمقتنيات.

وبالتالي فإنّ الدراسات الأربع الأولى ارتبطت بمكتبات مدينة القدس في العهد العثماني في القرون العاشر، والحادي عشر، والثاني عشر الهجرية، بينما ارتبطت الدراسات الثلاث الأخيرة بمكتبات مدينة دمشق في العهد المملوكي، وفي العهد العثماني في القرن الثاني عشر الهجري، أمّا الدراسة الحاليّة فتُعدّ أوّل محاولة لنشر وتحليل فهرس مكتبة عثمانية في مدينة حلب في القرن الثالث عشر ومطلع القرن الرابع عشر الهجريَّين.

وصف المصادر

اعتمدت هذه الدراسة، في كتابة تاريخ مكتبة المدرسة العثمانية الرضائية بحلب في القرن الثالث عشر ومطلع القرن الرابع عشر الهجريَّين، على مجموعة من المصادر الفريدة، هي:

١. الدفتر المجدّد لكتب وقف عثمان باشا الدوركي. (مخطوطة المكتبة الوطنية بدمشق، رقم ١٦٠٠١، ١٩ ورقة)، وهو وثيقة فريدة تُدرس وتُنشر لأوّل مرّة، مكّنت من قياس التوزُّع العددي والموضوعي لمقتنيات المكتبة، وحدَّدت العلوم المُمثِّلة لثقافة العصر بحلب في الفترة ما بين القرنين الثالث عشر ومطلع الرابع عشر الهجريَّين، وأتاحت الفرصة لتتبُّع تطوّر عملية الفهرسة المتّبعة في المكتبة خلال الفترة المدروسة،

إضافة إلى تحديد الواقفين ومدى مساهمة كلٍّ منهم، وتحديد أسماء اثنين من أمناء المكتبة، وشروط الواقف للاستفادة من المجموعة.

٢. كتاب سلك الدرر في أعيان القرن الثاني عشر، لمؤلّفه محمّد خليل المرادي، وهو أقدم مَن ترجم لواقف المدرسة عثمان باشا الدُّورِكي، وأورد معلومات مهمّة عن حياته والمناصب التي شغلها، وسرد قصّة بناء مدرسته، واستفاد من كتابه هذا محمّد راغب الطباخ في ترجمة عثمان باشا.

٣. كتاب نهر الذهب في تاريخ حلب، لمؤلّفه كامل الغزي. ويُعدّ من المصادر الرئيسة في دراسة تاريخ حلب في القرن الثالث عشر والنصف الأوّل من القرن الرابع عشر الهجريّين بشكل عام، ودراسة تاريخ المدرسة العثمانية الرضائية بشكل خاصّ؛ لِما أورده من نصوص مهمة مقتطفة من وقفيّاتها الثمانيَ عشْرَةَ التي لم تصلنا، ولولاه لضاع جزء مهمّ من حياة هذه المدرسة ومكتبتها.

٤. إعلام النبلاء بتاريخ حلب الشهباء، لمؤلّفه محمّد راغب الطباخ. كان مصدرًا رئيسًا في مناقشة نصوص الوقفيّات المقتطفة التي جاءت عند كامل الغزي، ومصدرًا رئيسًا في تحديد سنة وفاة والد عثمان باشا الدوركي، وترجمة محمّد تقي الدين باشا ابن عبد الرحمن مدرسزاده، أحد أهمّ الواقفين على هذه المكتبة، وفي الحديث عن مصير المكتبة.

٥. مخطوطات المدرسة العثمانية بحلب. مقال لمحمّد راغب الطباخ منشور في مجلّة المجمع العلمي العربي **١٩٣٢**. ويُعدّ ما جاء في هذا المقال من أهمّ ما كُتب عن مخطوطات مكتبة المدرسة العثمانية الرضائية وتقييمها، وقد استفدت منه في الحديث عن قيمة المكتبة، ومصيرها، وعن دور أمناء المكتبة في انفراط عقد مجموعاتها.

المنهج المتّبع في عملية التحقيق

تقع فهارس المكتبات ضمن دائرة الأعمال الببليوجرافية، إلّا أنّ تعلُّقها بمقتنيات مكتبة محدّدة هو الحدّ الفاصل بينها وبين باقي الأعمال الببليوجرافية، وتبعًا لذلك فإنّ مضمونها لا يتجاوز ذكر عناوين الكتب المقتناة، وأسماء مؤلّفيها، وأحيانًا موضوعاتها، مع سرد باقي بيانات الوصف الببليوجرافي عن كلّ مفردة في المجموعة، وتعود عملية اختزال هذه البيانات أو التفصيل فيه –في ذلك الوقت– إلى ثقافة المفهرس ومدى اجتهاده، والواقع أنّ هذه الخاصّية لمحتوى الفهارس المخطوطة أمرٌ يجعل عملية تحقيقها مُضنيةً جدًّا.

وعليه، فقد تمّت مراجعة كلّ عنوان واسم مؤلّف ورد في الدفتر على الأعمال البيليوجرافية التالية[٦]: أ) كشف الظنون عن أسامي الكتب والفنون، لحاجي خليفة، ب) إيضاح المكنون في الذيل على كشف الظنون، ج) هديّة العارفين: أسماء المؤلّفين وآثار المصنّفين، وكِلاهما لإسماعيل باشا البغدادي، د) قائمة المخطوطات التي وصلت من مكتبة المدرسة العثمانية الرضائية، هـ) معجم المطبوعات العربية، ليوسف إليان سركيس.

كما تمّت الاستعانة في المقام الثاني بـ:

أ) قاعدة بيانات مخطوطات المكتبة الوطنية بدمشق. ب) الأعلام: قاموس تراجم لأشهر الرجال والنساء من العرب والمستعربين والمستشرقين، لخير الدين الزركلي، ج) معجم المؤلّفين: تراجم مصنّفي الكتب العربية، لعمر رضا كحالة، د) سلك الدرر في أعيان القرن الثاني عشر، للمرادي.

وكانت مراجعة هذه الأعمال:

١. للتأكّد من نسبة العمل إلى مؤلّفه.
٢. للتأكّد من موضوع الكتاب؛ لأنّ جزءًا من موادّ هذا الدفتر رُتِّبَ موضوعيًّا، وتمّ استخراج موضوعات الجزء الآخر.
٣. لاستكمال صياغة العنوان.
٤. لاستكمال صياغة اسم المؤلّف.
٥. للعثور على العمل المقصود، وبخاصّة مع غياب اسم المؤلّف أحيانًا، أو في حالة الأعمال التابعة لعمل محرّك رئيس (الحواشي، والشروح، والذيول...). إذ كثيرًا ما ورد عنوان العمل فقط، دون تحديد المسؤولية الفكرية، ويكون لهذا العنوان توائم كثر. فأيّ الأعمال هو المقصود؟ هنا كان موضوع الكتاب يشكّل البوصلة في حال كان الكتاب مدرجًا تحت موضوع معيّن، ولكن إن اشترك عملان في العنوان نفسه، وكِلاهما في موضوع واحد، فأيُّهما المقصود؟ هنا كان اللجوء إلى قائمة المخطوطات التي وصلت من مكتبة المدرسة العثمانية والبحث ضمنها عن هذا العنوان.

مثال: [٦/أ]. تحت موضوع كتب الفقه والفتاوى. سُجل «كتاب الأشباه والنظائر. نسختين كلّ نسخة في مجلد واحد». فهناك عملان في موضوع الفروع، وكلٌّ منهما

---

[٦] استعنت ببرنامج المكتبة الشاملة في البحث عن كلّ مفردة وردت في الدفتر، ولكن هذه الاستعانة لم تُغنِ عن مراجعة كلّ مفردة في الكتب المطبوعة المستخدمة للتأكد من المعلومة، بخاصّة أنّ هناك اختلافًا بين ترقيم الشاملة وترقيم بعض الكتب.

عنوانه (الأشباه والنظائر). الأول: لزين الدين بن إبراهيم المعروف بابن نجيم المصري، والثاني: لصدر الدين محمد بن عمر المعروف بابن الوكيل الشافعي[٧]، ولكن الموجود في المكتبة الوطنية بدمشق، ومصدره المكتبة العثمانية، هو كتاب ابن نجيم، ورقمه (١٥١٠٢ت١).

ولم يكن التدخّل في النصّ إلّا في ترقيم المفردات، ليسهُل ربطها مع الكشّافين، وفي تصحيح بعض الأخطاء اللغوية، أو قراءتها قراءةً معاصرة، مثل: (المسما، المنتقا...). مع الإشارة إلى شكل ورودها في النصّ الأصلي، وفي نقطة استخراج عنوان المخطوط، الذي ارتأيت أن يكون: الدفتر المُجدَّد لكتب وقف عثمان باشا الدُّورِكِي.

وتجدر الإشارة في هذا السياق إلى أنّ الدفتر جاء في (١٩ ورقة)، وكُتب بخطوط مختلفة، القسم الأول منه يعود إلى سنة ١٢٥٢هـ، ويشمل الورقات من [٢/ب حتّى السطر الرابع من ١٥/أ]، وهذا القسم مكتوب بخطّ نسخي جميل، مسطرته ١٧ سطرًا، ما عدا الورقة [١٣/أ] كانت ١٥ سطرًا، وظهرت التعقيبة في هذا الدفتر من الورقة [٢/ب حتّى الورقة ١٢/ب] ثمّ اختفت من باقيه، والدفتر معجم بالكامل.

وسُبق النصّ المُحقّق بفصلٍ تناول تاريخ المدرسة العثمانية الرضائية ومكتبتها، ثم حلَّل منهجية الدفتر في تسجيل مقتنيات المكتبة، ممّا عكس مستوى العمل المكتبي في هذه المكتبة مع إجراء مقارنة بين عملية الفهرسة المتّبعة في هذه المكتبة في القرن الثالث عشر الهجري، وعملية الفهرسة المتّبعة فيها في مطلع القرن الرابع عشر الهجري، ثم ذيّلته بكشّافَين أحدهما لعناوين الكتب، والثاني لأسماء المؤلّفين.

وبعدُ، فهذا جهد المُقِلّ، وحسبي أنّني بذلت قصارى جهدي، فإنْ أصبتُ فبتوفيقٍ من الله وفضل، وإن أخطأت فهذا مبلغ علمي، وشفيعي أنّني لم أُقْدِم إلّا محبّةً وغَيْرَة، وأرجو التماس العُذر والتنبيه على مكمن الخلل.

ويبقى لي قول كلمةٍ في حقٍّ من لولاهم لَمَا ظهر هذا الكتاب:

السادة المسؤولون عن صندوق إنقاذ العلماء (IIE Scholar Rescue Fund). فهم اليد البيضاء التي انتشلتني من أَتُون الحرب، ومنحتني فرصة جديدة لأحيا كإنسان أوّلًا، وأتابع مشروعي كباحث وطالب علمٍ ثانيًا، وأن أعيش وعائلتي تحت سقف واحد ثالثًا. فلهم منّا شكرًا ومحبّة لا يبليان.

---

[٧] خليفة، حاجي مصطفى بن عبد الله القسطنطيني الرومي الحنفي، كشف الظنون عن أسامي الكتب والفنون، بيروت: دار الكتب العلمية، ١٩٩٢، ج١، ٩٨-١٠٠.

الأستاذ الدكتور كونراد هيرشلر الذي مدَّ لي جسر العبور إلى حلمي، ووقف معي أنا الغريب الحائر وقفة رجلٍ، بكلّ ما للكلمة من معنى، وهو أوّل من نظر في عيني هذا الوليد، وسخَّرَ خبرته في تصحيح مساره وإقالة عثراته، حتّى وصل إلى هنا. فهو من أشار عليَّ بصنع القائمة المُلحقة وتسخيرها في إغناء البحث.

أخي مازن الجوماني، الذي وفَّرَ لي صورة هذا المخطوط من المكتبة الوطنية بدمشق، محتملاً مشاقّ السفر والعراقيل الإدارية الجمّة. وكلّ ذلك بطيب خاطرٍ وصفاء سريرة. فله منّي كلّ الشكر، والشكر موصولٌ لصديقي النحَّات الأردني حسام وهبة، الذي أرسل لي نسخة من الوثيقة المقدسية التاريخية: وقفية الشيخ محمّد الخليلي التي حقّقها إسحق موسى الحسيني، وأمين سعيد أبو ليل.

وأخيرًا أتوجّه بالشكر الجزيل إلى السادة المسؤولين في المعهد الألماني للأبحاث الشرقية في بيروت الذين فتحوا الباب ليرَى هذا العمل النور، ويخرج من حيِّز العدم إلى حيِّز الوجود.

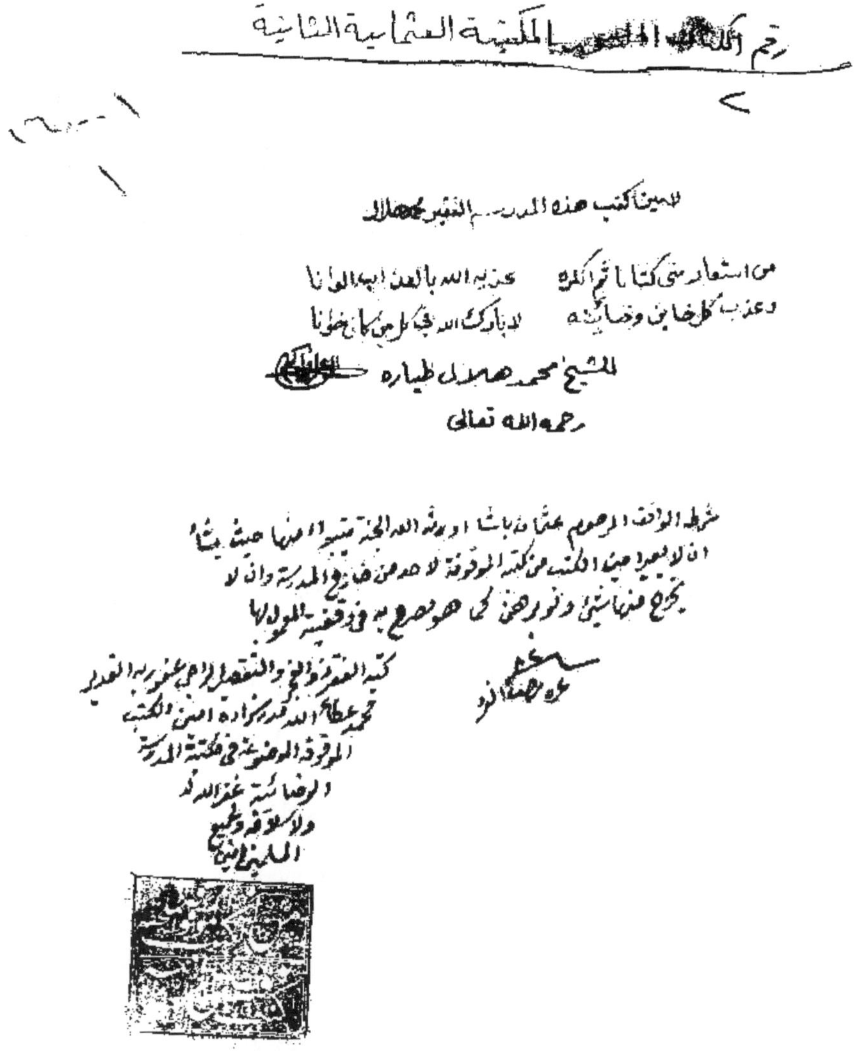

الورقة [٢/أ]، وفيها يظهر شرط الواقف عثمان باشا الدُّورِكي للاستفادة من مجموعته الموقوفة. بخطّ أمين كتب المدرسة العثمانية محمّد عطاء الله مدرسزاده في غرّة رجب ١٢٨٢هـ.
الدفتر المجدد لوقف عثمان باشا الدوركي. مخطوطة المكتبة الوطنية بدمشق، رقم ١٠٠٦١.

بسم الله الرحمن الرحيم

الحمد لله رب العالمين وصلى الله على سيدنا محمد خاتم النبيين وعلى آله وصحبه اجمعين وبعد فقد حصل تجديد دفتر كتب وقف المرحوم المغفور له صاحب الخيرات والحسنات ضاعف الله له الأجور الحاج عثمان باشا طاب ثراه بأمر المتولي حالاً جناب افتخار الاماجد الكرام ذوي القدر و الاحترام ابراهيم اغا ابن المرحوم علي اغا اليكن المتولي حالاً بحكم المشروطية لاجل تسليمهم الى نخبة العلماء الشيخ الحاج محمد هلال افندي طياره المنصوب امينا على الكتب الموقوفه بجامع العثمانيه بمدينة حلب المحمية لحفظهم وخدمتهم وذلك في اليوم الحادي والعشرين من شهر ربيع الاول لسنة اثنين وخمسين ومايتين والف.

الكتب المتعلقه بالقران العظيم

مصحف شريف كتاب الله تعالى اربع نسخ مصحف ربعه شريفه واحده كتاب تفسير القاضي البيضاوي ثلاث نسخ في ثلاث مجلدات كتاب تفسير الامام الكواشي مجلد واحد كتاب الكشاف تفسير الامام جار الله الزمخشري في مجلدين كتاب بغية البيان تفسير القران لأبي عبد الله عمر السهروردي في مجلد واحد كتاب تفسير القران العظيم باللغة التركيه لاحمد ابن عبد الله الناصح في مجلد واحد كتاب

تفسير

الورقة [٢/ب]، وفيها تظهر مقدّمة الدفتر بما تحويه من معلومات عن: اسم الواقف، واسم متولّي الوقف سنة ١٢٥٢هـ، واسم أمين الكتب، ومكان الوقف، وتاريخ نسخ القسم الأوّل من الدفتر. الدفتر المجدد لوقف عثمان باشا الدوركي. مخطوطة المكتبة الوطنية بدمشق، رقم ١٠٠٦١.

الفصل الأوّل

تاريخ المدرسة العثمانية الرضائية، ودراسة الدفتر المُجدَّد لكتب وقف عثمان باشا الدُّورِكِي

مقدّمة

عَرفَتْ مدينةُ حلب في النصف الأوّل من القرن الثانيَ عشرَ الهجري/الثامنَ عشرَ الميلادي شخصيةً عثمانية متميّزة، هي شخصية عثمان باشا ابن عبد الرحمن بن عثمان، الدُّورِكي[1] الأصل، الحلبي المولد والمنشأ. كان والده رئيس الجاويشية في الباب العالي، وهي رتبة عزيزة المنال، لا يحوزها إلّا ضليعٌ، مُجرَّبٌ في معرفة قوانين الدولة. ثم أُنعِمَ عليه بمنصب رفيع في حكومة حلب، لكنّه تُوفّي قبل أن يصلها سنة (١١٢٧هـ/١٧١٥م)[2].

بعد وفاة والده دخل عثمان معترك الحياة، وتدرّج في المناصب إلى أن صار مُحصّلَ[3] الأموال الميرية بحلب، وكانت له خبرة ودُربة في جمع الأموال، وقد ابتسمت له الأيّام فبنى دارًا من أعظم دُور حلب ارتفاعًا وإحكامًا، ومن المفيد في هذا المقام ذكر ما سجّله جودت باشا في تاريخه عن وظيفة المُحصِّل في حلب في القرن الثاني عشر الهجري، حيث قال: «إنّ وظيفة المُحصِّل في حلب من أهمّ المناصب، وهي مطمح أنظار مأموري الدولة، ومنذ أربعين سنة كان هؤلاء المأمورون يتعاطَون كلّ وسيلة ويبذلون كلّ مُرتخَص وغالٍ في سبيل الحصول على هذه الوظيفة؛ لأنّها كانت تعود عليهم بمال جزيل وثروة طائلة،

---

[1] «دُورِكِي: بضمّ الدال المهملة، وسكون الواو، وكسر الراء، والكاف، بعدها ياء النسبة، من بلاد الروم، وهي من مضافات حلب». البغدادي، صفي الدين عبد المؤمن، مراصد الاطلاع على أسماء الأمكنة والبقاع، تحقيق علي محمد البجاوي، بيروت: دار الجيل، ١٩٩٢، ج١: ٥٤٠.

[2] المرادي، محمد خليل بن علي، سلك الدرر في أعيان القرن الثاني عشر، القاهرة: دار النهضة العربية، [د. ت]، ج٣: ١٥١، وانظر الحاشية رقم (١). الطباخ، محمد راغب، إعلام النبلاء، ج٣: ٢٥٨.

[3] يُعد المُحصِّل الذي كان يدعى سابقًا الدفتردار، الشخص الثاني في المدينة من حيث الأهمّية في السلّم المدني، وكان يتدخّل في تفاصيل الأعمال الكبيرة، ويمارس سلطة قضائية محدودة في الأمور التي تتعلّق بالدخل، ولديه سجنٌ صغير في قصره، كما يتمتّع بنفوذ واسع، ويعيش بسعة ورخاء، ويخطب وُدَّه الآغاوات، أو مستأجرو الأراضي، فضلًا عن التجّار. انظر: راسل، ألكسندر وراسل، باتريك، تاريخ حلب الطبيعي في القرن الثامن عشر، ترجمة خالد الجبيلي، [د.م]: [د.ن]، ١٩٩٧، ١٩٢.

ينالون بسببها بعد رجوعهم إلى الآستانة رتبة الوزراة ورتبة ميرميران[٤]، [...] وهذه الوظيفة ظلَّت مدّةً تُباع وتُشترى بيع من يزيد، وكثيرٌ من هؤلاء الرجال الذين تولَّوا هذه الوظيفة في حلب بالنظر لاعتسافهم وجورهم صارُوا ممقوتين عند عقلاء الآستانة ولا ينظرون إليهم نظر إجلال واحترام؛ لكثرة ارتكابهم، حتّى أدّى الحال إلى أن بعض المُغسِّلين صاروا يتعهّدون هذه الوظيفة، ويُحصِّلون هذه الأموال، لكنّهم كانوا يؤدّون بعضها إلى الدولة ويزدردون الباقي، يصرفونه في شهوات أنفسهم»[٥].

وربما هذا ما يفسّر الثروة الطائلة التي حازها عثمان باشا الدُّورِكي، ويُفسّر ضخامة ما أوقفه على عمارة جامعه ومدرسته. المهمّ أنّه أحبَّ أن يترك بصمته في مدينته ومسقط رأسه حلب. لذا عَمَدَ أوائل سنة (١١٤١هـ/١٧٢٨م)، إلى تشييد عمارة ضخمة في (محلّة الفرافرة – باب النصر)، بلغ محيطها ثلاثمائة وستّة أذرع، وثمانية عشر قيراطًا، وانتهى العمل فيها سنة (١١٤٣هـ/١٧٣٠م)[٦]. فأتت مشتملةً على: جامع، ومدرسة، وسبيل ماء، ومكتب لتعليم الصغار، وبستان، وإحدى وأربعين حجرة[٧]، ومحلّ لغسل الموتى، ومطهرة، ومكتبة، وقاعة للتدريس[٨].

وفي أثناء عمارته للجامع تمَّ تعيينه مُتسلمًا في حلب[٩]، ثم تقلّد مناصبَ عديدةً في مدن عديدة، منها الوزارة ومنصب طرابلس، ثم عُزِل عنها ووُلّيَ سيواس، ثم دمشق ومنها حجَّ أميرًا لقافلة الحجّ، ثم عُيِّنَ واليًا على حلب سنة (١١٥٠هـ/١٧٣٧م)، وفي هذه السنة شرَعَ في بناء المطبخ التابع للجامع والمدرسة، ثم وُلّيَ أدنة، ومن بعدها بروسة، كما عُيِّنَ

---

[٤] ميرميران: مير مخفف أمير، وميران جمع مير، أي أمير الأمراء، وهو مصطلح كان يُطلق في العهد العثماني على أمراء بعض السناجق الهامة كلواء القدس أو لواء الإسكندرون. حلاق، حسان وصباغ، عباس، المعجم الجامع في المصطلحات الأيوبية والمملوكية والعثمانية ذات الأصول العربية والفارسية والتركية، بيروت: دار العلم للملايين، ١٩٩٩، ٢١٦.

[٥] تاريخ جودت، نقلًا عن الطباخ، محمد راغب، إعلام النبلاء، ج٣: ٢٩٤.

[٦] المرادي، سلك الدرر، ج٣: ١٥١–١٥٢. الغزي، كامل بن حسين، نهر الذهب في تاريخ حلب. حلب: المطبعة المارونية، ١٩٢٦، ج٢: ١٥٧.

[٧] أقرّ هذا الرقم كلٌّ من المرادي، سلك الدرر، ج٣: ١٥٢، ولاحقًا الطباخ، محمد راغب، إعلام النبلاء، ج٣: ٢٥٩. إلّا أنّ الغزي جعلها أربعين حجرة فقط. انظر: الغزي، كامل، نهر الذهب، ج٢: ١٥٧، وبما أنّ المرادي أقدم تاريخًا، وقد أيّده الطباخ المتأخّر؛ لذا أثبتنا أنها إحدى وأربعون حجرة.

[٨] الغزي، كامل، نهر الذهب، ج٢: ١٥٧.

[٩] «المتسلم: مصطلح كان يُطلق في العهد العثماني للدلالة على من يعهد إليه الوزير بتسلّم الولاية ريثما يصل هو إلى ولايته. كما تطلق على من يعهد إليه الوالي أو الحاكم بتسلم الحكم إذا خرج هو إلى الحرب، وكان من مهامّ المتسلم جمع عوائد الولاية وإرسالها إلى الحاكم الأصلي». حلّاق، حسان وصباغ، عباس، المعجم الجامع، ١٩٩.

لمحافظة بغداد، ثم وُليَ صيدا، ومن بعدها جدّة، وآخر مناصبه مشيخة الحرم المكّي بمكّة المكرّمة إلى أن تُوفّي فيها في ذي القَعدة سنة (١١٦٠هـ/١٧٤٧م)[١٠].

ولقد أوقف على عمارته هذه أوقافًا كثيرة من أراضٍ، وحمّامات، وبساتين، وطواحين، ودُورٍ، ودكاكين. لتوازي حجمها ومهامّها، وجعل كتاب وقفها عدّة أجزاء، حرَّرَ في كلّ مدّةٍ جزءًا منها، مثبتًا فيه أوقافًا جديدة وشروطًا جديدة. فأتت أوّل وقفية بتاريخ (١١٤٢هـ/١٧٣٠م)، والوقفية السادسة عشرة بتاريخ (١١٥٢هـ/١٧٤٠م)[١١].

ومثلما حدَّد الجهات الموقوفة على عمارته، وضَّح كذلك أوجه صرف ريعها، كما حدَّد الوظائف العاملة فيها، مع التوصيف الوظيفي لكلّ وظيفة، وأجرة كلٍّ منها.

وهناك وقفيتان إضافيتان من غيره، هما: الوقفية السابعةَ عشْرةَ، تاريخها (٢٤ شوال سنة ١٣٠٠هـ/١٨٨٣م): وقف فيها محمّد علي آغا ابن السيد محمّد طاهر آغا ابن صالح آغا اليكن، على المدرسة العثمانية الرضائية، دارًا في محلّة الألماجي في بوّابة الساعة. أمّا الوقفية الثامنةَ عشْرةَ (تاريخها ١٣١٧هـ)[١٢]، فقد وقف فيها متولّي وقف المدرسة العثمانية الرضائية الوجيه محمّد أمين آغا ابن المرحوم علي آغا ابن طاهر آغا اليكن، إحدى وعشرين دارًا أنشأها من غلّة الوقف التي اجتمع له معظمها من بدل الأحكار المعجّل والمؤجّل عن بساتين الواقف الأصلي، وبلغت غلّة هذه الدور في السنة ألفًا وسبعمائة ذهب عثماني[١٣].

المدرسة العثمانية الرضائية

تسمية المدرسة: من الطبيعي أنّ الجزء الأوّل منها –العثمانية– عائد إلى واقفها ومؤسّسها عثمان باشا الدُّورِكي، أمّا الجزء الثاني –الرضائية– فإنّه يعود إلى أخت الواقف، راضية خانم. فقد صرَّح الواقف في كتاب وقفه الأوّل سنة (١١٤٢هـ/١٧٣٠م) أنّ ذرّية أخته

---

[١٠] المرادي، سلك الدرر، ج٣: ١٥٩. الطباخ، محمّد راغب، إعلام النبلاء، ج٣: ٢٥٩–٢٦٠.

[١١] الغزي، كامل، نهر الذهب، ج٢: ١٥٩–١٧١.

[١٢] الذي حدّد هذا التاريخ بالضبط هو الطباخ، محمد راغب، إعلام النبلاء، ج٣: ٢٦٠.

[١٣] أي ليرة. الغزي، كامل، نهر الذهب، ج٢: ١٧١، وما فعله متولي الوقف أمين آغا اليكن، هو تنفيذ لشرط الواقف عثمان باشا الدوركي في وقفيته الأولى المحرّرة سنة ١١٤٢هـ، التي حدّدت التوصيف الوظيفي لمتولي الوقف بأن عليه «كلما اجتمع من الريع فضلة، يشتري بها عقارات تُلحق بالوقف». الغزي، كامل، نهر الذهب، ج٢: ١٦٣. في حين أن محمد راغب الطباخ يجعل هذا التوصيف في الوقفية الأخيرة المحرّرة سنة ١١٥٢هـ. انظر: الطباخ، محمد راغب، إعلام النبلاء، ج٣: ٢٦٣.

المتوفّاة، راضية خانم، مشمولون بسلسلة متولّي الوقف، حيث قال: «وتولية الوقف بعد الواقف لزوجته عائشة، ثم لولده منها محمّد طاهر بك، ثم للأسَنّ الأرشَد من ذُرّيته، ذُكورًا وإناثًا، وبانقراضهم فلِلأرشد الأسنّ من أولاد أخته المتوفّاة راضية خانم»[١٤]، وبما أنّ ابن الأخت يسمّى باللغة التركية (يَكَن)، فلذا أطلق هذا اللقب على أسرة أخته، وبقي إلى الآن[١٥]، ولذلك كان متولّي وقف المدرسة في الدفتر المدروس هو إبراهيم آغا اليكن.

كما نصّت الوقفية على أن تُعطى ثلاثون حجرةً من حجراتها الإحدى والأربعين لثلاثين رجلًا من طلَبة العلم، من أهالي حلب أو من غيرها، متزوّجًا كان أم أعزب، شرط أن يقرؤوا الدرس في المدرسة مع المطالعة والكتابة في حجرهم[١٦]، وأن يُصرف لكلّ طالب يوميًّا ثماني عثمانيات فضّية من حساب «كلّ مائة وعشرين عثمانيًّا قرش واحد»[١٧]. هذا غير نصيبهم من الطعام الذي حدّدته الوقفية الحاديةَ عشْرة[١٨].

وقد وصف محمّد راغب الطبّاخ هذه المدرسة بأنّها أعظم مدارس الشهباء شأنًا، وليس لها نظير في البلاد السورية وكثير من البلاد الإسلامية، من حيث ضخامة البناء، وسعة الأرجاء، وغزارة الوقف. ففي «قبليّتها قبّة شاهقة مبنيّة على جدران عريضة جدًّا، أمامها صَفَّتان كبيرتان عليهما أربعة عواميد ضخمة، وعلى طرفيها إيوانان كبيران...، وعن يمين الإيوان الغربي دِهليز في صدره قاعة للتدريس، لها شبابيكُ مطلّة على البستان، وفي شرقيّه حجرةٌ واسعة اتُّخذت مكتبة، ووُضع فيها كتب قيّمة من المخطوطات»[١٩].

---

١٤ الغزي، كامل، نهر الذهب، ج٢: ١٦٢.

١٥ صقال، فتح الله، قضايا وقف العثمانية أمام المحاكم المختلطة السورية، حلب: مطبعة سبع إخوان، [د.ت]، ٤.

١٦ المرادي، سلك الدرر، ج٣: ١٥٩، الغزي، كامل، نهر الذهب، ج٢: ١٦١، الطباخ، محمد راغب، إعلام النبلاء، ج٢: ٢٦١. وهناك شروط أخرى تتعلّق بطلّاب العلم في هذه المدرسة، منها (عدم حلق اللحية، والمبيت في المدرسة مع التمييز بين المتزوج والأعزب، والقيام بالصلوات الخمس، وأن يقرأ كلّ واحد منهم في كل يوم بعد صلاة الصبح جزءًا من القرآن ويهدون ثوابه للنبي وآله وصحابته، وللأنبياء والمرسلين، ثم لروح الواقف وأبويه ومن يلوذ به، ولزوجته عائشة، وأخته راضية خانم المتوفّاة وزوجها).

١٧ الغزي، كامل، نهر الذهب، ج٢: ١٦٠. ثم قال كامل الغزي: «وقدروا هذا القرش بأنه يساوي ثمانية قروش من قروش زماننا»، وهي سنة ١٣٤٥هـ/١٩٢٦م، وانظر طلس، محمد أسعد، المخطوطات وخزائنها في حلب. مجلّة معهد المخطوطات العربية، مج١، ج١ (مايو ١٩٥٥)، ٨–٣٦، ٢٦.

١٨ الغزي، كامل، نهر الذهب، ج٢: ١٦٩، الطباخ، محمد راغب، إعلام النبلاء، ج٣: ٢٦٣.

١٩ الطباخ، محمد راغب، إعلام النبلاء، ج٣: ٢٦٣–٢٦٤، ويقول كامل الغزي: إنّ «هذه المدرسة من أتقن مدارس حلب وأجملها». الغزي، كامل، نهر الذهب، ج٢: ١٥٩.

مكتبة المدرسة العثمانية الرضائية

من الملاحظ أنّ بناء المكتبة كان في ذهن الواقف منذ بداية تأسيس العمارة، وهذا أمر مهمّ؛ لأنّه سيأخذ في الحسبان موقعها، ومساحتها التي ستتلاءم مع عدد جمهور المستفيدين منها واحتياجاتهم والخدمات المقدَّمة لهم. فلو أنّها ألحقت فيما بعد كعنصر دخيل على جسد البناء، كاستصلاح إحدى الحجرات المخصّصة للسكن، أو لخزن آلات العمارة؛ فإنّ مقوّماتها لن تلبّي الأهداف المرجُوّة منها على أكمل وجه، سواء المساحة المخصّصة لخزائن الكتب، أو المساحة المخصّصة لعمليتَي الاطلاع الداخلي والنساخة.

موقع المكتبة: تقع المكتبة شرقيَّ الدهليز الذي تتصدّره قاعة التدريس، وهو موقع جيد؛ لأنّ من شروط موقع المكتبة الهدوء والبعد عن الضوضاء، وقبل الخوض في الحديث عن تفاصيل العمل في المكتبة لا بدَّ لنا من الإقرار أنّ المصدَرَين اللذين نقلا لنا أجزاءً من نصوص وقفيات المدرسة العثمانية[٢٠]، يقع بينهما بعض التفاوت في العبارة إلى حدّ التضارب، لا سيّما ما يخصّ عمل أمين الكتب، وجمهور المستفيدين من المكتبة، ولكنّهما يتّفقان فيما عدا ذلك، ومع ذلك تبقى المعلومات المتّفق عليها غير منطقية إذا ما قُوطعت مع باقي المعلومات الواردة في الوقفية.

وكي يتّضح المقصِد، إليكم ما أثبته الغزّي من وقفية سنة **(١١٤٢هـ/١٧٣٠م)**، حيث قال: «ومدرسٌ جامعٌ بين المعقول والمنقول، والفروع والأصول، يُفيد الطلبة في المدرسة المذكورة خلا يومَي الثلاثاء والجمعة، يوميتُه أربعون عثمانيًّا، ومُحدّثٌ عالِمٌ بفنّ الحديث، يقرأ في المدرسة المذكورة كلّ يوم اثنين وخميس ما شاءه من كتب الحديث، يوميتُه عشرون عثمانيًّا»[٢١].

بينما ورد النصّ عند محمّد راغب الطبّاخ: «مدرسٌ جامعٌ بين المعقول والمنقول، قادر على إفادة الفروع والأصول، يفيد الطلبة في المدرسة المذكورة كلّ يوم خلا الجمعة والثلاثاء، له كلَّ يوم ٤٠ عثمانيًّا. محدّثٌ عالمٌ يفيد الحديث ولوازمه، يقرأ كلّ يوم اثنين وخميس في كلّ يوم ٢٠ عثمانيًّا»[٢٢]. ومن ثَمّ، هناك ما يؤكّد أنّ أحدهما أو كليهما، كان ينقل من الأصل بتصرُّف، والمشكلة تتفاقم فيما يخصّ مهنة أمين الكتب.

---

[٢٠] وهما الغزي، كامل، نهر الذهب، ج٢: ١٦٠–١٦٣، الطباخ، محمّد راغب، إعلام النبلاء، ج٣: ٢٦٠–٢٦١.

[٢١] الغزي، كامل، نهر الذهب، ج٢: ١٦٠.

[٢٢] الطباخ، محمد راغب، إعلام النبلاء، ج٣: ٢٦٠–٢٦١.

فبينما يُثبت الغزّي: «أمينُ كتبٍ يُعطي للمُحدِّث والمُدرِّس ما يحتاجانه من الكتب، ويفتح المكتبة لاستفادة الناس من طلوع الشمس إلى غروبها، في يومي الاثنين والخميس، دون إخراج كتب منها، وأن ترمّم الكتب بمعرفة المتولّي، ويومية أمين الكتب عشرون»[٢٣]، يُثبت الطباخ النصّ على الصورة التالية: «حافظ للكتب المدرس والمحدث يأخذ الكتب، ويفتح باب الحجرة في كلّ يوم اثنين وخميس، يدخل الطالب ويطالع محلًّا يريده من تلك الكتب، ويكتب منها ما يريد، لا يُخرج كتابًا منها خارج الجامع، ومنع إخراج شيء من الكتب، وتُرمّ الكتب وتصلح في نفس المكتبة، وظيفة الحافظ في كلّ يوم ٢٠ عثمانيًّا»[٢٤].

ومن الجلي أنّ هناك اختلافات بين النصَّين هي:

- التسمية: عند الغزي «أمين الكتب»، وعند الطباخ «حافظ الكتب».
- التوقيت: عند كليهما، تفتح المكتبة أبوابها يومي الاثنين والخميس، ولكن تفرّد الغزّي بتحديد الوقت من طلوع الشمس إلى مغربها.
- المستفيدون من المكتبة: عند الغزّي الناس بشكل عام، وعند الطباخ طلبة المدرسة فقط.

والأهمّ من ذلك، التناقض مع ما سبق، فالتوصيف الوظيفي لمهنة أمين الكتب هو:

- تقديم الكتب التي يطلبها كلٌّ من المدرِّس والمحدِّث.
- فتح المكتبة يومي الاثنين والخميس.
- منع الإعارة الخارجية، والاكتفاء بالإعارة الداخلية والاطلاع الداخلي فقط.
- تحديد الكتب التي تحتاج إلى ترميم، والسعي في ترميمها[٢٥].
- تقاضي عشرين عثمانيًّا يوميًّا.

ومن ثم فإنّ التناقض مردُّه إلى أنّ المهمّة الأولى لأمين الكتب هي تقديم الكتب

---

٢٣ الغزي، كامل، نهر الذهب، ج٢: ١٦٢.

٢٤ هكذا ورد النصّ عند الطباخ، محمد راغب، إعلام النبلاء، ج٣: ٢٦١، وقد يكون المقصود: حافظ للكتب يعطي المدرس والمحدث، ويأخذ الكتب منهما.

٢٥ فيما يخص عملية الترميم –التي هي هنا التجليد– فإن النص الوارد عند الغزي يحدّد مهمة أمين الكتب: بتحديد الكتب المحتاجة للترميم، ثم إبلاغ متولي الوقف بذلك، والأخير من يتخذ القرار، دون تحديد لمكان عملية الترميم، داخل المكتبة أم خارجها. في حين يؤكد الطباخ أن عملية الترميم تتم داخل المكتبة، والذي يجعل نص الغزي أقوى: أن الوقفية لم تنصّ على مهنة المُجلد، وأنها لم تذكر صراحة في التوصيف الوظيفي لمهنة أمين الكتب بأن عليه تجليدها.

للمدرِّس والمحدّث، اللذين تتقاطع أيّام عملهما في المدرسة يومي الاثنين والخميس، ويتفرّد المدرّس بالعمل أيام السبت، والأحد، والأربعاء. فإذا كان أمين الكتب لا يباشر عمله إلّا يومي الاثنين والخميس فقط، فكيف سيعطي المدرِّس ما يحتاجه من كتب في الأيام الثلاثة الأُخر؟!.

وعليه، فأغلب الظنّ أنّ عمل أمين الكتب كان يوميًّا، خلا يومي الجمعة والثلاثاء، يمدّ فيها المدرِّس والمحدِّث بما يحتاجانه من كتب، ويستردّها منهما في نهاية دوامهما، ولكنّه في يومي الاثنين والخميس يفتح المكتبة أمام الطلبة للاطّلاع الداخلي والاستنساخ.

ولا بدّ من التأكيد أنّ جمهور المستفيدين من المكتبة هم طلبتُها فقط، وذلك بالاعتماد على ما رقنه أمين كتبها محمّد عطاء الله مدرسزاده سنة (١٢٨٢هـ/١٨٦٥م). على ظهرية الدفتر المُجدَّد لكتب وقف مكتبة المدرسة العثمانية الرضائية، حيث قال: «شرط الواقف المرحوم عثمان باشا –أورثه الله الجنّة يتبوّأ منها حيث يشاء– أن لا يُعير أمين الكتب من كتبه الموقوفة لأحد من خارج المدرسة، وأن لا يخرج منها شيء ولو برَهْنٍ، كما هو مصرّح به في وقفيته المعمول بها»[٢٦]، وبالتالي فإنّ النصّ الذي أورده محمّد راغب الطباخ عن هذه الجزئية أصحُّ ممّا أورده كامل الغزي، كما ظهر الدور الذي أدّته ظهرية الدفتر في تحقيق هذه المعلومة.

واستكمالًا لصورة المكتبة، لا بدّ من الاستفادة من المعلومات المهمّة جدًّا التي قدَّمها الدفتر المُجدِّد ويصعب العثور عليها في مكان آخر، والمقصود هنا: الواقفون على مكتبة المدرسة العثمانية الرضائية حتّى مطلع القرن الرابع عشر الهجري، كما هو مُبيّن في الجدول رقم (١).

---

[٢٦] الدفتر المجدد لكتب وقف عثمان باشا الدوركي، (مخطوطة المكتبة الوطنية بدمشق، رقم ١٦٠٠١، ١٩ ورقة)، [٢/أ].

الجدول رقم (١)
الواقفون على مكتبة المدرسة العثمانية الرضائية حتّى مطلع ق ١٤هـ

اسم الواقف	الوظيفة/ اللقب	تاريخ الوقف	شروط الواقف	ملاحظات
أحمد باشا	وزير	–	–	–
حسن آق شاهرلي	أفندي	١٢٢٦هـ	–	–
عبد الله فنصة زاده	السيد	–	–	–
محمد الكلزي زيتجي	أفندي	١٦/ جمادى١/١٢٤٨هـ	–	–
تقي الدين	أفندي	–	–	–
إبراهيم اليكن	آغا، متولي الوقف	١٢٥٢هـ؟[٢٧]	–	–
الحاج محمود	جابي بيت الجلبي	–	–	–
عبد الرحمن	الشيخ، إمام الجامع الأموي بحلب	–	–	–
وحيد	باشا	–	–	–
–	الفرّاش	–	–	–
عبد القادر العكام	تاجر	–	–	–
رجب	باشا	–	–	–
كتخدا زاده	–	–	–	–
يوسف اليكن زاده	آغا	–	–	–
حسن الكلزي	أفندي، شيخ	–	–	كتبه، وما كان معها من كتب موقوفة.
محمد بن محمود بن حسن قابل الإدلبي	السيد	–	–	–
إسماعيل صادق	–	–	–	–

٢٧ إبراهيم آغا ابن علي آغا اليكن، متولي الوقف سنة ١٢٥٢هـ. انظر الدفتر المجدد: الورقة [٢/ب].

اسم الواقف	الوظيفة/ اللقب	تاريخ الوقف	شروط الواقف	ملاحظات
الحاج صالح	أفندي، مدرس	–	–	مُدرِّس الرضائية، كتبه والكتب الموضوعة عنده أمانة.
إسماعيل صادق	–	–	–	–
زليخة	حليلة... اليكن	(١٢٨٢هـ ؟)[٢٨]	–	–
–	فلاحو قرية الأتارب	(١٢٨٢هـ ؟)	–	–
–	عساكر	(١٢٨٢هـ ؟)	–	–
–	بعض الأكراد	(١٢٨٢هـ ؟)	–	–
محمد الملقي	الشيخ، أفندي	(١٢٨٢هـ ؟)	–	–
محمد تقي الدين	باشا، والي ولاية أدنة	محرّم ١٢٨٢هـ	على شرط الواقف عثمان باشا الدُّورِكي	–
هاشم النيربي	الشيخ	١٢٩٠هـ	وشرط أن لا يُمنع عنها أحد من طلبة العلم من أهل المدرسة وغيرهم[٢٩].	كانت كتبه أمانة في المدرسة ثم دخلت إلى المكتبة
عبد الرحمن بن أحمد الحلبي الشهير بشنون	السّيد	قبل ١٣٠٠هـ	–	من طلبة المدرسة[٣٠]
حسين بن عبد الرحمن مدرسزاده	باشا	–	–	كتبه، وكتب معها مكتوب عليها وقف.

---

[٢٨] هذا تاريخ تسلُّم محمد عطاء الله زاده لمهام أمين الكتب في المدرسة العثمانية، وهذه الوقفيات تمّت في عهده. كما صرَّح هو بذلك في الورقة [١٦/ب].

[٢٩] انظر الدفتر المجدد: الورقة [١٧/أ].

[٣٠] انظر ترجمته في الحاشية رقم (٧٥٦)، في الفصل الثاني.

اسم الواقف	الوظيفة/اللقب	تاريخ الوقف	شروط الواقف	ملاحظات
محمد تقي الدين بن عبد الرحمن مدرسزاده	والي بغداد	١٣٠٤هـ[31]	–	–
صالح الطيبي	الشيخ	١٣١٠هـ	–	–
عيسى البيانوني	–	قبل ١٣٠٨هـ	–	من طلبة المدرسة، ومُدرسيها[32]

من خلال هذا الجدول يتبين:

- تنوّع مشارب الواقفين الطبقية والثقافية والجنسية، ما بين وزير، ووالٍ، وشيخ، ومُدرِّس، وطالب علم، وتاجر، وإمام جامع، وفرَّاش، وفلاحين، وجُند، حتّى إن هناك واقفة امرأة. هذا التنوّع دليلٌ بيِّنٌ على الدور الريادي الذي أدّته هذه المدرسة في محيطها الحلبي، والمكانة التي بلغتها في وجدان المجتمع الذي تخدمه.
- عدم التزام الواقف الشيخ هاشم النيربي بشروط الانتفاع التي وضعها الواقف الأوّل عثمان باشا الدوركي لمجموعته. فالشيخ هاشم بذل مجموعته الموقوفة لطلبة العلم من أهل المدرسة وغيرهم، وتكمن أهمّية هذه المعلومة في أنّها ستنعكس على سير عمل أمين الكتب، الذي عليه أن يلتزم بشروط الواقفين، ويميّز من المجموعة المقتناة بين ما هو متاح لعامّة طلبة العلم، وبين ما هو محصور بطلبة المدرسة، لكنّ صِغَرَ حجم مجموعة الشيخ هاشم النيربي (أربعة كتب فقط)[33]، لا يمكن أن يغيّر مجرى النظام الذي أرساه الواقف عثمان باشا.

---

٣١ في ترجمة تقي الدين باشا (١٢٣٠–١٣١٠هـ/١٨١٥–١٨٩٣م)، عند الطباخ: أنه تولّى ولاية بغداد مرتين، الأولى قبل سنة (١٢٩١هـ/١٨٧٤م)، والثانية انتهت سنة (١٣٠٤هـ/١٨٨٧م). حيث قال: «ثم عُيِّن لبغداد للمرة الثانية، وفي سنة ١٣٠٤ استعفى وعاد إلى حلب، فوصلها في ٢٣ رجب، كما ذكرته جريدة الفرات الرسمية، فبقي مقدار شهرين، ثم توجه إلى الآستانة وله فيها منزل، فأقام فيه إلى أن توفّي في رمضان سنة ١٣١٠، ووقف كتبًا كثيرة فيها المخطوط والمطبوع على المدرسة العثمانية بحلب وضعت مع الموقوفة من زمن الواقف، وأرسل هذه الكتب من بغداد، ووقف جميع أملاكه على المدرسة المذكورة». انظر الطباخ، محمد راغب، إعلام النبلاء، ج٧: ٤١٤. أي أن الكتب التي أوقفها تقي الدين باشا أرسلها من بغداد قبل رحيله عنها في ولايته الثانية سنة (١٣٠٤هـ)، والدفتر يؤكد أنه الوالي سابقًا بولاية بغداد الجليلة. أي أنّ عملية تسجيل الكتب في الدفتر تمّت عقب عودته من بغداد سنة (١٣٠٤هـ).

٣٢ عن ترجمته وكيفية تحديد هذا التاريخ، انظر الحاشية رقم ١١٠٩، في الفصل الثاني.

٣٣ الدفتر المجدد: الورقة [١٧/أ].

- أنّ جانبًا من الواقفين كانوا إمّا مُدرِّسين في المدرسة، أو طلبة علمٍ فيها، وهذا يعكس نوعًا من الوفاء للمؤسّسة التي دَرَسوا فيها، أو عَمِلوا فيها.
- أنّ بعض الواقفين، كَحَسن الكلزي، وحسين بن عبد الرحمن مدرسزاده، كان بين كُتبهم كتبٌ مكتوب عليها قيود وقف، وهذا إمّا لأنّهما استعارا كتبًا من إحدى المكتبات الوقفية ولم يُعيداها، أو أنهما اشتريا كتبًا مسروقة أصلًا من إحدى المكتبات الوقفية.
- أنّ الفرصة لتأريخ هذه المجموعة متاحة، من خلال البيانات التي قدّمها الدفتر عن الواقفين، فبينما نعلم أنّ المجموعة وصلت من مكتبة المدرسة العثمانية الرضائية بحلب، أصبح بالإمكان معرفة الروافد التي صبَّت من قبل في المكتبة، والخلفية الثقافية والعلمية للواقفين، وهذا النوع من الأبحاث المهتمّة بعائدية المخطوطات، أو رحلة المخطوطات، بات يحظى في الآونة الأخيرة بعناية الباحثين، إذ يمكن من خلاله إضافة عنصر جديد في تقييم المجموعة المُقتناة، وإعادة تأريخ واكتشاف للمكتبات الأصلية، وربما إعادة النظر في الحراك الثقافي في مجتمعٍ ما بعصر ما[٣٤]، وفي تتبُّع رحلة المخطوطات يكمن جزء من تاريخ مكتباتها.

قيمة مكتبة المدرسة العثمانية الرضائية بحلب

تنبع قيمة أيّة مكتبة من قيمة مقتنياتها؛ فكلّما امتلكت المكتبة نُسخًا نادرة يعزّ وجودها في مكتبة أخرى، أو نسخًا بخطوط مؤلّفيها، أو بخطّ أحد مشاهير الخطّاطين، أو دَرَسها وانتفع بها أعلام العلماء[٣٥]، أو كانت في ملك عالمٍ معيّن[٣٦]. زادت قيمة هذه المكتبة.

---

[٣٤] انظر الدراستين الآتيتين:

Liebrenz, Boris, *Die Rifāʿīya aus Damaskus. Eine Privatbibliothek im osmanischen Syrien und ihr kulturelles Umfeld*, Leiden: Brill, 2016.

Krimsti, Feras. "The Lives and Afterlives of the Library of the Maronite Physician Hanna al-Tabib (c. 1702–1775) from Aleppo", *Journal of Islamic Manuscripts* 9 (2018), 190–217.

[٣٥] انظر الجوماني، سعيد، الفهارس المخطوطة للمكتبات الإسلامية، ٤٩.

[٣٦] الطناحي، محمود محمد، الفهرس الوصفي لبعض نوادر المخطوطات بالمكتبة المركزية بجامعة الإمام محمد بن سعود الإسلامية، الرياض: جامعة الإمام محمد بن سعود الإسلامية، ١٩٩٢، ٩. سيد، أيمن فؤاد، الكتاب العربي المخطوط وعلم المخطوطات. القاهرة: الدار المصرية اللبنانية، ١٩٩٧، ج٢: ٤٥٤. وهنا تبرز أهمّية إضافية لذكر أسماء الواقفين في هذا الدفتر.

وقد كانت النُّسخُ النفيسة تُنسب إلى المكتبة الحاوية لها، وتُعرَف بها. فعَلَمُ الدين البرزالي (ت ٧٣٩هـ/١٣٣٩م)[٣٧] كان يَنسبُ النُّسخَ الصحيحةَ التي تحمَّلها، إلى المكتبات الوقفية التي أتت منها. فيقول في ثَبَته: «وسمعتُ في هذا التاريخ [السبت السابع والعشرين من جمادى الأولى ٦٨٠هـ[٣٨]] على الشيخ فخر الدين علي بن أحمد بن عبد الواحد جزءًا فيه فوائد محمّد بن عبد الله بن عبد الحكيم، بإجازته من اللبان، بإجازته من الشيروي، بسماعه من أبي سعيد بن شاذان الصيرفي، بسماعه من لفظ الأصم عنه، أوّلُه: أقِيلوا ذوي الهيئات عثراتهم، وآخره: لمّا قدم رسول الله صلّى الله عليه وسلّم وُعِك أبو بكر وبلال، وذلك بقراءة تقي الدين ابن تيمية، من نسخة بالسميساطية[٣٩]، وقف المسعودي[٤٠]، بالجامع المظفّري. كتبه ابن البرزالي»[٤١].

أي أنّ مجلس العلم المُنعقِد في الجامع المظفري بسفح جبل قاسيون، ظاهر دمشق، في يوم السبت ٢٧ جمادى الأولى سنة ٦٨٠هـ، حضرَه علمُ الدين البرزالي وسمع جزءًا فيه فوائد ابن عبد الحكم بقراءة الشيخ ابن تيمية، وهذا الجزء هو نسخة مكتبة الخانقاه السميساطية بدمشق، وقد وقفه عليها المسعودي البنجديهي.

كما ذكر أيضًا: «وقرأت على الشيخ ركن الدين يونس بن علي بن مرتفع بن أفتكين، المجلس الأوّل من أمالي ابن ناصر بسماعه من ابن المقير بإجازته [...] وصح يوم الأربعاء منتصف جمادى الآخرة بالمدرسة المسرورية بدمشق من وقف السميساطية. كتبه ابن البرزالي»[٤٢].

---

٣٧ هو القاسم بن محمد بن يوسف بن محمد ابن أبي يداس البرزالي الإشبيلي الدمشقي. محدّث، مؤرّخ.

٣٨ من الجدير بالذكر أنّ هذا الجزء من ثبت البرزالي عبارة عن قطعة من تسع ورقات فقط، تبدأ من مستهل شهر جمادى الأولى، وتنتهي في شهر شعبان، لكنه لم يُحدّد فيها السنة، وربما حدّدها مع مستهل شهر محرم المفقود. انظر: البرزالي، القاسم بن محمد بن يوسف بن محمد ابن أبي يداس، ثبت مسموعات علم الدين البرزالي، (مخطوطة المكتبة الوطنية بدمشق، المجموع رقم ٣٧٥٥، الرسالة ١٨، ٩ ورقات)، الورقة [٢٢٥/ ب]، ولكن هناك قطعة أخرى من هذا الثبت عبارة عن ورقتين، الأولى فيها ما تحمَّله في شهر صفر سنة ثمانين، أي (٦٨٠هـ). انظر: البرزالي، القاسم بن محمد بن يوسف بن محمد ابن أبي يداس، ثبت مسموعات علم الدين البرزالي، (مخطوطة المكتبة الوطنية بدمشق، المجموع رقم ٣٨٥١، الرسالة ١٤، ورقتان)، الورقة [١٤٩/أ].

٣٩ عن مكتبة الخانقاه السميساطية والنسخ الموقوفة فيها من قبل العلماء الثقاة انظر: الجوماني، سعيد، مكتبة الخانقاه السميساطية بدمشق خلال العهدين الأيوبي والمملوكي. *Journal of Islamic Manuscripts*, 8 (2017). ٢٥٨–٢٦٢.

٤٠ المسعودي: هو محمد بن عبد الرحمن البنجديهي (ت ٥٨٤هـ/١١٨٨م).

٤١ البرزالي: ثبت مسموعات علم الدين البرزالي: المجموع ٣٧٥٥، الورقة [٢٢٥/ ب].

٤٢ البرزالي: ثبت مسموعات علم الدين البرزالي: المجموع ٣٧٥٥، الورقة [٢٢٨/ ب].

وكذلك فعل ناصر الدين محمد بن طولبُغا السَّيفي (ت ٧٤٩هـ/١٣٤٩م)[٤٣] في ثَبَته الذي كتبه بعد (١٨ محرّم ٧٤٠هـ/١٣٣٩م)[٤٤]، إذ حدَّدَ فيه ذاتية كلّ نسخة تحمّلها، وميزَها عن باقي النسخ الموجودة من الكتاب، لإبراز أصالتها من جهة، ومن جهة ثانية للتأكيد أنّ سنده في تحمّل هذا الكتاب موجود على هذه النسخة دون سواها. فقال عن المجلّد التاسع من مسند أبي عوانة يعقوب بن إسحق الإسفرائيني[٤٥]، إنه من «وقف الضياء بمدرسته»[٤٦]. فحدّد أنّ النسخة التي تحملها من هذا المسند هي النسخة التي أوقفها ضياء الدين محمّد بن عبد الواحد بن أحمد المقدسي الصالحي (ت ٦٤٣هـ/١٢٤٥م)[٤٧]، على مدرسته الضيائية التي أنشأها في سفح جبل قاسيون ظاهر دمشق.

وأسلوب العلماء في تحديد النسخ التي تحملوها أو استخدموها، من خلال نَسبها إلى المكتبات الحافظة لها، هو ما دعا فرانتز روزنتال إلى القول إنّه «من الأمور التي تسعفُ العالِم في التحقُّق من صِحّة مخطوطة ما، ذِكرُ المكتبةِ التي كانت المخطوطةُ محفوظةً في خزائنها، وعلى هذا الأساس كان اليونيني، ومن بعده القسطلاني، يُشيران إلى المكتبة التي كانت توجد فيها مخطوطات صحيح البخاري التي كانا يستعملانها»[٤٨].

ومن مقتنيات مكتبة المدرسة العثمانية الرضائية التي يَصحُّ أن تُنسب إليها وتُعرف بها[٤٩]، نسخة «بغية البيان في تفسير القرآن»، لأبي عبد الله العارف بالله الشيخ عمر بن

---

٤٣ انظر ترجمته عند الذهبي، محمد بن أحمد بن عثمان، العبر في خبر من غبر، تحقيق أبو هاجر محمد السعيد بن بسيوني زغلول. بيروت: دار الكتب العلمية، ١٩٨٥، ج٤: ١٥٣.

٤٤ ابن طولوبغا السيفي، محمد، ثبت فيه ثمانية وأربعون شيخًا وخمس شيخات، (مخطوطة المكتبة الوطنية بدمشق، المجموع رقم ٣٨٢٧ت٢١)، الورقة [٣٠٧/أ].

٤٥ أبو عوانة يعقوب بن إسحق بن إبراهيم النيسابوري الإسفرائيني (ت ٣١٦هـ). انظر ترجمته عند الذهبي، محمد بن أحمد بن عثمان، سير أعلام النبلاء، تحقيق شعيب الأرناؤوط، حسين الأسد، بيروت: مؤسسة الرسالة، ١٩٩٣، ج١٤: ٤١٧.

٤٦ ابن طولوبغا السيفي، محمد، ثبت فيه ثمانية وأربعون شيخًا وخمس شيخات، المجموع رقم ٣٨٢٧ت٢١، الورقة [٣٠٣/أ].

٤٧ انظر ترجمة الضياء محمد بن عبد الواحد المقدسي في: الذهبي، سير أعلام النبلاء، ج٢٣: ١٢٦–١٢٩.

٤٨ روزنتال، فرانتز، مناهج العلماء المسلمين في البحث العلمي، ترجمة أنيس فريحة، بيروت: دار الثقافة، ١٩٦١، ٦٦.

٤٩ في الحقيقة، إنّ حصر نفائس مكتبة المدرسة العثمانية الرضائية يتطلب فحص المجموعة الكاملة التي وصلت منها، وهذا الأمر يستحيل عليَّ تحقيقه الآن؛ لإقامتي في برلين وعدم قدرتي على السفر إلى سورية، ولكن ما لا يُدرَك كُلُّه لا يُترك جُلُّه، لذا سأعتمد على تقييم محمد راغب الطباخ لكتب علمي التفسير والحديث من مقتنيات المكتبة.

محمد السهروردي (ت ٦٣٢هـ)[٥٠]، وهذه النسخة مكتوبة سنة ٦١٣هـ، أي في حياة المصنّف، وموقّعة بخطّه؛ فقد قُرِئت عليه، وفي آخرها قيد إجازة منه لأمين الدين أبي القاسم بن بندر التبريزي في سنة ٦١٣هـ[٥١]، وهي نسخة تامّة نفيسة جدًّا[٥٢]. ومثلها نسخة توثيق عرى الإيمان في تفضيل حبيب الرحمن، للإمام إبراهيم بن البارزي الحموي (ت ٧٣٨هـ/١٣٣٨م)[٥٣]؛ لأنّ هذه النسخة مكتوبة في حياة المصنّف سنة ٧٢٢هـ، ومقروءة عليه سنة ٧٣٣هـ، «وهذا الكتاب نادر الوجود»[٥٤].

وكذلك الجزء الأوّل من فتح الغفّار بما أكرم الله نبيّه المختار، أو شرح الشفا للقاضي عياض، تأليف عمر بن عبد الوهاب العرضي (ت ١٠٢٤هـ)[٥٥]؛ لأنّه منقول من نسخة المؤلّف[٥٦].

وهناك نسخة «الاستيعاب في معرفة الأصحاب»، للحافظ ابن عبد البرّ الأندلسي (ت ٤٦٣هـ)[٥٧]، فهي بخطّ مغربي وعليها سماعات متعدّدة، مكتوبة بقرطبة، ناسخها إبراهيم بن يحيى بن إبراهيم، تاريخ نسخها ٥٢٣هـ، «ولعلّ هذه النسخة أنفس نسخ الاستيعاب الموجودة في العالم»[٥٨].

وأيضًا نسخة «فتح المتعال في مدح النعال»، للعلّامة أحمد بن محمّد المقري التلمساني، فهي بخطّ المصنّف[٥٩]، ونسخة «الكاشف في رجال الكتب الستّة»، للحافظ شمس الدين أبي عبد الله محمّد بن أحمد الذهبي (ت ٧٤٨هـ) «نسخة نفيسة جدًّا محرّرة سنة ٧٥٦هـ، أي بعد وفاة المؤلّف بقليل، ومقابلة»[٦٠].

---

٥٠ هذا الكتاب ورد في الدفتر بعنوان بغية البيان، ولكن الطباخ يسمّيه نغبة البيان، وصدر مطبوعًا محقّقًا بهذا العنوان. انظر الكتاب رقم ٦ من الدفتر المحقق.

٥١ السهروردي، عمر بن محمد بن عبد الله، نغبة البيان في تفسير القرآن، تحقيق ياشار دوزنلي، إستانبول: [د.ن]، ١٩٩٤، ١٦.

٥٢ الطباخ، محمد راغب، مخطوطات المدرسة العثمانية بحلب، ٤٧١.

٥٣ انظر في الملحق الرقم (١٤٩٣٤).

٥٤ الطباخ، محمد راغب، مخطوطات المدرسة العثمانية بحلب، ٤٧٣.

٥٥ انظر الكتاب رقم ٥٣ في الدفتر المحقق.

٥٦ الطباخ، محمد راغب، مخطوطات المدرسة العثمانية بحلب، ٤٧٢.

٥٧ انظر الكتاب رقم ٨٢ من الدفتر المحقق.

٥٨ الطباخ، محمد راغب، مخطوطات المدرسة العثمانية بحلب، ٤٧٦.

٥٩ انظر الكتاب رقم ٧٣ في الدفتر المحقق، وانظر الطباخ، محمد راغب، مخطوطات المدرسة العثمانية بحلب، ٤٧٣.

٦٠ انظر الكتاب رقم ٩٩، الطباخ، محمد راغب، مخطوطات المدرسة العثمانية بحلب، ٤٧٤.

ونسخة «التوضيح لشرح الجامع الصحيح»، تأليف سراج الدين، أبو حفص عمر بن علي بن أحمد الأنصاري الشافعي المعروف بابن الملقّن (ت ٨٠٤هـ/١٤٠١م). فالمجلّد الأوّل مكتوب سنة ٧٨٥هـ، والثاني سنة ٧٨٦هـ، «وعليهما خطّ المؤلّف في عدّة محلّات، وقد حرّرهما البرهان الحلبي حينما كان في مصر، وجاء في آخر المجلّد الثاني ما نصُّه: «ثم بلغ في الثاني بعد المائة قراءة عليَّ، ومقابلته بأصله-نفعه الله به وإياي. كتبه مؤلّفه غفر الله له»[٦١].

فهذه نسخة مكتوبة بخطّ البرهان الحلبي، ومقروءة على مؤلّفها ومقابلة بأصله. ونسخة كتاب فضل الخيل على طريقة المحدثين لشرف الدين عبد المؤمن بن خلف الدمياطي (ت ٧٠٥هـ). إذ جاء «عليه في آخر صحيفة منه خطّ المؤلّف وسماع عليه سنة ٦٨٩، بالقاهرة، وخطّه حسن، وهو مضبوط بالشكل، وهو من نفائس هذه المكتبة»[٦٢]. وهذا ليس غريبًا على هذه المكتبة التي كانت مقتنياتها في ملك رجالٍ من ذوي الحيثيات، كالوزير عثمان باشا الدُّورِكي، والوزير تقي الدين بن عبد الرحمن مدرسزاده[٦٣]، والشيخ عيسى البيانوني، وغيرهم من الواردين في الجدول رقم(١).

وبعد محاولة الفهم لطبيعة عمل أمين مكتبة المدرسة العثمانية الرضائية التي رسمها له الواقف، والاستفادة من المعلومات الواردة عن الواقفين، وإبراز نفاسة بعض مقتنياتها، يمكن الاستناد إلى الدفتر المُجدَّد في استكمال صورة العملية التعليمية في المدرسة – بخاصّة أنّ مجموعة مقتنيات المكتبة كانت رديفًا لهذه العملية– وأيضًا التعرّف على مستوى العمل المكتبي الممارس فيها.

ومن جميل الطالع أن تبقي عوادي الزمن على النسخة المُجدّدة من دفتر وقف كتب المكتبة لسنة ١٢٥٢هـ/١٨٣٦م، وفي تضاعيفها المجموعات المُضافة إليها حتّى بداية القرن الرابع عشر الهجري، وبإخضاع هذا الدفتر للدراسة سيتمّ التعرّف على:

- العلوم التي كانت تُدَرّس في هذه المدرسة في القرن الثالث عشر الهجري.
- ذهنية العمل المكتبي في هذه المكتبة، من حيث التعرّف على بيانات الوصف الببليوجرافي المستخدمة، والوظائف التي اضطلع بها الدفتر، وطريقة ترتيبه

---

٦١ محمد راغب الطباخ، مخطوطات المدرسة العثمانية بحلب، ٤٧٤. وانظر الكتاب رقم ٣٧ من الدفتر المحقق.

٦٢ محمد راغب الطباخ، مخطوطات المدرسة العثمانية بحلب، ٤٧٧. وانظر الكتاب رقم ٩٨ من الدفتر المحقق.

٦٣ يقول محمد راغب الطباخ عمّا أوقفاه على المكتبة: «وفيها من وقف هذين العظيمين كتب من النفاسة بمكان». الطباخ، محمد راغب، دُور الكتب في حلب قديمًا وحديثًا. مجلة المجمع العلمي العربي، ع ٧–٨ (يوليو ١٩٣٢). ٢٩٩–٣١٠، ٣٠٦.

وإخراجه. ويضاف إليها ما تبوح به مقدّمة الدفتر من معلومات تشير إلى الواقف، وأسماء الخزنة، وعملية الاستلام والتسليم بينهم.

أوّلاً: العلوم التي كانت تُدَرّس في هذه المدرسة حتّى مطلع القرن الرابع عشر الهجري.

لقد اجتهد الواضع الأوّل لهذا الدفتر أن يُقسِّم المجموعة المقتناة موضوعيًا، فأتت قائمة رؤوس الموضوعات التي أُدرِجت تحتها الكتب على النحو الآتي: (الكتب المتعلّقة بالقرآن العظيم، كتب الحديث النبوي ومتعلّقاته، كتب وعظ وغيرها، كتب الفقه والفتاوى، كتب الأصول، كتب العقائد، كتب معاني وبيان، كتب منطق وفلك وحكمة وهيئة وهندسة وحساب، كتب اللغة، أدب وتاريخ، كتب النحو، كتب الصرف، كتب اللغة التركية)، وقد شغل هذا التقسيم الموضوعي الورقات من [٢/ب] حتّى السطر الأوّل من الورقة [١٠/ب].

لكنه لاحقًا أدرج المجموعات الأخرى المقتناة تحت أسماء واقفيها، وذلك من الورقة [١٠/ب] حتّى السطر الرابع من الورقة [١٥/أ]، وقد تبعه في هذا الإجراء واقتدى به أمناء المكتبة اللاحقون، والجدول رقم (٢) يمثِّل التوزّع الكمّي للموضوعات حسب تصنيف أمين المكتبة:

الجدول رقم (٢)

التوزّع الكمّي للموضوعات حسب تصنيف أمين المكتبة

الموضوع	عدد المجلّدات	الموضوع	عدد المجلّدات
الكتب المتعلّقة بالقرآن العظيم	٤٨	كتب معاني وبيان	٢١
كتب الحديث النبوي ومتعلّقاته	١٤١	كتب منطق وفلك وحكمة وهيئة وهندسة وحساب	١٩
كتب وعظ وغيرها	٣١	كتب اللغة	١٤
كتب الفقه والفتاوى	٩٢	أدب وتاريخ	٢٤
كتب الأصول	٢١	كتب النحو	٢٧
كتب العقائد	٢٦	كتب الصرف	٦

وللوقوف على التوزّع الكمّي والموضوعي لباقي المجموعة المقتناة قمتُ بتحديد موضوعات باقي الكتب المُدرجة تحت أسماء الواقفين، وذلك بمراجعة كلّ كتاب – عدا الكتب التي لم أتمكّن من تحديد هُويّتها بالضبط؛ لقصورٍ في بياناتها الببليوجرافية – أتى في الدفتر على خطّة التصنيف الموضوعي المُتّبعة في قاعدة بيانات مخطوطات المكتبة الوطنية بدمشق، والتثبّت من ذلك بما جاء عن الكتاب نفسه في الكتب الببليوجرافية، مثل كشف الظنون، وهدية العارفين، وإيضاح المكنون، ومعجم المطبوعات العربية، والجدول رقم (٣) يُبين التصنيف الموضوعي المستخرج لباقي المجموعة:

الجدول رقم (٣)
التصنيف الموضوعي المستخرج لباقي المجموعة

الموضوع	عدد المجلّدات	الموضوع	عدد المجلّدات
علوم القرآن[٦٤]	٥٠	المنطق	٢٠
الحديث[٦٥]	٤٨	آداب البحث	٣
السيرة النبوية	٢٦	الحكمة	٤
المدائح النبوية	١١	الفلك وعلم الميقات	٢
إثبات النبوّة	١	الهندسة	١
الفقه[٦٦]	١٢٦	الحساب	٣
العقائد	٣٩	الطبّ	١٣
التصوّف	٢٥	البيطرة	٢
الوعظ والإرشاد	٣٢	التراجم	٨
الأوراد والأدعية	٢٨	التاريخ	٣٠
الإلهيات والإيمان	٧	الجغرافية	١٠
اللغة والأدب[٦٧]	١٨١	القانون	٣
		السياسة	٢

٦٤ ويشمل المصاحف، والتفسير، والقراءات، والتجويد، وقصص القرآن.

٦٥ ويشمل مصطلح الحديث، والأجزاء الحديثية، وكتب الصحاح.

٦٦ ويشمل أصول الفقه، والفتاوى، وفقه المذاهب الأربعة.

٦٧ ويشمل المعاجم، والنحو، والصرف، والعروض، ودواوين الشعر، والخطب، والمقامات، والأمثال.

ومن خلال الجدولين (٢ و٣)، يتبيّن أنّ العلوم الدينية (المصاحف وعلوم القرآن، كتب الحديث النبوي ومتعلّقاته، كتب الفقه ومتعلّقاته، كتب العقائد وعلم الكلام، كتب التصوّف، كتب الوعظ والإرشاد، كتب الأوراد والأدعية، كتب الإلهيات) شكّلت ٦٧,٦٥٪ من المجموعة المُفهرسة موضوعيًّا[٦٨]. بينما شكّلت العلوم العقلية (كتب الحكمة، والمنطق، والفلك، والهندسة، والحساب، والطبّ، والبيطرة) ٥,٨٥٪ فقط من المجموعة المفهرسة موضوعيًّا.

ولهذه النسبة الطاغية للعلوم الدينية في العملية التعليمية ما يُبرّرها:

- إنّ نظام الحكم هو الخلافة الإسلامية. من ثم فقد كان من الطبيعي أن تسُود هذه العلوم دون غيرها؛ لأنّها ضرورية في توطيد الحكم، فضلًا عن أنّه جاء في الدستور العثماني المُقَرّر في ٢٤ من جمادى الأولى ١٢٨٦هـ/١٨٦٩م، والخاصّ بنظام المعارف العمومية: إنّ نظارة المعارف، أو إدارة المعارف المحلّية يجب أن تُصادق على جداول الدروس وكتب التعليم المقرّرة في المدارس الخاصّة – ومنها مدارس الأوقاف – كيلا تُطالع فيها دروس وعلوم مُغايرة للآداب ولا للسياسة[٦٩]. أي أنّ القانون ضَمِن لنظارة المعارف أو إدارة المعارف المحلّية حقًّا في مراقبة سير العملية التعليمية ضمن المدرسة والتدخّل عند الحاجة.
- إنّ جميع الأسر غير العربية التي حكمت الشعوب العربية (من سلاجقة، وأتابكة، وأيوبيّين، ومماليك، وعثمانيّين)، تقرّبوا من الشعب من خلال الرابطة الإسلامية؛ فبنَوا الجوامع، ودُور القرآن، ودُور الحديث، والمدارس والربط[٧٠]. ومن الجدير بالذكر أنّ الولاة العثمانيّين كانوا مدركين لهذه النقطة؛ فحتّى أكثرهم فسادًا كان حريصًا على الظهور بمظهر الحاكم التقيّ، الملتزم دينيًّا. وفي هذا الصدد يصف مرادجه دوسون – قنصل السويد في الآستانة (ت ١٨٠٧م) – الحاكم/الوالي بالآتي: «هو أكثر الموظّفين فسادًا، ينافق ويقوم بمنتهى الدقّة بكلّ الأعمال الدينية الظاهرية. إذ بذلك يكتسب محبّة الناس، وإنّه من النادر إذا أراد الناس مدح شخصٍ من أصحاب المراكز أن يذكروا

---

٦٨ سواء بفهرسة أمين المكتبة، أو بالفهرسة المستخرجة.

٦٩ الدستور، ترجمه من اللغة التركية نوفل نعمة الله نوفل، بيروت: المطبعة الأدبية، ١٣٠١هـ، مج٢، ١٧٤.

٧٠ عاشور، سعيد عبد الفتاح، المجتمع المصري في عصر سلاطين المماليك، طبعة جديدة منقحة، القاهرة: دار النهضة العربية، ١٩٨٠، ١٥٩.

فضائله ومقدرته، إنما يكتفون بالقول: إنّه مسلم صالح لا يتوانى أبدًا عن القيام بواجباته الدينية»[٧١]. وهذا يعطي فكرة عن العقل الجمعي، أو المزاج العام للشعب.

- إنّ تحصيل هذه العلوم كان السبيلَ الوحيد للكثيرين في تبوُّء بعض المراكز في الدولة، كالإفتاء والتدريس... وغيرهما.

أمّا تراجُع العلوم العقلية فأسبابه عديدة وقديمة. فبَعدَ أن فحصَ كامل جميل العسلي مقتنيات مكتبتَي عالِمَين من علماء بيت المقدس أواخر القرن العاشر وأوائل القرن الحادي عشر الهجريَّين، قال: «ومن المعروف أنّ المثقّفين في ذلك العصر كانت ثقافتهم –في أكثريتهم الكاثرة– ثقافةً دينية، ولذلك فإنّ كُتبهم والكتب المتداولة في مجتمعهم كانت في أكثريتها كُتبًا دينية، ومن الطبيعي إذن أنّنا لا نكاد نجد [...] كتبًا في الطبّ، أو في العلوم الطبيعية، أو الفلسفة أو الرياضيات... إلخ. فهذه موضوعات كانت تحتلّ الدرجة الثالثة من الاهتمام في ذلك المجتمع»[٧٢].

وقد ساد اعتقادُ أنّ ثمّة تعارضًا شديدًا بين الفلسفة اليونانية وبين المعتقدات الإسلامية، ومن بين تلك المسائل مسألة ما إذا كان العالَمُ مخلوقًا أو قديمًا، وما إذا كان الله يُدرك الكلّيات أو الخصوصيّات، وما إذا كان هناك بعث جسدي، وهو ما أنكره الفلاسفة وأثبته المسلمون[٧٣]، و«مثل طبيعة الخلق، وطبيعة المُحاجّة المنطقية واستخداماتها، وعقلانية البشر، وكانت النتيجة استبعاد علوم الأوّلين من المناهج الدراسية في مؤسّسات التعليم العالي»[٧٤].

وبما أنّ المدرسة هي المؤسّسة الرسمية للتعليم العالي في الحضارة الإسلامية، وقد أُنشئت على هيئة وقفيّات؛ فإنّها تخضع لأحكام الوقف، وما دام أنّ المبدأ الشرعي المسيطر هنا هو أنّ أحكام الوقف تمنع القيام بأيّ عمل يتعارض مع المعتقدات الإسلامية؛ فإنّه من الطبيعي ألّا تُدرّس مثل هذه العلوم داخل المؤسّسة الوقفية[٧٥]،

---

٧١ دوسون، مرادجه، كتاب نظم الحكم في الدولة العثمانية في عهد مرادجه دوسون: أي في أواخر القرن الثامن عشر أوائل القرن التاسع عشر، ترجمة فيصل شيخ الأرض، بيروت: الجامعة الأمريكية في بيروت، ١٩٤٢. رسالة قدمت لنيل درجة أستاذ في العلوم، ١٣٠.

٧٢ العسلي، كامل جميل، وثائق مقدسية تاريخية. عمان: مؤسسة عبد الحميد شومان، ١٩٨٥، مج٢، ٢٥١.

٧٣ هف، توبي. أ، فجر العلم الحديث: الإسلام، الصين، الغرب، ترجمة محمد عصفور، الكويت: المجلس الوطني للثقافة والفنون والآداب، ٢٠٠٠. (سلسلة عالم المعرفة؛ ٢٦٠)، ١٧٢.

٧٤ هف، توبي. أ، فجر العلم الحديث، ١٧٣.

٧٥ هف، توبي. أ، فجر العلم الحديث، ١٧١–١٧٢، وهنا لا بدّ من التنويه إلى أنّ علم الطبّ كان بمنأى عن هذا التعميم، فقد وُجدت في دمشق في العهدين الأيوبي والمملوكي مدارسُ طبّية موقوفة، مثل المدرسة =

وبناءً عليه، كان من المستبعد وقف كتب هذه العلوم، كما كان من شبه المستحيل وقف مدرسة للعلوم العقلية. إذ لم يصل خبر أو أثر عن وقف مدرسة لعلوم المنطق والحكمة، أو حتّى مدرسة للعلوم الهندسية والحسابية يخطو فيها هذان العِلمان خُطى أوسع – مما يحتاجه القضاة في قسمة المواريث – وتتراكم فيها التجارب. كما لم يصل خبر عن بناء مرصد فلكي في حلب تُطوّر فيه الأبحاث الفلكية، ويتدارس فيه العلماء.

كذلك كان من دواعي تداعي العلوم الرياضية والطبيعية والفلسفة وضعفها «عدم عناية الدولة، وإهمالها لجانبها فيما قبل إبراهيم باشا الخديوي وبعده. حتى خُتم ذلك بإلغائها من عِداد العلوم التي يُشترط تحصيلها في الإعفاء من الجندية، فأغفلها طلبة العلم، واشتغلوا بما يُشترط عليهم في نصاب العفو من العسكرية، كأنّ العلم لا يُراد إلّا لذلك»[٧٦].

ويبقى هناك تساؤل: إذا كانت هذه هي نظرة الشرع إلى هذه العلوم، فكيف وجدت كتبها طريقها إلى رفوف مكتبات المدارس والجوامع؟ الجواب: إنّ وجودها – مع قلّتها – أمرٌ، وتدريسها بشكل علني أمرٌ مختلف تمامًا[٧٧]، فضلًا عن أنّ المصدر الرئيس لتزويد المكتبات الوقفية هو عملية الوقف، فكلّ واقف له اهتماماته الثانوية التي من الممكن أن تكون هي كتب من هذه العلوم، وعندما وقف مجموعته على المدرسة، انتظمت بين أخواتها على الرفوف، وكما مرَّ آنفًا، هناك كتبٌ كانت أمانة عند الشيخ صالح أفندي ثم دخلت المكتبة، ومن بينها كتب حسام الدين الكاتي في المنطق[٧٨].

= الدخوارية (أنشئت سنة ٦٢١هـ/١٢٢٤م)، والمدرسة اللبودية النجمية (أنشئت سنة ٦٦٤هـ/١٢٦٦م)، والمدرسة الدنيسرية (توفي واقفها سنة ٦٨٦هـ/١٢٨٧م). انظر: النعيمي، عبد القادر بن محمد الدمشقي، الدارس في تاريخ المدارس، أعد فهارسه إبراهيم شمس الدين، بيروت: دار الكتب العلمية، ١٩٩٠، ج٢: ١٠٠–١٠٦ فضلًا عن دروس الطبّ التي كانت تُلقى في رحاب البيمارستانات، وهذا تابع للحاجة الماسّة لثمرة هذا العلم في الحفاظ على الحياة.

٧٦ الحصني، محمد أديب آل تقي الدين، كتاب منتخبات التواريخ لدمشق، بيروت: دار الآفاق الجديدة، ١٩٧٩، ج١: ٣٠١.

٧٧ هف، توبي، أ، فجر العلم الحديث، ١٧٣.

٧٨ الدفتر المجدد: الورقة [١٦/أ]. الحسامكاتي، هو حسام الدين حسن الكاتي (ت ٧٦٠هـ) من شرّاح إيساغوجي. خليفة، حاجي: الكشف: ج١: ٢٠٦.

ثانيًا: ذهنية العمل المكتبي في هذه المكتبة

تُعدُّ الفهارس المخطوطة للمكتبات الإسلامية دساتير العمل المكتبي فيها؛ إذ تعكس رؤية واضعيها وفلسفتهم في كيفية ممارسة هذا العمل، من حيث فهرسة الكتب وتصنيفها، وطريقة تنظيمها. وما دام أنّ هذا الدفتر كُتب في النصف الثاني من القرن الثالث عشر الهجري، واستمرّت الإضافة إليه بأقلام متعدّدة حتّى مطلع القرن الرابع الهجري؛ فهناك فرصة لتتبُّع تطوُّر العمل المكتبي في هذه المكتبة خلال هذه الفترة. لذا سيتم إيراد مثالين عن كلّ نقطة، أحدهما يعود للقرن الثالث عشر والآخر للقرن الرابع عشر. ومن خلال دراسة وتحليل الدفتر المجدّد لكتب وقف عثمان باشا على مدرسته تبيّن الآتي:

أ) بيانات الوصف البيليوجرافي للكتب المفردة

أ/١. **الموضوع**: يُعدّ هذا الدفتر –إلى حدّ ما– فهرس موضوعات، وُزّعت مقتنياته على ثلاثة عشر موضوعًا، ثم تحت أسماء الواقفين، ولكن هذا التقسيم الموضوعي شمل ثلث المجموعة المقتناة فقط، وتوقّف العمل به قبل سنة **١٢٢٦**هـ[٧٩]، ليستمرّ العمل بسرد المقتنيات تحت أسماء الواقفين حتّى سنة ١٣٠٨هـ، وبالتالي لا يمكن هنا إعطاء مثال عن التقسيم الموضوعي في القرن الرابع عشر، ويؤخذ على التقسيم الموضوعي في هذا الدفتر ما يلي:

- أنّه لم يتبع أية منهجية في ترتيب الموضوعات، لا من حيث الترتيب الهجائي ولا من حيث الترتيب المُصنِّف، حيث فصل بين كتب اللغة وكتب النحو والصرف بكتب الأدب والتاريخ.
- أنّه أدرج أكثر من موضوع تحت رأس موضوعي واحد، مثل (كتب منطق وفلك وحكمة وهيئة وهندسة وحساب)، و(كتب أدب وتاريخ)، من غير أن يُبيّن موضوع كلّ كتاب ورد تحت هذا الرأس، وبالتالي فإنه أضاع على المستفيد سهولة العثور على الكتب المقتناة في موضوع معيّن.
- أنّه استخدم الرأس (كتب اللغة التركية)، كرأس موضوعي، وهو ليس كذلك، وإنما تحديد للغة الكتاب، وأمر آخر أنّ صياغته خاطئة، فهي توحي أنّ الكتب المدرجة تحته خاصّة بعلوم اللغة التركية. عدا عن ذلك، فقد سرد تحته كتبًا

---

٧٩ فقد جاء في الدفتر المجدد، الورقة [١٠/ب]: «الكتب الملحقة في كتب وقف جامع العثمانية بحلب المحمية كتب المرحوم المبرور الوزير الكبير أحمد باشا تغمّده الله بعفوه [...] الكتب التي أوقفها المرحوم حسن أفندي آق شاهرلي سنة ١٢٢٦».

باللغة الفارسية أيضًا[٨٠]، وكان عليه أن يوزّع مادّة هذا الرأس حسب موضوعاتها تحت الرؤوس الخاصة بها، ويسجّل عندها لغة الكتاب (تركية، أو فارسية)، خصوصًا أنّه اتّبع مثل هذا الإجراء الصحيح أحيانًا؛ فمثلاً سجّل تحت الرأس الكتب المتعلّقة بالقرآن الكريم (كتاب تفسير القرآن العظيم باللغة التركية[٨١]، لأحمد بن عبد الله الناصح). وعليه فإنّه أخرج الكتب المقتناة باللغتين التركية والفارسية من التقسيم الموضوعي، وهذا أمر خطير في فهرس موضوعي.

- أنّه استخدم جهة الوقف كرأس موضوعي وهذا أمر خاطئ، وعليه فإنّه أخرج الكتب المسردة تحت اسم الواقف من التقسيم الموضوعي، وأضاع على المستفيدين معرفة ما تقتنيه المكتبة من كتب في موضوع معيّن، وهذه المجموعات تمثّل حوالي ثلثي الكتب المقتناة[٨٢].
- أنّه أخطأ في تصنيف بعض الكتب، فأدرجها تحت موضوع لا تنتمي إليه، مثلاً: (كتاب شعب الإيمان[٨٣] للحليمي)، حيث وضعه مع (كتب الحديث النبوي)، و(كتاب طبقات[٨٤] السبكي)، وضعه مع (كتب وعظ وغيرها).
- أنّ قائمة رؤوس الموضوعات التي اعتمدها كانت قاصرة، ولم تمثّل ما حوته المكتبة من إنتاج فكري. فمثلاً هناك كتب في علم الجغرافية، مثل (كتاب سبعيات بالتركية[٨٥])، وكتب في علم القانون، مثل (كتاب قانون نامة[٨٦])، ولم تحتوِ القائمة على هذين الرأسين.

---

٨٠ مثال: كتاب كلستان مجلد واحد. انظر الدفتر المجدد، الورقة [١٠/أ]، وهو «كلستان فارسي للشيخ سعدي بن عبد الله الشيرازي المتوفّى سنة ٦٩١» خليفة، حاجي: الكشف: ج٢: ١٥٠٤.

٨١ «ناصح البغدادي، أحمد بن عبد الله البغدادي الحنفي الناصح بجامع الشيخ عبد القادر الكيلاني له زبد آثار المواهب والأنوار في ترجمة القرآن بالتركية في مجلد مطبوع... المتوفى سنة ١٠٩٩» البغدادي، إسماعيل باشا، هدية العارفين: أسماء المؤلفين وآثار المصنفين من كشف الظنون، بيروت: دار الكتب العلمية، ١٩٩٢، ج١: ١٦٤. انظر الدفتر المجدد، الورقة [٢/أ].

٨٢ انظر الدفتر المجدد: من الورقة [١٠/ب] حتى الورقة [١٩/ب].

٨٣ انظر الدفتر المجدد: الورقة [٤/أ]. «في أحكام كثيرة ومسائل فقهية وغيرها مما يتعلق بأصول الإيمان» خليفة، حاجي: الكشف: ج٢: ١٠٤٧.

٨٤ انظر الدفتر المجدد: الورقة [٥/أ]. «طبقات الشافعية» للقاضي تاج الدين عبد الوهاب بن السبكي. خليفة، حاجي: الكشف: ج٢: ١٠٩٩.

٨٥ «سبعيات منيري تركي مختصر في الأقاليم السبعة وخواصها» خليفة، حاجي: الكشف: ج١: ٩٧٨. انظر الدفتر المجدد: الورقة [٩/ب].

٨٦ «قانون نامه عثماني تركي والمشهور أنه للوزير الأعظم لطفي باشا المتوفى سنة ٩٥٠» خليفة، حاجي: الكشف: ج٢: ١٣١٤. انظر الدفتر المجدد: الورقة [٩/ب].

أ/٢. **العنوان**: وقد ظهر في الدفتر بعدّة أشكال هي:

أ/١/٢. العنوان الكامل: ظهر هذا الشكل مع أمثلة قليلة جدًّا في الدفتر مثل «كتاب تحفة الأنام في فضائل الشام، للبصروي»[٨٧]، ومن القرن الرابع عشر «رسالة الوسائل إلى معرفة الأوائل، للسيوطي[٨٨]، خط».

أ/٢/٢. العنوان المختصر: هو الشكل الأساسي لتسجل العناوين، مثل «كتاب المواهب اللدنّية[٨٩] للقسطلاني في مجلّد واحد»، ومن القرن الرابع عشر «كتاب سفينة الراغب»[٩٠].

أ/٣/٢. العنوان المختصر بإخلال: والمقصود به تسجيلة ببليوجرافية بياناتها مُبتسرة لا تساعد في الوصول إلى الكتاب المقصود، وقد ظهر هذا الإجراء مع كتب الشروح، والحواشي، والمختصرات، أي مع الكتب التابعة لعمل محرّك رئيس، مثل «كتاب عصام على تصوّرات القطب»[٩١]، ومن القرن الرابع عشر «شرح المناسك لملا علي القاري[٩٢]، مطبوع».

أ/٤/٢. العنوان البديل: أيضًا ظهر هذا الإجراء مع بعض كتب الحواشي والشروح؛ لأنّها امتلكت عناوين خاصّة بها، مثل «كتاب شرح مقدّمة ملا حسين المسمّى بمفتاح العبادة»[٩٣]. لكنه لم يتبع هذا الأسلوب مع كلّ الحالات المشابهة، مثل كتاب حاشية على

٨٧ الدفتر المجدد: الورقة [٨/ب]. خليفة، حاجي: الكشف: ج١: ٣٦٣.

٨٨ الدفتر المجدد، الورقة [١٨/أ]. خليفة، حاجي: الكشف: ج٢: ٢٠٠٧.

٨٩ الدفتر المجدد: الورقة [٤/ب]. «المواهب اللدنّية بالمنح المحمّدية» خليفة، حاجي: الكشف: ج٢: ١٨٩٦.

٩٠ الدفتر المجدد: الورقة [١٨/ب]. سفينة الراغب ودفينة المطالب، لمحمد راغب باشا الوزير الرومي. البغدادي، إسماعيل باشا، إيضاح المكنون في الذيل على كشف الظنون عن أسامي الكتب والفنون، بيروت: دار إحياء التراث العربي، [د.ت]، ج٢: ١٧.

٩١ الدفتر المجدد: الورقة [٨/أ]. الشمسية: متن مختصر في المنطق، لنجم الدين عمر بن علي القزويني المعروف بالكاتبي. شرحها قطب الدين محمد بن محمد التحتاني وسمّى شرحه (تحرير القواعد المنطقية في شرح الشمسية). خليفة، حاجي: الكشف: ج٢: ١٠٦٣. ثم قام العصام الإسفرائيني بعمل حاشية على شرح القطب التحتاني على الشمسية، وهي موجودة بالمكتبة الوطنية بدمشق عن طريق المكتبة العثمانية تحت الرقم (١٥٦٩٨).

٩٢ الدفتر المجدد: الورقة [١٨/أ]. لباب المناسك للشيخ رحمة الله السندي، شرحه علي بن سلطان محمد القاري وسماه المسلك المتقسط في المنسك المتوسط. خليفة، حاجي: الكشف: ج٢: ١٥٤٥.

٩٣ الدفتر المجدد: الورقة [٦/أ]. في الأصل (المسما). انظر «مفتاح العبادة في شرح المقدّمة في العقائد كلاهما لملا حسين بن إسكندر الحنفي» البغدادي، إسماعيل باشا، إيضاح المكنون، ج٢: ٥٢٥.

شرح المنار[٩٤]. فهذه الحاشية لها عنوان خاصّ بها هو نتائج الأفكار. أي لم يتبع المفهرس منهجية ثابتة مع كلّ المفردات، ومن القرن الرابع عشر هناك العنوان البديل الآتي «تاريخ الأكراد المسمّى شرف نامة[٩٥]، فارسي، خط».

أ/٥/٢. العنوان الشارح: ومثاله الوحيد من القرن الرابع عشر «نفح الطيب: تاريخ الأندلس»[٩٦].

أ/٥/٢. العنوان لم يذكر: برز هذا الشكل مع أمثلة قليلة مثل «كتاب ملا جامي»[٩٧]، ومن القرن الرابع عشر «منلا جامي»[٩٨].

أ/٣. **اسم المؤلّف**: وقد تنوّعت أشكال صياغته ما بين:

أ/٣/١. اسم المؤلّف كامل: ومثاله الوحيد «كتاب صفوة الصفوة مختصر حلية الأولياء لشيخ الإسلام ركن الشريعة جمال الدين أبي الفرج ابن الجوزي أربع مجلّدات»[٩٩]، ولم أعثر على مثال له من القرن الرابع عشر.

أ/٣/٢. اسم المؤلّف مختصر بالجزء الأشهر: وهو الشكل المتبنى لصياغة اسم المؤلّف في هذا الدفتر، ولهذا الأسلوب مزالق شتّى، منها: إذا اتّفق وجود مؤلّفين يتشابهان باسم الشهرة، ولهما كتابان يحملان العنوان نفسه، فأيهما المقصود؟ مثل «كتاب شرح منازل السائرين للتلمساني»[١٠٠]، ومن القرن الرابع عشر «شرح المقامات للشريشي[١٠١]».

أ/٣/٣. اسم المؤلّف لم يذكر: ومن أمثلته العديدة «كتاب شرح عقائد النسفي»[١٠٢].

---

٩٤ انظر الدفتر المجدد: الورقة [٧/أ].

٩٥ الدفتر المجدد: الورقة [١٨/أ]، وهو لشرف بن شمس الدين الهادي. انظر في الملحق الرقم (١٥٨٢٦).

٩٦ الدفتر المجدد: الورقة [١٨/ب].

٩٧ الدفتر المجدد: الورقة [٩/أ].

٩٨ الدفتر المجدد: الورقة [١٩/أ].

٩٩ هكذا في الأصل والصواب «أربعة»؛ لأنّه اعتمد لفظة مجلّد المذكرة مع الكتب المكونة من جزء واحد. الدفتر المجدد: الورقة [٤/أ]. خليفة، حاجي: الكشف: ج١: ٦٨٩.

١٠٠ الدفتر المجدد: الورقة [٥/ أ]. منازل السائرين إلى الحق المبين، لشيخ الإسلام عبد الله بن محمد بن إسماعيل الأنصاري الهروي المتوفّى ٤٨١ هجرية، شرحه الشيخ الإمام عبد الغني التلمساني، وشرحه أيضًا الإمام سليمان بن علي بن عبد الله التلمساني المتوفّى سنة ٦٩٠هـ. انظر خليفة، حاجي: الكشف: ج٢: ١٨٢٨-١٨٢٩.

١٠١ الدفتر المجدد: الورقة [١٨/ب]. الشريشي هو أحمد بن عبد المؤمن بن موسى بن عيسى بن عبد المؤمن القيسي. البغدادي، إسماعيل باشا، هدية العارفين، ج١: ٩٠.

١٠٢ الدفتر المجدد: الورقة [٧/ ب]. انظر خليفة، حاجي: الكشف: ج٢: ١١٤٥.

فلعقائد النسفي شروح كثيرة. فشرح أيِّ مؤلف هو المقصود؟ ومن القرن الرابع عشر «شرح الآجرُّومية»[١٠٣].

أ/٤. **اللغة:** حوت المكتبة إنتاجًا فكريًّا بلغات ثلاث (العربية، والتركية، والفارسية). أمّا العربية فإنه لم يحدّدها قطّ؛ لكونها اللغة الأساسية للمقتنيات، أمّا التركية والفارسية فكان يحدّدهما مع المفردة الخاصّة بهما، ومع هذا فهناك كتب وردت باللغة الفارسية ولم يشر إلى تحديد لغتها، مثل «كتاب كلستان»[١٠٤]، ربما لاشتهاره، ومن القرن الرابع عشر «كيمياء السعادة[١٠٥]، فارسي، خط، جزؤ١».

أ/٥. **بيانات التوريق:**

أ/٥/١. عدد المجلّدات: هو البيان الببليوجرافي الوحيد الذي كان وجوده ثابتًا مع جميع المفردات المقتناة؛ ممّا يعكس الصفة الجردية للفهرس.

أ/٥/٢. الحجم/القطع[١٠٦]: إنّ مثل هذا البيان مُتاح للمفهرس بيسر، بخلاف بعض البيانات مثل العنوان أو اسم المؤلّف إن كان هناك خرم في الكتاب، أو صعوبة في تحديد الموضوع. ولكن تحديد حجم الكتاب أمر سهل، ومع هذا لم يثبته إلّا مع ثلاثة كتب فقط، مثل «كتاب نصف. عنقاء مغرب»[١٠٧]، والذي وجدته في القرن الرابع عشر «جامع الأصول في أحاديث الرسول[١٠٨]، خط نفيس، قطعة كبيرة، جزؤ١».

أ/٦. **بيانات النسخ:** لم يذكر منها سوى بيان الناسخ ولمرّة واحدة

---

١٠٣ الدفتر المجدد: الورقة [١٩/ب]. هناك أكثر من شرح لمقدّمة الآجرومية. خليفة، حاجي: الكشف: ج٢: ١٧٩٧.

١٠٤ الدفتر المجدد: الورقة [١٠/ أ]. «كلستان فارسي للشيخ سعدي بن عبد الله الشيرازي المتوفى سنة ٦٩١». انظر خليفة، حاجي: الكشف: ج٢: ١٥٠٤.

١٠٥ الدفتر المجدد: الورقة [١٩/أ]. في الأصل كيماي سعادة فارسي، والذي وجدته في المكتبة الوطنية بدمشق وأصله من المكتبة العثمانية هو كيمياء السعادة لمن أراد الحسنى وزيادة، تأليف يحيى بن عبد الرحمن المقدسي (حي ٨٨٣هـ/١٤٧٨م). انظر في الملحق الرقم (١٦٠٤٤ت٥).

١٠٦ قطوع الورق: القطع الكامل، قطع النصف، قطع الربع، قطع الثمن، قطع حمايلي.

١٠٧ الدفتر المجدد: الورقة [١٢/ أ]. «عنقاء مغرب في معرفة ختم الأولياء وشمس المغرب للشيخ محيي الدين، محمد بن علي المعروف بابن عربي المتوفى سنة ٦٣٨» خليفة، حاجي: الكشف: ج٢: ١١٧٣.

١٠٨ الدفتر المجدد: الورقة [١٩/أ]. جامع الأصول لأحاديث الرسول، لمبارك بن محمد بن الأثير. خليفة، حاجي: الكشف: ج١: ٥٣٥. انظر في الملحق الرقم (١٤٨٦١). الطباخ، محمد راغب، مخطوطات المدرسة العثمانية بحلب، ٤٧٣.

أ/١/٦. الناسخ: جاء تحديد اسم الناسخ مع مثال يتيم هو «كتاب وقائع شفيق بخطه»[١٠٩]، ولم أعثر له على مثال من القرن الرابع عشر.

أ/٧. **بيانات الوصف المادّي:**

أ/١/٧. مادّة الكتاب: حدّد مادّة الكتاب مرّة واحدة فقط، وربّما كان ذلك لإظهار مزيّة هذه المادّة التي لفتت انتباهه. فسجل «كتاب مجموع فارسي ورق منقوش»[١١٠]، ولم أعثر له على مثال من القرن الرابع عشر.

أ/٢/٧. نوع الخط: لم يحدّد نوع الخط مع أي مفردة، ولكنه ذكر صفة (خط حسن)، مع مثال وحيد هو «كتاب شرح الآجرّومية للشيخ خالد جلد١، مقوى، خط حسن، أوراق عدده٥»[١١١]، ومن القرن الرابع عشر وردت الصفتان (خط نفيس، خط قديم)، مع خمسة كتب، مثل «تحفة الاثني عشرية لردّ أباطيل الروافض الكفرية، خط نفيس»[١١٢].

أ/٣/٧. النقص في النسخة: نوّه المفهرس إلى أنّ بعض الأعمال ناقصة من غير تحديد لمكان النقص أو مقداره، مثل «كتاب ترجمان تركي ناقص»[١١٣]، وفي مثال واحد حدّد مكان النقص ومقداره، حيث سجل «إبراهيم الحلبي ناقص من أوّله كم ورقة في الفقه الحنبلي»[١١٤].

أ/٤/٧. التجليد: قام بتعيين نوع التجليد مع مفردة واحدة فقط هي «كتاب شرح الآجرُّومية للشيخ خالد جلد١، مقوى، خط حسن، أوراق عدده٥»[١١٥]، ولم أعثر له على مثال من القرن الرابع عشر.

---

١٠٩ الدفتر المجدد: الورقة [٩/ ب]. موجود في المكتبة الوطنية بدمشق، رقمه (١٥٨٧٩)، وذُكر أنه باللغة الفارسية.

١١٠ الدفتر المجدد: الورقة [١٠/ أ].

١١١ الدفتر المجدد: الورقة [١٣/ ب].

١١٢ الدفتر المجدد: [١٩/أ].

١١٣ الدفتر المجدد: الورقة [١٢/ب].

١١٤ الدفتر المجدد: الورقة [١٦/ب].

١١٥ الدفتر المجدد: الورقة [١٣/ ب].

أ/٨. بيانات التوثيق[١١٦]:

أ/١/٨. التوقيفات: تتضمّن التوقيفات عدّة معلومات هي: اسم الواقف، وتحديد الجهة الموقوف عليها، وتاريخ الوقف، وشروط الوقف.

أ/١/١/٨. اسم الواقف: حرص المفهرسون على ذكر أسماء الواقفين جميعًا، بل سجّلوا عناوين كتبهم تحت أسمائهم، مُضحّين بالفائدة العملية من عملهم، ليُعرِّفوا بإسهام كلّ واقف. والجدير بالملاحظة في هذا المجال تنوُّع خلفيات الواقفين ومشاربهم: من وزراء، وفلّاحين، ومدرّسين، وأئمّة جوامع، وقضاة وعسكريّين، حتّى النساء شاركت في عملية الوقف، وهذا يُشير إلى مكانة هذه المدرسة ودورها في المجتمع الحلبي، حتّى استقطبت جميع هؤلاء الواقفين الطالبين للأجر والثواب.

أ/٢/١/٨. الجهة الموقوف عليها: المدرسة العثمانية – الرضائية.

أ/٣/١/٨. تاريخ الوقف: وضّح تاريخ عملية الوقف بشكل صريح مع خمسة أمثلة فقط من مجموع الواقفين[١١٧]، وهي (الكتب التي أوقفها المرحوم حسن أفندي آق شاهرلي سنة ١٢٢٦[١١٨]، والكتب التي أوقفها المرحوم محمّد أفندي الكلزي الشهير بزيتجي زاده في ١٦ من جمادى الأول سنة ١٢٤٨[١١٩]، والكتب التي أوقفها سعادة ذو الدولة والإقبال، المشير الخطير الحاج محمّد تقي الدين باشا والي ولاية أدنة سنة ١٢٨٥[١٢٠]، والذي أوقفه الشيخ هاشم النيربي سنة ١٢٩٠[١٢١]، والكتب التي أوقفها الشيخ صالح الطيبي سنة ١٣١٠[١٢٢])، ولكن يمكن تقدير التاريخ الذي أوقف به الوزير تقي الدين باشا ابن عبد الرحمن مدرسزاده والي بغداد (بعد ١٣٠٤هـ)، والتاريخ الذي أوقف فيه الشيخ عيسى البيانوني (١٣٠٨هـ)[١٢٣].

أ/٤/١/٨. شروط الواقف: برزت شروط الواقفين في حالتين فقط، هما «الذي أوقفه سعادة ذي الدولة والإقبال، المشير الخطير الحاج محمّد تقي الدين باشا والي ولاية أدنة

---

١١٦ يشمل هذا البيان: التعليقات والفوائد، والمطالعات، والمقابلة والتصحيح، وإجازات السماع والقراءة، والتملكات، والتوقيفات.
١١٧ الدفتر المجدد: الورقات [١٠/ ب، ١١/أ، ١٧/ أ].
١١٨ الدفتر المجدد: الورقة [١٠/ ب].
١١٩ الدفتر المجدد: الورقة [١١/أ].
١٢٠ الدفتر المجدد: الورقة [١٧/أ].
١٢١ الدفتر المجدد: الورقة [١٧/أ].
١٢٢ الدفتر المجدد: الورقة [١٩/أ].
١٢٣ حول تحديد هذين التاريخين انظر مناقشة ذلك في الجدول رقم (١).

الجليلة على مدرسة الرضائية على شرط واقفها المرحوم عثمان باشا»، و«الذي أوقفه الشيخ هاشم النيربي سنة ١٢٩٠... على مدرسة الرضائية بحلب، وشرط أن لا يُمنع عنها أحد من طلبة العلم من أهل المدرسة وغيرهم»[١٢٤].

أ/٩. بيان الملحوظات:

أ/١/٩. تحديد النسخ المكرّرة من العمل[١٢٥]: اهتمّ المفهرسون اهتمامًا واضحًا في هذا البيان كاهتمامهم ببيان عدد المجلّدات، وهذا تابع للصفة الجردية للعمل، مثل «كتاب تفسير أبي حيان نسختين، الأولى في مجلدين، الثانية في ثلاث مجلدات»[١٢٦]. ولم أعثر له على مثال من القرن الرابع عشر.

أ/٢/٩. وعاء فكري يضمّ عملين منفصلين: وهنا اكتفى المفهرس بإيراد عنوان العمل الثاني بعد كلمة (ومعه). مثل «كتاب نور الإيضاح[١٢٧] ومعه در الكنوز[١٢٨] مجلد واحد»[١٢٩]. وفي مثل هذه الحال، في فهرس للموضوعات كان عليه إيراد هذه العناوين تحت موضوعاتها، وأن يقوم بعمل إحالة إلى مكان وجود الوعاء الحاضن لها. لكن لعدم وجود أية وسيلة للربط في هذا الدفتر، لا من حيث ترقيم مفردات المجموعة، ولا من حيث ترقيم الخزائن؛ فإنه من الصعب القيام بهذا الإجراء، ولم أعثر على مثال له من القرن الرابع عشر.

أ/٣/٩. ما تقتنيه المكتبة من أجزاء عمل معين: أيضًا بسبب الصفة الجردية لهذا البيان. فإنه لم يُغفله، بل أثبته عند وروده، مثل «الجزء الأوّل من سنن أبي داود»[١٣٠]، ومن القرن الرابع عشر «الأوّل والثاني من شرح العيني على الكنز، خط[١٣١]».

---

١٢٤ الدفتر المجدد: الورقة [١٧/أ].

١٢٥ في الحقيقة، هذا الإجراء ليس ملاحظة بالمعنى الدقيق؛ لأن كل نسخة شخصية مستقلّة بذاتها، والمفهرسون استخدموا هذا الأسلوب ليبيّنوا ما تحتويه المكتبة بالضبط؛ فغرضهم إحصائي أكثر ممّا هو توثيقي.

١٢٦ هكذا في الأصل والصواب «ثلاثة». الدفتر المجدد: الورقة [٣/أ]. «البحر المحيط في التفسير، للشيخ أثير الدين أبي حيان محمد بن يوسف الأندلسي المتوفى سنة خمس وأربعين وسبعمائة، وهو كتاب عظيم في مجلّدات ثم اختصره في مجلّدين وسماه (النهر الماد من البحر)». خليفة، حاجي: الكشف: ج١: ٢٢٦.

١٢٧ نور الإيضاح ونجاة الأرواح. تأليف حسن بن عمار بن علي الشرنبلالي ت ١٠٦٩هـ. خليفة، حاجي: الكشف: ج٢: ١٩٨٢.

١٢٨ «در الكنوز للعبد الراجي أن يفوز، للشيخ حسن بن عمار بن علي الشرنبلالي الحنفي» خليفة، حاجي: الكشف: ج١: ٧٣٢.

١٢٩ الدفتر المجدد: الورقة: [١١/ب].

١٣٠ الدفتر المجدد: الورقة [١٥/ب].

١٣١ الدفتر المجدد: الورقة [١٨/ب].

أ/٤/٩. تصحيح ما جاء على ظهرية الكتاب: وهنا جهد طيب للمفهرس في تحقيق ذاتية العمل، مثل «كتاب مكتوب عليه هذا الجلد الثاني من شرح الكنز، وليس كذلك وإنما هو شرح مجمع البحرين جلد١»[١٣٢]، ولم أعثر له على مثال من القرن الرابع عشر.

والملاحظ هنا أنّ مفهرسي مطلع القرن الرابع عشر الهجري في هذه المكتبة ساروا على نهج من سبقهم من مفهرسي المكتبة في القرن الثالث عشر الهجري دون أي تطوير.

ب) الوصف الببليوجرافي للمجاميع

بلغ اختصار البيانات الببليوجرافية الخاصة بالمجاميع حدًّا مُخِلًّا، بحيث تمّ اختزال عناوين المجموع بأول عنوان فقط، وتسجيلة هذا العنوان كانت مختصرة، وبالنادر كان يُشار إلى المسؤولية الفكرية، وإن تمّ ذلك أيضًا، فقد كان بشكل مختصر، وكما تمّ توضيحه سابقًا، فإنّ افتقار هذا الدفتر لأدوات الربط جعل من الصعب توزيع بيانات محتويات المجموع على رؤوس الموضوعات المناسبة، وبالتالي فإنّ الباحث عمّا تحتويه المكتبة من عناوين في موضوع معيّن لن يجد ضالّته كاملة.

الوظائف التي اضطلع بها هذا الدفتر

في البداية أودّ التنويه إلى أنّ دراسة الوظائف التي اضطلع بها هذا الدفتر لا تعني عملية محاكمة لجهود مفهرسي مكتبة المدرسة العثمانية الرضائية من منتصف القرن الثالث عشر حتّى مطلع القرن الرابع عشر الهجريَّين، أو تقييمها بمعايير اليوم، بل هي عملية توصيف لما واجهه مستخدمو هذا الدفتر في عملية بحثهم ضمن المكتبة.

١. حصر المقتنيات وتسجيلها: يمكن الاطمئنان إلى أنّ هذا الدفتر –في قسمه الأول على الأقلّ– حصر جميع مقتنيات المكتبة، وذلك تبعًا لمحضر جرد وتسليم المقتنيات لأمين الكتب محمّد هلال طبارة[١٣٣]. كما جاء إلحاق على هامش الصفحة [٩/أ]:

---

١٣٢ الدفتر المجدد: الورقة [١٤/ب].

١٣٣ الدفتر المجدد: الورقة [٢/ ب]. لا نعلم بالضبط ما إذا كان أمين الكتب هو صانع الدفتر أم متولّي الوقف، ولكن الثابت أنّ الدفتر بقي حتّى مطلع الورقة [١٤/ب] بخطّ واحد، وما بين الورقتين [١٥/أ] و [١٦/أ] بخط مفهرس لاحق، والثابت أنّ الورقتين [١٦/ب] وجزء من [١٧/أ] بخط أمين الكتب الثاني عطاء الله مدرسزاده؛ لتصريحه بذلك ولتشابه الخطّ مع ما رقنته يده على ظهرية الدفتر. أمّا باقي وقفيات الدفتر فكل وقفية بخط مغاير.

«تنوير الحالك، المجلد الأول ناقص كراسين، من دور الأول سنة ١٣٠٦». أي أنّ عملية جردٍ أخرى قد حصلت في هذه السنة.

٢. وصف المقتنيات: تمّ فيما سبق تفصيل البيانات الببليوجرافية المستخدمة، ويمكن القول عن هذه البيانات:

- إنّ المُفهرسِين لم يلتزموا منهجية واحدة في تسجيل العناوين، بل تعدّدت أشكالها في الدفتر، ما بين عنوان (كامل، ومختصر، ومختصر بإخلال، ولم يذكر، وشارح). مع التأكيد على أنّ الصيغة المختصرة للعنوان كانت هي الشكل الأكثر تواترًا في الدفتر.
- إنّ المفهرس الأوّل صاغ العنوان ذاته بصيغتين مختلفتين، مثل «مجموع أوّله شرح الاستعارات لعصام[١٣٤]»، و«كتاب شرح السمرقندية لعصام[١٣٥] مجلد واحد».
- إنّ المفهرسِين لم يلتزموا منهجية واحدة في تسجيل أسماء المؤلّفين في الدفتر، بل تعدّد ذلك، ما بين اسم مؤلّف (كامل، ومختصر بالجزء الأشهر، ولم يذكر). مع التأكيد أنّ الصيغة المختصرة كانت الأكثر تواترًا في الدفتر.
- إنّه في حالات قليلة، نُسب الكتاب إلى غير صاحبه، مثل «كتاب المواقف للسيد الشريف[١٣٦] جلد واحد». فمؤلّف كتاب المواقف هو العضد الإيجي، أمّا السيّد الشريف فهو أحد شُرّاحه.
- إنّ المفهرسِين لم يتبعوا منهجية واحدة يسيرون عليها ويثبتوها مع كلّ مفردة وردت في الدفتر، والبيان الوحيد الذي حرصوا على تسجيله هو عدد المجلّدات وعدد النسخ.

٣. تحديد مكان وجود كلّ مفردة داخل المكتبة لتيسير الوصول إليها: لا بدّ من التنويه إلى أنّ هذا الدفتر في أصله وثيقة جرد لمحتويات المكتبة ولم يمتلك أية وسيلة لمثل هذا الربط، فلم تعطَ الكتب أرقامًا أو رموزًا، وكذلك الخزائن أو الرفوف.

---

١٣٤ الدفتر المجدد: الورقة [٨/أ]. «الرسالة الترشيحية لأبي القاسم السمرقندي الليثي في: أقسام الاستعارات... وشرحها: عصام الدين إبراهيم بن محمد الأسفرايني المتوفى سنة ٩٤٤». خليفة، حاجي: الكشف: ج١: ٨٥٣.

١٣٥ الدفتر المجدد: الورقة [١٤/ ب].

١٣٦ الدفتر المجدد: الورقة [١٠/ ب]. «المواقف في علم الكلام، للعلّامة عضد الدين عبد الرحمن بن أحمد الإيجي القاضي المتوفّى سنة ٧٥٦... اعتنى به الفضلاء فشرحه السيّد الشريف علي بن محمّد الجرجاني». خليفة، حاجي: الكشف: ج٢: ١٨٩٣.

إلّا إذا كانت كلّ خزانة من خزانات المكتبة مفردة لموضوع محدّد، وكلّ مجموعة واقف مفردة بخزانة خاصّة أو جزء من خزانة. عندها فقط يتوافر ربط مبدئي بين مسرد الدفتر والمجموعة المقتناة في الخزائن. ولكن لا يوجد ما يُثبت هذا الظن صراحة.

٤. تسهيل معرفة ما يوجد في المكتبة من كتب لمؤلّف معيّن: رُتّبت مجموعات هذا الدفتر تحت الموضوعات وتحت أسماء الواقفين؛ فمن الصعب الوصول إلى ما تقتنيه المكتبة من كتب لمؤلّف معيّن.

٥. تسهيل معرفة ما يوجد في المكتبة من كتب بعنوان معيّن: من الصعب ذلك؛ فقد رُتّبت مجموعات هذا الدفتر تحت الموضوعات وتحت أسماء الواقفين.

٦. تسهيل معرفة ما يوجد في المكتبة من كتب بموضوع معين: رُتِّبَ الثلث الأول من هذا الدفتر موضوعيًّا، فمن الطبيعي أن يستفيد الباحث عن كتب في موضوع معيّن من هذا القسم، لكن مع مراعاة الملاحظات المذكورة في الفقرات (أ/١. الموضوع، أ/٢/٩. وعاء فكري يضمّ عملين منفصلين)، و (ب) المجاميع). ممّا يوضح أنّ هناك صعوبات تنتظر الباحث في هذا الدفتر.

٧. الإعلام الببليوجرافي العام عن كتب المكتبة: لم يقدّم الدفتر حصيلةَ حصرٍ ببليوجرافي.

ظهرية الدفتر وما قدّمته من معلومات تاريخية[١٣٧]:

- عرفت بأسماء أمينَي المكتبة (محمّد هلال طبارة، ومحمّد عطاء الله مدرسزاده)، وأعطت تاريخًا تقريبيًّا لتولي أمين المكتبة الثاني مهامّ عمله، وهو غرّة رجب الفرد ١٢٨٢هـ/١٨٦٥م.
- دعمت النصّ الذي ورد عند محمّد راغب الطباخ فيما يخصّ جمهور المستفيدين من المكتبة.

مقدّمة الدفتر وما قدّمته من معلومات تاريخية:

- عرفت باسم الواقف (عثمان باشا الدوركي)، وباسم متولّي الوقف سنة ١٢٥٢هـ (إبراهيم آغا ابن علي آغا اليكن)، وأمين الكتب سنة ١٢٥٢هـ (محمّد هلال طبارة)، ومكان الوقف (جامع العثمانية بمدينة حلب المحمية).

---

١٣٧ الدفتر المجدد: الورقة [٢/ أ].

- حدّدت تاريخ نسخ القسم الأوّل من الدفتر، وهو **١٢** ربيع الأول **١٢٥٢**هـ/ ١٨٣٦م.

طريقة إخراج المفردات وترتيبها داخل الدفتر:

طريقة إخراج الدفتر: أتى هذا الدفتر على **شكل كتاب** في تسع عشرة ورقة (٣٨ صفحة)، تم تسجيل رؤوس الموضوعات بقلم عريض في نسق الكلام نفسه، ما عدا رأس الموضوع (الكتب المتعلّقة بالقرآن العظيم) و(كتب الحديث النبوي ومتعلّقاته) اللذين جاءا في وسط سطر مستقلّ. كما سُردت المقتنيات تحت الموضوعات تباعًا، لم يفصل بينها فاصل. هكذا حتّى الورقة [١٤/ب]. فاختلف خطّ الناسخ وطريقة عرض المقتنيات، حيث اتّبع الناسخ الجديد طريقة الهرم المقلوب في عرض بيانات الكتب، واستمرّت هذه الطريقة حتّى الورقة [١٧/أ]. حيث عادت طريقة سرد المقتنيات تباعًا على السطر نفسه إلى آخر ورقة.

ومن بعد أمين الكتب محمّد عطاء الله مدرسزاده كُتِبت مجموعة كلّ واقف بخطّ مخالف عمّا عداها، ابتداءً من كتب هاشم النيربي. كما اعتُمِدَت التعقيبة في ترقيم الصفحات من الورقة [٢/ب حتّى ١٢/ب] ثم اختفت.

إنّ الهيكل الأوّلي للدفتر يعود لعام **١٢٥٢**هـ وتمثّله الورقات من [٢/أ – ١٥/أ]، وهو مكتوب بخط نسخ جميل، وقد أتى الدفتر معجمًا بالكامل، ومسطرته ١٧ سطرًا في الورقات من [٢/ب حتّى ١٤/ب] ما عدا الورقة [١٣/أ] فمسطرتها ١٥ سطرًا. أمّا باقي الورقات [١٥/أ حتّى ١٩/ب] فهي مختلفة المسطرة، ومختلفة الخطوط.

طريقة ترتيب المفردات

تحت الموضوع، اعتُمِدَ العنوان مدخلًا رسميًّا للمفردات، وكذلك هو الحال تحت أسماء الواقفين. وفي القسم الأوّل المنسوخ سنة **١٢٥٢**هـ، ذُكرت العناوين بعد كلمة كتاب، وكذلك المجاميع ذُكرت بعد كلمة كتاب، أمّا في القسم الآخر المنسوخ بعد **١٢٥٢**هـ، فلم يلتزم المفهرسون بذكر كلمة كتاب قبل العنوان، أمّا بالنسبة إلى ترتيب العناوين تحت رؤوس الموضوعات وأسماء الواقفين، فلم يخضع لأيّ نوع من أنواع الترتيب، وأمّا فيما يخصّ الإحالات فلا وجود لها في هذا الدفتر؛ لعدم وجود أدوات الربط المساعدة.

مصير مكتبة المدرسة العثمانية الرضائية بحلب

هناك نقطتان رئيستان في الحديث عن مصير مجموعات هذه المكتبة، هما:

النقطة الأولى: تفريط خزنتها الذي سمح بسرقة بعض مقتنياتها، كما أدّى تساهلهم في الإعارة الخارجية وعدم متابعة المستعيرين لاسترجاع ما أخذوه إلى ضياع جزءٍ من مجموعاتها. ففي سنة (١٩٣٢م) سجلَ محمّد راغب الطبّاخ الملاحظة التالية: «منذ سنتين أيضًا ظفرتُ عند بعض باعة الكتب بكتابٍ عليه ختم المكتبة العثمانية؛ فابتعتُه ممّن هو عنده، بعد استئذان إدارة الأوقاف، وعندئذ اهتمّت الدائرة بعض الاهتمام»[١٣٨]، وهذا دليل على أنّ قسمًا من مجموعة مكتبة المدرسة سُرق وخرج منها، ليجد مستقرّه في سوق الكتب.

وفي سنة (١٣٤١هـ/١٩٢٣م)، قال عن المجموعة التي أوقفها تقي الدين باشا ابن عبد الرحمن مدرسزاده: «أنّ الأيدي لعبت بهذه الكتب، وسُرِق منها معظم نفائسها، ولم يبقَ منها إلّا القليل وذلك لإهمال متولّي الوقف وقيّم المكتبة أمرَها [...] ومن أسباب ضياع الكتب فيها إعارتها للمجاورين ثمّ عدم السؤال عنها أو التفتيش عليها. فكان ذلك سبب تبعثرها، وآخر ما سمعت عن هذه المكتبة أنّه كان فيها نسخة نفيسة الخطّ جدًّا من تفسير القاضي البيضاوي كأنّها كتبت بقلم واحد، وهي مذهّبة، استعارها بعض بسطاء الطلبة من بضع سنين، فوضعها في شباك حجرته، فمرَّ من مرّ فرآها والشباك مفتوح فسرقها [...] وبالجملة لا أثر للانتظام في هذه المكتبة، وحالتها تنفطر لها قلوب محبّي المطالعة والاطّلاع»[١٣٩].

ويُلاحظ هنا أنّ محمّد راغب الطبّاخ وضع سببين لانفراط عقد مجموعات هذه المكتبة، الأول: إهمال متولّي الوقف وقيّم المكتبة أمرَها، والثاني إعارة كتبها لمجاوري المدرسة ومن ثم عدم السؤال عنها والتفتيش عليها، وهما في الحقيقة سبب واحد. فلو أنّ قيّم المكتبة أدّى عمله بالشكل المطلوب؛ لَحفِظ مجموعة المكتبة من الضياع والإهمال، وفتش عن الكتب المُعارة وطالبَ المستعيرين بردِّها.

وعندما يصف نسخة المكتبة من كتاب المنهاج في شعب الإيمان، للحسين بن حسن بن محمّد الحليمي (ت ٤٠٣هـ)، يقول: «ولكن ممّا يُؤسف له أنّ كثيرًا من أوراقه في الأجزاء الثلاثة ملتصقة بعضُها ببعض لمطرٍ أصاب هذه النسخة وغيرها، وذلك لقلّة

---

١٣٨ الطباخ، محمد راغب، مخطوطات المدرسة العثمانية بحلب، ٤٧٠.

١٣٩ الطباخ، محمد راغب، إعلام النبلاء، ج٣: ٢٦٤.

العناية بأمر المكتبة وعدم المبالاة في أمر حِفظها من أمثال ذلك»[١٤٠]. فمصيبة هذه المكتبة ليس بالتفريط بمجموعاتها وخروجها عنها فقط، بل بإهمال الموجود داخلها حتّى طالته مياه الأمطار.

والنقطة الثانية التي ساهمت في رسم مصير المكتبة: هي عملية تجميع مكتبات الأوقاف في حلب في مكتبة المدرسة الشرفية، ثم إنشاء المكتبة الوطنية بدمشق. ففي سنة **١٩٤٩م**، نَقلتْ دائرةُ الأوقاف الإسلامية بحلب –بأمر من الحكومة– جميع الكتب المخطوطة التي كانت في مكتبات مدارس حلب وجوامعها وزواياها، ومن بينها مكتبة المدرسة العثمانية، ووضعت الكتب المُجمَّعة في مكتبة المدرسة الشرفية الكائنة في محلّة وراء الجامع الكبير[١٤١]. فكان هذا أوّل انتقالٍ كاملٍ للمجموعة.

وعندما تمّ افتتاح المكتبة الوطنية بدمشق عام **١٩٨٣م**، قامت إدارة المكتبة بعملية جمع لمخطوطات التراث والكتب النادرة الموجودة في المكتبات والمراكز الثقافية التابعة للدولة، وذلك استنادًا إلى مرسوم إحداث المكتبة الوطنية[١٤٢]، وكان من بين المكتبات التي نُقلت مخطوطاتها إلى المكتبة الوطنية بدمشق، مكتبة الأوقاف بحلب، التي ضمّت سابقًا مجموعة مكتبة المدرسة العثمانية الرضائية، ويشير سجلّ مكتبة الأوقاف إلى أنّ مجموعة مكتبة المدرسة العثمانية بلغت **(١٣١٨ مخطوطًا)**[١٤٣]، وللأسف لا يمكننا المقارنة بين هذا الرقم وبين ما وصل فعلًا من المكتبة العثمانية ومحفوظ حاليًّا في المكتبة الوطنية بدمشق؛ لأنّ القائمة المُدرجة في نهاية الكتاب هي للعناوين وليست للمخطوطات. فربّما ضمّ المجموع الواحد عشرات العناوين. وعليه فإنّ المجموعة لم تصل مباشرة من مكتبة المدرسة العثمانية الرضائية بحلب إلى المكتبة الوطنية بدمشق، بل مكثت قرابة **٣٤** سنة في مكتبة المدرسة الشرفية بحلب.

الخلاصة

وبعد أن ألقت مخطوطات مكتبة المدرسة العثمانية الرضائية عصا ترحالها في المكتبة الوطنية بدمشق، يمكن القول عن الدفتر المُجدَّد لكتب وقف هذه المدرسة إنّ هذا

---

١٤٠ الطباخ، محمد راغب، مخطوطات المدرسة العثمانية بحلب، **٤٧٦**. وقد ورد خطأ عنده الحسين بن الحسن الحلبي، وانظر: الطباخ، محمد راغب، دُور الكتب في حلب قديمًا وحديثًا، **٣٠٦**.

١٤١ الكيالي، عبد الرحمن، دراسة موجزة للمكتبات الموجودة في حلب وما فيها من المخطوطات الطبية، مجلّة مجمع اللغة العربية بدمشق، مج٤٦، ج٤ (أكتوبر ١٩٧١): ٦٧٢–٦٩٢، ٦٧٥.

١٤٢ فهرس المخطوطات العربية المحفوظة في مكتبة الأسد الوطنية، الجزء الأول المصاحف المخطوطة، دمشق: منشورات مكتبة الأسد، **١٩٩٣**، ج١: ٥.

١٤٣ فهرس المخطوطات العربية المحفوظة في مكتبة الأسد الوطنية، ج١: ١٢.

الدفتر قدّم مادّة ثرّة؛ فمقدّمته وظهريته أعطتنا معلومات تاريخية توثيقية يتعذّر وجودها في مصدر آخر. فقد بيّنت ظهريته أسماء اثنين من أمناء مكتبة هذه المدرسة، مع تبيان شرط الواقف فيما يخصّ مجموعته الموقوفة، وكان لهذه المعلومات كلّ الأثر في مناقشة التوصيف الوظيفي لمهنة أمين المكتبة، وتحديد جمهور المستفيدين منها، كما بيّنت مقدّمته اسم الواقف الأوّل وهو عثمان باشا الدُّورِكي، واسم متولّي الوقف سنة **١٢٥٢**هـ، وهو إبراهيم آغا ابن علي آغا اليكن، واسم أمين الكتب سنة **١٢٥٢**هـ، وهو محمّد هلال أفندي طبارة، ومكان الوقف وهو جامع العثمانية بحلب.

أمّا مضمونه الخاصّ بعناوين الكتب وأسماء مؤلّفيها وموضوعاتها، فهو صورة عن علوم الحقبة المدروسة في حلب، وبيّن أنّ العلوم الدينية شكّلت ٦٥,٦٧٪ من مجموع مقتنيات المكتبة، بينما شكّلت العلوم العقلية **٥,٨٥**٪ فقط.

كما قدّم هذا الدفتر الروافد المختلفة التي صبّت في رصيد المكتبة، من خلال ذكر أسماء الواقفين، وبعض تواريخ وقفهم، وشروط بعضهم للاستفادة من مجموعته، وما أوقفه كلٌّ منهم، ولا يخفى ما لهذه المعلومات من أهمّية لدى الباحثين المهتمّين بدراسة عائدية المخطوطات. كما أفصح عن اسم أمين الكتب في سنة **١٢٨٢**هـ، وهو محمّد عطاء الله مدرسزاده، مُبيّنًا طريقته في تسجيل الكتب ووصفها.

ومن خلال تتبُّع ذهنية العمل المكتبي المُمارس في هذه المكتبة تبيّن أنّ مُفهرسي مطلع القرن الرابع عشر الهجري في هذه المكتبة ساروا على نهج مَن سبقهم من مفهرسي المكتبة في القرن الثالث عشر، ولم يضيفوا أو يعدِّلوا شيئًا، وكلّ ما سبق يدعو إلى إعادة النظر في قيمة الفهارس المخطوطة للمكتبات، وضرورة اعتمادها مصدرًا مهمًّا في دراسة تاريخ المكتبات القديمة، وقرينة إضافية في دراسة الحياة الفكرية في مدينة ما، وفي زمن ما.

الفصل الثاني

النص المحقق:
الدفتر المُجدَّد لكتب وقف
عثمان باشا الدُّورِكِي

[٢/أ] رقم الكتاب الملحق بالمكتبة العثمانية الثانية.
لأمين كتب هذه المدرسة الفقير محمد هلال:
من استعار مني كتابًا ثم أنكره
عذّبه الله بالعذاب ألوانا
وعذّب كل خائنٍ وخائنة
لا بارك الله في كلٍّ من كان خوّانا
للشيخ محمّد هلال طبارة رحمه الله تعالى[١].

شرط الواقف المرحوم عثمان باشا –أورثه الله الجنّة يتبوّأ منها حيث يشأ– أن لا يُعير أمين الكتب مِن كُتبه الموقوفة لأحد من خارج المدرسة، وأن لا يخرج منها شيء ولو برَهْنٍ، كما هو مصرّح به في وقفيّته المعمول بها.

كتبه الفقير ذو العجز والتقصير، الراجي عفو ربّه القدير، محمّد عطاء الله مدرسزاده، أمين الكتب الموقوفة، الموضوعة في مكتبة المدرسة الرضائية–غفر الله له ولأسلافه ولجميع المسلمين، آمين!.

غرة رجب الفرد سنة ٨٢[٢].

[٢/ب]. بسم الله الرحمن الرحيم،

الحمد لله ربِّ العالمين، وصلّى الله على سيّدنا محمّد خاتم النبيّين، وعلى آله وأصحابه أجمعين، وبعد: فقد حصل تجديد دفتر كتب وقف المرحوم المغفور له صاحب الخيرات

---

[١] أمين كتب هذه المكتبة سنة ١٢٥٢هـ/١٨٣٦م.

[٢] يقصد سنة ١٢٨٢هـ/١٨٦٥م.

والحسنات – ضاعف الله له الأجور – الحاجّ عثمان باشا[٣] – طابَ ثراه – بأمر المتولي حالًا جناب افتخار الأماجد الكرام، ذوي القدر والاحترام، إبراهيم آغا ابن المرحوم علي آغا اليكن، المتولي حالًا بحكم المشروطية؛ لأجل تسليمهم إلى نخبة العلماء الشيخ الحاجّ محمّد هلال أفندي طبَّارة المنصوب أمينًا على الكتب الموقوفة بجامع العثمانية بمدينة حلب المحميَّة؛ لحفظهم وخدمتهم. وذلك في اليوم الحادي والعشرين من شهر ربيع الأوّل لسنة اثنتين[٤] وخمسين ومائتين وألف.

الكتب المتعلّقة بالقرآن العظيم

١. مصحف شريف، كتاب الله تعالى أربع نسخ.
٢. مصحف ربعة شريفة واحدة.
٣. كتاب تفسير القاضي البيضاوي[٥] ثلاث نسخ في ثلاث[٦] مجلدات.
٤. كتاب تفسير الإمام الكواشي[٧] مجلّد واحد.
٥. كتاب الكشّاف[٨] تفسير الإمام جار الله الزمخشري في مجلّدين.
٦. كتاب بغية البيان تفسير القرآن[٩] لأبي عبد الله عمر السهروردي في مجلّد واحد.

---

٣ انظر التعريف بعثمان باشا الدُّورِكِي في الفصل الأوَّل.

٤ في الأصل: لسنة اثنين.

٥ أنوار التنزيل وأسرار التأويل في التفسير، للقاضي الإمام العلّامة ناصر الدين أبي سعيد عبد الله بن عمر البيضاوي. خليفة، حاجي: الكشف: ج١: ١٨٦. الزركلي، خير الدين: الأعلام: ج٤: ١١٠. انظر في الملحق الرقم (١٤٨٠٥ت).

٦ استخدم الناسخ لفظة مجلد المذكرة مع الكتب المكوّنة من جزء واحد، وعليه فإن جميع أرقام المجلدات التي أوردها ابتداءً من الثلاثة خاطئة. وأبقيتها لأنّها تدلّ على ثقافة المفهرس ولأنّها ليست خطأً ناتجًا عن سهو.

٧ للإمام موفّق الدين أحمد بن يوسف الكواشي، ثلاثة تفاسير، هي: «التبصرة في التفسير» خليفة، حاجي: الكشف: ج١: ٣٣٩. «التلخيص في التفسير» خليفة، حاجي: الكشف: ج١: ٤٨٠. «كشف الحقائق في التفسير» خليفة، حاجي: الكشف: ج٢: ١٤٨٩. الزركلي، خير الدين: الأعلام: ج١: ٢٧٤. والذي وصل إلى المكتبة الوطنية بدمشق عن طريق المكتبة العثمانية هو التلخيص في التفسير، انظر في الملحق الرقم (١٤٧٨٣).

٨ «الكشّاف عن حقائق التنزيل للإمام أبي القاسم جار الله محمود بن عمر الزمخشري الخوارزمي» خليفة، حاجي: الكشف: ج٢: ١٤٧٥. الزركلي، خير الدين: الأعلام: ج٧: ١٧٨. انظر في الملحق الرقمين (١٤٧٨٤، ١٤٧٨٥).

٩ السهروردي، عمر بن محمد بن عبد الله بن محمد بن عمر بن عمويه البكري شهاب الدين أبو حفص السهروردي البغدادي، له بغية البيان في تفسير القرآن. البغدادي، إسماعيل باشا: هدية العارفين: ج١: ٧٨٦. انظر في الملحق الرقم (١٤٧٦٩)، وقد ورد خطأ في فهرس المكتبة الوطنية بعنوان: نخبة البيان. =

٧. كتاب تفسير القرآن العظيم باللغة التركية[١٠] لأحمد بن[١١] عبد الله الناصح في مجلّد واحد.

٨. كتاب [٣/أ] تفسير معالم التنزيل[١٢] في ثلاث مجلدات.

٩. كتاب تفسير ابن الخازن، المُسمَّى[١٣] بأنوار التنزيل[١٤] في مجلّدين.

١٠. كتاب تفسير أبي السعود[١٥] نسختين كل نسخة في مجلّدين.

١١. كتاب تفسير أبي حيان[١٦] نسختين، الأولى في مجلّدين، الثانية في ثلاث مجلّدات.

١٢. كتاب تفسير الإمام الواحدي[١٧] في أربع مجلّدات.

= كما ورد عند الطباخ (نغبة البيان في تفسير القرآن). وهي نسخة تامّة نفيسة جدًّا عليها خطّ المؤلّف في أوّلها وآخرها، محرّرة سنة ٦١٣هـ، محمّد راغب الطباخ. مخطوطات المدرسة العثمانية بحلب، مجلّة المجمع العلمي العربي، ع ٧-٨ (يوليو ١٩٣٢). ص ٤٧١. وطُبع الكتاب محقّقًا بعنوان: نغبة البيان في تفسير القرآن. انظر السهروردي. نغبة البيان في تفسير القرآن، تحقيق ياشار دوزنلي.

١٠ ناصح البغدادي، أحمد بن عبد الله البغدادي الحنفي الناصح بجامع الشيخ عبد القادر الكيلاني، له زبد آثار المواهب والأنوار في ترجمة القرآن، بالتركية في مجلد مطبوع. البغدادي، إسماعيل باشا: هدية العارفين: ج١: ١٦٤.

١١ في الأصل، ابن.

١٢ «معالم التنزيل في التفسير للإمام محيي السنّة أبي محمد حسين بن مسعود الفراء البغوي الشافعي». خليفة، حاجي: الكشف: ج٢: ١٧٢٦. كحالة، عمر رضا: معجم المؤلّفين: ج١: ٦٤٤. انظر في الملحق الأرقام (١٤٧٤٩، ١٤٧٥٠، ١٤٧٥١، ١٦٠٥٩، ١٦٠٦٠).

١٣ في الأصل: المسما.

١٤ الخازن علي بن محمّد بن إبراهيم بن عمر بن خليل الشيخي علاء الدين البغدادي الصوفي المعروف بالخازن، له لباب التأويل في معاني التنزيل تفسير القرآن. البغدادي، إسماعيل باشا: هدية العارفين: ج١: ٧١٦. الزركلي، خير الدين: الأعلام: ج٥: ٥. وهنا خطآن: الأول اسم المؤلف، والثاني عنوان الكتاب. وقد وصل إلى المكتبة الوطنية بدمشق عن طريق المكتبة العثمانية نسختان من (لباب التأويل في معاني التنزيل). انظر في الملحق الرقمين (١٤٧٥٢، ١٤٧٥٣).

١٥ إرشاد العقل السليم إلى مزايا الكتاب الكريم في تفسير القرآن على مذهب النعمان لشيخ الإسلام أبي السعود بن محمّد العمادي. خليفة، حاجي: الكشف: ج١: ٦٥. الزركلي، خير الدين: الأعلام: ج٧: ٥٩. انظر في الملحق الرقمين (١٤٧٥٥، ١٤٧٥٦).

١٦ البحر المحيط في التفسير للشيخ أثير الدين أبي حيّان محمّد بن يوسف الأندلسي، وهو كتاب عظيم في مجلّدات، ثمّ اختصره في مجلّدين وسمّاه (النهر الماد من البحر). خليفة، حاجي: الكشف: ج١: ٢٢٦. الزركلي، خير الدين: الأعلام: ج٧: ١٥٢. انظر في الملحق الأرقام (١٤٧٥٨، ١٤٧٥٩، ١٤٧٦٠، ١٤٧٨٨، ١٤٧٨٩). محمّد راغب الطباخ. مخطوطات المدرسة العثمانية بحلب، مجلّة المجمع العلمي العربي، ع ٧-٨ (يوليو ١٩٣٢). ص ٤٧١.

١٧ «تفسير الواحدي ثلاثة، البسيط والوسيط والوجيز، وتسمى هذه الثلاثة (الحاوي لجميع المعاني)». خليفة، حاجي: الكشف: ج١: ٤٦٠. وقد وصل إلى المكتبة الوطنية بدمشق عن طريق المكتبة العثمانية نسخة من التفسير الوسيط. انظر في الملحق الرقم (١٤٧٧٠). وانظر ما كتبه عنه محمّد راغب الطباخ. مخطوطات المدرسة العثمانية بحلب، مجلة المجمع العلمي العربي، ع ٧-٨ (يوليو ١٩٣٢). ص ٤٧٠-٤٧١.

١٣. كتاب تفسير الجلالَين[١٨] للإمام السيوطي في مجلّد واحد.
١٤. كتاب حاشية شيخي زاده على تفسير القاضي البيضاوي[١٩] في مجلّدين.
١٥. كتاب تفسير ابن الجوزي[٢٠] ناقص مجلّد واحد.
١٦. كتاب حاشية ملاّ علي القاري المسماة بالجمالين على الجلالين[٢١] في مجلد واحد.
١٧. كتاب حاشية قطب الدين على تفسير الكشّاف[٢٢] في مجلد واحد.
١٨. كتاب حاشية على الكشّاف لسعد الدين التفتازاني[٢٣] في مجلد واحد.
١٩. كتاب عمدة الحفّاظ في تفسير أشرف الألفاظ، لابن السمين الحلبي[٢٤] في مجلد واحد.
٢٠. كتاب تفسير جزء عمّ مع حاشية لعصام[٢٥] في مجلد واحد.
٢١. كتاب نتيجة الفكر للمأموني[٢٦] في مجلد واحد.
٢٢. كتاب تفسير سورة الضحى في مجلد واحد.

---

١٨ «تفسير الجلالين من أوّله إلى آخر سورة الإسراء للعلّامة جلال الدين محمّد بن أحمد المحلّي الشافعي المتوفَّى سنة ٨٦٤، ولّما مات كمّله الشيخ المتبحّر جلال الدين عبد الرحمن بن أبي بكر السيوطي المتوفَّى سنة ٩١١». خليفة، حاجي: الكشف: ج١: ٤٤٥. انظر في الملحق الرقم (١٤٧٨٠).

١٩ انظر في الملحق الرقم (١٤٧٦٣).

٢٠ «تفسير ابن الجوزي المسمَّى (بزاد المسير)». خليفة، حاجي: الكشف: ج١: ٤٣٧. الزركلي، خير الدين: الأعلام: ج٣: ٣١٧.

٢١ الحاشية المسمّاة بالجمالين، لمولانا الفاضل نور الدين علي بن سلطان محمّد القاري المتوفَّى سنة ١٠١٤هـ. خليفة، حاجي: الكشف: ج١: ٤٤٥. الزركلي، خير الدين: الأعلام: ج٥: ١٢.

٢٢ الكشاف عن حقائق التنزيل للإمام العلامة أبي القاسم جار الله محمود بن عمر الزمخشري الخوارزمي المتوفَّى سنة ٥٣٨هـ، عليه حاشية العلامة قطب الدين محمود بن مسعود الشيرازي في مجلّدين لطيفين، وحاشية العلامة قطب الدين محمّد بن محمّد التحتاني الرازي. خليفة، حاجي: الكشف: ج ٢: ١٤٧٥، ١٤٧٧–١٤٧٨. فهناك حاشيتان على الكشّاف لعالِمَين كلٌّ منهما لقبُه قطب الدين. لكن الذي وصل من المكتبة العثمانية إلى المكتبة الوطنية بدمشق (حاشية القطب التحتاني على الكشاف). انظر في الملحق الرقم (١٤٧٩٤).

٢٣ خليفة، حاجي: الكشف: ج ٢: ١٤٧٨. انظر في الملحق الرقم (١٤٧٨٦).

٢٤ خليفة، حاجي: الكشف: ج ٢: ١١٦٦. انظر في الملحق الرقم (١٤٧٩٣). وهذه النسخة قال عنها كامل الغزي: إنها من أندر مقتنيات مكتبة المدرسة الرضائية. الغزي: نهر الذهب: ج١: ١٧٤. وانظر محمد راغب الطباخ. مخطوطات المدرسة العثمانية بحلب، مجلة المجمع العلمي العربي، ع ٧–٨ (يوليو ١٩٣٢). ص ٤٧٢.

٢٥ هو الإسفرائيني إبراهيم بن محمّد بن عربشاه الإسفرائيني الخراساني عصام الدين الحنفي المتوفَّى بسمرقند سنة ٩٤٤هـ. انظر البغدادي، إسماعيل باشا: هدية العارفين: ج١: ٢٦. وهو عند الزركلي، خير الدين: الأعلام: ج١: ٦٦. توفي (٩٤٥هـ/١٥٣٨م).

٢٦ الميموني إبراهيم بن محمّد بن عيسى الصعيدي المصري الشافعي برهان الدين الميموني، ويقال أيضًا المأموني، ولد سنة ٩٩١هـ، وتوفّي سنة ١٠٧٩هـ، من مصنّفاته: نتيجة الفكر ونخبة النظر في جمع الآيات الدالّة على الحشر. البغدادي، إسماعيل باشا: هدية العارفين: ج١: ٣٢. الزركلي، خير الدين: الأعلام: ج١: ٦٧. انظر في الملحق الرقم (١٤٧٩٦).

٢٣. كتاب أسئلة القرآن، للإمام محمّد بن[٢٧] أبي بكر الرازي[٢٨] في مجلّد واحد.

٢٤. كتاب حصّة من تفسير باللغة التركية إلى آلتي برمق[٢٩]، مجلّد واحد.

٢٥. كتاب الإتقان في علوم القرآن، للإمام جلال الدين السيوطي[٣٠] في مجلّد واحد.

٢٦. كتاب حاشية على الكشّاف، للسيّد الشريف[٣١]، مجلّد واحد.

٢٧. كتاب إعراب بعض آيات من القرآن العظيم[٣٢]، مجلّد [٣/ب] واحد.

٢٨. كتاب خواصّ القرآن العظيم باللغة التركية[٣٣]، مجلد واحد.

٢٩. كتاب الزبور الشريف، مجلّد واحد.

٣٠. جزء أول من حاشية شيخي زاده[٣٤] على تفسير البيضاوي.

٣١. قصّة سيّدنا يوسف عليه السلام باللغة التركية، مجلّد واحد.

٣٢. كتاب حاشية سعدي على تفسير البيضاوي[٣٥]، مجلّد واحد.

كتب الحديث النبوي ومتعلّقاته

٣٣. كتاب البخاري الشريف، نسختين[٣٦]، الأولى عشر مجلّدات، والثانية ستة[٣٧] مجلّدات.

---

٢٧ في الأصل: ابن.

٢٨ «أسئلة القرآن وأجوبتها لشمس الدين أبي بكر محمد بن أبي بكر الرازي صاحب (مختار الصحاح)» خليفة، حاجي: الكشف: ج١: ٩٢. انظر في الملحق الرقم (١٤٨٠٦).

٢٩ في الأصل: التي برمق. «آلتي پرمق محمّد بن محمّد الاسكوبي الرومي المعروف بآلتي برمق، وأيضًا بابن الجقرفجي، الحنفي. تُوفّي سنة ١٠٠٣. له ترجمة المطول. ترجمة معارج النبوة. نزهة الجهان ونادرة الزمان في ترجمة نكارستان». البغدادي، إسماعيل باشا: هديّة العارفين: ج٢: ٢٦١.

٣٠ خليفة، حاجي: الكشف: ج١: ٨. انظر في الملحق الرقم (١٤٧٩٥).

٣١ وهو العلّامة السيّد الشريف علي بن محمّد الجرجاني. خليفة، حاجي: الكشف: ج٢: ١٤٧٩. الزركلي، خير الدين: الأعلام: ج٥: ٧. انظر في الملحق الرقم (١٤٨٠٤).

٣٢ هناك إعراب آيات من القرآن العظيم لابن الحاجب، عثمان بن عمر. انظر في الملحق الرقم (١٤٨٠٩). وهناك إعراب ثلاثين سورة من القرآن العزيز، أو: الطارقية لابن خالويه، الحسين بن أحمد. انظر في الملحق الرقم (١٤٨١٠). وانظر محمّد راغب الطباخ. مخطوطات المدرسة العثمانية بحلب، مجلّة المجمع العلمي العربي، ع ٧–٨ (يوليو ١٩٣٢). ص ٤٧١.

٣٣ انظر في الملحق الرقم (١٥٧٩٠ت٣٧).

٣٤ شيخي زاده، عبد الرحمن بن محمّد بن سليمان. الزركلي، خير الدين: الأعلام: ج٣: ٣٣٢.

٣٥ «سعدي چلبي سعد الله بن عيسى بن أمير خان القسطموني ثمّ الرومي الحنفي الشهير بسعدي چلبي القاضي بالقسطنطينية والمفتي بها. توفّي سنة ٩٤٥، صنّف حاشية على أنوار التنزيل للبيضاوي». البغدادي، إسماعيل باشا: هدية العارفين: ج١: ٣٨٦. الزركلي، خير الدين: الأعلام: ج٣: ٨٨.

٣٦ انظر في الملحق الرقم (١٤٩١٩).

٣٧ هنا استخدم الصيغة (ستّة مجلدات).

٣٤. كتاب جنى[٣٨] الجنّتين في الجمع بين الصحيحَين[٣٩]، مجلّد واحد.
٣٥. كتاب صحيح مسلم[٤٠]، أربع مجلّدات.
٣٦. كتاب شرح البخاري، للقسطلاني[٤١] ستة[٤٢] مجلّدات.
٣٧. كتاب شرح البخاري، لابن الملقّن[٤٣] خمس مجلّدات.
٣٨. كتاب فتح الباري في شرح البخاري، لابن حجر العسقلاني[٤٤] في أربع مجلّدات.
٣٩. كتاب شرح البخاري، للزركشي[٤٥] مجلّد واحد.
٤٠. كتاب شرح البخاري، للإمام الكَرْماني[٤٦] ثلاث مجلّدات.
٤١. كتاب شرح صحيح مسلم، للإمام النووي[٤٧] أربع مجلّدات.
٤٢. كتاب المفهم في شرح مسلم[٤٨]، للإمام القرطبي أربع مجلّدات.

---

[٣٨] في الأصل (جنا).

[٣٩] الذي وجدته ويختص بعلم الحديث هو «جنى الجنّتين ومجمع البحرين في تجريد متون الصحيحين، تأليف أبي الرجاء». البغدادي، إسماعيل باشا: إيضاح المكنون: ج١: ٣٧٠. انظر في الملحق الرقم (٦٥٢٥).

[٤٠] انظر في الملحق الرقم (١٤٩٩١).

[٤١] أحمد بن محمّد بن أبي بكر بن عبد الملك القسطلاني القتيبي المصري، له إرشاد الساري لشرح صحيح البخاري. الزركلي، خير الدين: الأعلام: ج١: ٢٣٢. انظر في الملحق الرقم (١٤٨٦٨).

[٤٢] هنا استخدم الصيغة (ستّة مجلّدات).

[٤٣] عمر بن علي بن أحمد الأنصاري الشافعي، سراج الدين، أبو حفص المعروف بابن الملقن. له التوضيح لشرح الجامع الصحيح. الزركلي، خير الدين: الأعلام: ج٥: ٥٧. انظر في الملحق الأرقام (١٤٨٤٧–١٤٨٥٠، ١٤٩٣٢). محمّد راغب الطباخ. مخطوطات المدرسة العثمانية بحلب، مجلّة المجمع العلمي العربي، ع ٧–٨ (يوليو ١٩٣٢). ص ٤٧٤.

[٤٤] خليفة، حاجي: الكشف: ج١: ٥٤٧. انظر في الملحق الرقم (١٤٨٨١).

[٤٥] الموجود في المكتبة الوطنية بدمشق عن طريق المكتبة العثمانية هو «التنقيح لألفاظ الجامع الصحيح» تأليف الزركشي، محمّد بن بهادر. انظر في الملحق الرقم (١٤٨٨٤). محمّد راغب الطباخ. مخطوطات المدرسة العثمانية بحلب، مجلّة المجمع العلمي العربي، ع ٧–٨ (يوليو ١٩٣٢). ص ٤٧٦.

[٤٦] الكواكب الدراري في شرح صحيح البخاري. لمحمّد بن يوسف بن علي الكرماني. انظر خليفة، حاجي: الكشف: ج١: ٥٤٦. انظر في الملحق الرقم (١٤٨٥٣). محمّد راغب الطباخ. مخطوطات المدرسة العثمانية بحلب، مجلّة المجمع العلمي العربي، ع ٧–٨ (يوليو ١٩٣٢). ص ٤٧٤.

[٤٧] المنهاج لشرح صحيح مسلم بن الحجّاج. انظر البغدادي، إسماعيل باشا: هدية العارفين: ج٢: ٥٢٥. انظر في الملحق الرقم (١٤٨٩٣).

[٤٨] القرطبي، أحمد بن عمر بن إبراهيم بن عمر الأنصاري أبو العباس جمال الدين القرطبي نزيل الإسكندرية، ولد سنة ٥٧٨ وتوفّي سنة ٦٥٦، له المُفْهِم لِما أشكل من تلخيص كتاب مُسلم. البغدادي، إسماعيل باشا: هديّة العارفين: ج١: ٩٦. الزركلي، خير الدين: الأعلام: ج١: ١٨٦. انظر في الملحق الرقم (١٤٨٧٣). وانظر محمّد راغب الطباخ. مخطوطات المدرسة العثمانية بحلب، مجلّة المجمع العلمي العربي، ع ٧–٨ (يوليو ١٩٣٢). ص ٤٧٢.

٤٣. كتاب الكاشف في معرفة من ذكر في الكتب الستّة[٤٩] مجلد واحد.

٤٤. كتاب جمع الفوائد ومجمع الزوائد[٥٠] في الكتب الستّة، للمغربي مجلد واحد.

٤٥. كتاب الجامع[٥١] الصغير[٥٢] لجلال الدين السيوطي مجلّد واحد.

٤٦. كتاب شرح المناوي الكبير المسمّى بالفتح القدير على جامع الصغير[٥٣] سبع مجلّدات.

٤٧. كتاب مشكاة المصابيح[٥٤] مجلّد واحد.

٤٨. كتاب مشكاة المصابيح[٥٥] لملاّ علي [٤/أ] القاري خمس مجلّدات.

٤٩. كتاب المصابيح[٥٦] نسختين، كلّ نسخة في مجلّد واحد.

٥٠. كتاب شرح المصابيح لزين العرب[٥٧] في مجلّد واحد.

---

٤٩ «الكاشف في معرفة مَن له ذِكر في الكتب الستّة» لمحمّد بن أحمد الذهبي. انظر في الملحق الرقم (٦٧٣٧).

٥٠ السوسي محمّد بن محمّد بن سليمان بن فاسي بن طاهر السوسي الروداني – رودان قاعدة سوس الأقصى المغربي – المالكي نزيل الحرمين، تُوفّي بدمشق سنة ١٠٩٤هـ، له جمع الفوائد من جامع الأصول ومجمع الزوائد في الجمع بين الكتب الخمسة والموطأ، في ثلاث مجلدات. البغدادي، إسماعيل باشا: هدية العارفين: ج٢: ٢٩٨. انظر في الملحق الرقم (١٤٩٦٣).

٥١ في الأصل (جامع).

٥٢ «الجامع الصغير من حديث البشير النذير للشيخ الحافظ جلال الدين عبد الرحمن بن أبي بكر السيوطي» خليفة، حاجي: الكشف: ج١: ٥٦٠. انظر في الملحق الأرقام (١٤٨٥٨، ١٤٨٧٨، ١٤٩٣٣).

٥٣ العنوان الصحيح هو «فيض القدير في شرح الجامع الصغير» للمناوي، عبد الرؤوف بن تاج العارفين بن علي بن زين العابدين المناوي الحدادي المصري الحافظ زين الدين المتوفّى سنة ١٠٣١هـ. إسماعيل البغدادي: هديّة العارفين: ج١: ٥١٠–٥١١. انظر في الملحق الأرقام (١٤٩٨٣، ١٤٩٨٤، ١٤٩٨٠، ١٤٩٨١، ١٤٩٧٦). محمّد راغب الطباخ. مخطوطات المدرسة العثمانية بحلب، مجلّة المجمع العلمي العربي، ع ٧–٨ (يوليو ١٩٣٢). ص ٤٧٥.

٥٤ لخطيب الفخرية ولي الدين أبي عبد الله محمّد بن عبد الله الخطيب الشافعي، الشهير بخطيب الفخرية، المتوفَّى سنة ٧٤٩هـ. إسماعيل البغدادي: هدية العارفين: ج٢: ١٥٦. انظر في الملحق الأرقام (١٤٨٥٦، ١٤٨٩٤، ١٤٨٤١).

٥٥ علي القاري، هو علي بن سلطان محمّد الهروي، من مصنّفاته «شرحه على المشكاة في مجلّدات وهو أكبرها وأجلُّها». المحبي: خلاصة الأثر: ج٣: ١٨٥. و«مرقاة المفاتيح لمشكاة المصابيح». انظر كحالة، عمر رضا: معجم المؤلّفين: ج٧: ١٠٠. أي أنّ جهده كان شرح كتاب مشكاة المصابيح. انظر في الملحق الأرقام (١٤٨٣٧، ١٤٨٣٨، ١٤٨٣٩، ١٤٩٩٥).

٥٦ هناك عدّة كتب في علم الحديث مطلعها (مصابيح)، أشهرها: مصابيح السنّة، لحسين بن مسعود الفراء البغوي. خليفة، حاجي: الكشف: ج٢: ١٦٩٨. انظر في الملحق الرقم (٦٥٦٩).

٥٧ «زين العرب علي بن عبد الله المصري الشهير بزين العرب، صنف... شرح مصابيح السنّة للبغوي فرغ منها سنة ٧٥١». إسماعيل البغدادي: هديّة العارفين: ج١: ٧٢٠. انظر في الملحق الرقم (١٤٨٨٥).

٥١. كتاب شرح المصابيح للإمام التوربشتي[٥٨] في مجلّد واحد.
٥٢. كتاب الشفا في تعريف حقوق المصطفى[٥٩] صلّى الله عليه وسلّم ثلاث نسخ في ثلاث مجلّدات.
٥٣. كتاب شرح الشفا لأبي الوفا العرضي[٦٠] ثلاثة[٦١] مجلّدات.
٥٤. كتاب شرح الشفا لملّا علي القاري[٦٢] مجلّدين.
٥٥. كتاب شرح الشفا[٦٣] للشهاب الخفاجي في مجلّد واحد.
٥٦. كتاب إنسان العيون في سيرة الأمين المأمون[٦٤] صلّى الله عليه وسلّم للشيخ علي الحلبي في مجلّدين.
٥٧. كتاب الإصابة في معرفة الصحابة[٦٥] رضوان الله عليهم أجمعين، لابن حجر العسقلاني في مجلّدين.
٥٨. كتاب المجمع المؤسس للمعجم المفهرس[٦٦] مجلّد واحد.
٥٩. كتاب تهذيب الأسماء واللغات[٦٧] للإمام النووي ثلاث مجلّدات.

---

٥٨ التوربشتي، شهاب الدين أبو عبد الله فضل الله بن حسن الفقيه الحنفي، من مصنّفاته: الميسّر في شرح مصابيح السنّة للبغوي. إسماعيل البغدادي: هدية العارفين: ج١: ٨٢١. انظر في الملحق الرقم (١٤٨٣٥). محمّد راغب الطباخ. مخطوطات المدرسة العثمانية بحلب، مجلّة المجمع العلمي العربي، ع ٧–٨ (يوليو ١٩٣٢). ص ٤٧٥.

٥٩ للقاضي عياض بن موسى بن عياض بن عمر بن موسى القاضي أبو الفضل اليحصبي البستي المراكشي، تُوفّي بمراكش سنة ٥٤٤». إسماعيل البغدادي: هديّة العارفين: ج١: ٨٠٥. انظر في الملحق الأرقام (١٤٨٤٤، ١٤٨٥١، ١٤٩١٤، ١٤٩١٧).

٦٠ «فتح الغفّار بما أكرم الله به نبيّه المختار، أو: شرح الشفا للقاضي عياض. تأليف: عمر بن عبد الوهاب العرضي. انظر في الملحق الرقم (١٤٨٧٠). وانظر ما كتب عن هذه النسخة محمّد راغب الطباخ. مخطوطات المدرسة العثمانية بحلب، مجلّة المجمع العلمي العربي، ع ٧–٨ (يوليو ١٩٣٢). ص ٤٧٢.

٦١ هنا استخدم الصيغة (ثلاثة مجلدات).

٦٢ إسماعيل البغدادي: هدية العارفين: ج١: ٧٥٢. انظر في الملحق الرقم (١٤٨٨٧).

٦٣ «نسيم الرياض في شرح الشفا للقاضي عياض». إسماعيل البغدادي: هدية العارفين: ج١: ١٦١. انظر في الملحق الرقم (١٤٨٥٩). محمد راغب الطباخ. مخطوطات المدرسة العثمانية بحلب، مجلة المجمع العلمي العربي، ع ٧–٨ (يوليو ١٩٣٢). ص ٤٧٣.

٦٤ خليفة، حاجي: الكشف: ج١: ١٨٠. انظر في الملحق الرقمين (١٥٠٤٤، ١٥٠٤٥).

٦٥ «الإصابة في تمييز الصحابة». إسماعيل البغدادي: هدية العارفين: ج١: ١٢٩. انظر في الملحق الرقمين (١٥٠٣٣، ١٥٠٣٤). محمد راغب الطباخ. مخطوطات المدرسة العثمانية بحلب، مجلة المجمع العلمي العربي، ع ٧–٨ (يوليو ١٩٣٢). ص ٤٧٦.

٦٦ في الأصل (الجامع المؤسّس في المعجم المفهرس). وهو لشهاب الدين أبي الفضل أحمد بن علي بن حجر». خليفة، حاجي: الكشف: ج٢: ١٦٠٤. انظر في الملحق الرقم (١٨٩١١).

٦٧ خليفة، حاجي: الكشف: ج١: ٥١٤. انظر في الملحق الأرقام (١٥٠٣٠، ١٥٠٣١، ١٥٠٣٢ت).

٦٠. كتاب شرح الحصن الحصين[٦٨] لملّا علي القاري مجلّد واحد.
٦١. كتاب صحيح[٦٩] الإمام الترمذي[٧٠] مجلّد واحد.
٦٢. كتاب التذكرة[٧١] للإمام القرطبي مجلّدين.
٦٣. كتاب مشارق الأنوار[٧٢] لابن ملك مجلّد واحد.
٦٤. كتاب المبارق في شرح المشارق المسمّى[٧٣] بالمحول[٧٤]. مجلّد واحد.
٦٥. كتاب شعب الإيمان[٧٥] للحليمي في ثلاث مجلّدات.
٦٦. كتاب تخريج أحاديث الهداية للزيلعي[٧٦] خمس مجلدات.
٦٧. كتاب صفوة الصفوة[٧٧]، مختصر حلية الأولياء، لشيخ الإسلام ركن الشريعة جمال الدين أبي الفرج عبد الرحمن ابن الجوزي أربع مجلّدات.

---

٦٨ «الحرز الثمين للحصن الحصين» البغدادي، إسماعيل باشا: هدية العارفين: ج١: ٧٥٢. انظر في الملحق الرقم (١٤٩١٦).

٦٩ البغدادي، إسماعيل باشا: هدية العارفين: ج٢: ١٩. انظر في الملحق الأرقام (١٤٩١٥، ١٤٩٤١، ١٤٩٥١).

٧٠ في الأصل: الترمزي.

٧١ «التذكرة في أحوال الموتى وأمور الآخرة» خليفة، حاجي: الكشف: ج١: ٣٩٠، البغدادي، إسماعيل باشا: هدية العارفين: ج٢: ١٢٩.

٧٢ «مشارق الأنوار النبوية من صحاح الأخبار المصطفوية» للإمام رضي الدين حسن بن محمد الصغاني. انظر خليفة، حاجي: الكشف: ج٢: ١٦٨٨. أما كتاب ابن ملك فهو شرح عليه سمّاه «مبارق الأزهار في شرح مشارق الأنوار» خليفة، حاجي: الكشف: ج٢: ١٦٨٩. انظر في الملحق الرقم (١٤٨٤٥).

٧٣ في الأصل: المسما.

٧٤ هذه النسخة موجودة حاليًا في المكتبة الوطنية بدمشق عن طريق المكتبة العثمانية، انظر في الملحق الرقم (١٤٨٧٧). وعنوانها «المحول من مشارق الأنوار وشرحه المسمى بمبارق الأزهار»، لعلي بن الحسن. فكتاب المحول ليس عنوانًا بديلًا لكتاب المبارق كما يفهم من السياق، وإنما كتاب المبارق هو شرح لكتاب المحول.

٧٥ المنهاج في شعب الإيمان للحسين بن حسن بن محمّد بن حليم البخاري الجرجاني. الزركلي، خير الدين: الأعلام: ج٢: ٢٣٥. خليفة، حاجي: الكشف: ج٢: ١٠٤٧. محمّد راغب الطباخ. مخطوطات المدرسة العثمانية بحلب، مجلّة المجمع العلمي العربي، ع ٧–٨ (يوليو ١٩٣٢). ص ٤٧٦. وقد ورد خطأ عنده الحسين بن الحسن الحلبي.

٧٦ عبد الله بن يوسف بن محمّد الزيلعي. له: نصب الراية في تخريج أحاديث الهداية. الزركلي، خير الدين: الأعلام: ج٤: ١٤٧. خليفة، حاجي: الكشف: ج٢: ٢٠٣٦. انظر في الملحق الأرقام (١٤٩٩٨، ١٤٩٩٩، ١٥٠٠١). محمّد راغب الطباخ. مخطوطات المدرسة العثمانية بحلب، مجلّة المجمع العلمي العربي، ع ٧–٨ (يوليو ١٩٣٢). ص ٤٧٣.

٧٧ خليفة، حاجي: الكشف: ج١: ٦٨٩. انظر في الملحق الأرقام (١٥٠١٨، ١٥٠١٩، ١٥٠٢٠).

٦٨. كتاب دلائل النبوّة[٧٨] للإمام البيهقي في مجلد واحد.
٦٩. كتاب الرياض النضرة[٧٩] لمحبّ الدين أبي[٨٠] جعفر الطبري في مجلد واحد.
٧٠. كتاب [٤/ب] الأطراف[٨١] لابن عساكر مجلّد واحد.
٧١. كتاب المعتمد من المنقول في تفضيل الرسول، المسمى بالعروة الوثقى، للبازي[٨٢] مجلد واحد.
٧٢. كتاب الأذكار والدعوات[٨٣] للإمام النووي مجلد واحد.
٧٣. كتاب فتح المتعال في تمثال النعال[٨٤] مجلد واحد.
٧٤. كتاب مطالع المسرات في شرح دلائل الخيرات[٨٥] للفاسي مجلد واحد.
٧٥. كتاب المواهب اللدنّية[٨٦] للقسطلاني في مجلد واحد.
٧٦. كتاب الترغيب والترهيب[٨٧] للشيخ عبد العظيم المنذري في مجلد واحد.
٧٧. كتاب جزء أول من الكفاية في معرفة الرواية[٨٨].

---

٧٨ أحمد بن الحسين بن علي البيهقي. كحالة، عمر رضا: معجم المؤلّفين: ج١: ١٢٩. خليفة، حاجي: الكشف: ج١: ٧٦٠. انظر في الملحق الرقم (١٤٨٦٢). محمّد راغب الطباخ. مخطوطات المدرسة العثمانية بحلب، مجلّة المجمع العلمي العربي، ع ٧–٨ (يوليو ١٩٣٢). ص ٤٧٤.

٧٩ «الرياض النضرة في فضائل العشرة» خليفة، حاجي: الكشف: ج١: ٩٣٧.

٨٠ في الأصل: ابن.

٨١ «الإشراف على معرفة الأطراف» خليفة، حاجي: الكشف: ج١: ١٠٣. لعلي بن الحسن بن هبة الله، أبو القاسم، ثقة الدين ابن عساكر. الزركلي، خير الدين: الأعلام: ج٤: ٢٧٣. انظر في الملحق الرقم (١٤٩٩٧).

٨٢ العنوان بهذه الصيغة، ولهذا المؤلّف، لم أهتد إليه.

٨٣ «حلية الأبرار وشعار الأخيار في تلخيص الدعوات والأذكار في الحديث» خليفة، حاجي: الكشف: ج١: ٦٨٨. انظر في الملحق الرقم (١٥٣٦٤).

٨٤ «فتح المتعال في وصف النعال» للشيخ أحمد بن محمّد المغربي المقري. خليفة، حاجي: الكشف: ج٢: ١٢٣٤. انظر في الملحق الرقم (١٥٠٤٧). أمّا محمّد راغب الطباخ فذكر العنوان «فتح المتعال في مدح النعال» انظر محمّد راغب الطباخ. مخطوطات المدرسة العثمانية بحلب، مجلة المجمع العلمي العربي، ع ٧–٨ (يوليو ١٩٣٢). ص ٤٧٣.

٨٥ مطالع المسرات بجلاء دلائل الخيرات، لمحمّد المهدي بن أحمد الفاسي (١١٠٩هـ/١٦٩٨م). البغدادي، إسماعيل باشا: هدية العارفين: ج٢: ٢٨١. انظر في الملحق رقم (١٥٣٦٧).

٨٦ «المواهب اللدنّية بالمِنح المحمّدية» خليفة، حاجي: الكشف: ج٢: ١٨٩٦. أحمد بن محمّد بن أبي بكر القسطلاني. الزركلي، خير الدين: الأعلام: ج١: ٢٣٢. انظر في الملحق الرقم (١٦٠٢٣).

٨٧ خليفة، حاجي: الكشف: ج١: ٤٠٠.

٨٨ «الكفاية في معرفة الرواية» للخطيب البغدادي. انظر الصفدي: الوافي بالوفيات: ج٧: ١٣١. انظر في الملحق الرقم (١٥٠٠٥).

٧٨. كتاب ناسخ الحديث ومنسوخه للحازمي[٨٩] مجلد واحد.
٧٩. كتاب البدور السافرة في معرفة أحوال الآخرة[٩٠] للإمام السيوطي في مجلد واحد.
٨٠. كتاب الصواعق المحرقة[٩١] لابن حجر مجلد واحد.
٨١. كتاب المقاصد الحسنة في الأخبار المستحسنة[٩٢] للسخاوي في مجلد واحد.
٨٢. كتاب الاستيعاب في أسماء الأصحاب[٩٣] تأليف أبي عمر يوسف بن[٩٤] عبد الله بن عبد البرّ، خمس مجلدات.
٨٣. كتاب الموضوعات[٩٥] للإمام جلال الدين السيوطي في مجلد واحد.
٨٤. الكتاب[٩٦] الأول من تقييد المهمل[٩٧] للجيَّاني في مجلد واحد.
٨٥. كتاب الطريقة المحمّدية[٩٨] لمحمّد أفندي البركوي ثلاث نسخ، كلّ نسخة في مجلد واحد.

---

[٨٩] محمّد بن موسى بن عثمان بن حازم، المعروف بالحازمي. له: الاعتبار في بيان الناسخ والمنسوخ من الآثار. الزركلي، خير الدين: الأعلام: ج ٧: ١١٧. خليفة، حاجي: الكشف: ج٢: ١٩٢٠. انظر في الملحق الرقم (١٤٨٧٩). محمد راغب الطباخ. مخطوطات المدرسة العثمانية بحلب، مجلة المجمع العلمي العربي، ع ٧–٨ (يوليو ١٩٣٢). ص ٤٧٣.

[٩٠] «البدور السافرة في أمور الآخرة» خليفة، حاجي: الكشف: ج١: ٢٣١. انظر في الملحق الرقم (١٥٣٧٨).

[٩١] أحمد بن محمّد بن علي بن حجر الهيتمي. وقد ورد العنوان الكامل لهذا العمل في المراجع بصيغ مختلفة؛ فهو «الصواعق المحرقة على أهل البدع والضلال والزندقة» عند الزركلي، خير الدين: الأعلام: ج١: ٢٣٤، و«الصواعق المحرقة على أهل الرفض والزندقة» خليفة، حاجي: الكشف: ج٢: ١٠٨٣. و«الصواعق المحرقة لإخوان الابتداع والضلال والزندقة». كحالة، عمر رضا: معجم المؤلفين: ج١: ٢٩٣. انظر في الملحق الرقم (١٤٩٥٥م ت١).

[٩٢] «المقاصد الحسنة في كثير من الأحاديث المشتهرة على الألسنة» خليفة، حاجي: الكشف: ج٢: ١٧٧٩. محمّد بن عبد الرحمن بن محمّد السخاوي. الزركلي، خير الدين: الأعلام: ج٦: ١٩٤. انظر في الملحق الرقم (١٤٩٤٢).

[٩٣] «الاستيعاب في معرفة الأصحاب». خليفة، حاجي: الكشف: ج١: ٨١. انظر في الملحق الرقمين (١٥٠٢٥، ١٥٠٢٨). محمّد راغب الطباخ. مخطوطات المدرسة العثمانية بحلب، مجلّة المجمع العلمي العربي، ع ٧–٨ (يوليو ١٩٣٢). ص ٤٧٦.

[٩٤] في الأصل: ابن.

[٩٥] الموضوعات لابن الجوزي البغدادي، وقام السيوطي بتتبُّعه في كتاب سمّاه «النكت البديعات على الموضوعات» خليفة، حاجي: الكشف: ج٢: ١٩٧٦.

[٩٦] في الأصل: كتاب.

[٩٧] «تقييد المهمل لأبي علي الحسن بن محمّد الغساني الجياني الحافظ». خليفة، حاجي: الكشف: ج١: ٤٧٠. انظر في الملحق الرقم (١٥٠٢٩).

[٩٨] في الأصل: (طريقة المحمدية). لمحمّد بن بير علي البركوي. البغدادي، إسماعيل باشا: ج٢: ٢٥٢. انظر في الملحق الأرقام (١٤٩٤٣، ١٤٩٤٤، ١٤٩٤٥، ١٤٩٤٧، ١٤٩٤٨، ١٤٩٤٩، ١٤٩٥٠).

٨٦. كتاب نجاة القاري[٩٩] للشيخ محمود الكردي مجلد واحد.
٨٧. كتاب شرح ألفية العراقي للقاضي زكريا[١٠٠] مجلد واحد.
٨٨. كتاب دلائل الخيرات[١٠١] نسختين.
٨٩. كتاب أدل الخيرات[١٠٢] نسخة واحدة.
٩٠. كتاب الحزب الأعظم[١٠٣] لملّا علي القاري مجلد واحد.
٩١. كتاب صلوات[١٠٤] القليوبي مجلد واحد.
٩٢. كتاب شرح شرح النخبة[١٠٥] لملا علي القاري مجلد واحد. [٥/أ].
٩٣. كتاب شرح شرح النخبة[١٠٦] للشيخ عبد الرؤوف المناوي مجلد واحد.
٩٤. كتاب الأربعين حديثًا[١٠٧] بحل ألفاظهم نسختين، كل نسخة مجلد واحد.
٩٥. كتاب إتحاف أهل الإسلام في خصوصيات أهل الصيام[١٠٨] لابن حجر مجلد واحد.

---

٩٩ هذه النسخة موجودة في المكتبة الوطنية بدمشق عن طريق المكتبة العثمانية. عنوانها «نجاة القاري من فضل الباري والحاوي لأنوار التنزيل والصلاة على النبي الجليل» لمحمود بن محمد الشيخاني، انظر في الملحق الرقم (١٥٤٣٦).

١٠٠ «شرح القاضي العلّامة زكريا بن محمّد الأنصاري، وهو شرح مختصر ممزوج سمّاه (فتح الباقي بشرح ألفية العراقي) فرغ منه في رجب سنة ٨٩٦» خليفة، حاجي: الكشف: ج١: ١٥٦. انظر في الملحق الرقم (١٥٠٠٣).

١٠١ «دلائل الخيرات وشوارق الأنوار في ذكر الصلاة على النبي المختار... للشيخ أبي عبد الله محمّد بن سليمان بن أبي بكر الجزولي السملالي الشريف الحسني» خليفة، حاجي: الكشف: ج١: ٧٥٩. انظر في الملحق الأرقام (١٥٤٣٩ت، ١٥٤٤٠، ١٥٤٤١، ١٥٤٤٢، ١٥٤٤٣).

١٠٢ أدل الخيرات والأقرب إلى الحسنات في الصلاة على محمّد سيّد السادات، تأليف: محمود بن محمّد الشيخاني القادري. انظر في الملحق الرقم (١٥٤٣٨ت).

١٠٣ الحزب الأعظم والورد الأفخم للعالم الفاضل علي بن سلطان محمّد الهروي القاري، جمع فيه ما ورد في الحديث من الأدعية. خليفة، حاجي: الكشف: ج١: ٦٦٠. انظر في الملحق الرقم (١٥٤٥٠).

١٠٤ لم أهتد إليه.

١٠٥ «نخبة الفكر في مصطلح أهل الأثر متن متين في علوم الحديث للحافظ شهاب الدين أحمد بن علي بن حجر العسقلاني المتوفى سنة ٨٥٢، وشرحه المسمّى (بنزهة النظر في توضيح نخبة الفكر) له أيضًا، وشرح الشرح علي بن سلطان محمّد الهروي القاري المتوفى سنة ١٠١٤هـ، وسمّاه (مصطلحات أهل الأثر على شرح نخبة الفكر)» خليفة، حاجي: الكشف: ج٢: ١٩٣٦.

١٠٦ في الأصل عبد الروف. «اليواقيت والدرر». خليفة، حاجي: الكشف: ج٢: ١٩٣٦. انظر في الملحق الرقم (١٥٠٠٤).

١٠٧ في الأصل حديث. وهذا العنوان فيه مؤلفات كثيرة، ومع عدم ذكر المؤلّف لا يمكن الاهتداء إلى المقصود.

١٠٨ لشهاب الدين أحمد بن محمد بن حجر الهيتمي المتوفى سنة ٩٧٤هـ. انظر البغدادي، إسماعيل باشا: إيضاح المكنون: ج١: ١٥. انظر في الملحق الرقم (١٥٢٤٢).

٩٦. كتاب الحلية الشريفة[١٠٩] مجلد واحد.
٩٧. كتاب أدعية مأثورة مجلد واحد.
٩٨. كتاب في فضل الخيل[١١٠] مجلد واحد.
٩٩. كتاب الكاشف[١١١] في مجلد واحد.

كتب وعظ وغيرهم

١٠٠. كتاب تنبيه الغافلين[١١٢] لأبي الليث السمرقندي مجلد واحد.
١٠١. كتاب الفتوحات المكّية[١١٣] لمحيي الدين ابن عربي[١١٤] مجلدات ثلاث.
١٠٢. كتاب المنتقى من منهاج الاعتدال في نقض كلام أهل الرفض والاعتزال[١١٥] مجلد واحد.
١٠٣. كتاب في فضل ليلة النصف من شعبان[١١٦].
١٠٤. كتاب مدينة العلوم[١١٧] مجلد واحد.
١٠٥. كتاب الصواعق المنزلة في الردّ على أهل الزندقة[١١٨] مجلد واحد.

---

١٠٩ انظر في الملحق الرقم (١٥٤٨٨). محمد راغب الطباخ. مخطوطات المدرسة العثمانية بحلب، مجلة المجمع العلمي العربي، ع ٧–٨ (يوليو ١٩٣٢). ص ٤٧٦.

١١٠ فضل الخيل على طريقة المحدثين، لشرف الدين عبد المؤمن بن خلف الدمياطي. خليفة، حاجي: الكشف: ج٢: ١٢٧٩. انظر في الملحق الرقم (١٥٤٧٥). محمد راغب الطباخ. مخطوطات المدرسة العثمانية بحلب، مجلة المجمع العلمي العربي، ع ٧–٨ (يوليو ١٩٣٢). ص ٤٧٧.

١١١ قد يكون المقصود «الكاشف في أسماء الرجال» للحافظ الذهبي. خليفة، حاجي: الكشف: ج٢: ١٣٦٨. الموجود في المكتبة الوطنية بدمشق عن طريق المكتبة العثمانية «الكاشف في معرفة من له ذكر في الكتب الستّة». انظر في الملحق الرقم (١٥٠١٧). محمد راغب الطباخ. مخطوطات المدرسة العثمانية بحلب، مجلة المجمع العلمي العربي، ع ٧–٨ (يوليو ١٩٣٢). ص ٤٧٤.

١١٢ خليفة، حاجي: الكشف: ج١: ٤٨٧. انظر في الملحق الرقم (١٥٣٧١).

١١٣ «الفتوحات المكّية في معرفة أسرار المالكية والملكية» خليفة، حاجي: الكشف: ج٢: ١٢٣٨. انظر في الملحق الأرقام (١٥٣٩٩، ١٥٤٠٠، ١٥٤٠١، ١٥٤٢٢).

١١٤ في الأصل: ابن عرب.

١١٥ للحافظ الذهبي. انظر مقدّمة تحقيق سير أعلام النبلاء: ٦٥. انظر في الملحق الرقم (١٥٣٣٠).

١١٦ لم أتمكن من الاهتداء للمقصود.

١١٧ لأحمد بن مصطفى بن خليل، طاشكبرى زاده.

١١٨ العنوان بهذه الصياغة لم أعثر عليه. ولكن انظر مناقشة الكتاب رقم (٨٠).

١٠٦. كتاب خالصة الحقائق[١١٩] للفاريابي[١٢٠] مجلد واحد.

١٠٧. كتاب آكام المرجان في أخبار الجان[١٢١] مجلد واحد.

١٠٨. كتاب طبقات[١٢٢] السخاوي مجلد واحد.

١٠٩. كتاب بهجة الشيخ عبد القادر الكبرى[١٢٣] مجلد واحد.

١١٠. كتاب طبقات[١٢٤] السبكي مجلد واحد.

١١١. كتاب شرح البرأه[١٢٥] ومعه شرح الولدية[١٢٦] مجلد واحد.

١١٢. كتاب من تهذيب الكمال[١٢٧] مجلد واحد.

١١٣. كتاب شمس المعارف الكبرى[١٢٨] للبوني مجلد واحد.

---

١١٩ خالصة الحقائق لما فيه من أساليب الدقائق، لأبي القاسم عماد الدين محمود بن أحمد الفاريابي المتوفّى سنة ٦٠٧هـ/١٢١٠م. خليفة، حاجي: الكشف: ج١: ٦٩٩. وقد ورد هناك خطأ (الفارابي). انظر في الملحق الرقم (١٥٣٩٠ت).

١٢٠ في الأصل الفريابي.

١٢١ «آكام المرجان في أحكام الجان» للقاضي بدر الدين محمد بن عبد الله الشبلي. الزركلي، خير الدين: الأعلام: ج٦: ٢٣٤. خليفة، حاجي: الكشف: ج١: ١٤١. انظر في الملحق الرقم (١٥٣٠٨).

١٢٢ للسخاوي طبقات الحنفية، وطبقات الأولياء. فأيّها المقصود؟ أغلب الظنّ أنه يقصد طبقات الحنفية؛ لأنّ في المكتبة الوطنية بدمشق عن طريق العثمانية كتاب طبقات الحنفية مجهول المؤلف. انظر في الملحق الرقم (١٥٠٥٠ت١).

١٢٣ لم أهتدِ للمطلوب.

١٢٤ طبقات الشافعية الكبرى للقاضي تاج الدين عبد الوهاب بن علي بن عبد الكافي السبكي (٧٧١هـ/١٣٧٠م). الزركلي، خير الدين: الأعلام: ج٤: ١٨٤. خليفة، حاجي: الكشف: ج٢: ١٠٩٩. انظر في الملحق الرقم (١٥٢٣٨).

١٢٥ ربما المقصود برأة الإمام وهي قصيدة البردة.

١٢٦ أيها الولد، أو الولدية، للغزالي، محمّد بن محمّد. موجود في المكتبة الوطنية بدمشق عن طريق المكتبة العثمانية بحلب، انظر في الملحق الرقم (١٥٩٥٠). في الوعظ والإرشاد. وهناك (الرسالة الولدية، للمرعشي، محمد بن أبي بكر. موجودة في المكتبة الوطنية بدمشق عن طريق المكتبة العثمانية بحلب، انظر في الملحق الرقم (١٥٧١٥ت٢)، ولكنها في آداب البحث والمناظرة.

١٢٧ تهذيب الكمال، للحافظ المزّي يوسف بن عبد الرحمن بن يوسف، أبو الحجاج. الزركلي، خير الدين: الأعلام: ج٨: ٢٣٦، خليفة، حاجي: الكشف: ج٢: ١٥١٠. أمّا الموجود في المكتبة الوطنية بدمشق عن طريق المكتبة العثمانية بحلب، فهو الضعفاء والمتروكين، أو مختصر تهذيب الكمال انظر في الملحق الرقم (١٥٠٣٥ت٣)، ومختصر تهذيب الكمال في معرفة أسماء الثقات من الرجال. انظر في الملحق الرقم (١٥٠٣٥ت). محمد راغب الطباخ. مخطوطات المدرسة العثمانية بحلب، مجلة المجمع العلمي العربي، ع ٧–٨ (يوليو ١٩٣٢). ص ٤٧٤.

١٢٨ في الأصل: الكبرا. «شمس المعارف ولطائف العوارف، للشيخ أحمد بن علي بن يوسف البوني» خليفة، حاجي: الكشف: ج٢: ١٠٦٢. انظر في الملحق الرقم (١٥٤٦٢، ١٥٤٦٣).

١١٤. كتاب حياة الحيوان[١٢٩] للدميري مجلد واحد.
١١٥. كتاب تنزيه الأنبياء[١٣٠] مجلد واحد.
١١٦. كتاب الميزان[١٣١] للشيخ الشعراني مجلد واحد.
١١٧. كتاب [٥/ب] تنبيه المغترين[١٣٢] للشعراني مجلد واحد.
١١٨. كتاب اليواقيت والجواهر في عقائد الأكابر[١٣٣] للشعراني مجلد واحد.
١١٩. كتاب مسامرات الأخيار[١٣٤] للشيخ الأكبر مجلد واحد.
١٢٠. كتاب الفوائد السرجية[١٣٥] مجلد واحد.
١٢١. كتاب مجالس أحمد الرومي[١٣٦] مجلدين.
١٢٢. كتاب شرح منازل السائرين للتلمساني[١٣٧] مجلد واحد.
١٢٣. كتاب شرح مدارج السالكين[١٣٨] مجلدين.

---

١٢٩ «حياة الحيوان صغرى وكبرى» البغدادي، إسماعيل باشا: هدية العارفين: ج٢: ١٧٨. انظر في الملحق الرقم (١٥٤٨٥).

١٣٠ «تنزيه الأنبياء عن تسفيه الأغبياء» للسيوطي. خليفة، حاجي: الكشف: ج١: ٤٩٤. ولكن الذي وصل إلى المكتبة الوطنية بدمشق عن طريق المكتبة العثمانية هو «تنزيه الأنبياء عما نسب إليهم حثالة الأغبياء ومجموع نكت ما خصّ به نبيّنا من الكرامات ليلة الإسراء»، لابن خمير علي بن أحمد. انظر في الملحق الرقم (١٥٣٧٠ت).

١٣١ «الميزان الشعرانية المدخلة لجميع أقوال الأئمّة المجتهدين ومقلّديهم في الشريعة المحمّدية» البغدادي، إسماعيل باشا: هدية العارفين: ج١: ٦٤٢.

١٣٢ «تنبيه المغترّين في القرن العاشر على ما خالفوا فيه سلفهم الطاهر، للشيخ عبد الوهاب بن أحمد بن علي الشعراني» البغدادي، إسماعيل باشا: هدية العارفين: ج١: ٦٤١. انظر في الملحق الرقم (١٥٣٨٠ت).

١٣٣ اليواقيت والجواهر في بيان عقائد الأكابر، للشيخ عبد الوهاب بن أحمد الشعراني. البغدادي، إسماعيل باشا: هدية العارفين: ج١: ٦٤٢. انظر في الملحق الرقم (١٥٣٢٩).

١٣٤ «المسامرات في التصوف» يحيى، عثمان: مؤلفات ابن عربي: ٧٣٣.

١٣٥ في الأصل (الفوائد الشرجية). لم أهتد للمطلوب.

١٣٦ «مجالس الأبرار ومسالك الأخيار، هو على مائة مجلس في شرح مائة حديث من أحاديث المصابيح للشيخ أحمد الرومي» خليفة، حاجي: الكشف: ج٢: ١٥٩٠. انظر في الملحق الرقم (١٥٣٩١).

١٣٧ منازل السائرين إلى الحقّ المبين لشيخ الإسلام عبد الله بن محمّد بن إسماعيل الأنصاري الهروي المتوفّى سنة ٤٨١، شرحه الشيخ الإمام عبد الغني التلمساني، وشرحه أيضًا الإمام سليمان بن علي بن عبد الله التلمساني المتوفى سنة ٦٩٠هـ. انظر خليفة، حاجي: الكشف: ج٢: ١٨٢٨–١٨٢٩. ولكن الذي وصل إلى المكتبة الوطنية بدمشق عن طريق المكتبة العثمانية هو (شرح منازل السائرين إلى الحقّ المبين للهروي) تأليف العفيف التلمساني، سليمان بن علي المتوفى سنة ٦٩٠هـ. انظر في الملحق الرقم (١٥٤٠٢ت).

١٣٨ هناك كتابان مطلعهما مدارج السالكين، الأول لابن قيم الجوزية. خليفة، حاجي: الكشف: ج٢: ١٨٢٨، والثاني لعبد الوهاب الشعراني. خليفة، حاجي: الكشف: ج٢: ١٦٤٠، أمّا الشرح المذكور الموجود في المكتبة الوطنية بدمشق عن طريق المكتبة العثمانية فهو لابن قيم الجوزية. انظر في الملحق الرقم (١٥٤١٢).

١٢٤. كتاب مجموع أوله خواص أسماء الله الحسنى مجلد واحد.

١٢٥. كتاب القول الأهم في ترك الهم[١٣٩] مجلد واحد.

١٢٦. كتاب رسالة البيلوني في الطاعون[١٤٠] مجلد واحد.

كتب الفقه والفتاوى

١٢٧. كتاب فتاوى علي أفندي نسختين، كل نسخة في مجلد واحد[١٤١].

١٢٨. كتاب فتاوى الأسكوبي الشهير بكور مفتي[١٤٢] نسختين، كل نسخة في مجلد واحد.

١٢٩. كتاب مفتاح العبادة في شروط الصلاة[١٤٣] مجلد واحد.

١٣٠. كتاب مناسك الحج[١٤٤] للطرابلسي. مجلد واحد.

١٣١. كتاب الهداية[١٤٥] للمرغيناني جلد واحد.

١٣٢. وكتاب الهداية أيضًا، مجلد واحد.

١٣٣. وكتاب الهداية في مجلدين.

١٣٤. كتاب حاشية سعدي على الهداية[١٤٦]، مجلد واحد.

١٣٥. كتاب فتاوى عطاء الله أفندي[١٤٧]، نسختين، كل نسخة في مجلد واحد.

---

١٣٩ لم أهتد للمطلوب.

١٤٠ «خلاصة ما يحصل عليه الساعون في أدوية دفع الوباء والطاعون» لمحمد بن فتح الله بن محمود البيلوني المتوفى سنة ١٠٤٢هـ. خليفة، حاجي: الكشف: ج١: ٧١٩. «خلاصة ما يُعوّل عليه الساعون في أدوية دفع الوباء والطاعون» كحالة، عمر رضا: معجم المؤلّفين: ج٢: ٦١٤.

١٤١ [الواحدة مكتوب عليها علي أفندي وهي لعلي أفندي مؤيد زاده، ليست لعلي أفندي شيخ الإسلام] جاءت هذه العبارة كإلحاق بخطٍّ دقيق بين السطرين. وهو غير خط الناسخ.

١٤٢ «معين المفتي في الجواب على المستفتي – المولى محمد المفتي باسكوب المعروف بكور مفتي المتوفى سنة ١٠٣٠» خليفة، حاجي: الكشف: ج٢: ١٧٤٦.

١٤٣ «مفتاح العبادة في شرح المقدّمة – في العقائد، كلاهما لملا حسين بن اسكندر الحنفي صاحب الجوهر المنير» البغدادي، إسماعيل باشا: إيضاح المكنون: ج٢: ٥٢٥. انظر في الملحق الرقم (١٥٢٠٦).

١٤٤ في الأصل: مناسك حج. موجود في المكتبة الوطنية بدمشق عن طريق المكتبة العثمانية، كتاب «مناسك الحج للطرابلسي، صلاح الدين». انظر في الملحق الرقم (١٥٢١٤).

١٤٥ «الهداية – في الفروع لشيخ الإسلام برهان الدين علي بن أبي بكر المرغيناني الحنفي المتوفّى سنة ٥٩٣» خليفة، حاجي: الكشف: ج٢: ٢٠٣١–٢٠٣٢. انظر في الملحق الرقمين (١٥١٦٧، ١٥١٦٨).

١٤٦ «سعدي چلبي سعد الله بن عيسى بن أمير خان القسطموني ثم الرومي الحنفي، الشهير بسعدي چلبي، القاضي بالقسطنطينية والمفتي بها، توفّي سنة ٩٤٥، صنف.. حاشية على العناية شرح الهداية». البغدادي، إسماعيل باشا: هدية العارفين: ج١: ٣٨٦. انظر في الملحق الرقم (١٥١٤٢).

١٤٧ قد يكون المقصود «فتاوى السندي – هو الإمام عطاء الله بن حمزة الحنفي» خليفة، حاجي: الكشف: ج٢: ١٢٢٤.

١٣٦. كتاب أنفع الوسائل في تحرير المسائل[١٤٨] للطرسوسي. مجلد واحد.
١٣٧. كتاب هداية الحكام إلى خير الأحكام[١٤٩]. جلد واحد.
١٣٨. كتاب القدوري[١٥٠]. جلد واحد.
١٣٩. كتاب شرح الملتقى، المسمى بالمنتقى[١٥١]. جلد واحد[١٥٢].
١٤٠. كتاب شرح الملتقى[١٥٣] للسيواسي. مجلدين.
١٤١. كتاب فتاوى أبي السعود العمادي[١٥٤]. نسختين، كلّ نسخة مجلد واحد.
١٤٢. كتاب فتاوى البزازية[١٥٥]. مجلدين.
١٤٣. كتاب قالون. مجلد واحد.
١٤٤. كتاب فتاوى الصّره[١٥٦]. مجلد واحد.
١٤٥. كتاب الفتاوى الهندية [١٥٧]. مجلدين.
١٤٦. كتاب فتاوى الأنقراوية[١٥٨]. مجلد واحد.

---

١٤٨ «أنفع الوسائل إلى تحرير المسائل في الفروع للقاضي برهان الدين إبراهيم بن علي الطرسوسي الحنفي المتوفّى سنة ثمان وخمسين وسبعمائة» خليفة، حاجي: الكشف: ج١: ١٨٣. الزركلي، خير الدين: الأعلام: ج١: ٥١. انظر في الملحق الرقم (١٥٠٧٠ت).

١٤٩ لم أهتد إليه.

١٥٠ «مختصر القدوري في فروع الحنفية للإمام أبي الحسين أحمد بن محمد القدوري البغدادي الحنفي المتوفى سنة ٤٢٨» خليفة، حاجي: الكشف: ج٢: ١٦٣١. انظر في الملحق الأرقام (١٥١٨٥، ١٥١٨٦، ١٥١٨٨ت، ١٥٢٣٠ت، ١٥٢٣٥).

١٥١ في الأصل «المنتقا المسمى بالمنتقا». والمقصود الدرّ المنتقى في شرح الملتقى للعلاّمة محمد بن علي بن محمد الملقب بعلاء الدين الحصكفي المتوفّى سنة ١٠٨٨. وهو شرح على ملتقى الأبحر في فروع الحنفية للشيخ إبراهيم بن محمد الحلبي. خليفة، حاجي: الكشف: ج٢: ١٨١٥. انظر في الملحق الرقم (١٥١٧٥).

١٥٢ [بُدِّل بنصفها أو غلط من الكاتب]. ما بين المعقوفتين إلحاق بخط دقيق. وهو غير خط الناسخ.

١٥٣ في الأصل: الملتقا. «شرح إسماعيل أفندي السيواسي في أربع مجلدات وسمّاه (الفرائد)» خليفة، حاجي: الكشف: ج٢: ١٨١٥.

١٥٤ «فتاوى أبي السعود ابن محمّد العمادي الحنفي التركي» خليفة، حاجي: الكشف: ج٢: ١٢١٩.

١٥٥ «البزازية في الفتاوى للشيخ الإمام حافظ الدين محمد بن محمد بن شهاب المعروف بابن البزاز الكردري الحنفي المتوفّى سنة سبع وعشرين وثمانمائة» خليفة، حاجي: الكشف: ج١: ٢٤٢. الشهير بالبزازي انظر الزركلي، خير الدين: الأعلام: ج٧: ٤٥، كحالة، عمر رضا: معجم المؤلّفين: ج٣: ٦٤٠. انظر في الملحق الرقم (١٥٠٤٩).

١٥٦ وقد تُقرأ (الضرة). ولم أهتد للمطلوب.

١٥٧ في الأصل: فتاوى الهندية. يوجد في المكتبة الوطنية بدمشق مخطوطة عنوانها «الفتاوى الهندية، أو الفتاوى العالمكيرية» مصدرها المكتبة العثمانية. انظر في الملحق الرقم (١٥٠٦١).

١٥٨ لمحمد بن حسين الأنكوري الرومي وهو من أنكورية أي أنقرة. الزركلي، خير الدين: الأعلام: ج٦: ١٠٣.

١٤٧. كتاب خلاصة الفتاوى[١٥٩]. نسختين، كلّ نسخة مجلد واحد.

١٤٨. [٦/أ] كتاب فتاوى يحيى أفندي[١٦٠]. نسختين، كلّ نسخة مجلدين.

١٤٩. كتاب منح الغفار[١٦١] شرح تنوير الأبصار، للمصنف[١٦٢]. أربع مجلدات.

١٥٠. كتاب شرح السراجية لابن كمال باشا[١٦٣]. مجلد واحد.

١٥١. كتاب شرح السراجية للسيد[١٦٤]. مجلد واحد.

١٥٢. كتاب الأشباه والنظائر[١٦٥]. نسختين، كلّ نسخة في مجلد واحد.

١٥٣. حاشية الأشباه للسيد أحمد الحموي[١٦٦]. في مجلدين.

١٥٤. كتاب تنوير الأذهان شرح الأشباه[١٦٧]. مجلد واحد.

١٥٥. كتاب فتاوى الحانوتي[١٦٨]. جلد واحد.

---

١٥٩ «خلاصة الفتاوي للشيخ الإمام طاهر بن أحمد بن عبد الرشيد البخاري المتوفى سنة ٥٤٢» خليفة، حاجي: الكشف: ج١: ٧١٨. انظر في الملحق الرقم (١٥٠٦٣).

١٦٠ «فتاوى شيخ الإسلام يحيى أفندي ابن شيخ الإسلام زكريا أفندي المتوفى سنة ١٠٥٣ «خليفة، حاجي: الكشف: ج٢: ١٢٢٤.

١٦١ في الأصل: فتح الغفار.

١٦٢ «تنوير الأبصار وجامع البحار –في الفروع، للشيخ شمس الدين محمد بن عبد الله بن أحمد بن تمرتاش الغزي المتوفى سنة ١٠٠٤هـ، شرحه في مجلدين ضخمين» خليفة، حاجي: الكشف: ج١: ٥٠١. انظر في الملحق الرقمين (١٥١١٣، ١٥١١٤).

١٦٣ فرائض السجاوندي: الإمام سراج الدين محمد بن محمود بن عبد الرشيد السجاوندي، يقال لها (الفرائض السراجية) شرحها شمس الدين أحمد بن سليمان المعروف بابن كمال باشا. خليفة، حاجي: الكشف: ج٢: ١٢٤٩. انظر في الملحق الرقم (١٥٧٥٧ت١).

١٦٤ وهو السيّد الشريف علي بن محمد الجرجاني وضع شرحًا على (الفرائض السراجية) فرغ من تأليفه بسمرقند سنة ٨٠٤هـ. خليفة، حاجي: الكشف: ج٢: ١٢٤٩. انظر في الملحق الأرقام (١٥٧٥٣، ١٥٧٥٩، ١٥٧٦٠ت).

١٦٥ هناك عملان في موضوع الفروع، وكل منهما عنوانه (الأشباه والنظائر). الأول: لزين الدين بن إبراهيم المعروف بابن نجيم المصري. والثاني: لصدر الدين محمد بن عمر المعروف بابن الوكيل الشافعي. خليفة، حاجي: الكشف: ج١: ٩٨–١٠٠. ولكن الموجود في المكتبة الوطنية بدمشق ومصدره المكتبة العثمانية هو كتاب ابن نجيم. انظر في الملحق الرقم (١٥١٠٢ت١).

١٦٦ الحموي أحمد بن السيد محمد مكي الحسيني الحموي شهاب الدين المصري الحنفي المدرس بالمدرسة السليمانية والحسنية بمصر القاهرة توفّي سنة ١٠٩٨... «غمز عيون البصائر على محاسن الأشباه والنظائر لابن نجيم في الفروع» البغدادي، إسماعيل باشا: هدية العارفين: ج١: ١٦٤–١٦٥. انظر في الملحق الرقم (١٥١٠٣).

١٦٧ «جلب مصلح الدين، مصلح الدين مصطفى بن خير الدين الرومي القاضي الحنفي الشهير بجلب المتوفّى سنة ١٠٢٥... له تنوير الأذهان والضمائر في شرح الأشباه والنظائر لابن نجيم في الفروع». البغدادي، إسماعيل باشا: هدية العارفين: ج٢: ٤٣٩. انظر في الملحق الرقم (١٥١٠٦).

١٦٨ الحانوتي محمّد بن سراج الدين عمر الحانوتي شمس الدين أبو طاهر المصري الحنيف، له إجابة السائلين بفتوى المتأخرين في مجلدين. البغدادي، إسماعيل باشا: هدية العارفين: ج٢: ٢٦٤. انظر في الملحق الرقم (١٥٠٧١).

١٥٦. كتاب مجمع المهمات[١٦٩]. مجلد واحد.
١٥٧. كتاب صدر الشريعة شرح الوقاية[١٧٠]. نسختين، كلّ نسخة في مجلد واحد.
١٥٨. كتاب الأحكام الملخصة في ماء الحمصة[١٧١]. مجلد واحد.
١٥٩. كتاب تنوير الأبصار[١٧٢]. مجلد واحد.
١٦٠. كتاب شرح مقدّمة ملّا حسين، المسمّى[١٧٣] بمفتاح العبادة[١٧٤]. مجلد واحد.
١٦١. كتاب الحلبي الصغير شرح المنية[١٧٥]. مجلد واحد.
١٦٢. كتاب شرح الجامع الصغير في الفقه[١٧٦]. مجلد واحد.
١٦٣. كتاب شرح منية المصلي لابن أمير الحج[١٧٧]. مجلد واحد.
١٦٤. كتاب الدرر [١٧٨]. مجلد واحد.

---

١٦٩ «مجمع المهمات الدينية على مذهب السادة الحنفية – لحسين بن اسكندر الحنفي» البغدادي، إسماعيل باشا: إيضاح المكنون: ج٢: ٤٣٦. انظر في الملحق الرقم (١٥٢٠٨).

١٧٠ شرح الوقاية. لصدر الشريعة الصغير عبيد الله بن مسعود بن محمود (٧٤٧هـ/١٣٤٦م). الزركلي، خير الدين: الأعلام: ج٤: ١٩٨. انظر في الملحق الأرقام من (١٥١٣٦ حتى ١٥١٤١، ١٥١٥٣).

١٧١ «الشُّرُنْبُلالي أبو الإخلاص حسن بن عمار بن يوسف الوفائي المصري الشرنبلالي (بضم الشين والراء وسكون النون والباء الموحدة) الفقيه الحنفي المدرس بالأزهر ولد سنة ٩٩٤ وتوفي بمصر سنة ١٠٦٩... الأحكام الملخصة في حكم ماء الحمصة» البغدادي، إسماعيل باشا: هدية العارفين: ج١: ٢٩٣–٢٩٤. انظر في الملحق الرقم (١٥١٥٤ت٤).

١٧٢ «تنوير الأبصار وجامع البحار في الفروع للشيخ شمس الدين محمد بن عبد الله بن أحمد بن تمرتاش الغزي الحنفي المتوفّى سنة ١٠٠٤» خليفة، حاجي: الكشف: ج١: ٥٠١. انظر في الملحق الرقم (١٥٢١١).

١٧٣ في الأصل: المسما.

١٧٤ «مفتاح العبادة في شرح المقدّمة – في العقائد كلاهما لملا حسين بن اسكندر الحنفي» البغدادي، إسماعيل باشا: إيضاح المكنون: ج٢: ٥٢٥. انظر في الملحق الرقم (١٥٢٠٦).

١٧٥ «منية المصلي وغنية المبتدي للشيخ الإمام سديد الدين الكاشغري... ثم إن الشيخ إبراهيم بن محمد الحلبي ألف شرحًا جامعًا كبيرًا في مجلد سمّاه (غنية المتملي)» خليفة، حاجي: الكشف: ج٢: ١٨٨٦. انظر في الملحق الرقم (١٥١٥٧).

١٧٦ في الأصل: (جامع الصغير). هناك أكثر من كتاب في الفقه عنوانه (الجامع الصغير). مثلاً: الجامع الصغير في الفروع – للإمام المجتهد محمد بن الحسن الشباني المتوفى سنة ١٨٧هـ، وعليه شروح كثيرة. والجامع الصغير في فروع الحنابلة للقاضي أبي يعلى محمد بن الحسين بن محمد بن خلف البغدادي المتوفى سنة ٤٥٨هـ. خليفة، حاجي: الكشف: ج١: ٥٦١–٥٦٣. انظر الكتاب رقم (٤٦).

١٧٧ «منية المصلي وغنية المبتدي للشيخ الإمام سديد الدين الكاشغري هو محمد بن محمد المتوفى سنة ٧٠٥... وقد شرحه ابن أمير الحاج» خليفة، حاجي: الكشف: ج٢: ١٨٨٦. وسماه «حلية المجلي وبغية المهتدي في شرح منية المصلي وغنية المبتدي». انظر في الملحق الرقم (١٥١٥٥).

١٧٨ هناك أكثر من كتاب في الفقه مطلع عنوانه الدرر، مثل: (الدرر المنثورة في الفروع، للحاج شاد كلدي باشا الآماسسي)، و(الدرر في أصول الفقه، للشيخ عبد العزيز بن عبد الواحد المالكي المكناسي الزمزمي). خليفة، حاجي: الكشف: ج١: ٧٥٠–٧٥١. ولكن هناك درر الحكام في شرح غرر =

١٦٥. كتاب حاشية الشرنبلالي على الدرر[١٧٩]. مجلدين.
١٦٦. كتاب إرشاد الطالب[١٨٠]. مجلد واحد.
١٦٧. كتاب فقه ناقص، مجلد واحد.
١٦٨. كتاب منظومة عمر النسفي[١٨١]. مجلد واحد.
١٦٩. كتاب مشتمل الأحكام[١٨٢]. مجلد واحد.
١٧٠. كتاب شرح منظومة الكواكبي في الفروع[١٨٣].
١٧١. كتاب شرح الهداية المسمّى بغاية البيان[١٨٤] للأتقاني. ثلاث مجلدات.
١٧٢. كتاب العناية شرح الهداية[١٨٥]، لأكمل الدين. مجلدين.
١٧٣. كتاب شرح الوقاية لابن ملك[١٨٦]. مجلد واحد.
١٧٤. كتاب القواعد لابن عبد السلام[١٨٧]. مجلد واحد.
١٧٥. كتاب حاشية أخي جلبي على صدر الشريعة[١٨٨]. مجلد واحد.

= الأحكام، لملا خسرو في فروع الحنفية. خليفة، حاجي: الكشف: ج٢: ١١٩٩. موجود في المكتبة الوطنية بدمشق عن طريق العثمانية. انظر في الملحق الرقم (١٥٠٩١).

١٧٩ في الأصل: (الشرنبلاني). حسن بن عمار بن علي الشرنبلالي، له «حاشية على كتاب الدرر والغرر لمنلا خسرو وكلاهما في فروع الفقه الحنفي» كحالة، عمر رضا: معجم المؤلفين: ج١: ٥٧٥.

١٨٠ هناك أكثر من كتاب في إيضاح المكنون مطلع عنوانه إرشاد الطالب، وأغلب الظن أن المقصود (إرشاد الطالب شرح منظومة الكواكب – محمد بن الحسن بن أحمد ابن يحيى الكواكبي الحلبي المتوفّى سنة ١٠٩٦هـ). البغدادي، إسماعيل باشا: إيضاح المكنون: ج١: ٦١. موجود في المكتبة الوطنية بدمشق عن طريق العثمانية. انظر في الملحق الرقم (١٥٣٣٢).

١٨١ «منظومة النسفي في الخلاف، وهو أبو حفص عمر بن محمد بن أحمد النسفي المتوفى سنة ٥٣٧ «خليفة، حاجي: الكشف: ج٢: ١٨٦٧. انظر في الملحق الرقم (١٥٠٥٥).

١٨٢ «مشتمل الأحكام في الفتاوى الحنفية للشيخ فخر الدين الرومي يحيى المتوفّى سنة ٨٦٤» خليفة، حاجي: الكشف: ج٢: ١٦٩٢. الزركلي، خير الدين: الأعلام: ج٨: ١٥٤. انظر في الملحق الرقم (١٥٠٥٦).

١٨٣ مر في الرقم ١٦٦.

١٨٤ «شرح الشيخ الإمام قوام الدين أمير كاتب بن أمير عمر الأتقاني الحنفي المتوفى سنة ٧٥٨، سماه (غاية البيان ونادرة الأقران)» خليفة، حاجي: الكشف: ج٢: ٢٠٢٢. انظر في الملحق الرقم (١٥١٢٤).

١٨٥ البابرتي محمد بن محمود بن كمال الدين أحمد البابرتي، أكمل الدين المصري الفقيه الحنفي، له العناية في شرح الهداية للمرغياني. البغدادي، إسماعيل باشا: هدية العارفين: ج٢: ١٧١. انظر في الملحق الرقم (١٥١٣١).

١٨٦ وقاية الرواية في مسائل الهداية للإمام برهان الشريعة محمود بن صدر الشريعة. وشرحه المولى عبد اللطيف بن عبد العزيز المعروف بابن ملك. خليفة، حاجي: الكشف: ج٢: ٢٠٢٠. انظر في الملحق الرقم (١٥١٣٣).

١٨٧ «القواعد الكبرى في فروع الشافعية للشيخ عز الدين عبد العزيز بن عبد السلام الشافعي المتوفى سنة ٦٦٠هـ» خليفة، حاجي: الكشف: ج٢: ١٣٥٩–١٣٦٠. انظر في الملحق الرقم (١٥٣٨٢).

١٨٨ «أخي جلبي (٩٠٢هـ/١٤٩٧م) يوسف بن جنيد التوقاتي الرومي... له ذخيرة العقبى حاشية على شرح الوقاية في الفقه» الزركلي، خير الدين: الأعلام: ج٨: ٢٢٣.

١٧٦. كتاب شرح مجمع البحرين لابن ملك[189]. مجلد واحد.

١٧٧. [٦/ب] كتاب شرح الكنز[190] للإمام الزيلعي. نسختين، كلّ نسخة مجلد واحد.

١٧٨. كتاب فتاوى القنية[191] للزاهدي. مجلد واحد.

١٧٩. كتاب فتاوى قاضي خان[192]. مجلد واحد.

١٨٠. كتاب الجزء الأول والثاني من فتح القدير[193] لابن الهمام، مجلدين.

١٨١. كتاب الضياء المعنوي شرح مقدّمة الغزنوي[194]. مجلدين.

١٨٢. كتاب شرح الكنز للعيني[195]. مجلد واحد.

١٨٣. كتاب فصول البدائع للفناري[196]. مجلد واحد.

١٨٤. كتاب فتاوى العمادية[197]. مجلد واحد.

١٨٥. كتاب فصول الأستروشني[198]. مجلد واحد.

---

[189] ابن مالك عبد اللطيف بن عبد العزيز بن أمين الدين الرومي الفقيه الحنفي المعروف بابن ملك، شرح مجمع البحرين لابن الساعاتي في الفروع. البغدادي، إسماعيل باشا: هدية العارفين: ج١: ٦١٧. انظر في الملحق الرقمين (١٥٠٨٤، ١٥٠٨٥).

[190] «كنز الدقائق في فروع الحنفية للشيخ الإمام أبي البركات عبد الله بن أحمد المعروف بحافظ الدين النسفي المتوفى سنة ٧١٠، شرحه الإمام فخر الدين أبو محمد عثمان ابن علي الزيلعي وسماه (تبيين الحقائق لما فيه ما اكتنز من الدقائق)» خليفة، حاجي: الكشف: ج ٢: ١٥١٦. الزركلي، خير الدين: الأعلام: ج٤: ٢١٠. انظر في الملحق الرقمين (١٥٠٨٦، ١٥٠٨٧).

[191] «قنية المنية على مذهب أبي حنيفة للشيخ الإمام أبي الرجاء نجم الدين مختار بن محمود الزاهدي الحنفي المتوفى سنة ٦٥٨» خليفة، حاجي: الكشف: ج٢: ١٣٥٧.

[192] «فتاوى قاضيخان وهو الإمام فخر الدين حسن بن منصور الأوزجندي الفرغاني المتوفى سنة ٥٩٢» خليفة، حاجي: الكشف: ج٢: ١٢٢٧. انظر في الملحق الرقم (١٥٠٥٩).

[193] شرحَ الهداية الشيخ الإمام كمال الدين محمد بن عبد الواحد السيواسي المعروف بابن همام الحنفي المتوفى سنة ٨٦١. وسماه: فتح القدير للعاجز الفقير. خليفة، حاجي: الكشف: ج٢: ٢٠٢٢. انظر في الملحق الرقم (١٥١٢٢، ١٥١٢٣).

[194] المقدمة الغزنوية في فروع الحنفية للشيخ الإمام أحمد بن محمد الغزنوي. شرحها الشيخ أبو البقاء محمد بن أحمد ابن الضياء القرشي الحنفي وسماه ضياء المعنوية على المقدمة الغزنوية. خليفة، حاجي: الكشف: ج٢: ١٨٠٢–١٨٠٣. انظر في الملحق الرقم (١٥١٠٠).

[195] كنز الدقائق في فروع الحنفية للحافظ النسفي، شرحه القاضي بدر الدين محمود بن أحمد العيني شرحًا مختصرًا سماه (رمز الحقائق). خليفة، حاجي: الكشف: ج٢: ١٥١٥. انظر في الملحق الرقم (١٥١٤٤).

[196] «فصول البدائع لأصول (في أصول) الشرائع لشمس الدين محمد بن حمزة الفناري المتوفى سنة ٨٣٤» خليفة، حاجي: الكشف: ج٢: ١٢٦٨. الزركلي، خير الدين: الأعلام: ج٦: ١١٠. انظر في الملحق الرقم (١٥٣٥٥).

[197] فتاوى أبي السعود بن محمد العمادي الحنفي التركي المتوفى سنة ٩٨٢ «خليفة، حاجي: الكشف: ج٢: ١٢١٩.

[198] في الأصل: الأستروشي. «محمد بن محمود الأستروشني. له كتاب «الفصول» في الفتاوى» ابن قطلوبغا: تاج التراجم: ج١: ٢٧٩. انظر في الملحق الرقم (١٥٠٦٤).

١٨٦. كتاب معين الحكام فيما أشكل من الأحكام[١٩٩]. مجلد واحد.
١٨٧. كتاب فتاوى النتف الحسان في مذهب أبي حنيفة النعمان[٢٠٠]. مجلد واحد.
١٨٨. كتاب قهستاني[٢٠١] شرح مختصر الهداية. نسختين، كل نسخة مجلد واحد.
١٨٩. كتاب إصلاح الإيضاح[٢٠٢] لابن كمال باشا. مجلد واحد.
١٩٠. كتاب خلاصة النهاية[٢٠٣]. مجلد واحد.
١٩١. كتاب مفتاح العبادة[٢٠٤]. مجلد واحد.
١٩٢. كتاب فتاوى آغ كرماني[٢٠٥]. مجلد واحد.
١٩٣. كتاب الجواهر الفقهية[٢٠٦] مجلد واحد.
١٩٤. كتاب فتاوى الحانوتية[٢٠٧] مجلد واحد.
١٩٥. كتاب فتاوى مصلح الدين[٢٠٨] مجلد واحد.

---

١٩٩ «معين الحكام فيما يتردد بين الخصمين من الأحكام. تأليف علي بن خليل الطرابلسي». انظر في الملحق الرقم (١٥٠٦٦).

٢٠٠ «نتف الحسان على مذهب أبي حنيفة النعمان للشيخ الإمام الزاهد أبي بكر الواسطي الحنفي» وأيضًا «النتف في الفتاوى» لعدد من المؤلفين منهم الشيخ الإمام علي بن الحسن السغدي، ومنهم التمرتاشي، ومنهم الشيخ الإمام شرف الدين قاسم بن حسين الدمراجي الحنفي. خليفة، حاجي: الكشف: ج٢: ١٩٢٥. انظر في الملحق الرقم (١٥٠٧٧).

٢٠١ أظن المقصود هو «القهستاني (متوفى نحو ٩٥٣هـ/نحو ١٥٤٦م) محمد القهستاني، شمس الدين، فقيه حنفي. كان مفتيًا ببخارى. له كتب، منها (جامع الرموز) في شرح النقاية مختصر الوقاية، لصدر الشريعة عبيد الله بن مسعود، فقه» الزركلي، خير الدين: الأعلام: ج٧: ١١. انظر في الملحق الرقم (١٥٠٩٧).

٢٠٢ «إصلاح الوقاية في الفروع للمولى شمس الدين أحمد ابن سليمان الشهير بابن كمال باشا المتوفى سنة أربعين وتسعمائة غير متن (الوقاية) وشرحه، ثم شرحه وسماه (الإيضاح)» خليفة، حاجي: الكشف: ج١: ١٠٩. أي أن الإيضاح هو شرح إصلاح الوقاية، ثم قام ابن كمال باشا بإصلاح الإيضاح.

٢٠٣ الهداية في الفروع لشيخ الإسلام برهان الدين علي ابن أبي بكر المرغيناني الحنفي المتوفى سنة ٥٩٣، شرحه تلميذه الإمام حسام الدين حسين بن علي المعروف بالصغناقي الحنفي المتوفى سنة ٧١٠هـ، وسماه (النهاية)، وقد اختصر هذا الشرح جمال الدين محمود بن أحمد بن السراج القونوي المتوفى سنة ٧٧٠، وسماه (خلاصة النهاية في فوائد الهداية)» خليفة، حاجي: الكشف: ج٢: ٢٠٣١–٢٠٣٢. انظر في الملحق الرقم (١٥٠٧٩).

٢٠٤ مفتاح العبادة ووسيلة السعادة. تأليف ملا حسين، حسين بن اسكندر. انظر في الملحق الرقم (١٥٢٠٦). وانظر «مفاتح العبادة في شرح المقدمة – في العقائد، كلاهما لملا حسين بن اسكندر الحنفي صاحب الجوهر المنير» البغدادي، إسماعيل باشا: إيضاح المكنون: ج٢: ٥٢٥.

٢٠٥ لم أهتد للمطلوب.

٢٠٦ أغلب الظن أن المقصود هو جواهر الفقه للمرغيناني، خليفة، حاجي: الكشف: ج١: ٦١٥.

٢٠٧ انظر الكتاب رقم (١٥٥).

٢٠٨ لم أهتد للمطلوب.

١٩٦. كتاب حصر الدلائل في اختلاف الأئمّة²⁰⁹ مجلد واحد.

كتب الأصول

١٩٧. كتاب حاشية السعد على شرح مختصر ابن الحاجب²¹⁰، نسختين، كلّ نسخة مجلد.

١٩٨. كتاب التلويح على التوضيح²¹¹. نسختين في مجلدين.

١٩٩. كتاب أصول الفقه²¹² للسرخسي. مجلد واحد.

٢٠٠. كتاب مجموع أوّله أصول الدين للنسفي²¹³ مجلد واحد.

٢٠١. كتاب التوضيح شرح التنقيح²¹⁴ ثلاث نسخ في ثلاث مجلدات.

٢٠٢. كتاب شرح المنار²¹⁵ لابن ملك مجلد واحد.

٢٠٣. كتاب شرح تغيير التنقيح²¹⁶ لابن كمال باشا. [٧/أ] مجلد واحد.

٢٠٤. كتاب حاشية على شرح المنار²¹⁷ لعزمي زاده، مجلد واحد.

---

٢٠٩ قد يكون المقصود «حصر المسائل وقصر الدلائل، أو، مختلف الرواية» للعلاء الأسمندي، محمد بن عبد الحميد. انظر في الملحق الرقم (١٥٠٨١).

٢١٠ خليفة، حاجي: الكشف: ج٢: ١٨٥٣-١٨٥٤.

٢١١ «تنقيح الأصول للفاضل العلامة صدر الشريعة عبيد الله بن مسعود المحبوبي البخاري الحنفي المتوفى سنة ٧٤٧هـ، صنف شرحًا لطيفًا ممزوجًا سماه (التوضيح في حل غوامض التنقيح)، ثم شرحه العلامة سعد الدين مسعود بن عمر التفتازاني الشافعي المتوفى سنة ٧٩٢هـ، وسماه (بالتلويح في الكشف حقائق التنقيح)» خليفة، حاجي: الكشف: ج١: ٤٩٦. انظر في الملحق الأرقام (١٥٣٣٣، ١٥٣٤٥، ١٥٣٤٦، ١٥٣٤٧).

٢١٢ «أصول الإمام شمس الأئمة محمد بن أحمد السرخسي» المتوفى ٤٨٣هـ. خليفة، حاجي: الكشف: ج١: ١١٢. الزركلي، خير الدين: الأعلام: ج٥: ٣١٥.

٢١٣ «المعتقد لأبي حفص عمر بن محمد النسفي المتوفى سنة ٥٣٧» ضمنه معظم أصول الدين. خليفة، حاجي: الكشف: ج٢: ١٧٣١.

٢١٤ التوضيح في حل غوامض التنقيح-لصدر الشريعة عبيد الله بن مسعود المحبوبي. خليفة، حاجي: الكشف: ج١: ٤٩٦. انظر في الملحق الرقم (١٥٣٤٩).

٢١٥ وهو شرح منار الأنوار للنسفي. خليفة، حاجي: الكشف: ج٢: ١٨٢٥. انظر في الملحق الرقم (١٥٣٥٠، ١٥٣٥٤، ١٥٣٥٦).

٢١٦ ابن كمال: أحمد بن سليمان شمس الدين المعروف بابن كمال باشا شيخ الإسلام الرومي الحنفي، له تغيير التنقيح على تنقيح الأصول. البغدادي، إسماعيل باشا: هدية العارفين: ج١: ١٤١. (تعليقة على تنقيح الأصول لصدر الشريعة عبيد الله بن مسعود المحبوبي). خليفة، حاجي: الكشف: ج١: ٤٩٧. انظر في الملحق الرقم (١٥٣٦٢).

٢١٧ منار الأنوار، في أصول الفقه، للشيخ الإمام أبي البركات عبد الله بن أحمد المعروف بحافظ الدين النسفي المتوفى سنة ٧١٠هـ، شرحه المولى عبد اللطيف بن ملك المتوفى سنة ٨٨٥هـ، وعليه حواش، منها: حاشية =

٢٠٥. كتاب حاشية على التلويح[٢١٨] لابن كمال باشا، **مجلد واحد.**

٢٠٦. كتاب شرح المنار[٢١٩] للعيني، **مجلد واحد.**

٢٠٧. كتاب شرح المنار[٢٢٠] للسيّد عبد الله، **مجلد واحد.**

٢٠٨. كتاب شرح مختصر ابن الحاجب للأبهري[٢٢١] **مجلد واحد.**

٢٠٩. كتاب شرح البزدوي المسمى بالشافي[٢٢٢] **في مجلد واحد.**

٢١٠. كتاب شرح مختصر ابن الحاجب للعضد[٢٢٣] **مجلد واحد.**

٢١١. كتاب البزدوي[٢٢٤] شيخ الإسلام، **مجلد واحد.**

٢١٢. كتاب شرح مختصر ابن الحاجب للأصبهاني[٢٢٥] **في مجلّد.**

كتب العقائد

٢١٣. كتاب شرح الجوهرة الكبير[٢٢٦] **مجلد واحد.**

= للمولى مصطفى بن بير محمد المعروف بعزمي زاده المتوفى سنة ١٠٤٠ سماه (نتايج الأفكار). خليفة، حاجي: الكشف: ج٢: ١٨٢٣–١٨٢٥. انظر في الملحق الرقمين (١٥٣٥٣، ١٥٣٦٣ت).

٢١٨ شرح العلامة سعد الدين: مسعود بن عمر التفتازاني الشافعي المتوفى سنة ٧٩٢هـ، الموسوم (بالتلويح في الكشف حقائق التنقيح)، فرغ منه سنة ٧٥٨هـ، ولما كان هذا الشرح غاية مطلوب كل طالب في هذا الفن، اعتنى به الفضلاء بالدرس والتحشية وعلقوا عليه حواشيَ مفيدةً منها: تعليقة العلامة أحمد بن سليمان بن كمال باشا المتوفى سنة ٩٤٠. خليفة، حاجي: الكشف: ج١: ٤٩٦–٤٩٧. انظر في الملحق الرقم (١٥٣٥٨).

٢١٩ هو لابن العيني: عبد الرحمن بن أبي بكر. خليفة، حاجي: الكشف: ج٢: ١٨٢٥. انظر في الملحق الرقم (١٥٣٥٧).

٢٢٠ المقصود كتاب (الكشف الأسرار) وهو شرح عبد الله ابن أحمد المعروف بحافظ الدين النسفي على كتابه منار الأنوار. خليفة، حاجي: الكشف: ج٢: ١٨٢٣.

٢٢١ منتهى السول والأمل في علمي الأصول والجدل – للشيخ الإمام جمال الدين أبي عمرو عثمان بن عمر المعروف بابن الحاجب المتوفى سنة ٦٤٦. ثم اختصره وهو المشهور المتداول بمختصر المنتهى ومختصر ابن الحاجب، واعتنى بشأنه الفضلاء فشرحوه. وعليه حاشية للإمام سيف الدين الأبهري. خليفة، حاجي: الكشف: ج٢: ١٨٥٣.

٢٢٢ في الأصل: (المسما). انظر في الملحق الرقم (١٥٣٤٢). وانظر خليفة، حاجي: الكشف: ج٢: ١٠٢٢.

٢٢٣ منتهى السول والأمل في علمي الأصول والجدل – لابن الحاجب، وشرحه العلامة عضد الدين عبد الرحمن بن أحمد الإيجي المتوفى سنة ٧٥٦. خليفة، حاجي: الكشف: ج٢: ١٨٥٣. انظر في الملحق الرقم (١٥٩٩٣).

٢٢٤ في الأصل: «لشيخ الإسلام». وهو أصول الإمام علي ابن محمد البزدوي المتوفى سنة ٤٨٢هـ. خليفة، حاجي: الكشف: ج١: ١١٢. انظر «كنز الوصول إلى معرفة الأصول» في الملحق الرقم (١٥٣٤٠).

٢٢٥ حاشية وشرح المختصر للشيخ شمس الدين محمود بن القاسم بن أحمد الأصبهاني، سماه بيان المختصر. خليفة، حاجي: الكشف: ج٢: ١٨٥٧. انظر في الملحق الرقم (١٥٣٣٧).

٢٢٦ شرح الجوهرة في علم التوحيد للخانطوماني، محمد بن محمد كان حيًّا سنة ١٢٥٤هـ. انظر في الملحق الرقم (١٥٢٩٧).

٢١٤. كتاب شرح المواقف[٢٢٧] للسيّد، **مجلد واحد.**

٢١٥. كتاب **مجموعة حواشي عقائد أولها حاشية على ملّا جلال[٢٢٨] مجلد واحد.**

٢١٦. كتاب **مجموعة أوّلها شرح جلاء القلوب[٢٢٩] للتوقاتي[٢٣٠] مجلد واحد.**

٢١٧. كتاب شرح العقائد[٢٣١] للنسفي، **ومعه خيالي جلبي[٢٣٢] مجلد واحد.**

٢١٨. كتاب شرح التجريد[٢٣٣] **مجلد واحد.**

٢١٩. كتاب حاشية قره كمال[٢٣٤] على الخيالي[٢٣٥] **في مجلد واحد.**

٢٢٠. كتاب حاشية الشيخ يحيى المغربي على أمّ البراهين[٢٣٦] **مجلد واحد.**

٢٢١. كتاب **مجموع أوله شرح أسماء الله الحسنى، مجلد واحد.**

---

٢٢٧ المواقف في علم الكلام – للعلّامة عضد الدين عبد الرحمن بن أحمد الإيجي القاضي المتوفى سنة ٧٥٦هـ، اعتنى به الفضلاء فشرحه السيد الشريف علي بن محمد الجرجاني. خليفة، حاجي: الكشف: ج٢: ١٨٩١.

٢٢٨ حاشية على شرح العقائد العضدية للدواني، تأليف: يوسف بن محمد خان القرباغي (حي ١٠٣٠هـ). انظر في الملحق الرقم (١٥٢٥٨).

٢٢٩ «التوقادي – إسحق بن حسن التوقادي الرومي الحنفي المتوفى سنة ١١٠٠ مائة وألف، له.. شرح جلاء القلوب». البغدادي، إسماعيل باشا: هدية العارفين: ج١: ٢٠١.

٢٣٠ توقاد: من بلاد الترك، وتُلفظ توقات، والنسبة إليها التوقادي أو التوقاتي. وعُرف من علمائها يوسف بن جنيد التوقاتي الرومي المعروف بأخي زاده. انظر الزركلي، خير الدين: الأعلام: ج٨: ٢٢٣.

٢٣١ «عمدة العقائد – للإمام حافظ الدين عبد الله بن أحمد النسفي المتوفى سنة ٧١٠، ثم شرحه المصنف المذكور وسماه (الاعتماد)» خليفة، حاجي: الكشف: ج٢: ١١٦٨. انظر في الملحق الرقم (١٥٢٦٩).

٢٣٢ عقائد النسفي – للشيخ نجم الدين أبي حفص عمر بن محمد المتوفى سنة ٥٣٧هـ، وهو متن متين اعتنى به الفضلاء فشرحه عدد منهم، ومن حواشي شرح العقائد حاشية المولى أحمد بن موسى الشهير بخيالي المتوفى سنة ٨٦٢هـ. خليفة، حاجي: الكشف: ج٢: ١١٤٥. انظر في الملحق الرقم (١٥٧٠١ت).

٢٣٣ تجريد الكلام – للعلامة المحقق نصير الدين أبي جعفر محمد بن محمد الطوسي ت ٦٧٢هـ، وعليه شروح كثيرة. خليفة، حاجي: الكشف: ج١: ٣٤٦. والذي وصل إلى المكتبة الوطنية بدمشق عن طريق المكتبة العثمانية «شرح تجريد العقائد أو، شرح تجريد الكلام» للقوشجي، علي بن محمد. انظر في الملحق الرقم (١٥٧٢٤ت).

٢٣٤ في الأصل: قراكمال.

٢٣٥ «حاشية المولى كمال الدين إسماعيل القرماني المعروف: بقره كمال. وهي على (حاشية الخيالي)» خليفة، حاجي: الكشف: ج٢: ١١٤٥. كحالة، عمر رضا: معجم المؤلفين: ج١: ٣٧٦.

٢٣٦ «أم البراهين في العقائد للشيخ الإمام السيد الشريف محمد بن يوسف بن الحسين السنوسي المتوفى سنة ٨٩٥» خليفة، حاجي: الكشف: ج١: ١٧٠. الشاوي يحيى بن محمد ابن محمد بن عبد الله بن عيسى بن شبل بن أبي البركات الملطي النابلي الجزائري المالكي الشهير بالشاوي نزيل مصر، ولد ببلده سنة ١٠٣٠ وتوفي حاجًّا في الطريق سنة ١٠٩٦ ست وتسعين وألف، له من التصانيف حاشية على شرح أم البراهين للسنوسي. البغدادي، إسماعيل باشا: هدية العارفين: ج٢: ٥٣٣. وفي المكتبة الوطنية بدمشق كتاب مخطوط عنوانه «توكيد العقد فيما أخذ الله علينا من العهد، أو، حاشية على شرح أم البراهين للسنوسي» ليحيى المذكور، انظر في الملحق الرقم (١٥٢٨٨).

٢٢٢. كتاب حاشية على شرح التجريد لصدر الدين[٢٣٧] مجلد واحد.

٢٢٣. كتاب حاشية ميرزاجان على حكمة العين القديمة[٢٣٨] مجلد واحد.

٢٢٤. كتاب شرح الفقه الأكبر[٢٣٩] وشرح الوصية، مجلد واحد.

٢٢٥. كتاب مجموع حواشي ملّا جلال[٢٤٠] مجلد واحد.

٢٢٦. كتاب شرح المقاصد[٢٤١] لسعد الدين التفتازاني، مجلد واحد.

٢٢٧. كتاب شرح طوالع الأنوار[٢٤٢] للأصفهاني، مجلد واحد.

٢٢٨. كتاب حاشية السمرقندي على شرح الطوالع للبيضاوي[٢٤٣] مجلد واحد.

٢٢٩. كتاب [٧/ب] حاشية أفضل زاده على...[٢٤٤] للاقاني[٢٤٥] مجلد واحد.

٢٣٠. كتاب شرح جوهرة التوحيد الوسطى[٢٤٦] مجلد واحد.

٢٣١. كتاب شرح الطوالع[٢٤٧] للقاضي البيضاوي، مجلد واحد.

---

٢٣٧ تجريد الكلام للعلامة المحقق نصير الدين أبي جعفر محمد بن محمد الطوسي المتوفى ٦٧٢هـ، ثم شرحه المولى المحقق علاء الدين علي بن محمد الشهير بقوشجي المتوفى سنة ٨٧٩هـ، شرحًا اشتهر بالشرح الجديد، ثم كتب المولى المحقق مير صدر الدين محمد الشيرازي المتوفى ٩٣٠هـ حاشية لطيفة على (الشرح الجديد). خليفة، حاجي: الكشف: ج١: ٣٤٦–٣٤٨.

٢٣٨ ميرزا جان: حبيب الله بن عبد الله العلوي الدهلوي شمس الدين الشهير بميرزا جان الشيرازي الحنفي، توفي سنة ٩٩٤ أربع وتسعين وتسعمائة، له من الكتب حاشية على شرح حكمة العين لمباركشاه. البغدادي، إسماعيل باشا: هدية العارفين: ج١: ٢٦٢–٢٦٣. انظر في الملحق الرقم (١٥٧٣١ت).

٢٣٩ «الفقه الأكبر في الكلام للإمام الأعظم أبي حنيفة النعمان بن ثابت الكوفي المتوفى سنة ١٥٠» خليفة، حاجي: الكشف: ج٢: ١٢٨٧. شرح الفقه الأكبر للمغنيساوي، أحمد بن محمد، موجود في المكتبة الوطنية بدمشق عن طريق المكتبة العثمانية بحلب، انظر في الملحق الرقم (١٥٢٧٤).

٢٤٠ المقصود جلال الدين محمد بن أسعد الصديقي الدواني المتوفى سنة ٩١٨هـ/١٥١٢م.

٢٤١ خليفة، حاجي: الكشف: ج٢: ١٧٨٠. «شرح مقاصد الطالبين». انظر في الملحق الرقم (١٥٣١٨).

٢٤٢ طوالع الأنوار مختصر في الكلام للقاضي عبد الله بن عمر البيضاوي، صنف عليه أبو الثناء شمس الدين محمود بن عبد الرحمن الأصفهاني شرحًا نافعًا، سماه مطالع الأنظار. خليفة، حاجي: الكشف: ج٢: ١١١٦. وانظر في الملحق الرقمين (١٥٣٠٤، ١٥٣١١).

٢٤٣ في المكتبة الوطنية بدمشق كتاب مخطوط عنوانه: «حاشية على مطالع الأنظار شرح طوالع الأنوار للأصبهاني» تأليف السمرقندي، أبو القاسم بن أبي بكر، (حي سنة ٨٨٨هـ). انظر في الملحق الرقم (١٥٦٩٧).

٢٤٤ بياض في الأصل مقدار كلمة.

٢٤٥ قد يكون المقصود اللقاني صاحب جوهرة التوحيد.

٢٤٦ جوهرة التوحيد منظومة في الكلام للشيخ إبراهيم ابن اللقاني المالكي المتوفى في حدود سنة أربعين وألف (١٠٤١). وله عليها ثلاثة شروح كبير وصغير ووسط، اسم المتوسط (تلخيص التجريد لعمدة المريد). خليفة، حاجي: الكشف: ج١: ٦٢٠.

٢٤٧ القاضي البيضاوي صنف طوالع الأنوار ولم يشرحه. خليفة، حاجي: الكشف: ج٢: ١١١٦.

٢٣٢. كتاب شرح عقائد النسفي لعلي القاري[٢٤٨] مجلد واحد.

٢٣٣. كتاب حاشية ملّا جلال، ومعها كتاب ميرزاجان على حكمة العين[٢٤٩] مجلد واحد.

٢٣٤. كتاب شرح عقائد النسفي[٢٥٠] ومعه شرح عقائد الدواني[٢٥١] مجلد واحد.

٢٣٥. كتاب عقائد النسفي[٢٥٢] مجلد واحد.

٢٣٦. كتاب إثبات الواجب[٢٥٣] للدواني، مجلد واحد[٢٥٤].

٢٣٧. كتاب حاشية عصام على شرح عقائد النسفي[٢٥٥] مجلد واحد.

٢٣٨. كتاب حاشية في العقائد لم تُعرف مجلد واحد.

٢٣٩. كتاب مجموع أوّله ملّا جلال في العقائد، مجلد واحد.

٢٤٠. كتاب حواشي ملّا جلال، ومعه شرح الأربعين حديثًا له[٢٥٦]، مجلد واحد.

كتب معاني وبيان

٢٤١. كتاب شرح المفتاح لسعد الدين التفتازاني[٢٥٧] مجلد واحد.

٢٤٢. كتاب شرح شواهد المفتاح[٢٥٨] مجلد واحد.

---

٢٤٨ وخرَّج أحاديثه الشيخ جلال الدين السيوطي، والمولى علي بن محمد القاري المكي المتوفى ١٠١٤. خليفة، حاجي: الكشف: ج٢: ١١٤٩. فالذي صنعه علي القاري هو تخريج أحاديث الكتاب، وليس شرحًا عليه.

٢٤٩ حبيب الله ميرزاجان الشيرازي. من تصانيفه حاشية على شرح حكمة العين. كحالة، عمر رضا: معجم المؤلفين: ج١: ٥٢٧. انظر في الملحق الأرقام (١٥٣١٢ت١، ١٥٧٢٧، ١٥٧٣١ت، ١٥٧٣٣ت).

٢٥٠ وصل إلى المكتبة الوطنية بدمشق عن طريق المكتبة العثمانية «شرح السعد التفتازاني على العقائد النسفية» انظر في الملحق الأرقام (١٥٢٥٦، ١٥٢٥٧، ١٥٢٦١ت٣، ١٥٣١٧ت، ١٥٣٢١ت، ١٥٩٨٨).

٢٥١ لمحمد بن أسعد الصديقي الدواني كتاب شرح العقائد العضدية. الزركلي، خير الدين: الأعلام: ج٦: ٣٢.

٢٥٢ خليفة، حاجي: الكشف: ج٢: ١١٤٥. انظر في الملحق الرقم (١٥٢٥٥).

٢٥٣ رسالة في إثبات الواجب لجماعة من الفضلاء منهم جلال الدين محمد بن أسعد الصديقي الدواني». خليفة، حاجي: الكشف: ج١: ٨٤٢. انظر في الملحق الرقم (١٥٢٨٥).

٢٥٤ هنا إلحاق بخط دقيق [أخذه الخادم وما رده، يكون]. أغلب الظن أنه بخط أمين الكتب اللاحق.

٢٥٥ العصام الإسفراييني. خليفة، حاجي: الكشف: ج٢: ١١٤٦. انظر في الملحق الرقم (١٥٩٢٢).

٢٥٦ في الأصل: (الأربعين حديث). شرح الأربعين حديثًا النووية. تأليف: الدواني، محمد بن أسعد. انظر في الملحق الرقم (١٣٤٤٢).

٢٥٧ مفتاح العلوم للسكاكي، شرح القسم الثالث منه سعد الدين مسعود بن عمر التفتازاني. خليفة، حاجي: الكشف: ج٢: ١٧٦٣. انظر في الملحق الرقم (١٥٥١١).

٢٥٨ ربما المقصود: شرح شواهد مفتاح العلوم للسكاكي، في المعاني، لإبراهيم القرماني (كان حيًّا ١٠٠٠هـ/١٥٩٢م). كحالة، عمر رضا: معجم المؤلفين: ج١: ٣٦.

٢٤٣. كتاب حاشية المطول للسيد الشريف[٢٥٩] مجلد واحد.

٢٤٤. حاشية المطول لأبي قاسم[٢٦٠] مجلد واحد.

٢٤٥. كتاب تغيير المفتاح لابن كمال باشا[٢٦١] مجلد واحد.

٢٤٦. كتاب متن المفتاح[٢٦٢] مجلد واحد.

٢٤٧. كتاب حاشية على شرح المفتاح للبسطامي[٢٦٣] مجلد واحد.

٢٤٨. كتاب هوادي[٢٦٤] لنور الدين، مجلد واحد.

٢٤٩. كتاب المختصر في المعاني شرح التلخيص[٢٦٥] مجلد واحد.

٢٥٠. كتاب شرح فوائد الغياثية[٢٦٦] لابن شريف[٢٦٧] مجلد واحد.

٢٥١. كتاب حسن جلبي على المطول[٢٦٨] مجلد واحد.

٢٥٢. كتاب الأطول لعصام الدين[٢٦٩] مجلد واحد.

٢٥٣. كتاب إيضاح المعاني[٢٧٠] مجلد واحد.

---

٢٥٩ «تلخيص المفتاح في المعاني والبيان للشيخ الإمام جلال الدين محمد بن عبد الرحمن القزويني الشافعي المعروف بخطيب دمشق المتوفى سنة ٧٣٩هـ، شرحه العلامة سعد الدين مسعود بن عمر التفتازاني المتوفى سنة ٧٩٢هـ، شرحًا عظيمًا ممزوجًا وفرغ من تأليفه في صفر سنة ٧٤٨هـ، ثم شرحه شرحًا ثانيًا ممزوجًا مختصرًا من الأول زاد فيه ونقص وفرغ منه بغجدوان سنة ٧٥٦هـ، وقد اشتهر الشرح الأول (بالمطول) والشرح الثاني (بالمختصر) وهما أشهر شروحه وأكثرها تداولًا، وعلى (المطول) حواش كثيرة، منها: حاشية العلامة السيد الشريف علي بن محمد الجرجاني. خليفة، حاجي: الكشف: ج١: ٤٧٣–٤٧٤.

٢٦٠ «وحاشية الفاضل المحقق أبي القاسم بن أبي بكر الليثي السمرقندي» خليفة، حاجي: الكشف: ج١: ٤٧٥.

٢٦١ خليفة، حاجي: الكشف: ج٢: ١٧٦٦. انظر في الملحق الرقم (١٥٥٢٥ت).

٢٦٢ «مفتاح العلوم للعلامة سراج الدين أبي يعقوب يوسف ابن أبي بكر بن محمد بن علي السكاكي المتوفى سنة ٦٢٦» خليفة، حاجي: الكشف: ج٢: ١٧٦٢. انظر في الملحق الرقم (١٥٥٢٤ت).

٢٦٣ خليفة، حاجي: الكشف: ج١: ٤٧٥.

٢٦٤ لنور الدين بن حمزة بن طورغود الإيديني. خليفة، حاجي: الكشف: ج٢: ٢٠٤٧. انظر في الملحق الرقم (١٥٥٢٢).

٢٦٥ مختصر شرح تلخيص المفتاح، أو، مختصر المطول تأليف: السعد التفتازاني، مسعود بن عمر. انظر في الملحق الرقم (١٥٥٢٦).

٢٦٦ الفوائد الغياثية في المعاني والبيان للقاضي عضد الدين عبد الرحمن بن أحمد الإيجي المتوفى سنة ٧٥٦» خليفة، حاجي: الكشف: ج٢: ١٢٩٩. شرحها محمد بن شريف الحسني. انظر في الملحق الرقم (١٥٥٢٠ت).

٢٦٧ في الأصل: لابن أبي شريف، وهو خطأ.

٢٦٨ البغدادي، إسماعيل باشا: هدية العارفين: ج١: ٢٨٨. انظر في الملحق الرقم (١٥٧٨٨ت١٥).

٢٦٩ تلخيص المفتاح في المعاني والبيان. «شرح العلامة الفاضل المحقق عصام الدين إبراهيم بن عربشاه الأسفراييني المتوفى سنة ٩٤٥، خمس وأربعين وتسعمائة، وهو شرح ممزوج عظيم يقال له (الأطول)» خليفة، حاجي: الكشف: ج١: ٤٧٧.

٢٧٠ لم أهتد للمطلوب.

٢٥٤. كتاب شرح المفتاح [٨/أ] للسيّد الشريف[٢٧١] مجلد واحد.

٢٥٥. كتاب المطول[٢٧٢] لسعد الدين التفتازاني، نسختين، كل نسخة مجلد واحد.

٢٥٦. كتاب حاشية لعصام الدين على الضيائية[٢٧٣]، شرح فوائد الغياثية[٢٧٤] مجلد واحد.

٢٥٧. كتاب طاش كوبرى[٢٧٥] شرح فوائد الغياثية[٢٧٦] مجلد واحد.

٢٥٨. كتاب مجموع أوّله شرح الاستعارات لعصام [٢٧٧] مجلد واحد.

٢٥٩. كتاب حاشية حسام زاده على المطول[٢٧٨] مجلد واحد.

٢٦٠. كتاب معاهد التنصيص شرح شواهد التلخيص[٢٧٩] مجلد واحد.

كتب منطق وفلك وحكمة وهيئة وهندسة وحساب

٢٦١. كتاب مجموع أوّله قاضي مير[٢٨٠] مجلد واحد.

٢٦٢. كتاب حاشية عصام على شرح الشمسية للقطب[٢٨١] مجلد واحد.

---

٢٧١ مفتاح العلوم للسكاكي. شرح القسم الثالث منه السيد الشريف علي بن محمد الجرجاني وسماه (المصباح). خليفة، حاجي: الكشف: ج٢: ١٧٦٢. انظر في الملحق الرقم (١٥٥٠٨).

٢٧٢ وهو شرحه الكبير على (تلخيص المفتاح في المعاني والبيان) لجلال الدين القزويني المعروف بخطيب دمشق. خليفة، حاجي: الكشف: ج١: ٤٧٣. انظر في الملحق الرقم (١٥٥١٦).

٢٧٣ انظر في الملحق الأرقام (١٥٥٥٩، ١٥٥٦١، ١٥٥٩٣، ١٥٥٩٥). الإسفرائيني-إبراهيم بن محمد بن عربشاه الإسفرائيني الخراساني عصام الدين الحنفي المتوفى بسمرقند سنة ٩٤٤. له حاشية على الفوائد الضيائية للجامي. البغدادي، إسماعيل باشا: هدية العارفين: ج١: ٢٦.

٢٧٤ لهذا الكتاب شروح عديدة. انظر خليفة، حاجي: ج٢: ١٢٩٩.

٢٧٥ في الأصل: ضاش كبري.

٢٧٦ أحمد بن مصطفى بن خليل الرومي المعروف بطاشكبرى. له شرح الفوائد الغياثية في المعاني والبيان. كحالة، عمر رضا: معجم المؤلفين: ج١: ٣٠٨. انظر في الملحق الرقم (١٥٥١٩).

٢٧٧ الرسالة الترشيحية لأبي القاسم السمرقندي الليثي، في أقسام الاستعارات، لها شروح، منها شرح عصام الدين إبراهيم بن محمد الأسفراييني. خليفة، حاجي: الكشف: ج١: ٨٥٣. انظر في الملحق الأرقام (١٥٢٩٥ت٤، ١٥٥٣٦ت١٩، ١٥٧٨٨ت١٣، ١٥٧٨٨ت١٤).

٢٧٨ مؤلفها حسام زاده، مصطفى بن حسين (١٠٣٥هـ-١٦٢٦م)، انظر في الملحق الرقم (١٥٥٣٠).

٢٧٩ للشيخ عبد الرحيم بن أحمد العبادي العباسي. خليفة، حاجي: الكشف: ج١: ٤٧٧. انظر في الملحق الرقم (١٥٥٣١).

٢٨٠ قاضي مير، حسين بن معين الدين الميبذي، أصله من ميبذ، ومولده بيزد. تلميذ الجلال الدواني. الزركلي، خير الدين: الأعلام: ج٢: ٢٦٠، البغدادي، إسماعيل باشا: هدية العارفين: ج١: ٣١٦. له شرح هداية الحكمة للأبهري. انظر في الملحق الرقم (١٥٧٢٨).

٢٨١ الشمسية متن مختصر في المنطق لنجم الدين عمر بن علي القزويني المعروف بالكاتبي. شرحها قطب الدين محمد بن محمد التحتاني وسمى شرحه (تحرير القواعد المنطقية في شرح الشمسية). خليفة، حاجي: الكشف: ج٢: ١٠٦٣. ثم قام الإسفرائيني بعمل حاشية على شرح القطب التحتاني على الشمسية. =

٢٦٣. كتاب مجموع أوّله رسالة في علم الفراسة لمحمد الأنصاري[٢٨٢]، وفيه رسالة رمل، مجلد واحد.

٢٦٤. كتاب مجموع أوّله رسالة في علم الربع، مجلد واحد.

٢٦٥. كتاب مجموع أوّله شرح التهذيب[٢٨٣] مجلد واحد.

٢٦٦. كتاب عصام على تصوّرات القطب[٢٨٤] مجلد واحد.

٢٦٧. كتاب مجموع أوّله حاشية شرح التهذيب للخلخالي[٢٨٥] مجلد واحد.

٢٦٨. كتاب مجموع أوّله حاشية على شرح الملخص لقاضي زاده[٢٨٦]، وفيه البرجندي[٢٨٧] مجلد واحد.

٢٦٩. كتاب شرح الملخص[٢٨٨] مجلد واحد.

٢٧٠. كتاب مجموع أوّله تحفة الرئيس في شرح أشكال التأسيس[٢٨٩] لأقليدس، مجلد واحد.

٢٧١. كتاب السيّد [أبي][٢٩٠] علي الجغميني[٢٩١] مجلد واحد.

= (حاشية على شرح الرسالة الشمسية للقطب التحتاني الرازي، أو، حاشية على تحرير القواعد المنطقية في شرح الرسالة الشمسية). العصام الأسفراييني، إبراهيم بن محمد بن عربشاه. انظر في الملحق الرقم (١٥٦٩٨).

٢٨٢ شيخ الربوة: محمد بن أبي طالب الأنصاري. له (السياسة في علم الفراسة). انظر البغدادي، إسماعيل باشا: هدية العارفين: ج٢: ١٤٥.

٢٨٣ شرح تهذيب المنطق والكلام للتفتازاني. تأليف: الدواني، محمد بن أسعد. انظر في الملحق الرقم (١٥٢٦٢ت١).

٢٨٤ انظر الرقم (٢٦٢).

٢٨٥ تهذيب المنطق والكلام للعلامة سعد الدين مسعود بن عمر التفتازاني، وعلى شرح التهذيب للدواني حاشية للفاضل حسين الحسيني الخلخالي المتوفى في حدود سنة ١٠٣٠هـ. خليفة، حاجي: الكشف: ج١: ٥١٥–٥١٦. انظر في الملحق الرقم (١٥٦٦٣).

٢٨٦ الملخص في الهيئة البسيطة لمحمود بن محمد الجغميني الخوارزمي» خليفة، حاجي: الكشف: ج٢: ١٨١٩. وقد وصل إلى المكتبة الوطنية بدمشق عن طريق المكتبة العثمانية «تعليقات على المواضع المشكلة من شرح الملخص في الهيئة لقاضي زاده، أو، حاشية على شرح الملخص لقاضي زاده» للبرجندي. انظر في الملحق الرقم (١٥٧٤٠).

٢٨٧ «البرجندي عبد العلي بن محمد بن حسين البرجندي الحنفي المتوفى سنة ٩٣٢هـ. انظر مؤلفاته عند البغدادي، إسماعيل باشا: هدية العارفين: ج١: ٥٨٦.

٢٨٨ شرح الملخص في الهيئة للجغميني. تأليف: علي بن محمد الجرجاني. انظر في الملحق الرقم (١٥٧٣٨). وانظر خليفة، حاجي: الكشف: ج٢: ١٨١٩.

٢٨٩ انظر في الملحق الرقم (١٥٧٣٧ت)، مؤلفها قاضي زاده، موسى بن محمود.

٢٩٠ ما بين معقوفتين إضافة مني لتستقيم المعلومة.

٢٩١ الملخص في الهيئة لأبي علي محمود بن محمد الجغميني. انظر الزركلي، خير الدين: الأعلام: ج٧: ١٨١. انظر في الملحق الرقم (١٥٧٣١ت٤).

٢٧٢. كتاب شرح التذكرة للسيّد الشريف[٢٩٢] **مجلد واحد.**

٢٧٣. كتاب حاشية على الجغميني لفضل الله العبيدي[٢٩٣] **مجلد واحد.**

٢٧٤. كتاب مجموع أوّله شرح الملخص[٢٩٤] **مجلد واحد.**

٢٧٥. كتاب اللاري على قاضي مير[٢٩٥] **مجلد واحد.**

٢٧٦. كتاب مجموع أوّله رسالة في علم الحساب، وفيه فلك، **مجلد واحد.** [٨/ب]

٢٧٧. كتاب إيساغوجي[٢٩٦] **مجلد واحد.**

٢٧٨. كتاب شرح الأباهري[٢٩٧] في الحكمة، **مجلد واحد.**

٢٧٩. كتاب شرح الشمسيّة للقطب[٢٩٨] **مجلد واحد.**

٢٨٠. كتاب جامع مفردات الأدوية[٢٩٩] ابن البيطار كتاب[٣٠٠].

كتب اللغة

٢٨١. كتاب قاموس[٣٠١] ثلاث نسخ في **ثلاث مجلدات.**

---

٢٩٢ التذكرة النصيرية في الهيئة للعلامة المحقق نصير الدين محمد بن محمد الطوسي. شرحها العلامة الفاضل السيد الشريف علي بن محمد الجرجاني. خليفة، حاجي: الكشف: ج١: **٣٩١**. انظر في الملحق الرقم **(١٥٧٤٢)**.

٢٩٣ الملخص في الهيئة لمحمود بن محمد الجغميني، شرحه فضل الله العبيدي. خليفة، حاجي: الكشف: ج٢: ١٨١٩. انظر في الملحق الرقم **(١٥٧٤٣)**.

٢٩٤ لكتاب الملخص في الهيئة شروح كثيرة. انظر خليفة، حاجي: الكشف: ج٢: **١٨١٩**. والذي وصل إلى المكتبة الوطنية بدمشق عن طريق المكتبة العثمانية، شرح قاضي زاده، موسى بن محمد. انظر في الملحق الرقم **(١٥٧٤١ت٢)**. وشرح الجرجاني، علي بن محمد. انظر في الملحق الرقمين **(١٥٧٤٠، ١٥٧٤١ت)**.

٢٩٥ في الأصل: (لاري). وهو حاشية المولى مصلح الدين محمد بن صلاح اللاري على شرح قاضي مير لهداية الحكمة للشيخ أثير الدين الأبهري. خليفة، حاجي: الكشف: ج٢: **٢٠٢٩**. انظر في الملحق الرقم **(١٥٧٣٤)**.

٢٩٦ خليفة، حاجي: الكشف: ج١: **٢٠٦**. انظر في الملحق الرقم **(١٥٧٠٣ت)**.

٢٩٧ هكذا في الأصل ولم أهتد للمطلوب.

٢٩٨ «الشمسية متن مختصر في المنطق لنجم الدين عمر ابن علي القزويني المعروف بالكاتبي، شرحها قطب الدين محمد بن محمد التحتاني. خليفة، حاجي: الكشف: ج ٢: **١٠٦٣**. «تحرير القواعد المنطقية في شرح الرسالة الشمسية». انظر في الملحق الرقم **(١٥٧٢٩ت٤)**.

٢٩٩ في الأصل: (مفراد الجامع)، وهو في الصيدلة. انظر في الملحق الرقم **(١٥٧٤٤)**.

٣٠٠ هكذا في الأصل ابن البيطار، ولكن السياق يقتضي: لابن البيطار. وكذلك في الأصل كلمة «كتاب» فقط.

٣٠١ «القاموس المحيط والقابوس الوسيط الجامع لما ذهب من كلام العرب شماطيط للإمام مجد الدين محمد بن يعقوب الفيروزآبادي الشيرازي المتوفى في شوال سنة ٨١٧» خليفة، حاجي: الكشف: ج٢: **١٣٠٧**. انظر في الملحق الرقم **(١٥٤٩٢)**.

٢٨٢. كتاب صحاح الجوهري[٣٠٢] مجلد واحد.
٢٨٣. كتاب مختار الصحاح[٣٠٣] مجلد واحد.
٢٨٤. كتاب أختري[٣٠٤] نسختين، كلّ نسخة مجلد واحد.
٢٨٥. كتاب أساس البلاغة للزمخشري[٣٠٥] مجلد واحد.
٢٨٦. كتاب شرح ديوان الحماسة للتبريزي[٣٠٦] مجلد واحد.
٢٨٧. كتاب الغريبين للهروي[٣٠٧] مجلد واحد.
٢٨٨. كتاب المزهر للسيوطي[٣٠٨] مجلد واحد.
٢٨٩. كتاب مجمل اللغة[٣٠٩] مجلد واحد.
٢٩٠. كتاب فقه اللغة للثعالبي[٣١٠] مجلد واحد.
٢٩١. كتاب تعريفات السيّد[٣١١] مجلد واحد.

كتب أدب وتاريخ

٢٩٢. كتاب نفح الطيب[٣١٢] تاريخ المغرب، في مجلدين.

---

٣٠٢ «الصحاح في اللغة للإمام أبي نصر إسماعيل بن حماد الجوهري الفارابي المتوفى سنة **٣٩٣**» خليفة، حاجي: الكشف: ج٢: ١٠٧٣. انظر في الملحق الرقم (**١٦٠٢٦**).

٣٠٣ اختصره الشيخ الإمام محمد بن أبي بكر بن عبد القادر الرازي وسماه (مختار الصحاح). خليفة، حاجي: الكشف: ج٢: ١٠٧٣. انظر في الملحق الرقم (**١٥٥٠١، ١٥٥٠٢، ١٥٥٠٣، ١٥٥٠٤، ١٥٥٠٥**).

٣٠٤ «أختري، هو لقب مصلح الدين مصطفى بن شمس الدين القره حصاري، ويطلق على كتابه المشهور في اللغة بحذف المضاف، وهو نسختان كبرى وصغرى كلتاهما بالتركية على ترتيب (المغرب) باعتبار الأول والثاني، وهو مقبول متداول بين العوام، وهذا الرجل من رجال عصر السلطان سليمان خان» خليفة، حاجي: الكشف: ج١: ٣١. انظر في الملحق الرقمين (**١٥٨١١، ١٥٨١٢**).

٣٠٥ خليفة، حاجي: الكشف: ج١: ٧٤. انظر في الملحق الرقم (**١٥٤٩٦**).

٣٠٦ خليفة، حاجي: الكشف: ج١: ٦٩١.

٣٠٧ «الغريبين يعني غريب القرآن والحديث، لأبي عبيد أحمد بن محمد بن محمد الهروي المتوفى سنة **٤٠١**». خليفة، حاجي: الكشف: ج٢: ١٢٠٩. انظر في الملحق الرقم (**١٥٤٩٥**).

٣٠٨ «المزهر في اللغة لجلال الدين عبد الرحمن بن أبي بكر السيوطي المتوفى سنة **٩١١**». خليفة، حاجي: الكشف: ج٢: ١٦٦٠. انظر في الملحق الرقم (**١٥٥٠٤**).

٣٠٩ «مجمل اللغة لأبي الحسين أحمد بن فارس القزويني اللغوي المتوفى سنة **٣٩٥**». خليفة، حاجي: الكشف: ج٢: ١٦٠٥. انظر في الملحق الرقم (**١٥٤٩٣**).

٣١٠ خليفة، حاجي: الكشف: ج٢: ١٢٨٨. انظر في الملحق الرقم (**١٥٥٠٠**).

٣١١ التعريفات للفاضل العلامة السيد الشريف علي بن محمد الجرجاني، مختصر جمع تعريفات الفنون على الحروف. خليفة، حاجي: الكشف: ج١: ٤٢٢. انظر في الملحق الأرقام (**١٥٩٨٦ت، ١٦٠٣٣ت، ١٥٣٢٢ت١**).

٣١٢ «المقري – أحمد بن محمد المقري، بفتح الميم وتشديد القاف، شهاب الدين المغربي المالكي نزيل =

٢٩٣. كتاب ألف باء[٣١٣] في مجلدين.

٢٩٤. كتاب إنباء الغمر بأبناء العمر[٣١٤] لابن حجر، في مجلدين.

٢٩٥. كتاب مقامات الحريري[٣١٥] مجلد واحد.

٢٩٦. كتاب المثل السائر لابن الأثير[٣١٦] مجلد واحد.

٢٩٧. كتاب الشقائق النعمانية لطاش كبري[٣١٧] مجلد واحد.

٢٩٨. كتاب تاريخ المدينة للسمهودي[٣١٨] مجلد واحد.

٢٩٩. كتاب النوادر لابن عبدون[٣١٩] مجلد واحد.

٣٠٠. كتاب مختصر شرح الشواهد الوسطى للعيني[٣٢٠] مجلد واحد.

٣٠١. كتاب يتيمة الدهر للثعالبي[٣٢١] في مجلدين.

= مصر المتوفى بها سنة ١٠٤١... نفح الطيب في غصن أندلس الرطيب وأخبار الوزير لسان الدين ابن الخطيب». البغدادي، إسماعيل باشا: هدية العارفين: ج١: ١٥٧. انظر في الملحق الرقمين (١٥٤٧٧، ١٥٤٧٨).

٣١٣ «يوسف البلوي (٥٢٩-٦٠٤هـ) (١١٣٥-١٢٠٧م) يوسف بن محمد بن عبد الله بن يحيى بن غالب البلوي، المالقي، الأندلسي، المالكي، ويقال له ابن الشيخ (أبو الحجاج) أديب، لغوي... من آثاره: كتاب ألف باء». كحالة، عمر رضا: معجم المؤلفين: ج٤: ١٨٠. انظر في الملحق الرقم (١٥٤٩٨).

٣١٤ خليفة، حاجي: الكشف: ج١: ١٧٠. انظر في الملحق الرقمين (١٥٠٢٢، ١٥٠٢٣).

٣١٥ خليفة، حاجي: الكشف: ج٢: ١٧٨٧. انظر في الملحق الرقم (١٥٥٠٦، ١٦٠٢٧).

٣١٦ في الأصل: (لابن الأسير). «المثل السائر في أدب الكاتب والشاعر لضياء الدين نصر الله ابن صاين الدين محمد ابن محمد بن عبد الكريم بن الأثير الجزري المتوفى سنة ٦٣٧» خليفة، حاجي: الكشف: ج٢: ١٥٨٦. انظر في الملحق الرقم (١٥٤٨٢).

٣١٧ في الأصل: (شقائق النعمانية لضاس كبري). «الشقائق النعمانية في علماء الدولة العثمانية للمولى أحمد بن مصطفى المعروف بطاشكبري زاده المتوفى سنة ٩٦٨» خليفة، حاجي: الكشف: ج٢: ١٠٥٧. انظر في الملحق الرقم (١٥٤٧٤).

٣١٨ في الأصل: (للشمهودي). السمهودي: علي بن عفيف الدين عبد الله بن أحمد ابن علي بن محمد نور الدين أبو الحسن السمهودي الشافعي، له خلاصة الوفا بأخبار دار المصطفى، في تاريخ المدينة. خليفة، حاجي: الكشف: ج١: ٣٠٢. البغدادي، إسماعيل باشا: هدية العارفين: ج١: ٧٤٠.

٣١٩ لعلّه «ابن عبدون – عبد المجيد بن عبدون أبو محمد الوزير الفهري الأندلسي الأديب المالكي توفي سنة ٥٢٩» البغدادي، إسماعيل باشا: هدية العارفين: ج١: ٦١٩.

٣٢٠ الشواهد الكبرى والصغرى أي شرح شواهد الألفية للعيني بدر الدين محمود بن أحمد المتوفى سنة ٨٥٥هـ، وقد سماه (المقاصد النحوية في شرح شواهد شروح الألفية) في النحو. خليفة، حاجي: الكشف: ج٢: ١٠٦٦. والذي وصل إلى المكتبة الوطنية بدمشق عن طريق المكتبة العثمانية هو: فرائد القلائد في مختصر شرح الشواهد الصغرى. انظر في الملحق الرقمين (١٥٥٨٦، ١٥٥٨٧).

٣٢١ «يتيمة الدهر في محاسن أهل العصر للإمام أبي منصور عبد الملك بن محمد الثعالبي شيخ الأدب المتوفى سنة ٤٣٠» خليفة، حاجي: الكشف: ج٢: ٢٠٤٩. انظر في الملحق الرقمين (١٥٤٨٣، ١٥٤٨٤).

٣٠٢. كتاب تحفة الأنام في فضائل الشام للبصروي[٣٢٢] وفيه مختصر التواريخ[٣٢٣] مجلد واحد.

٣٠٣. كتاب تحفة العجائب لابن الأثير[٣٢٤] مجلد واحد.

٣٠٤. كتاب مختصر تاريخ ابن خلكان[٣٢٥] مجلد واحد.

٣٠٥. كتاب المعارف[٣٢٦] لابن قتيبة، مجلد واحد.

٣٠٦. كتاب مجمع الأمثال للميداني[٣٢٧] مجلد واحد. [٩/أ]

٣٠٧. كتاب شرح البديعة لابن حجة الحموي[٣٢٨] مجلد واحد.

٣٠٨. كتاب أنس الجليل تاريخ القدس والخليل[٣٢٩] مجلد واحد.

٣٠٩. كتاب تاريخ الخميس[٣٣٠] مجلد واحد.

٣١٠. كتاب وفيات الأعيان تاريخ ابن خلكان[٣٣١] مجلد واحد.

٣١١. كتاب حياة الحيوان الكبرى للدميري[٣٣٢] مجلد واحد.

---

٣٢٢ خليفة، حاجي: الكشف: ج١: ٣٦٣. انظر في الملحق الرقم (١٥٤٧٠ت).

٣٢٣ قد يكون المقصود: مختصر كتاب التواريخ الشرعية عن الأئمة المهدية العارفين للشيخ المفيد، محمد بن محمد.

٣٢٤ في الأصل: (لابن أسير).»تحفة العجائب وطرفة الغرائب لابن الأثير عز الدين الجزري» خليفة، حاجي: الكشف: ج١: ٣٦٩.

٣٢٥ لكتاب وفيات الأعيان في أنباء أبناء الزمان عدة مختصرات. راجع خليفة، حاجي: الكشف: ج٢: ٢٠١٨. وانظر الزركلي، خير الدين: الأعلام: ج١: ١٩٧. ولكن المختصر المختار من وفيات الأعيان لابن خلكان. تأليف: ابن الأثير، أحمد بن إسماعيل، موجود بالمكتبة الوطنية بدمشق عن طريق المكتبة العثمانية. انظر في الملحق الرقم (١٥٤٦٦ت٢).

٣٢٦ «المعارف في التاريخ لابن قتيبة أبي محمد عبد الله بن مسلم الدينوري المتوفى سنة ٢٦٧» خليفة، حاجي: الكشف: ج٢: ١٧٢٤. انظر في الملحق الرقم (١٥٠٣٩).

٣٢٧ «مجمع الأمثال كذا سماه مؤلفه، لأبي الفضل أحمد ابن محمد النيسابوري المعروف بالميداني المتوفى سنة ٥١٨» خليفة، حاجي: الكشف: ج٢: ١٥٩٧. انظر في الملحق الرقم (١٥٤٧١).

٣٢٨ «خزانة الأدب وغاية الإرب في شرح البديعة» البغدادي، إسماعيل باشا: هدية العارفين: ج١: ٧٣١. انظر في الملحق الرقم (١٥٥٣٥).

٣٢٩ العليمي عبد الرحمن بن محمد العليمي القاضي مجبر الدين أبو اليمن المقدسي الحنبلي المتوفى سنة ٩٢٧ سبع وعشرين وتسعمائة. من تصانيفه أنس الجليل بتاريخ القدس والخليل. البغدادي، إسماعيل باشا: هدية العارفين: ج١: ٥٤٤. انظر في الملحق الرقم (١٥٤٧٩).

٣٣٠ «حسين بن محمد بن الحسن الديار بكري: مؤرخ، نسبته إلى ديار بكر. ولي قضاء مكة وتوفي فيها. له تاريخ الخميس» الزركلي، خير الدين: الأعلام: ج٢: ٢٥٦. انظر في الملحق الرقم (١٥٠٤٣).

٣٣١ خليفة، حاجي: الكشف: ج٢: ٢٠١٧.

٣٣٢ حياة الحيوان للشيخ كمال الدين محمد بن عيسى الدميري الشافعي المتوفى سنة ٨٠٨هـ. خليفة، حاجي: الكشف: ج١: ٦٩٦. انظر في الملحق الرقم (١٥٤٨٥).

كتب النحو

٣١٢. كتاب مغني[٣٣٣] نسختين، كل نسخة في مجلد واحد.
٣١٣. كتاب حاشية على المغني للشمني[٣٣٤] مجلد واحد.
٣١٤. كتاب الإقليد شرح المفصل[٣٣٥] مجلد واحد.
٣١٥. كتاب الأشباه والنظائر[٣٣٦] للسيوطي، مجلد واحد.
٣١٦. كتاب شرح الكافية للرضي[٣٣٧] مجلد واحد.
٣١٧. كتاب شرح المفصل لابن الحاجب[٣٣٨] مجلد واحد.
٣١٨. كتاب تنوير[٣٣٩] الحالك على منهج السالك إلى ألفيّة ابن مالك[٣٤٠] مجلدين.
٣١٩. كتاب شرح التسهيل للدماميني[٣٤١] مجلد واحد.
٣٢٠. كتاب المفصل للزمخشري[٣٤٢] مجلد واحد.
٣٢١. كتاب شرح الضوء[٣٤٣] مجلد واحد.

---

٣٣٣ مغني اللبيب عن كتب الأعاريب، في النحو، للشيخ جمال الدين أبي محمد عبد الله بن يوسف المعروف بابن هشام النحوي. خليفة، حاجي: الكشف: ج٢: ١٧٤٧. انظر في الملحق الرقم (١٥٦٢٨).

٣٣٤ الشمني أحمد بن كمال الدين محمد بن الحسن بن محمد ابن علي بن يحيى بن محمد الشمني المصرى تقي الدين الحنفي... توفي بمصر سنة ٨٧٢. من تصانيفه المنصف من الكلام على مغني ابن هشام في النحو. البغدادي، إسماعيل باشا: هدية العارفين: ج١: ١٣٢–١٣٣.

٣٣٥ في الأصل: (الإقليدس). انظر المفصل في النحو للعلّامة جار الله أبي القاسم محمود بن عمر الزمخشري الخوارزمي المتوفى سنة ٥٣٨هـ، وشرحه تاج الدين أحمد بن محمود بن عمر الجندي أيضًا سماه (الإقليد). خليفة، حاجي: الكشف: ج٢: ١٧٧٤–١٧٧٥. انظر في الملحق الرقم (١٥٥٥٠).

٣٣٦ خليفة، حاجي: الكشف: ج١: ١٠٠. انظر في الملحق الرقم (١٥٣٣٦).

٣٣٧ الكافية في النحو للشيخ جمال الدين أبي عمرو عثمان بن عمر المعروف بابن الحاجب المالكي النحوي المتوفى سنة ٦٤٦هـ، وشروحها كثيرة أعظمها شرح الشيخ رضي الدين محمد بن الحسن الأستراباذي النحوي. خليفة، حاجي: الكشف: ج٢: ١٣٧٠.

٣٣٨ انظر في الملحق الرقم (١٥٥٤٩).

٣٣٩ فوق كلمة تنوير وُضع الرقم ثلاثة كعلامة إلحاق، وعلى الهامش اليساري وُضع الرقم ثلاثة وكُتبت تحته الملاحظة: [تنوير الحالك، المجلد الأول ناقص كراسين، من دور الأول سنة ١٣٠٦].

٣٤٠ الزركلي، خير الدين: الأعلام: ج١: ١٨٨. وفي المكتبة الوطنية بدمشق مخطوطة بهذا العنوان مصدرها المكتبة العثمانية بحلب، مؤلفها أحمد بن عمر الاسقاطي المتوفى سنة (١١٥٩هـ). انظر في الملحق الرقم (١٥٥٤٧).

٣٤١ شرح بدر الدين محمد بن أبي بكر الدماميني كتاب (تسهيل الفوائد وتكميل المقاصد) في النحو لابن مالك الطائي الجياني، وسمى شرحه هذا بـ(تعليق الفرائد)، وله شرحان آخران على نفس الكتاب. خليفة، حاجي: الكشف: ج١: ٤٠٦. الزركلي، خير الدين: الأعلام: ج٦: ٥٧.

٣٤٢ خليفة، حاجي: الكشف: ج٢: ١٧٧٤. انظر في الملحق الرقم (١٥٥٤٨).

٣٤٣ في الأصل: (الضو). المصباح في النحو للإمام ناصر الدين بن عبد السيد المطرزي النحوي المتوفى سنة ٦١٠هـ، شرحه تاج الدين محمد بن محمد الأسفراييني وسماه (المفتاح) ثم لخصه وسماه (الضوء)» خليفة، حاجي: الكشف: ج٢: ١٧٠٨.

٣٢٢. كتاب الكافية للخبيصي[٣٤٤] مجلد واحد.
٣٢٣. كتاب ملا جامي[٣٤٥] نسختين، كل نسخة في مجلد.
٣٢٤. كتاب مولا عصام[٣٤٦] نسختين، كلّ نسخة في مجلد واحد.
٣٢٥. كتاب ملا جامي شرح الكافية[٣٤٧] ثلاث نسخ، كل نسخة مجلد واحد.
٣٢٦. كتاب امتحان الأذكياء[٣٤٨] نسختين، كلّ [نسخة][٣٤٩] مجلد واحد.
٣٢٧. كتاب شرح الكافية للهندي[٣٥٠] مجلد واحد.
٣٢٨. كتاب نتائج الأفكار في شرح الإظهار[٣٥١] مجلد واحد.
٣٢٩. كتاب نهاية البهجة[٣٥٢] مجلد واحد.
٣٣٠. كتاب تعريفات السيّد[٣٥٣] مجلد واحد.
٣٣١. كتاب متن الكافية[٣٥٤] مجلد واحد.
٣٣٢. كتاب مصباح[٣٥٥] مجلد واحد. [٩/ب]

---

٣٤٤ ليس للخبيصي كتابٌ بهذا العنوان، وإنما «الخبيصي، شمس الدين محمد بن أبي بكر بن محرز ابن محمد الخبيصي النحوي المتوفى سنة ٧٣١ إحدى وثلاثين وسبعمائة. له الموشح في شرح الكافية لابن الحاجب» البغدادي، إسماعيل باشا: هدية العارفين: ج٢: ١٤٨. انظر في الملحق الرقم (١٥٥٩١).

٣٤٥ المولى نور الدين عبد الرحمن بن أحمد نور الدين الجامي المتوفى سنة ٨٩٨ هـ، صنف شرحًا لخّص فيه ما في (شروح الكافية) من الفوائد على أحسن الوجوه وأكملها مع زيادات من عنده سماه (الفوائد الضيائية). خليفة، حاجي: الكشف: ج٢: ١٣٧٢. انظر في الملحق الرقم (١٥٥٩٠).

٣٤٦ ربما المقصود حاشية المولى عصام الإسفرائيني على الفوائد الضيائية. انظر خليفة، حاجي: الكشف: ج٢: ١٣٧٢. انظر في الملحق الرقم (١٥٥٩٣).

٣٤٧ وهي الفوائد الضيائية، سبق.

٣٤٨ في الأصل: الأزكيا. «امتحان الأذكياء في شرح مختصر الكافية» خليفة، حاجي: الكشف: ج١: ١٦٧. انظر في الملحق الرقمين (١٥٥٥٥، ١٥٦٢٠ت).

٣٤٩ في الأصل سقطت كلمة نسخة سهوًا.

٣٥٠ خليفة، حاجي: الكشف: ج٢: ١٣٧١.

٣٥١ في الأصل: (نتائج الأبكار في شرح الأطهار). تأليف مصطفى بن حمزة الأطه وي الرومي. البغدادي، إسماعيل باشا: إيضاح المكنون: ج٢: ٦٢٠. انظر في الملحق الأرقام (١٥٥٦٣، ١٥٣٥٣، ١٥٥٦٢ت، ١٥٥٦٤ت).

٣٥٢ «نهاية البهجة تائية في السريع في النحو للشيخ الفاضل إبراهيم الشبستري النقشبندي» خليفة، حاجي: الكشف: ج٢: ١٩٨٧.

٣٥٣ انظر الكتاب رقم (٢٩١).

٣٥٤ الكافية في النحو لابن الحاجب. خليفة، حاجي: الكشف: ج٢: ١٣٧٠. انظر في الملحق الأرقام (١٥٥٩٩، ١٥٦٠٠، ١٥٦٠١، ١٥٦٠٢، ١٥٦٠٣ت، ١٥٦٠٤ت).

٣٥٥ «المصباح في النحو للإمام ناصر الدين بن عبد السيد المطرزي النحوي المتوفى سنة ٦١٠» خليفة، حاجي: الكشف: ج٢: ١٧٠٨. انظر في الملحق الرقم (١٥٦٠٣ت١، ١٥٦١١، ١٥٦٢٤ت١، ١٥٩٣٧ت).

٣٣٣. كتاب حاشية عبد الغفور على الجامي[٣٥٦].

كتب الصرف

٣٣٤. كتاب شرح الشافية للجاربردي[٣٥٧] مجلد واحد.
٣٣٥. كتاب شرح المراح لديكقوز[٣٥٨] مجلد واحد.
٣٣٦. كتاب مراح الأرواح[٣٥٩] شرح المراح[٣٦٠] مجلد واحد.
٣٣٧. كتاب شرح المراح لحسن باشا[٣٦١] مجلد واحد.
٣٣٨. كتاب الشافية[٣٦٢] مجلد واحد.
٣٣٩. كتاب المطلوب شرح المقصود[٣٦٣] مجلد واحد.

كتب اللغة التركية

٣٤٠. كتاب قانون نامه[٣٦٤] مجلد واحد.
٣٤١. كتاب نعت[٣٦٥] مجلد واحد.

---

٣٥٦ مرّ سابقًا أنّ الملا الجامي وضع شرحًا على الكافية سماه الفوائد الضيائية، ثم جاء تلميذ الجامي عبد الغفور اللاري المتوفى ٩١٢هـ ووضع حاشية على الفوائد الضيائية. انظر خليفة، حاجي: الكشف: ج٢: ١٣٧٢.

٣٥٧ «الشافية في التصريف لأبي عمرو عثمان بن عمر المعروف بابن الحاجب النحوي المالكي المتوفى سنة ٦٤٦هـ، وقد اعتنى بشأنها جماعة من الشراح، والمتداول من شروحها شرح الفاضل أحمد بن الحسن فخر الدين الجاربردي المتوفى سنة ٧٤٦هـ» خليفة، حاجي: الكشف: ج٢: ١٠٢١. انظر في الملحق الرقم (١٥٦٤٣).

٣٥٨ في الأصل: (لدنقز). انظر «مراح الأرواح في التصريف لأحمد بن علي بن مسعود وهو مختصر نافع متداول شرحه المولى أحمد المعروف بديكقوز» خليفة، حاجي: الكشف: ج٢: ١٦٥١. انظر في الملحق الرقم (١٥٦٥٣).

٣٥٩ سبق التعريف به.

٣٦٠ انظر شروحات كتاب مراح الأرواح. والذي في المكتبة الوطنية بدمشق عن طريق المكتبة العثمانية هو «شرح مراح الأرواح للرومي، عبد الرحمن بن خليل»، ورقمه (١٥٦٣٧)، وآخر لمصطفى بن شعبان سروري، رقمه (١٥٦٤٥)، وآخر لابن الأسود حسن باشا بن علي، رقمه (١٥٦٥٩).

٣٦١ هو حسن باشا ابن علاء الدين الأسود. انظر خليفة، حاجي: الكشف: ج٢: ١٦٥١. انظر في الملحق الرقم (١٥٦٥٩).

٣٦٢ خليفة، حاجي: الكشف: ج٢: ١٠٢١. انظر في الملحق الأرقام (١٥٦٣٩، ١٥٦٥١ت، ١٥٦٥٥، ١٥٦٦٠).

٣٦٣ في الأصل: (مطلوب شرح مقصود). انظر ما كتبه خليفة، حاجي حول كتاب (المقصود) في التصريف. خليفة، حاجي: الكشف: ج٢: ١٨٠٦. انظر في الملحق الرقم (١٥٦٤٤ت).

٣٦٤ «قانون نامه عثماني تركي، والمشهور أنه للوزير الأعظم لطفي باشا المتوفى سنة ٩٥٠» خليفة، حاجي: الكشف: ج٢: ١٣١٤. انظر في الملحق الرقم (١٥٨٨٨).

٣٦٥ لم أهتد للمطلوب.

٣٤٢. كتاب شرح أسماء الله الحسنى، مجلد واحد.
٣٤٣. كتاب في بيان الأشهر الرومية، مجلد واحد.
٣٤٤. كتاب رزمانة[٣٦٦] مجلد واحد.
٣٤٥. كتاب حكم من كلام سيّدنا علي رضي الله عنه، مجلد واحد.
٣٤٦. كتاب في المعادن، مجلد واحد.
٣٤٧. كتاب نكارستان[٣٦٧] مجلد واحد.
٣٤٨. كتاب وقائع شفيق بخطه[٣٦٨] مجلد واحد.
٣٤٩. كتاب رزمانة، مجلد واحد.
٣٥٠. كتاب التحفة السنيّة[٣٦٩] مجلد واحد.
٣٥١. كتاب ديوان تركي مسمى[٣٧٠] بالأصول.
٣٥٢. كتاب تاريخ ينكي دنيا، ومعه مرآة الممالك[٣٧١] مجلد واحد.
٣٥٣. كتاب همايون نامه[٣٧٢] مجلد واحد.
٣٥٤. كتاب شرح بستان سعدي لسودي أفندي[٣٧٣] مجلد واحد.
٣٥٥. كتاب بستان سعدي[٣٧٤] مجلد واحد.
٣٥٦. كتاب تواريخ آل عثمان، مجلد واحد.
٣٥٧. كتاب اختيارات بديعي في الحكمة[٣٧٥] مجلد واحد.

---

٣٦٦ هكذا في الأصل، وربما يقصد: روزنامة.

٣٦٧ خليفة، حاجي: الكشف: ج٢: ١٩٧٦.

٣٦٨ انظر في الملحق الرقم (١٥٨٧٩). وذُكر أنه باللغة الفارسية.

٣٦٩ في الأصل: (تحفة السنية). وقد يكون المقصود «التحفة السنية بقراءة الآجرومية». انظر في الملحق الرقم (١٥٥٨٥ت١).

٣٧٠ في الأصل: (مسما).

٣٧١ في الأصل: (مراءت). انظر «مرآة الممالك – تركي في التاريخ للسيد علي بن حسين» البغدادي، إسماعيل باشا: إيضاح المكنون: ج٢: ٤٦١. انظر في الملحق الرقم (١٥٨٥٥ت١).

٣٧٢ هو الترجمة التركية لكليلة ودمنة. ترجمه «المولى علي بن صالح الرومي الملقب بعبد الواسع عليسي (أنوار السهيلي) من الفارسي إلى التركي بإنشاء لطيف سماه (همايون نامه)» خليفة، حاجي: الكشف: ج٢: ١٥٠٨. الموجود في المكتبة الوطنية بدمشق عن طريق المكتبة العثمانية «منتخب همايون نامه». انظر في الملحق الرقم (١٥٨٣٢).

٣٧٣ بستان – فارسي منظوم من المتقارب للشيخ مصلح الدين الشهير بسعدي الشيرازي، وشرحه مولانا المعروف بسود المتوفى في حدود سنة ألف. خليفة، حاجي: الكشف: ج١: ٢٤٤.

٣٧٤ سعدي الشيرازي: شرف الدين مصلح بن عبد الله. البغدادي، إسماعيل باشا: هدية العارفين: ج٢: ٤٦٢.

٣٧٥ (اختيارات بديعي في الحكم. تأليف: محمد الهروي). انظر في الملحق الرقم (١٥٨٢٣ت١).

٣٥٨. كتاب ديوان جامي[٣٧٦] مجلد واحد.

٣٥٩. ديوان قدوري[٣٧٧] مجلد واحد.

٣٦٠. كتاب آلتي برمق[٣٧٨] مجلد واحد.

٣٦١. كتاب رزمانة، مجلد واحد.

٣٦٢. كتاب تاريخ الدول[٣٧٩] مجلد واحد

٣٦٣. كتاب سبحة الأخيار[٣٨٠] تاريخ سلاطين[٣٨١] مجلد واحد.

٣٦٤. كتاب تاريخ خواجة[٣٨٢] مجلد واحد.

٣٦٥. كتاب تاريخ مصر القاهرة، مجلد واحد.

٣٦٦. كتاب قرق سوال[٣٨٣] [١٠/أ] مجلد واحد.

٣٦٧. كتاب ديوان خيرباد[٣٨٤] مجلد واحد.

٣٦٨. كتاب كلستان[٣٨٥] مجلد واحد.

٣٦٩. كتاب ديوان آلي[٣٨٦] مجلد واحد.

٣٧٠. كتاب تاج الفنون[٣٨٧] مجلد واحد.

---

٣٧٦ «ديوان جامي فارسي وهو المولى نور الدين عبد الرحمن بن أحمد الجامي» خليفة، حاجي: الكشف: ج١: ٧٨١.

٣٧٧ انظر في الملحق الرقم (١٥٣٩٠ت١).

٣٧٨ آلتي برمق هو محمد بن محمد الأكوبي الرومي المعروف بآلتي برمق وأيضًا الجقرفجي الحنفي. له ترجمة المطول. ترجمة معارج النبوة. نزهة الجهان ونادرة الزمان في ترجمة نكارستان. البغدادي، إسماعيل باشا: هدية العارفين: ج٢: ٢٦١.

٣٧٩ لم أهتد للمطلوب.

٣٨٠ (سبحة الأخبار، أو [رسالة بالتركية] تأليف: يوسف بن عبد اللطيف). انظر في الملحق الرقم (١٥٩٠٤).

٣٨١ موجود في المكتبة الوطنية بدمشق عن طريق المكتبة العثمانية كتاب بعنوان (تاريخ سلاطين آل عثمان. تأليف: ميرزا بن علي شاه). فربما هو المقصود. انظر في الملحق الرقم (١٥٩٠٥ت).

٣٨٢ انظر في الملحق الرقم (١٥٨٢٤).

٣٨٣ انظر في الملحق الرقم (١٥٩٣٠).

٣٨٤ قد يكون المقصود (خير آباد). وهناك عالم هندي صنف كتبًا بالعربية اسمه الخير آبادي. انظر الزركلي، خير الدين: الأعلام: ج٦: ١٨٦.

٣٨٥ «كلستان فارسي للشيخ سعدي بن عبد الله الشيرازي المتوفى سنة ٦٩١» خليفة، حاجي: الكشف: ج٢: ١٥٠٤. انظر في الملحق الأرقام (١٥٨٥٧، ١٥٩١٦، ١٥٩٧١، ١٥٩٨٠).

٣٨٦ لم أهتد للمطلوب. وقد يكون المقصود آلتي برمق.

٣٨٧ لم أهتد للمطلوب.

٣٧١. كتاب شرح بوستان لشمعي³⁸⁸ مجلد واحد.

٣٧٢. كتاب أخلاق علائي³⁸⁹ مجلد واحد.

٣٧٣. كتاب جندباد³⁹⁰ مجلد واحد.

٣٧٤. كتاب مجموع فارسي، ورق منقوش، مجلد واحد.

٣٧٥. كتاب سبعيات بالتركية³⁹¹ مجلد واحد.

٣٧٦. كتاب ديوان نابي³⁹² مجلد واحد.

٣٧٧. كتاب زعامات³⁹³ مجلد واحد.

٣٧٨. كتاب عجائب المخلوقات بالتركية³⁹⁴ مجلد واحد.

٣٧٩. كتاب ميزان الحق³⁹⁵ مجلد واحد.

٣٨٠. كتاب ديوان حافظ³⁹⁶ مجلد واحد.

٣٨١. كتاب ديوان نفعي³⁹⁷ مجلد واحد.

٣٨٢. كتاب أويس أفندي³⁹⁸ مجلد واحد.

٣٨٣. كتاب منافع الناس³⁹⁹ مجلد واحد.

---

٣٨٨ في الأصل: (بوسنان). «شمعي الرومي»: مصطفى جلبي بن محمد القسطنطيني الرومي الأديب الحنفي المدرس المتخلص بشمعي المتوفى سنة ١٠٠٥ خمس وألف. له شرح بندنامه شرح البوستان لسعدي الشيرازي، البغدادي، إسماعيل باشا: هدية العارفين: ج٢: ٤٣٨. انظر في الملحق الرقم (١٥٨٣١).

٣٨٩ «أخلاق علائي تركي للمولى علي بن أمر الله المعروف بابن الحنائي المتوفى بأدرنه سنة تسع وسبعين وتسعمائة» خليفة، حاجي: الكشف: ج١: ٣٧.

٣٩٠ لم أهتد للمطلوب.

٣٩١ «سبعيات منيري تركي مختصر في الأقاليم السبعة وخواصها» خليفة، حاجي: الكشف: ج١: ٩٧٨. انظر في الملحق الرقم (١٥٩٠٣).

٣٩٢ «ديوان نابي – تركي ليوسف الرهاوي الأديب الكاتب الرومي المتوفى سنة ١١٢٤» البغدادي، إسماعيل باشا: إيضاح المكنون: ج١: ٥٣٢.

٣٩٣ لم أهتد للمطلوب.

٣٩٤ في الأصل: (عجايب مخلوقات). «عجائب المخلوقات تركي لأحمد المعروف بيبجان» خليفة، حاجي: الكشف: ج٢: ١١٢٧.

٣٩٥ ربما هو (ميزان الحق في اختيار الأحق). لخليفة، حاجي. انظر البغدادي، إسماعيل باشا: هدية العارفين: ج٢: ٤٤١.

٣٩٦ «ديوان حافظ فارسي وهو شمس الدين محمد بن الشهير (بحافظ الشيرازي) المتوفى سنة ٧٩٢» خليفة، حاجي: الكشف: ج١: ٧٨٣.

٣٩٧ «ديوان نفعي تركي أرض رومي وله ديوان فارسي واسمه عمر قتل سنة ١٠٤٤» خليفة، حاجي: الكشف: ج١: ٨١٧.

٣٩٨ لم أهتد للمطلوب.

٣٩٩ «منافع الناس تركي في الطب لدرويش ندائي» خليفة، حاجي: الكشف: ج٢: ١٨٣٥.

٣٨٤. كتاب شرح ديوان سعدي[٤٠٠] **مجلد واحد.**

٣٨٥. كتاب ديوان جاني[٤٠١] **مجلد واحد.**

٣٨٦. كتاب سبحة الأخيار[٤٠٢] **مجلد واحد.**

٣٨٧. كتاب نغموي[٤٠٣] **مجلد واحد.**

٣٨٨. كتاب شرح ديوان سعدي، **مجلد واحد.**

٣٨٩. كتاب كولستان[٤٠٤] **مجلد واحد.**

٣٩٠. كتاب ديوان إسحاق[٤٠٥] أفندي، **مجلد واحد.**

٣٩١. كتاب غاية الإتقان لصالح أفندي[٤٠٦] **مجلد واحد.**

٣٩٢. كتاب ديوان جامي[٤٠٧] **مجلد واحد.**

٣٩٣. كتاب تاريخ تركي، **مجلد واحد.**

٣٩٤. كتاب قانون الوزراء[٤٠٨] **مجلد واحد.**

٣٩٥. كتاب لغة فارسي، **مجلد واحد.**

٣٩٦. كتاب الملل والنحل بالتركي[٤٠٩] **مجلد واحد.**

٣٩٧. كتاب تاريخ جديد ولاية الاكرز[٤١٠] **مجلد واحد.**

٣٩٨. كتاب دعاء رجال الغيب، **مجلد واحد.**

٣٩٩. كتاب مصلح الدين[٤١١] **مجلد واحد.**

٤٠٠. كتاب ديوان جامي، **مجلد واحد.**

٤٠١. كتاب أدعية، **مجلد واحد.**

---

[٤٠٠] «ديوان سعدي – تركي هو محمد بن السيد مصطفى المدرس المعروف بحفيد أسعد زاده الرومي المتوفى سنة ١١٠٥» البغدادي، إسماعيل باشا: إيضاح المكنون: ج١: ٥٠٨. أما الشرح فلم أهتد إليه.

[٤٠١] ربما المقصود ديوان جامي.

[٤٠٢] سبق في الرقم ٣٦٤.

[٤٠٣] انظر في الملحق الرقم (١٥٨١٥).

[٤٠٤] هكذا في الأصل، وربما المقصود كلستان، وقد مرّ.

[٤٠٥] لم أهتد للمطلوب.

[٤٠٦] غاية الإتقان في تدبير بدن الإنسان، لصالح بن نصر الله ابن سلوم الحلبي. البغدادي، إسماعيل باشا: هدية العارفين: ج١: ٤٢٤. انظر في الملحق الرقم (١٥٨٣٩).

[٤٠٧] سبق ذكره. الرقم ٣٥٩.

[٤٠٨] لم أهتد للمطلوب.

[٤٠٩] لنوح بن مصطفى الرومي. انظر في الملحق الرقم (١٥٨٨٥).

[٤١٠] لم أهتد للمطلوب.

[٤١١] لم اهتد للمطلوب.

٤٠٢. كتاب تسهيل في الطب[٤١٢] مجلد واحد.

٤٠٣. كتاب نفعي، مجلد واحد.

٤٠٤. كتاب طريقة نامه[٤١٣] مجلد واحد.

٤٠٥. كتاب شرح البراءة[٤١٤] في التركي.

٤٠٦. كتاب قلب العبارة في اسم الإشارة، تركي.

٤٠٧. كتاب كلستان، ومعه [١٠/ب] بند عطار مجلد واحد.

٤٠٨. كتاب تعبير نامة، مجلد واحد

٤٠٩. كتاب الفأل[٤١٥] مجلد واحد.

الكتب الملحقة في كتب وقف جامع العثمانية بحلب المحمية:

كتب المرحوم المبرور الوزير الكبير أحمد باشا[٤١٦] تغمّده الله بعفوه

٤١٠. كتاب الشفا[٤١٧] مجلد واحد.

٤١١. كتاب متن الطريقة المحمّدية[٤١٨] مجلد واحد.

٤١٢. كتاب مناسك حجّ إلى[٤١٩] ابن العماد، مجلد واحد.

٤١٣. كتاب الدرر والغرر، لملا خسرو[٤٢٠] مجلد واحد.

٤١٤. كتاب فتاوى علي أفندي[٤٢١] مجلد واحد.

٤١٥. كتاب فتاوى اسكوبي[٤٢٢] مجلد واحد.

٤١٦. كتاب مختار الصحاح في اللغة، مجلد واحد.

---

٤١٢ هكذا في الأصل. والموجود في المكتبة الوطنية بدمشق عن طريق المكتبة العثمانية «تسهيل من الطب» لحاجي باشا، خضر بن علي. انظر في الملحق الرقم (١٥٨٧٦).

٤١٣ لم أهتد للمطلوب.

٤١٤ هكذا في الأصل، وربما المقصود شرح برأة الإمام وهي قصيدة البردة.

٤١٥ لم أهتد للمطلوب.

٤١٦ لم أقف على ترجمته، فالمعلومات الواردة لم تساعد على تحديد هذا الوزير.

٤١٧ انظر الرأس كتب الحديث النبوي ومتعلقاته

٤١٨ انظر الرقم ٨٥.

٤١٩ هكذا في الأصل، وربما المقصود مناسك الحج لابن العماد. ولم أهتد للمطلوب.

٤٢٠ «منلا خسرو: محمد بن فرامرز بن علي الشهير بمنلا خسرو شيخ الإسلام الرومي الحنفي المتوفى سنة ٨٨٥. من تصانيفه درر الحكام شرح غرر الأحكام له» البغدادي، إسماعيل باشا: هدية العارفين: ج٢: ٢١٢.

٤٢١ راجع الرقم ١٢٧.

٤٢٢ انظر في الملحق الرقم (١٥٨٥٦).

٤١٧. كتاب مجموعة أوّلها رسالة في النكاح، مجلد واحد.
٤١٨. كتاب ديوان سعدي، مجلد واحد.
٤١٩. كتاب ديوان جامي[٤٢٣]، فارسي، مجلد واحد.
٤٢٠. كتاب شرح بستان شمعي، فارسي، مجلد واحد.

الكتب[٤٢٤] التي أوقفها المرحوم حسن أفندي آق شاهرلي سنة ١٢٢٦

٤٢١. كتاب متن الطريقة المحمّدية[٤٢٥] مجلد واحد.
٤٢٢. كتاب الدرر[٤٢٦] مجلد واحد.
٤٢٣. كتاب المواقف للسيّد الشريف[٤٢٧] جلد واحد.
٤٢٤. كتاب التوضيح شرح التنقيح[٤٢٨] مجلد واحد.
٤٢٥. كتاب عقائد ملّا جلال[٤٢٩] ومنطق، مجلد واحد.
٤٢٦. كتاب ملَّا جامي على الكافية[٤٣٠] مجلد واحد.
٤٢٧. كتاب التلويح على التوضيح[٤٣١] مجلد واحد.
٤٢٨. كتاب حاشية على صدر الشريعة[٤٣٢] مجلد واحد.
٤٢٩. كتاب نتائج الأفكار[٤٣٣] مجلد واحد.

---

٤٢٣ في الأصل: جادمي.

٤٢٤ في الأصل: (كتب التي ...). ولم أعثر على ترجمة لهذا الواقف.

٤٢٥ في الأصل: طريقة المحمدية. سبق.

٤٢٦ درر الحكام شرح غرر الأحكام لمنلا خسرو. سبق.

٤٢٧ كتاب المواقف للإيجي وشرحه السيد الشريف الجرجاني». المواقف في علم الكلام للعلامة عضد الدين عبد الرحمن بن أحمد الإيجي القاضي المتوفى سنة ٧٥٦هـ، اعتنى به الفضلاء، فشرحه السيد الشريف علي بن محمد الجرجاني» خليفة، حاجي: الكشف: ج٢: ١٨٩٣. انظر في الملحق الرقمين (١٥٣٠٩، ١٥٣١٠).

٤٢٨ (التوضيح في حل غوامض التنقيح) لصدر الشريعة عبيد الله بن مسعود المحبوبي البخاري الحنفي المتوفى سنة ٧٤٧، وهو شرحه لكتابه تنقيح الأصول. خليفة، حاجي: الكشف: ج١: ٤٩٨. انظر في الملحق الرقمين (١٥٣٤٨، ١٥٣٤٩).

٤٢٩ «العقائد العضدية للقاضي عضد الدين عبد الرحمن بن أحمد الإيجي المتوفى سنة ٧٥٦، ... واعتنى به الفضلاء، فشرحه جلال الدين محمد بن أسعد الصديقي الدواني المتوفى سنة ٩٠٨» خليفة، حاجي: الكشف: ج٢: ١١٤٤. انظر في الملحق الرقم (١٥٢٥٩ت).

٤٣٠ وهي الفوائد الضيائية. مر سابقًا.

٤٣١ التلويح في كشف حقائق التنقيح للسعد التفتازاني. خليفة، حاجي: الكشف: ج١: ٤٩٦.

٤٣٢ أي كتاب من كتب صدر الشريعة؟

٤٣٣ راجع الكتاب رقم (٣٢٨).

٤٣٠. كتاب قول أحمد٤٣٤ مجلد واحد.

٤٣١. كتاب شرح إيساغوجي للتوقاتي٤٣٥ مجلد واحد.

٤٣٢. كتاب شرح بدء الأمالي٤٣٦ ورسالة لأبي السعود جلد١.

٤٣٣. كتاب شرح المعلقات٤٣٧ وأمثلة الفرس، مجلد واحد.

٤٣٤. كتاب مجموعة فرائض، مجلد واحد.

٤٣٥. كتاب شرح شروط الصلاة٤٣٨ مجلد واحد.

٤٣٦. كتاب مجموعة أوّلها رسالة لنوح أفندي، مجلد واحد.

٤٣٧. كتاب [١١/أ] شرح الشافية للسيّد عبد الله٤٣٩ وشرح الأمثلة للسروري، مجلد واحد.

٤٣٨. كتاب تعريفات السيّد٤٤٠ ومتن التلخيص٤٤١ ونخبة الفكر٤٤٢ مجلّد واحد.

٤٣٩. كتاب برهان٤٤٣، وقول أحمد، على الفناري٤٤٤ مجلد واحد.

---

٤٣٤ قول أحمد: هو أحمد بن محمد بن عمر بن مسلم، أبو العباس، شهاب الدين العمري المعروف بابن خضر، ويسمى (قول أحمد). الزركلي، خير الدين: الأعلام: ج١: ٢٢٥.

٤٣٥ توقادي وتوقاتي نسبة إلى توقاد. «الفيضي التوقادي: عمر بن السيد صالح الفيضي التوقادي الحنفي المدرس ببلده، مات سنة ١٢٦٥ صنف... الدر الناجي على إيساغوجي في المنطق، فرغ منها سنة ١٢١٦» البغدادي، إسماعيل باشا: هدية العارفين: ج١: ٨٠٠. انظر في الملحق الرقم (١٥٦٩٣ت).

٤٣٦ قصيدة يقول العبد، أو بدء الأمالي: قصيدة لعلي بن عثمان الأوشي. الزركلي، خير الدين: الأعلام: ج٤: ٣١٠. خليفة، حاجي: الكشف: ج٢: ١٣٥٠. انظر في الملحق الرقم (١٥٧٠٨ت٩).

٤٣٧ هناك أكثر من شارح لهذه المعلقات. انظر البغدادي، إسماعيل باشا: إيضاح المكنون: ج٢: ٥١٣. الموجود في المكتبة الوطنية بدمشق عن طريق المكتبة العثمانية شرح النحاس أحمد بن محمد. انظر في الملحق الرقم (١٥٥٠٧ت).

٤٣٨ (صفوة المنقولات في شروح شروط الصلاة. تأليف: محمد بن بير علي البركلي). انظر في الملحق الرقم (١٥٢٠١ت).

٤٣٩ «الشافية في التصريف لأبي عمرو عثمان بن عمر المعروف بابن الحاجب النحوي المالكي المتوفى سنة ٦٤٦... وشرحها السيد عبد الله بن محمد الحسيني المعروف بنقره كار المتوفى في حدود سنة ٧٧٦» خليفة، حاجي: الكشف: ج٢: ١٠٢١. انظر في الملحق الرقم (١٥٦٣٤ت).

٤٤٠ انظر الكتاب رقم ٢٩١.

٤٤١ التلخيص في التفسير أو تلخيص تبصرة التذكرة وتذكرة المتبصر، لأحمد بن يوسف الكواشي. انظر في الملحق الرقم (١٤٧٨٣).

٤٤٢ أغلب الظن أن المقصود: نخبة الفكر في مصطلح أهل الأثر للحافظ شهاب الدين أحمد بن علي بن حجر العسقلاني. خليفة، حاجي: الكشف: ج٢: ١٩٣٦.

٤٤٣ حاشية برهان الدين ابن كمال الدين المسماة (بالفوائد البرهانية) وهي حاشية على شرح الفناري لكتاب إيساغوجي. انظر خليفة، حاجي: الكشف: ج١: ٢٠٧. البغدادي، إسماعيل باشا: إيضاح المكنون: ج٢: ٢٠٤. انظر في الملحق الرقم (١٥٦٩٠ت٣).

٤٤٤ كتاب إيساغوجي في المنطق، عليه شرح لشمس الدين محمد بن حمزة الفناري، وعلى هذا الشرح وضع قول أحمد بن محمد بن خضر حاشية سماها (الفرائد السنية في حل الفوائد الفنارية). خليفة، حاجي: الكشف: ج١: ٢٠٧.

٤٤٠. كتاب حاشية على ملّا جلال الدواني[٤٤٥] مجلد واحد.
٤٤١. كتاب شرح العقائد للنسفي، للسعد[٤٤٦] مجلد واحد.
٤٤٢. كتاب فلاح شرح المصباح[٤٤٧] مجلد واحد.
٤٤٣. كتاب كلستان، مجلد واحد.
٤٤٤. كتاب متن الشمسية[٤٤٨] مجلد واحد.
٤٤٥. كتاب مجموع وعظ وعقائد، مجلد واحد.
٤٤٦. كتاب مجموعة في آداب البحث جلد١.
٤٤٧. كتاب شرح العزي[٤٤٩] ومحمد أمين على ديباجة العزي، مجلد واحد.
٤٤٨. كتاب مجموعة لحليم أفندي، وقف، مجلد واحد.

الكتب[٤٥٠] التي أوقفها السيد عبد الله فنصة زاده

٤٤٩. كتاب البخاري[٤٥١] الشريف، ستّة[٤٥٢] مجلدات.
٤٥٠. كتاب شرح الجامع الصغير للمناوي الكبير[٤٥٣] ثلاث مجلدات ناقص.
٤٥١. كتاب جامع المضمرات شرح القدوري[٤٥٤] مجلد واحد
٤٥٢. كتاب حاشية المدابغي على شرح الألفية للأشموني[٤٥٥] مجلدين.

---

٤٤٥ من الصعب تحديد المطلوب مع هكذا بيانات مبتسرة.

٤٤٦ خليفة، حاجي: الكشف: ج٢: ١١٤٥. انظر في الملحق الرقم (١٥٩٨٨).

٤٤٧ لم أهتد للمطلوب.

٤٤٨ الرسالة الشمسية في القواعد المنطقية. تأليف القزويني، علي بن عمر. وانظر خليفة، حاجي: الكشف: ج٢: ١٠٦٣. انظر في الملحق الرقم (١٥٦٩٣ت٢).

٤٤٩ العزى في التصريف للشيخ عز الدين أبي الفضائل إبراهيم بن عبد الوهاب بن عماد الدين بن إبراهيم الزنجاني المتوفى بعد سنة ٦٥٥هـ. عليه شروح كثيرة. انظر خليفة، حاجي: الكشف: ج٢: ١١٣٩. انظر في الملحق الرقم (١٥٦٣٥ت، ١٥٦٤٠، ١٥٦٥٠).

٤٥٠ في الأصل: كتب التي...

٤٥١ انظر في الملحق الأرقام (١٤٨٩٦–١٤٩١٠، ١٥٩٦٧، ١٥٩٩٦).

٤٥٢ هنا استخدم الصيغة (ستة مجلدات).

٤٥٣ في الأصل: جامع الصغير». الشيخ شمس الدين محمد زين الدين المدعو بعبد الرؤوف المناوي الشافعي المتوفى تقريبًا سنة ١٠٣٠ ... وسماه فيض القدير» خليفة، حاجي: الكشف: ج١: ٥٦٠. انظر الكتاب رقم (٤٦).

٤٥٤ (جامع المضمرات والمشكلات) ليوسف بن عمر بن يوسف الصوفي الكادوري المعروف بنبيرة شيخ عمر بزار المتوفى سنة ٨٣٢، وهو شرح على مختصر القدوري. انظر خليفة، حاجي: الكشف: ج٢: ١٦٣١. انظر في الملحق الرقم (١٥٠٥١).

٤٥٥ المدابغي هو حسن بن علي بن أحمد بن عبد الله المنطاوي الأزهري الشافعي الشهير بالمدابغي. له حاشية على الأشموني. البغدادي، إسماعيل باشا: هدية العارفين: ج١: ٢٩٨. انظر في الملحق الرقمين (١٥٥٤٣–١٥٥٤٤).

الكتب[٤٥٦] التي أوقفها المرحوم محمّد أفندي الكلزي الشهير بزيتجي زاده في ١٦ من جمادى الأول[٤٥٧] سنة ١٢٤٨

٤٥٣. كتاب قرة العين[٤٥٨] مجلد واحد.

٤٥٤. كتاب المنتقى شرح الفقه الأكبر[٤٥٩] مجلد واحد.

٤٥٥. كتاب طبقات الأخيار للإمام الشعراني[٤٦٠] مجلد واحد.

٤٥٦. كتاب شرح وصية الإمام الأعظم[٤٦١] مجلد واحد.

٤٥٧. كتاب شرح الكافية للعلّامة الهندي[٤٦٢] مجلد واحد.

٤٥٨. كتاب در المتلالي شرح بدء الأمالي[٤٦٣] مجلد واحد.

٤٥٩. كتاب جريدة الفرائض[٤٦٤] مجلد واحد.

٤٦٠. كتاب ملا مسكين شرح الكنز[٤٦٥] مجلد واحد.

٤٦١. كتاب أربعين حديثًا[٤٦٦] مجلد واحد.

٤٦٢. كتاب حاشية قره كمال[٤٦٧] مجلد واحد.

---

٤٥٦ في الأصل: كتب التي.

٤٥٧ هكذا في الأصل، والصواب: الأولى.

٤٥٨ هناك عدد كبير من الكتب التي مطلع عنوانها (قرة العين). ولكن يوجد في المكتبة الوطنية بدمشق مخطوط (قرة العين في انتقال الحرام إلى ذمتين) لعيسى بن عيسى السفطي. مصدره المكتبة العثمانية. انظر في الملحق الرقم (١٥٢١٦).

٤٥٩ في الأصل: فقه الأكبر. «الفقه الأكبر في الكلام للإمام الأعظم أبي حنيفة النعمان بن ثابت الكوفي المتوفى سنة ١٥٠» وهناك الفقه الأكبر للإمام الشافعي، خليفة، حاجي: الكشف: ج٢: ١٢٨٧. لكن الشرح المسمى (المنتقى) لم أعثر عليه.

٤٦٠ هكذا في الأصل، إنما العنوان الصحيح هو: (لواقح الأنوار في طبقات الأخيار) ويُعرف بطبقات الشعراني الكبرى، لعبد الوهاب بن أحمد بن علي الحنفي ت ٩٧٣هـ. انظر الزركلي، خير الدين: الأعلام: ج٤: ١٨٠–١٨١. انظر في الملحق الرقم (١٥٠٤٦).

٤٦١ لوصية الإمام الأعظم أبي حنيفة شروح كثيرة، ولكن الذي وصل من المكتبة العثمانية إلى المكتبة الوطنية بدمشق هو: شرح وصية الإمام الأعظم أبي حنيفة النعمان للبابرتي، محمد بن محمد ت ٧٨٦هـ. انظر في الملحق الرقم (١٥٢٧٥ت).

٤٦٢ هو شهاب الدين أحمد بن عمر الهندي المتوفى سنة ٨٤٩ هـ. خليفة، حاجي: الكشف: ج٢: ١٣٧٠.

٤٦٣ بدء الأمالي هي قصيدة يقول العبد. أما شرحها المسمى بدر المتلالي فلم أعثر عليه.

٤٦٤ لم أهتد للمطلوب.

٤٦٥ «منلا مسكين: معين الدين محمد بن عبد الله القراعي الهروي الفقيه الحنفي الشهير بمنلا مسكين المتوفى سنة ٩٥٤، له شرح كنز الدقائق» البغدادي، إسماعيل باشا: إيضاح المكنون: ج٢: ٢٤٢. انظر في الملحق الرقم (١٥١٤٥، ١٥١٤٦).

٤٦٦ في الأصل: حديث.

٤٦٧ في الأصل: قرا كمال.

٤٦٣. كتاب درر الأحكام[٤٦٨] مجلد واحد.

٤٦٤. كتاب منهاج المتعلم[٤٦٩] مجلد واحد.

٤٦٥. كتاب بهجة المحافل[٤٧٠] مجلد واحد.

٤٦٦. كتاب العرائس للثعالبي[٤٧١] مجلد واحد. [١١/ب].

٤٦٧. كتاب مجموع أوّله تنبيه الغبي[٤٧٢] مجلد واحد.

٤٦٨. كتاب ملخص تلخيص المفتاح[٤٧٣] جلد واحد.

٤٦٩. كتاب عقائد الدواني[٤٧٤] مجلد واحد.

٤٧٠. كتاب شرح السمرقندية للملوي[٤٧٥] مجلد واحد.

٤٧١. كتاب رسالة في الألفاظ المؤنثة لابن كمال باشا[٤٧٦] مجلد واحد.

٤٧٢. كتاب نور الإيضاح[٤٧٧] ومعه درّ الكنوز[٤٧٨] مجلد واحد.

٤٧٣. كتاب الأشباه والنظائر الفقهية[٤٧٩] مجلد واحد.

---

٤٦٨ هكذا في الأصل، والصواب هو درر الحكام شرح غرر الأحكام. انظر خليفة، حاجي: الكشف: ج٢: ١١٩٩. «منلا خسرو: محمد بن فرامرز بن علي الشهير بمنلا خسرو شيخ الإسلام الرومي الحنفي المتوفى سنة ٨٨٥، من تصانيفه درر الحكام شرح غرر الأحكام له» البغدادي، إسماعيل باشا: هدية العارفين: ج٢: ٢١٢.

٤٦٩ لأبي حامد الغزالي. خليفة، حاجي: الكشف: ج٢: ١٨٧٩. انظر في الملحق الأرقام (١٥٧٨١، ١٥٨٠٩، ١٥٩٩١ت١٣).

٤٧٠ وصل من المكتبة العثمانية إلى المكتبة الوطنية بدمشق (بهجة المحافل وأجمل الوسائل بالتعريف برجال الشمائل. تأليف إبراهيم بن إبراهيم اللقاني ت ١٠٤١هـ). انظر في الملحق الرقم (١٥٠٤٠).

٤٧١ هو عرائس المجالس في قصص الأنبياء لأبي إسحق أحمد بن محمد الثعلبي المتوفى سنة ٤٢٧هـ. خليفة، حاجي: الكشف: ج٢: ١١٣١. «يُقال له الثعلبي والثعالبي وهو لقب وليس نسبًا». الذهبي: تاريخ الإسلام: ج ٢٩: ١٨٦. انظر في الملحق الرقم (١٥٣٦٦).

٤٧٢ تنبيه الغبي في تنزيه ابن عربي لجلال الدين عبد الرحمن بن أبي بكر السيوطي ت ٩١١هـ. انظر في الملحق الرقم (١١٦٩٢).

٤٧٣ ملخص تلخيص المفتاح لزكريا بن محمد الأنصاري ت ٩٢٦هـ. انظر في الملحق الرقم (١٣٦٥٥).

٤٧٤ في الأصل: (الداواني)، جلال الدين محمد بن أسعد الصديقي ت ٩٠٨هـ. له شرح على العقائد العضدية. انظر خليفة، حاجي: الكشف: ج٢: ١١٤٤.

٤٧٥ أحمد الملوي (١٠٨٨–١١٨١هـ). أحمد بن عبد الفتاح بن يوسف المُجيري، الشهير بالملوي. من مؤلفاته شرح السمرقندية في البلاغة. كحالة، عمر رضا: معجم المؤلفين: ج١: ١٧٢.

٤٧٦ عن ابن كمال باشا انظر الزركلي، خير الدين: الأعلام: ج١: ١٣٣. ولم أهتدِ لهذه الرسالة.

٤٧٧ نور الإيضاح ونجاة الأرواح. تأليف حسن بن عمار بن علي الشرنبلالي ت ١٠٦٩هـ. خليفة، حاجي: الكشف: ج٢: ١٩٨٢. انظر في الملحق الرقم (١٦٠٣٧).

٤٧٨ «در الكنوز للعبد الراجي أن يفوز، للشيخ حسن بن عمار بن علي الشرنبلالي الحنفي» خليفة، حاجي: الكشف: ج١: ٧٣٢.

٤٧٩ تمييزًا لها عن كتاب الأشباه والنظائر في النحو لجلال الدين السيوطي. وعلى كلّ هناك عملان في موضوع الفروع، وكل منهما عنوانه (الأشباه والنظائر). الأول: لصدر الدين محمد بن عمر المعروف بابن =

٤٧٤. كتاب تنقيح الأصول[٤٨٠] مجلد واحد.
٤٧٥. كتاب نظم يحيى أفندي[٤٨١] مجلد واحد.
٤٧٦. كتاب مجموعة أوّلها الحكم العرفانية[٤٨٢] مجلد واحد.
٤٧٧. كتاب شرح المنار لابن ملك[٤٨٣] مجلد واحد.
٤٧٨. كتاب من حاشية الدرّ المختار للطهطاوي[٤٨٤] مجلدين.
٤٧٩. كتاب ملتقى الأبحر[٤٨٥] مجلد واحد.
٤٨٠. كتاب شرح الملتقى المسمّى بالعطا[٤٨٦] مجلد واحد.
٤٨١. كتاب ترويح الأرواح في علم الصرف[٤٨٧] مجلد واحد.
٤٨٢. كتاب إبراهيم الحلبي الصغير[٤٨٨] مجلد واحد.
٤٨٣. كتاب جمع الجوامع[٤٨٩] مجلد واحد.
٤٨٤. كتاب تفسير سورة يوسف، بالتركية، مجلد واحد.

= الوكيل الشافعي. خليفة، حاجي: الكشف: ج١: ٩٨–١٠٠. والثاني: لزين الدين بن إبراهيم المعروف بابن نجيم المصري. وهو الذي وصل. انظر في الملحق الأرقام (١٥١٠١، ١٥١٠٢، ١٥١٧٧ت٢).

٤٨٠ «تنقيح الأصول للفاضل العلامة صدر الشريعة عبيد الله بن مسعود المحبوبي البخاري الحنفي المتوفى سنة ٧٤٧» خليفة، حاجي: الكشف: ج١: ٤٩٨. الذي وصل هو شرحه لتنقيح الأصول. انظر في الملحق الرقمين (١٥٣٤٨، ١٥٣٤٩).

٤٨١ يحيى أفندي هو يحيى أفندي ابن زكريا ابن بيرام، شيخ الإسلام ومفتي الديار الرومية، جمعت فتاويه في كتاب وسميت فتاوى يحيى، وله نظم عربي منه تخميس قصيدة البردة. الزركلي، خير الدين: الأعلام: ج٨: ١٤٥.

٤٨٢ جاء في إيضاح المكنون: «الحكم العرفانية في معان رشادية وإشارات قرآنية» تأليف المتقي علي بن حسام الدين. البغدادي، إسماعيل باشا: إيضاح المكنون: ج١: ٤١٣. ولكن وصل إلى المكتبة الوطنية بدمشق من المكتبة العثمانية مجموع فيه رسالة بعنوان «الحكم العرفانية في معان إرشادية وإشارات قرآنية» تأليف ابن حجر العسقلاني، ورقمه (١٥٣٨٨ت).

٤٨٣ انظر الكتاب رقم (٢٠٢).

٤٨٤ في الأصل: (الطحطاوي). «الطهطاوي: أحمد بن محمد بن إسماعيل الطهطاوي المصري مفتي الحنفية بالقاهرة... توفي في الخامس عشر من رجب لسنة ١٢٣١. له حاشية على الدر المختار شرح تنوير الأبصار في أربع مجلدات» البغدادي، إسماعيل باشا: هدية العارفين: ج١: ١٨٤. انظر في الملحق الأرقام (١٥١١٦–١٥١١٩).

٤٨٥ «ملتقى الأبحر في فروع الحنفية للشيخ الإمام إبراهيم ابن محمد الحلبي المتوفى سنة ٩٥٦» خليفة، حاجي: الكشف: ج٢: ١٨١٥. انظر في الملحق الأرقام (١٥١٧٨–١٥١٨٣).

٤٨٦ في الأصل: (المسما). العطا في شرح ملتقى الأبحر تأليف عبد الرحمن بن أيوب الخصالي. انظر في الملحق الرقم (١٥١٧٧).

٤٨٧ لم أهتد للمطلوب.

٤٨٨ قد يكون المقصود «ملتقى الأبحر في فروع الحنفية» مرَّ.

٤٨٩ هناك كتب عدة مطلع عنوانها جمع الجوامع، وفي موضوعات متفرقة. انظر خليفة، حاجي: الكشف: ج١: ٥٩٦–٥٩٨.

٤٨٥. كتاب غرر المنطق[٤٩٠] مجلد واحد.

٤٨٦. كتاب مجموعة أوّلها تعديل الأركان للبركوي[٤٩١] مجلد واحد.

٤٨٧. كتاب نخبة الفكر، ومعها غيرها، مجلد واحد.

٤٨٨. كتاب قدوري، مجلد واحد.

٤٨٩. كتاب شرح بدء الأمالي، مجلد واحد.

٤٩٠. كتاب محيي الدين على الكافية[٤٩٢] مجلد واحد.

٤٩١. كتاب منية المصلي[٤٩٣] جلد واحد.

٤٩٢. كتاب مجموعة أولها الأحكام الملخصة[٤٩٤] مجلد واحد.

٤٩٣. كتاب حلّ الرموز ومفاتيح الكنوز[٤٩٥] مجلد واحد.

٤٩٤. كتاب جواهر، مجلد واحد.

٤٩٥. كتاب خيالي جلبي، ومعه رسالة على العضد، مجلد واحد.

٤٩٦. كتاب حاشية حسن باشا على المراح[٤٩٦] مجلد واحد.

٤٩٧. كتاب السبعيات في مواعظ البريات[٤٩٧] مجلد واحد.

٤٩٨. كتاب مقدّمة الغزنوي[٤٩٨] مجلد واحد.

٤٩٩. كتاب نزهة الحساب[٤٩٩] مجلد واحد.

---

٤٩٠ لم أهتد للمطلوب.

٤٩١ «معدل الصلاة رسالة للمولى محمد بن بير علي المعروف ببركلي المتوفى سنة ٩٨١» خليفة، حاجي: الكشف: ج٢: ١٧٣٧. انظر في الملحق الرقم (١٥٢٠٥ت).

٤٩٢ للكافية شروح كثيرة، لكني لم أجد شرحًا لمحيي الدين.

٤٩٣ «منية المصلي وغنية المبتدي للشيخ الإمام سديد الدين الكاشغري، هو محمد بن محمد المتوفى سنة ٧٠٥» خليفة، حاجي: الكشف: ج٢: ١٨٨٦. انظر في الملحق الأرقام (١٥١٥٨، ١٥١٥٩، ١٥١٦٤، ١٥١٦٦، ١٥٢٠٩، ١٥٩٥٧).

٤٩٤ «الأحكام الملخصة في حكم ماء الحمصة – تأليف أبي الإخلاص حسن بن عمار الشرنبلالي» البغدادي، إسماعيل باشا: إيضاح المكنون: ج١: ٣٧. انظر في الملحق الرقم (١٥١٥٤ت٤).

٤٩٥ «حل الرموز ومفاتيح الكنوز – في التصوف ومراتب السلوك للشيخ عز الدين عبد السلام بن أحمد بن غانم المقدسي الشافعي المتوفى سنة ٩٧٨». البغدادي، إسماعيل باشا: إيضاح المكنون: ج١: ٤١٦. انظر في الملحق الرقم (١٥٤٠٣، ١٥٤٠٦).

٤٩٦ لابن الأسود، حسن باشا ابن علي (١٠٢٥هـ/١٦١٦م). انظر في الملحق الرقم (١٥٦٤٤ت١).

٤٩٧ «السبعيات في مواعظ البريات للشيخ أبي نصر محمد ابن عبد الرحمن الهمداني» خليفة، حاجي: الكشف: ج٢: ٩٧٧. انظر في الملحق الرقم (١٥٤٦٥).

٤٩٨ مقدمة الغزنوي، أحمد بن محمد الغزنوي. انظر في الملحق الرقم (١٥٢٠٢).

٤٩٩ «نزهة الحساب للشيخ شهاب الدين أحمد بن محمد الهائم المتوفى سنة ٨١٥» خليفة، حاجي: الكشف: ج٢: ١٩٤٢. انظر في الملحق الرقم (١٥٧٦٩، ١٥٧٧٢).

٥٠٠. كتاب مولد شريف مجلد واحد.
٥٠١. كتاب [١٢/أ] شرح الصدور في أحوال الموتى والقبور[٥٠٠] مجلد واحد.
٥٠٢. كتاب نصف. بستان الفقراء[٥٠١] لابن عماد، مجلد واحد.
٥٠٣. كتاب رسالة في علم التجويد، مجلد واحد.
٥٠٤. كتاب مختصر إغاثة اللهفان في مصائد الشيطان[٥٠٢] مجلد واحد.
٥٠٥. كتاب كافية في علم النحو، مجلد واحد.
٥٠٦. كتاب الطب النبوي[٥٠٣] مجلد واحد.
٥٠٧. كتاب زيارة النبي صلّى الله عليه وسلّم وفضل المدينة[٥٠٤] مجلّد واحد.
٥٠٨. كتاب نصف. عنقاء مغرب[٥٠٥] مجلد واحد.
٥٠٩. كتاب أوراد وأحزاب[٥٠٦] مجلد واحد.
٥١٠. كتاب رسالة في منازل الحجّ على طريق مصر[٥٠٧] مجلد واحد.
٥١١. كتاب نظم الفرائد[٥٠٨] مجلد واحد.
٥١٢. كتاب كراريس[٥٠٩] ٤٥ من الدرّ المختار، جلد واحد.
٥١٣. كتاب حاشية على شرح النخبة[٥١٠] مجلد واحد.

---

٥٠٠ هكذا في الأصل والصواب: «شرح الصدور بشرح حال الموتى والقبور لجلال الدين السيوطي المتوفى سنة ٩١١» خليفة، حاجي: الكشف: ج٢: ١٠٤٢. انظر في الملحق الرقم (١٥٣٨٣).

٥٠١ يوجد في المكتبة الوطنية بدمشق عن طريق المكتبة العثمانية تحت الرقم (١٥٤٢٠) كتاب عنوانه (بستان الفقراء ونزهة القراء. تأليف: صالح بن عبد الله الكتامي). وليس لابن عماد!

٥٠٢ «إغاثة اللهفان في مصائد الشيطان للشيخ شمس الدين محمد بن أبي بكر بن قيم الجوزية» خليفة، حاجي: الكشف: ج١: ١٢٩. أما مختصره فلمجهول. انظر في الملحق الرقم (١٥٤٨٧).

٥٠٣ في الأصل: (طب النبوي).

٥٠٤ جاء في قاعدة بيانات مخطوطات المكتبة الوطنية بدمشق، أن كتاب الدرة المضية في الزيارة المصطفوية للملا علي القاري، جاء عليه العنوان الآتي: كتاب في زيارة النبي وفضائل المدينة. وعن كتاب الدرة المضية انظر في الملحق الرقم (١٥٤٣٤).

٥٠٥ «عنقاء مغرب في معرفة ختم الأولياء وشمس المغرب للشيخ محيي الدين محمد بن علي المعروف بابن عربي المتوفى سنة ٦٣٨» خليفة، حاجي: الكشف: ج٢: ١١٧٣. انظر في الملحق الرقم (١٥٤٢٣ت).

٥٠٦ في الأصل: (أولاد وأحزاب).

٥٠٧ وصل من المكتبة العثمانية «منازل الحج» لمحمد بن عبد القادر. انظر في الملحق الرقم (١٥٧٩٦).

٥٠٨ هناك أكثر من كتاب مطلع عنوانه نظم الفرائد. انظر البغدادي، إسماعيل باشا: إيضاح المكنون: ج٢: ٦٥٩.

٥٠٩ في الأصل: كرريس.

٥١٠ (حاشية على شرح نخبة الفكر في مصطلح أهل الأثر لابن حجر العسقلاني. تأليف: ابن حيدر، إبراهيم بن حيدر. انظر في الملحق الرقم (١٥٠١٠).

٥١٤. كتاب مصابيح [السنّة][٥١١] الشريفة للبغوي[٥١٢] **مجلد واحد.**

كتب مصر

٥١٥. جزؤين[٥١٣] من مشكاة المصابيح لملّا علي القاري[٥١٤] **مجلدين.**

٥١٦. كتاب متن الشمائل الشريفة[٥١٥] **مجلد واحد.**

٥١٧. كتاب أسئلة القرآن المجيد، للرازي[٥١٦] **مجلد واحد.**

٥١٨. كتاب الترغيب والترهيب[٥١٧] **مجلد واحد.**

٥١٩. كتاب تفسير الصراط المستقيم، للعمري[٥١٨] **مجلد واحد.**

٥٢٠. كتاب متن الشافية، **مجلد واحد.**

٥٢١. كتاب بستان العارفين، للسمرقندي[٥١٩] **مجلد واحد.**

٥٢٢. كتاب البدر المنير، للشعراني[٥٢٠] **مجلد واحد.**

---

[٥١١] في الأصل: مصابيح الشريفة.

[٥١٢] مصابيح السنّة للإمام حسين بن مسعود الفراء البيغوي الشافعي. خليفة، حاجي: الكشف: ج٢: ١٦٩٨. انظر في الملحق الأرقام (١٤٨٤٦، ١٤٨٦٣، ١٤٩١٢، ١٥٩٨١ت).

[٥١٣] هكذا في الأصل، والصواب «جزءان».

[٥١٤] مشكاة المصابيح هو لولي الدين أبي عبد الله محمد بن عبد الله الخطيب. انظر خليفة، حاجي: الكشف: ج٢: ١٦٩٩.

أما المرقاة على المشكاة في شرح مشكاة المصابيح، فهو لعلي بن سلطان محمد القاري الهروي نور الدين الفقيه الحنفي نزيل مكة المتوفى بها سنة ١٠١٤. انظر البغدادي، إسماعيل باشا: هدية العارفين: ج١: ٧٥٣. انظر في الملحق الأرقام (١٤٨٣٥–١٤٨٣٩).

[٥١٥] «شمايل النبي (الشمائل النبوية والخصائل المصطفوية) لأبي عيسى: محمد بن سورة الإمام الترمذي المتوفى سنة ٢٧٩» حاجي خليفة: الكشف: ج٢: ١٠٥٩. انظر في الملحق الأرقام (١٤٩٥١، ١٤٩٥٥ت، ١٥٣٧٧ت١).

[٥١٦] «أسئلة القرآن المجيد وأجوبتها لشمس الدين أبي بكر محمد بن أبي بكر الرازي صاحب مختار الصحاح» خليفة، حاجي: الكشف: ج١: ٩٢. انظر في الملحق الرقمين (١٤٨٠٠، ١٤٨٠٦).

[٥١٧] هناك أكثر من كتاب بهذا العنوان. انظر خليفة، حاجي: الكشف: ج١: ٤٠٠–٤٠١. لكن الترغيب والترهيب، تأليف المنذري، عبد العظيم بن عبد القوي، موجود في المكتبة الوطنية بدمشق عن طريق المكتبة العثمانية. انظر في الملحق الرقم (١٤٩١٨).

[٥١٨] الصراط المستقيم في تبيان القرآن الكريم للشيخ نور الدين أحمد بن محمد بن خضر العمري الشافعي الكازروني نزيل مكة المكرمة. خليفة، حاجي: الكشف: ج٢: ١٠٧٧.

[٥١٩] بستان العارفين للشيخ الإمام الفقيه أبي الليث نصر بن محمد السمرقندي الحنفي. خليفة، حاجي: الكشف: ج١: ٢٤٣. انظر في الملحق الأرقام (١٥٣٦٨، ١٥٣٦٩، ١٥٤٢٦).

[٥٢٠] البدر المنير في غريب أحاديث البشير النذير. انظر في الملحق الرقم (١٤٩١١).

٥٢٣. كتاب الطريقة[٥٢١] المحمّدية، مجلد واحد.
٥٢٤. كتاب المجالس القشني[٥٢٢] ناقصة، مجلد واحد.
٥٢٥. كتاب شرح الشمائل، لملّا علي القاري[٥٢٣] مجلد واحد.
٥٢٦. كتاب مشارق الأنوار[٥٢٤] مجلد واحد.

الكتب[٥٢٥] التي أوقفها جناب تقي الدين أفندي

٥٢٧. كتاب منية المصلي[٥٢٦] مجلد واحد.
٥٢٨. كتاب حاشية على مقدمة أبي الليث السمرقندي[٥٢٧] مجلد واحد.
٥٢٩. كتاب حاشية ابن أبي شريف على السعد التفتازاني شرح العقائد النسفية[٥٢٨] مجلد واحد.[١٢/ب]
٥٣٠. كتاب اللؤلؤية شرح الرسالة البركوية في تعديل أركان الصلاة، للبانقوسي[٥٢٩] مجلد واحد.
٥٣١. كتاب مراقي الفلاح شرح نور الإيضاح، للشرنبلالي[٥٣٠] مجلد واحد.

---

٥٢١ في الأصل: (طريقة). مرَّ سابقًا.

٥٢٢ «المجالس السنية في الكلام على أربعين النووية – لشهاب الدين أحمد بن حجازي القشني الشافعي فرغ منها في المحرم من سنة ٩٧٨» البغدادي، إسماعيل باشا: إيضاح المكنون: ج٢: ٤٢٩. انظر في الملحق الرقم (١٤٩٥٢).

٥٢٣ «جمع الوسائل في شرح الشمائل» البغدادي، إسماعيل باشا: هدية العارفين: ج١: ٧٥٢.

٥٢٤ «مشارق الأنوار النبوية من صحاح الأخبار المصطفوية» للإمام رضي الدين حسن بن محمد الصغاني. انظر خليفة، حاجي: الكشف: ج٢: ١٦٨٨. انظر في الملحق الأرقام (١٤٨٩٥، ١٥٣٧٧ت، ١٥٩٧٠).

٥٢٥ في الأصل: (كتب التي).

٥٢٦ «منية المصلي وغنية المبتدي للشيخ الإمام سديد الدين الكاشغري، هو محمد بن محمد المتوفى سنة ٧٠٥» خليفة، حاجي: الكشف: ج٢: ١٨٨٦. انظر في الملحق الأرقام (١٥١٥٨، ١٥١٥٩، ١٥١٦٣، ١٥١٦٦ت، ١٥٢٠٩، ١٥٩٥٧).

٥٢٧ انظر في الملحق الرقم (١٥٩٤٢).

٥٢٨ خليفة، حاجي: الكشف: ج٢: ١١٤٨. انظر في الملحق الرقم (١٥٢٦٣).

٥٢٩ العقود اللؤلؤية شرح الرسالة البركوية، لعبد القادر بن صالح البانقوسي. أو «شرح معدل الصلاة المنسوبة للبركوي – تأليف عبد القادر البانقوسي صاحب سلك النظار» البغدادي، إسماعيل باشا: إيضاح المكنون: ج٢: ٥٠٩. انظر في الملحق الرقم (١٥١٩٩).

٥٣٠ «مراقي الفلاح بإمداد الفتاح في شرح نور الإيضاح ونجاة الأرواح – في فروع الحنفية للشرنبلالي حسن بن عمار» البغدادي، إسماعيل باشا: إيضاح المكنون: ج٢: ٤٦٤. انظر في الملحق الأرقام (١٥١٢١، ١٥١٩٣، ١٥١٩٤).

٥٣٢. كتاب شرح الجزرية للشيخ قاسم الخاني[٥٣١] **مجلد واحد.**

٥٣٣. كتاب العقد الأسنى شرح أسماء الله الحسنى للديرني[٥٣٢] ومعه حلّ الأسماء الحسنى، **مجلد واحد.**

٥٣٤. كتاب كوكب المباني شرح صلوات[٥٣٣] الشيخ عبد القادر الجيلاني للشيخ عبد الغني النابلسي[٥٣٤] ومعه أنموذج اللبيب في فضائل الحبيب[٥٣٥] والشماريخ في علم التاريخ[٥٣٦] ومدارج الوصول في الصلاة على الرسول، للعرضي[٥٣٧] **مجلد واحد.**

٥٣٥. كتاب دلائل الخيرات، **مجلد واحد.**

٥٣٦. كتاب الحزب الأعظم، ومعه وقف سورة يس، **مجلد واحد.**

٥٣٧. كتاب مجموعة أوّلها نظم العلوم للتوقادي[٥٣٨] ونظم اللآلئ وشاهدي[٥٣٩] وتحفة الوهبي[٥٤٠] مفاتيح الدرية[٥٤١] وحياتي[٥٤٢].

---

٥٣١ قاسم بن صلاح الدين الخاني. فاضل متصوف، من أهل حلب. له شرح على الجزرية. انظر الزركلي، خير الدين: الأعلام: ج٥: ١٧٧.

٥٣٢ لم أهتد للمطلوب.

٥٣٣ في الأصل: صلواة.

٥٣٤ كوكب المباني وموكب المعاني شرح صلوات الشيخ عبد القادر الكيلاني – للنابلسي. انظر البغدادي، إسماعيل باشا: إيضاح المكنون: ج٢: **٣٩٤**. انظر في الملحق الرقم (**١٥٣٧٣ت**).

٥٣٥ هكذا في الأصل والصواب: أنموذج اللبيب في خصائص الحبيب، لجلال الدين عبد الرحمن بن أبي بكر السيوطي. خليفة، حاجي: الكشف: ج١: ١٨٥. انظر في الملحق الرقم (**١٥٣٧٣ت١**).

٥٣٦ لجلال الدين السيوطي. خليفة، حاجي: الكشف: ج٢: **١٠٥٩**. انظر في الملحق الرقم (**١٥٣٧٣ت٣**).

٥٣٧ مدارج الوصول إلى أفضلية الصلاة على الرسول تأليف عمر بن عبد الوهاب العرضي المتوفى **١٠٢٤**هـ. انظر في الملحق الرقم (**١٥٣٧٣ت١٠**).

٥٣٨ «التوقادي – إسحق بن حسن التوقادي الرومي الحنفي المتوفى سنة **١١٠٠** له... نظم ترتيب العلوم» البغدادي، إسماعيل باشا: هدية العارفين: ج١: **٢٠١**.

٥٣٩ قد يكون المقصود شاهدي – إبراهيم بن صالح المغلوي المتخلص بشاهدي المتوفى سنة **٩٥٧**. انظر البغدادي، إسماعيل باشا: هدية العارفين: ج١: ٢٧. انظر في الملحق الرقم (**١٥٨٤١ت٣**).

٥٤٠ «وهبي الرومي: القاضي محمد بن رشيد المرعشي ثم الأستانبولي الحنفي الشاعر المتخلص بوهبي الشهير بسنبلزاده المتوفى سنة **١٢٢٤** أربع وعشرين ومائتين وألف. له من التأليف تحفة وهبي منظومة تركية في اللغة». البغدادي، إسماعيل باشا: هدية العارفين: ج٢: **٣٥٦**. انظر في الملحق الرقم (**١٥٨٤١ت٤**).

٥٤١ في الأصل: مفاتح. مفاتيح الدرية في إثبات القوانين الدرية، تأليف مصطفى بن أبي بكر خيرت. انظر في الملحق الرقم (**١٥٨٤١ت٦، ١٥٢٠٥ت٧، ١٥٥٣٧ت٨**).

٥٤٢ قد يكون المقصود حياتي زاده. خليل شرف بن أحمد الالبستاني، المعروف بحياتي زادة: فاضل تركي تفقه بالعربية وولي القضاء ببغداد. من كتبه (أفكار الجبروت في شرح أسرار الملكوت). الزركلي، خير الدين: الأعلام: ج٢: ٣١٨. انظر في الملحق الرقم (**١٥٨٤١ت٥**).

الكتب[٥٤٣] التي أوقفها جناب إبراهيم آغا يكن زاده[٥٤٤]

٥٣٨. كتاب مكرم شريف كتاب الله تعالى.

٥٣٩. كتاب دلائل الخيرات[٥٤٥] مجلد واحد.

٥٤٠. كتاب مجموعة أولها بحر الكلام[٥٤٦] مجلد واحد.

٥٤١. مصحف شريف كتاب الله تعالى.

٥٤٢. كتاب قدوري مجلد واحد.

٥٤٣. كتاب الملتقى[٥٤٧] مجلد واحد.

٥٤٤. كتاب غاية البيان لصالح أفندي في الطب[٥٤٨] مجلد واحد.

٥٤٥. كتاب إبراهيم الحلبي الصغير، نسختين في مجلدين

٥٤٦. كتاب مصباح الظلام في فضل الصلاة والسلام على خير الأنام[٥٤٩] مجلد واحد.

٥٤٧. كتاب حديقة السعدا[٥٥٠] وعظ تركي، مجلد واحد.

٥٤٨. كتاب صالح الحال[٥٥١] في البيطرة، مجلد واحد

٥٤٩. كتاب شرح عقيدة النسفي للسعد[٥٥٢] مجلد واحد.

٥٥٠. كتاب مقدمة أبي الليث[٥٥٣] مجلد واحد

٥٥١. كتاب ترجمان تركي ناقص جلد واحد.

---

٥٤٣ في الأصل: (كتب).

٥٤٤ وهو متولي الوقف.

٥٤٥ انظر الكتاب رقم (٩٣).

٥٤٦ هناك كتابان مطلع عنوانها بحر الكلام. انظر خليفة، حاجي: الكشف: ج١: ٥٢٥-٥٢٦. لكن في المكتبة الوطنية بدمشق عن طريق المكتبة العثمانية: بحر الكلام لميمون بن محمد النسفي. انظر في الملحق الرقم (١٦٠٣٠).

٥٤٧ قد يكون المقصود «ملتقى الأبحر في فروع الحنفية للشيخ الإمام إبراهيم بن محمد الحلبي» انظر الكتاب رقم (٤٧٩).

٥٤٨ غاية الإتقان في تدبير بدن الإنسان في الطب باللغة العربية، لصالح بن نصر الله ابن سلوم الحلبي. وله غاية البيان ترجمة الأول بالتركي. انظر البغدادي، إسماعيل باشا: هدية العارفين: ج١: ٤٢٤. انظر في الملحق الرقم (١٥٨٣٩).

٥٤٩ مصباح الظلام في فضل الصلاة والسلام على النبي خير الأنام، أو، مطالع الأنوار ومسالك الأبرار في فضائل الصلاة على النبي المختار. تأليف جبر بن محمد القرطبي. انظر في الملحق الرقم (١٥٤٣٣).

٥٥٠ لفضولي الواعظ. انظر في الملحق الرقم (١٥٨٤٠).

٥٥١ لم اهتد للمطلوب.

٥٥٢ انظر الكتاب رقم (٤٤١).

٥٥٣ انظر في الملحق الرقم (١٥١٨٩، ١٥١٩٠ت١، ١٥١٩٢).

٥٥٢. كتاب الطرق الواضحة في أسرار الفاتحة[٥٥٤] **مجلد واحد.**

٥٥٣. كتاب النصف الثاني من تاريخ نعيمة[٥٥٥] **مجلد واحد.**

٥٥٤. كتاب مراقي الفلاح[٥٥٦] **مجلد واحد.**

٥٥٥. كتاب ديوان فارسي، **مجلد واحد.** [١٣/أ]

٥٥٦. كتاب دومرغ زاده فارسي، **مجلد واحد.**

٥٥٧. كتاب مجموع أوله شروط الصلاة للفناري[٥٥٧] **مجلد واحد.**

٥٥٨. كتاب ديوان فارسي، **مجلد واحد.**

٥٥٩. كتاب ديوان الخيالي، **مجلد واحد.**

٥٦٠. كتاب شرح الأمالي[٥٥٨] **مجلد واحد.**

٥٦١. كتاب شرح الشاهدي[٥٥٩] **مجلد واحد.**

٥٦٢. كتاب شرح الأمثلة، **مجلد واحد.**

٥٦٣. كتاب البركوي، **مجلد واحد.**

٥٦٤. كتاب تاريخ نادرشاه تركي، نسختين، الواحدة ناقصة، **مجلدين**[٥٦٠].

٥٦٥. كتاب مجموعة تركي، **مجلد واحد.**

٥٦٦. كتاب بركوي ومعه قاضي زاده، **مجلد واحد.**

٥٦٧. كتاب خواص، **مجلد واحد**[٥٦١].

٥٦٨. كتاب صحاح عجمية[٥٦٢] ناقصة، **مجلد واحد.**

٥٦٩. كتاب مجموع تركي، **مجلد واحد.**

---

٥٥٤ هكذا في الأصل، إنما الموجود في المكتبة الوطنية بدمشق عن طريق المكتبة العثمانية هو: (الطريق الواضحة إلى أسرار الفاتحة. تأليف أحمد بن أحمد الزبيدي). انظر في الملحق الرقم (١٥٤٤٨).

٥٥٥ لم أهتد للمطلوب.

٥٥٦ انظر الكتاب رقم (٥٣١).

٥٥٧ (شروط الصلاة. تأليف: محمد بن حمزة الفناري، ت ٨٣٤هـ). موجود في المكتبة الوطنية عن طريق المكتبة العثمانية. انظر في الملحق الرقم (١٥٨٦٧ت).

٥٥٨ الموجود في المكتبة الوطنية بدمشق عن طريق المكتبة العثمانية «الدر المتلالي في شرح الأمالي» لمحمد الجنفردي. انظر في الملحق الرقم (١٥٢٥٢).

٥٥٩ (شرح تحفة شاهدي). انظر في الملحق الرقم (١٥٢٠٥ت٦).

٥٦٠ العبارة مضطربة في الأصل. ربما يقصد: نسختين في مجلدين، كل نسخة منهما، ناقصة.

٥٦١ هذه البيانات مختزلة جدًا، لا يمكن معها الوصول إلى المطلوب.

٥٦٢ «صحاح عجمية رسالة بالفارسية لمولانا محمد بن بير علي المعروف ببركلي» خليفة، حاجي: الكشف: ج٢: ١٠٧٥.

٥٧٠. كتاب مجموع أوله الحسامكاتي⁵⁶³ مجلد واحد.
٥٧١. كتاب الشيخ خالد شرح الأجرومية⁵⁶⁴ مجلد واحد.
٥٧٢. كتاب مجموع ديباجات تركي، مجلد واحد.
٥٧٣. كتاب بند عطار، مجلد واحد.
٥٧٤. كتاب مجموع شعر فارسي، مجلد واحد.
٥٧٥. كتاب المصباح⁵⁶⁵ نحو، مجلد واحد.
٥٧٦. كتاب كلستان مجلد واحد.
٥٧٧. كتاب شاهدي مجلد واحد.
٥٧٨. كتاب مجموع فارسي ومعه سور التوراة مجلد واحد.
٥٧٩. كتاب مجموع رسائل أولهم شرح السنوسية للهدهدي⁵⁶⁶ مجلد واحد.
٥٨٠. كتاب أنموذج، نحو، مجلد واحد.
٥٨١. كتاب الأربعين حديثًا النووية⁵⁶⁷ مجلد واحد.
٥٨٢. كتاب الآجرومية⁵⁶⁸.
٥٨٣. ثلاث كتب⁵⁶⁹ تركي نواقص.
٥٨٤. كتاب أوراد أولها سورة ياسين جلد واحد.
٥٨٥. كتاب أوراد الشيخ علي بن عبدالفتاح القادري⁵⁷⁰ جلد واحد.
٥٨٦. كتاب أدعية أولها دعاء عكاشة مجلد واحد.

---

٥٦٣ الحسامكاتي، هو حسام الدين حسن الكاتي. من شراح إيساغوجي. خليفة، حاجي: الكشف: ج١: ٢٠٦.

٥٦٤ «شرحها الشيخ خالد بن عبد الله الأزهري الشافعي المتوفى سنة ٩٠٥» خليفة، حاجي: الكشف: ج٢: ١٧٩٧. انظر في الملحق الأرقام (١٥٥٧٢، ١٥٥٧٥، ١٥٩٦٢، ١٦٠٤٠).

٥٦٥ «المصباح في النحو للإمام ناصر الدين بن عبد السيد المطرزي النحوي المتوفى سنة ٦١٠» خليفة، حاجي: الكشف: ج٢: ١٧٠٨. انظر في الملحق الأرقام (١٥٦٠٣ت١، ١٥٦٠٧، ١٥٦١١ت١، ١٥٦٢٤ت١، ١٥٩٣٧).

٥٦٦ (شرح أم البراهين، أو، شرح السنوسية. تأليف: محمد ابن منصور الهدهدي، ت ٨٩٥هـ). انظر في الملحق الرقم (١٥٢٩٣).

٥٦٧ في الأصل: (أربعين حديث). خليفة، حاجي: الكشف: ج١: ٥٩. انظر في الملحق الرقمين (١٥٩٨١ت١، ١٥٩٩١ت٣).

٥٦٨ خليفة، حاجي: الكشف: ج٢: ١٧٩٧. انظر في الملحق الرقم (١٥٩٤٠ت١).

٥٦٩ هكذا في الأصل، والصواب: ثلاثة كتب.

٥٧٠ في الأصل: (علي ابن عبد الفتاح قادري). في المكتبة الوطنية بدمشق مخطوط مصدره المكتبة العثمانية عنوانه «الورد الشريف» لعلي بن عبد الفتاح القادري. انظر في الملحق الرقم (١٥٤٥٩ت).

٥٨٧. كتاب أوله أوراد قادرية فيها استغفارة العلمي⁵⁷¹ مجلد واحد.

٥٨٨. كتاب أوراد الأيام السبعة جلد واحد. [١٣/ب].

الكتب التي⁵⁷² أوقفها الجابي حاج محمود جابي بيت الجلبي

٥٨٩. تفسير القرآن العظيم المسمى بالجلالين⁵⁷³ جلد١.

٥٩٠. الشفاء الشريف⁵⁷⁴ جلد١.

٥٩١. كتاب الجامع⁵⁷⁵ الصغير للسيوطي جلد١.

٥٩٢. كتاب إمداد الفتاح⁵⁷⁶ جلد١.

٥٩٣. كتاب مراقي الفلاح⁵⁷⁷ جلد١.

٥٩٤. كتاب الفتاوى الخيرية⁵⁷⁸ جلد١.

٥٩٥. كتاب فال⁵⁷⁹ جلد١.

٥٩٦. كتاب إبراهيم الحلبي الصغير⁵⁸⁰ جلد١.

٥٩٧. كتاب منية المصلي جلد١.

٥٩٨. كتاب الطريقة المحمدية جلد١.

٥٩٩. كتاب شرح مقدّمة أبي الليث للشيخ قاسم النجار⁵⁸¹ جلد١.

٦٠٠. كتاب مولد شريف جلد١.

---

٥٧١ لم أهتد للمطلوب.

٥٧٢ في الأصل: (كتب اللتي ...).

٥٧٣ انظر الكتاب رقم (١٣).

٥٧٤ ربما يقصد الشفا بتعريف حقوق المصطفى للقاضي عياض. مرّ سابقًا.

٥٧٥ في الأصل: (جامع الصغير).

٥٧٦ (إمداد الفتاح شرح نور الإيضاح ونجاة الأرواح) لحسن بن عمار الشرنبلالي. خليفة، حاجي: الكشف: ج٢: ١٩٨٢. انظر في الملحق الرقم (١٥١٢٠، ١٥١٢١).

٥٧٧ انظر الكتاب رقم (٥٣١).

٥٧٨ في الأصل: (فتاوى الخيرية). خير الدين بن أحمد بن علي، الأيوبي، العليمي، الفاروقي، فقيه، باحث، له نظم، وأشهر كتبه الفتاوى الخيرية. الزركلي، خير الدين: الأعلام: ج٢: ٣٢٧. انظر في الملحق الرقم (١٥٠٧٤).

٥٧٩ لم أهتد للمطلوب.

٥٨٠ في الأصل: إبراهيم حلبي صغير. انظر الكتاب رقم (٤٧٩).

٥٨١ أورد المرادي ترجمة للشيخ قاسم النجار من أهالي حلب، ولكنه لم يذكر أنه صنف كتبًا. فربما يكون هو المقصود. المرادي: سلك الدرر في أعيان القرن الثاني عشر: ج٤: ١٣-١٤.

٦٠١. كتاب المعراج[٥٨٢] جلد١.
٦٠٢. جلد جزء تبارك من القرآن العظيم.
٦٠٣. كتاب إعراب الآجرومية للشيخ خالد[٥٨٣].
٦٠٤. كتاب ترجمان بالتركي.
٦٠٥. كتاب وعظ دقائق الأخبار[٥٨٤].
٦٠٦. كتاب شرح الآجرومية للشيخ خالد جلد١، مقوى، خط حسن، أوراق عدد٥.
٦٠٧. كتاب شرح الدمياطية[٥٨٥].
٦٠٨. كتاب شرح القطر[٥٨٦] جلد١.
٦٠٩. /كتاب إمداد الفتاح شرح نور الإيضاح جلد١/. للسيد عبد القادر عكام[٥٨٧].
يكون عددهم[٥٨٨] بحذف الغلط عدد ٢٠، عشرون لا غير.

الكتب[٥٨٩] التي أوقفها الشيخ عبد الرحمن إمام الحنفية بأموي حلب رحمه الله تعالى

٦١٠. كتاب البخاري الشريف ثلاث مجلدات.
٦١١. كتاب سنن ابن ماجه[٥٩٠] مجلد واحد.

---

٥٨٢ هناك كتب كثيرة مطلع عنوانها (المعراج). انظر البغدادي، إسماعيل باشا: إيضاح المكنون: ج٢: ٥١٠.

٥٨٣ الشيخ خالد بن عبد الله الزهري، قام بشرح الآجرومية، وكذلك إعراب الآجرومية. خليفة، حاجي: الكشف: ج٢: ١٧٩٧.

٥٨٤ «دقائق الخبار في ذكر الجنة والنار» للقاضي عبد الرحيم بن أحمد. انظر في الملحق رقم (١٥٣٨٩ت).

٥٨٥ قد يكون المقصود: القصيدة الدمياطية في التوسل بأسماء الله الحسنى، وشرحها للشريف محمد بن أحمد الجزائري المتوفى سنة ١١٣٩، وسماه القول المتواطي في شرح قصيدة الدمياطي. انظر البغدادي، إسماعيل باشا: إيضاح المكنون: ج٢: ٢٣٠.

٥٨٦ قطر الندى وبلّ الصدى لابن هشام، عليه شروح كثيرة. انظر خليفة، حاجي: الكشف: ج٢: ١٣٥٢. منها (مجيب النداء إلى شرح قطر الندى. تأليف: عبد الله بن أحمد الفاكهي، ت ٩٧٢هـ). انظر في الملحق الرقم (١٥٥٥٣).

٥٨٧ أعتقد أن كتاب (إمداد الفتاح شرح نور الإيضاح)، المحصور بين المائلتين، هو من وقف السيد عبد القادر عكام، الذي سيقوم لاحقًا بوقف كتاب آخر.

٥٨٨ في الأصل: (يكون عدتهم). وعبارة بحذف الغلط أتت لأنّ هناك تكرارًا وقع هو (كتاب شرح الأجرومية جلد١) فحصرها الناسخ بدائرة منقطة، ثم كتب فوقها «مكرر، غلط بها الكاتب». وهذا ما يفسر وجود الإحصائية في هذه الوقفية حصرًا.

٥٨٩ في الأصل: (كتب التي...)

٥٩٠ خليفة، حاجي: الكشف: ج٢: ١٠٠٥. انظر في الملحق الرقم (١٤٨٤٣، ١٤٨٥٧).

٦١٢. كتاب السنوسية[٥٩١] مجلد واحد.
٦١٣. كتاب شرح الشاطبية لابن القاصح[٥٩٢] مجلد واحد.
٦١٤. كتاب الجامع[٥٩٣] الصغير مجلد واحد.
٦١٥. كتاب تنوير الأبصار مجلد واحد.
٦١٦. كتاب قصيدة البردة[٥٩٤] مجلد واحد.
٦١٧. كتاب الفتاوى الزينية لابن نجيم[٥٩٥] مجلد١.
٦١٨. كتاب روضة الأنام في فضائل الشام[٥٩٦] مجلد واحد.
٦١٩. كتاب إعراب الآجرومية للشيخ خالد مجلد واحد.
٦٢٠. كتاب ألفية ابن مالك[٥٩٧] مجلد واحد. [١٤/أ].
٦٢١. كتاب سير السلوك للشيخ قاسم الخاني[٥٩٨] مجلد واحد.
٦٢٢. كتاب نخبة عجائب الملكوت للكسائي[٥٩٩] مجلد واحد.
٦٢٣. كتاب الحزب الأعظم لمنلا علي القاري[٦٠٠] مجلد واحد.
٦٢٤. كتاب القدوري مجلد واحد.

---

٥٩١ «أم البراهين في العقائد للشيخ الإمام السيد الشريف محمد بن يوسف بن الحسين السنوسي المتوفى سنة ٨٩٥» خليفة، حاجي: الكشف: ج١: ١٧٠. انظر في الملحق الرقم (١٥٩٨٤ت٤).

٥٩٢ في الأصل: (الناصح). «شرح الشيخ الإمام علاء الدين علي بن عثمان بن محمد المعروف بابن القاصح العذري البغدادي المتوفى سنة ٨٠١ سماه (سراج القاري)» خليفة، حاجي: الكشف: ج١: ٦٤٧. انظر في الملحق الرقم (١٤٨١٤).

٥٩٣ في الأصل (جامع الصغير).

٥٩٤ خليفة، حاجي: الكشف: ج٢: ١٣٣١. انظر في الملحق الرقم (١٥٤٥٢ت٧، ١٥٤٥٣ت٣).

٥٩٥ في الأصل: فتاوى الزينية. «الفتاوى الزينية في فقه الحنفية وهي لزين الدين ابن إبراهيم بن نجيم المصري» خليفة، حاجي: الكشف: ج٢: ١٢٢٣.

٥٩٦ روض الأنام في فضائل الشام. لياسين بن مصطفى الجعفي، البقاعي ثم الدمشقي المتوفى سنة (١٠٩٥هـ). الزركلي، خير الدين: الأعلام: ج٨: ١٣٠. انظر في الملحق الرقم (١٥٤٨٦ت).

٥٩٧ خليفة، حاجي: الكشف: ج١: ١٥١. انظر في الملحق الرقم (١٥٦٢٧ت).

٥٩٨ (السير والسلوك إلى ملك الملوك). وهو قاسم بن صلاح الدين الخاني الحلبي (١١٠٩هـ). انظر المرادي: سلك الدرر في أعيان القرن الثاني عشر: ج٤: ٩. الزركلي، خير الدين: الأعلام: ج٥: ١٧٧. انظر في الملحق الرقم (١٥٤٠٩).

٥٩٩ «عجائب الملكوت» لمحمد بن عبد الله الكسائي. خليفة، حاجي: الكشف: ج٢: ١١٢٨. أما «منتخب عجائب الملكوت في قدرة الحي الذي لا يموت للكسائي» فهو تأليف: صالح بن عبد الله الكتامي (حي ٩٩١هـ). انظر في الملحق الرقم (١٥٣٩٦).

٦٠٠ انظر الكتاب رقم (٩٠).

٦٢٥. كتاب متن الشاطبية⁶⁰¹ مجلد واحد.

٦٢٦. كتاب مصباح الظلام في الصلاة على خير الأنام مجلد واحد.

٦٢٧. كتاب فرائد ابن قريب⁶⁰² مجلد واحد.

٦٢٨. مجموعة نقول فتاوى مجلد واحد.

٦٢٩. كتاب نجاة القاري للسيد محمود الشيخاني⁶⁰³ ناقص، مجلد واحد.

٦٣٠. كتاب العوامل الجرجانية⁶⁰⁴ مجلد واحد.

٦٣١. كتاب الجزرية وشرحها للقاضي زكريا⁶⁰⁵ مجلد واحد.

٦٣٢. كتاب الاقتضاب⁶⁰⁶ مجلد واحد.

٦٣٣. كتاب شرح عوامل الجرجاني للمصنف⁶⁰⁷ مجلد واحد.

٦٣٤. كتاب خافية أفلاطون في علم الحرف⁶⁰⁸ مجلد واحد.

٦٣٥. كتاب بقية الله خير لسيدي عبد الغني النابلسي⁶⁰⁹ مجلد واحد.

٦٣٦. كتاب الجامع الصغير في الفقه لحسام الدين البخاري⁶¹⁰ مجلد واحد.

٦٣٧. كتاب الطريقة المحمّدية مجلد واحد.

---

٦٠١ حرز الأماني ووجه التهاني في القراءات للسبع المثاني، وهي القصيدة المشهورة بالشاطبية للشيخ أبي محمد القاسم بن فيره الشاطبي الضرير. خليفة، حاجي: الكشف: ج١: ٦٤٦. انظر في الملحق الرقمين (١٤٨١٨ت، ١٤٨٣٠).

٦٠٢ قد يكون المقصود: عبد الملك بن قريب الأصمعي. ولكنني لم أجد له كتابًا بهذا العنوان (الفرائد/فرائد). انظر الزركلي، خير الدين: الأعلام: ج٤: ١٦٢.

٦٠٣ في الأصل: محمد الشيخاني. محمود بن محمد الشيخاني القادري. انظر في الملحق الرقم (١٥٤٣٦).

٦٠٤ «العوامل المائة في النحو للشيخ عبد القادر بن عبد الرحمن الجرجاني» خليفة، حاجي: الكشف: ج٢: ١١٧٩. انظر في الملحق الرقمين (١٥٦٠٣ت٢، ١٥٩٣٩ت٧).

٦٠٥ «المقدمة الجزرية في علم التجويد منظومة للشيخ محمد بن محمد الجزري الشافعي المتوفى سنة ٨٣٣» وكتب الشيخ زكريا الأنصاري المتوفى سنة ٩٢٦، شرحًا على المقدمة، وهو مشهور باسم شرح شيخ الإسلام. خليفة، حاجي: الكشف: ج٢: ١٧٩٩. انظر في الملحق الرقم (١٤٨٢٩ت٢).

٦٠٦ هناك كتابان مطلع عنوانها (الاقتضاب). انظر خليفة، حاجي: الكشف: ج١: ١٣٥-١٣٦.

٦٠٧ ليس للمصنف عبد القادر بن عبد الرحمن الجرجاني شرح على كتابه، وإنما هناك تعليق السيد الشريف علي بن محمد الجرجاني المتوفى سنة ٨١٦. خليفة، حاجي: الكشف: ج٢: ١١٧٩.

٦٠٨ «الخافية في علم الحرف مختصرات منسوبة إلى أفلاطون، وسامور الهندي». خليفة، حاجي: الكشف: ج١: ٦٩٩.

٦٠٩ «بقية الله خير بعد الفناء في السير». البغدادي، إسماعيل باشا: هدية العارفين: ج١: ٥٩١. انظر في الملحق الرقم (١٥٤١٧).

٦١٠ في الأصل: (جامع الصغير). «الصدر الشهيد – عمر ابن برهان الدين الكبير عبد العزيز بن عمر بن مازه حسام الدين أبو محمد الفقيه الخراساني الحنفي الشهيد، ولد سنة ٤٨٣ وتوفي شهيدًا بسمرقند سنة ٥٣٦. من تصانيفه... الجامع الصغير في الفروع» البغدادي، إسماعيل باشا: هدية العارفين: ج١: ٧٨٣.

٦٣٨. كتاب شرح القطر للفاكهي⁶¹¹ مجلد واحد.

٦٣٩. كتاب بداية الهداية للغزالي⁶¹² مجلد واحد.

٦٤٠. كتاب درر غرر⁶¹³ مجلد واحد.

٦٤١. كتاب التبصرة والتذكرة⁶¹⁴ في مصطلح الحديث مجلد واحد.

٦٤٢. كتاب توضيح المسالك لابن هشام⁶¹⁵ مجلد واحد.

٦٤٣. كتاب شذور الذهب⁶¹⁶ ناقص مجلد واحد.

٦٤٤. كتاب كنز الدقائق⁶¹⁷ مجلد واحد.

٦٤٥. كتاب إعراب الآجرومية للشيخ جبريل⁶¹⁸ مجلد واحد.

٦٤٦. كتاب أدب السامع والمتعلم في آداب العلم والمتعلم⁶¹⁹ مجلد واحد.

٦٤٧. كتاب مراقي الفلاح شرح نور الإيضاح⁶²⁰ مجلد واحد.

٦٤٨. كتاب شرح الآجرومية للشيخ خالد مجلد واحد.

---

٦١١ قطر الندى وبل الصدى مقدمة في النحو لأبي محمد عبد الله بن يوسف بن هشام النحوي. شرحه الشهاب أحمد بن الجمال عبد الله بن أحمد بن الفاكهي وسماه (مجيب الندا). خليفة، حاجي: الكشف: ج٢: ١٣٥٢. انظر في الملحق الرقم (١٥٥٥٣، ١٥٨٧٠ت/٢).

٦١٢ «بداية الهداية في الموعظة للإمام أبي حامد محمد بن محمد الغزالي المتوفى سنة خمس وخمسمائة» خليفة، حاجي: الكشف: ج١: ٢٢٨. انظر في الملحق الرقم (١٥٣٩٤).

٦١٣ راجع الكتاب رقم (٤١٣).

٦١٤ «ألفية العراقي في أصول الحديث للشيخ الإمام الحافظ زين الدين عبد الرحيم بن الحسين العراقي المتوفى سنة ٨٠٦» خليفة، حاجي: الكشف: ج١: ١٥٦. (ألفية العراقي، أو التبصرة والتذكرة في علوم الحديث). تأليف: عبد الرحيم بن الحسين الحافظ العراقي، ت ٨٠٦هـ). وهو في المكتبة الوطنية بدمشق عن طريق العثمانية تحت الرقم (١٥٠٠٩، ١٥٠١٣).

٦١٥ هو (أوضح المسالك إلى ألفية ابن مالك). لابن هشام. البغدادي، إسماعيل باشا: هدية العارفين: ج١: ٤٦٥. انظر في الملحق الرقم (١٥٦٠٥).

٦١٦ «شذور الذهب في علم النحو لجمال الدين الشيخ أبي محمد عبد الله بن يوسف المعروف بابن هشام النحوي. خليفة، حاجي: الكشف: ج٢: ١٠٢٩. انظر في الملحق الرقم (١٥٥٨٥ت).

٦١٧ في فروع الحنفية للشيخ الإمام أبي البركات عبد الله بن أحمد المعروف بحافظ الدين النسفي. خليفة، حاجي: الكشف: ج٢: ١٥١٦. انظر في الملحق الأرقام (١٥١٤٧-١٥١٤٩).

٦١٨ «المنوفي—علي بن ناصر الدين بن محمد بن محمد ابن خلف بن جبريل المصري المنوفي أبو الحسن المالكي الشاذلي. له الجوهرة المعنوية على مقدمة الآجرومية. الدرر المضية في شرح الآجرومية. البغدادي، إسماعيل باشا: هدية العارفين: ج١: ٧٤٣. انظر في الملحق الرقم (١٥٥٧٨).

٦١٩ المقصود «تذكرة السامع والمتكلم في آداب العالم والمتعلم» لابن جماعة. وهو في المكتبة الوطنية بدمشق عن طريق المكتبة العثمانية. انظر في الملحق الرقم (١٥٧٩٤).

٦٢٠ انظر الكتاب رقم (٥٣١).

٦٤٩. كتاب البناء والعلامات[٦٢١] في الصرف مجلد واحد.

٦٥٠. كتاب السراج المصلي[٦٢٢] مجلد واحد.

٦٥١. كتاب مجموعة أوراد فيها الصحيفة العلوية والتحفة المرتضوية[٦٢٣] جلد واحد. [١٤/ب].

٦٥٢. كتاب نصف، مجالس الشيخ قاسم الخاني[٦٢٤] مجلد واحد.

٦٥٣. كتاب التثبت في سؤال الملكين[٦٢٥] مجلد واحد.

٦٥٤. كتاب خريدة العجائب[٦٢٦] ناقص، مجلد واحد.

٦٥٥. كتاب غياث المكروبين[٦٢٧] مجلد واحد.

٦٥٦. كتاب أزهرية في علم العربية[٦٢٨] جلد واحد.

٦٥٧. كتاب النفحة السنوسية[٦٢٩] مجلد واحد.

٦٥٨. كتاب أوراد السيّد محمود الخلوتي[٦٣٠] مجلد واحد.

٦٥٩. كتاب المنح المكّية في شرح الهمزية لابن حجر الهيتمي[٦٣١] ناقص، مجلد.

---

٦٢١ لم أهتد للمطلوب.

٦٢٢ هكذا في الأصل، والمقصود (سراج المصلي وبدر المبتدي والمنتهي). انظر في الملحق الرقم (١٥٩٣٦ت).

٦٢٣ في الأصل: (صحيفة العلوية والتحفة المرتضوة). «الصحيفة العلوية والتحفة المرتضوية–تأليف عبد الله بن صالح بن جمعة السمنطاري البحراني الشيعي المتوفى سنة ١١٣٥» البغدادي، إسماعيل باشا: إيضاح المكنون: ج٢: ٦٥. انظر في الملحق الرقم (١٥٣٩٨).

٦٢٤ انظر ترجمته عند المرادي: سلك الدرر في أعيان القرن الثاني عشر: ج٤: ٩. الزركلي، خير الدين: الأعلام: ج٥: ١٧٧.

٦٢٥ قد يكون المقصود: تثبت القدمين في سؤال الملكين، لعبد الغني بن إسماعيل النابلسي. انظر البغدادي، إسماعيل باشا: هدية العارفين: ج١: ٥٩١.

٦٢٦ خريدة العجائب وفريدة الغرائب لزين الدين عمر بن المظفر بن الوردي. خليفة، حاجي: الكشف: ج١: ٧٠١.

٦٢٧ غياث المكروبين في التوسل بالسادة البدريين. تأليف حسن بن عبد الله البَخشي. وانظر ترجمته عند المرادي: سلك الدرر: ج٢: ٢٦–٣٠. وانظر في الملحق الرقم (١٦٠٥٣).

٦٢٨ هكذا في الأصل، وربما المقصود: «المقدمة الأزهرية في علم العربية للشيخ خالد بن عبد الله الأزهري المتوفى سنة ٩٠٥» خليفة، حاجي: الكشف: ج٢: ١٧٩٨.

٦٢٩ يوجد في المكتبة الوطنية بدمشق عن طريق المكتبة العثمانية كتاب مخطوط عنوانه (النفحة القدسية في حل ألفاظ السنوسية). انظر في الملحق الرقم (١٥٩٨٤ت).

٦٣٠ قد يكون المقصود: محمود بن محمد بن يزيد الكوراني الخلوتي (١١٩٥هـ). الزركلي، خير الدين: الأعلام: ج٧: ١٨٤.

٦٣١ القصيدة الهمزية في المدائح النبوية لصاحب (البردة) سماها (أم القرى). شرحها الشيخ أحمد بن حجر الهيثمي المكي، وسماها (المنح المكية) ثم سماها (أفضل القرى)» خليفة، حاجي: الكشف: ج٢: ١٣٤٩. انظر في الملحق الرقم (١٥٤٢٨، ١٥٤٢٩).

٦٦٠. كتاب شرح السمرقندية لعصام[٦٣٢] مجلد واحد.

٦٦١. كتاب تلخيص القانون[٦٣٣] في الطب مجلد واحد.

٦٦٢. كتاب جزء من جوهرة الحدادي[٦٣٤] ناقص مجلد.

٦٦٣. كتاب النقاية في علم الهداية[٦٣٥] مجلد واحد.

٦٦٤. كتاب شرح السنوسية للقيرواني[٦٣٦] مجلد واحد.

٦٦٥. كتاب شرح الغاية لابن قاسم[٦٣٧] فقه شافعي ناقص مجلد واحد.

٦٦٦. كتاب هداية الراغب[٦٣٨] مجلد واحد.

٦٦٧. كتاب متن القدوري مجلد واحد.

٦٦٨. كتاب المختار[٦٣٩] مجلد واحد.

٦٦٩. كتاب شرح السراجية[٦٤٠] ناقص مجلد واحد.

٦٧٠. كتاب معراج شريف مجلد واحد.

٦٧١. كتاب قواعد الإعراب لابن هشام[٦٤١] مجلد واحد.

---

٦٣٢ لقد سبق وقيد نفس الكتاب ولكن بصيغة ثانية، هي شرح الاستعارات لعصام. انظر الكتاب رقم (١٥٨).

٦٣٣ القانون في الطب لابن سينا عليه كثير من الشروح والمختصرات. انظر خليفة، حاجي: الكشف: ج٢: ١٣١٢. انظر في الملحق الرقم (١٥٧٤٧ت).

٦٣٤ «مختصر القدوري في فروع الحنفية للإمام أبي الحسين أحمد بن محمد القدوري البغدادي الحنفي. شرحه الإمام أبو بكر بن علي المعروف بالحدادي العبادي، في ثلاث مجلدات سماه (السراج الوهاج الموضح لكل طالب محتاج). ثم اختصر هذا الشرح وسماه (الجوهرة النيرة)». خليفة، حاجي: الكشف: ج٢: ١٦٣١.

٦٣٥ لقاضي خان، حسن بن منصور. انظر خليفة، حاجي: الكشف: ج٢: ١٩٧٢. انظر في الملحق الرقم (١٥٢١٠).

٦٣٦ أغلب الظن أنه: إعانة المجدين في تصحيح الدين بشرح أم البراهين، لعبد الجليل بن محمد القيرواني.

٦٣٧ محمد بن قاسم بن محمد الغزي، يُعرف بابن قاسم. من تصانيفه فتح القريب المجيب في شرح ألفاظ التقريب، ويسمى القول المختار في شرح غاية الاختصار لأبي شجاع. كحالة، عمر رضا: معجم المؤلفين: ج٣: ٥٩٩. انظر في الملحق الرقم (١٥٢٤١).

٦٣٨ لم أهتد للمطلوب.

٦٣٩ هناك عدد كبير من الكتب مطلع عنوانها المختار. انظر البغدادي، إسماعيل باشا: إيضاح المكنون: ج٢: ٤٤٧. (المختار للفتاوى. تأليف أبي الفضل الموصلي، عبد الله بن محمود ت ٦٨٣هـ). انظر في الملحق الأرقام (١٥١٧٠-١٥١٧٤).

٦٤٠ لها شروح كثيرة. انظر خليفة، حاجي: الكشف: ج٢: ١٢٤٩. انظر في الملحق الأرقام (١٥٧٥٢، ١٥٧٥٣، ١٥٧٥٧ت، ١٥٧٥٩، ١٥٧٦٠ت، ١٥٧٦٥ت٢، ١٥٧٧٠ت٢).

٦٤١ هكذا في الأصل، والصواب «الإعراب عن قواعد الإعراب للشيخ أبي محمد عبد الله بن يوسف الشهير بابن هشام النحوي» خليفة، حاجي: الكشف: ج١: ١٢٤. انظر في الملحق الأرقام (١٥٦١٦ت١، ١٥٦٢٥، ١٥٩٣٩ت٢).

٦٧٢. كتاب المختصر في علم الأثر[٦٤٢] **مجلد واحد**.

٦٧٣. كتاب الرسالة التفليسية[٦٤٣] في الطب **مجلد واحد**.

٦٧٤. كتاب أقصى الأمل والسول في علوم أحاديث الرسول[٦٤٤] **مجلد واحد**.

٦٧٥. كتاب رسالة الآداب للكواكبي[٦٤٥] **مجلد واحد**.

٦٧٦. كتاب رسالة الشرنبلالي في العهود على أهل الذمّة[٦٤٦] **مجلد واحد**.

٦٧٧. كتاب موالد شريف عدد٢ **مجلد واحد**.

٦٧٨. كتاب الغاية، فقه شافعي **مجلد واحد**.

٦٧٩. كتاب وقاية[٦٤٧] ناقصة **مجلد واحد**.

٦٨٠. كتاب شرح القطر لابن هشام[٦٤٨] **مجلد واحد**.

٦٨١. كتاب حاشية القليوبي على ابن قاسم[٦٤٩] فقه شافعي **مجلد واحد**.

٦٨٢. كتاب الدرّ المختار شرح تنوير الأبصار للحصكفي[٦٥٠] **مجلد واحد**. [١٥/أ].

٦٨٣. كتاب رسالة في قاعدة قراءة حفص **مجلد واحد**.

٦٨٤. كتاب مجموعة خطب **مجلد واحد**.

٦٨٥. كتاب رسالة في طلب السلامة في ترك الإمامة للسبكي[٦٥١] **مجلد واحد**.

---

٦٤٢ «المختصر في علم الأثر للسيد عز الدين محمد بن إبراهيم المعروف بابن الوزير الحسني اليماني» البغدادي، إسماعيل باشا: إيضاح المكنون: ج٢: ٤٥٠. انظر في الملحق الرقم (١٥٠٠٧).

٦٤٣ المقصود: أدوية الأدوية، لحبيش بن إبراهيم التفليسي. انظر في الملحق الرقم (١٥٧٤٩).

٦٤٤ في الأصل: (أقصى السئل والمسول في علوم حديث الرسول). والصواب ما أثبت. تأليف محمد بن أحمد الخويي. انظر في الملحق الرقم (١٥٠٠٨).

٦٤٥ المقصود (شرح تحفة الطلاب في نظم الآداب) لأبي السعود بن أحمد الكواكبي. انظر ترجمته عند المرادي: سلك الدرر: ج١: ٥٧. وانظر في الملحق الرقم (١٥٧١١).

٦٤٦ المقصود: الأثر المحمود لقهر ذوي العهود، أو رسائل الشرنبلالي، أو التحقيقات القدسية، تأليف حسن بن عمار الشرنبلالي. وانظر في الملحق الرقم (١٥١٥٤ت٢٧).

٦٤٧ المقصود: «وقاية الرواية في مسائل الهداية للإمام برهان الشريعة محمود بن صدر الشريعة الأول عبيد الله المحبوبي الحنفي» خليفة، حاجي: الكشف: ج٢: ٢٠٢٠. وانظر في الملحق الرقم (١٥١٥٢).

٦٤٨ قطر الندى وبل الصدى لابن هشام، عليه شرح للمؤلف. انظر خليفة، حاجي: الكشف: ج٢: ١٣٥٢. وانظر في الملحق الأرقام (١٥٥٦٥–١٥٥٦٨).

٦٤٩ حاشية على شرح غاية الاختصار لابن قاسم الغزي تأليف أحمد بن أحمد القليوبي. انظر في الملحق الرقم (١٥٢٣٨).

٦٥٠ في الأصل: (الحسكفي). «الدر المختار شرح تنوير الأبصار في الفروع لعلاء الدين محمد بن علي بن محمد بن عبد الرحيم الحصكفي الحنفي مفتي الشام المتوفى سنة ١٠٨٨» البغدادي، إسماعيل باشا: إيضاح المكنون: ج١: ٤٤٧. انظر في الملحق الأرقام (١٥١٠٧–١٥١٠٩).

٦٥١ لتقي الدين علي بن عبد الكافي السبكي ت ٧٥٦هـ. انظر في الملحق الرقم (١٥٧٨٩ت).

النص المحقق: الدفتر المُجدَّد لكتب وقف عثمان باشا الدُّورِكِي ١٣٥

٦٨٦. كتاب شرح الرحبية للسبطلي[٦٥٢] مجلد واحد.

٦٨٧. كتاب نظم أسماء الله الحسنى مجلد واحد.

٦٨٨. كتاب فضائل سورة الفاتحة مجلد واحد.

٦٨٩. السير الكبير[٦٥٣] وقف وحيد باشا[٦٥٤] جلد واحد عدد١.

٦٩٠. وقف الفرَّاش. مكرم شريف جلد١.

٦٩١. دلائل الخيرات جلد عدد١.

٦٩٢. إمداد الفتاح وقف فخر التجار الحاج عبد القادر العكام جلد واحد عدد١.

٦٩٣. الذخيرة[٦٥٥] وقف المرحوم المبرور رجب باشا[٦٥٦] جلد واحد عدد١.

٦٩٤. الأشباه والنظائر[٦٥٧] وعلى هامشه حاشية الحموي بالحرف[٦٥٨] وقف المرحوم المبرور كتخدا زاده جلد عدد١.

٦٩٥. شرح الطريقة المحمدية للعالم الرباني الشيخ عبد الغني النابلسي[٦٥٩] وقفه فخر الأعيان الكرام جناب الحاج يوسف آغا يكن زاده جلد عدد٣.

الكتب[٦٦٠] التي وجدت موقوفة بين كتب سيدي وأستاذي ووسيلتي إلى الله تعالى الشيخ حسن أفندي الكلزي رحمه تعالى

٦٩٦. كتاب الجلد الأول من تفسير القرآن العظيم لملا علي القاري[٦٦١] جلد واحد عدد١.

---

٦٥٢ هكذا في الأصل، وقد يكون المقصود شرح الرحبية لمحمد بن محمد السبط المارديني. موجود. انظر في الملحق الرقم (١٥٧٦٣).

٦٥٣ السير الكبير للإمام محمد بن الحسن الشيباني. خليفة، حاجي: الكشف: ج٢: ١٠١٤.

٦٥٤ في الأصل: (باشه)..

٦٥٥ هناك كتب كثيرة مطلع عنوانها الذخيرة. انظر البغدادي، إسماعيل باشا: إيضاح المكنون: ج١: ٥٤٢.

٦٥٦ في الأصل: باشه.

٦٥٧ كتاب الأشباه والنظائر في النحو لجلال الدين السيوطي. وهناك عملان في موضوع الفروع، وكل منها عنوانه (الأشباه والنظائر). الأول: لزين الدين بن إبراهيم المعروف بابن نجيم المصري. والثاني: لصدر الدين محمد بن عمر المعروف بابن الوكيل الشافعي. خليفة، حاجي: الكشف: ج١: ٩٨–١٠٠.

٦٥٨ لم أهتد للمقصود.

٦٥٩ في الأصل: طريق المحمدية. (الحديقة الندية شرح الطريقة المحمدية). البغدادي، إسماعيل باشا: هدية العارفين: ج١: ٥٩٢. انظر في الملحق الرقمين (١٤٩٢٩–١٤٩٣٠).

٦٦٠ في الأصل: (كتب).

٦٦١ «تفسير علي القاري. هو نور الدين علي بن سلطان محمد القاري الهروي» خليفة، حاجي: الكشف: ج١: ٤٥٤. أنوار القرآن وأسرار الفرقان. انظر في الملحق الرقم (١٤٧٦١ت).

مكتبة مدرسية في حلب نهاية العهد العثماني ١٣٦

٦٩٧. كتاب صدر الشريعة شرح الوقاية٦٦٢ جلد١.

٦٩٨. كتاب شرح الكنز للتوقاتي٦٦٣ جلد١.

٦٩٩. كتاب كنز الدقائق٦٦٤ جلد عدد١.

٧٠٠. كتاب مكتوب عليه: هذا الجلد٦٦٥ الثاني من شرح الكنز وليس كذلك وإنما هو
شرح مجمع البحرين٦٦٦ جلد١.

٧٠١. خيالي جلبي على شرح عقائد النسفي للسعد٦٦٧ جلد، عدد١.

٧٠٢. الجامع الصغير٦٦٨ في أحاديث البشير النذير للسيوطي جلد عدد١.

٧٠٣. جلد ثاني٦٦٩ من تاريخ نعيمة، جلد عدد١.

٧٠٤. مجموع منطق وآداب البحث٦٧٠ أوله شرح العضدية، جلد عدد١.

الكتب التي٦٧١ أوقفها السيد محمد ابن السيد محمود ابن السيد حسن قابل الإدلبي

٧٠٥. كتاب اليواقيت والجواهر في عقائد الأكابر للعارف بالله الشيخ عبد الوهاب
الشعراني٦٧٢ جلد عدد١.

٧٠٦. الأنوار القدسية في آداب العبودية للشيخ عبد الوهاب الشعراني٦٧٣ جلد عدد١.

---

٦٦٢ «النقاية مختصر (الوقاية) للشيخ الإمام صدر الشريعة عبيد الله بن مسعود الحنفي». خليفة، حاجي:
الكشف: ج٢: ١٩٧٢.

٦٦٣ لم أهتد للمطلوب.

٦٦٤ «كنز الدقائق في فروع الحنفية للشيخ الإمام أبي البركات عبد الله بن أحمد المعروف بحافظ الدين
النسفي» خليفة، حاجي: الكشف: ج٢: ١٥١٦. انظر في الملحق الرقم (١٥١٤٧–١٥١٤٩).

٦٦٥ في الأصل: جلد.

٦٦٦ وصل من شروح مجمع البحرين من المكتبة العثمانية، شرح ابن ملك، والعينتابي أحمد بن إبراهيم، وأبو
الرجا علي بن محمود. انظر في الملحق الأرقام (١٤٨٢٥، ١٥٠٨٤، ١٥٠٨٥، ١٥٢٢٥).

٦٦٧ انظر الكتاب رقم (٤٤١).

٦٦٨ في الأصل: جامع الصغير.

٦٦٩ هكذا في الأصل، والصواب «ثانٍ».

٦٧٠ في الأصل: آداب بحث.

٦٧١ في الأصل: كتب الذي أوقفها.

٦٧٢ انظر الكتاب رقم (١١٨).

٦٧٣ في الأصل: (أنوار). «الأنوار القدسية في معرفة آداب العبودية للشيخ عبد الوهاب بن أحمد الشعراني»
خليفة، حاجي: الكشف: ج١: ١٩٤.

٧٠٧. حاشية الإمام الشيخ إبراهيم الباجوري على الشمائل[٦٧٤] جلد عدد١.

٧٠٨. الميزان الخضرية[٦٧٥] للشيخ عبد الوهاب الشعراني جلد عدد١.

٧٠٩. شرح وصية المتبولي للشعراني[٦٧٦] أيضًا جلد عدد١.

٧١٠. كشف النقاب عن ما روى الشيخان للأصحاب[٦٧٧] جلد١.

٧١١. الجواهر والدرر للإمام الشعراني[٦٧٨] جلد١.

٧١٢. مجموع أوله تفسير سورة الحشر جلد عدد١.

٧١٣. شرعة الإسلام للبخاري[٦٧٩] جلد عدد١.

٧١٤. المنتخب في حب العرب للزين العراقي[٦٨٠] جلد١. [١٥/ب].

٧١٥. كتاب تفسير القرآن العظيم للإمام البيضاوي. وقف إسماعيل صادق. جلد عدد٢.

تتمة كتب السيد محمد ابن السيد محمود ابن السيد حسن قابل التي أوقفها على مدرسة الرضائية

٧١٦. شرح الشفا للملا علي القاري. طبع، جلد١.

٧١٧. قطعة من مختصر الإحيا[٦٨١] ناقصة. جلد٣.

---

٦٧٤ الباجوري إبراهيم بن محمد بن أحمد الباجوري المصري الشافعي ولد سنة ١١٩٨ وتوفي سنة ١٢٧٦ ستّ وسبعين ومائتين وألف. له من التصانيف، المواهب اللدنية على الشمائل المحمدية للترمذي» البغدادي، إسماعيل باشا: هدية العارفين: ج١: ٤١–٤٢.

٦٧٥ في الأصل: ميزانة. (الميزان الخضرية الموضحة لجميع الفرق الإسلامية).

٦٧٦ انظر الزركلي، خير الدين: الأعلام: ج٤: ١٨١.

٦٧٧ خليل بن كيكلدي بن عبد الله العلائي الدمشقي، أبو سعيد، صلاح الدين. من كتبه (كشف النقاب عما روى الشيخان للأصحاب). الزركلي، خير الدين: الأعلام: ج٢: ٣٢١. انظر في الملحق الرقم (١٥٠٤١).

٦٧٨ «الجواهر والدرر للشيخ عبد الوهاب بن أحمد الشعراني الشافعي المتوفى سنة ٩٧٣» خليفة، حاجي: الكشف: ج١: ٦١٨. انظر في الملحق الرقم (١٥٤٠٥).

٦٧٩ إمام زاده البخاري محمد بن أبي بكر الواعظ المعروف بإمام زاده المتوفى سنة ٥٧٣. من تصانيفه شرعة الإسلام» البغدادي، إسماعيل باشا: هدية العارفين: ج٢: ٩٨. انظر في الملحق الرقمين (١٤٩٥٣، ١٥١٥١).

٦٨٠ هكذا في الأصل، والصواب: محجة القرب إلى محبة العرب، تأليف الحافظ العراقي، عبد الرحيم بن الحسين. انظر البغدادي، إسماعيل باشا: هدية العارفين: ج١: ٥٦٢. انظر في الملحق الرقم (١٥٤٧٢).

٦٨١ مختصر إحياء علوم الدين لمحمد بن بهاء الدين الرهماوي (حي ٩٥٢هـ). انظر في الملحق الرقمين (١٥٤٢٤، ١٥٤٢٥).

٧١٨. حاشية على السنوسية للعلامة الباجوري[٦٨٢] عدد١.

٧١٩. حاشية على متن بردة المديح[٦٨٣] للباجوري عدد١.

٧٢٠. حاشية الباجوري على متن السمرقندية[٦٨٤] عدد١.

٧٢١. شرح بدء الأمالي للأوشي[٦٨٥] جلد١.

٧٢٢. شرح أسماء الله الحسنى لبهاء الدين[٦٨٦] الصوفي تغمده الله بعفوه ورحمته جلد١.

٧٢٣. مجموع أوله أبيات من كلام ابن العربي رحمه الله تعالى جلد١.

٧٢٤. كافية ابن الحاجب جلد١.

٧٢٥. كتاب في تفسير جزء عمَّ جلد عدد١.

٧٢٦. الرسالة المسماة ببحر الكلام لأبي معين النسفي[٦٨٧] جلد عدد١.

٧٢٧. الرسالة المسماة بأطباق الذهب[٦٨٨]، رسالة منها ناقصة جلد١.

٧٢٨. شرح السنوسية للنابلسي[٦٨٩]. [...] رسالة جلد١.

٧٢٩. أبو المنتهى على الفقه الأكبر[٦٩٠] ومعه (...) جلد٢.

---

٦٨٢ «حاشية على أم البراهين للسنوسي. تأليف إبراهيم بن محمد بن أحمد الباجوري المصرى الشافعي المتوفى سنة ١٢٧٦» البغدادي، إسماعيل باشا: إيضاح المكنون: ج١: ٢٦٨. انظر في الملحق الرقم (١٦٠٢٤).
«حاشية على أم البراهين للسنوسي. تأليف إبراهيم بن محمد بن أحمد الباجوري المصري الشافعي المتوفى سنة ١٢٧٦» البغدادي، إسماعيل باشا: إيضاح المكنون: ج١: ٢٦٨.

٦٨٣ هي قصيدة البردة للبوصيري. وللباجوري حاشية على البردة الشريفة. البغدادي، إسماعيل باشا: هدية العارفين: ج١: ٤١.

٦٨٤ حاشية على متن السمرقندية. انظر البغدادي، إسماعيل باشا: هدية العارفين: ج١: ٤١. انظر في الملحق الرقم (١٥٥٣٩).

٦٨٥ وهي قصيدة يقول العبد، للشيخ الإمام سراج الدين علي ابن عثمان الأوشي الفرغاني الحنفي. خليفة، حاجي: الكشف: ج٢: ١٣٥٠. لها شرّاح كثر منهم عبد الغني النابلسي، والملا علي القاري، وخليل بن علي النجاري. انظر في الملحق الأرقام (١٥٢٥٠، ١٥٢٥١ت١، ١٥٢٥٣ت١).

٦٨٦ انظر في الملحق الرقم (١٥٤٤٦).

٦٨٧ في الأصل: (رسالة المسماة). «بحر الكلام للشيخ الإمام أبي المعين ميمون بن محمد النسفي الحنفي» خليفة، حاجي: الكشف: ج١: ٢٢٥. انظر الكتاب رقم (٥٤٠).

٦٨٨ في الأصل: (رسالة المسماة). «أطباق الذهب لشرف الدين عبد المؤمن بن هبة الله المعروف بشقروه الأصفهاني» خليفة، حاجي: الكشف: ج١: ١١٦. انظر في الملحق الرقم (١٥٤٨١، ١٥٩٤١).

٦٨٩ شرح المقدمة السنوسية للنابلسي. انظر المرادي: سلك الدرر: ج٣: ٣٥. اللطائف الأنسية على نظم العقيدة السموسية. انظر في الملحق الرقم (١٥٢٧١ت١).

٦٩٠ المغنيساوي أحمد بن محمد، أبو المنتهي، شهاب الدين المغنيساوي: فقيه حنفي له كتب عربية، منها (شرح الفقه الأكبر لأبي حنيفة)» الزركلي، خير الدين: الأعلام: ج١: ٢٣٤. انظر في الملحق الأرقام (١٥٢٧٣، ١٥٢٧٤، ١٥٢٧٥ت١).

٧٣٠. بديعة البيان عن وفيات الأعيان[٦٩١] جلد١.
٧٣١. طهارة القلوب للشيخ عبد العزيز الديريني[٦٩٢] جلد١.
٧٣٢. نصف شرح الحكم لمحمد العباس[٦٩٣] جلد١.
٧٣٣. حل الرموز للمقدسي[٦٩٤] جلد١.
٧٣٤. شرح دلائل الأحكام للسملاوي[٦٩٥] جلد عدد١.
٧٣٥. كتاب الأنموذج في تعمية الفنون[٦٩٦] جلد١.
٧٣٦. تلخيص المفتاح[٦٩٧] جلد١.
٧٣٧. شرح العوامل للفاضل البركوي[٦٩٨] تغمده الله برحمته جلد١.
٧٣٨. رسالة في الاستعاذة والبسملة للبدر[٦٩٩]... جلد١.
٧٣٩. حاشية الشيخ إبراهيم أفندي الباجوري على متن السلم للأخضري[٧٠٠] جلد١.

---

٦٩١ بديعة البيان عن موت الأعيان على الزمان، تأليف ابن ناصر الدين، محمد بن عبد الله. وانظر البغدادي، إسماعيل باشا: إيضاح المكنون: ج١: ١٧٣. وانظر في الملحق الرقم (١٥٠٤٢).

٦٩٢ الديريني عبد العزيز بن أحمد بن سعيد بن عبد الله الشافعي عز الدين أبو محمد الدميري المصري المعروف بالديريني (بكسر الدال قرية بالغربية) ولد سنة ٦١٢ وتوفي سنة ٦٩٧ من تصانيفه طهارة القلوب والخضوع لعلام الغيوب. البغدادي، إسماعيل باشا: هدية العارفين: ج١: ٥٨٠–٥٨١. وقد ورد اسمه خطأ عند خليفة، حاجي بـ «الدهري». انظر خليفة، حاجي: الكشف: ج٢: ١١١٨. انظر في الملحق الرقم (١٥٣٧٩).

٦٩٣ انظر في الملحق الرقم (١٥٤٢١).

٦٩٤ حل الرموز والكشف الكنوز في التصوف للشيخ عبد السلام بن محمد بن غانم المقدسي الشافعي. خليفة، حاجي: الكشف: ج١: ٦٨٦. انظر في الملحق الرقمين (١٥٤٠٣ت، ١٥٤٠٦).

٦٩٥ السملاوي عبد المعطي بن سالم بن عمر السملاوي القادري الأزهري المصري الشافعي. له تفريج الكرب والمهمات بشرح دلائل الخيرات. البغدادي، إسماعيل باشا: هدية العارفين: ج١: ٦٢٢. والموجود في المكتبة الوطنية عن طريق المكتبة العثمانية «دليل الأحكام لشرع نبينا عليه السلام». انظر في الملحق الرقم (١٥٣٩٥).

٦٩٦ هناك كتابان عنوانها (أنموذج الفنون). الأول لسباهي زاده، والثاني لميرزا جان. انظر خليفة، حاجي: الكشف: ج١: ١٨٥.

٦٩٧ «تلخيص المفتاح في المعاني والبيان للشيخ الإمام جلال الدين محمد بن عبد الرحمن القزويني الشافعي المعروف بخطيب دمشق» خليفة، حاجي: الكشف: ج١: ٤٧٣. انظر في الملحق الأرقام (١٥٥١٨، ١٥٥٣٢، ١٥٥٣٣، ١٥٥٣٤ت).

٦٩٨ انظر ترجمة البركلي عند الزركلي، خير الدين: الأعلام: ج٦: ٦١. وهو البركوي. له متن العوامل. وفي المكتبة الوطنية بدمشق (شرح مختصر عوامل البركوي)، مجهول المؤلف، تحت الرقم (١٥٥٦٤ت١).

٦٩٩ أغلب الظن أنها «شرح الاستعاذة والبسملة لبدر الدين الشيخ حسن بن القاسم المرادي» خليفة، حاجي: الكشف: ج٢: ١٠٣١.

٧٠٠ انظر البغدادي، إسماعيل باشا: هدية العارفين: ج١: ٤١. حاشية على السلم المنورق للأخضري. انظر في الملحق الرقم (١٥٦٨٣).

٧٤٠. مجموع أوله كتاب الفتوح جلد١.
٧٤١. كتاب تأويلات أحاديث رياض الصالحين[٧٠١] جلد١.
٧٤٢. سراج العابدين في شرح الأربعين[٧٠٢].
٧٤٣. الجزء الأول من سنن أبي داود[٧٠٣].
٧٤٤. غنية الطالبين للشيخ عبد القادر الجيلي[٧٠٤] قدّس سرّه.
٧٤٥. قطعة من الفتوحات[٧٠٥] من بيان القطب والإمامين. [١٦/أ].

في بيان وقف كتب المرحوم الحاج صالح أفندي مدرس الرضائية

٧٤٦. المطول لسعد الدين، جلد١.
٧٤٧. شرح فقه الكيداني[٧٠٦] جلد١.
٧٤٨. حاشية المفتاح[٧٠٧] جلد١.
٧٤٩. حاشية السيد مع قره داود[٧٠٨] جلد١.
٧٥٠. مجموع أوله الدر اليتيم[٧٠٩] جلد١.
٧٥١. حاشية على شرح الكافية لملا جامي، ناقصة من أولها، جلد١.
٧٥٢. شرح مجمع البحرين لابن ملك[٧١٠] جلد١.

---

٧٠١ لم أهتد للمطلوب.

٧٠٢ لرشيد الدين إسماعيل بن محمود بن محمد الكردي الشافعي. البغدادي، إسماعيل باشا: إيضاح المكنون: ج٢: ٧. انظر في الملحق الرقم (١٤٩٥٤).

٧٠٣ انظر في الملحق الرقم (١٤٩٩٤ت٣). محمد راغب الطباخ. مخطوطات المدرسة العثمانية بحلب، مجلة المجمع العلمي العربي، ع ٧–٨ (يوليو ١٩٣٢). ص ٤٧٦.

٧٠٤ «الغنية لطالب طريق الحق». الزركلي، خير الدين: الأعلام: ج٤: ٤٧.

٧٠٥ ربما يقصد الفتوحات المكية لابن عربي. انظر في الملحق الأرقام (١٥٣٩٩، ١٥٤٠٠، ١٥٤٠١، ١٥٤٢٢).

٧٠٦ لطف الله النسفي الكيداني المتوفى حوالي ٩٠٠هـ. كحالة، عمر رضا: معجم المؤلفين: ج٢: ٦٧٦. انظر في الملحق الرقم (١٥٢٠٧ت). (جامع المباني في شرح فقه الكيداني، أو شرح مقدمة الصلاة للكيداني. تأليف: محمد بن حسام الدين القهستاني. حي ٩٥٣هـ).

٧٠٧ لم أهتد للمطلوب.

٧٠٨ «قره داود– بن كمال القوجه وى الرومي المدرس الحنفي المعروف بقره داود، توفي سنة ٩٤٨، ثمان وأربعين وتسعمائة. له حاشية على شرح السيد الشريف الجرجاني» البغدادي، إسماعيل باشا: هدية العارفين: ج١: ٣٦١. بينما ورد اسمه عند خليفة، حاجي: الكشف: ج٢: ١٧١٥. (القوجي). انظر في الملحق الرقم (١٥٩٦٦ت٣).

٧٠٩ هناك أكثر من كتاب مطلع عنوانه الدر اليتيم. فلم أهتد للمطلوب.

٧١٠ خليفة، حاجي: الكشف: ج٢: ١٦٠٠.

٧٥٣. شرح الشافية للجاربردي[٧١١] جلد١.

٧٥٤. قطعة تاريخ باللغة التركية لدولة بني عثمان، جلد١.

٧٥٥. الشمسية[٧١٢] جلد١.

٧٥٦. حاشية على شرح المنار لعزمي زاده[٧١٣] جلد١.

٧٥٧. صدر الشريعة[٧١٤] جلد١.

٧٥٨. شمائل المصطفى[٧١٥] ومعها الصواعق المحرقة، جلد١.

٧٥٩. حاشية العماد على شرح الشمسية[٧١٦] فقط جلد١.

٧٦٠. التلويح على التوضيح[٧١٧].

٧٦١. روضة العلماء[٧١٨] جلد١.

٧٦٢. الطريقة المحمدية[٧١٩] جلد١.

٧٦٣. صدر الشريعة، نسخة ثانية، جلد١.

٧٦٤. الاختيار شرح المختار[٧٢٠] جلد١.

٧٦٥. برهان مع حاشية، جلد١.

٧٦٦. سيالكوتي على التصديقات[٧٢١] جلد١.

٧٦٧. خيالي جلبي، جلد١.

---

٧١١ خليفة، حاجي: الكشف: ج٢: ١٠٢١.

٧١٢ في الأصل: (شمسية). سبق التعريف بها.

٧١٣ منار الأنوار في أصول الفقه للشيخ الإمام أبي البركات عبد الله بن أحمد المعروف بحافظ الدين النسفي المتوفى سنة ٧١٠هـ، شرحه المولى عبد اللطيف بن الملك. وعليه حاشية للمولى مصطفى بن بير محمد المعروف بعزمي زاده المتوفى سنة ١٠٤٠ سماه (نتايج الأفكار). انظر خليفة، حاجي: الكشف: ج٢: ١٨٢٣. انظر في الملحق الرقمين (١٥٣٥٣، ١٥٣٦٣ت).

٧١٤ انظر ترجمته عند البغدادي، إسماعيل باشا: هدية العارفين: ج١: ٩٥.

٧١٥ الشمائل النبوية والخصال المصطفوية، أو شمائل الترمذي. انظر في الملحق الرقمين (١٥٩٥١، ١٥٩٥٥ت).

٧١٦ حاشية على تصورات الشمسية للتفتازاني. تأليف عماد ابن محمد الفارسي. انظر في الملحق الرقم (١٥٦٦٧).

٧١٧ انظر الكتاب رقم ٤٢٧.

٧١٨ روضة العلماء للشيخ أبي علي حسين بن يحيى البخاري الزندويستي الحنفي. خليفة، حاجي: الكشف: ج١: ٩٢٨. انظر في الملحق الرقم (١٤٩٤٠).

٧١٩ في الأصل: (طريقة المحمدية).

٧٢٠ المختار في فروع الحنفية لأبي الفضل مجد الدين عبد الله بن محمود بن مودود الموصلي الحنفي، ثم شرحه وسماه (الاختيار). خليفة، حاجي: الكشف: ج٢: ١٦٢٢. الاختيار لتعليل المختار. انظر في الملحق الرقم (١٥١٦٩).

٧٢١ في الأصل: (سلكوتي). من مباحث الشمسية في المنطق. انظر ترجمة السيالكوتي عند الزركلي، خير الدين: الأعلام: ج٣: ٢٨٣.

مكتبة مدرسية في حلب نهاية العهد العثماني ١٤٢

٧٦٨. رسالة في علم الحساب باللغة التركية، جلد١.

٧٦٩. جريدة الفرائض، جلد١.

٧٧٠. حاشية عبد الغفور٧٢٢ على الجامي (مقطعة؟) جلد١.

٧٧١. التصورات٧٢٣، مع حاشية قره داود جلد١.

٧٧٢. منية المصلي، جلد١.

٧٧٣. حاشية الحلبي على المتوسط شرح الكافية٧٢٤ جلد١.

٧٧٤. متن المراح في الصرف٧٢٥ جلد١.

٧٧٥. حاشية السيد على التصورات٧٢٦.

ثم وصل من المدرس:

٧٧٦. قول أحمد، جلد١.

٧٧٧. فتاوى، جلد١.

٧٧٨. كليات أبي البقاء٧٢٧ جلد١.

٧٧٩. روح البيان تفسير القرآن٧٢٨ جلد٣.

٧٨٠. حاشية على الجامي العلّامة محرم أفندي٧٢٩. جلد٢.

في بيان الكتب الموضوعة أمانة عند صالح أفندي المدرس القديم المتوفى

٧٨١. الفوائد الضيائية، عدد١.

٧٨٢. حاشية الجامي لساجقلي زاده٧٣٠ عدد١.

---

٧٢٢ هو المولى عبد الغفور اللاري تلميذ الجامي.

٧٢٣ التصورات من مباحث الشمسية في المنطق.

٧٢٤ انظر خليفة، حاجي: الكشف: ج٢: ١٣٧٠. (الكشف الوافية في شرح الكافية)، لمحمد بن عمر الحلبي. انظر في الملحق الرقم (١٥٦١٧).

٧٢٥ انظر الكتابين رقمي (٣٣٥، ٣٣٦).

٧٢٦ السيد الشريف الجرجاني، وهي من مباحث الشمسية للقزويني في المنطق. خليفة، حاجي: الكشف: ج٢: ١٠٦٤.

٧٢٧ في اللغة للقاضي أيوب بن موسى الحسيني الكفوي الحنفي المتوفى سنة ١٠٩٣» البغدادي، إسماعيل باشا: إيضاح المكنون: ج٢: ٣٨٠.

٧٢٨ للشيخ إسماعيل حقي ابن مصطفى الإسلامبولي الحنفي الجلوتي المتوفى سنة ١١٣٧. البغدادي، إسماعيل باشا: إيضاح المكنون: ج١: ٥٨٥.

٧٢٩ لم أهتدِ للمطلوب.

٧٣٠ ربما قصد: مختصر منتهى السول والأمل.

٧٨٣. مختصر المنتهى[٧٣١] جلد١.
٧٨٤. محيي الدين على حسام كاتي[٧٣٢] جلد١.
٧٨٥. حاشية على [...] الأطهار، جلد١.
٧٨٦. لغة تركية مختصر الأختري[٧٣٣] جلد١.
٧٨٧. حاشية ميرزاجان على حكمة العين[٧٣٤] جلد١.
٧٨٨. محيي الدين على حسام كاتي، نسخة ثانية، جلد١.
٧٨٩. البهائية في علم الحساب[٧٣٥] جلد١.
٧٩٠. دشت أوراق مجمعة.
٧٩١. حاشية على المتوسط[٧٣٦] جلد١.
٧٩٢. حاشية على شرح العقائد للدواني[٧٣٧] جلد١.
٧٩٣. حاشية الأنموذج للأردبيلي[٧٣٨] جلد١.
٧٩٤. منلا جامي، نسخة ثانية. جلد١ [١٦/ب].

بيان الكتب التي استلمتها من جناب طاهر آغا اليكن ووضعتها في كتبخانة المدرسة، وهي كانت أمانة موضوعة عند شيخنا الشيخ صالح أفندي المدرس بالعثمانية -رحمه الله تعالى ونفعنا به في الدارين- فوضعناها في الكتبخانة وكتبنا على أولها: أمانة بها، إن ظهر صاحبها ندفعها له أو من صار أمينًا على الكتب بعدي. غفر الله لي ولجميع المسلمين ولمن دعا[٧٣٩] لي ولهم بالمغفرة، آمين. الفقير

---

٧٣١ وهو المشهور المتداول بمختصر المنتهى ومختصر ابن الحاجب، واعتنى بشأنه الفضلاء. خليفة، حاجي: الكشف: ج٢: ١٨٥٣.

٧٣٢ (حاشية على شرح إيساغوجي للكاتي. تأليف: التالجي، محيي الدين). انظر في الملحق الرقم (١٥٦٦١).

٧٣٣ انظر الكتاب رقم ٢٨٤.

٧٣٤ حاشية على شرح حكمة العين. تأليف ميرزاجان، حبيب الله بن عبد الله. انظر في الملحق الأرقام (١٥٣١٢ت١، ١٥٧٢٧ت١، ١٥٧٣١ت، ١٥٧٣٢ت).

٧٣٥ ربما المقصود «الفوائد البهائية في الحساب لعماد الدين عبد الله بن محمد الحوام البغدادي» خليفة، حاجي: الكشف: ج٢: ١٢٩٦.

٧٣٦ للتعريف بالمتوسط انظر الرقم ٧٧٣.

٧٣٧ شرح جلال الدين الدواني العقائد العضدية، ووضع على شرحه عدة حواش. انظر خليفة، حاجي: الكشف: ج٢: ١١٤٤.

٧٣٨ انظر في الملحق الرقم (١٥٥٩٦). محمد بن عبد الغني الأردبيلي (١٠٣٦هـ)، له شرح الأنموذج للزمخشري في النحو. كحالة، عمر رضا: معجم المؤلفين: ج٣: ٤١٧.

٧٣٩ في الأصل: (دعى).

محمّد عطاء الله مدرسزاده غفر الله له ولوالديه ولمشايخه ولجميع المسلمين ولمن دعا[٧٤٠] لهم وقرأ لروحه الفاتحة

٧٩٥. الجزء الأول من أنوار التنزيل تفسير القرآن العظيم للبيضاوي، جلد١.

٧٩٦. شرح ترتيب المجموع في الفرائض للشنشوري[٧٤١] جلد١.

٧٩٧. إبراهيم الحلبي، ناقص من أوله كم ورقة، في الفقه الحنبلي، جلد١.

٧٩٨. كتاب فقه ناقص من أوله، جلد١.

٧٩٩. كتاب السراجية في الفرائض[٧٤٢] جلد١.

٨٠٠. شرح السمرقندية في الاستعارات للملوي، جلد١.

٨٠١. مجموعة تركي وعربي، جلد١.

٨٠٢. كتاب استعارات ناقص، والظاهر أنه المطول، جلد١.

٨٠٣. قاضي مير، ومعه اللاري في علم الحكمة[٧٤٣] جلد١.

٨٠٤. ديوان تركي، وهو منتخب سناني المسمى بحديقة[٧٤٤] جلد١.

٨٠٥. قانون نامه[٧٤٥] تركي، جلد١.

٨٠٦. ديوان فهيم، تركي[٧٤٦] جلد١.

٨٠٧. شرح رسالة الاستعارات للشيخ أحمد الملوي[٧٤٧] جلد١.

---

٧٤٠ في الأصل: (دعى).

٧٤١ المجموع في علم الفرائض للشيخ أبي عبد الله شمس الدين محمد بن شرف الكلائي الفرضي الشافعي المتوفى في رجب سنة ٧٧٧، رتبه الشيخ الإمام بدر الدين محمد بن محمد سبط المارديني المتوفى سنة ٨٠٩، ثم شرحه الشيخ الإمام عبد الله بن بهاء الدين محمد بن عبد الله الشنشوري الشافعي، انظر خليفة، حاجي: الكشف: ج٢: ١٦٠٥.

٧٤٢ «فرائض السجاوندي وهو الإمام سراج الدين محمد بن محمود بن عبد الرشيد السجاوندي الحنفي، ويقال لها (الفرائض السراجية) أيضًا» خليفة، حاجي: الكشف: ج٢: ١٢٤٩. انظر في الملحق الرقمين (١٥٧٦٥ت، ١٥٧٦٦).

٧٤٣ هداية الحكمة للشيخ أثير الدين مفضل بن عمر الأبهري المتوفى في حدود سنة ٦٠٠. شرحها القاضي مير حسين بن معين الدين الميبدي الحسيني. انظر في الملحق الرقم (١٥٧٣٥). وللمولى مصلح الدين محمد بن صلاح اللاري، حاشية على (شرح القاضي مير). انظر خليفة، حاجي: الكشف: ج٢: ٢٠٢٩. وانظر في الملحق الرقم (١٥٧٣٤).

٧٤٤ منتخب حديقة حكيم، لسناني حكيم. انظر في الملحق الرقم (١٥٨٩٠).

٧٤٥ سبق التعريف به. الرقم ٣٤٠.

٧٤٦ «فهيم الرومي محمد فارغ ابن مفتي آق شهر المتخلص بفهيم توفي سنة ١٢٢٥، خمس وعشرين ومائتين وألف. له ديوان شعر تركي». البغدادي، إسماعيل باشا: هدية العارفين: ج٢: ٣٥٦.

٧٤٧ أحمد بن عبد الفتاح المجيري الملوي. له شرحان على رسالة الاستعارات مطول ومختصر، وشرحان على السلم للأخضري مطول ومختصر، وغير ذلك من المؤلفات. انظر المرادي: سلك الدرر: ج١: ١١٦–١١٧.

٨٠٨. حاشية على الملوي للشيخ عمر أفندي الفران[٧٤٨] جلد١.
٨٠٩. العضدية في علم الوضع وحاشية عليها للسيد الشريف[٧٤٩] جلد١.

الكتب الموقوفة في مدة العبد الفقير محمد عطاء الله مدرسزاده أمين الكتب:

٨١٠. الذي وقفته زليخا حليلة المرحوم [...] اليكن على مدرسة الرضائية يُقرأ[٧٥٠] فيه. مكرم شريف، عدد١.
٨١١. الذي أوقفه الفلاحون من قرية الأتارب[٧٥١] مكرم شريف، عدد٢.
٨١٢. الذي أوقفه بعض العسكر وهو موضوع في قبلية جامع العثمانية مكرم شريف، عدد١.
٨١٣. الذي أوقفه بعض الأكراد وهو موضوع في قبلية الجامع مكرم شريف، عدد١.
٨١٤. الذي أوقفه المرحوم الشيخ محمد أفندي الملقي. طهطاوي[٧٥٢] حاشية الدر المختار في الفقه، جلد٤. [١٧/أ].

الذي أوقفه سعادة ذو[٧٥٣] الدولة والإقبال، المشير الخطير الحاج محمّد تقي الدين باشا والي ولاية أدنة الجليلة على مدرسة الرضائية على شرط واقفها المرحوم عثمان باشا.
٨١٥. بخاري شريف، جلد، عدد ١٥، غرة محرم الحرام سنة ٨٥[٧٥٤].

الكتب التي وضعها أمانة الشيخ هاشم أفندي الهندي في مدّة تفوق على أربعين سنة ولم يعلم وارثه. فقد وضعت في مكتبة العثمانية.
٨١٦. كتب فارسي وتركي مشكلة. جلد عدد ١١.

الذي أوقفه الشيخ هاشم النيربي سنة ١٢٩٠.
٨١٧. حاشية الخضري على ابن عقيل[٧٥٥]. على مدرسة الرضائية بحلب، وشرط أن لا يُمنع عنها أحد من طلبة العلم من أهل المدرسة وغيرهم، مجلد واحد.

---

٧٤٨ لم أهتد للمطلوب.
٧٤٩ خليفة، حاجي: الكشف: ج١: ٨٩٨. انظر في الملحق الأرقام (١٥٣١٩ت، ١٥٥٣٦ت١٦، ١٥٦٩٣ت٥).
٧٥٠ في الأصل: يقرئ.
٧٥١ قرية الأتارب: في الشمال الغربي لمدينة حلب.
٧٥٢ في الأصل: طحطاوي.
٧٥٣ في الأصل: ذي.
٧٥٤ المقصود سنة ١٢٨٥هـ.
٧٥٥ حاشية على شرح ابن عقيل لألفية ابن مالك، تأليف محمد الخضري الدمياطي ثم المصري الشافعي المتوفى سنة ١٢٨٨. البغدادي، إسماعيل باشا: إيضاح المكنون: ج١: ١٢٠.

٨١٨. وحاشية المدابغي على الخطيب[٧٥٦].

٨١٩. حاشية الشيخ عوض على الخطيب[٧٥٧].

٨٢٠. وحاشية البجيرمي على المنهج[٧٥٨] الذي أوقفهم الشيخ هاشم المذكور وعلى الشرط المذكور.

الكتب التي[٧٥٩] أوقفها الشيخ السيد عبد الرحمن بن العلامة الشيخ أحمد الحلبي الشافعي الحنفي الشهير بشنون[٧٦٠] غفر الله لهما، آمين.

٨٢١. شرح الكنز للطائي[٧٦١] ٧.

٨٢٢. شرح الشاطبية لابن قاصح[٧٦٢].

٨٢٣. حاشية السملاوي[٧٦٣] على شرح الجزرية.

٨٢٤. حاشية الدمنهوري على متن الكافي[٧٦٤].

٨٢٥. حاشية الباجوري على متن السلم.

٨٢٦. حاشية الباجوري على متن السمرقندية.

---

٧٥٦ المدابغي حسن بن علي بن أحمد بن عبد الله المنطاوي الأزهري الشافعي الشهير بالمدابغي. له حاشية على شرح الخطيب. البغدادي، إسماعيل باشا: هدية العارفين: ج١: ٢٩٨. انظر في الملحق الرقمين (١٥٥٤٣، ١٥٤٤).

٧٥٧ لم أهتد للمطلوب.

٧٥٨ «البجيرمى – سليمان بن محمد بن عمر البجيرمي المصري الشافعي، ولد سنة ١١٣١ وتوفي سنة ١٢٢١، إحدى وعشرين ومائتين وألف. من تصانيفه التجريد لنفع العبيد حاشية على شرح المنهج للقاضي زكريا في الفروع» البغدادي، إسماعيل باشا: هدية العارفين: ج١: ٤٠٦.

٧٥٩ في الأصل: الذي.

٧٦٠ عبد الرحمن بن أحمد الحجّار، المعروف بابن شنون الحلبي. أحد علماء حلب الشهباء، ولد سنة ١٢٧٠هـ، وحفظ القرآن الكريم في صغره، ثم جاور في المدرسة العثمانية مشتغلًا بتحصيل العلوم، وأخذ عن كبار علماء حلب في عصره. وقُبيل سنة ١٣٠٠هـ، سافر إلى القاهرة وجاور في الجامع الأزهر، ثم انتقل إلى الآستانة. وقد شغل عدة وظائف علمية في حلب منها تدريس الحديث في الجامع الكبير بحلب، ومنها إمام جامع المدرسة الشعبانية، وغيرها. وكان رفاعيّ الطريقة، شدَّ الرحال إلى بلاد الهند لنشر الطريقة الرفاعية هناك، لكن مسعاه خاب، فعاد إلى مسقط رأسه. وفي سنة ١٣١٠ عُين مفتيًا للرقة. فوجد فيها الجهل ضاربًا أطنابه، فكانت له يدٌ طولى في نشر العلم والحض عليه. وله عدة مؤلفات، منها: النافجة المسكية في الظباء الهندية، والإكسال في حديث الإنزال، وعدة خطب منبرية. انظر الطباخ: إعلام النبلاء: ج٧: ٥٤٥، المرعشلي، يوسف: نثر الجواهر والدرر: ج١: ٦٥٥.

٧٦١ «سماه توفيق الرحمن بشرح كنز دقائق البيان» البغدادي، إسماعيل باشا: إيضاح المكنون: ج٢: ٣٨٥.

٧٦٢ مرَّ. انظر الرقم ٦٠٩.

٧٦٣ انظر ترجمة السملاوي عند البغدادي، إسماعيل باشا: هدية العارفين: ج١: ٦٢٢.

٧٦٤ «إرشاد الشافي على متن الكافي في العروض والقوافي – تأليف محمد الدمنهوري المصري الشافعي المتوفى سنة ١٢٨٨» البغدادي، إسماعيل باشا: إيضاح المكنون: ج٢: ٤٤٩.

٨٢٧. مفتاح المعية في طريق النقشبندية[٧٦٥].

٨٢٨. متن الغاية ونظمها في فقه الشافعي[٧٦٦].

٨٢٩. شرح علل البكره جي في العروض[٧٦٧].

٨٣٠. شرح السعد على العزى[٧٦٨].

٨٣١. حاشية اللقاني على شرح العزي[٧٦٩].

٨٣٢. منلا جامي على الكافية[٧٧٠] نسختين خط، وطبع.

٨٣٣. شرح نظم دماء الحج لابن المقري[٧٧١] على مذهب الإمام الشافعي.

٨٣٤. [...][٧٧٢] في معرفة شواذ القرآن.

٨٣٥. شرح الآجرومية للحلاوي[٧٧٣].

[١٧/ب] الكتب التي أوقفها سعادة حسين باشا ابن المرحوم عبد الرحمن أفندي مدرسزاده[٧٧٤]

٨٣٦. تفسير البيضاوي مجلد واحد[٧٧٥]

---

٧٦٥ للشيخ عبد الغني النابلسي. انظر المرادي: سلك الدرر: ج٣: ٣٣.

٧٦٦ «غاية الاختصار في الفقه الشافعي للإمام أبي شجاع الحسين بن أحمد الأصفهاني الشافعي، وعلى (الغاية) تصحيح للشيخ تقي الدين أبي بكر ابن قاضي عجلون الشافعي، ثم لخصه ونظم (غاية الاختصار)». خليفة، حاجي: الكشف: ج٢: ١١٨٩.

٧٦٧ «البكره جي–قاسم بن محمد الحلبي الحنفي المعروف بالبكره جي المتوفى سنة ١١٦٩، تسع وستين ومائة وألف. صنف بديعية. الدر المنتخب من أمثال العرب. شرح الخزرجية. شفاء العلل في نظم الزحافات والعلل في العروض» البغدادي، إسماعيل باشا: هدية العارفين: ج١: ٨٣٤.

٧٦٨ خليفة، حاجي: الكشف: ج٢: ١١٣٩. انظر في الملحق الرقم (١٥٦٤٠).

٧٦٩ في الأصل: اللاقاني. للشيخ ناصر الدين إبراهيم اللقاني حاشية سماها (خلاصة التعريف بدقائق شرح التصريف). خليفة، حاجي: الكشف: ج٢: ١١٣٩. انظر في الملحق الرقم (١٥٦٣٨ت).

٧٧٠ مرّ ٣٢٦.

٧٧١ لإسماعيل بن أبي بكر المعروف بابن المقري اليمني. انظر في الملحق الرقم (١٥٢٠٣ت).

٧٧٢ طمس بمقدار كلمة. وقد يكون المقصود: التقريب والبيان في معرفة شواذ القرآن، تأليف عبد الرحمن بن عبد المجيد الصفراوي. انظر في الملحق الرقم (١٤٨٣٢).

٧٧٣ «شرحها الشيخ شمس الدين أبو العزم محمد بن محمد الحلاوي المقدسي المتوفى سنة ٨٨٣» خليفة، حاجي: الكشف: ج٢: ١٧٩٧.

٧٧٤ لم أقف له على ترجمة مستقلة، ولكن في ترجمة الشيخ عبد الرحمن أفندي مدرس زاده المتوفى سنة ١٢٥٦هـ، أنه خلَّفَ من الذكور تقي الدين باشا، وحسين باشا، وإحسان أفندي، وعطاء الله أفندي، وأمين أفندي، وسعيد أفندي. انظر محمد راغب الطباخ: إعلام النبلاء: ج٧: ٢٥٦. وعليه يكون الواقف حسين باشا هو أخ الواقف الآتي تقي الدين باشا.

٧٧٥ انظر الكتاب رقم ٣.

٨٣٧. حاشية الطهطاوي[٧٧٦] على الدر، أربع مجلدات أحدهم ناقص ثلاث كراريس.

٨٣٨. شرح المغني للدماميني[٧٧٧].

٨٣٩. حاشية عصام على منلا جامي[٧٧٨].

٨٤٠. الصواعق المحرقة[٧٧٩].

٨٤١. جامع الفصولين[٧٨٠].

٨٤٢. مطول السعد[٧٨١].

٨٤٣. شرح الأزهرية للشيخ علي الحلبي[٧٨٢].

٨٤٤. حاشية حسن جلبي[٧٨٣].

٨٤٥. شرح الهداية للسيد الشريف[٧٨٤].

٨٤٦. شرح المشارق للأكمل[٧٨٥].

٨٤٧. كتاب الاستحسان ناقص[٧٨٦].

٨٤٨. مجموعة صرف.

٨٤٩. معرب الكافية لزيني زاده[٧٨٧]، ع٢.

---

٧٧٦ في الأصل: الطحطاوي. انظر الكتاب رقم ٤٧٨.

٧٧٧ شرح محمد بن أبي بكر الدماميني كتاب ابن هشام المسمى مغني اللبيب عن كتاب الأعاريب، وسماه (تحفة الغريب بشرح مغني اللبيب). خليفة، حاجي: الكشف: ج٢: ١٧٥٢.

٧٧٨ وضع عصام الدين إبراهيم بن محمد الإسفرائيني حاشية على الفوائد الضيائية لمنلا جامي. خليفة، حاجي: الكشف: ج٢: ١٣٧٢.

٧٧٩ انظر الكتاب رقم ٨٠.

٧٨٠ في الفروع، للشيخ بدر الدين محمود بن إسرائيل الشهير بابن قاضي سماونة (٨٢٣هـ). خليفة، حاجي: الكشف: ج١: ٥٦٦.

٧٨١ انظر الكتاب رقم ٢٥٥.

٧٨٢ المتوفى سنة (١٠٤٤هـ). له فرائد العقود العلوية في حل ألفاظ شرح الأزهرية في النحو. كحالة، عمر رضا: معجم المؤلفين: ج٢: ٣٨٦.

٧٨٣ انظر ترجمته عند البغدادي، إسماعيل باشا: هدية العارفين: ج١: ٢٨٨. وله حواشٍ كثيرة، فأيها المقصود؟

٧٨٤ الهداية في الفروع، لعلي بن أبي بكر المرغيناني، عليه شروح كثيرة، منها شرح السيد الشريف علي بن محمد الجرجاني. خليفة، حاجي: الكشف: ج٢: ٢٠٣٨.

٧٨٥ تحفة الأبرار في شرح مشارق الأنوار للشيخ أكمل الدين محمد بن محمود البابرتي. خليفة، حاجي: الكشف: ج٢: ١٦٨٨. انظر في الملحق الرقم (١٤٨٤٠).

٧٨٦ كلمة «ناقص» أضيفت فوق العنوان، وهو لأحمد بن محمد العلامي. انظر في الملحق الرقم (١٥٣٨١ت).

٧٨٧ الذي وجدته هو (تعليق الفواضل على إعراب العوامل)، لزيني زادة حسين بن أحمد. انظر في الملحق الرقم (١٥٦٢٦). وانظر ترجمته عند البغدادي، إسماعيل باشا: هدية العارفين: ج١: ٣٢٦.

٨٥٠. شرح المنار لابن ملك[٧٨٨].

٨٥١. حاشية في النحو ناقصة ع٢.

٨٥٢. شرح الجزرية [٧٨٩].

٨٥٣. حاشية على البيضاوي.

٨٥٤. شرح الجوهرة للمؤلف[٧٩٠].

٨٥٥. منلا جامي.

٨٥٦. مغني الأصول[٧٩١] وشرح المنار[٧٩٢].

٨٥٧. مجموعة في العقائد.

٨٥٨. كتاب عروض.

٨٥٩. شرح العوامل[٧٩٣].

٨٦٠. شرح الطوالع، ناقصة[٧٩٤].

٨٦١. مجموعة في الاستعارات.

٨٦٢. كذا في المصطلح.

٨٦٣. شرح اللمعة[٧٩٥].

٨٦٤. ألفية ابن مالك[٧٩٦].

---

٧٨٨ انظر الكتابين ٢٠٢، ٤٧٧.

٧٨٩ الذي وجدته في المكتبة الوطنية بدمشق، وعائديته من المكتبة العثمانية، هو (الفوائد السرية في شرح الجزرية، أو شرح المقدمة الجزرية)، لرضي الدين ابن الحنبلي، محمد بن إبراهيم. انظر في الملحق الرقم (١٤٨٢٧).

٧٩٠ جوهرة التوحيد منظومة في الكلام للشيخ إبراهيم بن إبراهيم اللقاني. وله عليه ثلاثة شروح كبير ومتوسط وصغير، اسم المتوسط تلخيص التجريد لعمدة المريد. خليفة، حاجي: الكشف: ج١: ٦٢٠. وانظر في الملحق الأرقام (١٥٢٩٨، ١٥٢٩٩، ١٥٣٠٠، ١٥٣٠١ت).

٧٩١ لم أعثر على هذا العنوان.

٧٩٢ هناك شروح كثير لمنار الأنوار، فأيها المقصود؟ انظر الكتب ذات الأرقام ٢٠٢، ٢٠٦، ٢٠٧.

٧٩٣ انظر الكتاب رقم ٧٣٧.

٧٩٤ كلمة «ناقصة» أضيفت فوق العنوان. في المكتبة الوطنية بدمشق شرحان لطوالع الأنوار الأول هو شرح طوالع الأنوار للبيضاوي، تأليف عبيد الله بن محمد العبري، والثاني هو مطالع الأنظار في شرح طوالع الأنوار للبيضاوي، تأليف محمود بن عبد الرحمن الأصبهاني. انظر في الملحق الرقمين (١٥٣٠٣، ١٥٣٠٤).

٧٩٥ هناك كتب كثيرة مطلع عنوانها (لمعة أو اللمعة). انظر خليفة، حاجي: الكشف: ج٢: ١٥٦٤-١٥٦٦.

٧٩٦ انظر الكتاب رقم ٦٢٠.

٨٦٥. السيد على السراجية، ع٢، ناقص[٧٩٧].

٨٦٦. كتاب في الفقه، ناقص أوله وآخره.

٨٦٧. جغرافية، عربي.

٨٦٨. الوقاية[٧٩٨].

٨٦٩. زيني زاده[٧٩٩].

٨٧٠. شرح الجزرية لابن المؤلف[٨٠٠].

٨٧١. فوائد العجائب ونوادر الغرائب[٨٠١].

٨٧٢. دقائق الحقائق، فارسي[٨٠٢].

٨٧٣. تحفة الإخوان في مسائل الإيمان[٨٠٣].

٨٧٤. كتاب هندسة.

٨٧٥. مجموعة فيها ملحمة.

٨٧٦. السر المكتوم في علم النجوم[٨٠٤].

٨٧٧. حاشية الخيالي[٨٠٥].

٨٧٨. رسالة في آداب البحث.

٨٧٩. حاشية الحموي على شرح القواعد[٨٠٦].

٨٨٠. خطيب فقه[٨٠٧].

---

٧٩٧ كلمة ناقص أضيفت فوق العنوان، انظر الكتاب رقم ١٥١.

٧٩٨ انظر الكتاب رقم ٦٧٩.

٧٩٩ انظر الكتاب رقم ٨٤٩.

٨٠٠ المقدمة الجزرية في علم التجويد لمحمد بن محمد الجزري، شرحها ابنه أحمد بن محمد بن الجزري شرحًا سماه الحواشي المفهمة في شرح المقدمة. خليفة، حاجي: الكشف: ج٢: ١٧٩٩. انظر في الملحق الرقم (١٤٨٢٠).

٨٠١ لم أعثر على هذا العنوان.

٨٠٢ لابن كمال باشا أحمد بن سليمان. انظر في الملحق الرقم (١٥٨٦٩).

٨٠٣ لعلي بن عطية علوان. انظر في الملحق الرقم (١٥٢٧٩ت).

٨٠٤ قد يكون المقصود السر المكتوم في مخاطبة الشمس والقمر والنجوم، للإمام فخر الدين محمود بن عمر الرازي. خليفة، حاجي: الكشف: ج٢: ٩٨٩.

٨٠٥ حاشية الخيالي على شرح السعد التفتازاني على العقائد النسفية، لأحمد بن موسى الخيالي. انظر في الملحق الأرقام (١٥٣١٣ت، ١٥٣٢١ت١، ١٥٣٣١ت٥، ١٥٧٠١ت).

٨٠٦ لم أهتدِ للمطلوب.

٨٠٧ هكذا في الأصل، والذي وجدته مجموعة خطب دينية. انظر في الملحق الرقم (١٥٧٩٧).

النص المحقق: الدفتر المُجدَّد لكتب وقف عثمان باشا الدُّورِكِي ١٥١

٨٨١. مرآة الأصول.[٨٠٨]

٨٨٢. كتاب طب.

٨٨٣. شرح المراح.[٨٠٩]

٨٨٤. قره كمال على الخيالي.[٨١٠]

٨٨٥. بحر الغرايب، فارسي.[٨١١]

٨٨٦. تعليمات، فارسي.[٨١٢]

٨٨٧. كتاب ناقص في أصول الفقه.

٨٨٨. كتاب ناقص، وعظ.

٨٨٩. منظومة في العروض التركي.

٨٩٠. مجموعة في اللغة.

٨٩١. كتاب تركي.

الكتب التي انوجدت[٨١٣] عند المشار إليه ومكتوب عليها وقف

٨٩٢. حاشية شيخي زاده على البيضاوي،[٨١٤] أربع مجلدات.

٨٩٣. شرح التلخيص.[٨١٥]

٨٩٤. فوائد العجائب ونوادر الغرائب.[٨١٦]

٨٩٥. رسالة في العروض.

---

٨٠٨ مرآة الأصول في شرح مرقاة الوصول، لملا خسرو محمد بن فرامرز. انظر في الملحق الرقم (١٥٣٥٢).

٨٠٩ هذا الكتاب عليه شروح كثيرة. انظر خليفة، حاجي: الكشف: ج٢: ١٦٥١. وانظر الكتب ذات الأرقام (٣٣٦).

٨١٠ انظر الكتاب رقم ٢١٩.

٨١١ الذي وجدته هو بحر الغرائب في اللغة، تأليف لطف الله بن يوسف الحليمي. انظر في الملحق الرقم (١٥٨٤٨).

٨١٢ لم أهتدِ للمطلوب.

٨١٣ هكذا في الأصل، والصواب وجدت. وهذه المعلومة تفيد أن هذه الكتب كانت موقوفة أصلًا على مكان آخر، وقد صارت إلى مكتبة حسين باشا بطريقة أو بأخرى، ومن ثم انتقلت إلى مكتبة المدرسة العثمانية. وللأسف هذه الكتب لم تصل إلى المكتبة الوطنية، وبالتالي ضاعت فرصة معرفة الأصل الذي كانت موقوفة عليه.

٨١٤ انظر الكتاب رقم ١٤.

٨١٥ لم أهتدِ للمطلوب.

٨١٦ انظر الكتاب رقم ٨٧١.

[١٨/أ] الكتب التي أوقفها حضرة دولتلو محمد تقي الدين باشا ابن المرحوم عبد الرحيم أفندي مدرسزاده، الوالي في الماضي بولاية بغداد الجليلة[٨١٧]

٨٩٦. شرح المناسك لمنلا علي القاري[٨١٨]، مطبوع.

٨٩٧. نوادر القليوبي[٨١٩]، مطبوع.

٨٩٨. رحلة رفاعة[٨٢٠]، تركي، مطبوع.

٨٩٩. بستان العارفين[٨٢١]، خط.

٩٠٠. حاشية الباجوري على السنوسية[٨٢٢]، طبع.

٩٠١. العهود للشعراني[٨٢٣]، طبع.

٩٠٢. سلوان المطاع[٨٢٤]، تركي، طبع، حاوي تاريخ وطب.

٩٠٣. ديوان عارف حكمت بك[٨٢٥] طبع.

٩٠٤. تاريخ الأكراد المسمى شرف نامة[٨٢٦]، فارسي، خط.

٩٠٥. مجموعة شاطبية[٨٢٧]، وغيرها، طبع.

٩٠٦. كتاب الهداية في الفقه[٨٢٨]، خط نفيس.

٩٠٧. كتاب الدرر الحسان في البعث للسيوطي[٨٢٩].

---

٨١٧ تقي الدين باشا ابن الشيخ عبد الرحمن أفندي ابن الشيخ حسن أفندي المدرس (١٢٣٠–١٣١٠هـ). انظر ترجمته عند محمد راغب الطباخ: إعلام النبلاء: ج٧: ٤١٣–٤١٤. المرعشلي، يوسف: نثر الجواهر: ج١: ٢٩٤.

٨١٨ لباب المناسك للشيخ رحمة الله السندي، شرحه علي بن سلطان محمد القاري وسماه المسلك المتقسط في المنسك المتوسط. خليفة، حاجي: الكشف: ج٢: ١٥٤٥.

٨١٩ لشهاب الدين أحمد بن أحمد بن سلافة القليوبي. له نوادر القليوبي أو كتاب حكايات وغرائد وعجائب ولطائف ونوادر وفرائد ونفائس. سركيس، يوسف إليان: معجم المطبوعات: ج٢: ١٥٢٦.

٨٢٠ لم أهتدِ للمطلوب.

٨٢١ انظر الكتاب رقم ٥٢١. وكلمة خط هنا: تعني مخطوط.

٨٢٢ انظر الكتاب رقم ٧١٨.

٨٢٣ كتاب العهود للشيخ عبد الوهاب بن أحمد الشعراني. خليفة، حاجي: الكشف: ج٢: ١٤٤١.

٨٢٤ الذي وجدته هو سلوان المطاع في عدوان الاتباع، لابن ظفر محمد بن عبد الله. انظر في الملحق الرقم (١٥٧٩٣). وقد جاء عنوانه عند خليفة، حاجي «سلوان المطاع في عدوان الطباع»، وهو كتاب في قوانين الحكمة ونوادر أخبار السلاطين على لسان الطيور والوحوش. خليفة، حاجي: الكشف: ج٢: ٩٩٨.

٨٢٥ الزركلي، خير الدين: الأعلام: ج١: ١٤١.

٨٢٦ لشرف بن شمس الدين الهادي. انظر في الملحق الرقم (١٥٨٢٦).

٨٢٧ انظر الكتاب رقم ٦٢٥.

٨٢٨ انظر الكتاب رقم ١٣١.

٨٢٩ الذي وجدته هو الدرر الحسان في البعث ونعيم الجنان. وقد جعله إياد خالد الطباع منحولاً على السيوطي. انظر الطباع، إياد خالد: الإمام الحافظ جلال الدين السيوطي: ٣٤٧.

٩٠٨. كتاب طب في النباتات، طبع.

٩٠٩. نزهة المجالس[٨٣٠] طبع، تاريخ اسكندر[٨٣١] طبع تركي.

٩١٠. القول الحسن في جواب القول لمن[٨٣٢]. طبع.

٩١١. ريحانة الأدب[٨٣٣]، خط.

٩١٢. متن الشاطبية[٨٣٤]، طبع.

٩١٣. كتاب الفيوضات الإحسانية شرح أوراد البهائية[٨٣٥]، طبع.

٩١٤. أطواق الذهب في المواعظ والخطب[٨٣٦].

٩١٥. سراج الملوك للطرطوشي[٨٣٧]، طبع.

٩١٦. رسالة توسل بالقرآن[٨٣٨] طبع.

٩١٧. كتاب يشتمل على رسالات للشرنبلالي[٨٣٩] خط.

٩١٨. إنشاء للعطار[٨٤٠] طبع.

٩١٩. قصيدة البردة[٨٤١] طبع.

٩٢٠. الدر النظيم في خواص القرآن العظيم[٨٤٢]، طبع.

٩٢١. ديوان سيدنا علي رضي الله عنه، طبع.

٩٢٢. إثبات النبوة، خط قديم.

---

٨٣٠ هناك نزهة المجالي في المقطعات الفارسية، لمجهول. انظر خليفة، حاجي: الكشف: ج٢: ١٩٤٦، وهناك نزهة المجالس لعبد الرحمن بن عبد السلام بن عبد الرحمن الصفوري. خليفة، حاجي: الكشف: ج٢: ١٩٤٧.

٨٣١ لم أهتدِ للمطلوب.

٨٣٢ لعطاء الله بن يحيى المعروف بنوعي زاده. خليفة، حاجي: الكشف: ج٢: ١٣٦٣. سركيس، يوسف إليان: معجم المطبوعات: ج٢: ١٣٣٤.

٨٣٣ لأبي الحسن علي ابن موسى العمادي الأندلسي. خليفة، حاجي: الكشف: ج١: ٩٤٠.

٨٣٤ انظر الكتاب رقم ٦٢٥.

٨٣٥ لعبد القادر بن محمد الكيالي، فرغ منه سنة ١٢٦٨هـ. البغدادي، إسماعيل باشا: إيضاح المكنون: ج٢: ٢١٧.

٨٣٦ للعلامة جار الله محمود بن عمر الزمخشري. خليفة، حاجي: الكشف: ج١: ١١٧.

٨٣٧ لأبي بكر محمد بن الوليد القرشي الطرطوشي. خليفة، حاجي: الكشف: ج٢: ٩٨٤.

٨٣٨ لم أهتدِ للمطلوب.

٨٣٩ انظر الكتاب رقم ٦٧٦.

٨٤٠ لم أهتدِ للمطلوب.

٨٤١ انظر الكتاب رقم ٦١٦.

٨٤٢ في الأصل: در النظيم في خواص قرآن العظيم. وهو لابن الخشاب اليمني محمد بن أحمد. خليفة، حاجي: الكشف: ج١: ٧٣٦.

٩٢٣. خلاصة الوفا في أخبار دار المصطفى[٨٤٣]، صلعم، طبع.

٩٢٤. مشارق الأنوار[٨٤٤]، طبع.

٩٢٥. قصيدة تركية، طبع.

٩٢٦. نوادر الوصول[٨٤٥] طبع.

٩٢٧. المدخل لابن الحاج[٨٤٦]، جزء ٢، طبع.

٩٢٨. الجواهر والدرر للإمام الشعراني[٨٤٧]، خط.

٩٢٩. حيل الفقه[٨٤٨]، خط.

٩٣٠. شفاء العليل في الصلاة [...][٨٤٩]، خط.

٩٣١. كتاب ما حضر للنقشبندي[٨٥٠]، طبع، تركي.

٩٣٢. سلوان المطاع[٨٥١]، خط.

٩٣٣. الأجوبة الفاخرة[٨٥٢]، خط.

٩٣٤. إتحاف.

٩٣٥. مجموع خط لمولانا جامي، فارسي.

٩٣٦. شرح مكتوبات الإمام الرباني[٨٥٣]، خط.

٩٣٧. إتحاف المريد بجوهرة التوحيد[٨٥٤]، خط.

---

٨٤٣ لعلي بن عبد الله السمهودي. انظر في الملحق الرقم (١٤٩٣١).

٨٤٤ انظر الكتاب رقم ٦٣.

٨٤٥ نوادر الوصول في شرح الفصول للقاضي محمد سعد الله المراد آبادي الهندي. البغدادي، إسماعيل باشا: إيضاح المكنون: ج٢: ٦٨٢.

٨٤٦ مدخل الشرع الشريف على المذاهب الأربعة للإمام ابن الحاج أبي عبد الله محمد بن محمد ابن العبدري الفاسي. خليفة، حاجي: الكشف: ج٢: ١٦٤٣.

٨٤٧ انظر الكتاب رقم ٧١١.

٨٤٨ هو كتاب الحيل لأحمد بن عمر الخصاف. وعلم الحيل الشرعية باب من أبواب الفقه، بل فن من فنونه، كما يقول خليفة، حاجي: الكشف: ج١: ٦٩٥.

٨٤٩ كلمة لم أستطع قراءتها.

٨٥٠ في شرح پندنامه المنسوبة إلى العطار للشيخ مراد بن عبد الحليم النقشبندي. البغدادي، إسماعيل باشا: إيضاح المكنون: ج٢: ٤١٩.

٨٥١ انظر الكتاب رقم ٩٠٢.

٨٥٢ الأجوبة الفاخرة عن الأسئلة الفاجرة، لأحمد بن إدريس القرافي. انظر في الملحق الرقم (١٥٣٢٥).

٨٥٣ في الأصل: شرح المكتوبات إمام الرباني. مكتوبات–للإمام الرباني الشيخ أحمد الفاروقي. البغدادي، إسماعيل باشا: إيضاح المكنون: ج٢: ٥٥٠. ولكن لم أعثر على الشارح.

٨٥٤ إتحاف المريد بجوهرة التوحيد، أو شرح جوهرة التوحيد، لعبد السلام بن إبراهيم اللقاني. انظر في الملحق الرقمين (١٥٢٩٦، ١٥٣٠٢).

النص المحقق: الدفتر المُجدَّد لكتب وقف عثمان باشا الدُّورِكِي ١٥٥

٩٣٨. حاشية الدسوقي على السنوسية[٨٥٥]، طبع.

٩٣٩. شرح الرسالة القشيرية[٨٥٦]، طبع جزء٤.

٩٤٠. كليات أبي البقاء[٨٥٧]، طبع.

٩٤١. مستظرف على[٨٥٨]، طبع.

٩٤٢. ديوان فارسي، خط.

٩٤٣. شرح الهمزية[٨٥٩]، خط.

٩٤٤. تفسير غريب القرآن[٨٦٠]، خط.

٩٤٥. كتاب منتهى الأغراض في علم الأمراض[٨٦١]، طبع.

٩٤٦. [خدمت عسكر درزمان سفر؟]، تركي، طبع.

٩٤٧. إحياء العلوم[٨٦٢]، طبع، جلد ٤.

٩٤٨. الفتوحات المكية[٨٦٣]، جلد٣، طبع.

٩٤٩. كتاب الأغاني للأصفهاني[٨٦٤]، جلد٨، طبع.

٩٥٠. دقائق حربية[٨٦٥]، طبع.

٩٥١. المقدمة في الجغرافية[٨٦٦].

٩٥٢. مجمع الأمثال الجزء الأول[٨٦٧]، طبع.

---

[٨٥٥] محمد بن أحمد بن عرفة الدسوقي. صنف حاشية على شرح السنوسي لمقدمته أم البراهين. الزركلي، خير الدين. الأعلام: ج٦: ١٧.

[٨٥٦] في الأصل: شرح رسالة القشيرية. الرسالة القشيرية في التصوف لعبد الكريم بن هوازن القشيري. وعليها شروح كثيرة. انظر خليفة، حاجي: الكشف: ج١: ٨٨٢-٨٨٣.

[٨٥٧] انظر الكتاب رقم ٧٧٨.

[٨٥٨] هكذا في الأصل، ولم أهتدِ للمطلوب.

[٨٥٩] ربما المقصود القصيدة الهمزية في المدائح النبوية، المعروفة بأم القرى. وعليها شروح كثيرة، انظر خليفة، حاجي: الكشف: ج٢: ١٣٤٩.

[٨٦٠] تفسير غريب القرآن، أو نزهة القلوب، أو مفردات القرآن، لمحمد بن عزيز السجستاني.

[٨٦١] منتهى الأغراض في علم شفاء الأمراض، ليوحنا عنحوري. البغدادي، إسماعيل باشا: إيضاح المكنون: ج٢: ٥٧١. الزركلي، خير الدين. الأعلام: ج٨: ٢١٠.

[٨٦٢] إحياء علوم الدين للإمام حجة الإسلام أبي حامد محمد بن محمد الغزالي. خليفة، حاجي: الكشف: ج١: ٢٣.

[٨٦٣] في الأصل: فتوحات المكية. انظر الكتاب رقم ١٠١.

[٨٦٤] خليفة، حاجي: الكشف: ج١: ١٢٩.

[٨٦٥] لم أعثر عليه.

[٨٦٦] لم أعثر عليه.

[٨٦٧] في الأصل: جزؤ الأول. انظر الكتاب رقم ٣٠٦.

٩٥٣. شرح الطريقة المحمدية للخادمي[٨٦٨]، طبع.

٩٥٤. تاريخ الخميس[٨٦٩]، جزء ثاني[٨٧٠]، طبع.

٩٥٥. تاريخ كامل[٨٧١]، جلد٤، طبع.

٩٥٦. شرح المثنوي للشيخ يوسف[٨٧٢]، طبع، جلد ٥.

٩٥٧. شرح إمام صحيح مسلم، الجزء الأول[٨٧٣].

٩٥٨. الدرر المنثورة في التواريخ المشهورة[٨٧٤]، خط.

٩٥٩. العقد الفريد[٨٧٥]، جلد٢، طبع.

٩٦٠. معرفتنامة لإسماعيل حقي[٨٧٦]، طبع.

٩٦١. الجزء الأول من تفسير الرازي[٨٧٧]، طبع.

٩٦٢. الجزء الأول من تفسير روح البيان[٨٧٨]، طبع.

٩٦٣. شرح ديوان المتنبي للعكبري[٨٧٩]، طبع.

---

٨٦٨ في الأصل: شرح طريقة المحمدية. البريقة المحمودية في شرح الطريقة المحمدية لأبي سعيد محمد بن مصطفى المفتي الخادمي. البغدادي، إسماعيل باشا: إيضاح المكنون: ج١: ١٨٠.

٨٦٩ في الأصل: تاريخ خميس. انظر الكتاب رقم **٣٠٩**.

٨٧٠ هكذا في الأصل، والصواب «جزء ثانٍ».

٨٧١ ربما يقصد الكامل في التاريخ لابن الأثير.

٨٧٢ انتخب المولى يوسف، المعروف بسينه جاك، ثلثمائة وستين بيتًا وسماه جزيرة المثنوي. خليفة، حاجي: الكشف: ج٢: ١٥٨٨.

٨٧٣ في الأصل: جزؤ الأول. وربما يقصد شرح صحيح مسلم للإمام النووي. انظر الكتاب رقم **٤١**.

٨٧٤ في الأصل: درر المنثورة في تواريخ المشهورة. تأليف علي بن نصيب الكافي. ألفه في دراسة أصول التواريخ المستعملة لدى الأمم كالتاريخ الهجري والميلادي والقبطي والعبري والرومي. المرعشلي، يوسف: نثر الجواهر والدرر: ج١: ٩٢٢.

٨٧٥ في الأصل: عقد الفريد. هناك عدد كبير من الكتب التي مطلع عنوانها العقد الفريد. انظر البغدادي، إسماعيل باشا: إيضاح المكنون: ج٢: ١٠٩. ولكن الموجود في المكتبة الوطنية بدمشق ومصدره المكتبة العثمانية هو العقد الفريد لبيان الراجح من الخلاف في جواز التقليد، أو رسائل الشرنبلالي، أو التحقيقات القدسية. لحسن بن عمار الشرنبلالي. انظر في الملحق الرقم (١٥١٥٤ت٥).

٨٧٦ الذي وجدته هو معرفتنامة لإبراهيم حقي بن درويش عثمان الأرضرومي. البغدادي، إسماعيل باشا: إيضاح المكنون: ج٢: ٥١٢.

٨٧٧ في الأصل: جزؤ الأول. هناك ضياء القلوب في التفسير لأبي الفتح سليم بن أيوب الرازي. خليفة، حاجي: الكشف: ج٢: ١٠٩١. وهناك مفاتيح الغيب المعروف بالتفسير الكبير للإمام فخر الدين محمد بن عمر الرازي. خليفة، حاجي: الكشف: ج٢: ١٧٥٦. فأيها المقصود؟

٨٧٨ في الأصل: جزؤ الأول، انظر الكتاب رقم **٧٧٩**.

٨٧٩ هو عبد الله بن الحسين بن عبد الله العكبري. الزركلي، خير الدين: الأعلام: ج٤: ٨٠.

٩٦٤. فتوح الشام للواقدي[٨٨٠]، جلد١.

٩٦٥. قانون أحكام فرانسة، جلد٢، طبع.

٩٦٦. تاريخ مصورت[٨٨١]، سادس.

٩٦٧. دستور، طبع.

٩٦٨. إدارة عمومية ولايات [...] فارسي.

٩٦٩. مناسك الحج الشريف، طبع، تركي.

٩٧٠. جغرافية، طبع.

٩٧١. رسالة تلغراف، خط.

٩٧٢. سبل السلام في حكم آباء سيد الأنام[٨٨٢]، طبع.

٩٧٣. [...][٨٨٣] قانونامه سي.

٩٧٤. رسالة الدرة العزيزية[٨٨٤] في الفرائد اللغوية[٨٨٥]، طبع.

٩٧٥. رسالة كفاية المعاني[٨٨٦].

٩٧٦. رسالة الوسائل إلى معرفة الأوائل للسيوطي[٨٨٧]، خط.

٩٧٧. أوزان جديرة نظامنامه سه، فارسي.

٩٧٨. هيئت أعيان نظامنامه سه، فارسي.

٩٧٩. رسالة فتوحات رشدية[٨٨٨] خط.

٩٨٠. الرسالة الجامعة على مذهب الإمام الشافعي[٨٨٩].

---

٨٨٠ في الأصل: فتوحات الشام. الزركلي، خير الدين: الأعلام: ج٦: ٣١١.

٨٨١ لم أهتدِ للمطلوب.

٨٨٢ في الأصل: سبل السلام في حكم الأب الإمام. والكتاب من تأليف محمد بن عمر البالي المدني. كحالة، عمر رضا: معجم المؤلفين: ج٣: ٥٥٨. سركيس، يوسف إليان: معجم المطبوعات: ٥٢١.

٨٨٣ كلمة لم أستطع قراءتها.

٨٨٤ في الأصل: رسالة درة العزيزية،

٨٨٥ في الأصل [الغوية].

٨٨٦ كفاية المعاني في نظم حروف المعاني لعبد الله البيتوشي. سركيس، يوسف إليان: معجم المطبوعات: ج٢: ١٢٩٦.

٨٨٧ خليفة، حاجي: الكشف: ج٢: ٢٠٠٧.

٨٨٨ لم أهتدِ للمطلوب.

٨٨٩ في الأصل: رسالة الجامعة. والذي وجدته الرسالة الجامعة والتذكرة النافعة، وهي مشتملة على ما لا بد منه من التوحيد والفقه والتصوف، جمعها أحمد بن زين الحبشي (من أبناء القرن الثالث عشر الهجري)، من بعض كتب حجة الإسلام أبي حامد الغزالي في الفقه الشافعي. سركيس، يوسف إليان: معجم المطبوعات: ج١: ١١٥.

٩٨١. رسالت الجامعة.

٩٨٢. شرح الآجرومية[٨٩٠].

٩٨٣. درر الشاذلية[٨٩١].

٩٨٤. رسالت أدلت خيرات[٨٩٢].

٩٨٥. كتاب إظهار الحق[٨٩٣].

٩٨٦. كتاب كمال أصفهاني[٨٩٤].

٩٨٧. منافع القرآن[٨٩٥].

٩٨٨. كتاب أطباق الذهب[٨٩٦].

٩٨٩. الكنز المدفون للسيوطي[٨٩٧]، طبع.

٩٩٠. الفخر الرازي[٨٩٨]، جلد٥، طبع.

٩٩١. بخاري شريف، خط نفيس.

٩٩٢. كشكول أول، طبع.

٩٩٣. ديوان الخطب، طبع، ع١.

٩٩٤. الأول والثاني من شرح الزرقاني[٨٩٩]، طبع.

٩٩٥. مثنوي شريف[٩٠٠]، طبع.

---

٨٩٠ انظر الكتاب ٥٧١.

٨٩١ لم أهتدِ للمطلوب.

٨٩٢ هكذا في الأصل، وربما المقصود رسالة أدل الخيرات لمحمود بن محمد القادري. انظر في الملحق الرقم (١٥٤٣٨ت).

٨٩٣ لرحمة الله بن خليل الرحمن الهندي الدهلوي. البغدادي، إسماعيل باشا: هدية العارفين: ج١: ٣٦٦.

٨٩٤ لم أهتدِ للمطلوب.

٨٩٥ هناك أكثر من مؤلف لهم كتاب بعنوان منافع القرآن، فأيهم المقصود؟ انظر خليفة، حاجي: الكشف: ج٢: ١٨٣٥.

٨٩٦ انظر الكتاب رقم ٧٢٧.

٨٩٧ في الأصل: كنز المدفون، الكنز المدفون والفلك المشحون، وهو مجموع فوائد وحكايات ولطائف وأحاديث ويُنسب غلطاً إلى الإمام السيوطي، ومؤلفه الحقيقي هو شرف الدين يونس المالكي (ق٨هـ). انظر سركيس، يوسف إليان: معجم المطبوعات: ج٢: ١٩٦٢، الطباع، إياد خالد: الإمام الحافظ جلال الدين السيوطي: ٣٨٢.

٨٩٨ في الأصل: فخر الرازي.

٨٩٩ إن كان المقصود محمد بن عبد الباقي الزُّرقاني، فله شروح على عدة كتب؛ فأيها المقصود؟. الزركلي، خير الدين: الأعلام: ج٦: ١٨٤.

٩٠٠ لمنلا جلال الدين محمد بن محمد القونوي. خليفة، حاجي: الكشف: ج٢: ١٥٨٨.

٩٩٦. ترجمة البرهان القاطع[٩٠١].

٩٩٧. رسالة صلاة[٩٠٢]، طبع.

٩٩٨. شرح ديوان حافظ للغزي[٩٠٣].

٩٩٩. مراقي الفلاح شرح نور الإيضاح[٩٠٤].

١٠٠٠. تفسير الخازن[٩٠٥]، جلد ٤، طبع.

١٠٠١. شرح علي القاري على الشفا[٩٠٦]، طبع، جلد٢.

١٠٠٢. [١٨/ب] كشف الغمة عن جميع الأمة[٩٠٧]، طبع.

١٠٠٣. القرآن الجزيل المسمّى بمعالم التنزيل[٩٠٨]، طبع.

١٠٠٤. رد المحتار على الدر المختار[٩٠٩]، طبع، جلد٥.

١٠٠٥. جواهر [النقطة؟].

١٠٠٦. شرح المقامات للشريشي[٩١٠]، طبع.

١٠٠٧. الأول والثاني من السيرة المحمدية[٩١١]، طبع.

١٠٠٨. الميزان الكبرى للشعراني[٩١٢]، طبع.

١٠٠٩. كتاب سفينة الراغب[٩١٣].

---

٩٠١ في الأصل: ترجمة برهان لقاطع. وربما يقصد التبيان النافع في ترجمة البرهان القاطع في اللغة، لأحمد عاصم بن جناني العينتابي المعروف بجناني زاده. البغدادي، إسماعيل باشا: هدية العارفين: ج١: ١٨٤.

٩٠٢ في الأصل: صلوة.

٩٠٣ لم أهتد للمقصود.

٩٠٤ في الأصل: مراق الفلاح. انظر الكتاب رقم ٥٣١.

٩٠٥ انظر الكتاب رقم ٩.

٩٠٦ انظر الكتاب رقم ٥٤.

٩٠٧ لعبد الوهاب بن أحمد الشعراني. خليفة، حاجي: الكشف: ج٢: ١٤٩٢.

٩٠٨ في الأصل: قرآن الجزيل. لقد وجدت مخطوطًا بهذا العنوان على موقع مركز جمعة الماجد. مؤلفه حسين بن مسعود الفراء البغوي (ت ٥١٠هـ/١١١٧م). http://www.almajidcenter.org/index.php

٩٠٩ للسيد محمد أمين ابن عابدين. البغدادي، إسماعيل باشا: إيضاح المكنون: ج١: ٥٥٦.

٩١٠ أحمد بن عبد المؤمن بن موسى بن عيسى بن عبدالمؤمن القيسي. البغدادي، إسماعيل باشا: هدية العارفين: ج١: ٩٠.

٩١١ في الأصل: سيرة المحمدية.

٩١٢ عبد الوهاب بن أحمد بن علي الحنفي (٩٧٣هـ/١٥٦٥م). الزركلي، خير الدين: الأعلام: ج٤: ١٨١.

٩١٣ سفينة الراغب ودفينة المطالب، لمحمد راغب پاشا الوزير الرومي. البغدادي، إسماعيل باشا: إيضاح المكنون: ج٢: ١٧.

١٠١٠. الجزء الأول ترجمة التلخيص المطول[٩١٤].

١٠١١. الرسالة القشيرية في علم التصوف[٩١٥].

١٠١٢. أثمار التواريخ مع ذيله[٩١٦]، تركي، طبع.

١٠١٣. الدلائل والاعتبار على الخلق والتدبير[٩١٧]، خط.

١٠١٤. الطبقات الكبرى للشعراني[٩١٨]، طبع.

١٠١٥. الزواجر لابن حجر[٩١٩]، طبع.

١٠١٦. الظريف واللطيف في مدح كل شيء وذمه[٩٢٠].

١٠١٧. شرح الحكم لابن عطاء الله الاسكندري[٩٢١].

١٠١٨. قاموس، طبع، جلد٤.

١٠١٩. سبائك الذهب في معرفة قبائل العرب[٩٢٢].

١٠٢٠. غنية الطالب منية الراغب[٩٢٣]، حقوق [...] طبع.

١٠٢١. شرح ديوان المتنبي[٩٢٤].

١٠٢٢. شرح ديوان حافظ للغزي[٩٢٥].

١٠٢٣. الأقيانوس شرح القاموس[٩٢٦]، طبع، جلد ٣.

---

٩١٤ في الأصل: جزؤ الأول. لم أهتدِ للمطلوب.

٩١٥ في الأصل: رسالة القشيرية، عبد الكريم بن هوازن القشيري. انظر في الملحق الرقم (١٥٤١٤ت٥).

٩١٦ في الأصل: زيله. أثمار التواريخ، تركي، في أسماء السلاطين الإسلامية والوزراء والعلماء للدولة العثمانية، للقاضي عسكر محمد شمعي بن محمد ممش الرومي الحنفي. البغدادي، إسماعيل باشا: إيضاح المكنون: ج١: ٢٤.

٩١٧ في الأصل: الدلال على الخلق والتدبير. عمرو بن بحر الجاحظ. انظر في الملحق الرقم (١٥٣٩٣).

٩١٨ في الأصل: طبقات الكبرى. انظر الكتاب رقم ٤٥٥.

٩١٩ الزواجر عن اقتراف الكبائر لابن حجر الهيثمي. خليفة، حاجي: الكشف: ج٢: ٩٥٦.

٩٢٠ لم أهتدِ للمطلوب.

٩٢١ الحكم العطائية لأحمد بن محمد بن عبد الكريم المعروف بابن عطاء الله الإسكندري، عليها شروح كثيرة. انظر خليفة، حاجي: الكشف: ج١: ٦٧٥.

٩٢٢ لمحمد أمين بن علي بن محمد بن عبد الله السويدي. كحالة، عمر رضا: معجم المؤلفين: ج٣: ١٤٤.

٩٢٣ هكذا في الأصل، وربما المقصود منية الراغب وبغية الطالب، لعبد الرحمن بن محمد القاري. انظر في الملحق الرقم (١٥٦١٨).

٩٢٤ عليه شروح كثيرة، فأيها المقصود؟. انظر خليفة، حاجي: الكشف: ج١: ٨٠٩.

٩٢٥ في الأصل: ديوان الحافظ. انظر الكتاب رقم ٩٩٨.

٩٢٦ هكذا في الأصل، والصواب: الأوقيانوس لشرح وترجمة القاموس، لأبي الكمال أحمد بن عاصم العينتابي المعروف بجنابي زاده. البغدادي، إسماعيل باشا: إيضاح المكنون: ج١: ١٥١.

النص المحقق: الدفتر المُجدَّد لكتب وقف عثمان باشا الدُّورِكِي ١٦١

١٠٢٤. المسامرات٩٢٧، طبع.

١٠٢٥. نهج البلاغة٩٢٨.

١٠٢٦. نفح الطيب تاريخ الأندلس٩٢٩.

١٠٢٧. إعلام الناس في أحوال البرامكة٩٣٠.

١٠٢٨. المناهل الصافية في شرح الشافية٩٣١.

١٠٢٩. ترجمة ابن خلدون٩٣٢، تركي، طبع.

١٠٣٠. نطق المفهوم في أطول الحيوانات والنباتات٩٣٣.

١٠٣١. مقامات الحريري٩٣٤ مع شرحه، طبع.

١٠٣٢. فصول البدائع٩٣٥.

١٠٣٣. ديوان المتنبي، خط.

١٠٣٤. مختصر البخاري للزبيدي٩٣٦، طبع.

١٠٣٥. الجزء الأول من العقد الفريد٩٣٧.

١٠٣٦. شرح دلائل الخيرات٩٣٨.

---

٩٢٧ قد يكون المقصود كتاب مسامرات الأخيار، لابن عربي. انظر الكتاب رقم ١١٩.

٩٢٨ خليفة، حاجي: الكشف: ج٢: ١٩٩١، وانظر في الملحق الرقم (١٥٤٩٩).

٩٢٩ انظر الكتاب رقم ٢٩٢.

٩٣٠ هكذا في الأصل، والصواب إعلام الناس بما جرى للبرامكة مع بني العباس –تأليف محمد دياب الأتليدي المصري. البغدادي، إسماعيل باشا: إيضاح المكنون: ج١: ١٠٤.

٩٣١ المناهل الصافية في كشف معاني الشافية، أو شرح شافية ابن الحاجب. تأليف لطف الله بن محمد الغياث. انظر في الملحق الرقم (١٥٦٣٢).

٩٣٢ مفتاح العبر، تركي، ترجمة الجزء الأول من الكتاب الثاني من مقدمة ابن خلدون، للوزير عبد اللطيف صبحي باشا. البغدادي، إسماعيل باشا: إيضاح المكنون: ج٢: ٢٥٢.

٩٣٣ لم أهتدِ للمطلوب.

٩٣٤ انظر الكتاب رقم ٢٩٥.

٩٣٥ فصول البدائع في أصول الشرائع، انظر الكتاب رقم ١٨٣.

٩٣٦ لزين الدين أحمد بن أحمد بن عبد اللطيف الزبيدي. خليفة، حاجي: الكشف: ج١: ٥٥٤. وعنوان التجريد الصريح لأحاديث الجامع الصحيح. سركيس، يوسف إليان: معجم المطبوعات: ج٢: ١١١٤.

٩٣٧ في الأصل: عقد الفريد. هناك كثير من الأعمال مطلع عنوانها العقد الفريد. ولكن الموجود في المكتبة الوطنية بدمشق عن طريق المكتبة العثمانية هو العقد الفريد لبيان الراجح من الخلاف في جواز التقليد، أو رسائل الشرنبلالي، أو التحقيقات القدسية، لحسن بن عمار الشرنبلالي. انظر في الملحق الرقم (١٥١٥٤ت٥).

٩٣٨ انظر الكتاب رقم ٧٤.

١٠٣٧. الجزء الأول من المثنوي[٩٣٩].

١٠٣٨. شرح قصيدة بانت سعاد[٩٤٠].

١٠٣٩. تفسير عبد الله ابن عباس[٩٤١].

١٠٤٠. حاشية الباجوري[٩٤٢]، طبع.

١٠٤١. شرح البردة للباجوري[٩٤٣].

١٠٤٢. قانون أجنبي.

١٠٤٣. مجربات العلامة الديربي[٩٤٤].

١٠٤٤. الغنية للكيلاني[٩٤٥].

١٠٤٥. الحادي عشر والثاني عشر من الأغاني[٩٤٦].

١٠٤٦. نوادر القليوبي.

١٠٤٧. عدة الأمراء والحكام لإهانة عبدة الأصنام[٩٤٧].

١٠٤٨. شرح مولد النبي للبرزنجي[٩٤٨].

١٠٤٩. حاشية الباجوري على الشمائل[٩٤٩].

---

٩٣٩ في الأصل: جزؤ أول.

٩٤٠ لها شروح كثير، فأيها المقصود؟. انظر خليفة، حاجي: الكشف: ج٢: ١٣٢٩.

٩٤١ خليفة، حاجي: الكشف: ج١: ٤٣٨.

٩٤٢ لقد وصل لإبراهيم بن محمد الباجوري ثلاث حواشٍ هي حاشية على السمرقندية. انظر في الملحق الرقم (١٥٥٣٨ت١)، وحاشية على السلم المنورق للأخضري، انظر في الملحق الرقم (١٥٦٨٣)، وحاشية الباجوري على أم البراهين، أو حاشية على متن السنوسية. انظر في الملحق الرقم (١٦٠٢٤).

٩٤٣ لإبراهيم بن محمد الباجوري حاشية على البردة الشريفة. انظر البغدادي، إسماعيل باشا: هدية العارفين: ج١: ٤١.

٩٤٤ لأبي العباس أحمد بن عمر الديربي الغنيمي. له مجربات الديربي وهو كتاب فتح الملك المجيد المؤلف لنفع العبيد وقمع كل جبار عنيد، جمع فيه ما تلقاه وجربه من الفوائد الروحانية والطبية. سركيس، يوسف إليان: معجم المطبوعات: ج١: ٨٩٩.

٩٤٥ في الأصل: لكيلاني. وهو عبد القادر الكيلاني أو الجيلاني أو الجيلي. انظر الكتاب رقم ٧٤٤.

٩٤٦ في الأصل: الحادي والثاني عشر.

٩٤٧ في الأصل: لإهانت. تأليف فضل بن علوي بن محمد بن سهل الحسيني.

٩٤٨ البرزنجي جعفر بن إسماعيل بن زين العابدين الحسيني، له الكوكب الأزهر على عقد الجوهر في مولد النبي الأزهر. البغدادي، إسماعيل باشا: هدية العارفين: ج١: ٢٥٧. لكن لم أهتدِ إلى الشارح.

٩٤٩ إبراهيم بن محمد بن أحمد الباجوري، له حاشية على شمائل الترمذي. الزركلي، خير الدين: الأعلام: ج١: ٧١.

١٠٥٠. تاج العروس[٩٥٠]، طبع.
١٠٥١. القهستاني[٩٥١]، خط.
١٠٥٢. تنقيح الحامدية[٩٥٢]، طبع.
١٠٥٣. غرر النجاح في عمل الجراح[٩٥٣].
١٠٥٤. مقامات الحريري، طبع.
١٠٥٥. الجزء الأول والثاني من الدرر[٩٥٤].
١٠٥٦. الشفا الشريف[٩٥٥]، خط.
١٠٥٧. شاني زاده تاريخي[٩٥٦]، طبع.
١٠٥٨. درة الواعظين[٩٥٧]، طبع.
١٠٥٩. البيان على أصول الإيمان[٩٥٨].
١٠٦٠. إرشاد المغفلين للشعراني[٩٥٩].
١٠٦١. كتاب إبراهيم الحلبي[٩٦٠].
١٠٦٢. خريطة ولاية حلب[٩٦١].

---

٩٥٠ تاج العروس من جواهر القاموس، للسيد محمد مرتضى الحسيني الزبيدي. البغدادي، إسماعيل باشا: إيضاح المكنون: ج١: ٢١٠.

٩٥١ انظر الكتاب رقم ١٨٨.

٩٥٢ ربما يكون المقصود العقود الدرية في تنقيح الفتاوى الحامدية، لابن عابدين محمد أمين، المفتي الدمشقي. البغدادي، إسماعيل باشا: إيضاح المكنون: ج٢: ١١٣.

٩٥٣ هكذا في الأصل، والذي وجدته غرر النجاح في أعمال الجراح. تأليف الحكيم محمد علي باشا المصري. البغدادي، إسماعيل باشا: إيضاح المكنون: ج٢: ١٤٥.

٩٥٤ في الأصل: جزؤ الأول. انظر الكتاب رقم **٤١٣**.

٩٥٥ في الأصل: شفا الشريف. الشفا بتعريف حقوق المصطفى، للقاضي عياض. انظر الكتاب رقم **٥٢**. انظر في الملحق الرقم (١٤٨٤٤، ١٤٨٥١، ١٤٩١٤، ١٤٩١٧).

٩٥٦ شاني زاده محمد عطاء الله بن محمد صادق الرومي الحنفي المعروف بشأني زاده. له تاريخ عثماني في أربعة مجلدات. البغدادي، إسماعيل باشا: هدية العارفين: ج٢: ٣٦٢.

٩٥٧ درة الواعظين وذخر العابدين، لمحمد بن سلامة بن جعفر القضاعي. خليفة، حاجي: الكشف: ج١: ٧٤٥.

٩٥٨ هكذا في الأصل. البيان في أصول الإيمان والكشف عن تمويهات أهل الطغيان. تأليف محمد بن أحمد السمناني. انظر في الملحق الرقم (١٥٣٢٨ت).

٩٥٩ إرشاد المغفلين من الفقهاء والفقراء إلى آداب صحبة الأمراء، عبد الوهاب بن أحمد الشعراني. انظر في الملحق الرقم (١٥٤١٠).

٩٦٠ انظر الكتاب رقم **٤٨٢**.

٩٦١ في الأصل: ولايت.

١٠٦٣. تفسير روح البيان[٩٦٢]، جلد٥.
١٠٦٤. بدائع الزهور في وقائع الدهور[٩٦٣].
١٠٦٥. كتاب الراوي[٩٦٤]، تاريخ، جلد٢.
١٠٦٦. الجزء الثالث من المدخل[٩٦٥].
١٠٦٧. إنشاء مرعي عربي[٩٦٦].
١٠٦٨. الجزء الرابع من الفتوحات المكية[٩٦٧].
١٠٦٩. العقد الفريد[٩٦٨]، خط.
١٠٧٠. كتاب الفرائد[٩٦٩].
١٠٧١. الجزء الثاني من الدستور[٩٧٠].
١٠٧٢. رياض المديح[٩٧١].
١٠٧٣. الأول من أنس الجليل تاريخ القدس والخليل[٩٧٢].
١٠٧٤. شرح لامية ابن الوردي[٩٧٣].
١٠٧٥. الأول والثاني من شرح العيني على الكنز[٩٧٤]، خط.
١٠٧٦. شرح الزرقاني على المواهب[٩٧٥]، جلد٨.

---

٩٦٢ انظر الكتاب رقم ٧٧٩.
٩٦٣ لمحمد بن إياس. خليفة، حاجي: ج١: ٢٢٩.
٩٦٤ لم أهتدِ للمطلوب.
٩٦٥ في الأصل: جزؤ الثالث. انظر الكتاب رقم ٩٢٧.
٩٦٦ لمرعي بن يوسف بن أبي بكر بن أحمد الكرمي. له بديع الإنشاء والصفات يُعرف بإنشاء مرعي. الزركلي، خير الدين: الأعلام: ج٧: ٢٠٣.
٩٦٧ في الأصل: جزؤ الرابع. انظر الكتاب رقم ١٠١.
٩٦٨ في الأصل: عقد الفريد. انظر الكتاب رقم ٩٥٩.
٩٦٩ لم أهتد للمطلوب.
٩٧٠ في الأصل: جزؤ الثاني.
٩٧١ رياض المديح وجلاء كل ود صحيح وشفاء كل قلب جريح في ذكر النبي المليح. تأليف جعفر بن محمد بن عثمان الميرغني. انظر البغدادي، إسماعيل باشا: ج١: ٦٠٣.
٩٧٢ انظر الكتاب رقم ٣٠٨.
٩٧٣ في الأصل: لامية الوردي. إهداء المهدي في تخميس لامية ابن الوردي، تأليف يوسف بن زكريا المغربي. انظر في الملحق الرقم (١٥٦٢٧ت٣).
٩٧٤ انظر الكتاب رقم ١٨٢.
٩٧٥ المواهب اللدنية بالمنح المحمدية، لأحمد بن محمد القسطلاني، شرحه محمد بن عبد الباقي بن يوسف الزرقاني المصري. خليفة، حاجي: الكشف: ج٢: ١٨٩٧.

١٠٧٧. شرح بستان خيال[٩٧٦]، فارسي، تركي.
١٠٧٨. الأول والثاني من إحياء العلوم[٩٧٧].
١٠٧٩. تفسير [...] على تنزيل [...][٩٧٨].
١٠٨٠. الجزء الثاني من صحيح مسلم، طبع.
١٠٨١. الفقه الكبير للشيخ علي البزدوي[٩٧٩].
١٠٨٢. فتاوي قاضي خان[٩٨٠]، جلد٣.
١٠٨٣. رموز الحكم[٩٨١].
١٠٨٤. أصول حنفية[٩٨٢].
١٠٨٥. الأول والثاني من الجامع الصغير[٩٨٣].
١٠٨٦. تسليك الدواب في طرق الصواب[٩٨٤].
١٠٨٧. الجزء الأول والثاني من شرح المناوي على الجامع الصغير[٩٨٥].
١٠٨٨. مضبطة [...]، طبع.

---

٩٧٦ بستان خيال مجموعة الأشعار الفارسية على طريقة النظيرة لبكتاش قولي أبدال. خليفة، حاجي: الكشف: ج١: ٢٤٣. انظر في الملحق الرقم (١٥٨٦٠).

٩٧٧ انظر الكتاب رقم ٩٤٧.

٩٧٨ هناك كلمتان لم أستطع قراءتها.

٩٧٩ في الأصل: فقه الكبير. ربما يقصد كنز الوصول إلى معرفة الأصول، أو أصول البزدوي. تأليف علي بن محمد البزدوي. انظر في الملحق الرقم (١٥٣٤٠).

٩٨٠ انظر الكتاب رقم ١٧٩.

٩٨١ في الاعتقادات الدينية، تأليف عبد الرحمن سامي باشا الوزير ابن أحمد نجيب الموره وي. البغدادي، إسماعيل باشا: إيضاح المكنون: ج١: ٥٨٤.

٩٨٢ لم أهتد للمطلوب.

٩٨٣ في الأصل: جامع الصغير. هناك أكثر من عمل مطلع عنوانه الجامع الصغير، منها الجامع الصغير من حديث البشير النذير في علم الحديث للسيوطي. انظر خليفة، حاجي: الكشف: ج١: ٥٦٠، ومنها الجامع الصغير في الفروع للشيباني. خليفة، حاجي: الكشف: ج١: ٥٦١، ومنها الجامع الصغير في فروع الحنابلة لأبي يعلى، ومنها الجامع الصغير في النحو للكلائي. انظر خليفة، حاجي: الكشف: ج١: ٥٦٤. ولكن الموجود في المكتبة الوطنية بدمشق هو الجامع الصغير من حديث البشير النذير. انظر الكتاب رقم ٤٥.

٩٨٤ لقد مرَّ معي أثناء بحثي في مكتبة الدولة في برلين مخطوطة عنوانها تسليك الدواب إلى طريق الصواب ردًّا على الدهرية، وهي متاحة على الإنترنت على الرابط: https://digital.staatsbibliothek-berlin.de/werkansicht?PPN=PPN615572367&PHYSID=PHYS_0007&DMDID=&view=overview-toc.

٩٨٥ في الأصل: جزؤ الأول. انظر الكتاب رقم ٤٦.

١٠٨٩. أطباق الذهب[٩٨٦]، خط.
١٠٩٠. الإبريز[٩٨٧]، جلد٢.
١٠٩١. مناسك الحج الشريف[٩٨٨].
١٠٩٢. شرح أصول العشرة[٩٨٩].
١٠٩٣. الجزء الأول من تاريخ الخميس[٩٩٠].
١٠٩٤. مجموع نفيس، خط.
١٠٩٥. الكشف الغيوبي للشرنوبي[٩٩١].
١٠٩٦. الأول والثاني من تفسير الشيخ الأكبر[٩٩٢].
١٠٩٧. شرح ديوان امرئ القيس[٩٩٣].
١٠٩٨. شرح قصيدة يا خلي البال[٩٩٤].
١٠٩٩. [...][٩٩٥] ويس.
١١٠٠. [١٩/أ] مجربات الديربي.
١١٠١. تاريخ عثماني.
١١٠٢. الجواهر الحنفية[٩٩٦].
١١٠٣. الجزء الثاني من تاريخ أنس الجليل[٩٩٧].
١١٠٤. تاريخ السلطان سليم مع الغوري[٩٩٨].

---

٩٨٦ انظر الكتاب رقم ٧٢٧.
٩٨٧ لم أهتدِ للمطلوب.
٩٨٨ انظر في الملحق الرقمين (١٥٢١٤، ١٥٩٤١ت٤).
٩٨٩ لم أهتدِ للمطلوب.
٩٩٠ في الأصل: جزؤ الأول من تاريخ خميس. انظر الكتاب رقم ٣٠٩.
٩٩١ هكذا في الأصل. الكشف الغيوبي في طبقات الشرنوبي، لمحمد البلقيني. كحالة، عمر رضا: معجم المؤلفين: ج٣: ١٧٤.
٩٩٢ في الأصل: شيخ الأكبر. هو ابن العربي، انظر خليفة، حاجي: الكشف: ج١: ٤٣٨.
٩٩٣ لم أهتدِ للمطلوب.
٩٩٤ لم أهتدِ للمطلوب.
٩٩٥ كلمة لم أستطع قراءتها.
٩٩٦ الجواهر المضيئة في طبقات الحنفية لعبد القادر بن أبي الوفاء محمد القرشي. انظر خليفة، حاجي: الكشف: ج١: ٦١٦.
٩٩٧ في الأصل: جزؤ الثاني.
٩٩٨ في الأصل: تاريخ سلطان. لابن زنبل الرمال. انظر البغدادي، إسماعيل باشا: إيضاح المكنون: ج١: ١٣٥.

النص المحقق: الدفتر المُجدَّد لكتب وقف عثمان باشا الدُّورِكِي ١٦٧

١١٠٥. تفسير ابن عباس٩٩٩، جلد٢.

١١٠٦. تاريخ اليمن١٠٠٠، خط.

١١٠٧. شرح البخاري للقسطلاني١٠٠١، ع١٠.

١١٠٨. المنن الكبرى للشعراني١٠٠٢، طبع.

١١٠٩. مفتاح البلاغة ومصباح الفصاحة١٠٠٣.

١١١٠. أقوام المسالك في معرفة أحوال الممالك١٠٠٤.

١١١١. عنوان الآيات١٠٠٥، خط.

١١١٢. رسالة محمد، فارسي.

١١١٣. مسالك الممالك، فارسي، خط.

١١١٤. شرح البردة للعلامة المقدسي١٠٠٦.

١١١٥. ديوان عارف حكمت بك١٠٠٧.

١١١٦. آثار التواريخ.

١١١٧. خريطة أناضولي.

١١١٨. [...] تركي، طبع، جلد١١٠٠٨.

١١١٩. شرح الجوهرة للباجوري١٠٠٩ عدد١.

١١٢٠. حجة الله البالغة، جزء٢١٠١٠.

---

٩٩٩ انظر الكتاب رقم ١٠٣٩.

١٠٠٠ للسيد مطهر بن محمد الحرموني الحسني. البغدادي، إسماعيل باشا: إيضاح المكنون: ج١: ٢١٩.

١٠٠١ انظر الكتاب رقم ٣٦.

١٠٠٢ لطائف المنن، ويعرف بالمنن الكبرى. لعبد الوهاب بن أحمد الشعراني. الزركلي، خير الدين: الأعلام: ج٤: ١٨١.

١٠٠٣ لإسماعيل الأنقروي. خليفة، حاجي: الكشف: ج٢: ١٧٦٠.

١٠٠٤ (أقوام) هكذا وردت في الأصل، وكذلك عند البغدادي، إسماعيل باشا: إيضاح المكنون: ج١: ١١٤. والصواب أقوم المسالك في معرفة أحوال الممالك. تأليف خير الدين باشا، صدر الوزراء.

١٠٠٥ عنوان الآيات في ترتيب ألفاظ القرآن على حروف المعجم، ويسمى تريب زيبا. لإسماعيل بن عبد الغني النابلسي. الزركلي، خير الدين: الأعلام: ج١: ٣١٧.

١٠٠٦ القول الفصيح في شرح بردة المديح، ليوسف بن أبي اللطف المقدسي. انظر في الملحق الرقم (١٥٤٢٧).

١٠٠٧ أحمد عارف حكمت بن إبراهيم بن إسماعيل بن رائف. الزركلي، خير الدين: الأعلام: ج١: ١٤١.

١٠٠٨ لم أستطع قراءة هذا العنوان.

١٠٠٩ إبراهيم بن محمد بن أحمد الباجوري، له تحفة المريد على جوهرة التوحيد للقّاني، في علم الكلام. البغدادي، إسماعيل باشا: هدية العارفين: ج١: ٤١.

١٠١٠ لشاه ولي الله أحمد بن عبد الرحيم الدهلوي الهندي. البغدادي، إسماعيل باشا: إيضاح المكنون: ج١: ٣٩٢.

١١٢١. روزنامة سفر مدينة، فارسي، طبع، جلد١.

١١٢٢. نهج السلوك في سياسة الملوك[١٠١١]، تركي، طبع، جزء١.

١١٢٣. مختصر تذكرة الإمام السويدي[١٠١٢]، جلد١.

١١٢٤. كيمياء السعادة[١٠١٣]، فارسي، خط، جزء١.

١١٢٥. تاريخ ابن الأثير[١٠١٤] الجزء الأول.

١١٢٦. الجزء الأول من غالية المواعظ[١٠١٥].

١١٢٧. شرح لامية العرب للشنفرى[١٠١٦].

١١٢٨. نشوة الشمول في السفر إلى إستانبول، إلى محمود أفندي الألوسي[١٠١٧].

١١٢٩. جامع الأصول في أحاديث الرسول[١٠١٨]، خط نفيس، قطعة كبيرة، جزء١.

١١٣٠. الأجوبة العراقية على الأسئلة اللاهورية[١٠١٩].

١١٣١. تحفة الاثني عشرية لردّ أباطيل الروافض الكفرية[١٠٢٠]، خط نفيس.

١١٣٢. الخامس والسادس من تاريخ كامل[١٠٢١]، جزء٢.

١٠١١ لم أهتدِ للمطلوب.

١٠١٢ في الأصل: السيودي. لعبد الوهاب بن أحمد بن علي الشعراني. سركيس، يوسف إليان: معجم المطبوعات: ج١: ١١٣٢.

١٠١٣ في الأصل: كيماي سعادة فارسي. والذي وجدته في المكتبة الوطنية بدمشق وأصله من المكتبة العثمانية هو كيمياء السعادة لمن أراد الحسنى وزيادة، تأليف يحيى بن عبد الرحمن المقدسي. انظر في الملحق الرقم (١٦٠٤٤ت٥).

١٠١٤ في المكتبة الوطنية بدمشق كتابان في علم التاريخ أصلهما من المكتبة العثمانية، وكلاهما لابن الأثير أحمد بن إسماعيل. هما منتخب البداية والنهاية لابن كثير، والمختصر المختار من وفيات الأعيان لابن خلكان. انظر في الملحق الرقمين (١٥٤٦٦ت، ١٥٤٦٦ت٢).

١٠١٥ غالية المواعظ ومصباح المتعظ وقبس الواعظ، لخير الدين نعمان بن محمود الألوسي. سركيس، يوسف إليان: معجم المطبوعات: ج١: ٨.

١٠١٦ في الأصل: لاميت العرب للشنفره. عليها شروح كثيرة، منها شرح أحمد بن يحيى الشهير بثعلب، ومنها شرح للزمخشري. انظر خليفة، حاجي: الكشف: ج٢: ١٥٣٩.

١٠١٧ في الأصل: نشوت الشمول في السفر إلى إستانبول إلى محمود أفندي الوسي. نشوة الشمول في السفر إلى إسلامبول، للسيد محمود شهاب الدين البغدادي الشهير بالألوسي. البغدادي، إسماعيل باشا: إيضاح المكنون: ج٢: ٦٨٤.

١٠١٨ جامع الأصول لأحاديث الرسول لمبارك بن محمد بن الأثير. خليفة، حاجي: الكشف: ج١: ٥٣٥. انظر في الملحق الرقم (١٤٨٦١). محمد راغب الطباخ. مخطوطات المدرسة العثمانية بحلب، مجلة المجمع العلمي العربي، ع ٧–٨ (يوليو ١٩٣٢). ص ٤٧٣.

١٠١٩ لمحمود الألوسي. البغدادي، إسماعيل باشا: إيضاح المكنون: ج١: ٢٧.

١٠٢٠ لم أهتدِ للمؤلف.

١٠٢١ هكذا في الأصل، وربما يقصد الكامل في التاريخ لابن الأثير. خليفة، حاجي: الكشف: ج١: ٢٧٧.

النص المحقق: الدفتر المُجدَّد لكتب وقف عثمان باشا الدُّورِكي ١٦٩

١١٣٣. مجموعة محرّرات تلغرافية، طبع.

١١٣٤. فاكهة الخلفاء ومفاكهة الظرفاء¹⁰²².

١١٣٥. الجزء الأول من التيسير لشرح الجامع الصغير للمناوي¹⁰²³.

١١٣٦. شرح فصوص الحكم¹⁰²⁴.

١١٣٧. كنز الصحة الأبدانية أثر مرشد عثمانية¹⁰²⁵.

١١٣٨. اصطلاحات الصوفية¹⁰²⁶، خط.

١١٣٩. كنز إبراهيم الكبير¹⁰²⁷، طبع.

١١٤٠. الجزء الثاني من مجمع الأمثال¹⁰²⁸، طبع.

١١٤١. الجزء الأول في شرح المادة الطبية¹⁰²⁹، طبع.

١١٤٢. [أسى؟] انقلاب¹⁰³⁰، تركي، طبع.

١١٤٣. شرح مثنوي شريف لعابدين باشا¹⁰³¹.

١١٤٤. رسالة في العقائد¹⁰³²، خط.

١١٤٥. جاي رسالة سي¹⁰³³، طبع.

١١٤٦. الدور الأعلى¹⁰³⁴، خط.

١١٤٧. الجزء الثاني من شرح القسطلاني¹⁰³⁵، طبع.

١٠٢٢ لأحمد بن محمد بن عربشاه. خليفة، حاجي: الكشف: ج٢: ١٢١٦.

١٠٢٣ هكذا في الأصل، والصواب التيسير مختصر شرح الجامع الصغير، لعبد الرؤوف المناوي. البغدادي، إسماعيل باشا: إيضاح المكنون: ج١: ٣٤٤.

١٠٢٤ فصوص الحكم لابن العربي، عليه شروح كثيرة. انظر خليفة، حاجي: الكشف: ج٢: ١٢٦١.

١٠٢٥ لم أهتدِ للمطلوب.

١٠٢٦ لعبد الرزاق بن أحمد الكاشي. انظر في الملحق الرقم (١٥٤٠٤).

١٠٢٧ لم أهتدِ للمطلوب.

١٠٢٨ لأحمد بن محمد الميداني. انظر في الملحق الرقم (١٥٤٧١).

١٠٢٩ في الأصل: مادة الطبية. لم أهتدِ للمطلوب.

١٠٣٠ لم أهتدِ للمطلوب.

١٠٣١ لم أهتدِ للمطلوب.

١٠٣٢ انظر في الملحق الأرقام (١٥١٩٨ت١، ١٥٩٤١ت، ١٥٩٤١ت١، ١٥٩٤١ت٨).

١٠٣٣ لم أهتدِ للمطلوب.

١٠٣٤ في الأصل: الأعلا. الدور الأعلى أو حزب الدور الأعلى لمحمد بن محمد ابن العربي. انظر في الملحق الأرقام (١٥٤٥٢ت٤، ١٥٩١١ت، ١٦٠٤٤ت٣).

١٠٣٥ قد يكون المقصود إرشاد الساري لشرح صحيح البخاري، أو شرح الجامع الصحيح للبخاري. انظر في الملحق الأرقام (من ١٤٨٦٤ إلى ١٤٨٦٩).

مكتبة مدرسية في حلب نهاية العهد العثماني ١٧٠

١١٤٨. تحفة الناظرين فيمن ولي مصر١٠٣٦.

الكتب التي أوقفها الشيخ صالح الطيبي١٠٣٧ سنة ١٣١٠.

١١٤٩. حاشية عبادة على الشذور١٠٣٨.

١١٥٠. تعليم المتعلم١٠٣٩.

١١٥١. عبد الوهاب في الأدب١٠٤٠.

١١٥٢. شرح المراح١٠٤١.

١١٥٣. شرح الأزهرية١٠٤٢.

١١٥٤. حاشية الشمائل١٠٤٣.

١١٥٥. الجمل على الهمزية١٠٤٤.

١١٥٦. حاشية السمرقندية١٠٤٥.

١١٥٧. البكرجي في الأدب١٠٤٦.

١١٥٨. شرح الكندي على البناء؟١٠٤٧.

١١٥٩. شواهد الشذور.

١١٦٠. البجائي؟ على القطر١٠٤٨.

١٠٣٦ تحفة الناظرين فيمن ولي مصر من الولاة والسلاطين، لعبد الله بن حجازي الشرقاوي. البغدادي،
إسماعيل باشا: إيضاح المكنون: ج١: ٢٦١.

١٠٣٧ لم أعثر له على ترجمة.

١٠٣٨ لم أهتدِ للمطلوب.

١٠٣٩ هناك تعليم المتعلم طريق التعلم، لبرهان الدين الزرنوجي. انظر في الملحق الرقم (١٥٦٤٩ت)، وهناك تعليم
المتعلم، لمحرم بن محمد. انظر في الملحق الرقم (١٥٧٩٠ت١٩).

١٠٤٠ لم أهتدِ للمطلوب.

١٠٤١ انظر الكتاب رقم ٣٣٦.

١٠٤٢ لخالد بن عبد الله الأزهري. انظر في الملحق الأرقام (١٥٥٦٩، ١٥٥٧٠، ١٥٥٧١ت).

١٠٤٣ الشمائل النبوية والخصال المصطفوية لمحمد بن عيسى الترمذي. لكن لم أهتدِ لصاحب الحاشية.

١٠٤٤ هو سليمان بن عمر بن منصور العجيلي المعروف بالجمل، له حاشية على متن الهمزية لابن حجر الهيتمي.
البغدادي، إسماعيل باشا: هدية العارفين: ج١: ٤٠٦.

١٠٤٥ انظر الكتاب رقم ٧٢٠.

١٠٤٦ قاسم بن محمد البكرجي أديب من أهل حلب، له ديوان شعر، وحلية العقد البديع، وغيرها. انظر
الزركلي، خير الدين: الأعلام: ج٥: ١٨٣.

١٠٤٧ ويمكن أن تقرأ: النبأ.

١٠٤٨ لم أهتدِ للمطلوب.

النص المحقق: الدفتر المُجدَّد لكتب وقف عثمان باشا الدُّورِكي ١٧١

١١٦١. الباجوري على الجوهرة[١٠٤٩].

١١٦٢. منلا جامي.

١١٦٣. حديقة الأفراح[١٠٥٠].

١١٦٤. الدر الناجي[١٠٥١].

١١٦٥. المقدمة السنية للصفدي[١٠٥٢].

١١٦٦. الباجوري على بانت سعاد[١٠٥٣].

١١٦٧. متن حديث.

١١٦٨. العطار على الأزهرية[١٠٥٤].

١١٦٩. حاشية على شرح النخبة[١٠٥٥].

١١٧٠. حاشية السنة على البغوي[١٠٥٦].

١١٧١. مصطلح الحديث[١٠٥٧].

١١٧٢. قصص الأنبياء[١٠٥٨].

١١٧٣. حاشية الباجوري على البردة[١٠٥٩].

١١٧٤. الباجوري على السنوسية[١٠٦٠].

[١٠٤٩] انظر الكتاب رقم ١١١٩.

[١٠٥٠] حديقة الأفراح لإزالة الأتراح في الأدب والنوادر وتراجم الأدباء، لأحمد بن محمد بن علي الشرواني. البغدادي، إسماعيل باشا: إيضاح المكنون: ج١: ٣٩٧.

[١٠٥١] الدر الناجي على متن إيساغوجي، أو شرح إيساغوجي، لعمر بن صالح التوقادي. انظر في الملحق الأرقام (١٥٦٧٠، ١٥٦٩٣ت، ١٥٦٩٩ت٣).

[١٠٥٢] قال كامل الغزي عن هذه النسخة: إنها من أندر مقتنيات مكتبة المدرسة الرضائية. الغزي: نهر الذهب: ج١: ١٧٤.

[١٠٥٣] إبراهيم بن محمد بن أحمد الباجوري، له حاشية على بانت سعاد. البغدادي، إسماعيل باشا: هدية العارفين: ج١: ٤١.

[١٠٥٤] في الأصل: عطار. هو الشيخ حسن بن محمد العطار. له حاشية على شرح الأزهرية للشيخ خالد الأزهري، وبالهامش الشرح المذكور. سركيس، يوسف إليان: معجم المطبوعات: ج٢: ١٣٣٧.

[١٠٥٥] انظر الكتاب رقم ٥١٣.

[١٠٥٦] هكذا في الأصل، وربما يقصد حاشية على مصابيح السنة للبغوي. وهناك حاشية للسيد الشريف على مصابيح السنة. انظر خليفة، حاجي: الكشف: ج٢: ١٧٠٠.

[١٠٥٧] هناك رسالتان في مصطلح الحديث، انظر في الملحق الرقمين (١٥٧٨٨ت١٨، ١٥٩٩١ت١٤).

[١٠٥٨] هناك مجموعة من المؤلفين وضعوا كتبًا عنوانها قصص الأنبياء، فأيها المقصود؟. انظر خليفة، حاجي: الكشف: ج٢: ١٣٢٨.

[١٠٥٩] في الأصل: حاشية البارجوي على البودرة. انظر الكتاب رقم ١٠٤١.

[١٠٦٠] انظر الكتاب رقم ٩٠٠.

١١٧٥. تلخيص جزء عربي.
١١٧٦. حلية العصر الجديد[١٠٦١].
١١٧٧. أبو النجا على الشيخ خالد[١٠٦٢].
١١٧٨. الحض على [...].
١١٧٩. [...][١٠٦٣] كلستان.
١١٨٠. مجاني الأدب[١٠٦٤]، قطع٦.
١١٨١. [...][١٠٦٥].
١١٨٢. الأيوبي على الإظهار[١٠٦٦].
١١٨٣. [...][١٠٦٧] على المغلوي.
١١٨٤. متن نور الإيضاح[١٠٦٨].
١١٨٥. قدري[١٠٦٩].
١١٨٦. [١٩/ب] شرح فرائض السراجية[١٠٧٠].
١١٨٧. قواعد العربية[١٠٧١].
١١٨٨. [أطوى؟][١٠٧٢].

١٠٦١ حلية العصر الجديد في شمائل عبد الحميد، وهو ديوان في مدح السلطان عبد الحميد، لمحيي بن عبد الغني السلاوي. سركيس، يوسف إليان: معجم المطبوعات: ج١: ١٠٣٨.

١٠٦٢ هو أبو النجا الطنتداعي الشيخ محمد، له حاشية على شرح الشيخ خالد على الآجرومية. سركيس، يوسف إليان: معجم المطبوعات: ج١: ٣٤٨.

١٠٦٣ كلمة لم أستطع قراءتها.

١٠٦٤ الذي وجدته هو مجاني الأدب، للأب لويس شيخو (١٩٢٩م). سركيس، يوسف إليان: معجم المطبوعات: ج٢: ١١٦٩.

١٠٦٥ العبارة يمكن أن تقرأ: الباجوي/الباجوري، أو الباعوني، على الشيخ أو على السلح.

١٠٦٦ الشيخ عبد الله بن صالح بن إسماعيل الأيوبي، له فواتح الأذكار، وهو شرح على الإظهار للبيركلي. سركيس، يوسف إليان: معجم المطبوعات: ج١: ٥٠٢.

١٠٦٧ كلمة يمكن أن تقرأ: الأسير، أو الأمير.

١٠٦٨ في الأصل: نور الإضاح. انظر الكتاب رقم ٤٧٢.

١٠٦٩ ربما المقصود ديوان قدري تركي المعروف بسعودي زاده. خليفة، حاجي: الكشف: ج١: ٨٠٦.

١٠٧٠ شرح السراجية، أو شرح فرائض السجاوندي. كتبها عدد من المؤلفين، منهم الحسن بن أحمد ابن أمين الدولة، انظر في الملحق الرقم (١٥٧٥٢). ومنهم علي بن محمد الجرجاني. انظر في الملحق الأرقام (١٥٧٥٣، ١٥٧٥٦ت، ١٥٧٥٩، ١٥٧٦٠ت). ومنهم أحمد بن سليمان ابن كمال باشا. انظر في الملحق الرقم (١٥٧٥٧ت). ومنهم عبد الرحمن بن عبد الكريم الآمدي. انظر في الملحق الرقم (١٥٧٧٠ت٢).

١٠٧١ لم أهتدِ للمطلوب.

١٠٧٢ هكذا قرأتها، ولم أهتدِ للمطلوب.

١١٨٩. شرح عقائد التفتازاني[١٠٧٣].

١١٩٠. [...] شرح لامية ابن الوردي[١٠٧٤].

١١٩١. الأربعين النووية[١٠٧٥].

١١٩٢. مختصر الكافية[١٠٧٦].

١١٩٣. السعد على العزي[١٠٧٧].

١١٩٤. رسالة البسملة للدحلان[١٠٧٨].

١١٩٥. القاضيمير على الهداية[١٠٧٩].

١١٩٦. رسالة البسملة [...][١٠٨٠].

١١٩٧. معرب الإظهار[١٠٨١].

١١٩٨. دلائل الخيرات[١٠٨٢].

١١٩٩. تعريفات السيد[١٠٨٣].

١٢٠٠. الباعث[١٠٨٤].

١٢٠١. شرح الآجرومية[١٠٨٥].

١٠٧٣ عقائد النسفي اعتنى بها السعد التفتازاني ووضع عليها شرحًا، وعلى هذا الشرح شروح وحواشٍ كثيرة. انظر خليفة، حاجي: الكشف: ج٢: ١١٤٥. وقد وصل إلى المكتبة الوطنية بدمشق حواش كثيرة على شرح التفتازاني، انظر في الملحق الأرقام (١٥٩٩٢، ١٥٢٦٠ت، ١٥٢٦١ت، ١٥٢٦١ت١، ١٥٢٦١ت٢، ١٥٢٦٤، ١٥٢٦٥، ١٥٣١٣ت، ١٥٣١٤، ١٥٣١٦، ١٥٣٢١ت١، ١٥٣٣١ت٥، ١٥٦٧٨ت١، ١٥٧٠١ت).

١٠٧٤ كلمتان لم أستطع قراءتها، وفي الأصل: شرح لامية الوردي.

١٠٧٥ انظر الكتاب رقم ٥٨١.

١٠٧٦ قد يكون المقصود مختصر الكافية للبيضاوي المعروف بلب الألباب في علم الإعراب. خليفة، حاجي: الكشف: ج٢: ١٥٤٦.

١٠٧٧ العزي في التصريف لإبراهيم بن عبد الوهاب الزنجاني، شرحه العلامة السعد التفتازاني. خليفة، حاجي: الكشف: ج٢: ١١٣٩.

١٠٧٨ لم أهتدِ للمطلوب.

١٠٧٩ في الأصل: لقاضيمير على الهداية. انظر الكتاب رقم ٨٠٣.

١٠٨٠ كلمة لم أستطع قراءتها.

١٠٨١ حل أسرار الأخيار على إعراب إظهار الأسرار، ويُعرف بمعرب الإظهار، وهو شرح على إظهار الأسرار للبيركلي. تأليف حسين بن أحمد زيني زاده. سركيس، يوسف إليان: معجم المطبوعات: ج١: ٩٩٢.

١٠٨٢ انظر الكتاب رقم ٨٨.

١٠٨٣ انظر الكتاب رقم ٢٩١.

١٠٨٤ هناك كتب كثيرة مطلع عنوانها الباعث، فأيها المقصود؟ انظر خليفة، حاجي: الكشف: ج١: ٢١٨. البغدادي، إسماعيل باشا: إيضاح المكنون: ج١: ١٦١، ١٦٢.

١٠٨٥ هناك أكثر من شرح لمقدمة الآجرومية فأيها المقصود؟ خليفة، حاجي: الكشف: ج٢: ١٧٩٧.

مكتبة مدرسية في حلب نهاية العهد العثماني ١٧٤

١٢٠٢. مجموعة رسائل.

١٢٠٣. معراج[١٠٨٦].

١٢٠٤. حاشية القليوبي[١٠٨٧].

١٢٠٥. المحبية[١٠٨٨].

١٢٠٦. متن شرح الشمسية[١٠٨٩].

١٢٠٧. [...] على العوامل[١٠٩٠].

١٢٠٨. الدمنهوري على الكافي[١٠٩١].

١٢٠٩. قول أحمد[١٠٩٢].

١٢١٠. حاشية على نخبة الفكر[١٠٩٣].

١٢١١. مختصر في بيان الاعتقاد[١٠٩٤].

١٢١٢. إنشاء عطار[١٠٩٥].

١٢١٣. سفينة الراغب في النحو[١٠٩٦].

١٢١٤. الرسالة العضدية[١٠٩٧].

١٢١٥. [...] أمثلة.

[١٠٨٦] انظر الكتاب رقم ٦٠١.

[١٠٨٧] الموجود في المكتبة الوطنية بدمشق من حواشي القليوبي، حاشية على شرح غاية الاختصار لابن قاسم الغزي. انظر في الملحق الرقم (١٥٢٣٨)، وحاشية على شرح المقدمة الأزهرية لخالد الأزهري (١٥٥٧١ت١).

[١٠٨٨] لم أهتدِ للمطلوب.

[١٠٨٩] هكذا في الأصل؛ فهل المقصود الشمسية لنصير الدين الطوسي، أم الرسالة الشمسية للقزويني؟ ومن ثم فالشرح لأيهما؟.

[١٠٩٠] كلمة لم أستطع قراءتها.

[١٠٩١] إرشاد الشافي على متن الكافي في العروض والقوافي، لمحمد الدمنهوري المصري. البغدادي، إسماعيل باشا: إيضاح المكنون: ج١: ٦١.

[١٠٩٢] انظر الكتاب رقم ٤٣٠.

[١٠٩٣] انظر الكتاب رقم ٥١٢.

[١٠٩٤] رسالة في بيان الاعتقاد والأخلاق والأعمال على الترتيب والإجمال، لنجار أوغلي. انظر في الملحق الرقم (١٥٩٨٢ت٤).

[١٠٩٥] انظر الرقم ٩١٨.

[١٠٩٦] سفينة الراغب ودفينة المطالب لمحمد راغب باشا الوزير الرومي. البغدادي، إسماعيل باشا: إيضاح المكنون: ج٢: ١٧.

[١٠٩٧] في الأصل: رسالة العضد. الرسالة العضدية، أو آداب العلامة عضد الدين الإيجي. انظر في الملحق الرقم (١٥٧١٥ت).

النص المحقق: الدفتر المُجدَّد لكتب وقف عثمان باشا الدُّورِكي ١٧٥

١٢١٦. زبدة التعريفات١٠٩٨.

١٢١٧. [السمرقندية؟].

١٢١٨. متن الشذور١٠٩٩.

١٢١٩. نوادر القليوبي١١٠٠.

١٢٢٠. مكارم الأخلاق١١٠١.

١٢٢١. شرح المقصور١١٠٢.

١٢٢٢. حاشية الكفراوي١١٠٣.

١٢٢٣. مختصر في الفقه.

١٢٢٤. الشمسية.

١٢٢٥. شباك في الفرائض١١٠٤.

١٢٢٦. مولد البرزنجي١١٠٥.

١٢٢٧. نكت [...]١١٠٦.

١٢٢٨. ديوان ابن معتوق١١٠٧.

١٢٢٩. وِرد للرقاني.

١٠٩٨ قد يكون المقصود زبدة التعريفات لمحمد الرشدي الجلبي. سركيس، يوسف إليان: معجم المطبوعات: ج٢: ١٦٥٨.

١٠٩٩ هناك كتب كثيرة مطلع عنوانها شذور، فأيها المقصود؟ انظر خليفة، حاجي: الكشف: ج٢: ١٠٢٩- ١٠٣٠.

١١٠٠ سركيس، يوسف إليان: معجم المطبوعات: ج٢: ١٥٢٦

١١٠١ هناك أكثر من مؤلف له كتاب بهذا العنوان، فأيهم المقصود؟ انظر خليفة، حاجي: الكشف: ج٢: ١٨١٠-١٨١١.

١١٠٢ ربما المقصود شرح المقصور والممدود. انظر خليفة، حاجي: الكشف: ج٢: ١٤٦١.

١١٠٣ لم أهتدِ للمطلوب.

١١٠٤ شباك ابن الهائم، أو شرح ألفية ابن الهائم في الفرائض، أو عمل المناسخات بالجدول شرح كفاية الحفاظ. انظر في الملحق الرقم (١٥٧٧٣ت٣).

١١٠٥ البرزنجي جعفر بن إسماعيل بن زين العابدين الحسيني، له الكوكب الأزهر على عقد الجوهر في مولد النبي الأزهر. البغدادي، إسماعيل باشا: هدية العارفين: ج١: ٢٥٧.

١١٠٦ كلمة لم أستطع قراءتها.

١١٠٧ في الأصل: ديوان معتوق. هو شهاب الدين بن معتوق الموسوي الحويزي. سركيس، يوسف إليان: معجم المطبوعات: ج١: ٢٤٤.

الكتب التي أوقفها العبد الضعيف عيسى البيانوني[١١٠٨] عفا الله عنه آمين. [المجاور في المدرسة العثمانية وقتئذ][١١٠٩]

١٢٣٠. ديوان خطب ابن نباتة[١١١٠].

١٢٣١. مختار الصحاح[١١١١]، لغة.

١٢٣٢. شرح الجوهرة للخانطوماني[١١١٢].

١٢٣٣. شرح الأيوبي على الإظهار[١١١٣].

١٢٣٤. نتائج الأفكار على الإظهار[١١١٤].

١٢٣٥. التحفة المرضية[١١١٥].

١٢٣٦. شرح القطر[١١١٦].

١١٠٨ عيسى بن حسن البيانوني الحلبي (١٢٩٠هـ-١٣٦٢هـ)، العالم الفاضل والأديب البارع، ولد بقرية بيانون من قرى حلب وبها نشأ وقرأ القرآن الكريم، ثم نزل إلى مدينة حلب لطلب العلم في المدرسة العثمانية، وكان أخوه الشقيق الشيخ حماد مجاورًا بالمدرسة نفسها. وفي سنة ١٣١٦هـ، تعين خطيبًا في جامع المدرسة العثمانية، كما باشر تدريس النحو والفقه فيها. وفي سنة ١٣٣١هـ، عُيِّن مدرسًا في بلدة المعرة التابعة لحلب. ورغم اشتغاله بالتدريس والخطابة إلا أنه وضع عددًا من الكتب، منها كنز الهبات في الصلاة على سيد الكائنات، وكتاب المنكرات، وأربعون حديثًا في المحبة النبوية، وديوان شعر. وتوفي في البقيع. انظر ممدوح، محمود سعيد بن محمد: تشنيف الأسماع: ج٢: ٨٥-٨٨، المرعشلي، يوسف: نثر الجواهر: ج١: ٩٤٣-٩٤٥.

١١٠٩ العبارة بين معقوفتين كتبت بخط دقيق وبشكل مقلوب. وهي تفيد أن عيسى البيانوني أوقف كتبه أثناء مجاورته في المدرسة العثمانية أيام طلبه للعلم؛ لأنه لو أوقفها لاحقًا لكان التعريف به: الخطيب والمدرس بالمدرسة العثمانية، وبالتالي فإن وقفه كان قبل سنة ١٣١٦هـ، وهي السنة التي عُيِّن بها خطيبا ومدرسًا في المدرسة العثمانية، وبالتحديد سنة ١٣٠٨هـ، وهو تاريخ وقفه لشرح جوهرة التوحيد في علم التوحيد للخانطوماني، حيث جاء في فهرس المخطوطات العربية المحفوظة في مكتبة الأسد الوطنية، فهرس العقائد الإسلامية، أن عليها «تملك باسم ناسخها عيسى البيانوني، وأوقفها على المدرسة الرضائية سنة ١٣٠٨هـ». انظر فهرس المخطوطات العربية المحفوظة في مكتبة الأسد الوطنية، فهرس العقائد الإسلامية: ٢٢٩-٢٣٠.

١١١٠ خليفة، حاجي: الكشف: ج١: ٧١٤.

١١١١ انظر الكتاب رقم ٢٨٣.

١١١٢ انظر في الملحق الرقم (١٥٢٩٧).

١١١٣ انظر الكتاب رقم ١١٨٢.

١١١٤ لمصطفى بن حمزة. انظر في الملحق الأرقام (١٥٥٦٢ت، ١٥٥٦٣، ١٥٥٦٤ت).

١١١٥ هناك التحفة المرضية في الأخبار القدسية والأحاديث النبوية، للشيخ عبد المجيد بن علي العدوي. البغدادي، إسماعيل باشا: إيضاح المكنون: ج١: ٢٥٨، وهناك التحفة المرضية في الأراضي القدسية، لزين العابدين بن إبراهيم بن نجيم المصري. خليفة، حاجي: الكشف: ج١: ٣٧٤.

١١١٦ في المكتبة الوطنية بدمشق عن طريق المكتبة العثمانية مجيب النداء إلى شرح قطر الندى، لعبد الله بن أحمد الفاكهي. انظر في الملحق الرقمين (١٥٥٥٣، ١٥٨٧٠ت٢). وشرح قطر الندى وبل الصدى، أو نكت =

١٢٣٧. شرح الشذور.

١٢٣٨. الباجوري على البرأة[١١١٧].

١٢٣٩. حاشية الرشيدي على المعفوات[١١١٨]، فقه شافعي.

١٢٤٠. ديوان مجنون ليلى[١١١٩].

١٢٤١. ديوان.

١٢٤٢. شرح الإيساغوجي[١١٢٠].

١٢٤٣. شرح السيد على العزي[١١٢١].

١٢٤٤. ديوان الحاجري[١١٢٢].

١٢٤٥. دلائل الخيرات، طبع إسلامبول[١١٢٣].

١٢٤٦. شرح الكفراوي على الآجرومية[١١٢٤].

١٢٤٧. الكفوي على [البنا مهمش؟][١١٢٥].

١٢٤٨. مجموعة كافية وإظهار وعوامل.

= على قطر الندى وبل الصدى، لعبد الله بن يوسف بن هشام. انظر في الملحق الأرقام (١٥٥٦٥ت، ١٥٥٦٥ت١، ١٥٥٦٦، ١٥٥٦٧).

١١١٧ برأة الإمام أو البردة. انظر الكتاب رقم ١٠٤١.

١١١٨ بلوغ المراد بفتح الجواد لشرح منظومة ابن العماد في المعفوات. حاشية للعلامة حسين بن سلمان الرشيدي. البغدادي، إسماعيل باشا: إيضاح المكنون: ج١: ١٩٦.

١١١٩ الموجود في المكتبة الوطنية بدمشق عن طريق المكتبة العثمانية هو كتاب ليلى ومجنون لعبد الرحمن بن أحمد الجامي. انظر في الملحق الرقم (١٥٨٣٤ت٩).

١١٢٠ انظر الكتاب رقم ٤٣١.

١١٢١ يقصد شرح السيد الشريف الجرجاني على كتاب العزي في التصريف.

١١٢٢ عيسى بن سنجر بن بهرام الحاجري. شاعر رقيق له ديوان شعر. الزركلي، خير الدين: الأعلام: ج٥: ١٠٣.

١١٢٣ له عدة طبعات حجرية في الآستانة في السنوات (١٢٦٤هـ، ١٢٧٣هـ، ١٢٧٥هـ)، وطبعة حروف في الآستانة أيضًا. سركيس، يوسف إليان: معجم المطبوعات: ج١: ٦٩٧.

١١٢٤ حسن بن علي الكفراوي. سركيس، يوسف إليان: معجم المطبوعات: ج٢: ١٥٦٣.

١١٢٥ لم أهتدِ للمطلوب.

الكشّافان

- كشّاف العناوين
- كشّاف أسماء المؤلّفين

كشّاف العناوين

١. الإبريز (١٠٩٠)
٢. أبو المنتهى على الفقه الأكبر (٧٢٩)
٣. أبو النجا على الشيخ خالد (١١٧٧)
٤. أبيات من كلام ابن العربي (٧٢٣)
٥. إتحاف (٩٣٤)
٦. إتحاف أهل الإسلام في خصوصيات أهل الصيام (٩٥)
٧. إتحاف المريد بجوهرة التوحيد (٩٣٧)
٨. الإتقان في علوم القرآن (٢٥)
٩. آثار التواريخ (١١١٦)
١٠. إثبات النبوة (٩٢٢)
١١. إثبات الواجب (٢٣٦)
١٢. أثمار التواريخ مع ذيله (١٠١٢)
١٣. الآجرومية (٥٨٢)
١٤. الأجوبة العراقية على الأسئلة اللاهورية (١١٣٠)
١٥. الأجوبة الفاخرة (٩٣٣)
١٦. الأحكام الملخصة (٤٩٢)
١٧. الأحكام الملخصة في ماء الحمصة (١٥٨)
١٨. إحياء علوم الدين (٩٤٧، ١٠٧٨)
١٩. أختري (٢٨٤)
٢٠. الاختيار شرح المختار (٧٦٤)
٢١. اختيارات بديعي في الحكمة (٣٥٧)
٢٢. أخلاق علائي (٣٧٢)

٢٣. آداب البحث (٤٤٦)

٢٤. إدارة عمومية ولايات (٩٦٨)

٢٥. أدب السامع والمتعلم في آداب العلم والمتعلم (٦٤٦)

٢٦. أدعية (٤٠١)

٢٧. أدعية مأثورة (٩٧)

٢٨. أدل الخيرات (٨٩، ٩٨٤)

٢٩. الأذكار والدعوات (٧٢)

٣٠. الأربعين حديثًا (٤٦١)

٣١. الأربعين حديثًا بحل الفاظهم (٩٤)

٣٢. إرشاد الطالب (١٦٦)

٣٣. إرشاد المغفلين للشعراني (١٠٦٠)

٣٤. الأزهرية في علم العربية (٦٥٦)

٣٥. أساس البلاغة للزمخشري (٢٨٥)

٣٦. الاستحسان (٨٤٧)

٣٧. استعارات ناقص والظاهر أنه المطول (٨٠٢)

٣٨. الاستيعاب في أسماء الأصحاب (٨٢)

٣٩. أسى انقلاب؟ (١١٤٢)

٤٠. أسئلة القرآن (٢٣، ٥١٧)

٤١. الأشباه والنظائر (١٥٢، ٣١٥، ٤٧٣، ٦٩٤)

٤٢. الإصابة في معرفة الصحابة (٥٧)

٤٣. اصطلاحات الصوفية (١١٣٨)

٤٤. إصلاح الإيضاح (١٨٩)

٤٥. أصول حنفية (١٠٨٤)

٤٦. أصول الدين (٢٠٠)

٤٧. أصول الفقه (١٩٩)

٤٨. أطباق الذهب (٧٢٧، ٩٨٨، ١٠٨٩)

٤٩. الأطراف (٧٠)

٥٠. أطواق الذهب في المواعظ والخطب (٩١٤)

٥١. الأطول (٢٥٢)

كشّاف العناوين ١٨٣

٥٢. أطوى؟ (١١٨٨)

٥٣. إعراب الآجرومية (٦٠٣، ٦١٩، ٦٤٣)

٥٤. إعراب بعض آيات من القرآن العظيم (٢٧)

٥٥. إعلام الناس في أحوال البرامكة (١٠٢٧)

٥٦. الأغاني للأصفهاني (٩٤٩، ١٠٤٥)

٥٧. الاقتضاب (٦٣٢)

٥٨. أقصى الأمل والسول في علوم أحاديث الرسول (٦٧٤)

٥٩. الإقليد شرح المفصل (٣١٤)

٦٠. أقوام المسالك في معرفة أحوال الممالك (١١١٠)

٦١. الأقيانوس شرح القاموس (١٠٢٣)

٦٢. آكام المرجان في أخبار الجان (١٠٧)

٦٣. امتحان الأذكياء (٣٢٦)

٦٤. أمثلة الفرس (٤٣٣)

٦٥. إمداد الفتاح شرح نور الإيضاح (٥٩٢، ٦٠٩، ٦٩٢)

٦٦. إنباء الغمر بأبناء العمر (٢٩٤)

٦٧. أنس الجليل تاريخ القدس والخليل (٣٠٨، ١٠٧٣، ١١٠٣)

٦٨. إنسان العيون في سيرة الأمين المأمون (٥٦)

٦٩. إنشاء للعطار (٩١٨، ١٢١٢)

٧٠. إنشاء مرعي عربي (١٠٦٧)

٧١. أنفع الوسائل في تحرير المسائل (١٣٦)

٧٢. الأنموذج في تسمية الفنون (٧٣٥)

٧٣. أنموذج اللبيب في فضائل الحبيب (٥٣٤)

٧٤. أنموذج نحو (٥٧٨)

٧٥. أنوار التنزيل تفسير القرآن العظيم (٣، ٧١٥، ٧٩٥)

٧٦. أنوار القدسية في آداب العبودية (٧٠٦)

٧٧. أوراد أولها سورة ياسين (٥٨٤)

٧٨. أوراد الأيام السبعة (٥٨٨)

٧٩. أوراد السيد محمود الخلوتي (٦٥٨)

٨٠. أوراد الشيخ علي بن عبد الفتاح القادري (٥٨٥)

٨١. أوراد قادرية فيها استغفار العلمي (٥٨٧)

٨٢. أوراد وأحزاب (٥٠٩)

٨٣. أوزان جديرة (٩٧٧)

٨٤. إيساغوجي (٢٧٧)

٨٥. إيضاح المعاني (٢٥٣)

٨٦. الأيوبي على الإظهار (١١٨٢، ١٢٣٣)

٨٧. الباعث (١٢٠٠)

٨٨. البجائي على القطر (١١٦٠)

٨٩. بحر الغرايب (٨٨٥)

٩٠. بحر الكلام (٥٤٠، ٧٢٦)

٩١. البخاري الشريف (٣٣، ٤٤٩، ٦١٠، ٨١٦، ٩٩١)

٩٢. بداية الهداية (٦٣٧)

٩٣. بدائع الزهور في وقائع الدهور (١٠٦٤)

٩٤. البدر المنير (٥٢٢)

٩٥. البدور السافرة في معرفة أحوال الآخرة (٧٩)

٩٦. بديعة البيان عن وفيات الأعيان (٧٣٠)

٩٧. برهان (٧٦٥)

٩٨. برهان على الفناري (٤٣٩)

٩٩. بستان سعدي (٣٥٥)

١٠٠. بستان العارفين للسمرقندي (٥٢١، ٨٩٩)

١٠١. بستان الفقراء (٥٠٢)

١٠٢. بغية البيان تفسير القرآن (٦)

١٠٣. بقية الله خير (٦٣٥)

١٠٤. البناء والعلامات في الصرف (٦٤٩)

١٠٥. بند عطار (٤٠٧، ٥٧٣)

١٠٦. البهائية في علم الحساب (٧٨٩)

١٠٧. بهجة الشيخ عبد القادر الكبرى (١٠٩)

١٠٨. بهجة المحافل (٤٦٥)

١٠٩. بيان الأشهر الرومية (٣٤٣)

كشّاف العناوين

١٨٥

١١٠. البيان على أصول الإيمان (١٠٥٩)

١١١. تاج العروس (١٠٥٠)

١١٢. تاج الفنون (٣٧٠)

١١٣. تاريخ ابن الأثير (١١٢٥)

١١٤. تاريخ اسكندر (٩٠٩)

١١٥. تاريخ الأكراد انظر شرف نامة

١١٦. تاريخ تركي (٣٩٣)

١١٧. تاريخ جديد ولاية الأكرز (٣٩٧)

١١٨. تاريخ الخميس (٣٠٩، ٩٥٤، ١٠٩٣)

١١٩. تاريخ خواجة (٣٦٤)

١٢٠. تاريخ الدول (٣٦٢)

١٢١. تاريخ سلاطين (٣٦٣)

١٢٢. تاريخ السلطان سليم مع الغوري (١١٠٤)

١٢٣. تاريخ عثماني (١١٠١)

١٢٤. تاريخ كامل (٩٥٥، ١١٣٢)

١٢٥. تاريخ المدينة للسمهودي (٢٩٨)

١٢٦. تاريخ مصر القاهرة (٣٦٥)

١٢٧. تاريخ مصورت (٩٦٦)

١٢٨. تاريخ نادرشاه تركي (٥٦٤)

١٢٩. تاريخ نعيمة (٥٥٣، ٧٠٣)

١٣٠. تاريخ اليمن (١١٠٦)

١٣١. تاريخ ينكي دنيا (٣٥٢)

١٣٢. تأويلات أحاديث رياض الصالحين (٧٤١)

١٣٣. التبصرة والتذكرة في مصطلح الحديث (٦٤١)

١٣٤. التثبت في سؤال الملكين (٦٥٢)

١٣٥. تحفة الاثني عشرية لرد أباطيل الروافض الكفرية (١١٣١)

١٣٦. تحفة الإخوان في مسائل الإيمان (٨٧٣)

١٣٧. تحفة الأنام في فضائل الشام (٣٠٢)

١٣٨. تحفة الرئيس في شرح أشكال التأسيس (٢٧٠)

١٣٩. التحفة السنية (٣٥٠)

١٤٠. تحفة العجائب (٣٠٣)

١٤١. التحفة المرضية (١٢٣٥)

١٤٢. تحفة الناظرين فيمن ولي مصر (١١٤٨)

١٤٣. تحفة الوهبي (٥٣٧)

١٤٤. تخريج أحاديث الهداية (٦٦)

١٤٥. التذكرة للإمام القرطبي (٦٢)

١٤٦. ترجمان تركي (٥٥١، ٦٠٤)

١٤٧. ترجمة ابن خلدون تركي (١٠٢٩)

١٤٨. ترجمة البرهان القاطع (٩٩٦)

١٤٩. ترجمة التلخيص المطول (١٠١٠)

١٥٠. الترغيب والترهيب (٧٦، ٥١٨)

١٥١. ترويح الأرواح في علم الصرف (٤٨١)

١٥٢. تسليك الدواب في طرق الصواب (١٠٨٦)

١٥٣. تسهيل في الطب (٤٠٢)

١٥٤. التصورات (٧٧١)

١٥٥. تعبير نامة (٤٠٨)

١٥٦. تعديل الأركان (٤٨٦)

١٥٧. تعريفات السيد (٢٩١، ٣٣٠، ٤٣٨، ١١٩٩)

١٥٨. تعليم المتعلم (١١٥٠)

١٥٩. تعليمات فارسي (٨٨٦)

١٦٠. تغيير المفتاح (٢٤٥)

١٦١. تفسير ابن الجوزي (١٥)

١٦٢. تفسير ابن الخازن (٩، ١٠٠٠)

١٦٣. تفسير أبي حيان (١١)

١٦٤. تفسير أبي السعود (١٠)

١٦٥. تفسير الإمام الكواشي (٤)

١٦٦. تفسير الإمام الواحدي (١٢)

١٦٧. تفسير جزء ع (٢٠، ٧٢٥)

١٦٨. تفسير الجلالين (١٣، ٥٨٩)

١٦٩. تفسير الرازي (٩٦١)

١٧٠. تفسير سورة الحشر (٧١٢)

١٧١. تفسير سورة الضحى (٢٢)

١٧٢. تفسير الشيخ الأكبر (١٠٩٦)

١٧٣. تفسير الصراط المستقيم للعمري (٥١٩)

١٧٤. تفسير عبد الله بن عباس (١٠٣٩، ١١٠٥)

١٧٥. تفسير غريب القرآن (٩٤٤)

١٧٦. تفسير القاضي البيضاوي (٣، ٧١٤، ٧٩٤، ٨٣٦)

١٧٧. تفسير القرآن العظيم باللغة التركية (٧)

١٧٨. تفسير القرآن العظيم لملا علي القاري (٦٩٦)

١٧٩. تفسير معالم التنزيل (٨)

١٨٠. تفسير يوسف بالتركية (٤٨٤)

١٨١. تقييد المهمل للجيّاني (٨٤)

١٨٢. التلخيص (٤٣٨)

١٨٣. تلخيص القانون في الطب (٦٦١)

١٨٤. تلخيص المفتاح (٧٣٦)

١٨٥. التلويح على التوضيح (١٩٨، ٤٢٧، ٧٦٠)

١٨٦. تنبيه الغافلين (١٠٠)

١٨٧. تنبيه الغبي (٤٦٧)

١٨٨. تنبيه المغترين (١١٧)

١٨٩. تنزيه الأنبياء (١١٥)

١٩٠. تنقيح الأصول (٤٧٤)

١٩١. تنقيح الحامدية (١٠٥٢)

١٩٢. تنوير الأبصار (١٥٩، ٦١٣)

١٩٣. تنوير الأذهان شرح الأشباه (١٥٤)

١٩٤. تنوير الحالك على منهج السالك الى ألفية ابن مالك (٣١٨)

١٩٥. تهذيب الأسماء واللغات (٥٩)

١٩٦. تهذيب الكمال (١١٢)

١٨٨ مكتبة مدرسية في حلب نهاية العهد العثماني

١٩٧. تواريخ آل عثمان (٣٥٦)

١٩٨. التوضيح شرح التنقيح (٢٠١، ٤٢٤)

١٩٩. توضيح المسالك (٦٤٢)

٢٠٠. التيسير لشرح الجامع الصغير للمناوي (١١٣٥)

٢٠١. جامع الأصول في أحاديث الرسول (١١٢٩)

٢٠٢. الجامع الصغير (٦١٤، ١٠٨٥)

٢٠٣. الجامع الصغير في الفقه لحسام الدين البخاري (٦٣٦)

٢٠٤. الجامع الصغير لجلال الدين السيوطي (٤٥، ٥٩١، ٧٠٢)

٢٠٥. جامع الفصولين (٨٤١)

٢٠٦. جامع المضمرات شرح القدوري (٤٥١)

٢٠٧. جامع مفردات الأدوية (٢٨٠)

٢٠٨. جاي رسالة سي (١١٤٥)

٢٠٩. جريدة الفرائض (٤٥٩، ٧٦٩)

٢١٠. الجزرية وشرحها للقاضي زكريا (٦٣١)

٢١١. جزء تبارك من القرآن العظيم (٦٠٢)

٢١٢. جغرافية (٩٧٠)

٢١٣. جغرافية عربي (٨٦٧)

٢١٤. جمع الجوامع (٤٨٣)

٢١٥. جمع الفوائد ومجمع الزوائد في الكتب الستة (٤٤)

٢١٦. الجمل على الهمزية (١١٥٥)

٢١٧. الجمالين على الجلالين (١٦)

٢١٨. جنداباد (٣٧٣)

٢١٩. جنى الجنتين في الجمع بين الصحيحين (٣٤)

٢٢٠. جواهر (٤٩٤)

٢٢١. الجواهر الحنفية (١١٠٢)

٢٢٢. الجواهر الفقهية (١٩٣)

٢٢٣. جواهر النقطة؟ (١٠٠٥)

٢٢٤. الجواهر والدرر (٧١١، ٩٢٨)

٢٢٥. جوهر الحدادي (٦٦٢)

كشّاف العناوين ١٨٩

٢٢٦. حاشية إبراهيم الباجوري على الشمائل (٧٠٧، ١٠٤٩)

٢٢٧. حاشية ابن أبي شريف على السعد التفتازاني شرح العقائد النسفية (٥٢٩)

٢٢٨. حاشية أخي جلبي على صدر الشريعة (١٧٥)

٢٢٩. حاشية الأشباه للسيد أحمد الحموي (١٥٣)

٢٣٠. حاشية أفضل زاده على للاقاني (٢٢٩)

٢٣١. حاشية الأنموذج للأردبيلي (٧٩٢)

٢٣٢. حاشية الباجوري (١٠٤٠)

٢٣٣. حاشية الباجوري على متن السمرقندية (٧٢٠، ٨٢٦)

٢٣٤. حاشية البجيرمي على المنهج (٨٢٠)

٢٣٥. حاشية الجامي لساجقلي زاده (٧٨٢)

٢٣٦. حاشية حسن باشا على المراح (٤٩٦)

٢٣٧. حاشية حسن جلبي (٨٤٤)

٢٣٨. حاشية الحلبي على المتوسط شرح الكافية (٧٧٣)

٢٣٩. حاشية الحموي بالحرف (٦٩٤)

٢٤٠. حاشية الحموي على شرح القواعد (٨٧٩)

٢٤١. حاشية الخضري على ابن عقيل (٨١٧)

٢٤٢. حاشية الخيالي (٨٧٧)

٢٤٣. حاشية الدر المختار للطهطاوي (٤٧٨، ٨١٤، ٨٣٧)

٢٤٤. حاشية الدسوقي على السنوسية (٩٣٨)

٢٤٥. حاشية الدمنهوري على متن الكافي (٨٢٤)

٢٤٦. حاشية الرشيدي على المعفوات (١٢٣٩)

٢٤٧. حاشية السعد على شرح مختصر ابن الحاجب (١٩٧)

٢٤٨. حاشية سعدي على تفسير البيضاوي (٣٢)

٢٤٩. حاشية سعدي على الهداية (١٣٤)

٢٥٠. حاشية السمرقندي على شرح الطوالع للبيضاوي (٢٢٨)

٢٥١. حاشية السمرقندية (١١٥٦)

٢٥٢. حاشية السملاوي على الجزرية (٨٢٣)

٢٥٣. حاشية السنة على البغوي (١١٧٠)

٢٥٤. حاشية السيد الشريف على العضدية (٨٠٩)

مكتبة مدرسية في حلب نهاية العهد العثماني ١٩٠

٢٥٥. حاشية السيد على التصورات (٧٧٥)

٢٥٦. حاشية السيد مع قره داود (٧٤٩)

٢٥٧. حاشية شرح التهذيب للخلخاني (٢٦٧)

٢٥٨. حاشية الشرنبلالي على الدرر (١٦٥)

٢٥٩. حاشية الشيخ إبراهيم أفندي الباجوري على متن السلم للأخضري (٧٣٩، ٨٢٥)

٢٦٠. حاشية الشيخ عوض على الخطيب (٨١٩)

٢٦١. حاشية الشيخ يحيى المغربي على أم البراهين (٢٢٠)

٢٦٢. حاشية شيخي زاده على تفسير البيضاوي (١٤، ٣٠، ٨٩٢)

٢٦٣. حاشية عبادة على الشذور (١١٤٩)

٢٦٤. حاشية عبد الغفور على الجامي (٣٣٣، ٧٧٠)

٢٦٥. حاشية عصام على شرح الشمسية للقطب (٢٦٢، ٢٦٦)

٢٦٦. حاشية عصام على شرح عقائد النسفي (٢٣٧)

٢٦٧. حاشية عصام على منلا جامي (٨٣٩)

٢٦٨. حاشية على (...) الإظهار (٧٨٥)

٢٦٩. حاشية على بردة المديح للباجوري (٧١٩، ١٠٤١، ١١٧٣، ١٢٣٦)

٢٧٠. حاشية على البيضاوي (٨٥٣)

٢٧١. حاشية على التلويح لابن كمال باشا (٢٠٥)

٢٧٢. حاشية على الجامي العلامة محرم أفندي (٧٨٠)

٢٧٣. حاشية على الجغميني لفضل الله العبيدي (٢٧٣)

٢٧٤. حاشية على السنوسية للعلامة الباجوري (٧١٨، ٩٠٠، ١١٧٤)

٢٧٥. حاشية على شرح التجريد لصدر الدين (٢٢٢)

٢٧٦. حاشية على شرح العقائد للدواني (٧٩٢)

٢٧٧. حاشية على شرح الكافية لملا جامي (٧٥١)

٢٧٨. حاشية على شرح المفتاح للبسطامي (٢٤٧)

٢٧٩. حاشية على شرح الملخص لقاضي زاده (٢٦٨)

٢٨٠. حاشية على شرح المنار لعزمي زاده (٢٠٤، ٧٥٧)

٢٨١. حاشية على شرح النخبة (٥١٣، ١١٦٩)

٢٨٢. حاشية على صدر الشريعة (٤٢٨)

٢٨٣. حاشية على الكشاف (١٨، ٢٦)

كشّاف العناوين ١٩١

٢٨٤. حاشية على المتوسط (٧٩١)

٢٨٥. حاشية على المغني للشمني (٣١٣)

٢٨٦. حاشية على مقدمة أبي الليث السمرقندي (٥٢٨)

٢٨٧. حاشية على ملا جلال (٢١٥)

٢٨٨. حاشية على ملا جلال الدواني (٤٤٠)

٢٨٩. حاشية على الملوي للشيخ عمر أفندي الفران (٨٠٨)

٢٩٠. حاشية على نخبة الفكر (١٢١٠)

٢٩١. حاشية العماد على شرح الشمسية (٧٥٩)

٢٩٢. حاشية في العقائد (٢٣٨)

٢٩٣. حاشية في النحو (٨٥١)

٢٩٤. حاشية قره داود (٧٧١)

٢٩٥. حاشية قره كمال (٤٦٢)

٢٩٦. حاشية قطب الدين على تفسير الكشاف (١٧)

٢٩٧. حاشية القليوبي (١٢٠٤)

٢٩٨. حاشية القليوبي على ابن قاسم (٦٨١)

٢٩٩. حاشية الكفراوي (١٢٢٢)

٣٠٠. حاشية لعصام (٢٠)

٣٠١. حاشية لعصام الدين على الضيائية (٢٥٦)

٣٠٢. حاشية اللقاني على شرح العزي (٨٣١)

٣٠٣. حاشية المدابغي على الخطيب (٨١٨)

٣٠٤. حاشية المدابغي على شرح الألفية للأشموني (٤٥٢)

٣٠٥. حاشية المطول (٢٤٣، ٢٤٤، ٢٥٩)

٣٠٦. حاشية المفتاح (٧٤٨)

٣٠٧. حاشية ملا جلال (٢٣٣)

٣٠٨. حاشية ملا علي القاري المسماة بالجمالين على الجلالين (١٦)

٣٠٩. حاشية ميرزاجان على حكمة العين القديمة (٢٢٣، ٢٣٣، ٧٨٧)

٣١٠. حجة الله البالغة (١١٢٠)

٣١١. حديقة الأفراح (١١٦٣)

٣١٢. حديقة السعدا وعظ تركي (٥٤٧)

مكتبة مدرسية في حلب نهاية العهد العثماني ١٩٢

٣١٣. الحزب الأعظم لملا علي القاري (٩٠، ٥٣٦، ٦٢٣)

٣١٤. حسن جلبي على المطول (٢٥١)

٣١٥. حصّة من تفسير باللغة التركية الى التي برمق (٢٤)

٣١٦. حصر الدلائل في اختلاف الأئمة (١٩٦)

٣١٧. الحكم العرفانية (٤٧٦)

٣١٨. حكم من كلام سيدنا علي رضي الله عنه (٣٤٥)

٣١٩. حل الأسماء الحسنى (٥٣٣)

٣٢٠. حل الرموز ومفاتيح الكنوز (٤٩٣، ٧٣٣)

٣٢١. الحلبي الصغير شرح المنية (١٦١)

٣٢٢. الحلية الشريفة (٩٦)

٣٢٣. حلية العصر الجديد (١١٧٦)

٣٢٤. حواشي عقائد (٢١٥)

٣٢٥. حواشي ملا جلال (٢٢٥، ٢٤٠)

٣٢٦. حياة الحيوان للدميري (١١٤، ٣١١)

٣٢٧. حيل الفقه (٩٢٩)

٣٢٨. خافية أفلاطون في علم الحرف (٦٣٤)

٣٢٩. خدمت عسكر درزمان سفر؟ (٩٤٦)

٣٣٠. خريدة العجائب (٦٥٤)

٣٣١. خريطة أناضولي (١١١٧)

٣٣٢. خريطة ولاية حلب (١٠٦٢)

٣٣٣. خطيب فقه (٨٨٠)

٣٣٤. خلاصة الحقائق للفريابي (١٠٦)

٣٣٥. خلاصة الفتاوى (١٤٧)

٣٣٦. خلاصة النهاية (١٩٠)

٣٣٧. خلاصة الوفا في أخبار دار المصطفى (٩٢٣)

٣٣٨. خواص (٥٦٧)

٣٣٩. خواص أسماء الله الحسنى (١٢٤)

٣٤٠. خواص القرآن العظيم باللغة التركية (٢٨)

٣٤١. خيالي جلبي على شرح عقائد النسفي للسعد (٧٠١)

كشّاف العناوين ١٩٣

٣٤٢. در الكنوز (٤٧٣)

٣٤٣. در المتلالي شرح بدء الأمالي (٤٥٨)

٣٤٤. الدر المختار (٥١٢، ٦٨٢)

٣٤٥. الدر الناجي (١١٦٤)

٣٤٦. الدر النظيم في خواص القرآن العظيم (٩٢٠)

٣٤٧. الدر اليتيم (٧٥٠)

٣٤٨. الدرر (١٦٤، ٤٢٢)

٣٤٩. درر الأحكام (٤٦٣)

٣٥٠. الدرر الحسان في البعث (٩٠٧)

٣٥١. درر الشاذلية (٩٨٣)

٣٥٢. درر غرر (٦٤٠)

٣٥٣. الدرر المنثورة في التواريخ المشهورة (٩٥٨)

٣٥٤. الدرر والغرر لملا خسرو (٤١٣، ١٠٥٥)

٣٥٥. درة الواعظين (١٠٥٨)

٣٥٦. الدستور (٩٦٧، ١٠٧١)

٣٥٧. دعاء رجال الغيب (٣٩٨)

٣٥٨. دعاء عكاشة (٥٨٦)

٣٥٩. دقائق حربية (٩٥٠)

٣٦٠. دقائق الحقائق (٨٧٢)

٣٦١. دلائل الخيرات (٨٨، ٥٣٥، ٥٣٩، ٦٩١، ١١٩٨، ١٢٤٥)

٣٦٢. دلائل النبوة للإمام البيهقي (٦٨)

٣٦٣. الدلائل والاعتبار على الخلق والتدبير (١٠١٣)

٣٦٤. الدمنهوري على الكافي (١٢٠٨)

٣٦٥. الدور الأعلى (١١٤٦)

٣٦٦. دومرغ زاده فارسي (٥٥٦)

٣٦٧. ديوان ابن معتوق (١٢٢٨)

٣٦٨. ديوان إسحاق أفندي (٣٩٠)

٣٦٩. ديوان تركي مسمى بالأصول (٣٥١)

٣٧٠. ديوان تركي، وهو منتخب (...) المسمى بحديقة (٨٠٤)

مكتبة مدرسية في حلب نهاية العهد العثماني ١٩٤

٣٧١. ديوان جامي (٣٥٨، ٣٨٥، ٣٩٢، ٤٠٠، ٤١٩)

٣٧٢. ديوان الحاجري (١٢٤٤)

٣٧٣. ديوان حافظ (٣٨٠)

٣٧٤. ديوان خطب ابن نباتة (١٢٣٠)

٣٧٥. ديوان الخطب (٩٩٣)

٣٧٦. ديوان خيرباد (٣٦٧)

٣٧٧. ديوان الخيالي (٥٥٩)

٣٧٨. ديوان سعدي (٤١٨)

٣٧٩. ديوان سيدنا علي رضي الله عنه (٩٢١)

٣٨٠. ديوان عارف حكمت بك (٩٠٣، ١١١٥)

٣٨١. ديوان فارسي (٥٥٥، ٥٥٨، ٩٤٠)

٣٨٢. ديوان فهيم تركي (٨٠٦)

٣٨٣. ديوان قدوري (٣٥٩)

٣٨٤. ديوان المتنبي (١٠٣٣)

٣٨٥. ديوان مجنون ليلى (١٢٤٠)

٣٨٦. ديوان نابي (٣٧٦)

٣٨٧. ديوان نفعي (٣٨١)

٣٨٨. ديوان آلي (٣٦٩)

٣٨٩. الذخيرة (٦٩٣)

٣٩٠. رحلة رفاعة (٨٩٨)

٣٩١. رد المحتار على الدر المختار (١٠٠٤)

٣٩٢. رزمانة (٣٤٤، ٣٤٩، ٣٦١)

٣٩٣. رسالات الشرنبلالي (٩١٧)

٣٩٤. رسالة الآداب للكواكبي (٦٧٥)

٣٩٥. رسالة البسملة (١١٩٤، ١١٩٦)

٣٩٦. رسالة البيلوني في الطاعون (١٢٦)

٣٩٧. الرسالة التفليسية في الطب (٦٧٣)

٣٩٨. رسالة تلغراف (٩٧١)

٣٩٩. رسالة توسل بالقرآن (٩١٦)

كشّاف العناوين ١٩٥

٤٠٠. الرسالة الجامعة (٩٨٠، ٩٨١)

٤٠١. رسالة الدرة العزيزية في الفرائد (٩٧٤)

٤٠٢. رسالة رمل (٢٦٣)

٤٠٣. رسالة شرح السنوسية للهدهدي (٥٧٩)

٤٠٤. رسالة الشرنبلالي في العهود على أهل الذمة (٦٧٦)

٤٠٥. رسالة صلاة (٩٩٧)

٤٠٦. رسالة على العضد (٤٩٥)

٤٠٧. رسالة فتوحات رشدية (٩٧٩)

٤٠٨. رسالة في آداب البحث (٨٧٨)

٤٠٩. رسالة في الاستعاذة والبسملة للبدر (٧٣٨)

٤١٠. رسالة في طلب السلامة في ترك الإمامة للسبكي (٦٨٥)

٤١١. رسالة في العروض (٨٩٥)

٤١٢. رسالة في علم التجويد (٥٠٣)

٤١٣. رسالة في علم الحساب باللغة التركية (٧٦٨)

٤١٤. رسالة في علم الحساب وفيه فلك (٢٧٦)

٤١٥. رسالة في علم الربع (٢٦٤)

٤١٦. رسالة في علم الفراسة لمحمد الأنصاري (٢٦٣)

٤١٧. رسالة في الألفاظ المؤنثة لابن كمال باشا (٤٧١)

٤١٨. رسالة في قاعدة قراءة حفص (٦٨٣)

٤١٩. رسالة في منازل الحج على طريق مصر (٥١٠)

٤٢٠. رسالة في النكاح (٤١٧)

٤٢١. الرسالة القشيرية (١٠١١)

٤٢٢. رسالة كفاية المعاني (٩٧٥)

٤٢٣. رسالة لأبي السعود (٤٣٢)

٤٢٤. رسالة لنوح أفندي (٤٣٦)

٤٢٥. رسالة محمد (١١١٢)

٤٢٦. الرسالة المسماة ببحر الكلام لأبي معين النسفي (٧٢٦)

٤٢٧. رسالة الوسائل الى معرفة الأوائل (٩٧٦)

٤٢٨. رسالت أدلت خيرات، انظر أدل الخيرات

مكتبة مدرسية في حلب نهاية العهد العثماني ١٩٦

٤٢٩. رسالة الجامعة انظر الرسالة الجامعة

٤٣٠. رموز الحكم (١٠٨٣)

٤٣١. روح البيان تفسير القرآن (٧٧٩، ٩٦٢، ١٠٦٣)

٤٣٢. روزنامة سفر مدينة (١١٢١)

٤٣٣. روضة الأنام في فضائل الشام (٦١٨)

٤٣٤. روضة العلماء (٧٦١)

٤٣٥. رياض المديح (١٠٧٢)

٤٣٦. الرياض النضرة (٦٩)

٤٣٧. ريحانة الأدب (٩١١)

٤٣٨. زبدة التعريفات (١٢١٦)

٤٣٩. الزبور الشريف (٢٩)

٤٤٠. زعامات (٣٧٧)

٤٤١. الزواجر لابن حجر (١٠١٥)

٤٤٢. زيارة النبي صلى الله عليه وسلم (٥٠٧)

٤٤٣. سبائك الذهب في معرفة قبائل العرب (١٠١٩)

٤٤٤. سبحة الأخيار (٣٦٣، ٣٨٦)

٤٤٥. سبعيات بالتركية (٣٧٥)

٤٤٦. السبعيات في مواعظ البريات (٤٩٧)

٤٤٧. سبل السلام في حكم آباء سيد الأنام (٩٧٢)

٤٤٨. السر المكتوم في علم النجوم (٨٧٦)

٤٤٩. سراج العابدين شرح الأربعين (٧٤٢)

٤٥٠. السراج المصلي (٦٥٠)

٤٥١. سراج الملوك للطرطوشي (٩١٥)

٤٥٢. السراجية في الفرائض (٧٩٧)

٤٥٣. سفينة الراغب (١٠٠٩، ١٢١٣)

٤٥٤. سلوان المطاع (٩٠٢، ٩٣٢)

٤٥٥. السمرقندية (١٢١٧).

٤٥٦. سنن ابن ماجه (٦١١)

٤٥٧. سنن أبي داود (٧٤٣)

كشّاف العناوين ١٩٧

٤٥٨. السنوسية (٦١٢)

٤٥٩. سور التوراة (٥٧٨)

٤٦٠. السيد علي الجغميني (٢٦٩، ٢٧١)

٤٦١. سير السلوك للشيخ قاسم الخاني (٦٢١)

٤٦٢. السير الكبير (٦٨٩)

٤٦٣. السيرة المحمدية (١٠٠٧)

٤٦٤. سيالكوتي على التصديقات (٧٦٤)

٤٦٥. الشاطبية (٦٢٥، ٩٠٥، ٩١٢)

٤٦٦. الشافية (٣٣٨)

٤٦٧. شاني زاده تاريخي (١٠٥٧)

٤٦٨. شباك في الفرائض (١٢٢٥)

٤٦٩. الشذور (١٢١٨)

٤٧٠. شذور الذهب (٦٤٢)

٤٧١. شرح البخاري للإمام الكَرْماني (٤٠)

٤٧٢. شرح الأباهري في الحكمة (٢٧٨)

٤٧٣. شرح الآجرومية (٥٧١، ٦٠٦، ٦٤٨، ٨٣٦، ٩٨٢، ١٢٠١، ١٢٤٦)

٤٧٤. شرح الأربعين حديثًا لجلال الدين الدواني (٢٤٠)

٤٧٥. شرح الأزهرية (٨٤٣، ١١٥٣)

٤٧٦. شرح الاستعارات لعصام (٢٥٨)

٤٧٧. شرح أسماء الله الحسنى (٢٢١، ٣٤٢، ٧٢٢)

٤٧٨. شرح أصول العشرة (١٠٩٢)

٤٧٩. شرح الأمثلة (٤٣٧، ٥٦٢)

٤٨٠. شرح الأمالي (٥٦٠)

٤٨١. شرح إيساغوجي (٤٣١، ١٢٤٢)

٤٨٢. شرح البخاري (٣٦، ٣٧، ٣٩، ١١٠٧)

٤٨٣. شرح بدء الأمالي (٤٣٢، ٤٨٩، ٧٢١)

٤٨٤. شرح البديعة لابن حجة الحموي (٣٠٧)

٤٨٥. شرح البردة (١١١، ٤٠٥، ١٠٤١، ١٠٤١، ١١١٤، ١١٧٣، ١٢٣٨)

٤٨٦. شرح البزدوي المسمى بالشافي (٢٠٩)

٤٨٧. شرح بستان خيال (١٠٧٧)
٤٨٨. شرح بستان سعدي (٣٥٤، ٣٧١، ٤٢٠)
٤٨٩. شرح التجريد (٢١٨)
٤٩٠. شرح التذكرة للسيد الشريف (٢٧٢)
٤٩١. شرح ترتيب المجموع في الفرائض للشنشوري (٧٩٦)
٤٩٢. شرح التسهيل للدماميني (٣١٩)
٤٩٣. شرح تغيير التنقيح لابن كمال باشا (٢٠٣)
٤٩٤. شرح التلخيص (٨٩٣)
٤٩٥. شرح التهذيب (٢٦٥)
٤٩٦. شرح الجامع الصغير في الفقه (١٦٢)
٤٩٧. شرح الجامع الصغير للمناوي الكبير انظر شرح المناوي الكبير
٤٩٨. شرح الجزرية (٥٣٢، ٨٥٢، ٨٧٠)
٤٩٩. شرح جلاء القلوب للتوقاتي (٢١٦)
٥٠٠. شرح الجوهرة (٢١٣، ٨٥٤، ١١١٩، ١١٦١، ١٢٣٢)
٥٠١. شرح جوهرة التوحيد الوسطى (٢٣٠)
٥٠٢. شرح الحصن الحصين لملا علي القاري (٦٠)
٥٠٣. شرح الحكم (٧٣٢، ١٠١٧)
٥٠٤. شرح دلائل الأحكام للسملاوي (٧٣٤)
٥٠٥. شرح دلائل الخيرات (١٠٣٦)
٥٠٦. شرح الدمياطية (٦٠٧)
٥٠٧. شرح ديوان امرئ القيس (١٠٩٧)
٥٠٨. شرح ديوان حافظ للغزي (٩٩٨، ١٠٢٢)
٥٠٩. شرح ديوان الحماسة للتبريزي (٢٨٦)
٥١٠. شرح ديوان سعدي (٣٨٤، ٣٨٨)
٥١١. شرح ديوان المتنبي للعكبري (٩٦٣، ١٠٢١)
٥١٢. شرح الرحبية للسبطلي (٦٨٤)
٥١٣. شرح رسالة الاستعارات للشيخ أحمد الملوي (٨٠٧)
٥١٤. شرح الرسالة القشيرية (٩٣٩)
٥١٥. شرح الزرقاني (٩٩٤، ١٠٧٦)

كشّاف العناوين

٥١٦. شرح السراجية (١٥٠، ١٥١، ٦٦٩، ٨٦٥)

٥١٧. شرح السعد على العزي (٨٣٠)

٥١٨. شرح السمرقندية (٤٧٠، ٦٦٠، ٨٠٠)

٥١٩. شرح السنوسية للقيرواني (٦٦٤، ٧٢٨)

٥٢٠. شرح الشاطبية لابن القاصح (٦١٣، ٨٢٢)

٥٢١. شرح الشافية للجاربردي (٣٣٤، ٤٣٧، ٧٥٣)

٥٢٢. شرح الشاهدي (٥٦١)

٥٢٣. شرح الشذور (١٢٣٧)

٥٢٤. شرح شرح النخبة (٩٢، ٩٣)

٥٢٥. شرح شروط الصلاة (٤٣٥)

٥٢٦. شرح الشفا (٥٣، ٥٤، ٥٥، ٧١٦، ١٠٠١)

٥٢٧. شرح الشمائل لعلي القاري (٥٢٥)

٥٢٨. شرح الشمسية (٢٧٩، ١٢٠٦)

٥٢٩. شرح شواهد المفتاح (٢٤٢)

٥٣٠. شرح صحيح مسلم للإمام النووي (٤١، ٩٥٧)

٥٣١. شرح الصدور في أحوال الموتى والقبور (٥٠١)

٥٣٢. شرح الضوء (٣٢١)

٥٣٣. شرح الطريقة المحمدية (٦٩٥، ٩٥٣)

٥٣٤. شرح الطوالع (٢٣١، ٨٦٠)

٥٣٥. شرح طوالع الأنوار للأصفهاني (٢٢٧)

٥٣٦. شرح العزي (٤٤٧، ١١٩٣، ١٢٤٣)

٥٣٧. شرح العقائد (٢١٧، ٤٤١)

٥٣٨. شرح عقائد التفتازاني (١١٨٩)

٥٣٩. شرح عقائد الدواني (٢٣٤)

٥٤٠. شرح عقائد النسفي (٢٣٢، ٢٣٤، ٥٤٩)

٥٤١. شرح علل البكره جي (٨٢٩)

٥٤٢. شرح عوامل الجرجاني (٦٣٣)

٥٤٣. شرح العوامل للفاضل البركوي (٧٣٧، ٨٥٩)

٥٤٤. شرح الغاية لابن قاسم فقه شافعي (٦٦٥)

٥٤٥. شرح فرائض السراجية (١١٨٦)

٥٤٦. شرح فصوص الحكم (١١٣٦)

٥٤٧. شرح فقه الكيداني (٧٤٧)

٥٤٨. شرح فوائد الغياثية (٢٥٠، ٢٥٦، ٢٥٧)

٥٤٩. شرح ألفية العراقي للقاضي زكريا (٨٧)

٥٥٠. شرح القسطلاني (١١٤٧)

٥٥١. شرح قصيدة بانت سعاد (١٠٣٨، ١١٦٦)

٥٥٢. شرح قصيدة يا خلي البال (١٠٩٨)

٥٥٣. شرح القطر (٦٠٨، ٦٨٠، ٦٣٨، ١٢٣٦)

٥٥٤. شرح الكافية (٣٢٧، ٤٥٧، ٣١٦)

٥٥٥. شرح الكندي على البناء (١١٥٨)

٥٥٦. شرح الكنز (١٧٧، ١٨٢، ٦٩٨، ٧٠٠، ٨٢١، ١٠٧٥)

٥٥٧. شرح لامية ابن الوردي (١٠٧٤، ١١٩٠)

٥٥٨. شرح لامية العرب للشنفرى (١١٢٧)

٥٥٩. شرح اللمعة (٨٦٣)

٥٦٠. شرح المادة الطبية (١١٤١)

٥٦١. شرح المثنوي للشيخ يوسف (٩٥٦٩، ١١٤٣)

٥٦٢. شرح مجمع البحرين لابن ملك (١٧٦، ٧٠٠، ٧٥٠)

٥٦٣. شرح مختصر ابن الحاجب (٢٠٨، ٢١٠، ٢١٢)

٥٦٤. شرح مدارج السالكين (١٢٣)

٥٦٥. شرح المراح (٣٣٥، ٣٣٦، ٣٣٧، ٨٨٣، ١١٥٢)

٥٦٦. شرح المشارق للأكمل (٨٤٦)

٥٦٧. شرح المصابيح (٥٠، ٥١)

٥٦٨. شرح المعلقات (٤٣٣)

٥٦٩. شرح المغني للدماميني (٨٣٨)

٥٧٠. شرح المفتاح (٢٤١، ٢٥٤)

٥٧١. شرح المفصل لابن الحاجب (٣١٧)

٥٧٢. شرح المقاصد لسعد الدين التفتازاني (٢٢٦)

٥٧٣. شرح المقامات للشريشي (١٠٠٦)

٢٠١   كشّاف العناوين

٥٧٤. شرح مقدمة أبي الليث للشيخ قاسم النجار (٥٩٩)

٥٧٥. شرح مقدمة ملا حسين المسمى بمفتاح العبادة (١٦٠)

٥٧٦. شرح المقصور (١٢٢١)

٥٧٧. شرح مكتوبات الإمام الرباني (٩٣٦)

٥٧٨. شرح الملتقى (١٣٩، ١٤٠، ٤٨٠)

٥٧٩. شرح الملخص (٢٧٤، ٢٦٩)

٥٨٠. شرح المنار لابن ملك (٢٠٢، ٢٠٦، ٢٠٧، ٤٧٧، ٨٥٠، ٨٥٦)

٥٨١. شرح منازل السائرين للتلمساني (١٢٢)

٥٨٢. شرح المناسك لملا علي القاري (٨٩٦)

٥٨٣. شرح المناوي الكبير المسمى بالفتح القدير على جامع الصغير (٤٦، ٤٥٠، ١٠٨٧)

٥٨٤. شرح منظومة الكواكبي في الفروع (١٧٠)

٥٨٥. شرح منية المصلي لابن أمير الحج (١٦٣)

٥٨٦. شرح المواقف للسيد (٢١٤)

٥٨٧. شرح مولد النبي للبرزنجي (١٠٤٨)

٥٨٨. شرح نظم دماء الحج (٨٣٣)

٥٨٩. شرح الهداية المسمى بغاية البيان للأتقاني (١٧١، ٨٤٥)

٥٩٠. شرح الهمزية (٩٤٣)

٥٩١. شرح الوصية (٢٢٤)

٥٩٢. شرح وصية الإمام الأعظم (٤٥٦)

٥٩٣. شرح وصية المتبولي للشعراني (٧٠٩)

٥٩٤. شرح الوقاية لابن ملك (١٧٣)

٥٩٥. شرح الولدية (١١١)

٥٩٦. شرعة الإسلام للبخاري (٧١٣)

٥٩٧. شرف نامة (٩٠٤)

٥٩٨. شروط الصلاة للفناري (٥٥٧)

٥٩٩. شعب الإيمان (٦٥)

٦٠٠. شعر فارس (٥٧٤)

٦٠١. الشفا في تعريف حقوق المصطفى (٥٢، ٤١٠، ٥٩٠، ١٠٥٦)

٦٠٢. شفاء العليل في الصلاة (٩٣٠)

٦٠٣. الشقائق النعمانية لطاش كبري (٢٩٧)

٦٠٤. الشماريخ في علم التاريخ (٥٣٤)

٦٠٥. الشمائل الشريفة (٥١٦، ٧٥٨)

٦٠٦. شمس المعارف (١١٣)

٦٠٧. الشمسية (٤٤٤، ٧٥٥، ١٢٢٤)

٦٠٨. شواهد الشذور (١١٥٩)

٦٠٩. صالح الحال في البيطرة (٥٤٨)

٦١٠. صحاح الجوهري (٢٨٢)

٦١١. صحاح عجمية (٥٦٨)

٦١٢. صحيح الإمام الترمذي (٦١)

٦١٣. صحيح مسلم (٣٥، ١٠٨٠)

٦١٤. الصحيفة العلوية والتحفة المرتضوية (٦٥١)

٦١٥. صدر الشريعة شرح الوقاية (١٥٧، ٦٩٧)

٦١٦. صفوة الصفوة، مختصر حلية الأولياء لشيخ الإسلام ركن الشريعة جمال الدين أبي الفرج عبد الرحمن ابن الجوزي (٦٧)

٦١٧. صلوات القليوبي (٩١)

٦١٨. الصواعق المحرقة (٨٠، ٧٥٨، ٨٣٩)

٦١٩. الصواعق المنزلة في الرد على أهل الزندقة (١٠٥)

٦٢٠. الضياء المعنوي شرح مقدمة الغزنوي (١٨١)

٦٢١. طاش كوبري شرح فوائد الغياثية (٢٥٦، ٢٥٧)

٦٢٢. الطب النبوي (٥٠٦)

٦٢٣. طبقات الأخيار للإمام الشعراني انظر الطبقات الكبرى

٦٢٤. طبقات السبكي (١١٠)

٦٢٥. طبقات السخاوي (١٠٨)

٦٢٦. الطبقات الكبرى للشعراني (٤٥٥، ١٠١٤)

٦٢٧. الطرق الواضحة في أسرار الفاتحة (٥٥٢)

٦٢٨. الطريقة المحمدية لمحمد أفندي البركوي (٨٥، ٤١١، ٤٢١، ٥٢٣، ٥٩٨، ٦٣٧، ٧٦٢)

٦٢٩. طريقة نامة (٤٠٤)

كشّاف العناوين

٦٣٠. طهارة القلوب للشيخ عبد العزيز الديريني (٧٣١)

٦٣١. طهطاوي حاشية الدر المختار في الفقه (٤٧٨، ٨١٣)

٦٣٢. الظريف واللطيف في مدح كل شيء وذمه (١٠١٦)

٦٣٣. عجائب المخلوقات بالتركية (٣٧٨)

٦٣٤. عدة الأمراء والحكام لإهانة عبدة الأصنام (١٠٤٧)

٦٣٥. العرائس للثعالبي (٤٦٦)

٦٣٦. عصام على تصورات القطب (٢٦٢، ٢٦٦)

٦٣٧. العضدية في علم الوضع (٨٠٩، ١٢١٤)

٦٣٨. العطار على الأزهرية (١١٦٨)

٦٣٩. عقائد الداواني (٤٦٩)

٦٤٠. عقائد منلا جلال (٤٢٥)

٦٤١. عقائد النسفي (٢٣٥)

٦٤٢. العقد الأسنى شرح أسماء الله الحسنى للديرني (٥٣٣)

٦٤٣. العقد الفريد (٩٥٩، ١٠٣٥، ١٠٦٩)

٦٤٤. عمدة الحفاظ في تفسير أشرف الألفاظ (١٩)

٦٤٥. العناية شرح الهداية لأكمل الدين (١٧٢)

٦٤٦. عنقاء مغرب (٥٠٨)

٦٤٧. عنوان الآيات (١١١١)

٦٤٨. العهود للشعراني (٩٠١)

٦٤٩. العوامل الجرجانية (٦٣٠، ١٢٤٦)

٦٥٠. غالية المواعظ (١١٢٦)

٦٥١. غاية الإتقان (١٧١، ٣٩١، ٥٤٤)

٦٥٢. الغاية الفقه شافعي (٦٧٨، ٨٢٨)

٦٥٣. غرر المنطق (٤٨٥)

٦٥٤. غرر النجاح في عمل الجراح (١٠٥٣)

٦٥٥. الغريبين للهروي (٢٨٧)

٦٥٦. غنية الطالب منية الراغب (١٠٢٠)

٦٥٧. غنية الطالبين للشيخ عبد القادر الجيلي (٧٤٤، ١٠٤٤)

٦٥٨. غياث المكروبين (٦٥٥)

٦٥٩. الفال (٤٠٩، ٥٩٥)
٦٦٠. ألف باء (٢٩٣)
٦٦١. فاكهة الخلفاء ومفاكهة الظرفاء (١١٣٤)
٦٦٢. فتاوى أبي السعود العمادي (١٤١)
٦٦٣. فتاوى الأسكوبي (١٢٨، ٤١٥)
٦٦٤. فتاوى آغ كرماني (١٩٢)
٦٦٥. فتاوى الأنقراوية (١٤٦)
٦٦٦. فتاوى البزازية (١٤٢)
٦٦٧. فتاوى الحانوتي (١٥٥، ١٩٤)
٦٦٨. الفتاوى الخيرية (٥٩٤)
٦٦٩. فتاوى الزينية لابن نجيم (٦١٥)
٦٧٠. فتاوى الضره (١٤٤)
٦٧١. فتاوى عطاء الله أفندي (١٣٥)
٦٧٢. فتاوى علي أفندي (١٢٧، ٤١٤)
٦٧٣. فتاوى العمادية (١٨٤)
٦٧٤. فتاوى قاضي خان (١٧٩، ١٠٨٢)
٦٧٥. فتاوى القنية للزاهدي (١٧٨)
٦٧٦. فتاوى مصلح الدين (١٩٥)
٦٧٧. فتاوى النتف الحسان في مذهب أبي حنيفة النعمان (١٨٧)
٦٧٨. فتاوى الهندية (١٤٥)
٦٧٩. فتاوى يحيى أفندي (١٤٨)
٦٨٠. فتح الباري في شرح البخاري (٣٨)
٦٨١. فتح القدير (٤٦، ١٨٠)
٦٨٢. فتح المتعال في تمثال النعال (٧٣)
٦٨٣. الفتوح (٧٤٠)
٦٨٤. فتوح الشام (٩٦٤)
٦٨٥. الفتوحات المكية (١٠١، ٩٤٨، ١٠٦٨)
٦٨٦. الفتوحات من بيان القطب والإمامين (٧٤٥)
٦٨٧. فرائد ابن قريب (٦٢٧)

٢٠٥   كشّاف العناوين

٦٨٨. فصول الأستروشني (١٨٥)

٦٨٩. فصول البدايع للفناري (١٨٣، ١٠٣٢)

٦٩٠. فضائل سورة الفاتحة (٦٨٨)

٦٩١. فضل الخيل (٩٨)

٦٩٢. فضل ليلة النصف من شعبان (١٠٣)

٦٩٣. فضل المدينة (٥٠٧)

٦٩٤. الفقه الأكبر (٢٢٤)

٦٩٥. الفقه الكبير للشيخ علي البزدوي (١٠٨١)

٦٩٦. فقه اللغة للثعالبي (٢٩٠)

٦٩٧. فلاح شرح المصباح (٤٤٢)

٦٩٨. الفوائد السرجية (١٢٠)

٦٩٩. الفوائد الضيائية (٧٨١)

٧٠٠. فوائد العجائب ونوادر الغرائب (٨٧١، ٨٩٤)

٧٠١. الفية ابن مالك (٦٢٠، ٨٦٤)

٧٠٢. الفيوضات الإحسانية شرح أوراد البهائية (٩١٣)

٧٠٣. قاضي مير [على هداية الحكمة] (٨٠٣، ١١٩٥)

٧٠٤. قاموس (٢٨١، ١٠١٨)

٧٠٥. قانون أجنبي (١٠٤٢)

٧٠٦. قانون أحكام فرانسة (٩٦٥)

٧٠٧. قانون نامة (٣٤٠، ٨٠٥)

٧٠٨. قانون الوزراء (٣٩٤)

٧٠٩. قانونامه سي (٩٧٣)

٧١٠. القدوري (١٣٨، ٤٨٨، ٥٤٢، ٦٢٤، ٦٦٧)

٧١١. القرآن الجزيل المسمى بمعالم التنزيل (١٠٠٣)

٧١٢. قرة العين (٤٥٣)

٧١٣. قرق سوال (٣٦٦)

٧١٤. قره كمال على الخيالي (٢١٩، ٨٨٤)

٧١٥. قصة سيدنا يوسف عليه السلام (٣١)

٧١٦. قصص الأنبياء (١١٧٢)

٢٠٦ مكتبة مدرسية في حلب نهاية العهد العثماني

٧١٧. قصيدة البردة (٦١٦، ٩١٩)

٧١٨. قصيدة تركية (٩٢٥)

٧١٩. قطعة تاريخ باللغة التركية لدولة بني عثمان (٧٥٤)

٧٢٠. قلب العبارة في اسم الإشارة (٤٠٦)

٧٢١. قهستاني شرح مختصر الهداية (١٨٨، ١٠٥١)

٧٢٢. قواعد الإعراب لابن هشام (٦٧٠)

٧٢٣. قواعد العربية (١١٨٧)

٧٢٤. القواعد لابن عبد السلام (١٧٤)

٧٢٥. قول أحمد علي الفناري (٤٣٩)

٧٢٦. القول الأهم في ترك الهم (١٢٥)

٧٢٧. القول الحسن في جواب القول لمن (٩١٠)

٧٢٨. قالون (١٤٣)

٧٢٩. الكاشف (٩٩)

٧٣٠. الكاشف في معرفة من ذكر في الكتب الستة (٤٣)

٧٣١. كافية ابن الحاجب (٣٣١، ٥٠٥، ٧٢٤، ١٢٤٨)

٧٣٢. الكافية للخبيصي (٣٢٢)

٧٣٣. كتاب إبراهيم الحلبي الصغير (٤٨٢، ١٠٦١)

٧٣٤. كتاب الأربعين حديثًا النوية (٥٨١، ١١٩١)

٧٣٥. كتاب إظهار الحق (٩٨٥)

٧٣٦. كتاب الراوي (١٠٦٥)

٧٣٧. كتاب طب (٨٨٢)

٧٣٨. كتاب طب في النباتات (٩٠٨)

٧٣٩. كتاب عروض (٨٥٨)

٧٤٠. كتاب الفرائد (١٠٧٠)

٧٤١. كتاب في الفقه (٨٦٦)

٧٤٢. كتاب كمال أصفهاني (٩٨٦)

٧٤٣. كتاب هندسة (٨٧٤)

٧٤٤. الكشاف تفسير الإمام جار الله الزمخشري (٥)

٧٤٥. كشف الغمة عن جميع الأمة (١٠٠٢)

كشّاف العناوين

٧٤٦. الكشف الغيوبي للشرنوبي (١٠٩٥)

٧٤٧. كشف النقاب عن ما روى الشيخان للأصحاب (٧١٠)

٧٤٨. الكفاية في معرفة الرواية (٧٧)

٧٤٩. كلستان (٣٦٨، ٤٠٧، ٤٤٣، ٥٧٤)

٧٥٠. كلّيات أبي البقاء (٧٧٨، ٩٤٠)

٧٥١. كنز إبراهيم الكبير (١١٣٩)

٧٥٢. كنز الدقائق (٦٤٤، ٦٩٩)

٧٥٣. كنز الصحة الأبدانية أثر مرشد عثماني (١١٣٧)

٧٥٤. الكنز المدفون (٩٨٩)

٧٥٥. كوكب المباني شرح صلوات الشيخ عبد القادر (٥٣٤)

٧٥٦. كولستان (٣٨٩)

٧٥٧. كيمياء السعادة (١١٢٤)

٧٥٨. اللاري على قاضي مير (٢٧٥)

٧٥٩. اللاري في علم الحكمة [على هداية الحكمة] (٨٠٣)

٧٦٠. اللؤلؤية شرح الرسالة البركوية في تعديل أركان الصلاة (٥٣٠)

٧٦١. ما حضر للنقشبندي (٩٣١)

٧٦٢. المبارق في شرح المشارق المسمى بالمحول (٦٤)

٧٦٣. متن حديث (١١٦٧)

٧٦٤. المثل السائر لابن الأثير (٢٩٦)

٧٦٥. مثنوي شريف (٩٩٥، ١٠٣٧)

٧٦٦. مجاني الأدب (١١٨٠)

٧٦٧. مجربات العلامة الديربي (١٠٤٣، ١١٠٠)

٧٦٨. مجالس أحمد الرومي (١٢١)

٧٦٩. مجالس الشيخ قاسم الخاني (٦٥٢)

٧٧٠. مجالس القشني (٥٢٤)

٧٧١. مجمع الأمثال للميداني (٣٠٦، ٩٥٢، ١١٤٠)

٧٧٢. مجمع المهمات (١٥٦)

٧٧٣. المجمع المؤسس للمعجم المفهرس (٥٨)

٧٧٤. مجمل اللغة (٢٨٩)

٧٧٥. مجموع خط لمولانا جامي فارسي (٩٣٥)

٧٧٦. مجموعة صرف (٨٤٨)

٧٧٧. مجموعة في الاستعارات (٨٦١)

٧٧٨. مجموعة في العقائد (٨٥٧، ١١٤٤)

٧٧٩. مجموعة في اللغة (٨٩٠)

٧٨٠. مجموعة فيها ملحمة (٨٧٥)

٧٨١. مجموعة محررات تلغرافية (١١٣٣)

٧٨٢. المحبية (١٢٠٥)

٧٨٣. محمد أمين على ديباجة العزي (٤٤٧)

٧٨٤. المحول [من مشارق الأنوار] (٦٤)

٧٨٥. محيي الدين على حسام كاتي (٧٨٤، ٧٨٨)

٧٨٦. محيي الدين على الكافية (٤٩٠)

٧٨٧. المختار (٦٦٨)

٧٨٨. مختار الصحاح في اللغة (٢٨٣، ٤١٦، ١٢٣١)

٧٨٩. مختصر الإحياء (٧١٧)

٧٩٠. مختصر الأختري (٧٨٦)

٧٩١. مختصر إغاثة اللهفان في مصائد الشيطان (٥٠٤)

٧٩٢. مختصر البخاري للزبيدي (١٠٣٤)

٧٩٣. مختصر تاريخ ابن خلكان (٣٠٤)

٧٩٤. مختصر تذكرة الإمام السويدي (١١٢٣)

٧٩٥. مختصر التواريخ (٣٠٢)

٧٩٦. مختصر شرح الشواهد الوسطى (٣٠٠)

٧٩٧. مختصر في بيان الاعتقاد (١٢١١)

٧٩٨. المختصر في علم الأثر (٦٧٢)

٧٩٩. المختصر في المعاني شرح التلخيص (٢٤٩)

٨٠٠. مختصر الكافية (١١٩٢)

٨٠١. مختصر المنتهى (٧٨٣)

٨٠٢. مدارج الوصول في الصلاة على الرسول (٥٣٤)

٨٠٣. المدخل لابن الحاج (٩٢٧، ١٠٦٦)

كشّاف العناوين

٨٠٤. مدينة العلوم (١٠٤)

٨٠٥. مرآة الأصول (٨٨١)

٨٠٦. مرآة الممالك (٣٥٢)

٨٠٧. مراح الأرواح (٣٣٦، ٧٧٤)

٨٠٨. مراقي الفلاح شرح نور الإيضاح (٥٣١، ٥٥٤، ٥٩٣، ٦٤٧، ٩٩٩)

٨٠٩. المزهر للسيوطي (٢٨٨)

٨١٠. المسامرات (١٠٢٤)

٨١١. مسامرات الأخيار للشيخ الأكبر (١١٩)

٨١٢. مستظرف على (٩٤١)

٨١٣. مسالك الممالك (١١١٣)

٨١٤. مشارق الأنوار (٦٣، ٥٢٦، ٩٢٤)

٨١٥. مشتمل الأحكام (١٦٩)

٨١٦. مشكاة المصابيح (٤٧، ٤٨، ٥١٥)

٨١٧. مصابيح السنة الشريفة للبغوي (٤٩، ٥١٤)

٨١٨. المصباح (٣٣٢، ٥٧٥)

٨١٩. مصباح الظلام في فضل الصلاة والسلام على خير الأنام (٥٤٦، ٦٢٦)

٨٢٠. مصحف ربعة شريفة (٢)

٨٢١. المصحف شريف (١، ٥٣٨، ٥٤١، ٨١٠، ٨١١، ٨١٢، ٨١٣)

٨٢٢. مصطلح الحديث (١١٧١)

٨٢٣. مصلح الدين (٣٩٩)

٨٢٤. مضبطة (١٠٨٨)

٨٢٥. مطالع المسرات في شرح دلائل الخيرات (٧٤)

٨٢٦. المطلوب شرح مقصود (٣٣٩)

٨٢٧. المطول (٢٥٥، ٧٤٦، ٨٤٢)

٨٢٨. المعارف (٣٠٥)

٨٢٩. معاهد التنصيص شرح شواهد التلخيص (٢٦٠)

٨٣٠. المعتمد من المنقول في تفضيل الرسول المسمى بالعروة الوثقى للبازي (٧١)

٨٣١. المعراج (٦٠٣، ٦٧٠، ١٢٠٣)

٨٣٢. معرب الإظهار (١١٩٧)

مكتبة مدرسية في حلب نهاية العهد العثماني ٢١٠

٨٣٣. معرب الكافية لزيني زاده (٨٤٨)

٨٣٤. معرفة شواذ القرآن (٨٣٤)

٨٣٥. معرفتنامة (٩٦٠)

٨٣٦. معين الحكام فيا أشكل من الأحكام (١٨٦)

٨٣٧. المغني (٣١٢)

٨٣٨. مغني الأصول (٨٥٦)

٨٣٩. مفاتيح الدرية (٥٣٧)

٨٤٠. المفتاح (٢٤٦)

٨٤١. مفتاح البلاغة ومصباح الفصاحة (١١٠٩)

٨٤٢. مفتاح العبادة في شروط الصلاة (١٢٩، ١٦٠، ١٩١)

٨٤٣. مفتاح المعية في طريق النقشبندية (٨٢٧)

٨٤٤. المفصل للزمخشري (٣٢٠)

٨٤٥. المفهم في شرح مسلم (٤٢)

٨٤٦. المقاصد الحسنة في الأخبار المستحسنة (٨١)

٨٤٧. مقامات الحريري (٢٩٥، ١٠٣١، ١٠٥٤)

٨٤٨. مقدمة أبي الليث (٥٥٠)

٨٤٩. المقدمة السنية للصفدي (١١٦٥)

٨٥٠. مقدمة الغزنوي (٤٩٨)

٨٥١. المقدمة في الجغرافية (٩٥١)

٨٥٢. مكارم الأخلاق (١٢٢٠)

٨٥٣. مكرم شريف، انظر المصحف الشريف.

٨٥٤. ملا جامي شرح الكافية (٣٢٥، ٤٣٦، ٨٣٢)

٨٥٥. ملا جلال في العقائد (٢٣٩)

٨٥٦. ملا مسكين شرح الكنز (٤٦٠)

٨٥٧. الملتقى (٥٤٣)

٨٥٨. ملتقى الأبحر (٤٧٩)

٨٥٩. ملخص تلخيص المفتاح (٤٦٨)

٨٦٠. الملل والنحل بالتركي (٣٩٦)

٨٦١. مناسك الحج (١٣٠، ٤١٢، ٩٦٩، ١٠٩١)

كشّاف العناوين ٢١١

٨٦٢. منافع القرآن (٩٨٧)

٨٦٣. منافع الناس (٣٨٣)

٨٦٤. المناهل الصافية في شرح الشافية (١٠٢٨)

٨٦٥. المنتخب في حب العرب (٧١٤)

٨٦٦. المنتقى شرح الفقه الأكبر (٤٥٤)

٨٦٧. المنتقى من منهاج الاعتدال في نقض كلام أهل الرفض والاعتزال (١٠٢)

٨٦٨. منتهى الأغراض في علم الأمراض (٩٤٥)

٨٦٩. منح الغفار شرح تنوير الأبصار (١٤٩)

٨٧٠. المنح المكية في شرح الهمزية (٦٥٩)

٨٧١. منطق وآداب البحث شرح العضدية (٧٠٤)

٨٧٢. منظومة عمر النسفي (١٦٨)

٨٧٣. منظومة في العروض التركي (٨٨٩)

٨٧٤. المنن الكبرى للشعراني (١١٠٨)

٨٧٥. منهاج المتعلم (٤٦٤)

٨٧٦. منية المصلي (٤٩١، ٥٢٧، ٥٩٧، ٧٧٢)

٨٧٧. المواقف للسيد الشريف (٤٢٣)

٨٧٨. المواهب اللدنية (٧٥)

٨٧٩. الموضوعات (٨٣)

٨٨٠. مولد شريف (٥٠٠، ٦٠٠، ٦٧٥، ٦٧٧، ١٢٢٦)

٨٨١. الميزان [الشعرانية] للشيخ الشعراني (١١٦، ١٠٠٨)

٨٨٢. ميزان الحق (٣٧٩)

٨٨٣. الميزان الخضرية للشيخ عبد الوهاب الشعراني (٧٠٨)

٨٨٤. ناسخ الحديث ومنسوخه (٧٨)

٨٨٥. نتائج الأفكار في شرح الإظهار (٣٢٨، ٤٢٩، ١٢٣٤)

٨٨٦. نتيجة الفكر (٢١)

٨٨٧. نجاة القاري للشيخ محمود الكردي (٨٦، ٦٢٧)

٨٨٨. نخبة عجائب الملكوت للكسائي (٦٢٢)

٨٨٩. نخبة الفكر (٤٣٨، ٤٨٧)

٨٩٠. نزهة الحساب (٤٩٩)

٨٩١. نزهة المجالس (٩٠٩)

٨٩٢. نشوة الشمول في السفر الى إستانبول (١١٢٨)

٨٩٣. نطق المفهوم في أطول الحيوانات والنباتات (١٠٣٠)

٨٩٤. نظم أسماء الله الحسنى (٦٨٧)

٨٩٥. نظم العلوم للتوقادي (٥٣٧)

٨٩٦. نظم الغاية في الفقه الشافعي (٨٢٨)

٨٩٧. نظم الفرائد (٥١١)

٨٩٨. نظم اللالئ (٥٣٧)

٨٩٩. نظم يحيى أفندي (٤٧٥)

٩٠٠. نعت (٣٤١)

٩٠١. نغموي (٣٨٧)

٩٠٢. نفح الطيب تاريخ المغرب (٢٩٢، ١٠٢٦)

٩٠٣. النفحة السنوسية (٦٥٧)

٩٠٤. نفعي (٤٠٣)

٩٠٥. النقاية في علم الهداية (٦٦٣)

٩٠٦. نقول فتاوى (٦٢٨)

٩٠٧. نكارستان (٣٤٧)

٩٠٨. نهاية البهجة (٣٢٩)

٩٠٩. نهج البلاغة (١٠٢٥)

٩١٠. نهج السلوك في سياسة الملوك (١١٢٢)

٩١١. النوادر (٢٩٩)

٩١٢. نوادر القليوبي (٨٩٧، ١٠٤٦، ١٢١٩)

٩١٣. نوادر الوصول (٩٢٦)

٩١٤. نور الإيضاح (٤٧٣، ١١٨٤)

٩١٥. هداية الحكام الى خير الأحكام (١٣٧)

٩١٦. هداية الراغب (٦٦٦)

٩١٧. الهداية للمرغيناني (١٣١، ١٣٢، ١٣٣، ٩٠٦)

٩١٨. همايون نامة (٣٥٣)

٩١٩. هوادي لنور الدين (٢٤٨)

كشّاف العناوين ٢١٣

٩٢٠. هيثت أعيان (٩٧٨)

٩٢١. ورد الرقاني (١٢٢٩).

٩٢٢. وعظ رقائق الأخبار (٦٠٥)

٩٢٣. وعظ وعقائد (٤٤٥).

٩٢٤. وفيات الأعيان تاريخ ابن خلكان (٣١٠)

٩٢٥. وقاية (٦٧٩، ٨٦٨)

٩٢٦. وقائع شفيق (٣٤٨)

٩٢٧. يتيمة الدهر للثعالبي (٣٠١)

٩٢٨. اليواقيت والجواهر في عقائد الأكابر (١١٨، ٧٠٥)

كشّاف أسماء المؤلّفين

١. إبراهيم الحلبي، إبراهيم بن محمد الحلبي (ت ٩٥٦هـ) (١٦١، ٤٨٢، ٥٤٥، ٥٩٦، ٧٩٧، ١٠٦١)

٢. ابن أبي شريف، محمد بن أبي الشريف القدسي (ت ٩٠٥). (٥٢٩).

٣. ابن الأثير، علي بن محمد بن عبد الكريم بن عبد الواحد الشيباني الجزري (ت ٦٣٠هـ).(٣٠٣)

٤. ابن الأثير، نصر الله ابن صاين الدين محمد بن محمد بن عبد الكريم (ت ٦٣٧هـ). (٢٩٦)

٥. ابن اسكندر، ملا حسين الرومي الحنفي (ت ١٠٨٤هـ). (١٦٠)

٦. ابن أمير الحج، محمد بن محمد (ت ٨٧٩هـ). (١٦٣)

٧. ابن البيطار عبد الله بن أحمد بن البيطار (ت ٦٤٦هـ). (٢٨٠)

٨. ابن الجوزي جمال الدين أبي الفرج عبد الرحمن (ت ٥٩٧هـ). (١٥، ٦٧)

٩. ابن الحاج، محمد بن محمد ابن العبدري (ت ٧٣٧هـ). (٩٢٧)

١٠. ابن الحاجب، عثمان بن عمر بن أبي بكر بن يونس (ت ٦٤٦هـ). (٧٢٤)

١١. ابن حجة الحموي، علي بن عبد الله تقي الدين أبو بكر الحموي (٨٣٧هـ). (٣٠٧)

١٢. ابن حجر العسقلاني، أحمد بن علي بن محمد (٨٥٢هـ). (٣٨، ٥٧، ٢٩٤)

١٣. ابن حجر الهيتمي، أحمد بن محمد بن محمد بن علي بن حجر الهيتمي (ت ٩٧٤هـ). (٨٠، ٩٥، ٦٥٩، ١٠١٥)

١٤. ابن الخازن، علي بن محمد بن إبراهيم بن عمر بن خليل الشيخي علاء الدين البغدادي (ت ٧٤١هـ). (٩، ١٠٠٠)

١٥. ابن خلكان، أحمد بن محمد بن إبراهيم بن أبي بكر ابن خلكان (ت ٦٨١هـ). (٣١٠)

٢١٥

١٦. ابن السمين الحلبي أحمد بن يوسف بن عبد الدائم (ت ٧٥٦هـ). (١٩).
١٧. ابن شريف، محمد بن شريف الحسني (٢٥٠).
١٨. ابن عبد البر أبي عمر يوسف بن عبد الله (ت ٤٦٣هـ). (٨٢)
١٩. ابن عبد السلام، عز الدين عبد العزيز بن عبد السلام (ت ٦٦٠هـ). (١٧٤)
٢٠. ابن عبدون، عبد المجيد بن عبدون أبو محمد الوزير الفهري (ت ٥٢٩هـ). (٢٩٩)
٢١. ابن عساكر، القاسم علي بن الحسن (٥٧١هـ). (٧٠)
٢٢. ابن العماد (٤١٢)
٢٣. ابن عماد. (٥٠٢)
٢٤. ابن العيني عبد الرحمن بن أبي بكر (ت ٨٩٣هـ). (٢٠٦)
٢٥. ابن غانم، انظر المقدسي
٢٦. ابن قاسم، شهاب الدين أحمد بن قاسم العبادي (ت ٩٩٢هـ). (٦٦٥)
٢٧. ابن القاصح، علاء الدين علي بن عثمان بن محمد (ت ٨٠١هـ). (٦١١، ٨٢٢)
٢٨. ابن قتيبة، أبو محمد عبد الله بن مسلم الدينوري (ت ٢٦٧هـ). (٣٠٥)
٢٩. ابن قريب، عبد الملك بن قريب الأصمعي (ت ٢١٦هـ). (٦٢٧)
٣٠. ابن كمال باشا، شمس الدين أحمد بن سليمان المعروف بابن كمال باشا (ت ٩٤٠هـ). (١٥٠، ١٨٩، ٢٠٣، ٢٠٥، ٢٤٥، ٢٧١)
٣١. ابن ماجه، محمد بن يزيد بن ماجه القزويني (ت ٢٧٣هـ). (٦١١)
٣٢. ابن مالك، محمد بن عبد الله الطائي (ت ٦٧٢هـ). (٦٢٠، ٨٦٤).
٣٣. ابن معتوق، شهاب الدين بن معتوق الموسوي الحويزي (ت ١٠٨٧هـ). (١٢٢٨).
٣٤. ابن المقري إسماعيل بن أبي بكر المعروف بابن المقري اليمني (ت ٨٣٧هـ). (٨٣٣)
٣٥. ابن الملقن، سراج الدين عمر بن علي (ت ٨٠٤هـ). (٣٧)
٣٦. ابن ملك، عبد اللطيف بن عبد العزيز بن أمين الدين (ت ٨٠١هـ). (٦٣، ١٧٣، ١٧٦، ٢٠٢، ٤٧٧، ٧٥٢، ٨٥٠)
٣٧. ابن نباتة، عبد الرحيم بن محمد الفارقي (ت ٣٧٤هـ). (١٢٣٠)
٣٨. ابن نجيم، زين الدين بن إبراهيم بن محمد (ت ٩٧٠هـ). (٦١٧)
٣٩. ابن هشام، عبد الله بن يوسف بن أحمد بن عبد الله الأنصاري جمال الدين أبو محمد (ت ٧٦٣هـ). (٦٤٢، ٦٧١، ٦٨٠)
٤٠. ابن الهمام، محمد بن عبد الواحد السيواسي (ت ٨٦١هـ). (١٨٠)
٤١. الأبهري، سيف الدين أحمد الأبهري (متوفَّى في حدود ٧٠٠هـ). (٢٠٨)

كشّاف أسماء المؤلّفين

٤٢. أبو البقاء، أيوب بن موسى الحسيني (ت ١٠٩٣ه). (٩٤٠)

٤٣. أبو حيان، أثير الدين أبي حيان محمد بن يوسف (ت ٧٤٥ه). (١١)

٤٤. أبو داود، سليمان بن أشعث السجستاني (ت ٢٧٥ه). (٧٤٣)

٤٥. أبو السعود بن محمد العمادي (ت ٩٨٢ه). (١٠، ١٤١، ٤٣٢)

٤٦. أبو الفرج الأصفهاني، علي بن الحسين (ت ٣٥٦ه). (٩٤٩).

٤٧. أبو القاسم، بن أبي بكر الليثي السمرقندي (ت ٨٨٨ه). (٢٤٤، ٢٨٨)

٤٨. أبو الليث السمرقندي، نصر بن محمد بن إبراهيم بن الخطاب (ت ٣٧٣ه).
(١٠٠، ٥٥٠)

٤٩. أبو معين النسفي، ميمون بن محمد (ت ٥٠٨ه). (٧٢٦).

٥٠. أبو النجا، محمد الطنتداعي. (١١٧٧)

٥١. أبو لوفا العرضي، عمر بن عبد الوهاب العرضي (ت١٠٢٤ه). (٥٣)

٥٢. الأتقاني، قوام الدين أمير كاتب بن أمير عمر (ت ٧٥٨ه). (١٧١)

٥٣. أحمد الحموي، أحمد ابن السيد محمد مكي الحسيني الحموي شهاب الدين
(ت ١٠٩٨ه). (١٥٣)

٥٤. أحمد الرومي، أحمد بن عبد القادر الرومي (ت ١٠٤١ه). (١٢١)

٥٥. أحمد عارف حكمت، انظر عارف حكمت.

٥٦. أختري، مصلح الدين مصطفى بن شمس الدين القره حصاري (القرن العاشر
الهجري). (٢٨٤)

٥٧. أخي جلبي، يوسف بن جنيد التوقاتي الرومي (ت ٩٠٢ه). (١٧٥)

٥٨. الأردبيلي، محمد بن عبد الغني الأردبيلي (ت ١٠٣٦ه). (٧٩٣)

٥٩. الأستروشني، محمد بن محمود الأستروشني (ت ٦٣٢ه). (١٨٥)

٦٠. إسحاق أفندي. (٣٩٠)

٦١. الإسفرائيني، إبراهيم بن محمد بن عربشاه عصام الدين (ت ٩٤٤ه). (٢٠، ٢٣٧،
٢٥٢، ٢٥٦، ٢٥٨، ٢٦٢، ٢٦٦، ٣٢٤، ٦٦٠، ٨٣٩).

٦٢. الأسكوبي، محمد المفتي باسكوب المعروف بكور مفتي (ت ١٠٣٠ه). (١٢٨،
٤١٥)

٦٣. إسماعيل حقي (لم أهتدِ للمطلوب). (٩٦٠).

٦٤. الأصبهاني، محمود بن عبد الرحمن بن أحمد (ت ٧٤٩ه). (٢١٢، ٢٢٧)

٦٥. الأصفهاني. انظر الأصبهاني

مكتبة مدرسية في حلب نهاية العهد العثماني ٢١٨

٦٦. آغ كرماني. (١٩٢)

٦٧. أفضل زاده. (٢٢٩)

٦٨. أقليدس. (٢٧٠)

٦٩. آلتي برمق، محمد بن محمد الأكوبي (ت ١٠٠٣هـ). (٢٤، ٣٦٠)

٧٠. الأنقراوي، محمد بن حسين الأنكوري الرومي (ت ١٠٩٨هـ). (١٢٦)

٧١. الأوشي، سراج الدين علي بن عثمان الأوشي الفرغاني الحنفي (ت ٥٧٥هـ). (٧٢١).

٧٢. أويس أفندي. (٣٨٢)

٧٣. الإيجي، عضد الدين عبد الرحمن بن أحمد (ت ٧٥٦هـ). (٢١٠)

٧٤. الأيوبي، عبد الله بن صالح بن إسماعيل. (١١٨٢، ١٢٣٣).

٧٥. البابرتي، محمد بن محمود بن كمال الدين أحمد البابرتي أكمل الدين (ت ٧٨٦هـ). (١٧٢، ٨٤٦)

٧٦. الباجوري، إبراهيم بن محمد بن أحمد (١٢٧٦هـ). (٧٠٧، ٧١٨، ٧١٩، ٧٢٠، ٧٣٩، ٨٢٥، ٨٢٦، ٩٠٠، ١٠٤٠، ١٠٤١، ١٠٤٩، ١١١٩، ١١٦١، ١١٦٦، ١١٧٣، ١١٧٤، ١٢٣٨)

٧٧. البازي. (٧١)

٧٨. بانقوسي، عبد القادر بن صالح البانقوسي (ت ١١٩٩هـ). (٥٣٠)

٧٩. البجائي (لم أهتدِ للمقصود). (١١٦٠)

٨٠. البجيرمي، سليمان بن محمد بن عمر البجيرمي (ت ١٢٢١هـ). (٨٢٠)

٨١. البخاري، إمام زاده البخاري محمد بن أبي بكر الواعظ (ت ٥٧٣هـ). (٧١٣)

٨٢. البخاري، محمد بن إسماعيل الجعفي البخاري (ت ٢٥٦هـ). (٤٤٩)

٨٣. البرجندي، عبد العلي بن محمد بن حسين البرجندي الحنفي (ت ٩٣٢هـ). (٢٦٨)

٨٤. البرزنجي، جعفر بن إسماعيل (ت ١٣١٧هـ). (١٠٤٨، ١٢٢٦).

٨٥. البركوي، محمد بن بير علي تقي الدين الرومي (ت ٩٨١هـ). (٨٥، ٤٨٦، ٥٦١، ٥٦٤، ٧٣٧)

٨٦. برهان الدين إبراهيم ابن كمال الدين بن حميد (ت ؟). (٤٣٩، ٧٦٥)

٨٧. البزدوي، علي بن محمد (ت ٤٨٢هـ.). (٢١١، ١٠٨١)

٨٨. البسطامي، علي بن محمد بن مسعود الشاهرودي البسطامي، علاء الدين، المعروف بمصنفك (ت ٨٧٥هـ). (٢٤٧)

٨٩. البصروي، أحمد بن محمد، ابن الإمام البصروي (ت ١٠١٥هـ). (٣٠٢)

كشّاف أسماء المؤلّفين

٩٠. البغوي، حسين بن مسعود الفراء (ت ٥١٦ه). (٥١٤)

٩١. البكره جي، قاسم بن محمد الحلبي (ت ١١٦٩ه). (٨٢٩، ١١٥٧)

٩٢. بهاء الدين الصوفي. (٧٢٢).

٩٣. البيضاوي، ناصر الدين أبي سعيد عبد الله بن عمر البيضاوي (ت ٦٨٥ه). (٣، ١٤، ٢٣١، ٧١٥، ٧٩٥)

٩٤. البيلوني، لمحمد بن فتح الله بن محمود (ت ١٠٤٢ه). (١٢٦)

٩٥. البيهقي، أبي بكر أحمد بن الحسين بن علي (ت ٤٥٨ه). (٦٨)

٩٦. التبريزي، يحيى بن علي بن محمد الشيباني (ت ٥٠٢ه). (٢٨٦)

٩٧. الترمذي، محمد بن عيسى بن سورة بن موسى (ت ٢٧٩ه). (٦١)

٩٨. التفتازاني، سعد الدين مسعود بن عمر التفتازاني (ت٧٩٢ه). (١٨، ١٩٧، ٢٢٦، ٢٤١، ٢٥٥، ٤٤١، ٥٤٩، ٧٤٦، ٨٣٠، ٨٤٢، ١١٩٣)

٩٩. التلمساني، سليمان بن علي بن عبد الله (ت ٦٩٠ه). (١٢٢)

١٠٠. التوربشتي، فضل الله بن حسن شهاب الدين أبو عبد الله (ت ٦٦١ه). (٥١)

١٠١. التوقاني (٦٩٨)

١٠٢. التوقاني، إسحق بن حسن التوقادي الرومي (ت ١١٠٠ه). (٢١٦، ٥٣٧)

١٠٣. التوقاني، عمر بن السيد صالح الفيضي التوقادي (ت ١٢٦٥ه). (٤٣١)

١٠٤. الثعالبي، عبد الملك بن محمد بن إسماعيل النيسابوري (ت ٤٢٩ه). (٢٩٠، ٣٠١، ٤٦٦)

١٠٥. الجاربردي، أحمد بن الحسن فخر الدين (ت ٧٤٦ه). (٣٣٤، ٧٥١)

١٠٦. الجزري، أحمد بن محمد (ت ٨٣٥ه). (٨٧٠).

١٠٧. الجغميني، محمود بن محمد أبو علي (ت ٦١٨ه). (٢٧١)

١٠٨. الجوهري، أبو نصر إسماعيل بن حمّاد (ت ٣٩٣ه). (٢٨٢)

١٠٩. الجيّاني أبو علي الحسن بن محمد الغساني (ت ٤٢٧ه). (٨٤)

١١٠. جيلاني، عبد القادر بن موسى بن عبد الله (ت ٥٦١ه). (٧٤٤، ١٠٤٤)

١١١. الحاجري، عيسى بن سنجر بن بهرام (ت ٦٣٢ه). (١٢٤٤).

١١٢. الحازمي، محمد بن يوسف بن محمد بن حامد (ت ٥٨٤ه). (٧٨)

١١٣. حافظ الشيرازي، شمس الدين محمد (ت ٧٩٢ه). (٣٨٠)

١١٤. حافظ النسفي، عبد الله بن أحمد المعروف بحافظ الدين النسفي (ت ٧١٠ه). (٢٠٧)

مكتبة مدرسية في حلب نهاية العهد العثماني ٢٢٠

١١٥. الحانوتي، محمد بن سراج الدين عمر الحانوتي شمس الدين أبو طاهر المصري
الحنفي (ت ١٠١٠هـ). (١٥٥، ١٩٤)

١١٦. الحدادي، أبو بكر بن علي العبادي المتوفى (ت ٨٠٠هـ). (٦٦٢)

١١٧. الحريري، أبو محمد قاسم بن علي (ت ٥١٦هـ). (٢٩٥، ١٠٣١، ١٠٥٤)

١١٨. حسام زاده، مصطفى بن حسين (ت ١٠٣٥هـ). (٢٥٩)

١١٩. الحسامكاتي، حسام الدين حسن الكاتي (ت ٧٦٠هـ). (٥٧٠)

١٢٠. حسن باشا، ابن علاء الدين الأسود (ت ١٠٢٥هـ). (٣٣٧، ٤٩٦)

١٢١. حسن جلبي بن محمد شاه بن علاء الدين علي بن يوسف ابن بالي محمد شاه بن
شمس الدين الفناري (ت ٨٨٦هـ). (٢٥١، ٨٤٤)

١٢٢. الحصكفي، علاء الدين محمد بن علي بن محمد بن عبد الرحيم الحصكفي
(ت ١٠٨٨هـ). (٦٨٢)

١٢٣. الحلاوي، شمس الدين أبو العزم محمد بن محمد (ت ٨٨٣هـ). (٨٣٥).

١٢٤. حليم أفندي. (٤٤٨)

١٢٥. الحليمي، الحسين بن الحسن بن محمد بن حليم البخاري (٤٠٣هـ). (٦٥)

١٢٦. الحموي (لم أهتدِ للمقصود). (٦٩٤، ٨٧٩)

١٢٧. حياتي، حياتي زاده (ت ١٢٦٧هـ). (٥٣٧)

١٢٨. الخادمي، محمد بن مصطفى (ت ١١٧٦هـ). (٩٥٣).

١٢٩. الخانطوماني، محمد بن محمد (ت ١٢٥٤هـ). (١٢٣٢).

١٣٠. الخبيصي، شمس الدين محمد بن أبي بكر بن محرز ابن محمد (ت ٧٣١هـ). (٣٢٢)

١٣١. الخضري، محمد الخضري الدمياطي (ت ١٢٨٨هـ). (٨١٧)

١٣٢. خفاجي، شهاب الدين أحمد بن محمد بن عمر (ت ١٠٦٩هـ). (٥٥).

١٣٣. خلخاني، حسين الحسيني الخلخالي (ت ١٠٣٠هـ). (٢٦٧)

١٣٤. الخيالي جلبي، أحمد بن موسى الشهير بخيالي (ت ٨٦٢هـ). (٢١٧، ٤٩٥، ٧٠١،
٧٦٧، ٨٧٧).

١٣٥. خيرباد. (٣٦٧)

١٣٦. دحلان (لم أهتدِ للمقصود). (١١٩٤)

١٣٧. الدسوقي، محمد بن أحمد بن عرفة (ت ١٢٣٠هـ). (٩٣٨)

١٣٨. داميني، محمد بن أبي بكر بن عمر بن أبي بكر بن محمد (ت ٨٢٧هـ). (٣١٩،
٨٣٨)

١٣٩. الدمنهوري، محمد الدمنهوري المصري (ت ١٢٨٨هـ). (٨٢٤، ١٢٠٨)
١٤٠. الدميري، محمد بن موسى بن عيسى بن علي (٨٠٨هـ). (١١٤، ٣١١)
١٤١. دومرغ زاده. (٥٥٦)
١٤٢. ديربي، أحمد بن عمر الغنيمي (ت ١١٥١هـ). (١٠٤٣، ١١٠٠).
١٤٣. الديرني. (٥٣٣)
١٤٤. الديريني، عبد العزيز بن أحمد بن سعيد بن عبد الله (ت ٦٩٧هـ). (٧٣١)
١٤٥. ديكقوز، أحمد بن عبد الله الرومي المعروف بديكقوز (ت ٨٦٠هـ). (٣٣٥)
١٤٦. الرازي، محمد بن أبي بكر بن عبد القادر (ت ٦٦٦هـ). (٢٣، ٥١٧)
١٤٧. الرشيدي، حسين بن سلمان (توفي بعد ١٢١٥هـ). (١٢٣٩)
١٤٨. الرقاني (لم اهتدِ للمطلوب). (١٢٢٩)
١٤٩. الزاهدي، نجم الدين مختار بن محمد بن محمود (ت ٦٥٨هـ). (١٧٨)
١٥٠. الزبيدي، أحمد بن أحمد بن عبد اللطيف (ت ٨٩٣هـ). (١٠٣٤).
١٥١. الزرقاني (لم أهتدِ للمقصود) (٩٩٤).
١٥٢. الزرقاني، محمد بن عبد الباقي (ت ١١٢٢هـ). (١٠٧٦).
١٥٣. الزركشي، بدر الدين محمد بن بهادر بن عبد الله (ت ٧٩٤هـ). (٣٩)
١٥٤. زكريا بن محمد الأنصاري (٩٢٨هـ). (٦٣١)
١٥٥. الزمخشري، محمود بن عمر جار الله (ت ٥٣٨هـ). (٥، ٢٨٥، ٣٢٠)
١٥٦. الزيلعي، عبد الله بن يوسف بن محمد (٧٦٢هـ). (٦٦)
١٥٧. الزيلعي، عثمان بن علي الزيلعي (ت ٧٤٣هـ). (١٧٧)
١٥٨. الزين العراقي. (٧١٤)
١٥٩. زين العرب، على بن عبيد الله بن أحمد (ت ٧٥٨هـ). (٥٠)
١٦٠. زيني زادة، حسن بن أحمد (١١٦٨هـ). (٨٤٩، ٨٦٩)
١٦١. ساجقلي زاده. (٧٨٢)
١٦٢. السبطلي. (٦٨٦)
١٦٣. السبكي، تقي الدين علي بن عبد الكافي السبكي (ت ٧٥٦هـ). (٦٨٥)
١٦٤. السبكي، عبد الوهاب بن علي بن عبد الكافي (٧٧١هـ). (١١٠)
١٦٥. السخاوي، أبي عبد الله محمد بن عبد الرحمن (ت ٩٠٢هـ). (٨١، ١٠٨)
١٦٦. السرخسي، شمس الأئمة محمد بن أحمد (ت ٤٨٣هـ). (١٩٩).
١٦٧. السروري. (٤٣٧)

مكتبة مدرسية في حلب نهاية العهد العثماني ٢٢٢

١٦٨. سعدي الشيرازي، شرف الدين مصلح بن عبد الله (ت ٦٩١هـ). (٣٥٥، ٤١٨)

١٦٩. سعدي، سعد الله بن عيسى بن أمير خان القسطموني (ت ٩٤٥هـ). (٣٢، ١٣٤)

١٧٠. السمرقندي، أبي الليث نصر بن محمد (٣٧٥هـ). (٥٢١)

١٧١. السملاوي، عبد المعطي بن سالم بن عمر (ت ١١٢٧هـ). (٧٣٤، ٨٢٣)

١٧٢. سمهودي، علي بن عفيف الدين عبد الله بن أحمد بن علي بن محمد (ت ٩١١هـ).
(٢٩٨)

١٧٣. السندي، عطاء الله بن حمزة (قبل ١٠٦٠هـ). (١٣٥)

١٧٤. السهروردي أبو عبد الله، عمر (ت ٦٣٢هـ). (٦)

١٧٥. سودي أفندي (ت ١٠٠٠هـ). (٣٥٤)

١٧٦. سيالكوتي، عبد الحكيم بن شمس الدين محمد السيالكوتي (ت ١٠٦٧هـ). (٧٦٦)

١٧٧. السيد الشريف، علي بن محمد الجرجاني (ت ٨١٦هـ). (٢٦، ١٥١، ٢١٤، ٢٤٣،
٢٥٤، ٢٧٢، ٢٩١، ٣٣٠، ٤٢٣، ٤٣٨، ٧٤٩، ٧٧٥، ٨٠٩، ٨٤٥، ٨٦٥،
١١٩٩، ١٢٤٣)

١٧٨. السيد عبد الله بن محمد الحسيني المعروف بنقره كار (ت ٧٧٦هـ). (٤٣٧)

١٧٩. سينه جاك، انظر المولى يوسف.

١٨٠. السيواسي، إسماعيل أفندي السيواسي (ت ١٠٤٧هـ). (١٤٠)

١٨١. السيوطي، جلال الدين عبد الرحمن بن أبي بكر (ت ٩١١هـ). (١٣، ٢٥، ٤٥،
٧٩، ٨٣، ٢٨٨، ٣١٥، ٥٩١، ٧٠٢، ٩٦٧، ٩٨٩)

١٨٢. شاني زاده، عحمد عطاء الله بن محمد (ت ١٢٤٢هـ). (١٠٥٧)

١٨٣. شاهدي، إبراهيم بن صالح المغلوي المتخلص بشاهدي (ت ٩٥٧هـ). (٥٣٧، ٥٧٥)

١٨٤. الشاوي، انظر يحيى المغربي

١٨٥. شرنبلالي، حسن بن عمار بن علي الشرنبلالي (ت ١٠٦٩هـ). (١٦٥، ٥٣١، ٦٧٦).

١٨٦. الشريشي، أحمد بن عبد المؤمن (ت ٦١٩هـ). (١٠٠٦)

١٨٧. الشعراني، عبد الوهاب بن أحمد بن علي (ت ٩٧٣هـ). (١١٦، ١١٧، ١١٨،
٤٥٥، ٥٢٢، ٧٠٥، ٧٠٦، ٧٠٨، ٧٠٩، ٧١١، ٩٠١، ٩٢٨، ١٠٠٨، ١٠١٤،
١٠٦٠، ١١٠٨)

١٨٨. شفيق، محمد شفيق. (٣٤٨)

١٨٩. شمعي، مصطفى جلبي بن محمد القسطنطيني المتخلص بشمعي (ت ١٠٠٥هـ).
(٣٧١، ٤٢٠)

كشّاف أسماء المؤلّفين

١٩٠. الشمني، أحمد بن كمال الدين محمد بن الحسن (ت ٨٧٢هـ). (٣١٣)

١٩١. الشنشوري، محمد بن شرف الكلائي الفرضي (ت ٧٧٧هـ). (٧٩٦)

١٩٢. شيخ الربوة. انظر محمد الأنصاري

١٩٣. شيخ الربوة، محمد بن أبي طالب الأنصاري (ت ٧٢٧هـ). (٢٦٣)

١٩٤. الشيخ جبريل، علي بن ناصر الدين بن محمد بن محمد ابن خلف بن جبريل (ت ٩٣٩هـ). (٦٤٥)

١٩٥. الشيخ خالد بن عبد الله الأزهري (ت ٩٠٥هـ). (٥٧١، ٦٠٣، ٦٠٦، ٦١٩، ٦٤٨)

١٩٦. الشيخ عوض. (٨١٩)

١٩٧. شيخي زاده، عبد الرحمن بن محمد بن سليمان (ت ١٠٧٨هـ). (١٤، ٣٠، ٨٩٢)

١٩٨. صالح أفندي، صالح بن نصر الله ابن سلوم الحلبي (ت ١٠٨١هـ). (٣٩١، ٥٤٤)

١٩٩. صدر الدين، محمد الشيرازي (ت ٩٣٠هـ). (٢٢٢)

٢٠٠. صدر الشريعة الثاني أو الأصغر، عبيد الله بن مسعود (ت ٧٤٥هـ). (١٥٧، ٦٩٧، ٧٥٧، ٧٦٣)

٢٠١. الصدر الشهيد، عمر بن برهان الدين الكبير عبد العزيز بن عمر بن مازه حسام الدين (ت ٥٣٦هـ). (٦٣٦)

٢٠٢. طاش كوبرى، أحمد بن مصطفى بن خليل (٩٦٨هـ). (٢٥٧، ٢٩٧)

٢٠٣. الطائي، مصطفى بن محمد بن يونس (ت ١١٩٢هـ). (٨٢١)

٢٠٤. الطبري، محب الدين أبي جعفر أحمد بن محمد الطبري (ت ٦٩٤هـ). (٦٩)

٢٠٥. الطرابلسي شريف الدين بن محمد (ت ١٠٤٦هـ). (١٣٠)

٢٠٦. طرسوسي، برهان الدين إبراهيم بن علي الطرسوسي (ت ٧٥٨هـ). (١٣٦)

٢٠٧. الطرطوشي، محمد بن الوليد القرشي (ت ٥٢٠هـ). (٩١٥)

٢٠٨. الطهطاوي، أحمد بن محمد بن إسماعيل (ت ١٢٣١هـ). (٤٧٨، ٨١٤، ٨٣٧)

٢٠٩. عابدين باشا (لم أهتدِ للمقصود). (١١٤٣)

٢١٠. عارف حكمت (ت ١٢٧٥هـ). (٩٠٣، ١١١٥)

٢١١. عبادة (لم أهتدِ للمقصود). (١١٤٩)

٢١٢. عبد الله بن عباس بن عبد المطلب (ت ٦٨هـ). (١٠٣٩، ١١٠٥)

٢١٣. العرضي، عمر بن عبد الوهاب (ت ١٠٢٤هـ). (٥٣٤)

٢١٤. عزمي زاده، مصطفى بن بير محمد (ت ١٠٤٠هـ). (٢٠٤، ٧٥٦)

مكتبة مدرسية في حلب نهاية العهد العثماني ٢٢٤

٢١٥. العطار (لم أهتدِ للمقصود). (٩١٨، ١٢١٢)

٢١٦. العطار، حسن بن محمد (١٢٥٠هـ). (١١٦٨)

٢١٧. العكبري، عبد الله بن الحسين (ت ٦١٦هـ). (٩٦٣)

٢١٨. العلمي. (٥٨٧)

٢١٩. علي أفندي. (١٢٧، ٤١٤)

٢٢٠. علي الحلبي، علي بن إبراهيم بن أحمد الحلبي (ت ١٠٤٤هـ). (٥٦، ٨٤٣)

٢٢١. علي بن أبي طالب. (٩٢١)

٢٢٢. علي بن عبد الفتاح القادري. (٥٨٥)

٢٢٣. العماد، عماد بن محمد بن يحيى الفارسي. (٧٥٩)

٢٢٤. العمادي، أبي السعود بن محمد (ت ٩٨٢هـ). (١٨٤)

٢٢٥. عمر أفندي الفران. (٨٠٨)

٢٢٦. العيني، بدر الدين محمود بن أحمد (ت ٨٥٥هـ). (١٨٢، ٣٠٠، ١٠٧٥)

٢٢٧. الغزالي، أبي حامد محمد بن محمد الغزالي (ت ٥٠٥هـ). (٦٣٩)

٢٢٨. الغزنوي، أحمد بن محمد الغزنوي (ت ٥٩٣هـ). (٤٩٨)

٢٢٩. الغزي (لم أهتدِ للمقصود). (٩٩٨، ١٠٢٢)

٢٣٠. الفاسي، محمد بن يوسف بن محمد بن حامد (ت ١٠٥٢هـ). (٧٤)

٢٣١. الفاكهي، عبد الله بن أحمد بن عبد الله بن أحمد ابن علي (ت ٩٧٢هـ). (٦٣٨)

٢٣٢. الفخر الرازي، محمد بن عمر (ت ٦٠٦هـ). (٩٩٠).

٢٣٣. الفريابي، أبي القاسم عماد الدين محمود بن أحمد (ت ٦٠٧هـ). (١٠٦).

٢٣٤. فضل الله العبيدي. (٢٧٣)

٢٣٥. الفناري، شمس الدين محمد بن حمزة (ت ٨٣٤هـ). (١٨٣، ٥٥٧)

٢٣٦. فهيم، محمد فارغ ابن مفتي آق شهر المتخلص بفهيم (ت ١٢٢٥هـ). (٨٠٥)

٢٣٧. قاسم الخاني، قاسم بن صلاح الدين الخاني الحلبي (١١٠٩هـ). (٥٣٢، ٦٢١، ٦٥٢)

٢٣٨. قاسم النجار (ت ١١٦٣هـ). (٥٩٩)

٢٣٩. قاضي خان، فخر الدين حسن بن منصور الأوزجندي الفرغاني (ت ٥٩٢هـ. (١٧٩، ١٠٨٢)

٢٤٠. قاضي زاده، محمود بن محمد الجغميني (ت ٨١٥هـ). (٢٦٨، ٥٦٦)

٢٤١. قاضي مير، حسين بن معين الدين الميبدي القاضي مير الحسيني الميبدي (ت ٩١٠هـ). (٢٦١، ٨٠٣، ١١٩٥)

كشّاف أسماء المؤلّفين ٢٢٥

٢٤٢. القدوري، أبي الحسين أحمد بن محمد القدوري (ت ٤٢٨هـ). (١٣٨، ٣٥٩، ٤٨٨، ٥٤٢، ٦٢٤)

٢٤٣. القرطبي، أحمد بن عمر بن إبراهيم عمر الأنصاري (ت ٦٥٦هـ). (٤٢)

٢٤٤. القرطبي، محمد بن أحمد بن فرح الأنصاري (ت ٦٧١هـ). (٦٢)

٢٤٥. قره داود بن كمال القوجه وى الرومي المدرس (ت ٩٤٨هـ). (٧٤٩، ٧٧١)

٢٤٦. قره كمال، كمال الدين إسماعيل القرماني (ت ٩٢٠هـ). (٢١٩، ٤٦٢، ٨٨٤)

٢٤٧. القسطلاني، أبي العباس أحمد بن محمد القسطلاني (ت ٩٢٣هـ). (٣٦، ٧٥، ١١٠٧، ١١٤٧)

٢٤٨. قشني، شهاب الدين أحمد بن حجازي (بعد ٩٧٨هـ). (٥٢٤)

٢٤٩. قطب الدين الرازي، محمد بن محمد التحتاني (ت ٧٦٦هـ). (١٧)

٢٥٠. القليوبي، أحمد بن أحمد القليوبي (ت ١٠٦٩هـ). (٩١، ٦٨١، ٨٩٧، ١٠٤٦، ١٢١٩)

٢٥١. قهستاني. (١٨٨)

٢٥٢. قول أحمد، أحمد بن محمد بن عمر بن مسلم، أبو العباس، شهاب الدين العمري (ت ٧٨٥هـ). (٤٣٠، ٤٣٩، ٧٧٦، ١٢٠٩)

٢٥٣. القيرواني، عبد الجليل بن أحمد (ت ٩٦٠هـ). (٦٦٤)

٢٥٤. الكازروني، أحمد بن محمد بن خضر العمري (ت ٧٩٨هـ). (٥١٩)

٢٥٥. الكَرْماني، محمد بن يوسف بن علي (ت ٧٩٦هـ). (٤٠)

٢٥٦. الكفراوي، حسن بن علي (ت ١٢٠٢هـ). (١٢٤٦)

٢٥٧. الكندي (لم أهتدِ للمقصود). (١١٥٨)

٢٥٨. الكواشي، موفق الدين أبي العباس أحمد بن يوسف (ت ٦٨٠هـ). (٤)

٢٥٩. الكواكبي، أبي السعود بن أحمد الكواكبي (ت١١٣٧هـ). (٦٧٥)

٢٦٠. الكواكبي، محمد بن الحسن بن أحمد بن يحيى الكواكبي الحلبي (ت ١٠٩٦هـ). (١٧٠)

٢٦١. اللاري، عبد الغفور (ت ٩١٢هـ). (٣٣٣، ٧٧٠)

٢٦٢. اللاري، مصلح الدين محمد بن صلاح اللاري (ت ٩٧٩هـ). (٢٧٥، ٨٠٣)

٢٦٣. اللقاني، ناصر الدين إبراهيم اللقاني (ت ١٠٤١هـ). (٨٣١، ٨٥٤)

٢٦٤. المأموني، إبراهيم بن محمد بن عيسى الصعيدي المصري الشافعي برهان الدين الميموني ويقال المأموني (ت ١٠٧٩هـ). (٢١)

مكتبة مدرسية في حلب نهاية العهد العثماني ٢٢٦

٢٦٥. المتنبي، أحمد بن الحسين (ت ٣٥٤هـ). (١٠٣٣)

٢٦٦. محرم أفندي. (٧٨٠)

٢٦٧. محمد الأنصاري، انظر شيخ الربوة.

٢٦٨. محمد العباس. (٧٣٢)

٢٦٩. محمد أمين. (٤٤٧)

٢٧٠. محمد بن عمر الحلبي (ت ٨٥٠هـ). (٧٧٣)

٢٧١. محمود الألوسي (ت ١٢٧٠هـ). (١١٢٨)

٢٧٢. محمود الخلوتي، محمود بن محمد بن يزيد الكوراني الخلوتي (١١٩٥هـ). (٦٥٨)

٢٧٣. محمود الشيخاني، محمود بن محمد الشيخاني القادري (ت ١١١٠هـ). (٨٦، ٦٢٩)

٢٧٤. محمود الكردي. انظر محمود الشيخاني.

٢٧٥. محيي الدين. (٤٩٠)

٢٧٦. محيي الدين ابن عربي، محمد بن علي (ت ٦٣٨هـ). (١٠١، ١١٩، ٧٢٣)

٢٧٧. محيي الدين التالجي. (٧٨٤، ٧٨٨)

٢٧٨. المدابغي، حسن بن علي بن أحمد بن عبد الله المنطاوي (ت ١١٧٠هـ). (٤٥٢، ٨١٨)

٢٧٩. المرادي، بدر الدين الشيخ حسن بن القاسم (ت ٧٤٩هـ). (٧٣٨)

٢٨٠. مرعي بن يوسف بن أبي بكر بن أحمد الكرمي (ت ١٠٣٣هـ). (١٠٦٧)

٢٨١. المرغيناني، برهان الدين علي بن أبي بكر (ت ٥٩٣هـ). (١٣١)

٢٨٢. مسلم بن حجاج القشيري النيسابوري (ت ٢٦١هـ). (٣٥)

٢٨٣. مصلح الدين. (١٩٥، ٣٩٩)

٢٨٤. المغربي، محمد بن محمد بن سليمان (ت ١٠٩٤هـ). (٤٤)

٢٨٥. المغنيساوي، أحمد بن محمد، أبو المنتهي، شهاب الدين (ت ١٠٠٠هـ). (٧٢٩)

٢٨٦. المقدسي، عبد السلام بن محمد بن غانم المقدسي (ت ٩٧٨هـ). (٧٣٣)

٢٨٧. المقدسي، يوسف بن أبي اللطف (ت ١٠٠٦هـ). (١١١٤)

٢٨٨. ملا جامي، نور الدين عبد الرحمن بن أحمد (ت ٨٩٨هـ). (٣٢٣، ٣٢٥، ٣٥٨، ٣٩٢، ٤٠٠، ٤١٩، ٤٢٦، ٧٥١، ٧٩٤، ٨٣٢، ٨٥٥، ٩٣٥، ١١٦٢)

٢٨٩. ملا جلال، جلال الدين محمد بن أسعد الصديقي الدواني (ت ٩١٨هـ). (٢٢٥، ٢٣٣، ٢٣٦، ٢٣٩، ٢٤٠، ٤٢٥، ٤٦٩، ٧٩٢)

٢٩٠. ملا خسرو، محمد بن فرامرز بن علي (ت ٨٨٥هـ). (٤١٣)

كشّاف أسماء المؤلِّفين

٢٢٧

٢٩١. ملا علي القاري، علي بن سلطان محمد الهروي (ت ١٠١٤هـ). (١٦، ٤٨، ٥٤، ٦٠، ٩٠، ٩٢، ٢٣٢، ٥١٥، ٥٢٥، ٦٢٣، ٦٩٦، ٧١٦، ٨٩٦، ١٠٠١)

٢٩٢. ملا مسكين، معين الدين محمد بن عبد الله القراعي الهروي (ت ٩٥٤هـ). (٤٦٠)

٢٩٣. الملوي، أحمد بن عبد الفتاح المجيري الملوي (ت ١١٨١هـ). (٤٧٠، ٨٠٠، ٨٠٧)

٢٩٤. المناوي، عبد الرؤوف بن تاج العارفين بن علي بن زين العابدين المناوي الحدادي (ت ١٠٣١هـ.). (٩٣، ٤٥٠، ١١٣٥)

٢٩٥. المنذري، عبد العظيم بن عبد القوي المنذري (ت ٦٥٦هـ). (٧٦)

٢٩٦. المولى يوسف، المعروف بسينه جاك (ت ٩٥٣هـ). (٩٥٦)

٢٩٧. الميداني، أبي الفضل أحمد بن محمد النيسابوري المعروف بالميداني (ت ٥١٨هـ). (٣٠٦)

٢٩٨. ميرزاجان، حبيب الله بن عبد الله العلوي الدهلوي شمس الدين (ت ٩٩٤هـ). (٢٢٣، ٢٣٣، ٧٨٧)

٢٩٩. الميموني. انظر المأموني.

٣٠٠. النابلسي، عبد الغني بن إسماعيل بن عبد الغني (ت ١١٤٣هـ). (٥٣٤، ٦٣٥، ٦٩٥، ٧٢٨)

٣٠١. ناصح، أحمد بن عبد الله البغدادي (ت ١٠٩٩هـ). (٧)

٣٠٢. النسفي، حافظ الدين عبد الله بن أحمد النسفي (ت ٧١٠هـ). (٢١٧)

٣٠٣. النسفي، عمر بن محمد بن أحمد (ت ٥٣٧هـ). (١٦٨، ٢٠٠)

٣٠٤. النقره زاده، انظر السيد عبد الله.

٣٠٥. النقشبندي، مراد بن عبد الحليم (١٢٦٤هـ). (٩٣١)

٣٠٦. نوح أفندي. (٤٣٦)

٣٠٧. نور الدين بن حمزة بن طورغود (ت ٩٧٩هـ). (٢٤٨)

٣٠٨. نووي، محيي الدين أبي زكريا يحيى بن شرف بن مر بن جمعة بن حزام (ت ٦٧٦هـ). (٤١، ٥٩، ٧٢، ٥٨١، ١١٩١)

٣٠٩. الهدهدي، محمد بن منصور الهدهدي، (ت ٨٩٥هـ). (٥٧٩)

٣١٠. الهروي، أبي عبيد أحمد بن محمد بن محمد الهروي (ت ٤٠١هـ). (٢٨٧)

٣١١. الهندي، شهاب الدين أحمد بن عمر الهندي (٨٤٩هـ). (٣٢٧، ٤٥٧)

٣١٢. الواحدي، علي بن أحمد بن محمد (ت ٤٦٨هـ). (١٢)

مكتبة مدرسية في حلب نهاية العهد العثماني ٢٢٨

٣١٣. يحيى أفندي، يحيى أفندي ابن شيخ الإسلام زكريا أفندي (ت ١٠٥٣هـ). (١٤٨، ٤٧٥)

٣١٤. يحيى المغربي، يحيى بن محمد بن محمد بن عبد الله بن عيسى بن شبل بن أبي البركات النابلي الجزائري الشهير بالشاوي (ت ١٠٩٦هـ). (٢٢٠)

قائمة المصادر والمراجع

- البرزالي، القاسم بن محمد بن يوسف بن محمد ابن أبي يداس. ثبت مسموعات علم الدين البرزالي. (مخطوطة المكتبة الوطنية بدمشق، المجموع رقم ٣٧٥٥، الرسالة ١٨، ٩ ورقات).
- ثبت مسموعات علم الدين البرزالي. (مخطوطة المكتبة الوطنية بدمشق، المجموع رقم ٣٨٥١، الرسالة ١٤، ورقتان).
- البغدادي، إسماعيل باشا. إيضاح المكنون في الذيل على كشف الظنون عن أسامي الكتب والفنون. بيروت: دار إحياء التراث العربي، [١٩٤٧؟].
- هدية العارفين: أسماء المؤلّفين وآثار المصنّفين من كشف الظنون. بيروت: دار الكتب العلمية، ١٩٩٢.
- البغدادي، صفي الدين عبد المؤمن. مراصد الاطلاع على أسماء الأمكنة والبقاع، تحقيق علي محمد البجاوي. بيروت: دار الجيل، ١٩٩٢.
- الجوماني، سعيد. الفهارس المخطوطة للمكتبات الإسلامية. مجلة تراثيات، س٧، ع١٤ (يوليو ٢٠٠٩). ٩–٧٥.
- الجوماني، سعيد. مكتبة الخانقاه السميساطية بدمشق خلال العهدين الأيوبي والمملوكي. *Journal of Islamic Manuscripts*. ٨ (٢٠١٧). ٢٥٨–٢٦٢.
- الحصني، محمد أديب آل تقي الدين. كتاب منتخبات التواريخ لدمشق. بيروت: دار الآفاق الجديدة، ١٩٧٩.
- حلاّق، حسّان وصباغ، عباس. المعجم الجامع في المصطلحات الأيوبية والمملوكية والعثمانية ذات الأصول العربية والفارسية والتركية. بيروت: دار العلم للملايين، ١٩٩٩.
- خليفة، حاجي مصطفى بن عبد الله القسطنطيني الرومي الحنفي. كشف الظنون عن أسامي الكتب والفنون. بيروت: دار الكتب العلمية، ١٩٩٢.
- الدستور، ترجمه من اللغة التركية نوفل نعمة الله نوفل. بيروت: المطبعة الأدبية، ١٣٠١هـ، ٢ مج، مج٢.

- الدفتر المجدد لكتب وقف عثمان باشا الدوركي. (مخطوطة المكتبة الوطنية بدمشق، رقم ١٦٠٠١، ١٩ ورقة).

- دوسون، مرادجه. كتاب نظم الحكم في الدولة العثمانية في عهد مرادجه دوسون: أي في أواخر القرن الثامن عشر أوائل القرن التاسع عشر، ترجمة فيصل شيخ الأرض. بيروت: الجامعة الأمريكية في بيروت، ١٩٤٢. رسالة قدمت لنيل درجة أستاذ في العلوم.

- الذهبي، محمد بن أحمد بن عثمان. سير أعلام النبلاء، تحقيق شعيب الأرناؤوط، حسين الأسد. بيروت: مؤسسة الرسالة، ١٩٩٣.

- العبر في خبر من غبر، تحقيق أبو هاجر محمد السعيد بن بسيوني زغلول. بيروت: دار الكتب العلمية، ١٩٨٥.

- راسل، ألكسندر وراسل، باتريك. تاريخ حلب الطبيعي في القرن الثامن عشر، ترجمة خالد الجبيلي. [د.م.]: [د.ن]، ١٩٩٧.

- روزنتال، فرانتز. مناهج العلماء المسلمين في البحث العلمي، ترجمة أنيس فريحة. بيروت: دار الثقافة، ١٩٦١.

- الزركلي، خير الدين. الأعلام: قاموس تراجم لأشهر الرجال والنساء من العرب والمستعربين والمستشرقين. بيروت: دار العلم للملايين، ٢٠٠٢.

- سركيس، يوسف إليان. معجم المطبوعات العربية والمعربة: وهو شامل لأسماء الكتب المطبوعة في الأقطار الشرقية والغربية مع ذكر أسماء مؤلفيها ولمعة من ترجمتهم وذلك من يوم ظهور الطباعة إلى نهاية السنة الهجرية ١٣٣٩ الموافقة لسنة ١٩١٩ ميلادية. القاهرة: مكتبة الثقافة الدينية، [١٩٢٨؟].

- السهروردي، عمر بن محمد بن عبد الله. نغبة البيان في تفسير القرآن، تحقيق ياشار دوزنلي. إستانبول: [د. ن]، ١٩٩٤.

- سيد، أيمن فؤاد. الكتاب العربي المخطوط وعلم المخطوطات. القاهرة: الدار المصرية اللبنانية، ١٩٩٧.

- صقال، فتح الله. قضايا وقف العثمانية أمام المحاكم المختلطة السورية. حلب: مطبعة سبع إخوان، [١٩٤٠؟].

- الطباخ، محمد راغب. إعلام النبلاء بتاريخ حلب الشهباء، نقّحه محمد كمال، ط٢. حلب: دار القلم، ١٩٨٨.

- دُور الكتب في حلب قديمًا وحديثًا. مجلة المجمع العلمي العربي، ع ٧–٨ (يوليو ١٩٣٢). ٢٩٩–٣١٠.

- مخطوطات المدرسة العثمانية بحلب، مجلة المجمع العلمي العربي، ع ٧–٨ (يوليو ١٩٣٧). ٤٧٠–٤٧٧.

- الطباع، إياد خالد. الإمام الحافظ جلال الدين السيوطي معلمة العلوم الإسلامية، (أعلام المسلمين؛ ٦٤). دمشق: دار القلم، ١٩٩٦.
- طلس، محمد أسعد. المخطوطات وخزائنها في حلب، مجلة معهد المخطوطات العربية. مج١، ج١ (مايو ١٩٥٥). ٨–٣٦.
- الطناحي، محمود محمد. الفهرس الوصفي لبعض نوادر المخطوطات بالمكتبة المركزية بجامعة الإمام محمد بن سعود الإسلامية. الرياض: جامعة الإمام محمد بن سعود الإسلامية، ١٩٩٢.
- عاشور، سعيد عبد الفتاح. المجتمع المصري في عصر سلاطين المماليك. طبعة جديدة منقحة. القاهرة: دار النهضة العربية، ١٩٨٠.
- عبد الحليم، فهمي. جامع المؤيد شيخ، (سلسلة الثقافة الأثرية والتاريخية، مشروع المائة كتاب؛ ٢٢). القاهرة: وزارة الثقافة – هيئة الآثار المصرية، ١٩٩٤.
- العسلي، كامل جميل. وثائق مقدسية تاريخية. عمان: مؤسسة عبد الحميد شومان، ١٩٨٥.
- الغزي، كامل بن حسين. نهر الذهب في تاريخ حلب. حلب: المطبعة المارونية، ١٩٢٦.
- فهرس المخطوطات العربية المحفوظة في مكتبة الأسد الوطنية، الجزء الأول المصاحف المخطوطة. دمشق: منشورات مكتبة الأسد، ١٩٩٣.
- فهرس المخطوطات العربية المحفوظة في مكتبة الأسد الوطنية، فهرس العقائد. دمشق: منشورات مكتبة الأسد، [٢٠١٠؟].
- القاسمي، ظافر. جمال الدين القاسمي وعصره. دمشق: المطبعة الهاشمية، ١٩٦٦.
- قاعدة بيانات مخطوطات المكتبة الوطنية بدمشق
http://www.alassad-library.gov.sy/search_Maghtout_2018.php
- الكيالي، عبد الرحمن. دراسة موجزة للمكتبات الموجودة في حلب وما فيها من المخطوطات الطبية. مجلة مجمع اللغة العربية بدمشق. مج٤٦، ج٤ (أكتوبر ١٩٧١). ٦٧٢–٦٩٢.
- المرادي، محمد خليل بن علي. سلك الدرر في أعيان القرن الثاني عشر. القاهرة: دار النهضة العربية، [د. ت].
- المرعشلي، يوسف. نثر الجواهر والدرر في علماء القرن الرابع عشر وبذيله عقد الجوهر في علماء الربع الأول من القرن الخامس عشر. بيروت: دار المعرفة، ٢٠٠٦.
- ممدوح، محمود سعيد بن محمد. تشنيف الأسماع بشيوخ الإجازة والسماع، أو إمتاع أولي النظر ببعض أعيان القرن الرابع عشر وفيه جلّ مشايخ مسند العصر العلامة محمد ياسين القاداني المكي. بيروت: [د.ن]، ٢٠١٣.
- موقع مركز جمعة الماجد
http://www.almajidcenter.org/index.php

- موقع مكتبة الدولة في برلين
https://digital.staatsbibliothek-berlin.de/werkansicht?PPN=PPN615572367&PHYSID=PHYS_0007&DMDID=&view=overview-toc
- النعيمي، عبد القادر بن محمد الدمشقي. الدارس في تاريخ المدارس، أعد فهارسه إبراهيم شمس الدين. بيروت: دار الكتب العلمية، ١٩٩٠.
- هف، توبي. أ. فجر العلم الحديث: الإسلام، الصين، الغرب، ترجمة محمد عصفور. الكويت: المجلس الوطني للثقافة والفنون والآداب، ٢٠٠٠. (سلسلة عالم المعرفة؛ ٢٦٠).
- يحيى، عثمان. مؤلفات ابن عربي: تاريخها وتصنيفها، ترجمة أحمد محمد الطيب. القاهرة: الهيئة المصرية العامة للكتاب، ٢٠٠١.
- Krimsti, Feras. “The Lives and Afterlives of the Library of the Maronite Physician Hanna al-Tabib (c. 1702–1775) from Aleppo”. *Journal of Islamic Manuscripts*, 9 (2018). 190–217.
- Liebrenz, Boris. *Die Rifāʿīya aus Damaskus. Eine Privatbibliothek im osmanischen Syrien und ihr kulturelles Umfeld*. Leiden: Brill, 2016.

الملحق

قائمة ما وصل من مخطوطات مكتبة المدرسة العثمانية الرضائية

قائمة ما وصل من مخطوطات مكتبة المدرسة العثمانية الرضائية بحلب، والمحفوظة الآن في المكتبة الوطنية بدمشق. مرتبة حسب رقم الحفظ[١١٢٦].

رقم الحفظ	عنوان الكتاب	اسم المؤلف	تاريخ النسخ هـ
	شرح كتاب في المنطق	–	١١٠٠–١٢٠٠
١٣٣٤٣	الجامع الصحيح٢، أو، صحيح مسلم	الإمام مسلم، مسلم بن الحجاج–٢٦١هـ/٨٧٥م	–
١٣٣٤٤	الجامع الصحيح٢، أو، صحيح مسلم	الإمام مسلم، مسلم بن الحجاج–٢٦١هـ/٨٧٥م	–
١٣٣٤٥	الجامع الصحيح٢، أو، صحيح مسلم	الإمام مسلم، مسلم بن الحجاج–٢٦١هـ/٨٧٥م	٥٨٢
١٣٣٤٦	الجامع الصحيح٢، أو، صحيح مسلم	الإمام مسلم، مسلم بن الحجاج–٢٦١هـ/٨٧٥م	–
١٤٦٥٣ت١٢	الأذكار على الحروف المعجمة المرتبة على منازل القمر	–	١٠٠٠–١١٠٠
١٤٦٥٣ت١٤	القصيدة الدمياطية في التوسل بأسماء الله الحسنى، أو، الدمياطية، أو، المنظومة الدمياطية	الدمياطي، محمد بن أحمد–٩٢١هـ/١٥١٥م	–
١٤٧٤٢	مصحف شريف	–	–
١٤٧٤٣	مصحف شريف	–	–
١٤٧٤٤	مصحف شريف		–

١١٢٦ حرف التاء (ت). المستخدم في رقم الحفظ في قاعدة بيانات المخطوطات في المكتبة الوطنية بدمشق يعني: أن هذا الكتاب رسالة ضمن مجموع.

رقم الحفظ	عنوان الكتاب	اسم المؤلف	تاريخ النسخ هـ
١٤٧٤٥	مصحف شريف	–	١١٠٩
١٤٧٤٦	كتاب في التصوف	–	٨١٨
١٤٧٤٧	مصحف شريف	–	١١٠٠–١٢٠٠
١٤٧٤٨	مصحف شريف	–	١٢٢٣
١٤٧٤٩	معالم التنزيل، أو، تفسير البغوي	البغوي، الحسين بن مسعود–٥١٠هـ/١١١٧م	–
١٤٧٥٠	معالم التنزيل، أو، تفسير البغوي	البغوي، الحسين بن مسعود–٥١٠هـ/١١١٧م	–
١٤٧٥١	معالم التنزيل، أو، تفسير البغوي	البغوي، الحسين بن مسعود–٥١٠هـ/١١١٧م	١٠٧٨
١٤٧٥٢	لباب التأويل في معاني التنزيل، أو، تفسير الخازن	الخازن، علي بن محمد–٧٤١هـ/١٣٤١م	١١١٥
١٤٧٥٣	لباب التأويل في معاني التنزيل، أو، تفسير الخازن	الخازن، علي بن محمد–٧٤١هـ/١٣٤١م	١١١٥
١٤٧٥٤	إرشاد العقل السليم إلى مزايا الكتاب الكريم، أو، تفسير أبي السعود	أبو السعود، محمد بن محمد–٩٨٢هـ/١٥٧٤م	٩٨٥
١٤٧٥٥	إرشاد العقل السليم إلى مزايا الكتاب الكريم، أو، تفسير أبي السعود	أبو السعود، محمد بن محمد–٩٨٢هـ/١٥٧٤م	٩٠٠–١٠٠٠
١٤٧٥٦	إرشاد العقل السليم إلى مزايا الكتاب الكريم، أو، "تفسير أبي السعود"	أبو السعود، محمد بن محمد–٩٨٢هـ/١٥٧٤م	٩٠٠–١٠٠٠
١٤٧٥٧	إرشاد العقل السليم إلى مزايا الكتاب الكريم، أو، "تفسير أبي السعود"	أبو السعود، محمد بن محمد–٩٨٢هـ/١٥٧٤م	٩٨٤
١٤٧٥٨	النهر الماد من البحر	أبو حيان النحوي، محمد بن يوسف–٧٤٥هـ/١٣٤٤م	١١٤٧

رقم الحفظ	عنوان الكتاب	اسم المؤلف	تاريخ النسخ هـ
١٤٧٥٩	النهر الماد من البحر	أبو حيان النحوي، محمد بن يوسف–٧٤٥هـ/١٣٤٤م	١١٤٧
١٤٧٦٠	النهر الماد من البحر	أبو حيان النحوي، محمد بن يوسف–٧٤٥هـ/١٣٤٤م	–
١٤٧٦١ت	أنوار القرآن وأسرار الفرقان، أو، تفسير الملا علي القاري	الملا علي القاري، علي بن (سلطان) محمد–١٠١٤هـ/١٦٠٦م	١١٤٤
١٤٧٦١ت١	تفسير سورة الفاتحة	–	١١٤٤
١٤٧٦٢	حاشية شيخ زاده على أنوار التنزيل وأسرار التأويل	شيخ زاده، محمد بن مصطفى–٩٥١هـ/١٥٤٤م	١١١٩
١٤٧٦٣	حاشية شيخ زاده على أنوار التنزيل وأسرار التأويل	شيخ زادة، محمد بن مصطفى–٩٥١هـ/١٥٤٤م	١١٢٠
١٤٧٦٤	حاشية شيخ زاده على أنوار التنزيل وأسرار التأويل	شيخ زاده، محمد بن مصطفى–٩٥١هـ/١٥٤٤م	١١٠٠–١٢٠٠
١٤٧٦٥	حاشية شيخ زاده على أنوار التنزيل وأسرار التأويل للبيضاوي	شيخ زادة، محمد بن مصطفى–٩٥١هـ/١٥٤٤م	١١٧٨
١٤٧٦٦	حاشية شيخ زاده على أنوار التنزيل وأسرار التأويل	شيخ زاده، محمد بن مصطفى–٩٥١هـ/١٥٤٤م	١١٠٠–١٢٠٠
١٤٧٦٧	حاشية شيخ زاده على أنوار التنزيل وأسرار التأويل	شيخ زاده، محمد بن مصطفى–٩٥١هـ/١٥٤٤م	١١٥١
١٤٧٦٨	الصراط المستقيم في تبيان القرآن الكريم، أو، طوالع الأنوار	الكازروني، أحمد بن محمد–حي ٩٢٣هـ/١٥١٧م	١١٧٨
١٤٧٦٩	بغية البيان في تفسير القرآن [ورد خطأ في الفهرس نخبة البيان]	السهروردي، عمر بن محمد–٦٣٢هـ/١٢٣٤م	٦١٣
١٤٧٧٠	الوسيط بين المقبوض والبسيط، أو، التفسير الوسيط	الواحدي، علي بن أحمد–٤٦٨هـ/١٠٧٦م	–
١٤٧٧١	الوسيط بين المقبوض والبسيط، أو، التفسير الوسيط	الواحدي، علي بن أحمد–٤٦٨هـ/١٠٧٦م	٦٠٠–٧٠٠

رقم الحفظ	عنوان الكتاب	اسم المؤلف	تاريخ النسخ هـ
١٤٧٧٢	الوسيط بين المقبوض والبسيط، أو، التفسير الوسيط	الواحدي، علي بن أحمد –٤٦٨هـ/١٠٧٦م	٦٠٠–٧٠٠
١٤٧٧٣	الوسيط بين المقبوض والبسيط، أو، التفسير الوسيط	الواحدي، علي بن أحمد–٤٦٨هـ/١٠٧٦م	٥٧٢
١٤٧٧٤	أنوار التنزيل وأسرار التأويل، أو، تفسير البيضاوي	البيضاوي، عبد الله بن عمر–٦٨٥هـ/١٢٨٦م	–
١٤٧٧٥	أنوار التنزيل وأسرار التأويل، أو، تفسير البيضاوي	البيضاوي، عبد الله بن عمر–٦٨٥هـ/١٢٨٦م	١١٤٤
١٤٧٧٦	أنوار التنزيل وأسرار التأويل، أو، تفسير البيضاوي	البيضاوي، عبد الله بن عمر–٦٨٥هـ/١٢٨٦م	٨٨٦
١٤٧٧٧	أنوارالتنزيل وأسرار التأويل، أو، "تفسير البيضاوي"	البيضاوي، عبد الله بن عمر–٦٨٥هـ/١٢٨٦م	٩٥٥
١٤٧٧٨	أنوار التنزيل وأسرار التأويل، أو، تفسير البيضاوي	البيضاوي، عبد الله بن عمر–٦٨٥هـ/١٢٨٦م	٩٦٨
١٤٧٧٩	أنوار التنزيل وأسرار التأويل، أو، تفسير البيضاوي	البيضاوي، عبد الله بن عمر–٦٨٥هـ/١٢٨٦م	١٠٨٣
١٤٧٨٠	تفسير الجلالين	جلال الدين المحلي، محمد بن أحمد–٨٦٤هـ/١٤٥٩م • الجلال السيوطي، عبد الرحمن بن أبي بكر–٩١١هـ/١٥٠٥م	١٢٠٠–١٣٠٠
١٤٧٨١	حاشية شيخ زاده على أنوار التنزيل وأسرار التأويل	شيخ زادة، محمد بن مصطفى–٩٥١هـ/١٥٤٤م	١٠٦١
١٤٧٨٢	قبس النيرين على تفسير الجلالين	العلقمي، محمد بن عبد الرحمن–٩٦٩هـ/١٥٦١م	٩٥٢
١٤٧٨٣	التلخيص في التفسير، أو، تلخيص تبصرة التذكر وتذكرة المتبصر	الكواشي، أحمد بن يوسف–٦٨٠هـ/١٢٨١م	٧٢٠
١٤٧٨٤	الكشاف عن حقائق التنزيل وعيون الأقاويل في وجوه التأويل	الزمخشري، محمود بن عمر–٥٣٨هـ/١١٤٤م	–

رقم الحفظ	عنوان الكتاب	اسم المؤلف	تاريخ النسخ هـ
١٤٧٨٥	الكشاف عن حقائق التنزيل وعيون الأقاويل في وجوه التأويل	الزمخشري، محمود بن عمر–٥٣٨هـ/١١٤٤م	٧٦٣
١٤٧٨٦	حاشية سعد الدين التفتازاني على الكشاف	السعد التفتازاني، مسعود بن عمر–٧٩٣هـ/١٣٩٠م	١٠٠٠–١١٠٠
١٤٧٨٧	زاد المسير في علم التفسير	ابن الجوزي، عبد الرحمن بن علي–٥٩٧هـ/١٢٠١م	–
١٤٧٨٨	النهر الماد من البحر	أبو حيان النحوي، محمد بن يوسف–٧٤٥هـ/١٣٤٤م	–
١٤٧٨٩	النهر الماد من البحر	أبو حيان النحوي، محمد بن يوسف–٧٤٥هـ/١٣٤٤م	–
١٤٧٩٠	تفسير القرآن الكريم	–	١٠٠٠–١١٠٠
١٤٧٩١	حاشية سعد الدين التفتازاني على الكشاف	السعد التفتازاني، مسعود بن عمر–٧٩٣هـ/١٣٩٠م	٨٠٠–٩٠٠
١٤٧٩٢	أسباب نزول القرآن	الواحدي، علي بن أحمد–٤٦٨هـ/١٠٧٦م	–
١٤٧٩٣	عمدة الحفاظ في تفسير أشرف الألفاظ	السمين، أحمد بن يوسف–٧٥٦هـ/١٣٥٥م	١٠٥٦
١٤٧٩٤	حاشية : القطب التحتاني على الكشاف	القطب التحتاني، محمد بن محمد–٧٦٦هـ/١٣٦٥م	–
١٤٧٩٥	الإتقان في علوم القرآن	الجلال السيوطي، عبد الرحمن بن أبي بكر–٩١١هـ/١٥٠٥م	٩٧٦
١٤٧٩٦	نتيجة الفكر ونخبة النظر في شرح الآيات الدالة على الحشر	الميموني، إبراهيم بن محمد–١٠٧٩هـ/١٦٦٩م	–
١٤٧٩٧	عنوان الآيات، أو، ترجمة ترتيب زيبا	الوارداري، محمود بن عبد الله–١٠٦١هـ/١٦٥١م • النابلسي، اسماعيل بن عبد الغني–١٠٦٢هـ/١٦٥٢م/ترجمة	١٢٤٠
١٤٧٩٨ت	شرح الدر اليتيم للبركوي في علم التجويد	الرومي، أحمد بن محمد–١٠٤٣هـ/١٦٣٣م	–

رقم الحفظ	عنوان الكتاب	اسم المؤلف	تاريخ النسخ هـ
١٤٧٩٨ت١	الناسخ والمنسوخ في القرآن	ابن سلامة، هبة الله بن سلامة–٤١٠هـ/١٠١٩م	١١١٧
١٤٧٩٨ت٢	شرح عدد آي القرآن الكريم والإختلاف فيه	–	١١٣٥
١٤٧٩٨ت٣	ترتيب زيبا، أو، الترتيب الجميل، أو، ترتيب آيات القرآن الكريم على حروف المعجم	الوارداري، محمود بن عبد الله–١٠٦١هـ/١٦٥١م	–
١٤٧٩٩ت	حاشية عصام الدين على أنوار التنزيل وأسرار التأويل	العصام الأسفراييني، إبراهيم بن محمد–٩٤٥هـ/١٥٣٨م	٩٠٠–١٠٠٠
١٤٧٩٩ت١	حاشية الشيراسني على أنوار التنزيل وأسرار التأويل في تفسير جزء عمّ	الشيراسني، محمد	٩٠٠–١٠٠٠
١٤٨٠٠	أسئلة القرآن وأجوبتها أنموذج جليل في أسئلة وأجوبة من غرائب آي التنزيل	الرازي، محمد بن أبي بكر–حي ٦٦٦هـ/١٢٦٨م	١٠٥٩
١٤٨٠١ت	تفسير غريب القرآن، أو، نزهة القلوب، أو، مفردات القرآن	السجستاني، محمد بن عزيز–٣٣٠هـ/٩٤١م	١٠٩٧
١٤٨٠١ت١	رسالة أحد وزراء بغداد إلى الإمام الغزالي	–	–
١٤٨٠٢	تفسير أبي الليث السمرقندي، أو، تفسير القرآن الكريم، أو، تفسير السمرقندي	أبو الليث السمرقندي، نصر بن محمد–٣٧٣هـ/٩٨٣م	١٠٨٩
١٤٨٠٣	تفسير سورة يوسف	سروري، مصطفى بن شعبان–٩٦٩هـ/١٥٦٢م	–
١٤٨٠٤	حاشية السيد الشريف على الكشاف عن حقائق التنزيل للزمخشري	الجرجاني، علي بن محمد–٨١٦هـ/١٤١٣م	٨٦١
١٤٨٠٥ت	أنوار التنزيل وأسرار التأويل	البيضاوي، عبد الله بن عمر–٦٨٥هـ/١٢٨٦م	١١٤٠

رقم الحفظ	عنوان الكتاب	اسم المؤلف	تاريخ النسخ هـ
١٤٨٠٥ت١	حاشية عصام الدين على أنوار التنزيل وأسرار التأويل	العصام الأسفراييني، إبراهيم بن محمد–٩٤٥هـ/١٥٣٨م	١١٤٠
١٤٨٠٥ت٢	إنقاذ الهالكين	البركلي، محمد بن بير علي–٩٨١هـ/١٥٧٣م	–
١٤٨٠٥ت٣	أم البراهين، أو، العقيدة الصغرى، أو، السنوسية	السنوسي، محمد بن يوسف–٨٩٥هـ/١٤٩٠م	–
١٤٨٠٥ت٤	إيقاظ النائمين وإفهام القاصرين	البركلي، محمد بن بير علي–٩٨١هـ/١٥٧٣م	١١٣٧
١٤٨٠٥ت٥	غرامي صحيح، أو، منظومة ابن فرح الإشبيلي، أو، القصيدة الغرامية	ابن فرح، أحمد بن فرح–٦٩٩هـ/١٣٠٠م	–
١٤٨٠٥ت٦	صلاة الحاجة، أو، دعاء لقضاء الحوائج	–	–
١٤٨٠٥ت٧	خواص الحروف	–	١١٣٧
١٤٨٠٥ت٨	المنظومة الدمياطية	الدمياطي، محمد بن أحمد–٩٢١هـ/١٥١٥م	–
١٤٨٠٥ت٩	منظومة علي كرم الله وجهه	علي بن أبي طالب–٤٠هـ/٦٦١م	–
١٤٨٠٦	أسئلة القرآن وأجوبتها، أو، أنموذج جليل في أسئلة وأجوبة من غرائب آي التنزيل	الرازي، محمد بن أبي بكر–حي ٦٦٦هـ/١٢٦٨م	–
١٤٨٠٧	حاشية شيخ زاده على أنوار التنزيل وأسرار التأويل	شيخ زادة، محمد بن مصطفى–٩٥١هـ/١٥٤٤م	٩٣٤
١٤٨٠٨	أنوار التنزيل وأسرار التأويل، أو، تفسير البيضاوي	البيضاوي، عبد الله بن عمر–٦٨٥هـ/١٢٨٦م	١١٠٠–١٢٠٠
١٤٨٠٩	إعراب آيات من القرآن العظيم	ابن الحاجب، عثمان بن عمر–٦٤٦هـ/١٢٤٩م	٧٠٠–٨٠٠
١٤٨١٠	إعراب ثلاثين سورة من القرآن العزيز، أو، الطارقية	ابن خالويه، الحسين بن أحمد–٣٧٠هـ/٩٨٠م	١١٠٣

رقم الحفظ	عنوان الكتاب	اسم المؤلف	تاريخ النسخ هـ
١٤٨١١	فضائل سورة فاتحة الكتاب	–	١٢٠٠–١٣٠٠
١٤٨١٢ت	تحفة الكملة بأسرار البسملة	اليوسفي، طه بن مصطفى–حي ١١٤٧هـ/١٧٣٤م	١١٤٧
١٤٨١٢ت١	إجازة الكوراني إلى طه بن مصطفى اليوسفي	إلياس الكوراني، إلياس بن إبراهيم–١١٣٨هـ/١٧٢٦م	١١٢٧
١٤٨١٢ت٢	إجازة عبد الغني لطه بن مصطفى اليوسفي	عبد الغني–حي ١١٢٧هـ/١٧١٥م	١١٢٧
١٤٨١٣	الناسخ والمنسوخ في القرآن	ابن سلامة، هبة الله بن سلامة–٤١٠هـ/١٠١٩م	–
١٤٨١٤	سراج القاري المبتدي وتذكرة المقري المنتهي، أو، شرح الشاطبية	ابن القاصح، علي بن عثمان–٨٠١هـ/١٣٩٩م	٩٩٩
١٤٨١٥ت	هداية المرتاب وغاية الحفاظ والطلاب في اشتباه الكلم من القرآن، أو، السخاوية	السخاوي، علي بن محمد–٦٤٣هـ/١٢٤٥م	٨٥٥
١٤٨١٥ت١	عمدة المفيد وعدة المجيد في معرفة التجويد	السخاوي، علي بن محمد–٦٤٣هـ/١٢٤٥م	–
١٤٨١٥ت٢	المدد في معرفة العدد	الجعبري، إبراهيم بن عمر–٧٣٢هـ/١٣٣٢م	٧٠٧
١٤٨١٦	المكرر فيما تواتر من القراءات السبع وتحرر	النشار، عمر بن قاسم–٩٣٨هـ/١٥٣١م	١١٧٤
١٤٨١٧	التيسير في القراءات السبع وشرحها، أو، التيسير لحفظ مذاهب القراء السبعة	أبو عمرو الداني، عثمان بن سعيد–٤٤٤هـ/١٠٥٣م	١٠٠٠–١١٠٠
١٤٨١٨ت	حرز الأماني ووجه التهاني، أو، الشاطبية	الشاطبي، القاسم بن فيره–٥٩٠هـ/١١٩٤م	–
١٤٨١٨ت١	عقيلة أتراب القصائد في أسنى المقاصد، أو، القصيدة الرائية	الشاطبي، القاسم بن فيرة–٥٩٠هـ/١١٩٤م	–

رقم الحفظ	عنوان الكتاب	اسم المؤلف	تاريخ النسخ هـ
١٤٨١٨ت٢	الدرة المضية في قراءات الأئمة الثلاث المرضية	ابن الجزري، محمد بن محمد–٨٣٣هـ/١٤٢٩م	–
١٤٨١٨ت٣	المقدمة الجزرية	ابن الجزري، محمد بن محمد–٨٣٣هـ/١٤٢٩م	–
١٤٨١٩	تعليقة التقريب لفهم المُجَوِّد اللبيب	مغلطاي، محمد بن حاجي	١٠٦٣
١٤٨٢٠	الحواشي المفهمة في شرح المقدمة	ابن الجزري، أحمد بن محمد–٨٣٥هـ/١٤٣٢م	–
١٤٨٢١	بيان المشكلات على المبتدئين من جهة التجويد في القرآن المبين	–	–
١٤٨٢٢	القول الجاذ في تحريم القراءة بالشواذ	النويري، محمد بن محمد–٨٥٧هـ/١٤٥٣م	١٣٦٦
١٤٨٢٣ت	أربعون مسألة من المسائل المشكلة في القراءات، أو، الألغاز الجزرية	ابن الجزري، محمد بن محمد–٨٣٣هـ/١٤٢٩م	–
١٤٨٢٣ت١	أجوبة أربعين مسألة من المسائل المشكلة في القراءات، أو، الأرجوزة في الأجوبة عن المسائل المذكورة، أو، أرجوزة في مشكلات القرآن	الطيبي، عمر	–
١٤٨٢٤	رسالة في التجويد	–	–
١٤٨٢٥ت	تحرير الطرق والروايات في بعض الآيات من طريق طيبة النشر في القراءات العشر لمحمد بن الجزري	المنصوري، علي بن سليمان–١١٣٤هـ/١٧٢٢م	١١٠٠–١٢٠٠
١٤٨٢٥ت١	مسألة الآن في علم وجوه طرق القرآن	–	١١٠٠–١٢٠٠
١٤٨٢٥ت٢	عمدة العرفان في وجوه القرآن	الإزميري، مصطفى بن عبد الرحمن–١١٥٦هـ/١٧٤٣م	١١٥٠

رقم الحفظ	عنوان الكتاب	اسم المؤلف	تاريخ النسخ هـ
١٤٨٢٦	المنح الفكرية في شرح المقدمة الجزرية، أو، شرح المقدمة الجزرية	الملا علي القاري، علي بن (سلطان) محمد-١٠١٤هـ/١٦٠٦م	١١١٣
١٤٨٢٧	الفوائد السرية في شرح الجزرية، أو، شرح المقدمة الجزرية	رضي الدين ابن الحنبلي، محمد بن إبراهيم-٩٧١هـ/١٥٦٣م	٩٩٤
١٤٨٢٨	المطالب العلية على متن الجزرية، أو، شرح المقدمة الجزرية للغزي	الشيخ بشير الغزي، محمد بشير بن محمد هلال-١٣٣٩هـ/١٩٢١م	١٣٣٠
١٤٨٢٩ت	المقدمة الجزرية	ابن الجزري، محمد بن محمد-٨٣٣هـ/١٤٢٩م	١١١٩
١٤٨٢٩ت١	رسالة في التجويد	–	١١١٩
١٤٨٢٩ت٢	الدقائق المحكمة في شرح المقدمة لابن الجزري، أو، شرح المقدمة الجزرية	زكريا الأنصاري، زكريا بن محمد-٩٢٦هـ/١٥٢٠م	١٢٠٠–١٣٠٠
١٤٨٣٠	حرز الأماني ووجه التهاني، أو، الشاطبية	الشاطبي، القاسم بن فيرة-٥٩٠هـ/١١٩٤م	٨٨٣
١٤٨٣١	مختصر التقريب والبيان في معرفة شواذ القرآن للصفراوي	–	–
١٤٨٣٢	التقريب والبيان في معرفة شواذ القرآن	الصفراوي، عبد الرحمن بن عبد المجيد-٦٣٦هـ/١٢٣٨م	١١٥٠
١٤٨٣٣ت	مصطلح الإشارات في القراءات الست الزوائد المروية عن الثقات	ابن القاصح، علي بن عثمان-٨٠١هـ/١٣٩٩م	–
١٤٨٣٣ت١	أربعون مسألة من المسائل المشكلة، أو، الألغاز الجزرية	ابن الجزري، محمد بن محمد-٨٣٣هـ/١٤٢٩م	١١٧٥
١٤٨٣٤ت	رسالة في قراءة حفص	أبو المواهب، محمد بن عبد الباقي-١١٢٦هـ/١٧١٤م	١١٣٨
١٤٨٣٤ت١	شرح المقدمة الجزرية	–	–
١٤٨٣٥	الميسر في شرح مصابيح السنة للبغوي	التربشتي، فضل الله بن حسن-٦٦١هـ/١٢٦٣م	٧١٢

رقم الحفظ	عنوان الكتاب	اسم المؤلف	تاريخ النسخ هـ
١٤٨٣٦	مرقاة المفاتيح لمشكاة المصابيح، أو، شرح مشكاة المصابيح	الملا علي القاري، علي بن (سلطان) محمد–١٠١٤هـ/١٦٠٦م	١٠٠٠–١١٠٠
١٤٨٣٧	مرقاة المفاتيح لمشكاة المصابيح، أو، شرح مشكاة المصابيح	الملا علي القاري، علي بن (سلطان) محمد–١٠١٤هـ/١٦٠٦م	١٠٠٠–١١٠٠
١٤٨٣٨	مرقاة المفاتيح لمشكاة المصابيح، أو، شرح مشكاة المصابيح	الملا علي القاري، علي بن (سلطان) محمد–١٠١٤هـ/١٦٠٦م	١٠٠٠–١١٠٠
١٤٨٣٩	مرقاة المفاتيح لمشكاة المصابيح، أو، شرح مشكاة المصابيح	الملا علي القاري، علي بن (سلطان) محمد–١٠١٤هـ/١٦٠٦م	١٠٠٠–١١٠٠
١٤٨٤٠	تحفة الأبرار في شرح مشارق الأنوار، أو، شرح مشارق الأنوار النبوية من صحاح الأخبار المصطفوية للصاغاني	البابرتي، محمد بن محمد–٧٨٦هـ/١٣٨٤م	٧٩١
١٤٨٤١ت	مشكاة المصابيح	التبريزي، محمد بن عبد الله–٧٤١هـ/١٣٤٠م	١٠٠٠–١١٠٠
١٤٨٤١ت١	الناسخ والمنسوخ في القرآن الكريم	ابن سلامة، هبة الله بن سلامة–٤١٠هـ/١٠١٩م	–
١٤٨٤٣	سنن ابن ماجه، أو، كتاب السنن والأحكام	ابن ماجه، محمد بن يزيد–٢٧٣هـ/٨٨٧م	–
١٤٨٤٤	الشفاء بتعريف حقوق المصطفى	القاضي عياض، عياض بن موسى–٥٤٤هـ/١١٤٩م	١١٠٠–١٢٠٠
١٤٨٤٥	مبارق الأزهار في شرح مشارق الأنوار	ابن ملك، عبد اللطيف بن عبد العزيز–٨٠١هـ/١٣٩٨م	١٠٠٠–١١٠٠
١٤٨٤٦	مصابيح السنة	البغوي، الحسين بن مسعود–٥١٠هـ/١١١٧م	٩٠٠–١٠٠٠
١٤٨٤٧	التوضيح لشرح الجامع الصحيح للبخاري، أو، شواهد التوضيح بشرح الجامع الصحيح، أو، شرح الجامع الصحيح للبخاري	ابن الملقن، عمر بن علي–٨٠٤هـ/١٤٠١م	٧٨٥

رقم الحفظ	عنوان الكتاب	اسم المؤلف	تاريخ النسخ هـ
١٤٨٤٨	التوضيح لشرح الجامع الصحيح للبخاري، أو، شواهد التوضيح بشرح الجامع الصحيح، أو، شرح الجامع الصحيح للبخاري	ابن الملقن، عمر بن علي–٨٠٤هـ/١٤٠١م	٧٨٦
١٤٨٤٩	التوضيح لشرح الجامع الصحيح للبخاري، أو، شواهد التوضيح بشرح الجامع الصحيح، أو، شرح الجامع الصحيح للبخاري	ابن الملقن، عمر بن علي–٨٠٤هـ/١٠٤١م	٨٢١
١٤٨٥٠	التوضيح لشرح الجامع الصحيح للبخاري، أو، شواهد التوضيح بشرح الجامع الصحيح، أو، شرح الجامع الصحيح للبخاري	ابن الملقن، عمر بن علي–٨٠٤هـ/١٤٠١م	٨٢١
١٤٨٥١	الشفا بتعريف حقوق المصطفى	القاضي عياض، عياض بن موسى–٥٤٤هـ/١١٤٩م	–
١٤٨٥٢	جنى الجنتين ومجمع البحرين في تجريد متون الصحيحين	أبو الرجا، علي بن محمود–حي ٦٣٤هـ/١٢٣٦م	–
١٤٨٥٣	الكواكب الدراري في شرح صحيح البخاري	الكرماني، محمد بن يوسف–٧٨٦هـ/١٣٨٤م	١٠٠٠–١١٠٠
١٤٨٥٤	الكواكب الدراري في شرح صحيح البخاري	الكرماني، محمد بن يوسف–٧٨٦هـ/١٣٨٤م	٩٢٧
١٤٨٥٥	الكواكب الدراري في شرح صحيح البخاري	الكرماني، محمد بن يوسف–٧٨٦هـ/١٣٨٤م	٩٢٧
١٤٨٥٦	مشكاة المصابيح	التبريزي، محمد بن عبد الله–٧٤١هـ/١٣٤٠م	٨٣٠
١٤٨٥٧	سنن ابن ماجه، أو، كتاب السنن والأحكام	ابن ماجه، محمد بن يزيد–٢٧٣هـ/٨٨٧م	–
١٤٨٥٨	الجامع الصغير من حديث البشير النذير	الجلال السيوطي، عبد الرحمن بن أبي بكر–٩١١هـ/١٥٠٥م	–
١٤٨٥٩	نسيم الرياض في شرح شفاء القاضي عياض	الشهاب الخفاجي، أحمد بن محمد–١٠٦٩هـ/١٦٥٩م	١١٢٩

رقم الحفظ	عنوان الكتاب	اسم المؤلف	تاريخ النسخ هـ
١٤٨٦٠	كنز الوفا في شرح الشفا	ابن محمد، عبد الله بن محمد- حي ١٢٠٥هـ/١٧٩٠م	١٢٠٥
١٤٨٦١	جامع الأصول لأحاديث الرسول	ابن الأثير، المبارك بن محمد- ٦٠٦هـ/١٢١٠م	١١٠٠-١٢٠٠
١٤٨٦٢	دلائل النبوة ومعرفة أحوال صاحب الشريعة	البيهقي، أحمد بن الحسين- ٤٥٨هـ/١٠٦٦م	٨٧٤
١٤٨٦٣	مصابيح السنة	البغوي، الحسين بن مسعود- ٥١٠هـ/١١١٧م	٧٣٧
١٤٨٦٤	إرشاد الساري لشرح صحيح البخاري، أو، شرح الجامع الصحيح للبخاري	القسطلاني، أحمد بن محمد- ٩٢٣هـ/١٥١٧م	١٠٩٨
١٤٨٦٥	إرشاد الساري لشرح صحيح البخاري، أو، شرح الجامع الصحيح للبخاري	القسطلاني، أحمد بن محمد- ٩٢٣هـ/١٥١٧م	١٠٩٩
١٤٨٦٦	إرشاد الساري لشرح صحيح البخاري، أو، شرح الجامع الصحيح للبخاري	القسطلاني، أحمد بن محمد- ٩٢٣هـ/١٥١٧م	١٠٩٩
١٤٨٦٧	إرشاد الساري لشرح صحيح البخاري، أو، شرح الجامع الصحيح للبخاري	القسطلاني، أحمد بن محمد- ٩٢٣هـ/١٥١٧م	١١٠٠
١٤٨٦٨	إرشاد الساري لشرح صحيح البخاري، أو، شرح الجامع الصحيح للبخاري	القسطلاني، أحمد بن محمد- ٩٢٣هـ/١٥١٧م	١١٠٠
١٤٨٦٩	إرشاد الساري لشرح صحيح البخاري، أو، شرح الجامع الصحيح للبخاري	القسطلاني، أحمد بن محمد- ٩٢٣هـ/١٥١٧م	١١٠١
١٤٨٧٠	فتح الغفار بما أكرم الله نبيه المختار، أو، شرح الشفا للقاضي عياض	العرضي، عمر بن عبد الوهاب-١٠٢٤هـ/١٦١٥م	١٠١٥

رقم الحفظ	عنوان الكتاب	اسم المؤلف	تاريخ النسخ هـ
١٤٨٧١	فتح الغفار بما أكرم الله به نبيه المختار، أو، شرح الشفا للقاضي عياض	العرضي، عمر بن عبد الوهاب-١٠٢٤هـ/١٦١٥م	-
١٤٨٧٢	فتح الغفار بما أكرم الله به نبيه المختار، أو، شرح الشفا للقاضي عياض	العرضي، عمر بن عبد الوهاب-١٠٢٤هـ/١٦١٥م	١١٤١
١٤٨٧٣	المفهم لما أشكل من تلخيص كتاب مسلم	القرطبي، أحمد بن عمر-٦٥٦هـ/١٢٥٨م	٧٠٠-٨٠٠
١٤٨٧٤	المفهم لما أشكل من تلخيص كتاب مسلم	القرطبي، أحمد بن عمر-٦٥٦هـ/١٢٥٨م	٧٢٨
١٤٨٧٥	المفهم لما أشكل من تلخيص كتاب مسلم	القرطبي، أحمد بن عمر-٦٥٦هـ/١٢٥٨م	٧٠٠-٨٠٠
١٤٨٧٦	المفهم لما أشكل من تلخيص كتاب مسلم	القرطبي، أحمد بن عمر-٦٥٦هـ/١٢٥٨م	٧٢٤
١٤٨٧٧	المحول من مشارق الأنوار وشرحه المسمى بمبارق الأزهار	ابن الحسن، علي	١٠٦٢
١٤٨٧٨	الجامع الصغير من حديث البشير النذير	الجلال السيوطي، عبد الرحمن بن أبي بكر-٩١١هـ/١٥٠٥م	١٠٠٠-١١٠٠
١٤٨٧٩	ناسخ الحديث ومنسوخه، أو، الاعتبار في بيان الناسخ والمنسوخ من الآثار	الحازمي، محمد بن موسى-٥٨٤هـ/١١٨٨م	٦٣٢
١٤٨٨٠	فتح الباري بشرح صحيح البخاري، أو، شرح الجامع الصحيح للبخاري	ابن حجر العسقلاني، أحمد بن علي-٨٥٢هـ/١٤٤٩م	١١٠٠-١٢٠٠
١٤٨٨١	فتح الباري بشرح صحيح البخاري، أو، شرح الجامع الصحيح للبخاري	ابن حجر العسقلاني، أحمد بن علي-٨٥٢هـ/١٤٤٩م	١١٠٠-١٢٠٠
١٤٨٨٢	فتح الباري بشرح صحيح البخاري، أو، شرح الجامع الصحيح للبخاري	ابن حجر العسقلاني، أحمد بن علي-٨٥٢هـ/١٤٤٩م	١١٠٠-١٢٠٠

رقم الحفظ	عنوان الكتاب	اسم المؤلف	تاريخ النسخ هـ
١٤٨٨٣	فتح الباري بشرح صحيح البخاري، أو، شرح الجامع الصحيح للبخاري	ابن حجر العسقلاني، أحمد بن علي–٨٥٢هـ/١٤٤٩م	١١٠٠–١٢٠٠
١٤٨٨٤	التنقيح لألفاظ الجامع الصحيح للبخاري	الزركشي، محمد بن بهادر–٧٩٤هـ/١٣٩٢م	٨٤٨
١٤٨٨٥	شرح مصابيح السنة للبغوي	ابن زين العرب، علي بن عبيد الله–٧٥٨هـ/١٣٥٧م	٨٣٧
١٤٨٨٦	شرح الشفاء للقاضي عياض	الملا علي القاري، علي بن (سلطان) محمد–١٠١٤هـ/١٦٠٦م	–
١٤٨٨٧	شرح الشفا للقاضي عياض	الملا علي القاري، علي بن (سلطان) محمد–١٠١٤هـ/١٦٠٦م	–
١٤٨٨٨	منهاج الدين	الحليمي، الحسين بن الحسن–٤٠٣هـ/١٠١٢م	٧٤٥
١٤٨٨٩	منهاج الدين	الحليمي، الحسين بن الحسن–٤٠٣هـ/١٠١٢م	–
١٤٨٩٠	منهاج الدين	الحليمي، الحسين بن الحسن–٤٠٣هـ/١٠١٢م	–
١٤٨٩١	المنهاج في شرح صحيح مسلم بن الحجاج، أو، شرح صحيح مسلم	النووي، يحيى بن شرف–٦٧٦هـ/١٢٧٧م	–
١٤٨٩٢	المنهاج في شرح صحيح مسلم بن الحجاج، أو، شرح صحيح مسلم	النووي، يحيى بن شرف–٦٧٦هـ/١٢٧٧م	٨٦٣
١٤٨٩٣	المنهاج في شرح صحيح مسلم بن الحجاج، أو، شرح صحيح مسلم	النووي، يحيى بن شرف–٦٧٦هـ/١٢٧٧م	٨١١
١٤٨٩٤	مشكاة المصابيح	التبريزي، محمد بن عبد الله–٧٤١هـ/١٣٤٠م	–
١٤٨٩٥	مشارق الأنوار النبوية من صحاح الأخبار المصطفوية	الرضي الصاغاني، الحسن بن محمد–٦٥٠هـ/١٢٥٢م	٩١٢

رقم الحفظ	عنوان الكتاب	اسم المؤلف	تاريخ النسخ هـ
١٤٨٩٦	الجامع الصحيح، أو، صحيح البخاري	البخاري، محمد بن إسماعيل- ٢٥٦هـ/٨٧٠م	٨٠٠–٩٠٠
١٤٨٩٧	الجامع الصحيح، أو، صحيح البخاري	البخاري، محمد بن إسماعيل- ٢٥٦هـ/٨٧٠م	٨٨٠
١٤٨٩٨	الجامع الصحيح، أو، صحيح البخاري	البخاري، محمد بن إسماعيل- ٢٥٦هـ/٨٧٠م	٨٠٠–٩٠٠
١٤٨٩٩	الجامع الصحيح، أو، صحيح البخاري	البخاري، محمد بن إسماعيل- ٢٥٦هـ/٨٧٠م	٨٥١
١٤٩٠٠	الجامع الصحيح، أو، صحيح البخاري	البخاري، محمد بن إسماعيل- ٢٥٦هـ/٨٧٠م	٨٥١
١٤٩٠١	الجامع الصحيح، أو، صحيح البخاري	البخاري، محمد بن إسماعيل- ٢٥٦هـ/٨٧٠م	٨٥١
١٤٩٠٢	الجامع الصحيح، أو، صحيح البخاري	البخاري، محمد بن إسماعيل- ٢٥٦هـ/٨٧٠م	٨٥٣
١٤٩٠٣	الجامع الصحيح، أو، صحيح البخاري	البخاري، محمد بن إسماعيل- ٢٥٦هـ/٨٧٠م	٨٥٨
١٤٩٠٤	الجامع الصحيح، أو، صحيح البخاري	البخاري، محمد بن إسماعيل- ٢٥٦هـ/٨٧٠م	٨٥٩
١٤٩٠٥	الجامع الصحيح، أو، صحيح البخاري	البخاري، محمد بن إسماعيل- ٢٥٦هـ/٨٧٠م	٨٥٩
١٤٩٠٦	الجامع الصحيح، أو، صحيح البخاري	البخاري، محمد بن إسماعيل- ٢٥٦هـ/٨٧٠م	٨٥٩
١٤٩٠٧	الجامع الصحيح، أو، صحيح البخاري	البخاري، محمد بن إسماعيل- ٢٥٦هـ/٨٧٠م	٩٠٠–١٠٠٠
١٤٩٠٨	الجامع الصحيح، أو، صحيح البخاري	البخاري، محمد بن إسماعيل- ٢٥٦هـ/٨٧٠م	٨٥٩
١٤٩٠٩	الجامع الصحيح، أو، صحيح البخاري	البخاري، محمد بن إسماعيل- ٢٥٦هـ/٨٧٠م	٨٦٠

رقم الحفظ	عنوان الكتاب	اسم المؤلف	تاريخ النسخ هـ
١٤٩١٠	الجامع الصحيح، أو، صحيح البخاري	البخاري، محمد بن إسماعيل-٢٥٦هـ/٨٧٠م	٨٦٠
١٤٩١١	البدر المنير في غريب أحاديث البشير النذير	الشعراني، عبد الوهاب بن أحمد-٩٧٣هـ/١٥٦٥م	١٠٢٥
١٤٩١٢	مصابيح السنة	البغوي، الحسين بن مسعود-٥١٠هـ/١١١٧م	٨٤٧
١٤٩١٣	اللآلئ المصنوعة في الأحاديث الموضوعة	الجلال السيوطي، عبد الرحمن بن أبي بكر-٩١١هـ/١٥٠٥م	١٠٩٣
١٤٩١٤	الشفا بتعريف حقوق المصطفى	القاضي عياض، عياض بن موسى-٥٤٤هـ/١١٤٩م	١١٨١
١٤٩١٥	الجامع الصحيح، أو، الجامع الكبير، أو، سنن الترمذي	الترمذي، محمد بن عيسى-٢٧٩هـ/٨٩٢م	٨٩٠
١٤٩١٦	الحرز الثمين للحصن الحصين، أو، شرح الحصن الحصين	الملا علي القاري، علي بن (سلطان) محمد-١٠١٤هـ/١٦٠٦م	١١١٥
١٤٩١٧	الشفا بتعريف حقوق المصطفى	القاضي عياض، عياض بن موسى-٥٤٤هـ/١١٤٩م	١١٣٨
١٤٩١٨	الترغيب والترهيب	المنذري، عبد العظيم بن عبد القوي-٦٥٦هـ/١٢٥٨م	-
١٤٩١٩	الجامع الصحيح، أو، صحيح البخاري	البخاري، محمد بن إسماعيل-٢٥٦هـ/٨٧٠م	٨٣٥
١٤٩٢٠	الجامع الصحيح، أو، صحيح البخاري	البخاري، محمد بن إسماعيل-٢٥٦هـ/٨٧٠م	٨٣٥
١٤٩٢١	الجامع الصحيح، أو، صحيح البخاري	البخاري، محمد بن إسماعيل-٢٥٦هـ/٨٧٠م	٨٢٣
١٤٩٢٢	الجامع الصحيح، أو، صحيح البخاري	البخاري، محمد بن إسماعيل-٢٥٦هـ/٨٧٠م	٨٤٣
١٤٩٢٣	الجامع الصحيح، أو، صحيح البخاري	البخاري، محمد بن إسماعيل-٢٥٦هـ/٨٧٠م	٨٢٣

رقم الحفظ	عنوان الكتاب	اسم المؤلف	تاريخ النسخ هـ
١٤٩٢٤	الجامع الصحيح، أو، صحيح البخاري	البخاري، محمد بن إسماعيل-٢٥٦هـ/٨٧٠م	٨٠٠-٩٠٠
١٤٩٢٥	الجامع الصحيح، أو، صحيح البخاري	البخاري، محمد بن إسماعيل-٢٥٦هـ/٨٧٠م	٨٧٠
١٤٩٢٦	الجامع الصحيح، أو، صحيح البخاري	البخاري، محمد بن اسماعيل-٢٥٦هـ/٨٧٠م	٨٢٤
١٤٩٢٧	الجامع الصحيح، أو، صحيح البخاري	البخاري، محمد بن إسماعيل-٢٥٦هـ/٨٧٠م	٨٢٤
١٤٩٢٨	الجامع الصحيح، أو، صحيح البخاري	البخاري، محمد بن إسماعيل-٢٥٦هـ/٨٧٠م	٨٢٤
١٤٩٢٩	الحديقة الندية شرح الطريقة المحمدية	عبد الغني النابلسي، عبد الغني بن إسماعيل-١١٤٣هـ/١٧٣١م	١٢٣٨
١٤٩٣٠	الحديقة الندية شرح الطريقة المحمدية	عبد الغني النابلسي، عبد الغني بن إسماعيل-١١٤٣هـ/١٧٣١م	١٢٣٩
١٤٩٣١	خلاصة الوفا بأخبار دار المصطفى	السمهودي، علي بن عبد الله-٩١١هـ/١٥٠٦م	٩٧١
١٤٩٣٢	التوضيح لشرح الجامع الصحيح للبخاري، أو، شواهد التوضيح بشرح الجامع الصحيح، أو، شرح الجامع الصحيح للبخاري	ابن الملقن، عمر بن علي-٨٠٤هـ/١٤٠١م	٨٧٤
١٤٩٣٣	الجامع الصغير من حديث البشير النذير	الجلال السيوطي، عبد الرحمن بن أبي بكر-٩١١هـ/١٥٠٥م	٩٩٥
١٤٩٣٤	توثيق عرى الإيمان في تفضيل حبيب الرحمن	ابن البارزي، هبة الله بن عبد الرحيم-٧٣٨هـ/١٣٣٨م	٧٢٢
١٤٩٣٥	الكفاية في الأخبار والآثار	-	-
١٤٩٣٦	جمع الفوائد من جامع الأصول ومجمع الزوائد	الروداني، محمد بن سليمان-١٠٩٤هـ/١٦٨٣م	١١٥٣
١٤٩٣٧	التذكرة بأحوال الموتى وأمور الآخرة، أو، تذكرة القرطبي	القرطبي، محمد بن أحمد-٦٧١هـ/١٢٧٣م	-

رقم الحفظ	عنوان الكتاب	اسم المؤلف	تاريخ النسخ هـ
١٤٩٣٨	التذكرة بأحوال الموتى وأمور الآخرة، أو، تذكرة القرطبي	القرطبي، محمد بن أحمد–٦٧١هـ/١٢٧٣م	–
١٤٩٣٩	مصباح الظلام في فضل الصلاة والسلام على النبي خير الأنام، أو، مطالع الأنوار ومسالك الأبرار في فضائل الصلاة على النبي المختار	القرطبي، جبر بن محمد–٦١٥هـ/١٢١٨م	١١٦٥
١٤٩٤٠	روضة العلماء ونزهة الفضلاء	–	١٠٧١
١٤٩٤١	الجامع الصحيح، أو، الجامع الكبير، أو، سنن الترمذي	الترمذي، محمد بن عيسى–٢٧٩هـ/٨٩٢م	١٢٠٠–١٣٠٠
١٤٩٤٢	المقاصد الحسنة في بيان كثير من الأحاديث المشتهرة على الألسنة	السخاوي، محمد بن عبد الرحمن–٩٠٢هـ/١٤٩٧م	١٠٠٣
١٤٩٤٣	الطريقة المحمدية والسيرة الأحمدية	البركلي، محمد بن بيرعلي–٩٨١هـ/١٥٧٣م	١١١٨
١٤٩٤٤	الطريقة المحمدية والسيرة الأحمدية	البركلي، محمد بن بيرعلي–٩٨١هـ/١٥٧٣م	١٠٧٥
١٤٩٤٥	الطريقة المحمدية والسيرة الأحمدية	البركلي، محمد بن بيرعلي–٩٨١هـ/١٥٧٣م	١٠٧٧
١٤٩٤٦	الطريقة المحمدية والسيرة الأحمدية	البركلي، محمد بن بيرعلي–٩٨١هـ/١٥٧٣م	–
١٤٩٤٧	الطريقة المحمدية والسيرة الأحمدية	البركلي، محمد بن بيرعلي–٩٨١هـ/١٥٧٣م	١٠٨٥
١٤٩٤٨	الطريقة المحمدية والسيرة الأحمدية	البركلي، محمد بن بيرعلي–٩٨١هـ/١٥٧٣م	١١٦٠
١٤٩٤٩	الطريقة المحمدية والسيرة الأحمدية	البركلي، محمد بن بيرعلي–٩٨١هـ/١٥٧٣م	١١٢٠
١٤٩٥٠	الطريقة المحمدية والسيرة الأحمدية	البركلي، محمد بن بيرعلي–٩٨١هـ/١٥٧٣م	١٠٨٥

رقم الحفظ	عنوان الكتاب	اسم المؤلف	تاريخ النسخ هـ
١٤٩٥١	الشمائل النبوية والخصال المصطفوية، أو، شمائل النبي، أو، شمائل الترمذي	الترمذي، محمد بن عيسى-٢٧٩هـ/٨٩٢م	٨٨٨
١٤٩٥٢	المجالس السنية في الكلام على الأربعين النووية	الفشني، أحمد بن حجازي-حي ٩٧٨هـ/١٥٧٠م	١١٠٧
١٤٩٥٣	شرعة الإسلام	إمام زاده، محمد بن أبي بكر-٥٧٣هـ/١١٧٧م	١٠٩٣
١٤٩٥٤	سراج العابدين في شرح الأربعين للكردي	–	٨٢١
١٤٩٥٥ت	الشمائل النبوية والخصال المصطفوية، أو، شمائل النبي، أو، شمائل الترمذي	الترمذي، محمد بن عيسى-٢٧٩هـ/٨٩٢م	١٠٨٠
١٤٩٥٥م ت١	الصواعق المحرقة في الرد على أهل البدع والزندقة، أو، الصواعق المحرقة على أهل الرفض والزندقة	ابن حجر الهيتمي، أحمد بن محمد-٩٧٤هـ/١٥٦٧م	١٠٩٧
١٤٩٥٦	الجامع الصحيح، أو، صحيح البخاري	البخاري، محمد بن إسماعيل-٢٥٦هـ/٨٧٠م	٧٠٠-٨٠٠
١٤٩٥٧	الجامع الصحيح، أو، صحيح البخاري	البخاري، محمد بن إسماعيل-٢٥٦هـ/٨٧٠م	–
١٤٩٥٨	الجامع الصحيح، أو، صحيح البخاري	البخاري، محمد بن إسماعيل-٢٥٦هـ/٨٧٠م	٧٩١
١٤٩٥٩	الجامع الصحيح، أو، صحيح البخاري	البخاري، محمد بن إسماعيل-٢٥٦هـ/٨٧٠م	–
١٤٩٦٠	الجامع الصحيح، أو، صحيح البخاري	البخاري، محمد بن إسماعيل-٢٥٦هـ/٨٧٠م	٩٠٥
١٤٩٦١	الجامع الصحيح، أو، صحيح البخاري	البخاري، محمد بن إسماعيل-٢٥٦هـ/٨٧٠م	–

رقم الحفظ	عنوان الكتاب	اسم المؤلف	تاريخ النسخ هـ
١٤٩٦٢	الجامع الصحيح، أو، صحيح البخاري	البخاري، محمد بن إسماعيل- ٢٥٦هـ/٨٧٠م	–
١٤٩٦٣	الجامع الصحيح، أو، صحيح البخاري	البخاري، محمد بن إسماعيل- ٢٥٦هـ/٨٧٠م	–
١٤٩٦٤	الجامع الصحيح، أو، صحيح البخاري	البخاري، محمد بن إسماعيل- ٢٥٦هـ/٨٧٠م	–
١٤٩٦٥	الجامع الصحيح، أو، صحيح البخاري	البخاري، محمد بن إسماعيل- ٢٥٦هـ/٨٧٠م	–
١٤٩٦٦	الجامع الصحيح، أو، صحيح البخاري	البخاري، محمد بن إسماعيل- ٢٥٦هـ/٨٧٠م	٦٧٧
١٤٩٦٧	الجامع الصحيح، أو، صحيح البخاري	البخاري، محمد بن إسماعيل- ٢٥٦هـ/٨٧٠م	٦٧٨
١٤٩٦٨	الجامع الصحيح، أو، صحيح البخاري	البخاري، محمد بن إسماعيل- ٢٥٦هـ/٨٧٠م	٦٧٨
١٤٩٦٩	الجامع الصحيح، أو، صحيح البخاري	البخاري، محمد بن إسماعيل- ٢٥٦هـ/٨٧٠م	٩٥٦
١٤٩٧٠	الجامع الصحيح، أو، صحيح البخاري	البخاري، محمد بن إسماعيل- ٢٥٦هـ/٨٧٠م	٩٠٠–١٠٠٠
١٤٩٧١	الجامع الصحيح، أو، صحيح البخاري	البخاري، محمد بن إسماعيل- ٢٥٦هـ/٨٧٠م	٨١٢
١٤٩٧٢ت	منظومة في مديح الرسول صلى الله عليه وسلم، أو، الحلية الشريفة	البشري، عبد القادر الحلبي	–
١٤٩٧٢ت١	الجامع الصحيح، أو، صحيح البخاري	البخاري، محمد بن إسماعيل- ٢٥٦هـ/٨٧٠م	٨٠٠–٩٠٠
١٤٩٧٣	الجامع الصحيح، أو، صحيح البخاري	البخاري، محمد بن اسماعيل- ٢٥٦هـ/٨٧٠م	٧٠٠–٨٠٠

رقم الحفظ	عنوان الكتاب	اسم المؤلف	تاريخ النسخ هـ
١٤٩٧٤	الجامع الصحيح، أو، صحيح البخاري	البخاري، محمد بن إسماعيل–٢٥٦هـ/٨٧٠م	–
١٤٩٧٥	الجامع الصحيح، أو، صحيح البخاري	البخاري، محمد بن إسماعيل–٢٥٦هـ/٨٧٠م	٦٧٧
١٤٩٧٦	فيض القدير بشرح الجامع الصحيح، أو، المناوي الكبير شرح الجامع الصغير	المناوي، محمد عبد الرؤوف بن تاج العارفين–١٠٣١هـ/١٦٢٢م	–
١٤٩٧٧	الجامع الصحيح، أو، صحيح البخاري	البخاري، محمد بن إسماعيل–٢٥٦هـ/٨٧٠م	١٢٤٦
١٤٩٧٨	الجامع الصحيح، أو، صحيح البخاري	البخاري، محمد بن إسماعيل–٢٥٦هـ/٨٧٠م	١١٧٠
١٤٩٧٩	شرح الجامع الصغير من أحاديث البشير النذير	ابن عيسى، ناصر بن عيسى	١٢٠٧
١٤٩٨٠	فيض القدير بشرح الجامع الصغير، أو، المناوي الكبير شرح الجامع الصغير	المناوي، محمد عبد الرؤوف بن تاج العارفين–١٠٣١هـ/١٦٢٢م	–
١٤٩٨١	فيض القدير بشرح الجامع الصغير، أو، المناوي الكبير شرح الجامع الصغير	المناوي، محمد عبد الرؤوف بن تاج العارفين–١٠٣١هـ/١٦٢٢م	–
١٤٩٨٢	فيض القدير بشرح الجامع الصغير، أو، المناوي الكبير شرح الجامع الصغير	المناوي، محمد عبد الرؤوف بن تاج العارفين–١٠٣١هـ/١٦٢٢م	–
١٤٩٨٣	فيض القدير بشرح الجامع الصغير، أو، المناوي الكبير شرح الجامع الصغير	المناوي، محمد عبد الرؤوف بن تاج العارفين–١٠٣١هـ/١٦٢٢م	–
١٤٩٨٤	فيض القدير بشرح الجامع الصغير، أو، المناوي الكبير شرح الجامع الصغير	المناوي، محمد عبد الرؤوف بن تاج العارفين–١٠٣١هـ/١٦٢٢م	–

رقم الحفظ	عنوان الكتاب	اسم المؤلف	تاريخ النسخ هـ
١٤٩٨٥	فيض القدير بشرح الجامع الصغير، أو، المناوي الكبير شرح الجامع الصغير	المناوي، محمد عبد الرؤوف بن تاج العارفين–١٠٣١هـ/١٦٢٢م	–
١٤٩٨٦	فيض القدير بشرح الجامع الصغير، أو، المناوي الكبير شرح الجامع الصغير	المناوي، محمد عبد الرؤوف بن تاج العارفين–١٠٣١هـ/١٦٢٢م	–
١٤٩٨٧	فيض القدير بشرح الجامع الصغير، أو، المناوي الكبير شرح الجامع الصغير	المناوي، محمد عبد الرؤوف بن تاج العارفين–١٠٣١هـ/١٦٢٢م	–
١٤٩٨٨	فيض القدير بشرح الجامع الصغير، أو، المناوي الكبير شرح الجامع الصغير	المناوي، محمد عبد الرؤوف بن تاج العارفين–١٠٣١هـ/١٦٢٢م	١١٦٨
١٤٩٨٩	الجامع الصحيح٢، أو، صحيح مسلم	الإمام مسلم، مسلم بن الحجاج–٢٦١هـ/٨٧٥م	–
١٤٩٩٠	الجامع الصحيح٢، أو، صحيح مسلم	الإمام مسلم، مسلم بن الحجاج–٢٦١هـ/٨٧٥م	٧٧٨
١٤٩٩١	الجامع الصحيح٢، أو، صحيح مسلم	الإمام مسلم، مسلم بن الحجاج–٢٦١هـ/٨٧٥م	٨٣٨
١٤٩٩٢	الجامع الصحيح٢، أو، صحيح مسلم	الإمام مسلم، مسلم بن الحجاج–٢٦١هـ/٨٧٥م	٧٢٣
١٤٩٩٣	المنهاج في شرح صحيح مسلم بن الحجاج، أو، شرح صحيح مسلم	النووي، يحيى بن شرف–٦٧٦هـ/١٢٧٧م	٨٥٦
١٤٩٩٤ت	السنن، أو، سنن أبي داوود	أبو داوود، سليمان بن الأشعث–٢٧٥هـ/٨٨٩م	–
١٤٩٩٤ت١	السنن، أو، سنن أبي داوود	أبو داوود، سليمان بن الأشعث–٢٧٥هـ/٨٨٩م	–
١٤٩٩٤ت٢	السنن، أو، سنن أبي داوود	أبو داوود، سليمان بن الأشعث–٢٧٥هـ/٨٨٩م	–

رقم الحفظ	عنوان الكتاب	اسم المؤلف	تاريخ النسخ هـ
١٤٩٩٤ت٣	السنن، أو، سنن أبي داوود	أبو داوود، سليمان بن الأشعث–٢٧٥هـ/٨٨٩م	–
١٤٩٩٤ت٤	السنن، أو، سنن أبي داوود	أبو داوود، سليمان بن الأشعث–٢٧٥هـ/٨٨٩م	–
١٤٩٩٤ت٥	السنن، أو، سنن أبي داوود	أبو داوود، سليمان بن الأشعث–٢٧٥هـ/٨٨٩م	–
١٤٩٩٤ت٦	السنن، أو، سنن أبي داوود	أبو داوود، سليمان بن الأشعث–٢٧٥هـ/٨٨٩م	–
١٤٩٩٤ت٧	السنن، أو، سنن أبي داوود	أبو داوود، سليمان بن الأشعث–٢٧٥هـ/٨٨٩م	–
١٤٩٩٤ت٨	السنن، أو، سنن أبي داوود	أبو داوود، سليمان بن الأشعث–٢٧٥هـ/٨٨٩م	–
١٤٩٩٤ت٩	السنن، أو، سنن أبي داوود	أبو داوود، سليمان بن الأشعث–٢٧٥هـ/٨٨٩م	–
١٤٩٩٤ت١٠	السنن، أو، سنن أبي داوود	أبو داوود، سليمان بن الأشعث–٢٧٥هـ/٨٨٩م	–
١٤٩٩٤ت١١	السنن، أو، سنن أبي داوود	أبو داوود، سليمان بن الأشعث–٢٧٥هـ/٨٨٩م	–
١٤٩٩٤ت١٢	السنن، أو، سنن أبي داوود	أبو داوود، سليمان بن الأشعث–٢٧٥هـ/٨٨٩م	–
١٤٩٩٤ت١٣	السنن، أو، سنن أبي داوود	أبو داوود، سليمان بن الأشعث–٢٧٥هـ/٨٨٩م	–
١٤٩٩٤ت١٤	السنن، أو، سنن أبي داوود	أبو داوود، سليمان بن الأشعث–٢٧٥هـ/٨٨٩م	–
١٤٩٩٤ت١٥	السنن، أو، سنن أبي داوود	أبو داوود، سليمان بن الأشعث–٢٧٥هـ/٨٨٩م	–
١٤٩٩٥	مرقاة المفاتيح لمشكاة المصابيح، أو، شرح مشكاة المصابيح	الملا علي القاري، علي بن (سلطان) محمد–١٠١٤هـ/١٦٠٦م	١٠٨٨

رقم الحفظ	عنوان الكتاب	اسم المؤلف	تاريخ النسخ هـ
١٤٩٩٦	مرقاة المفاتيح لمشكاة المصابيح، أو، شرح مشكاة المصابيح	الملا علي القاري، علي بن (سلطان) محمد–١٠١٤هـ/١٦٠٦م	–
١٤٩٩٧	الإشراف على معرفة الأطراف	ابن عساكر، علي بن الحسن–٥٧١هـ/١١٧٦م	–
١٤٩٩٨	نصب الراية في تخريج أحاديث الهداية	الزيلعي، عبد الله بن يوسف–٧٦٢هـ/١٣٦٠م	٨٠٠–٩٠٠
١٤٩٩٩	نصب الراية في تخريج أحاديث الهداية	الزيلعي، عبد الله بن يوسف–٧٦٢هـ/١٣٦٠م	٨٠٠–٩٠٠
١٥٠٠٠	نصب الراية في تخريج أحاديث الهداية	الزيلعي، عبد الله بن يوسف–٧٦٢هـ/١٣٦٠م	٨٠٠–٩٠٠
١٥٠٠١	نصب الراية في تخريج أحاديث الهداية	الزيلعي، عبد الله بن يوسف–٧٦٢هـ/١٣٦٠م	٨٠٨
١٥٠٠٢	نصب الراية في تخريج أحاديث الهداية	الزيلعي، عبد الله بن يوسف–٧٦٢هـ/١٣٦٠م	٨٠٠–٩٠٠
١٥٠٠٣	فتح الباقي بشرح ألفية العراقي، أو، شرح ألفية العراقي	زكريا الأنصاري، زكريا بن محمد–٩٢٦هـ/١٥٢٠م	١٠٠٠–١١٠٠
١٥٠٠٤	اليواقيت والدرر شرح نزهة النظر في توضيح نخبة الفكر في مصطلح أهل الأثر لابن حجر العسقلاني	المناوي، محمد عبد الرؤوف بن تاج العارفين–١٠٣١هـ/١٦٢٢م	١١١٦
١٥٠٠٥	الكفاية في معرفة أصول علم الرواية	الخطيب البغدادي، أحمد بن علي–٤٦٣هـ/١٠٧٢م	–
١٥٠٠٦	حاشية على المنظومة البيقونية، أو، شرح البيقونية	جاد المولى، محمد بن معدان–١٢٢٨هـ/١٨١٣م	١٣٠٢
١٥٠٠٧	المختصر في علم الأثر	ابن الوزير، محمد بن إبراهيم–٨٤٠هـ/١٤٣٦م	–
١٥٠٠٨	أقصى الأمل والسول في علوم أحاديث الرسول	الخويي، محمد بن أحمد–٦٩٣هـ/١٢٩٤م	٧٣٠

رقم الحفظ	عنوان الكتاب	اسم المؤلف	تاريخ النسخ هـ
١٥٠٠٩	ألفية العراقي، أو، التبصرة والتذكرة في علوم الحديث	الحافظ العراقي، عبد الرحيم بن الحسين–٨٠٦هـ/١٤٠٤م	–
١٥٠١٠	حاشية على شرح نخبة الفكر في مصطلح أهل الأثر لابن حجر العسقلاني	ابن حيدر، إبراهيم بن حيدر–١١٥١هـ/١٧٣٨م	–
١٥٠١١	حاشية على شرح نخبة الفكر في مصطلح أهل الأثر لابن حجر العسقلاني، أو، حاشية على نزهة النظر في توضيح نخبة الفكر	ابن قطلوبغا، قاسم بن قطلوبغا–٨٧٩هـ/١٤٧٤م	١٠٧٣
١٥٠١٢	نزهة النظر في توضيح نخبة الفكر في مصطلح أهل الأثر، أو، شرح نخبة الفكر	ابن حجر العسقلاني، أحمد بن علي–٨٥٢هـ/١٤٤٩م	–
١٥٠١٣	ألفية العراقي، أو، التبصرة والتذكرة في علوم الحديث	الحافظ العراقي، عبد الرحيم بن الحسين–٨٠٦هـ/١٤٠٤م	–
١٥٠١٤	الأربعون حديثًا النووية	النووي، يحيى بن شرف–٦٧٦هـ/١٢٧٧م	–
١٥٠١٥ت	رسالة في تحقيق المؤنث السماعي	ابن كمال باشا، أحمد بن سليمان–٩٤٠هـ/١٥٣٤م	–
١٥٠١٥ت١	الأسرار المرفوعة في الأخبار الموضوعة، أو، الموضوعات	الملا علي القاري، علي بن (سلطان) محمد–١٠١٤هـ/١٦٠٦م	–
١٥٠١٦ت	أربعون حديثًا	ابن زريق، محمد بن أبي بكر–٩٠٠هـ/١٤٩٥م	٩١٢
١٥٠١٦ت١	رسالة في التجويد	–	–
١٥٠١٦ت٢	دعاء	–	–
١٥٠١٧	الكاشف في معرفة من له ذكر في الكتب الستة	الذهبي، محمد بن أحمد–٧٤٨هـ/١٣٤٨م	٧٥٦
١٥٠١٨	صفة الصفوة، أو، صفوة الصفوة	ابن الجوزي، عبد الرحمن بن علي–٥٩٧هـ/١٢٠١م	–

رقم الحفظ	عنوان الكتاب	اسم المؤلف	تاريخ النسخ هـ
١٥٠١٩	صفة الصفوة، أو، صفوة الصفوة	ابن الجوزي، عبد الرحمن بن علي–٥٩٧هـ/١٢٠١م	٦٨١
١٥٠٢٠	صفة الصفوة، أو، صفوة الصفوة	ابن الجوزي، عبد الرحمن بن علي–٥٩٧هـ/١٢٠١م	–
١٥٠٢١	صفة الصفوة، أو، صفوة الصفوة	ابن الجوزي، عبد الرحمن بن علي–٥٩٧هـ/١٢٠١م	–
١٥٠٢٢	إنباء الغمر بأنباء العمر	ابن حجر العسقلاني، أحمد بن علي–٨٥٢هـ/١٤٤٩م	–
١٥٠٢٣	إنباء الغمر بأنباء العمر	ابن حجر العسقلاني، أحمد بن علي–٨٥٢هـ/١٤٤٩م	–
١٥٠٢٤	الاستيعاب في معرفة الأصحاب	ابن عبد البر، يوسف بن عبد الله–٤٦٣هـ/١٠٧١م	–
١٥٠٢٥	الاستيعاب في معرفة الأصحاب	ابن عبد البر، يوسف بن عبد الله–٤٦٣هـ/١٠٧١م	–
١٥٠٢٦	الاستيعاب في معرفة الأصحاب	ابن عبد البر، يوسف بن عبد الله–٤٦٣هـ/١٠٧١م	٥٢٣
١٥٠٢٧	الاستيعاب في معرفة الأصحاب	ابن عبد البر، يوسف بن عبد الله–٤٦٣هـ/١٠٧١م	٥٢٣
١٥٠٢٨	الاستيعاب في معرفة الأصحاب	ابن عبد البر، يوسف بن عبد الله–٤٦٣هـ/١٠٧١م	٥٢٣
١٥٠٢٩	تقييد المهمل وتمييز المشكل في رجال الصحيحين	الجياني، الحسين بن محمد–٤٩٨هـ/١١٠٥م	٥٤٨
١٥٠٣٠	تهذيب الأسماء واللغات	النووي، يحيى بن شرف–٦٧٦هـ/١٢٧٧م	١١٢١
١٥٠٣١	تهذيب الأسماء واللغات	النووي، يحيى بن شرف–٦٧٦هـ/١٢٧٧م	١١٢٢
١٥٠٣٢ت	تهذيب الأسماء واللغات	النووي، يحيى بن شرف–٦٧٦هـ/١٢٧٧م	–

رقم الحفظ	عنوان الكتاب	اسم المؤلف	تاريخ النسخ هـ
١٥٠٣٢ت١	رسالة في الصرف	ابن الحاجب، عثمان بن عمر–٦٤٦هـ/١٢٤٩م	–
١٥٠٣٢ت٢	رسالة في اللغة	الأسعد بن مماتي، أسعد بن مهذب–٦٠٦هـ/١٢٠٩م	–
١٥٠٣٣	الإصابة في تمييز الصحابة	ابن حجر العسقلاني، أحمد بن علي–٨٥٢هـ/١٤٤٩م	–
١٥٠٣٤	الإصابة في تمييز الصحابة	ابن حجر العسقلاني، أحمد بن علي–٨٥٢هـ/١٤٤٩م	١١٢٩
١٥٠٣٥ت	مختصر تهذيب الكمال في معرفة أسماء الثقات من الرجال للمزي	–	٧٧٨
١٥٠٣٥ت١	أعداد ماروى كل واحد من الصحابة من الاحاديث	–	–
١٥٠٣٥ت٢	عدة أحاديث الجامع الصحيح عن النبي صلى الله عليه وسلم مفصلا	الحموي	–
١٥٠٣٥ت٣	الضعفاءو المتروكين، أو، مختصر تهذيب الكمال للمزي	–	–
١٥٠٣٦	الرياض النضرة في فضائل العشرة	محب الدين الطبري، أحمد بن عبد الله–٦٩٤هـ/١٢٩٥م	–
١٥٠٣٧	معدن اليواقيت الملتمعة في مناقب الأئمة الأربعة، أو، خلاصة الأئمة الأربعة	ابن حجر الهيتمي، أحمد بن محمد–٩٧٤هـ/١٥٦٧م	١٠٠٠
١٥٠٣٨	طبقات الشافعية الوسطى	تاج الدين السبكي، عبد الوهاب بن علي–٧٧١هـ/١٣٧٠م	٨٠٨
١٥٠٣٩	المعارف	ابن قتيبة، عبد الله بن مسلم–٢٧٦هـ/٨٨٩م	٥٨٧
١٥٠٤٠	بهجة المحافل وأجمل الوسائل بالتعريف برجال الشمائل	اللقاني، إبراهيم بن إبراهيم–١٠٤١هـ/١٦٣١م	١١٣٨

رقم الحفظ	عنوان الكتاب	اسم المؤلف	تاريخ النسخ هـ
١٥٠٤١	كشف النقاب عما روى الشيخان للأصحاب	صلاح الدين العلائي، خليل بن كيكلدي-٧٦١هـ/١٣٥٩م	-
١٥٠٤٢	بديعة البيان عن موت الأعيان على الزمان	ابن ناصر الدين، محمد بن عبد الله-٨٤٢هـ/١٤٣٨م	١٠٧٦
١٥٠٤٣	الخميس في أحوال أنفس نفيس	الديار بكري، حسين بن محمد-٩٦٦هـ/١٥٥٩م	١٠٩٤
١٥٠٤٤	إنسان العيون في سيرة الأمين والمأمون، أو، السيرة الحلبية	نور الدين الحلبي، علي بن إبراهيم-١٠٤٤هـ/١٦٣٥م	١١٢٣
١٥٠٤٥	إنسان العيون في سيرة الأمين والمأمون، أو، السيرة الحلبية	نور الدين الحلبي، علي بن إبراهيم-١٠٤٤هـ/١٦٣٥م	١١٢٣
١٥٠٤٦	لواقح الأنوار في طبقات الأخيار، أو، الطبقات الكبرى للشعراني	الشعراني، عبد الوهاب بن أحمد-٩٧٣هـ/١٥٦٥م	١٠٣٥
١٥٠٤٧	فتح المتعال في مدح النعال	المقري، أحمد بن محمد-١٠٤١هـ/١٦٣١م	-
١٥٠٤٨	الفتاوى	أبو السعود، محمد بن محمد-٩٨٢هـ/١٥٧٤م	-
١٥٠٤٩	الفتاوى البزازية، أو، الجامع الوجيز، أو، البزازية في الفتاوى	البزازي، محمد بن محمد-٨٢٧هـ/١٤٢٤م	١٠٣١
١٥٠٥٠ت	الفتاوى البزازية، أو، الجامع الوجيز، أو، البزازية في الفتاوى	البزازي، محمد بن محمد-٨٢٧هـ/١٤٢٤م	١٠٣٢
١٥٠٥٠ت١	طبقات الحنفية	-	١٠٣٢
١٥٠٥١	جامع المضمرات والمشكلات، أو، شرح مختصر القدوري	الصوفي، يوسف بن عمر-٨٣٢هـ/١٤٢٩م	١١٨٢
١٥٠٥٢	فصول الإحكام في أصول الأحكام	المرغيناني، عبد الرحيم بن أبي بكر-حي ٦٧٠هـ/١٢٧٢م	٨٥٥
١٥٠٥٣	جامع الفصولين	ابن قاضي سماونة، محمود بن اسرائيل-٨٢٣هـ/١٤٢٠م	٨٦٣

رقم الحفظ	عنوان الكتاب	اسم المؤلف	تاريخ النسخ هـ
١٥٠٥٤	جامع الفصولين	ابن قاضي سماونة، محمود بن إسرائيل–حي ٨٢٣هـ/١٤٢٠م	٩٧٢
١٥٠٥٥	الخلافيات، أو، منظومة الخلافيات	النسفي، عمر بن محمد–٥٣٧هـ/١١٤٢م	٧٨٦
١٥٠٥٥ت١	دعاء	–	–
١٥٠٥٦	مشتمل الأحكام في الفتاوى الحنفية	الرومي، يحيى بن عبد الله–٨٦٤هـ/١٤٦٠م	٨٩٢
١٥٠٥٧	جامع الفصولين	ابن قاضي سماونة، محمود بن اسرائيل–٨٢٣هـ/١٤٢٠م	–
١٥٠٥٨	حاوي مسائل الواقعات والمنية وماتركته في تدوينه من مسائل القنية، أو، الحاوي في الفتاوى	الزاهدي الغزميني، مختار بن محمود–٦٥٨هـ/١٢٦٠م	–
١٥٠٥٩	فتاوى قاضي خان	قاضي خان، حسن بن منصور–٥٩٢هـ/١١٩٦م	٩٤٠
١٥٠٦٠	الفتاوى الهندية، أو، الفتاوى العالمكيرية	–	١١٢٤
١٥٠٦١	الفتاوى الهندية، أو، الفتاوى العالمكيرية	–	١١٢٥
١٥٠٦٢	صرة الفتاوى	الساقزي، صادق بن محمد–١٠٩٩هـ/١٦٨٨م	١٠٩٥
١٥٠٦٣	خلاصة الفتاوى	طاهر البخاري، طاهر بن أحمد–٥٤٢هـ/١١٤٧م	١٠٨٤
١٥٠٦٤	الفصول	الأسروشني، محمد بن محمود–٦٣٢هـ/١٢٣٤م	–
١٥٠٦٥	الفتاوى الأنكروية	محمد الأنكوري، محمد بن حسين–١٠٩٨هـ/١٦٨٧م	–
١٥٠٦٦	معين الحكام فيما يتردد بين الخصمين من الأحكام	الطرابلسي، علي بن خليل–٨٤٤هـ/١٤٤٠م	١١٥١

رقم الحفظ	عنوان الكتاب	اسم المؤلف	تاريخ النسخ هـ
١٥٠٦٧	إيضاح الإصلاح	ابن كمال باشا، أحمد بن سليمان–٩٤٠هـ/١٥٣٤م	–
١٥٠٦٨ت	صرة الفتاوى	الساقزي، صادق بن محمد–١٠٩٩هـ/١٦٨٨م	١١٠٤
١٥٠٦٨ت١	رسالة في الفرائض	–	١١٠٤
١٥٠٦٩	ترتيب الجامع الصغير، أو، جامع الصدر الشهيد	الصدر الشهيد، عمر بن عبد العزيز–٥٣٦هـ/١١٤١م	١١٧٩
١٥٠٧٠ت	أنفع الوسائل إلى تحرير المسائل، أو، الفتاوى الطرسوسية	الطرسوسي، إبراهيم بن علي–٧٥٨هـ/١٣٥٧م	١٠١٧
١٥٠٧٠ت١	استخلاف إمام الجمعة	ابن كمال باشا، أحمد بن سليمان–٩٤٠هـ/١٥٣٤م	–
١٥٠٧١	إجابة السائلين بفتوى المتأخرين، أو، فتاوى الحانوتي	الحانوتي، محمد بن عمر–١٠١٠هـ/١٦٠١م	١٠٩٤
١٥٠٧٢ت	ترتيب الفتاوى الزينية في فقه الحنفية	الخطيب التمرتاشي، محمد بن عبد الله–١٠٠٤هـ/١٥٩٦م	–
١٥٠٧٢ت١	هدية ابن العماد لعباد العباد	العمادي، عبد الرحمن بن محمد–١٠٥١هـ/١٦٤١م	–
١٥٠٧٣	فتاوى التمرتاشية وغيرها من الفتاوى الشريفة	التمرتاشي، أحمد بن إسماعيل–حي ٦١٠هـ/١٢١٤م	١١٧٨
١٥٠٧٤	الفتاوى الخيرية لنفع البرية	الرملي، خير الدين بن أحمد–١٠٨١هـ/١٦٧١م	–
١٥٠٧٥	معين المفتي على جواب المستفتي	الخطيب التمرتاشي، محمد بن عبد الله–١٠٠٤هـ/١٥٩٦م	١٠٧٩
١٥٠٧٦	واقعات المفتين	قدري أفندي، عبد القادر بن يوسف–١٠٨٣هـ/١٦٧٢م	١١٠٧
١٥٠٧٧	النتف في الفتاوى	السغدي، علي بن الحسين–٤٦١هـ/١٠٦٨م	١٠٠٠–١١٠٠

رقم الحفظ	عنوان الكتاب	اسم المؤلف	تاريخ النسخ هـ
١٥٠٧٨	الفتاوى المؤيدية	مؤيد زاده، عبد الرحمن بن علي-٩٢٢هـ/١٥١٦م	١٠٣١
١٥٠٧٩	خلاصة النهاية في فوائد الهداية	القونوي، محمود بن أحمد-٧٧٧هـ/١٣٧٥م	٨٥٧
١٥٠٨٠ت	خلاصة الفتاوى	طاهر البخاري، طاهر بن أحمد-٥٤٢هـ/١١٤٧م	٩٨٧
١٥٠٨٠ت١	الفجر المنير في الصلاة على البشير النذير	المالكي، عمر بن محمد	–
١٥٠٨١	حصر المسائل وقصر الدلائل، أو، مختلف الرواية	العلاء الأسمندي، محمد بن عبد الحميد-٥٥٢هـ/١١٥٧م	٧١٢
١٥٠٨٢ت	الحيل	الخصاف، أحمد بن عمر-٢٦١هـ/٨٧٥م	١١٠٠
١٥٠٨٢ت١	الصادح والباغم	ابن الهبارية، محمد بن محمد-٥٠٩هـ/١١١٥م	–
١٥٠٨٣	كتاب في الفقه الحنفي	–	١١٩٠
١٥٠٨٤	شرح مجمع البحرين وملتقى النهرين لابن الساعاتي	ابن ملك، عبد اللطيف بن عبد العزيز-٨٠١هـ/١٣٩٨م	١٨٠٠-١٩٠٠
١٥٠٨٥	شرح مجمع البحرين وملتقى النهرين لابن الساعاتي	ابن ملك، عبد اللطيف بن عبد العزيز-٨٠١هـ/١٣٩٨م	٨٤٩
١٥٠٨٦	تبيين الحقائق شرح كنز الدقائق للنسفي	الزيلعي، عثمان بن علي-٧٤٣هـ/١٣٤٣م	١٠٩١
١٥٠٨٧	تبيين الحقائق شرح كنز الدقائق، أو، شرح كنز الدقائق	الزيلعي، عثمان بن علي-٧٤٣هـ/١٣٤٣م	١١٠٠-١٢٠٠
١٥٠٨٨	الفوائد السمية في شرح الفوائد السنية	الكواكبي، محمد بن حسن-١٠٩٦هـ/١٦٨٥م	–
١٥٠٨٩	غنية ذوي الأحكام في بغية درر الأحكام، أو، حاشية على درر الحكام	الشرنبلالي، حسن بن عمار-١٠٦٩هـ/١٦٥٩م	١١٠٠-١٢٠٠

رقم الحفظ	عنوان الكتاب	اسم المؤلف	تاريخ النسخ هـ
١٥٠٩٠	غنية ذوي الأحكام في بغية درر الأحكام، أو، حاشية على درر الحكام	الشرنبلالي، حسن بن عمار–١٠٦٩هـ/١٦٥٩م	١١٠٦
١٥٠٩١	درر الحكام في شرح غرر الأحكام	ملا خسرو، محمد بن فرامرز–٨٨٥هـ/١٤٨٠م	٩٥٣
١٥٠٩٢ت	درر الحكام في شرح غرر الأحكام	ملا خسرو، محمد بن فرامرز–٨٨٥هـ/١٤٨٠م	–
١٥٠٩٢ت١	غنية ذوي الأحكام في بغية درر الحكّام، أو، حاشية على درر الحكام	الشرنبلالي، حسن بن عمار–١٠٦٩هـ/١٦٥٩م	–
١٥٠٩٣	درر الحكام في شرح غرر الأحكام	ملا خسرو، محمد بن فرامرز–٨٨٥هـ/١٤٨٠م	٩٦٩
١٥٠٩٤	درر الحكام في شرح غرر الأحكام	ملا خسرو، محمد بن فرامرز–٨٨٥هـ/١٤٨٠م	–
١٥٠٩٥	درر الحكام في شرح غرر الأحكام	ملا خسرو، محمد بن فرامرز–٨٨٥هـ/١٤٨٠م	٩٩٠
١٥٠٩٦	درر الحكام في شرح غرر الأحكام	ملا خسرو، محمد بن فرامرز–٨٨٥هـ/١٤٨٠م	٨٨٣
١٥٠٩٧	جامع الرموز في شرح النقاية مختصر الوقاية لصدر الشريعة	القهستاني، محمد بن حسام الدين–حي ٩٥٣هـ/١٥٤٦م	١٠٨٣
١٥٠٩٨	جامع الرموز في شرح النقاية مختصر الوقاية لصدر الشريعة	القهستاني، محمد بن حسام الدين–حي ٩٥٣هـ/١٥٤٦م	٩٤١
١٥٠٩٩	الضياء المعنوي على مقدمة الغزنوي	ابن الضياء، محمد بن أحمد–٨٥٤هـ/١٤٥٠م	١٠٤٣
١٥١٠٠	الضياء المعنوي على مقدمة الغزنوي	ابن الضياء، محمد بن أحمد–٨٥٤هـ/١٤٥٠م	٨٥٥
١٥١٠١	الأشباه والنظائر	ابن نجيم، زين الدين بن إبراهيم–٩٧٠هـ/١٥٦٣م	١١٣٠

رقم الحفظ	عنوان الكتاب	اسم المؤلف	تاريخ النسخ هـ
١٥١٠٢ت	غمز عيون البصائر على محاسن الأشباه والنظائر	الحمدي، أحمد بن محمد- ١٠٩٨هـ/١٦٨٧م	١١٤٦
١٥١٠٢ت١	الأشباه والنظائر	ابن نجيم، زين الدين بن إبراهيم-٩٧٠هـ/١٥٦٣م	١١٤٦
١٥١٠٣	غمز عيون البصائر على محاسن الأشباه والنظائر	الحموي، أحمد بن محمد مكي-١٠٩٨هـ/١٦٨٧م	١١٠٣
١٥١٠٤	غمز عون البصائر على محاسن الأشباه والنظائر لابن نجيم	الحموي، أحمد بن محمد مكي-١٠٩٨هـ/١٦٨٧م	١١٠٣
١٥١٠٥ت	الأشباه و النظائر		١٠٠١
١٥١٠٥ت١	مناقب الإمام أبي حنيفة النعمان	-	١١٠٠-١٢٠٠
١٥١٠٦	تنوير الأذهان والضمائر في شرح الأشباه والنظائر لابن نجيم	مصلح الدين الرومي، مصطفى بن خير الدين- ١٠٢٥هـ/١٦١٦م	٩٠٠-١٠٠٠
١٥١٠٧	الدر المختار شرح في تنوير الأبصار	علاء الدين الحصكفي، محمد بن علي-١٠٨٨هـ/١٦٧٧م	١٢٣٣
١٥١٠٨	الدر المختار شرح تنوير الأبصار	علاء الدين الحصكفي، محمد بن علي-١٠٨٨هـ/١٦٧٧م	١٢٣٣
١٥١٠٩	الدر المختار شرح تنوير الأبصار	علاء الدين الحصكفي، محمد بن علي-١٠٨٨هـ/١٦٧٧م	١٢٣٦
١٥١١٠	الدر المختار شرح تنوير الأبصار، أو، شرح تنوير الأبصار	علاء الدين الحصكفي، محمد بن علي-١٠٨٨هـ/١٦٧٧م	١٢٣٦
١٥١١١	منح الغفار شرح تنوير الأبصار وجامع البحار	الخطيب التمرتاشي، محمد بن عبد الله-١٠٠٤هـ/١٥٩٦م	١١١٣
١٥١١٢	منح الغفار شرح تنوير الأبصار وجامع البحار	الخطيب التمرتاشي، محمد بن عبد الله-١٠٠٤هـ/١٥٩٦م	١١١٤
١٥١١٣	منح الغفار شرح تنوير الأبصار وجامع البحار	الخطيب التمرتاشي، محمد بن عبد الله-١٠٠٤هـ/١٥٩٦م	١١١٤

رقم الحفظ	عنوان الكتاب	اسم المؤلف	تاريخ النسخ هـ
١٥١١٤	منح الغفار شرح تنوير الأبصار وجامع البحار، أو، شرح تنوير الأبصار	الخطيب التمرتاشي، محمد بن عبد الله–١٠٠٤هـ/١٥٩٦م	١١١٥
١٥١١٥	تبصير الأنوار وجامع الأسرار في شرح تنوير الأبصار وجامع البحار	المصنف، محمد بن أبي بكر–١٠٨٨هـ/١٦٧٧م	١١٠٠–١٢٠٠
١٥١١٦	حاشية على الدر المختار شرح تنوير الأبصار	الطهطاوي، أحمد بن محمد–١٢٣١هـ/١٨١٦م	١٢٤٧
١٥١١٧	حاشية على الدر المختار شرح تنوير الأبصار	الطهطاوي، أحمد بن محمد–١٢٣١هـ/١٨١٦م	١٢٤٨
١٥١١٨	حاشية على الدر المختار شرح تنوير الأبصار	الطهطاوي، أحمد بن محمد–١٢٣١هـ/١٨١٦م	١٢٤٨
١٥١١٩	حاشية على الدر المختار، أو، شرح تنوير الأبصار	الطهطاوي، أحمد بن محمد–١٢٣١هـ/١٨١٦م	١٢٤٩
١٥١٢٠	إمداد الفتاح شرح نور الإيضاح ونجاة الأرواح	الشرنبلالي، حسن بن عمار–١٠٦٩هـ/١٦٥٩م	١١٥١
١٥١٢١	إمداد الفتاح شرح نور الإيضاح ونجاة الأرواح، أو، مراقي الفلاح بإمداد الفتاح شرح نور الايضاح ونجاة الأرواح	الشرنبلالي، حسن بن عمار–١٠٦٩هـ/١٦٥٩م	١١٨٣
١٥١٢٢	فتح القدير للعاجز الفقير، أو، شرح الهداية للمرغيناني	ابن الهمام، محمد بن عبد الواحد–٨٦١هـ/١٤٥٧م	٩٤١
١٥١٢٣	فتح القدير للعاجز الفقير	ابن الهمام، محمد بن عبد الواحد–٨٦١هـ/١٤٥٧م	٩٤١
١٥١٢٤	غاية البيان نادرة الزمان في آخر الأوان، أو، شرح الهداية للمرغيناني	أمير كاتب، أمير كاتب بن أمير عمر–٧٥٨هـ/١٣٥٧م	٩٩٣

رقم الحفظ	عنوان الكتاب	اسم المؤلف	تاريخ النسخ هـ
١٥١٢٥	غاية البيان نادرة الزمان في آخر الأوان، أو، شرح الهداية للمرغيناني	أمير كاتب، أمير كاتب بن أمير عمر–٧٥٨هـ/١٣٥٧م	٩٩٣
١٥١٢٦	غاية البيان نادرة الزمان في آخر الأوان، أو، شرح الهداية للمرغيناني	أمير كاتب، أمير كاتب بن أمير عمر–٧٥٨هـ/١٣٥٧م	٩٩٢
١٥١٢٧	تفصيل عقد الفوائد بتكميل قيد الشرائد، أو، شرح المنظومة الوهبانية	ابن الشحنة، عبد البر بن محمد–٩٢١هـ/١٥١٥م	٨٩٥
١٥١٢٨	فرائد ملتقى الأبحر، أو، شرح ملتقى الأبحر	السيواسي، إسماعيل بن سنان–١٠٤٨هـ/١٦٣٨م	١١٢٢
١٥١٢٩	فرائد ملتقى الأبحر، أو، شرح ملتقى الأبحر	السيواسي، إسماعيل بن سنان–١٠٤٨هـ/١٦٣٨م	١١٢٠
١٥١٣٠	الأنوار لأعمال الأبرار	الأردبيلي، يوسف بن إبراهيم–٧٩٩هـ/١٣٩٧م	١٠٩٥
١٥١٣١	العناية في شرح الهداية	البابرتي، محمد بن محمد–٧٨٦هـ/١٣٨٤م	–
١٥١٣٢	العناية في شرح الهداية	البابرتي، محمد بن محمد–٧٨٦هـ/١٣٨٤م	٩٨٠
١٥١٣٣	شرح وقاية الرواية في مسائل الهداية	ابن ملك، عبد اللطيف بن عبد العزيز–٨٠١هـ/١٣٩٨م	٨٧٤
١٥١٣٤	الهداية، أو، شرح بداية المبتدي	المرغيناني، علي بن أبي بكر–٥٩٣هـ/١١٩٧م	٧٩٤
١٥١٣٥	حاشية على شرح المواضع المغلقة من وقاية الرواية، أو، حاشية على شرح وقاية الرواية في مسائل الهداية	–	–
١٥١٣٦	شرح المواضع المغلقة من وقاية الرواية، أو، شرح وقاية الرواية في مسائل الهداية	صدر الشريعة الأصغر، عبيد الله بن مسعود–٧٤٧هـ/١٣٤٦م	–

رقم الحفظ	عنوان الكتاب	اسم المؤلف	تاريخ النسخ هـ
١٥١٣٧	شرح المواضع المغلقة من وقاية الرواية، أو، شرح وقاية الرواية في مسائل الهداية	صدر الشريعة الأصغر، عبيد الله بن مسعود–٧٤٧هـ/١٣٤٦م	٨٦١
١٥١٣٨	شرح المواضع المغلقة من وقاية الرواية، أو، شرح وقاية الرواية في مسائل الهداية	صدر الشريعة الأصغر، عبيد الله بن مسعود–٧٤٧هـ/١٣٤٦م	١٠٩٨
١٥١٣٩	شرح المواضع المغلقة من وقاية الرواية، أو، شرح وقاية الرواية في مسائل الهداية	صدر الشريعة الأصغر، عبيد الله بن مسعود–٧٤٧هـ/١٣٤٦م	–
١٥١٤٠	شرح المواضع المغلقة من وقاية الرواية، أو، شرح وقاية الرواية في مسائل الهداية	صدر الشريعة الأصغر، عبيد الله بن مسعود–٧٤٧هـ/١٣٤٦م	١١٣٢
١٥١٤١	شرح المواضع المغلقة من وقاية الرواية، أو، شرح وقاية الرواية في مسائل الهداية	صدر الشريعة الأصغر، عبيد الله بن مسعود–٧٤٧هـ/١٣٤٦م	١٠٩٣
١٥١٤٢	حاشية على العناية شرح الهداية	سعدي جلبي، سعد الله بن عيسى–٩٤٥هـ/١٥٣٩م	–
١٥١٤٣	الهداية، أو، شرح بداية المبتدي	المرغيناني، علي بن أبي بكر–٥٩٣هـ/١١٩٧م	–
١٥١٤٤	رمز الحقائق في شرح كنز الدقائق	بدر الدين العيني، محمود بن أحمد–٨٥٥هـ/١٤٥١م	١٠٨٦
١٥١٤٥	شرح كنز الدقائق	ملا مسكين، محمد بن عبد الله–حي ٨١١هـ/١٤٠٨م	١٠٣٣
١٥١٤٦	شرح كنز الدقائق	ملا مسكين، محمد بن عبد الله–حي ٨١١هـ/١٤٠٨م	١٠٦١
١٥١٤٧	كنز الدقائق	النسفي، عبد الله بن أحمد–٧١٠هـ/١٣١٠م	٧٧٠
١٥١٤٨	كنز الدقائق	النسفي، عبد الله بن أحمد–٧١٠هـ/١٣١٠م	–

رقم الحفظ	عنوان الكتاب	اسم المؤلف	تاريخ النسخ هـ
١٥١٤٩	كنز الدقائق	النسفي، عبد الله بن أحمد-٧١٠هـ/١٣١٠م	٨٢٤
١٥١٥٠	مفاتيح الجنان ومصابيح الجنان، أو، شرح شرعة الاسلام إلى دار السلام لإمام زاده	البروسوي، يعقوب بن علي-٩٣١هـ/١٥٢٤م	١٠١٨
١٥١٥١	شرعة الإسلام	إمام زاده، محمد بن أبي بكر-٥٧٣هـ/١١٧٧م	١٠٨٨
١٥١٥٢	وقاية الرواية في مسائل الهداية	برهان الشريعة، محمود بن عبيد الله-٦٧٣هـ/١٢٧٤م	–
١٥١٥٣	شرح المواضع المغلقة من وقاية الرواية، أو، شرح وقاية الرواية في مسائل الهداية	صدر الشريعة الأصغر، عبيد الله بن مسعود-٧٤٧هـ/١٣٤٦م	–
١٥١٥٤ت	فهرس رسائل التحقيقات القدسية والنفحات الرحمانية الحسنية في مذهب السادة الحنفية (فهرس بأسماء بعض الرسائل في الفقه الحنفي)	الشرنبلالي، حسن بن عمار-١٠٦٩هـ/١٦٥٩م	١١٠٠-١٢٠٠
١٥١٥٤ت١	إسعاد آل عثمان المكرم ببناء بيت الله المحرم، أو، رسائل الشرنبلالي، أو، التحقيقات القدسية	الشرنبلالي، حسن بن عمار-١٠٦٩هـ/١٦٥٩م	١١٠٠-١٢٠٠
١٥١٥٤ت٢	إكرام أولي الألباب بلذيذ الخطاب، أو، رسائل الشرنبلالي، أو، التحقيقات القدسية	الشرنبلالي، حسن بن عمار-١٠٦٩هـ/١٦٥٩م	١١٠٠-١٢٠٠
١٥١٥٤ت٣	الزهر النضير على الحوض المستدير، أو، التحقيقات القدسية، أو، رسائل الشرنبلالي	الشرنبلالي، حسن بن عمار-١٠٦٩هـ/١٦٥٩م	١١٠٠-١٢٠٠
١٥١٥٤ت٤	الأحكام الملخصة في حكم ماء الحمصة، أو، رسائل الشرنبلالي، أو، التحقيقات القدسية والنفحات الرحمانية الحسينية	الشرنبلالي، حسن بن عمار-١٠٦٩هـ/١٦٥٩م	١١٠٠-١٢٠٠

رقم الحفظ	عنوان الكتاب	اسم المؤلف	تاريخ النسخ هـ
١٥١٥٤ت٥	العقد الفريد لبيان الراجح من الخلاف في جواز التقليد، أو، رسائل الشرنبلالي، أو، التحقيقات القدسية	الشرنبلالي، حسن بن عمار– ١٠٦٩هـ/١٦٥٩م	١١٠٠–١٢٠٠
١٥١٥٤ت٦	درر الكنوز فمن عمل بها بالسعادة يفوز، أو، التحقيقات القدسية، أو، رسائل الشرنبلالي	الشرنبلالي، حسن بن عمار– ١٠٦٩هـ/١٦٥٩م	١١٠٠–١٢٠٠
١٥١٥٤ت٧	المسائل البهية الزاكية على المسائل الاثنى عشرية، أو، التحقيقات القدسية، أو، رسائل الشرنبلالي	الشرنبلالي، حسن بن عمار– ١٠٦٩هـ/١٦٥٩م	١١٠٠–١٢٠٠
١٥١٥٤ت٨	جداول الزلال الجارية لترتيب الفوائت بكل احتمال، أو، التحقيقات القدسية، أو، رسائل الشرنبلالي	الشرنبلالي، حسن بن عمار– ١٠٦٩هـ/١٦٥٩	١١٠٠–١٢٠٠
١٥١٥٤ت٩	النظم المستطاب لحكم القراءة في صلاة الجنازة بأم الكتاب	الشرنبلالي، حسن بن عمار– ١٠٦٩هـ/١٦٥٩م	١١٠٠–١٢٠٠
١٥١٥٤ت١٠	إتحاف الأريب بجواز استنابة الخطيب، أو، رسائل الشرنبلالي، أو، التحقيقات القدسية والنفحات الرحمانية الحسنية في مذهب السادة الحنفية	الشرنبلالي، حسن بن عمار– ١٠٦٩هـ/١٦٥٩م	١١٠٠–١٢٠٠
١٥١٥٤ت١١	تحفة أعيان الفنا بصحة صلاة الجمعة والعيدين في الفنا، أو، رسائل الشرنبلالي، أو، التحقيقات القدسية	الشرنبلالي، حسن بن عمار– ١٠٦٩هـ/١٦٥٩م	١١٠٠–١٢٠٠
١٥١٥٤ت١٢	النفحة القدسية في أحكام قراءة القرآن وكتابته بالفارسية	الشرنبلالي، حسن بن عمار– ١٠٦٩هـ/١٦٥٩م	١١٠٠–١٢٠٠
١٥١٥٤ت١٣	تحفة التحرير وإسعاف الناذر الغني والفقير بالتخيير على الصحيح والتحرير	الشرنبلالي، حسن بن عمار– ١٠٦٩هـ/١٦٥٩م	١١٠٠–١٢٠٠

رقم الحفظ	عنوان الكتاب	اسم المؤلف	تاريخ النسخ هـ
١٥١٥٤ت١٤	بلوغ الأرب لذوي القرب، أو، التحقيقات القدسية، أو، رسائل الشرنبلالي	الشرنبلالي، حسن بن عمار- ١٠٦٩هـ/١٦٥٩م	١١٠٠-١٢٠٠
١٥١٥٤ت١٥	بديعة الهدى لما استيسر من الهدي، أو، رسائل الشرنبلالي، أو، التحقيقات القدسية	الشرنبلالي، حسن بن عمار- ١٠٦٩هـ/١٦٥٩م	١١٠٠-١٢٠٠
١٥١٥٤ت١٦	تجدد المسرات في القسم بين الزوجات، أو، رسائل الشرنبلالي، أو، التحقيقات القدسية	الشرنبلالي، حسن بن عمار- ١٠٦٩هـ/١٦٥٩م	١١٠٠-١٢٠٠
١٥١٥٤ت١٧	إرشاد الأعلام لرتبة الجدة وذوي الأرحام في تزويج الأيتام، أو، التحقيقات القدسية، أو، رسائل الشرنبلالي	الشرنبلالي، حسن بن عمار- ١٠٦٩هـ/١٦٥٩م	١١٠٠-١٢٠٠
١٥١٥٤ت١٨	كشف المفصل فيمن عضل، أو، التحقيقات القدسية	الشرنبلالي، حسن بن عمار- ١٠٦٩هـ/١٦٥٩م	١١٠٠-١٢٠٠
١٥١٥٤ت١٩	الدرة الفريدة بين الأعلام لتحقيق حكم ميراث من علق طلاقها بما قبل الموت بشهر وأيام، أو، رسائل الشرنبلالي، أو، التحقيقات القدسية	الشرنبلالي، حسن بن عمار- ١٠٦٩هـ/١٦٥٩م	١١٠٠-١٢٠٠
١٥١٥٤ت٢٠	كشف القناع الرفيع عن مسألة التبرع بما يستحق الرضيع، أو، التحقيقات القدسية	الشرنبلالي، حسن بن عمار- ١٠٦٩هـ/١٦٥٩م	١١٠٠-١٢٠٠
١٥١٥٤ت٢١	إيقاظ ذوي الدراية لوصف من كلف السعاية، أو، رسائل الشرنبلالي، أو، التحقيقات القدسية	الشرنبلالي، حسن بن عمار- ١٠٦٩هـ/١٦٥٩م	-
١٥١٥٤ت٢٢	إصابة الغرض الأهم في العتق المبهم، أو، رسائل الشرنبلالي، أو، التحقيقات القدسية	الشرنبلالي، حسن بن عمار- ١٠٦٩هـ/١٦٥٩م	-

رقم الحفظ	عنوان الكتاب	اسم المؤلف	تاريخ النسخ هـ
١٥١٥٤ت٢٣	أحسن الأقوال للتخلص عن محظور الفعال، أو، رسائل الشرنبلالي، أو، التحقيقات القدسية.	الشرنبلالي، حسن بن عمار– ١٠٦٩هـ/١٦٥٩م	١١٠٠–١٢٠٠
١٥١٥٤ت٢٤	إنفاذ الأوامر الإلهية بنصرة العساكر العثمانية وإنقاذ سكان الجزيرة العربية، أو، رسائل الشرنبلالي، أو، التحقيقات القدسية	الشرنبلالي، حسن بن عمار– ١٠٦٩هـ/١٦٥٩م	١١٠٠–١٢٠٠
١٥١٥٤ت٢٥	الدرة اليتيمة في الغنيمة، أو، رسائل الشرنبلالي، أو، التحقيقات القدسية	الشرنبلالي، حسن بن عمار– ١٠٦٩هـ/١٦٥٩م	١١٠٠–١٢٠٠
١٥١٥٤ت٢٦	قهر الملة الكفرية بالأدلة المحمدية لتخريب المحلة الجوانية، أو، رسائل الشرنبلالي، أو، التحقيقات القدسية	الشرنبلالي، حسن بن عمار– ١٠٦٩هـ/١٦٥٩م	١١٠٠–١٢٠٠
١٥١٥٤ت٢٧	الأثر المحمود لقهر ذوي العهود، أو، رسائل الشرنبلالي، أو، التحقيقات القدسية	الشرنبلالي، حسن بن عمار– ١٠٦٩هـ/١٦٥٩م	١١٠٠–١٢٠٠
١٥١٥٤ت٢٨	سعادة الماجد بعمارة المساجد ورغب طالب العلوم إذا غاب درسه في أخذه المعلوم، أو، رسائل الشرنبلالي، أو، التحقيقات القدسية	الشرنبلالي، حسن بن عمار– ١٠٦٩هـ/١٦٥٩م	١١٠٠–١٢٠٠
١٥١٥٤ت٢٩	تحقيق الأعلام الواقفين على مفاد عبارات الواقفين، أو، رسائل الشرنبلالي، أو، التحقيقات القدسية	الشرنبلالي، حسن بن عمار– ١٠٦٩هـ/١٦٥٩م	١١٠٠–١٢٠٠
١٥١٥٤ت٣٠	حسام الحكام المحقين لصد البغاة المعتدين عن أوقاف المسلمين، أو، رسائل الشرنبلالي، أو، التحقيقات القدسية	الشرنبلالي، حسن بن عمار– ١٠٦٩هـ/١٦٥٩م	–

رقم الحفظ	عنوان الكتاب	اسم المؤلف	تاريخ النسخ هـ
١٥١٥٤ت٣١	تحقيق السؤدد باشتراط الريع، أو، السكنى في الوقف للولد، أو، رسائل الشرنبلالي؛ التحقيقات القدسية	الشرنبلالي، حسن بن عمار- ١٠٦٩هـ/١٦٥٩م	-
١٥١٥٤ت٣٢	فتح باري الألطاف بجدول طبقات مستحقي الأوقاف، أو، التحقيقات القدسية، أو، رسائل الشرنبلالي	الشرنبلالي، حسن بن عمار- ١٠٦٩هـ/١٦٥٩م	١١٠٠-١٢٠٠
١٥١٥٤ت٣٣	الإبتسام بأحكام الإفحام ونشق نسيم الشام، أو، رسائل الشرنبلالي، أو، التحقيقات القدسية	الشرنبلالي، حسن بن عمار- ١٠٦٩هـ/١٦٥٩م	-
١٥١٥٤ت٣٤	بديعة مهمة متعلقة ببيان نقض القسمة، أو، التحقيقات القدسية، أو، رسائل الشرنبلالي	ابن غانم المقدسي، علي بن محمد-١٠٠٤هـ/١٥٩٦م	١١٤٣
١٥١٥٤ت٣٥	نفيس المتجر بشراء الدرر، أو، التحقيقات القدسية، أو، رسائل الشرنبلالي	الشرنبلالي، حسن بن عمار- ١٠٦٩هـ/١٦٥٩م	١١٠٠-١٢٠٠
١٥١٥٤ت٣٦	بسط المقالة في تحقيق تأجيل وتعليق الكفالة، أو، رسائل الشرنبلالي، أو، التحقيقات القدسية	الشرنبلالي، حسن بن عمار- ١٠٦٩هـ/١٦٥٩م	١١٠٠-١٢٠٠
١٥١٥٤ت٣٧	النعمة المجددة بكفيل الوالدة، أو، التحقيقات القدسية، أو، رسائل الشرنبلالي	الشرنبلالي، حسن بن عمار- ١٠٦٩هـ/١٦٥٩م	١١٠٠-١٢٠٠
١٥١٥٤ت٣٨	الإستفادة من كتاب الشهادة، أو، رسائل الشرنبلالي، أو، التحقيقات القدسية	الشرنبلالي، حسن بن عمار- ١٠٦٩هـ/١٦٥٩م	١١٠٠-١٢٠٠
١٥١٥٤ت٣٩	الدر الثمين في اليمين، أو، رسائل الشرنبلالي، أو، التحقيقات القدسية	الشرنبلالي، حسن بن عمار- ١٠٦٩هـ/١٦٥٩م	١١٠٠-١٢٠٠

رقم الحفظ	عنوان الكتاب	اسم المؤلف	تاريخ النسخ هـ
١٥١٥٤ت٤٠	الحكم المسند بترجيح بينة ذي اليد، أو، التحقيقات القدسية، أو، رسائل الشرنبلالي	الشرنبلالي، حسن بن عمار– ١٠٦٩هـ/١٦٥٩م	١١٠٠–١٢٠٠
١٥١٥٤ت٤١	تنقيح الأحكام في حكم الإبراء والإقرار الخاص والعام، أو، رسائل الشرنبلالي، أو، التحقيقات القدسية	الشرنبلالي، حسن بن عمار– ١٠٦٩هـ/١٦٥٩م	١١٠٠–١٢٠٠
١٥١٥٤ت٤٢	إيضاح الخفيات لتعارض بينة النفي والإثبات، أو، رسائل الشرنبلالي، أو، التحقيقات القدسية	الشرنبلالي، حسن بن عمار– ١٠٦٩هـ/١٦٥٩م	١١٠٠–١٢٠٠
١٥١٥٤ت٤٣	واضح المحجة للعدول عن خلل الحجة، أو، التحقيقات القدسية، أو، رسائل الشرنبلالي	الشرنبلالي، حسن بن عمار– ١٠٦٩هـ/١٦٥٩م	١١٠٠–١٢٠٠
١٥١٥٤ت٤٥	منة الجليل في قبول قول الوكيل، أو، التحقيقات القدسية، أو، رسائل الشرنبلالي	الشرنبلالي، حسن بن عمار– ١٠٦٩هـ/١٦٥٩م	١١٠٠–١٢٠٠
١٥١٥٤ت٤٦	قبول قول الوكيل، أو، التحقيقات القدسية، أو، رسائل الشرنبلالي	الشرنبلالي، حسن بن عمار– ١٠٦٩هـ/١٦٥٩م	١١٠٠–١٢٠٠
١٥١٥٤ت٤٧	الدرة الثمينة في حمل السفينة، أو، التحقيقات القدسية، أو، رسائل الشرنبلالي	الشرنبلالي، حسن بن عمار– ١٠٦٩هـ/١٦٥٩	١١٠٠–١٢٠٠
١٥١٥٤ت٤٨	مفيدة الحسنى لدفع ظن الخلو بالسكنى، أو، التحقيقات القدسية، أو، رسائل الشرنبلالي	الشرنبلالي، حسن بن عمار– ١٠٦٩هـ/١٦٥٩م	١١٠٠–١٢٠٠
١٥١٥٤ت٤٩	نزهة أعيان الحزب بالنظر لمسائل الشرب، أو، التحقيقات القدسية، أو، رسائل الشرنبلالي	الشرنبلالي، حسن بن عمار– ١٠٦٩هـ/١٦٥٩م	١٣٠٠–١٤٠٠

رقم الحفظ	عنوان الكتاب	اسم المؤلف	تاريخ النسخ هـ
١٥١٥٤ت٥٠	سعادة أهل الإسلام بالمصافحة عقب الصلاة والسلام، أو، التحقيقات القدسية، أو، رسائل الشرنبلالي	الشرنبلالي، حسن بن عمار- ١٠٦٩هـ/١٦٥٩م	١٣٠٠-١٤٠٠
١٥١٥٤ت٥١	حفظ الأصغرين عن اعتقاد من زعم أن الحرام لايتعدى لذمتين، أو، التحقيقات القدسية، أو، رسائل الشرنبلالي	الشرنبلالي، حسن بن عمار- ١٠٦٩هـ/١٦٥٩م	١١٠٠-١٢٠٠
١٥١٥٤ت٥٢	تحفة الأكمل والهمام المصدر في بيان جواز لبس الأحمر، أو، رسائل الشرنبلالي، أو، التحقيقات القدسية	الشرنبلالي، حسن بن عمار- ١٠٦٩هـ/١٦٥٩م	١١٠٠-١٢٠٠
١٥١٥٤ت٥٣	غاية المطلب في الرهن إذا ذهب، أو، رسائل الشرنبلالي، أو، التحقيقات القدسية	الشرنبلالي، حسن بن عمار- ١٠٦٩هـ/١٦٥٩م	١١٠٠-١٢٠٠
١٥١٥٤ت٥٤	نظر الحاذق النحرير في فكاك الرهن والرجوع على المستعير، أو، التحقيقات القدسية، أو، رسائل الشرنبلالي	الشرنبلالي، حسن بن عمار- ١٠٦٩هـ/١٦٥٩م	١١٠٠-١٢٠٠
١٥١٥٤ت٥٥	إتحاف ذوي الإتقان بحكم الرهان، أو، رسائل الشرنبلالي، أو، التحقيقات القدسية	الشرنبلالي، حسن بن عمار- ١٠٦٩هـ/١٦٥٩م	١١٠٠-١٢٠٠
١٥١٥٤ت٥٦	الإقناع في الراهن والمرتهن إذا اختلفا في رد الرهن ولم يذكر الضياع، أو، رسائل الشرنبلالي، أو، التحقيقات القدسية	الشرنبلالي، حسن بن عمار- ١٠٦٩هـ/١٦٥٩م	-
١٥١٥٤ت٥٧	رقم البيان في دية المفصل والبنان، أو، التحقيقات القدسية، أو، رسائل الشرنبلالي	الشرنبلالي، حسن بن عمار- ١٠٦٩هـ/١٦٥٩م	١١٠٠-١٢٠٠

رقم الحفظ	عنوان الكتاب	اسم المؤلف	تاريخ النسخ هـ
١٥١٥٤ت٥٨	النص المقبول لرد الإفتاء المعلول بدية المقتول، أو، رسائل الشرنبلالي	الشرنبلالي، حسن بن عمار-١٠٦٩هـ/١٦٥٩م	١١٠٠-١٢٠٠
١٥١٥٤ت٥٩	الفوز في المآل بالوصية بما جمع من المال، أو، التحقيقات القدسية، أو، رسائل الشرنبلالي	الشرنبلالي، حسن بن عمار-١٠٦٩هـ/١٦٥٩م	١١٠٠-١٢٠٠
١٥١٥٤ت٦٠	نتيجة المفاوضة لبيان شرط المفاوضة، أو، التحقيقات القدسية، أو، رسائل الشرنبلالي	الشرنبلالي، حسن بن عمار-١٠٦٩هـ/١٦٥٩م	١١٠٠-١٢٠٠
١٥١٥٥	حلية المجلي وبغية المهتدي في شرح منية المصلي وغنية المبتدي	ابن أمير حاج، محمد بن محمد-٨٧٩هـ/١٤٧٤م	٨٧٣
١٥١٥٦	حلية المجلي وبغية المهتدي في شرح منية المصلي وغنية المبتدي	ابن أمير حاج، محمد بن محمد-٨٧٩هـ/١٤٧٤م	٨٨٠
١٥١٥٧	غنية المتملي في شرح منية المصلي	إبراهيم الحلبي، إبراهيم بن محمد-٩٥٦هـ/١٥٤٩م	١٠٦٢
١٥١٥٨	منية المصلي وغنية المبتدي	الكاشغري، محمد بن محمد-٧٠٥هـ/١٣٠٥م	–
١٥١٥٩ت	منية المصلي وغنية المبتدي	الكاشغري، محمد بن محمد-٧٠٥هـ/١٣٠٥م	–
١٥١٥٩ت١	شرح قصيدة يقول العبد، أو، شرح بدء الأمالي	–	–
١٥١٥٩ت٢	مقطعات شعرية	–	–
١٥١٦٠	مختصر غنية المتملي في شرح منية المصلي، أو، مختصر شرح منية المصلي	إبراهيم الحلبي، إبراهيم بن محمد-٩٥٦هـ/١٥٤٩م	–
١٥١٦١	مختصر غنية المتملي في شرح منية المصلي، أو، مختصر شرح منية المصلي	إبراهيم الحلبي، إبراهيم بن محمد-٩٥٦هـ/١٥٤٩م	١١١٨

رقم الحفظ	عنوان الكتاب	اسم المؤلف	تاريخ النسخ هـ
١٥١٦٢	مختصر غنية المتملي في شرح منية المصلي، أو، مختصر شرح منية المصلي	إبراهيم الحلبي، إبراهيم بن محمد–٩٥٦هـ/١٥٤٩م	١١٣٣
١٥١٦٣	منية المصلي وغنية المبتدي	الكاشغري، محمد بن محمد–٧٠٥هـ/١٣٠٥م	–
١٥١٦٤	منية المصلي وغنية المبتدي	الكاشغري، محمد بن محمد–٧٠٥هـ/١٣٠٥م	١١٣٧
١٥١٦٥	مختصر غنية المتملي في شرح منية المصلي، أو، مختصر شرح منية المصلي	إبراهيم الحلبي، إبراهيم بن محمد–٩٥٦هـ/١٥٤٩م	–
١٥١٦٦ت	منية المصلي وغنية المبتدي	الكاشغري، محمد بن محمد–٧٠٥هـ/١٣٠٥	١٠٦٧
١٥١٦٦ت١	كتاب فصول عشر	–	–
١٥١٦٦ت٢	شروط الصلاة، أو، خلاصة الكيداني	ابن كمال باشا، أحمد بن سليمان–٩٤٠هـ/١٥٣٤م	–
١٥١٦٧	الهداية، أو، شرح بداية المبتدي	المرغيناني، علي بن أبي بكر–٥٩٣هـ/١١٩٧م	٨٨٠
١٥١٦٨	الهداية، أو، شرح بداية المبتدي	المرغيناني، علي بن أبي بكر–٥٩٣هـ/١١٩٧م	١٠٥٣
١٥١٦٩	الاختيار لتعليل المختار	أبو الفضل الموصلي، عبد الله بن محمود–٦٨٣هـ/١٢٨٤م	١٠٨٢
١٥١٧٠	المختار للفتاوى	أبو الفضل الموصلي، عبد الله بن محمود–٦٨٣هـ/١٢٨٤م	٩٤٤
١٥١٧١	المختار للفتاوى	أبو الفضل الموصلي، عبد الله بن محمود–٦٨٣هـ/١٢٨٤م	١٠٨٢
١٥١٧٢	المختار للفتاوى	أبو الفضل الموصلي، عبد الله بن محمود–٦٨٣هـ/١٢٨٤م	–
١٥١٧٣	المختار للفتاوى	أبو الفضل الموصلي، عبد الله بن محمود–٦٨٣هـ/١٢٨٤م	١٠٣٨

رقم الحفظ	عنوان الكتاب	اسم المؤلف	تاريخ النسخ هـ
١٥١٧٤	المختار للفتاوى	أبو الفضل الموصلي، عبد الله بن محمود–٦٨٣هـ/١٢٨٤م	–
١٥١٧٥	الدر المنتقى في شرح الملتقى، أو، زاد أهل التقى في شرح الملتقى، أو، سكب الأنهر على ملتقى الأبحر	علاء الدين الحصكفي، محمد بن علي–١٠٨٨هـ/١٦٧٧م	١٢٢٦
١٥١٧٦	غوامض البحار، أو، غواص البحار، أو، شرح ملتقى الأبحر لإبراهيم الحلبي	الرومي، درويش محمد بن أحمد–حي ١٠٦٥هـ/١٦٥٥م	–
١٥١٧٧ت	العطا في شرح ملتقى الأبحر	الخصالي، عبد الرحمن بن أيوب–١٠٨٧هـ/١٦٧٦م	١١٥٠
١٥١٧٧ت١	وصية أبي حنيفة لأبي يوسف	أبو حنيفة، النعمان بن ثابت–١٥٠هـ/٧٦٧م	–
١٥١٧٧ت٢	الأشباه والنظائر	ابن نجيم، زين الدين بن إبراهيم–٩٧٠هـ/١٥٦٣	–
١٥١٧٧ت٣	محك المتصوفين والمنتسبين إلى سلوك طريق الحق الذي كان عليه السلف	البركلي، محمد بن بير علي–٩٨١هـ/١٥٧٣م	–
١٥١٧٨	ملتقى الأبحر	إبراهيم الحلبي، إبراهيم بن محمد–٩٥٦هـ/١٥٤٩م	١١٥٧
١٥١٧٩	ملتقى الأبحر	إبراهيم الحلبي، إبراهيم بن محمد–٩٥٦هـ/١٥٤٩م	–
١٥١٨٠	ملتقى الأبحر	إبراهيم الحلبي، إبراهيم بن محمد–٩٥٦هـ/١٥٤٩م	١١١٩
١٥١٨١	ملتقى الأبحر	إبراهيم الحلبي، إبراهيم بن محمد–٩٥٦هـ/١٥٤٩م	–
١٥١٨٢ت	ملتقى الأبحر	إبراهيم الحلبي، إبراهيم بن محمد–٩٥٦هـ/١٥٤٩م	١١١٧
١٥١٨٢ت١	رسالة في الفرائض	–	١١١٧

رقم الحفظ	عنوان الكتاب	اسم المؤلف	تاريخ النسخ هـ
١٥١٨٣	ملتقى الأبحر	إبراهيم الحلبي، إبراهيم بن محمد–٩٥٦هـ/١٥٤٩م	١٠٥٥
١٥١٨٤	مختصر القدوري، أو، القدوري	القدوري، أحمد بن محمد–٤٢٨هـ/١٠٣٧م	٨٢٨
١٥١٨٥	مختصر القدوري	القدوري، أحمد بن محمد–٤٢٨هـ/١٠٣٧م	١١٠٠–١٢٠٠
١٥١٨٦	مختصر القدوري، أو، القدوري	القدوري، أحمد بن محمد–٤٢٨هـ/١٠٣٧م	١٠٠٧
١٥١٨٧	مختصر القدوري، أو، القدوري	القدوري، أحمد بن محمد–٤٢٨هـ/١٠٣٧م	١٠٢٢
١٥١٨٨ت	مختصر القدوري، أو، القدوري	القدوري، أحمد بن محمد–٤٢٨هـ/١٠٣٧م	–
١٥١٨٨ت١	شرح تحفة الأحباب في علم الحساب لسبط المارديني	الفيومي، سلام بن عبد القادر	–
١٥١٨٩	مقدمة أبي الليث السمرقندي، أو، المقدمة في الصلاة	أبو الليث السمرقندي، نصر بن محمد–٣٧٣هـ/٩٨٣م	١١٢٦
١٥١٩٠ت	شرح مقدمة أبي الليث السمرقندي	–	١٣٠٦
١٥١٩٠ت١	مقدمة أبي الليث السمرقندي، أو، المقدمة في الصلاة	أبو الليث السمرقندي، نصر بن محمد–٣٧٣هـ/٩٨٣م	١١٣٦
١٥١٩٠ت٢	رسالة في الصلاة	–	١١٣٦
١٥١٩١	التقدمة في شرح المقدمة	الكنجاني، جبريل بن حسن–٧٥٢هـ/١٣٥١م	–
١٥١٩٢	مقدمة أبي الليث السمرقندي، أو، المقدمة في الصلاة	أبو الليث السمرقندي، نصر بن محمد–٣٧٣هـ/٩٨٣م	–
١٥١٩٣	مراقي الفلاح بإمداد الفتاح في شرح نور الإيضاح ونجاة الأرواح	الشرنبلالي، حسن بن عمار–١٠٦٩هـ/١٦٥٩م	١١٧٤

رقم الحفظ	عنوان الكتاب	اسم المؤلف	تاريخ النسخ هـ
١٥١٩٤	نور الإيضاح ونجاة الأرواح	الشرنبلالي، حسن بن عمار– ١٠٦٩هـ/١٦٥٩م	١١٠٠–١٢٠٠
١٥١٩٥	مراقي الفلاح بإمداد الفتاح في شرح نور الإيضاح ونجاة الأرواح	الشرنبلالي، حسن بن عمار– ١٠٦٩هـ/١٦٥٩م	١١٣٦
١٥١٩٦	شرح التوضيح، أو، شرح مقدمة أبي الليث السمرقندي في الصلاة	السرماري، ذو النون بن أحمد–٦٧٧هـ/١٢٧٨م	٨٠٠–٩٠٠
١٥١٩٧	قطرات الغيث على مقدمة الفقيه أبي الليث	قاضي زاده، محمد بن محمد– ١٠٤٤هـ/١٦٣٤م	١١١٤
١٥١٩٨ت	مختصر في الاعتقادات والعبادات	* *	١١٢٩
١٥١٩٨ت١	رسالة في العقائد	–	–
١٥١٩٩	العقود اللؤلؤية شرح الرسالة البركوية، أو، شرح معدل الصلاة للبركوي	البانقوسي، عبد القادر بن صالح–١١٩٩هـ/١٧٨٥م	١١٩٤
١٥٢٠٠	زاد المتزوجين في ذخر المتأهلين للبركوي، أو، شرح ذخر المتأهلين للبركوي	–	١١٠٦
١٥٢٠١ت	صفوة المنقولات في شروح شروط الصلاة	البركلي، محمد بن بير علي– ٩٨١هـ/١٥٧٣م	١١٤٥
١٥٢٠١ت١	شرح الأمثلة المختلفة	سروري، مصطفى بن شعبان–٩٦٩هـ/١٥٦٢م	١١٢٦
١٥٢٠١ت٢	رسالة البيع، أو، رسالة في المعاملات لأجل الحفظ من الربا	الدارندلي، حمزة	–
١٥٢٠٢	مقدمة الغزنوي	الغزنوي، أحمد بن محمد– ٥٩٣هـ/١١٩٧م	–
١٥٢٠٣ت	دعاء ابن المقري، أو، أرجوزة في دماء الحج والعمرة	ابن المقري، إسماعيل بن أبي بكر–٨٣٧هـ/١٤٣٣م	–

رقم الحفظ	عنوان الكتاب	اسم المؤلف	تاريخ النسخ هـ
١٥٢٠٣ت١	رفع الأستار عن دماء الحج والأعتمار	النشيلي، أحمد ؟.	–
١٥٢٠٤	الأثر المحمود لقهر ذوي العهود، أو، رسائل الشرنبلالي، أو، التحقيقات القدسية	الشرنبلالي، حسن بن عمار–١٠٦٩هـ/١٦٥٩م	١٠٦٨
١٥٢٠٥ت	معدل الصلاة	البركلي، محمد بن بير علي ٩٨١هـ–١٥٧٣م	١١٥٦
١٥٢٠٥ت١	رسالة في اصطلاحات المحدثين	البخاري، محمد شريف	١١٦٩
١٥٢٠٥ت٢	الأربعون حديثًا النووية	النووي، يحيى بن شرف–٦٧٦هـ/١٢٧٧م	–
١٥٢٠٥ت٣	الأربعون حديثًا	–	–
١٥٢٠٥ت٤	أربعون حديثا من جوامع الكلم	الملا علي القاري، علي بن (سلطان) محمد–١٠١٤هـ/١٦٠٦م	–
١٥٢٠٥ت٥	المهمات الدينية والدنيوية، أو، وصايا الخادمي	الخادمي، محمد بن محمد–١١٧٦هـ/١٧٦٣م	١١٧٢
١٥٢٠٥ت٦	شرح تحفة شاهدي	–	١٠٨٧
١٥٢٠٥ت٧	مفاتيح الدرية في إثبات القوانين الدرية	خيرت، مصطفى بن أبي بكر–١٢٣٩هـ/١٨٢٤م	–
١٥٢٠٥ت٨	شرح منظومة تحفة شاهدي	عبد القادر البغدادي، عبد القادر بن عمر–١٠٩٣هـ/١٦٨٢م	–
١٥٢٠٥ت٩	رسالة في تفسير بعض آيات القرآن الكريم	–	–
١٥٢٠٥ت١٠	منك البداية وإليك النهاية	–	–
١٥٢٠٥ت١١	قصة نوح عليه السلام	–	–
١٥٢٠٥ت١٢	المفرحات على تفريح الذات	الناقد، إبراهيم بن محمد–حي ١١٢٩هـ/١٧١٧م	١٠٩٢

رقم الحفظ	عنوان الكتاب	اسم المؤلف	تاريخ النسخ هـ
١٥٢٠٥ت١٣	مواهب الكريم المنان في الكلام على ليلة النصف من شعبان	الغيطي، محمد بن أحمد–٩٨١هـ/١٥٧٣م	١١٠٠
١٥٢٠٦	مفتاح العبادة ووسيلة السعادة	ملا حسين، حسين بن اسكندر–حي ١٠٨٤هـ/١٦٧٣م	–
١٥٢٠٧ت	جامع المباني في شرح فقه الكيداني، أو، شرح مقدمة الصلاة للكيداني	القهستاني، محمد بن حسام الدين–حي ٩٥٣هـ/١٥٤٦م	١١٣٣
١٥٢٠٧ت١	السيف الصارم في عدم جواز وقف المنقول والدراهم	البركلي، محمد بن بير علي–٩٨١هـ/١٥٧٣م	١١٣٣
١٥٢٠٧ت٢	موقف العقول في وقف المنقول، أو، وقف النقود	أبو السعود، محمد بن محمد–٩٨٢هـ/١٥٧٤م	١١٣٣
١٥٢٠٧ت٣	ذخر المتأهلين والنساء في تعريف الأطهار والدماء	البركلي، محمد بن بير علي٩٨١هـ–١٥٧٣م	١١٣٣
١٥٢٠٧ت٤	الوصية	أبو حنيفة، النعمان بن ثابت–١٥٠هـ/٧٦٧م	١١٣٣
١٥٢٠٨	مجمع المهمات الدينية على مذهب السادة الحنفية	ملا حسين، حسين بن اسكندر–حي ١٠٨٤هـ/١٦٧٣م	–
١٥٢٠٩	منية المصلي وغنية المبتدي	الكاشغري، محمد بن محمد–٧٠٥هـ/١٣٠٥م	١١٦٤
١٥٢١٠	النقاية في علم الهداية	قاضي خان، حسن بن منصور–٥٩٢هـ/١١٩٦م	–
١٥٢١١	تنوير الأبصار وجامع البحار	الخطيب التمرتاشي، محمد بن عبد الله–١٠٠٤هـ/١٥٩٦م	١٠٨٨
١٥٢١٢	المستطاع من الزاد	العمادي، عبد الرحمن بن محمد–١٠٥١هـ/١٦٤١م	١١٠٠–١٢٠٠
١٥٢١٣	تحفة الأكمل والهمام المصدر في بيان جواز لبس الأحمر، أو، رسائل الشرنبلالي، أو، التحقيقات القدسية	الشرنبلالي، حسن بن عمار–١٠٦٩هـ/١٦٥٩م	–

رقم الحفظ	عنوان الكتاب	اسم المؤلف	تاريخ النسخ هـ
١٥٢١٤	مناسك الحج	الطرابلسي، صلاح الدين	١٠٤٦
١٥٢١٥	ملجأ القضاة عند تعارض البينات	غياث الدين البغدادي، غانم بن محمد–حي ١٠٢٧هـ/١٦١٨م	١١٠٠–١٢٠٠
١٥٢١٦ت	قرة العين في انتقال الحرام إلى ذمتين	السفطي، عيسى بن عيسى–١١٤٣هـ/١٧٣٠م	١١٢٤
١٥٢١٦ت١	وصايا وحكم	–	–
١٥٢١٧	شرح رسالة في ألفاظ الكفر لبدر الرشيد	الملا علي القاري، علي بن (سلطان) محمد–١٠١٤هـ/١٦٠٦م	١١٢٩
١٥٢١٨	مختصر في علم الفقه	–	١١٠٠–١٢٠٠
١٥٢١٩	الأنهار الأربعة في رد اعتراضات باصبرين في مرمى جمرة العقبة	الشكري، محمود بن إسماعيل	١١٠٠–١٢٠٠
١٥٢٢٠	منهاج الإبتهاج في مناسك الحج	القادري، طه بن زين الدين	–
١٥٢٢١	منظومة صفوة الزبدة	ابن رسلان، أحمد بن حسن	١١٠٠–١٢٠٠
١٥٢٢٢ت	مسألة متفرقة	–	١٠٠٤
١٥٢٢٢ت١	بيان الاعتقاد ومايكثر إليه احتياج العباد	العامري الحرضي، يحيى بن أبي بكر–٨٩٣هـ/١٤٨٨م	–
١٥٢٢٣	شرح الجامع الصغير للجامي	البخاري، عمر بن عبد العزيز–٩٠٣هـ/١٤٩٧م	١٠٩٤
١٥٢٢٤ت	تحفة الأولي الألباب وتسلية لكل مؤمن مصاب	الشراباتي، عبد الكريم بن أحمد–١١٧٨هـ/١٧٧٣م	١١٠٠–١٢٠٠
١٥٢٢٤ت١	الأبحاث الملخصة في حكم كي الحمصة	عبد الغني النابلسي، عبد الغني بن إسماعيل–١١٤٣هـ/١٧٣١م	١١٠٠–١٢٠٠
١٥٢٢٤ت٢	تلقيب الوزير عثمان باشا بكنية أبي الفتح	الطحلاوي، علي	١١٤٦
١٥٢٢٥	المنبع في شرح المجمع، أو، المرتقى في شرح المنتقى، أو، شرح مجمع البحرين	العينتابي، أحمد بن إبراهيم–٧٦٧هـ/١٣٦٦م	٨٦٢

رقم الحفظ	عنوان الكتاب	اسم المؤلف	تاريخ النسخ هـ
١٥٢٢٦	شرح الهداية	–	٨٢٨
١٥٢٢٧	الإختيار لتعليل المختار	أبو الفضل الموصلي، عبد الله بن محمود–٦٨٣هـ/١٢٨٤م	٧٠٠–٨٠٠
١٥٢٢٨	شرح كنز الدقائق	–	١٠٠٠–١١٠٠
١٥٢٢٩	فتاوى في الفقه الحنفي	–	١٢٠٠–١٣٠٠
١٥٢٣٠ت	مختصر القدوري، أو، قدوري	القدوري، أحمد بن محمد–٤٢٨هـ/١٠٣٧م	١٠٩٣
١٥٢٣٠ت١	رسالة في العقيدة	–	١٠٩٣
١٥٢٣١	كتاب في الفقه الحنفي	–	٨٠٤
١٥٢٣٢	حاشية على الفقه	–	–
١٥٢٣٣	تهذيب الأحكام في شرح المقنعة للشيخ المفيد	أبو جعفر الطوسي، محمد بن الحسن–٤٦٠هـ/١٠٦٧م	–
١٥٢٣٤	الجواهر	الخوارزمي، طاهر بن قاسم–حي ٧٧١هـ/١٣٧٠م	–
١٥٢٣٥	مختصر القدوري، أو، القدوري	القدوري، أحمد بن محمد–٤٢٨هـ/١٠٣٧م	١٠٨٦
١٥٢٣٦	شرح كتاب في الفقه الشافعي	–	–
١٥٢٣٧	الكفاية في نظم منثور كتاب الغاية	الموصلي، أحمد بن علي	٨٧٢
١٥٢٣٨	حاشية على شرح غاية الإختصار لابن قاسم الغزي	القليوبي، أحمد بن أحمد–١٠٦٩هـ/١٦٥٩م	١٠٩٣
١٥٢٣٩	حاشية على التحرير وشرحه	المدابغي، حسن بن علي–١١٧٠هـ/١٧٥٦م	١١٩٦
١٥٢٤٠	حاشية على التحرير وشرحه	المدابغي، حسن بن علي–١١٧٠هـ/١٧٥٦م	١١٩٦
١٥٢٤١	فتح القريب المجيب في شرح ألفاظ التقريب، أو، القول المختار في شرح غاية الاختصار	الغزي، محمد بن قاسم–٩١٨هـ/١٥١٢م	١٠٩٦

رقم الحفظ	عنوان الكتاب	اسم المؤلف	تاريخ النسخ هـ
١٥٢٤٢	إتحاف أهل الإسلام بخصوصيات الصيام	ابن حجر الهيتمي، أحمد بن محمد-٩٧٤هـ/١٥٦٧م	١١١٨
١٥٢٤٤ت	بديع المعاني في شرح عقيدة الشيباني، أو، شرح عقيدة الشيباني	ابن قاضي عجلون، محمد بن عبد الله-٨٧٦هـ/١٤٧٢م	١١٠٠-١٢٠٠
١٥٢٤٤ت١	مختصر أبي شجاع، أو، غاية الاختصار، أو، التقريب	الأصفهاني، أحمد بن الحسين-٥٩٣هـ/١١٩٧م	١١٤٥
١٥٢٤٥	مختصر أبي شجاع، أو، غاية الاختصار، أو، التقريب	الأصفهاني، أحمد بن الحسين-٥٩٣هـ/١١٠٤م	–
١٥٢٤٦	مختصر أبي شجاع، أو، غاية الإختصار، أو، التقريب	الأصفهاني، أحمد بن الحسين-٥٩٣هـ/١١٩٧م	١٢٨٩
١٥٢٤٧	الإقناع في حل ألفاظ أبي شجاع، أو، شرح غاية الإختصار	الخطيب الشربيني، محمد بن أحمد-٩٧٧هـ/١٥٧٢م	١١٣٠
١٥٢٤٨	كافي المحتاج إلى شرح المنهاج، أو، شرح منهاج النووي	الإسنوي، عبد الرحيم بن الحسن-٧٧٢هـ/١٣٧٠م	٧٩٧
١٥٢٤٩	رسالة ابن أبي زيد القيرواني	ابن أبي زيد، عبد الله بن عبد الرحمن-٣٨٦هـ/٩٩٦م	–
١٥٢٥٠	ضوء المعالي لبدء الأمالي، أو، شرح قصيدة يقول العبد، أو، شرح بدء الأمالي	الملا علي القاري، علي بن (سلطان) محمد-١٠١٤هـ/١٦٠٦م	١١٢٤
١٥٢٥١ت	ضوء المعالي لبدء الأمالي، أو، شرح قصيدة يقول العبد، أو، شرح بدء الأمالي	الملا علي القاري، علي بن (سلطان) محمد-١٠١٤هـ/١٦٠٦م	١١٥٧
١٥٢٥١ت١	نفيس الرياض لإعدام الإعراض في الكلام، أو، شرح بدء الأمالي	النجاري، خليل بن علي-٦٣٢هـ/١٢٣٥م	–
١٥٢٥١ت٢	بدء الأمالي، أو، قصيدة يقول العبد	الأوشي، علي بن عثمان-حي ٥٦٩هـ/١١٧٣م	–
١٥٢٥٢	الدر المتلالىء في شرح الأمالي	الجنفردي، محمد	–

رقم الحفظ	عنوان الكتاب	اسم المؤلف	تاريخ النسخ هـ
١٥٢٥٣ت	ضوء المعالي لبدء الأمالي، أو، شرح قصيدة يقول العبد، أو، شرح بدء الأمالي	الملا علي القاري، علي بن (سلطان) محمد–١٠١٤هـ/١٦٠٦م	١١٣٥
١٥٢٥٣ت١	شرح بدء الأمالي	–	١١٠٠–١٢٠٠
١٥٢٥٣ت٢	قصيدة في الحكم	–	١١٠٠–١٢٠٠
١٥٢٥٤	المطالب الوفية بشرح الفرائد السنية	عبد الغني النابلسي، عبد الغني بن إسماعيل–١١٤٣هـ/١٧٣١م	١٢١١
١٥٢٥٥	العقائد النسفية	النسفي، عمر بن محمد–٥٣٧هـ/١١٤٢م	١٠٠٠–١١٠٠
١٥٢٥٦	شرح السعد التفتازاني على العقائد النسفية	السعد التفتازاني، مسعود بن عمر–٧٩٣هـ/١٣٩٠م	١١٠٠–١٢٠٠
١٥٢٥٧	شرح السعد التفتازاني على العقائد النسفية	السعد التفتازاني، مسعود بن عمر–٧٩٣هـ/١٣٩٠م	٩٧٧
١٥٢٥٨	الخانقاهي، أو، حاشية على شرح العقائد العضدية للدواني	القرباغي، يوسف بن محمد خان–حي ١٠٣٠هـ/١٦٢١م	١٠٠٠–١١٠٠
١٥٢٥٩ت	شرح العقائد العضدية	الدواني، محمد بن أسعد–٩١٨هـ/١٥١٢م	١١٠٠–١٢٠٠
١٥٢٦٠ت	حاشية قرة كمال على شرح السعد التفتازاني على العقائد النسفية	قرة كمال، إسماعيل بن بالي ٩٢٠هـ/١٥١٤م	٩٧٢
١٥٢٦٠ت١	الفرائد	العصام الأسفراييني، إبراهيم بن محمد–٩٤٥هـ/١٥٣٨م	٩٧٢
١٥٢٦٠ت٢	رسالة في التجويد	–	٩٧٢
١٥٢٦٠ت٣	حاشية ابن خضر على حاشية الخيالي على شرح السعد التفتازاني على العقائد النسفية، أو، حاشية قول أحمدعلى حاشية الخيالي على شرح السعد على العقائد النسفية	ابن خضر، أحمد بن محمد–٧٨٥هـ/١٣٨٣م	٩٧٢

رقم الحفظ	عنوان الكتاب	اسم المؤلف	تاريخ النسخ هـ
١٥٢٦١ت	حاشية الطائي على شرح السعد التفتازاني على العقائد النسفية	الطائي، محيي الدين	٩٧٤
١٥٢٦١ت١	حاشية الجرجاني على شرح السعد التفتازاني على العقائد النسفية	الجرجاني، علي بن محمد– ٨١٦هـ/١٤١٣م	–
١٥٢٦١ت٢	حاشية الشاعري على شرح السعد التفتازاني على العقائد النسفية	الشاعري، أحمد	٩٨٠
١٥٢٦١ت٣	شرح السعد التفتازاني على العقائد النسفية	السعد التفتازاني، مسعود بن عمر–٧٩٣هـ/١٣٩٠م	٩٧٠
١٥٢٦١ت٤	رسالة في التوحيد	–	–
١٥٢٦١ت٥	حاشية ابن خضر على حاشيةالخيالي على شرح السعد التفتازاني على العقائد النسفية، أو، حاشية قول أحمد على حاشية الخيالي على شرح السعد التفتازاني على العقائد النسفية	ابن خضر، أحمد بن محمد– ٧٨٥هـ/١٣٨٣م	٩٧٤
١٥٢٦٢ت	شرح العقائد العضدية	الدواني، محمد بن أسعد– ٩١٨هـ/١٥١٢م	١٠٧٥
١٥٢٦٢ت١	شرح تهذيب المنطق والكلام للتفتازاني	الدواني، محمد بن أسعد– ٩١٨هـ/١٥١٢م	١٠٧٥
١٥٢٦٣	حاشية ابن أبي شريف على شرح السعد التفتازني على العقائد النسفية، أو، الفرائدفي حل شرح العقائد	ابن أبي شريف، محمد بن محمد–٩٠٦هـ/١٥٠١م	١١٥٤
١٥٢٦٤	حاشية قرة كمال على شرح السعد التفتازاني على العقائد النسفية	قره كمال، إسماعيل بن بالي– ٩٢٠هـ/١٥١٤م	–
١٥٢٦٥	حاشية قرة كمال على شرح السعد التفتازاني على العقائد النسفية	قره كمال، إسماعيل بن بالي– ٩٢٠هـ/١٥١٤م	٩٤٨

رقم الحفظ	عنوان الكتاب	اسم المؤلف	تاريخ النسخ هـ
١٥٢٦٦ت	حاشية على مطالع الأنظار شرح طوالع الأنوار للأصفهاني، أو، حاشية على شرح طوالع الأنوار للأصفهاني	ابن أفضل، حميد الدين بن أفضل الدين–٩٠٨هـ/١٥٠٢م	٨٨٢
١٥٢٦٦ت١	حاشية السيد الشريف على مطالع الأنظار شرح طوالع الأنوار للأصفهاني	الجرجاني، علي بن محمد–٨١٦هـ/١٤١٣م	–
١٥٢٦٦ت٢	حاشية على مطالع الأنظار شرح طوالع الأنوار للأصفهاني	عماد	–
١٥٢٦٧ت	شرح العقائد العضدية	الدواني، محمد بن أسعد–٩١٨هـ/١٥١٢م	–
١٥٢٦٧ت١	الزوراء، أو، رسالة في التشبيهات	الدواني، محمد بن أسعد–٩١٨هـ/١٥١٢م	–
١٥٢٦٧ت٢	حاشية على رسالة الزوراء، أو، الحوراء	الدواني، محمد بن أسعد–٩١٨هـ/١٥١٢م	–
١٥٢٦٧ت٣	حاشية على خطبة الزوراء للدواني	–	–
١٥٢٦٨	شرح العقائد العضدية	الدواني، محمد بن أسعد–٩١٨هـ/١٥١٢م	–
١٥٢٦٩	الاعتماد في الاعتقاد، أو، شرح عمدة العقائد	النسفي، عبد الله بن أحمد–٧١٠هـ/١٣١٠م	٨١٨
١٥٢٧٠	الفقه الأكبر	أبو حنيفة، النعمان بن ثابت–١٥٠هـ/٧٦٩م	١١٤١
١٥٢٧١ت	الفقه الأكبر	أبو حنيفة، النعمان بن ثابت–١٥٠هـ/٧٦٩م	١١١٩
١٥٢٧١ت١	اللطائف الأنسية على نظم العقيدة السنوسية	عبد الغني النابلسي، عبد الغني بن إسماعيل–١١٤٣هـ/١٧٣١م/تأليف	١١٤٥
١٥٢٧٢ت	الأربعون صحيفة من الأحاديث القدسية، أو، أربعون حديثًا قدسيًا	ابن عربي، محمد بن علي–٦٣٨هـ/١٢٤٠م	–

رقم الحفظ	عنوان الكتاب	اسم المؤلف	تاريخ النسخ هـ
١٥٢٧٢ت١	الإرشاد، أو، شرح الفقه الأكبر لأبي حنيفة، أو، مختصر الحكمة النبوية	–	–
١٥٢٧٣	شرح الفقه الأكبر	المغنيساوي، أحمد بن محمد–١٠٠٠هـ/١٥٩٢م	–
١٥٢٧٤	شرح الفقه الأكبر	المغنيساوي، أحمد بن محمد–١٠٠٠هـ/١٥٩٢م	–
١٥٢٧٥ت	شرح وصية الإمام الأعظم أبي حنيفة النعمان	البابرتي، محمد بن محمد–٧٨٦هـ/١٣٨٤م	١١١٠
١٥٢٧٥ت١	شرح الفقه الأكبر	المغنيساوي، أحمد بن محمد–١٠٠٠هـ/١٥٩٢م	١١١١
١٥٢٧٥ت٢	روضات الجنات في أصول الإعتقادات	الأقحصاري، حسن بن طورخان–١٠٢٥هـ/١٦١٦م	١١٠٠–١٢٠٠
١٥٢٧٥ت٣	رسالة باللغة التركية	المنقاري، يحيى بن عمر–١٠٨٨هـ/١٦٧٧م	١١٠٠–١٢٠٠
١٥٢٧٥ت٤	إيقاظ النائمين وافهام القاصرين	البركلي، محمد بن بير علي–٩٨١هـ/١٥٧٣م	١١١٣
١٥٢٧٥ت٥	شرح بدء الأمالي	النكساري، محمد شمس الدين، النكساري –٩٠١هـ/١٤٩٥م	١١٥٩
١٥٢٧٦	خلاصة العقيدة في شرح الدرة الفريدة	الكل زردي، أحمد بن محمود –ق١٣هـ/ق١٩م	١٢٧٩
١٥٢٧٧ت	رسالة في بيان الاعتقادات والأخلاق والأعمال على التربيب والإجمال	أوغلي، نجار	١١٠٠–١٢٠٠
١٥٢٧٧ت١	شرح الفقه الأكبر	المغنيساوي، أحمد بن محمد–١٠٠٠هـ/١٥٩٢م	–
١٥٢٧٧ت٢	أحوال القيامة	–	١١٠٠–١٢٠٠

رقم الحفظ	عنوان الكتاب	اسم المؤلف	تاريخ النسخ هـ
١٥٢٧٧ت٣	الفقه الأكبر	أبو حنيفة، النعمان بن ثابت–١٥٠هـ/٧٦٧م	١١٠٠–١٢٠٠
١٥٢٧٧ت٤	بدء الأمالي، أو، قصيدة يقول العبد	الأوشي، علي بن عثمان–حي ٥٦٩هـ/١١٧٣	١٠٩٧
١٥٢٧٧ت٥	الوصية	أبو حنيفة، النعمان بن ثابت–١٥٠هـ/٧٦٧م	١١٠٠–١٢٠٠
١٥٢٧٧ت٦	رسالة في الفقه	البركلي، محمد بن بيرعلي–٩٨١هـ/١٥٧٣م	–
١٥٢٧٨	مختصر شرح منظومة أحمد بن عبد الله الجزائري في الاعتقاد للسنوسي	قاسم الخاني، قاسم بن صلاح الدين–١١٠٩هـ/١٦٩٧م	١١٠٠–١٢٠٠
١٥٢٧٩ت	تحفة الإخوان في مسائل الإيمان	علوان، علي بن عطيه–٩٣٦هـ/١٥٣٠م	١١١٤
١٥٢٧٩ت١	بديع المعاني في شرح عقيدة الشيباني، أو، شرح عقيدة الشيباني	ابن قاضي عجلون، محمد بن عبد الله–٨٧٦هـ/١٤٧٢م	–
١٥٢٧٩ت٢	شرح الستين مسألة لأحمد الزاهد	الرملي، أحمد بن أحمد–٩٧١هـ/١٥٦٣م	١١٠٠–١٢٠٠
١٥٢٧٩ت٣	رسالة في الفقه	–	–
١٥٢٨٠	مختصر الصحايف في علم الكلام	صدر الشريعة الأصغر، عبيد الله بن مسعود–٧٤٧هـ/١٣٤٦م	١١٠٠–١٢٠٠
١٥٢٨١	المقصد الأقصى في أصول الدين	السليماني، معروف بن حسين	–
١٥٢٨٢	شرح الفقه الأكبر	المغنيساوي، أحمد بن محمد–١٠٠٠هـ/١٥٩٢م	–
١٥٢٨٣	إضاءة الدجنة في عقائد أهل السنة	المقري، أحمد بن محمد–١٠٤١هـ/١٦٣١م	١٠٠٠–١١٠٠
١٥٢٨٤	شرح نخبة الفوائد	الخضري، معروف بن عبد الله	١٢٧٨

رقم الحفظ	عنوان الكتاب	اسم المؤلف	تاريخ النسخ هـ
١٥٢٨٥	إثبات الواجب، أو، الرسالة القديمة	الدواني، محمد بن أسعد–٩١٨هـ/١٥١٢م	–
١٥٢٨٦	التثبيت عند التبييت، او، أرجوزة في فتنة المقبور	الجلال السيوطي، عبد الرحمن بن أبي بكر–٩١١هـ/١٥٠٥م	–
١٥٢٨٧	شرح أم البراهين، أو، شرح السنوسية	الهدهدي، محمد بن منصور–٨٩٥هـ/١٤٨٩م	١١٦٠
١٥٢٨٨	توكيد العقد فيما أخذ الله علينا من العهد، أو، حاشية على شرح أم البراهين للسنوسي	الشاوي، يحيى بن محمد–١٠٩٦هـ/١٦٨٥م	١٠٨٩
١٥٢٨٩	شرح أم البراهين، أو، شرح العقيدة السنوسية، أو، شرح العقيدة الصغرى	السنوسي، محمد بن يوسف–٨٩٥هـ/١٤٩٠م	–
١٥٢٩٠	الشرح الأصغر على أم البراهين	السنوسي، محمد بن يوسف –٨٩٥هـ/١٤٩٠م	١١٢٤
١٥٢٩١	شرح أم البراهين، أو، شرح السنوسية	الهدهدي، محمد بن منصور–٨٩٥هـ/١٤٨٩م	–
١٥٢٩٢	شرح أم البراهين، أو، شرح السنوسية	الهدهدي، محمد بن منصور–٨٩٥هـ/١٤٨٩م	١٢٦٠
١٥٢٩٣	شرح أم البراهين، أو، شرح السنوسية	الهدهدي، محمد بن منصور–٨٩٥هـ/١٤٨٩م	١١١٧
١٥٢٩٤	حاشية على شرح أم البراهين للهدهدي	الشرقاوي، عبد الله بن حجازي–١٢٢٧هـ/١٨١٢م	١٢١٧
١٥٢٩٥ت	بديع المعاني في شرح عقيدة الشيباني، أو، شرح عقيدة الشيباني	ابن قاضي عجلون، محمد بن عبد الله–٨٧٦هـ/١٤٧٢م	١٠٨٧
١٥٢٩٥ت١	رسالة في بيان الردة، أو، ألفاظ الكفر	قاسم الخاني، قاسم بن صلاح ١١٠٩هـ–١٦٩٧م	١٠٨٦
١٥٢٩٥ت٢	التحقيق في الرد على الزنديق	قاسم الخاني، قاسم بن صلاح الدين–١١٠٩هـ/١٦٩٧م	١٠٨٦

رقم الحفظ	عنوان الكتاب	اسم المؤلف	تاريخ النسخ هـ
١٥٢٩٥ت٣	رسالة في المنطق	قاسم الخاني، قاسم بن صلاح الدين–١١٠٩هـ/١٦٩٧م	–
١٥٢٩٥ت٤	شرح الرسالة الترشيحية، أو، شرح السمرقندية، أو، شرح رسالة الاستعارات	العصام الأسفراييني، إبراهيم بن محمد–٩٤٥هـ/١٥٣٨م	١١٠٦
١٥٢٩٥ت٥	تفريج الشدة في تسبيع البردة، أو، حل العقدة في تسبيع البردة	الباعوني، يوسف بن أحمد–٨٨٠هـ/١٤٧٥م	١٠٦٢
١٥٢٩٥ت٦	الأمثلة المختلفة	–	–
١٥٢٩٥ت٧	المنظومة الدمياطية	الدمياطي، محمد بن أحمد–٩٢١هـ/١٥١٥م	–
١٥٢٩٦	إتحاف المريد بجوهرة التوحيد، أو، شرح جوهرة التوحيد	اللقاني، عبد السلام بن إبراهيم–١٠٧٨هـ/١٦٦٨م	١١٢٤
١٥٢٩٧	شرح الجوهرة في علم التوحيد	الخانطوماني، محمد بن محمد–حي ١٢٥٤هـ/١٨٣٨م	١٣٠٣
١٥٢٩٨	عمدة المريد لجوهرة التوحيد، أو، شرح جوهرة التوحيد للقاني	اللقاني، إبراهيم بن إبراهيم–١٠٤١هـ/١٦٣١م	١٠٥٣
١٥٢٩٩	هداية المريد إلى جوهرة التوحيد، أو، شرح جوهرة التوحيد	اللقاني، إبراهيم بن إبراهيم–١٠٤١هـ/١٦٣١م	١١٣٧
١٥٣٠٠	هداية المريد إلى جوهرة التوحيد، أو، شرح جوهرة التوحيد	اللقاني، إبراهيم بن إبراهيم–١٠٤١هـ/١٦٣١م	–
١٥٣٠١ت	هداية المريد إلى جوهرة التوحيد، أو، شرح جوهرة التوحيد	اللقاني، إبراهيم بن إبراهيم–١٠٤١هـ/١٦٣١م	١٠٦٦
١٥٣٠١ت١	جوهرة التوحيد	اللقاني، إبراهيم بن إبراهيم–١٠٤١هـ/١٦٣١م	–
١٥٣٠٢	إتحاف المريد بجوهرة التوحيد، أو، شرح جوهرة التوحيد	اللقاني، عبد السلام بن إبراهيم–١٠٧٨هـ/١٦٦٨م	١١٦٠

رقم الحفظ	عنوان الكتاب	اسم المؤلف	تاريخ النسخ هـ
١٥٣٠٣	شرح طوالع الأنوار للبيضاوي	العبري، عبيد الله بن محمد-٧٤٣هـ/١٣٤٢م	٨٤٩
١٥٣٠٤	مطالع الأنظار في شرح طوالع الأنوار للبيضاوي	الأصبهاني، محمود بن عبد الرحمن-٧٤٩هـ/١٣٤٩م	١٢٠٠-١٣٠٠
١٥٣٠٥ت	حاشية على شرح مواقف الإيجي للجرجاني	–	٨٧٨
١٥٣٠٥ت١	تعليق على شرح مواقف الإيجي للجرجاني	–	–
١٥٣٠٦ت	حاشية على كتاب في التوحيد	–	–
١٥٣٠٦ت١	حاشية على شرح الرسالة الترشيحية للإسفراييني	–	–
١٥٣٠٦ت٢	حاشية على شرح العقائد العضدية للدواني	محمود بن حسن	–
١٥٣٠٦ت٣	حاشية قاضي زاده، أو، حاشية على إثبات الواجب	قاضي زاده الكرهرودي	١٠٠٠-١١٠٠
١٥٣٠٦ت٤	حاشية على شرح العقائد العضدية للدواني، أو، المحاكمات	الكردي، أحمد بن حيدر	١٠٨٠
١٥٣٠٦ت٥	الخانقاهي، أو، حاشية على شرح العقائد العضدية للدواني	القرباغي، يوسف بن محمد خان-حي ١٠٣٠هـ/١٦٢١م	١٠٨٠
١٥٣٠٧ت	بحر الكلام	النسفي، ميمون بن محمد-٥٠٨هـ/١١١٥م	–
١٥٣٠٧ت١	أحكام الجنائز	البولوني، إبراهيم بن يوسف	–
١٥٣٠٧ت٢	الأربعون حديثًا وشرحها	البركلي، محمد بن بير علي-٩٨١هـ/١٥٧٣م	–
١٥٣٠٧ت٣	رسالة باللغة التركية	–	–
١٥٣٠٨	آكام المرجان في أحكام الجان	الشبلي، محمد بن عبد الله-٧٦٩هـ/١٣٦٧م	–

رقم الحفظ	عنوان الكتاب	اسم المؤلف	تاريخ النسخ هـ
١٥٣٠٩	شرح مواقف الإيجي	الجرجاني، علي بن محمد–٨١٦هـ/١٤١٣م	–
١٥٣١٠	شرح مواقف الإيجي	الجرجاني، علي بن محمد–٨١٦هـ/١٤١٣م	٨٠٠–٩٠٠
١٥٣١١	مطالع الأنظار في شرح طوالع الأنوار للبيضاوي	الأصبهاني، محمود بن عبد الرحمن–٧٤٩هـ/١٣٤٩م	٨٨٠
١٥٣١٢ت	حاشية على شرح تجريد الكلام للقوشجي	الدواني، محمد بن أسعد–٩١٨هـ/١٥١٢م	١٠٨١
١٥٣١٢ت١	حاشية على شرح حكمة العين لمباركشاه	ميرزاجان، حبيب الله بن عبد الله–٩٩٤هـ/١٥٨٦م	١٠٨١
١٥٣١٢ت٢	حاشية على إثبات الواجب للدواني	البردعي، محمد بن محمد–٩٢٧هـ/١٥٢١م	١٠٨١
١٥٣١٣ت	حاشية الخيالي على شرح السعد التفتازاني على العقائد النسفية	الخيالي، أحمد بن موسى–٨٦٢هـ/١٤٥٨م	–
١٥٣١٣ت١	منح الروض الأزهر في شرح الفقه الأكبر	الملا علي القاري، علي بن (سلطان) محمد–١٠١٤هـ/١٦٠٦م	–
١٥٣١٤	حاشية قرة كمال على شرح السعد التفتازاني على العقائد النسفية	قره كمال، إسماعيل بن بالي–٩٢٠هـ/١٥١٤م	–
١٥٣١٥	حاشية على شرح العقائد العضدية للدواني، أو، المحاكمات	الكردي، أحمد بن حيدر	–
١٥٣١٦	حاشية رمضان بن محمد على شرح السعد التفتازاني على العقائد النسفية	رمضان بن محمد	٩٥٤
١٥٣١٧ت	شرح السعد التفتازاني على العقائد النسفية	السعد التفتازاني، مسعود بن عمر–٧٩٣هـ/١٣٩٠م	–
١٥٣١٧ت١	رسالة في مسألة خلق الأعمال	الدواني، محمد بن أسعد–٩١٨هـ/١٥١٢م	١١٨١

رقم الحفظ	عنوان الكتاب	اسم المؤلف	تاريخ النسخ هـ
١٥٣١٧ت٢	شرح الدائرة الهندية، أو، الرسالة الخلخالية	الخلخالي، حسين بن حسن–١٠١٤هـ/١٦٠٥م	١٠٧٥
١٥٣١٧ت٣	تهذيب المنطق والكلام	السعد التفتازاني، مسعود بن عمر–٧٩٣هـ/١٣٩٠م	١٠٧٥
١٥٣١٧ت٤	إثبات الواجب، أو، الرسالة القديمة	الدواني، محمد بن أسعد–٩١٨هـ/١٥١٢م	١٠٧٦
١٥٣١٧ت٥	حاشية على شرح إثبات الواجب	ميرزاجان، حبيب الله بن عبد الله–٩٩٤هـ/١٥٨٦م	–
١٥٣١٨	شرح مقاصد الطالبين	السعد التفتازاني، مسعود بن عمر–٧٩٣هـ/١٣٩٠م	٨٦٤
١٥٣١٩ت	العقائد العضدية	عضد الدين الإيجي، عبد الرحمن بن أحمد–٧٥٦هـ/١٣٥٥م	–
١٥٣١٩ت١	شرح العقائد العضدية	الدواني، محمد بن أسعد–٩١٨هـ/١٥١٢م	١١١٢
١٥٣١٩ت٢	حاشية على شرح العقائد العضدية للدواني	الخلخالي، حسين بن حسن–١٠١٤هـ/١٦٠٥م	–
١٥٣٢٠ت	شرح بدء الأمالي	افتخار، أبو الفضائل	١١٤٣
١٥٣٢٠ت١	نفيس الرياض لإعدام الإعراض في الكلام، أو، شرح بدء الأمالي	النجاري، خليل بن علي –٦٣٢هـ/١٢٣٥م	١١٤٣
١٥٣٢٠ت٢	شرح عقيدة الشيخ علوان الحموي	–	١١٤٣
١٥٣٢١ت	شرح السعد التفتازاني على العقائد النسفية	السعد التفتازاني، مسعود بن عمر–٧٩٣هـ/١٣٩٠م	١٢٢٦
١٥٣٢١ت١	حاشية الخيالي على شرح السعد التفتازاني على العقائد النسفية	الخيالي، أحمد بن موسى ٨٦٢هـ–١٤٥٨م	١٢٢٦
١٥٣٢٢ت	كتاب الجواهر	محمد أفندي، أبوالسعيد	–
١٥٣٢٢ت١	التعريفات	الجرجاني، علي بن محمد–٨١٦هـ/١٤١٣م	–

رقم الحفظ	عنوان الكتاب	اسم المؤلف	تاريخ النسخ هـ
١٥٣٢٣م	الصواعق المحرقة في الرد على أهل البدع والزندقة، أو، الصواعق المحرقة	ابن حجر الهيتمي، أحمد بن محمد–٩٧٤هـ/١٥٦٧م	١٠٦٧
١٥٣٢٤	الصواعق المرسلة على الجهمية والمعطلة	ابن قيم الجوزية، محمد بن أبي بكر–٧٥١هـ/١٣٥٠م	١١١٠
١٥٣٢٥	الأجوبة الفاخرة عن الأسئلة الفاجرة	القرافي، أحمد بن إدريس –٦٨٤هـ/١٢٨٥م	١٢٤٣
١٥٣٢٦م	مختصر تخحيل من حرف الإنجيل	أبو الفضل المالكي–حي ١٢٧٦هـ/١٨٥٩م	–
١٥٣٢٧	الترجمة العبقرية والصولة الحيدرية للتحفة الاثنا عشرية	الأسلمي، غلام محمد بن محيي الدين	١٣٠١
١٥٣٢٨ت	البيان في أصول الإيمان والكشف عن تمويهات أهل الطغيان	السمناني، محمد بن أحمد–٤٤٤هـ/١٠٥٢م	٦٨٣
١٥٣٢٨ت١	حزّ الغلاصم في إفحام المخاصم عند جريان النظر في أحكام القدر	ابن الحاج القناوي، شيث بن ابراهيم–٥٩٩هـ/١٢٠٣م	٦٨٣
١٥٣٢٨ت٢	تحرير التنزيه وتحرير التشبيه	ابن عطاء الله الإسكندري، أحمد بن محمد–٧٠٩هـ/١٣٠٩م	٦٨٣
١٥٣٢٩	اليواقيت والجواهر في بيان عقائد الأكابر	الشعراني، عبد الوهاب بن أحمد–٩٧٣هـ/١٥٦٥م	١٠٠٢
١٥٣٣٠	المنتقى من منهاج الإعتدال في نقض كلام أهل الرفض والإعتزال، أو، مختصر منهاج السنة	الذهبي، محمد بن أحمد–٧٤٨هـ/١٣٤٨م	٨٢٤
١٥٣٣١ت	أسماء الله الحسنى وشرحها	–	١٠٠٠–١١٠٠
١٥٣٣١ت١	القول المختصر في علامات المهدي المنتظر وفضائله وخصوصياته	ابن حجر الهيتمي، أحمد بن محمد–٩٧٤هـ/١٥٦٧م	١٠٨٠
١٥٣٣١ت٢	حاشية على شرح الرسالة العضدية لخواجة زاده	–	١٠٠٠–١١٠٠

رقم الحفظ	عنوان الكتاب	اسم المؤلف	تاريخ النسخ هـ
١٥٣٣١ت٣	مختصر في علم الحديث	–	١٠٠٠–١١٠٠
١٥٣٣١ت٤	شرح العقائد العضدية	الدواني، محمد بن أسعد–٩١٨هـ/١٥١٢م	١٠٧٥
١٥٣٣١ت٥	حاشية الخيالي على شرح السعد التفتازاني على العقائد النسفية	الخيالي، أحمد بن موسى–٨٦٢هـ/١٤٥٨م	١٠٧٣
١٥٣٣٢	إرشاد الطالب إلى منظومة الكواكب	الكواكبي، محمد بن حسن–١٠٩٦هـ/١٦٨٥م	١١٠٠–١٢٠٠
١٥٣٣٣	التلويح إلى كشف حقائق التنقيح	السعد التفتازاني، مسعود بن عمر–٧٩٣هـ/١٣٩٠م	١٠٨٣
١٥٣٣٤	باب المختصر في شرح المختصر من الأصول، أو، شرح مختصر منتهى السؤل والأمل في علمي الأصول والجدل لابن الحاجب	الأصبهاني، محمود بن عبد الرحمن–٧٤٩هـ/١٣٤٩م	٧٢٦
١٥٣٣٥	شرح مختصر منتهى السؤل والأمل في علمي الأصول والجدل لابن الحاجب، أو، شرح مختصر ابن الحاجب	عضد الدين الإيجي، عبد الرحمن بن أحمد–٧٥٦هـ/١٣٥٥م	٧٧٤
١٥٣٣٦	الأشباه والنظائر	الجلال السيوطي، عبد الرحمن بن أبي بكر–٩١١هـ/١٥٠٥م	–
١٥٣٣٧	بيان المختصر في شرح المختصر من الأصول، أو، شرح مختصر منتهى السؤال والأمل في علمي الأصول والجدل لابن الحاجب	الأصبهاني، محمود بن عبد الرحمن–٧٤٩هـ/١٣٤٩م	٧٣١
١٥٣٣٨	حاشية على شرح مختصر منتهى السول والأمل في علمي الأصول والجدل لابن الحاجب لعضد الدين الإيجي	السعد التفتازاني، مسعود بن عمر–٧٩٣هـ/١٣٩٠م	٨٨٧

رقم الحفظ	عنوان الكتاب	اسم المؤلف	تاريخ النسخ هـ
١٥٣٣٩	حاشية على شرح مختصر منتهى السول والأمل في علمي الأصول والجدل لابن الحاجب لعضد الدين الايجي	السعد التفتازاني، مسعود بن عمر–٧٩٣هـ/١٣٩٠م	–
١٥٣٤٠	كنز الوصول إلى معرفة الأصول، أو، أصول البزدوي	البزدوي، علي بن محمد–٤٨٢هـ/١٠٨٩م	–
١٥٣٤١	جامع الأسرار في شرح المنار	الكاكي، محمد بن محمد–٧٤٩هـ/١٣٤٨م	٧٩٠
١٥٣٤٢	الشافي أصول البزدوي	–	٧٤٣
١٥٣٤٣	التبيين، أو، شرح المنتخب مجمع النخب للاخسيكتي	أمير كاتب، أمير كاتب بن أمير عمر–٧٥٨هـ/١٣٥٧م	٧٨٥
١٥٣٤٤	أصول السرخسي، أو، بلوغ السول في علم الأصول	ابن سهل السرخسي، محمد بن أحمد–٤٨٣هـ/١٠٩٠م	٦٥٦
١٥٣٤٥	التلويح إلى كشف حقائق التنقيح	السعد التفتازاني، مسعود بن عمر–٧٩٣هـ/١٣٩٠م	٨٤٨
١٥٣٤٦	التلويح إلى كشف حقائق التنقيح	السعد التفتازاني، مسعود بن عمر–٧٩٣هـ/١٣٩٠م	١٠٦١
١٥٣٤٧	التلويح إلى كشف حقائق التنقيح	السعد التفتازاني، مسعود بن عمر–٧٩٣هـ/١٣٩٠م	١١٥٧
١٥٣٤٨	التوضيح في حل غوامض التنقيح، أو، شرح تنقيح الأصول	صدر الشريعة الأصغر، عبيد الله بن مسعود–٧٤٧هـ/١٣٤٦م	–
١٥٣٤٩	التوضيح في حل غوامض التنقيح، أو، شرح تنقيح الأصول	صدر الشريعة الأصغر، عبيد الله بن مسعود–٧٤٧هـ/١٣٤٦م	١١٣٧
١٥٣٥٠	شرح منار الأنوار للنسفي	ابن ملك، عبد اللطيف بن عبد العزيز–٨٠١هـ/١٣٩٨م	–
١٥٣٥١	إشارات المرام من عبارات الإمام	البياضي، أحمد بن حسن–١٠٩٨هـ/١٦٨٧م	١١٢٩

رقم الحفظ	عنوان الكتاب	اسم المؤلف	تاريخ النسخ هـ
١٥٣٥٢	مرآة الأصول في شرح مرقاة الوصول	ملا خسرو، محمد بن فرامرز–٨٨٥هـ/١٤٨٠م	٩٨٦
١٥٣٥٣	نتائج الأفكار على شرح منار الأنوار لابن ملك، أو، حاشية على شرح منار الأنوار	عزمي زاده، مصطفى بن محمد–١٠٤٠هـ/١٦٣٠م	–
١٥٣٥٤	شرح منار الأنوار للنسفي	ابن ملك، عبد اللطيف بن عبد العزيز–٨٠١هـ/١٣٩٨م	١٠٠٩
١٥٣٥٥	فصول البدائع في أصول الشرائع	الفناري، محمد بن حمزة–٨٣٤هـ/١٤٣١م	١١١٥
١٥٣٥٦	شرح منار الأنوار للنسفي	ابن ملك، عبد اللطيف بن عبد العزيز–٨٠١هـ/١٣٩٨م	١٠٢٠
١٥٣٥٧	شرح منار الأنوار للنسفي	ابن العيني، عبد الرحمن بن أبي بكر–٨٩٣هـ/١٤٨٨م	١٠٢٠
١٥٣٥٨	حاشية التلويح على التنقيح	ابن كمال باشا، أحمد بن سليمان–٩٤٠هـ/١٥٣٤م	–
١٥٣٥٩ت	المغني	الخبازي، عمر بن محمد–٦٩١هـ/١٢٩٢م	١١٨٦
١٥٣٥٩ت١	إفاضة الأنوار على أصول المنار، أو، شرح منار الأنوار للنسفي	علاء الدين الحصكفي، محمد بن علي–١٠٨٨هـ/١٦٧٧م	١١٨٦
١٥٣٦٠	تيسير الوصول في شرح لب الأصول، أو، مختصر غاية الوصول	زكريا الأنصاري، زكريا بن محمد–٩٢٦هـ/١٥٢٠م	١١٠٠–١٢٠٠
١٥٣٦١	التوضيح في حل غوامض التنقيح	صدر الشريعة الأصغر، عبيد الله بن مسعود–٧٤٧هـ/١٣٤٦م	–
١٥٣٦٢	تغيير التنقيح، أو، شرح تنقيح الأصول لصدر الشريعة	ابن كمال باشا، أحمد بن سليمان–٩٤٠هـ/١٥٣٤م	١٠٠٦
١٥٣٦٣ت	نتائج الأفكار على شرح منار الأنوار لابن ملك، أو، حاشية على شرح منار الأنوار	عزمي زاده، مصطفى بن محمد–١٠٤٠هـ/١٦٣٠م	١٠٩٩

رقم الحفظ	عنوان الكتاب	اسم المؤلف	تاريخ النسخ هـ
١٥٣٦٣ت١	إيساغوجي	أثير الدين الأبهري، المفضل بن عمر–٦٦٣هـ/١٢٦٤م	–
١٥٣٦٤	حلية الأبرار وشعار الأخيار في تلخيص الدعوات والأذكار، أو، الأذكار	النووي، يحيى بن شرف–٦٧٦هـ/١٢٧٧م	١٠٠٧
١٥٣٦٥	غنية لطالبي طريق الحق	عبد القادر الجيلاني، عبد القادر بن موسى–٥٦١هـ/١١٦٦م	–
١٥٣٦٦	عرائس المجالس	الثعلبي، أحمد بن محمد–٤٢٧هـ/١٠٣٥م	–
١٥٣٦٧	مطالع المسرات بجلاء دلائل الخيرات، أو، شرح دلائل الخيرات للجزولي	محمد المهدي، محمد المهدي بن أحمد–١١٠٩هـ/١٦٩٨م	–
١٥٣٦٨	بستان العارفين، أو، كتاب البستان	أبو الليث السمرقندي، نصر بن محمد–٣٧٣هـ/٩٨٣م	١٠٩٢
١٥٣٦٩	بستان العارفين، أو، كتاب البستان	أبو الليث السمرقندي، نصر بن محمد–٣٧٣هـ/٩٨٣م	–
١٥٣٧٠ت	تنزيه الأنبياء عما نسب إليهم حثالة الأغبياء ومجموع نكت ماخص به نبينا من الكرامات ليلة الإسراء	ابن خمير، علي بن أحمد	٦٤٦
١٥٣٧٠ت١	طبقات الفقهاء	الشيرازي، إبراهيم بن علي–٤٧٦هـ/١٠٨٣م	٦٤٦
١٥٣٧٠ت٢	مختصر من رسالة الاحتجاج للإمام الشافعي فيما أسند إليه والرد على الطاعنين بعظم جهلهم عليه	الخطيب البغدادي، أحمد بن علي–٤٦٣هـ/١٠٧٢م	١٠٠٠–١١٠٠
١٥٣٧٠ت٣	نصرة القولين للإمام الشافعي	الطبري، أبو العباس بن أحمد–٥٣٣هـ/٩٤٦م	–

رقم الحفظ	عنوان الكتاب	اسم المؤلف	تاريخ النسخ هـ
١٥٣٧٠ت٤	حقيقة القولين	الغزالي، محمد بن محمد–٥٠٥هـ/١١١١م	١١٠٠–١٢٠٠
١٥٣٧١	تنبيه الغافلين	أبو الليث السمرقندي، نصر بن محمد–٣٧٣هـ/٩٨٣م	١٠٨٩
١٥٣٧٢ت	حل العقال	ابن قضيب البان، عبد الله بن محمد حجازي–١٠٩٦هـ/١٦٨٥م	١١٠٠–١٢٠٠
١٥٣٧٢ت١	كلمات وحكم على حروف المعجم	علي بن أبي طالب–٤٠هـ/٦٦١م	١١٠٠–١٢٠٠
١٥٣٧٢ت٣	أبيات مختارة ووصايا	ابن عربي، محمد بن علي–٦٣٨هـ/١٢٤٠م	١١٠٠–١٢٠٠
١٥٣٧٢ت٤	وصايا وأحاديث وأذكار وأدعية	–	١١٠٠–١٢٠٠
١٥٣٧٢ت٥	حزب الجمال الأهيفي والنظام اليوسفي	الطهوائي، يوسف بن محمد–١٠٦٠هـ/١٦٥٠م	١١٠٠–١٢٠٠
١٥٣٧٢ت٦	الحكم العطائية	ابن عطاء الله الإسكندري، أحمد بن محمد–٧٠٩هـ/١٣٠٩م	١١٠٠–١٢٠٠
١٥٣٧٢ت٧	مديح وثيق في فضائل أبي بكر الصديق، أو، المنظومة البكرية	إبراهيم	١١٠٠–١٢٠٠
١٥٣٧٣ت	كوكب المباني وموكب المعاني شرح صلوات الشيخ عبد القادر الكيلاني	عبد الغني النابلسي، عبد الغني بن اسماعيل–١١٤٣هـ/١٧٣١م	١١٩١
١٥٣٧٣ت١	أنموذج اللبيب في خصائص الحبيب	الجلال السيوطي، عبد الرحمن بن أبي بكر–٩١١هـ/١٥٠٥م	١١٠٠–١٢٠٠
١٥٣٧٣ت٢	شعلة نار	الجلال السيوطي، عبد الرحمن بن أبي بكر–٩١١هـ/١٥٠٥م	١١٠٠–١٢٠٠
١٥٣٧٣ت٣	الشماريخ في علم التاريخ	الجلال السيوطي، عبد الرحمن بن أبي بكر–٩١١هـ/١٥٠٥م	١١٠٠–١٢٠٠
١٥٣٧٣ت٤	نبذة من الدر المنظم في الاسم الأعظم	–	١١٠٠–١٢٠٠

رقم الحفظ	عنوان الكتاب	اسم المؤلف	تاريخ النسخ هـ
١٥٣٧٣ت٥	دفع التعسف عن إخوة يوسف، أو، الحاوي للفتاوي	الجلال السيوطي، عبد الرحمن بن أبي بكر–٩١١هـ/١٥٠٥م	١١٠٠–١٢٠٠
١٥٣٧٣ت٦	بزوغ الهلال في الخصال الموجبة للظلال	الجلال السيوطي، عبد الرحمن بن أبي بكر–٩١١هـ/١٥٠٥م	١١٠٠–١٢٠٠
١٥٣٧٣ت٧	المعاني الدقيقة في إدراك الحقيقة	الجلال السيوطي، عبد الرحمن بن أبي بكر–٩١١هـ–١٥٠٥م	١١٠٠–١٢٠٠
١٥٣٧٣ت٨	نبذة من الهيئة السنية في الهيئة السنية في ضبط يعز ويُعز	–	١١٠٠–١٢٠٠
١٥٣٧٣ت٩	الأسفار عن قلم الأظفار	الجلال السيوطي، عبد الرحمن بن أبي بكر–٩١١هـ/١٥٠٥م	١١٠٠–١٢٠٠
١٥٣٧٣ت١٠	مدارج الوصول إلى أفضلية الصلاة على الرسول	العرضي، عمر بن عبد الوهاب–١٠٢٤هـ/١٦١٥م	١١٠٠–١٢٠٠
١٥٣٧٣ت١١	المرشدة	–	١١٠٠–١٢٠٠
١٥٣٧٣ت١٢	رسالة في التوحيد	ابن عبد السلام، عبد العزيز بن عبد السلام–٦٦٠هـ/١٢٦٢م	١١٠٠–١٢٠٠
١٥٣٧٣ت١٣	قصيدة في التوسل	كمال الدين البكري، محمد بن مصطفى–١١٩٦هـ/١٧٨٢م	١١٠٠–١٢٠٠
١٥٣٧٤	مجالس الخاني	قاسم الخاني، قاسم بن صلاح الدين–١١٠٩هـ/١٦٩٧م	١٢٨٦
١٥٣٧٥	الضياء الشمسي على الفتح القدسي، أو، شرح ورد السحر	البكري، مصطفى بن كمال الدين–١١٦٢هـ/١٧٤٩م	١١٤٨
١٥٣٧٦	تنبيه الأنام في بيان علو مقام نبينا محمد عليه أفضل الصلاة، أو، شفاء الأسقام ومحو الآثام في الصلاة على خير الأنام	ابن عظوم، عبد الجليل بن محمد–٩٦٠هـ/١٥٥٣م	١١٥١
١٥٣٧٧ت	مشارق الأنوار النبوية من صحاح الأخبار المصطفوية	الرضي الصاغاني، الحسن بن محمد–٦٥٠هـ/١٢٥٢م	–

رقم الحفظ	عنوان الكتاب	اسم المؤلف	تاريخ النسخ هـ
١٥٣٧٧ت١	الشمائل النبوية والخصال المصطفوية، أو، شمائل النبي، أو، شمائل الترمذي	الترمذي، محمد بن عيسى–٢٧٩هـ/٨٩٢م	١٠٨٠
١٥٣٧٨	البدور السافرة في أمور الآخرة	الجلال السيوطي، عبد الرحمن بن أبي بكر–٩١١هـ/١٥٠٥م	١٠٤٣
١٥٣٧٩	طهارة القلوب والخضوع لعلام الغيوب	الديريني، عبد العزيز بن أحمد–٦٩٤هـ/١٢٩٥م	١١٣٠
١٥٣٨٠ت	تنبيه المغترين على ماخالفوا فيه سلفهم الطاهر	الشعراني، عبد الوهاب بن أحمد–٩٧٣هـ/١٥٦٥م	١٠٦٠
١٥٣٨٠ت١	ضوء الهالة في اسم هو والجلالة	الدجاني القشاشي، أحمد بن محمد–١٠٧١هـ/١٦٦١م	١٠٦٠
١٥٣٨٠ت٢	أسماء الله الحسنى	–	–
١٥٣٨٠ت٣	فتوح الغيب	عبد القادر الجيلاني، عبد القادر بن موسى–٥٦١هـ/١١٦٦م	١٠٦٠
١٥٣٨١ت	الاستحسان	العلامي، أحمد بن محمد	٩٩١
١٥٣٨١ت١	إيفاء العهد في مقدمة الحمد	ابن طولون، محمد بن علي–٩٥٣هـ/١٥٤٦م	–
١٥٣٨١ت٢	الرسالة الناصرية	الزاهدي الغزميني، مختار بن محمود–٦٥٨هـ/١٢٦٠م	٩٩٦
١٥٣٨٢	قواعد الأحكام في مصالح الأنام، أو، القواعد الكبرى	ابن عبد السلام، عبد العزيز بن عبد السلام–٦٦٠هـ/١٢٦٢م	–
١٥٣٨٣	شرح الصدور بشرح حال الموتى والقبور	الجلال السيوطي، عبد الرحمن بن أبي بكر–٩١١هـ/١٥٠٥م	١١٢٢
١٥٣٨٤	بهجة الأسرار ومعدن الأنوار في مناقب السادة الأخيار من المشايخ الأبرار	الشطنوفي، علي بن يوسف–٧١٣هـ/١٣١٤م	١٠١٤
١٥٣٨٥	رياض الصالحين من كلام سيد المرسلين	النووي، يحيى بن شرف–٦٧٦هـ/١٢٧٧م	٧١٥

رقم الحفظ	عنوان الكتاب	اسم المؤلف	تاريخ النسخ هـ
١٥٣٨٦	تعليق لطيف في الكلام على ليلة النصف من شعبان	الميموني، إبراهيم بن محمد– ١٠٧٩هـ/١٦٦٩م	١٠٩٦
١٥٣٨٧	تحفة الإخوان في قراءة الميعاد في رجب وشعبان ورمضان	الفشني، أحمد بن حجازي– حي ٩٧٨هـ/١٥٧٠م	١١٥٠
١٥٣٨٨ت	الحكم العرفانية في معان إرشادية وإشارات قرآنية	ابن حجر العسقلاني، أحمد بن علي–٨٥٢هـ/١٤٤٩م	–
١٥٣٨٨ت١	السيف المسلول في عنق كل معاند جهول، أو، سيف الأذكياء على منكر الأولياء، أو، السيف الدمشقي على عنق كل شقي	الدمشقي، يوسف بن أحمد	–
١٥٣٨٨ت٢	مختصر في علم الناسخ والمنسوخ	–	–
١٥٣٨٨ت٣	توقيف الحكام على غوامض الأحكام	ابن العماد، احمد بن عماد– ٨٠٨هـ/١٤٠٥م	–
١٥٣٨٩ت	دقائق الأخبار في ذكر الجنة والنار	القاضي، عبد الرحيم بن أحمد	١١٣٩
١٥٣٨٩ت١	رسالة في الفقه	–	–
١٥٣٩٠ت	خالصة الحقائق	الفاريابي، محمود بن أحمد– ٦٠٧هـ/١٢١٠م	–
١٥٣٩٠ت١	رسالة في التوحيد	–	–
١٥٣٩١	مجالس الأبرار ومسالك الأخيار ومحائق البدع ومقامع الأشرار	الرومي، أحمد بن عبد القادر– ١٠٤١هـ/١٦٣١م	١١٠٣
١٥٣٩٢	مجالس الأبرار ومسالك الأخيار ومحائق البدع ومقامع الأشرار	الرومي، أحمد بن عبد القادر– ١٠٤١هـ/١٦٣١م	١١٠٣
١٥٣٩٣	الدلائل والاعتبار على الخلق والتدبير	الجاحظ، عمرو بن بحر– ٢٥٥هـ/٨٦٩م	١٠٢٣
١٥٣٩٤	بداية الهداية وتهذيب النفوس بالآداب الشرعية	الغزالي، محمد بن محمد– ٥٠٥هـ/١١١١م	١٠٨٦

رقم الحفظ	عنوان الكتاب	اسم المؤلف	تاريخ النسخ هـ
١٥٣٩٥	دليل الأحكام لشرع نبينا عليه السلام	السملاوي، عبد المعطي بن سالم–١١٢٧هـ/١٧١٥م	–
١٥٣٩٦	منتخب عجائب الملكوت في قدرة الحي الذي لايموت للكسائي	الكتامي، صالح بن عبد الله–حي ٩٩١هـ/١٥٨٣م	–
١٥٣٩٧	الباحث على إنكار البدع والحوادث	التاجي، برهان الدين	–
١٥٣٩٨	الصحيفة العلوية والتحفة المرتضوية	السماهيجي، عبد الله بن صالح–١١٣٥هـ/١٧٢٣م	١٣٠٠
١٥٣٩٩	الفتوحات المكية في معرفة أسرار المالكية	ابن عربي، محمد بن علي–٦٣٨هـ/١٢٤٠م	–
١٥٤٠٠	الفتوحات المكية في معرفة الأسرار المالكية والملكية	ابن عربي، محمد بن علي–٦٣٨هـ/١٢٤٠م	–
١٥٤٠١	الفتوحات المكية في معرفة الأسرار المالكية والملكية	ابن عربي، محمد بن علي–٦٣٨هـ/١٢٤٠م	٩٥٥
١٥٤٠٢ت	شرح منازل السائرين إلى الحق المبين للهروي	العفيف التلمساني، سليمان بن علي–٦٩٠هـ/١٢٩١م	٩٧٥
١٥٤٠٢ت١	تخميس قصيدة الرضى	–	–
١٥٤٠٢ت٢	وصايا صدرت عن شيخ عارف بالوقائع	–	–
١٥٤٠٣ت	حل الرموز ومفاتيح الكنوز، أو، أسئلة الحكم	ابن غانم، عبد السلام بن أحمد–٦٧٨هـ/١٢٨٠م	٩٨١
١٥٤٠٣ت١	قصيدة عينية	القطب الجيلي، عبد الكريم بن إبراهيم–٨٣٢هـ/١٤٢٨م	–
١٥٤٠٤	اصطلاحات الصوفية	الكاشي، عبد الرزاق بن أحمد–٧٣٠هـ/١٣٣٠م	١٣٠١
١٥٤٠٥	الجواهر والدرر	الشعراني، عبد الوهاب بن أحمد–٩٧٣هـ/١٥٦٥م	١١٠٠–١٢٠٠

رقم الحفظ	عنوان الكتاب	اسم المؤلف	تاريخ النسخ هـ
١٥٤٠٦	حل الرموز ومفاتيح الكنوز	ابن غانم، عبد السلام بن أحمد–٦٧٨هـ/١٢٨٠م	–
١٥٤٠٧	إرشاد المريدين واتحاد الطالبين	السهروردي، عمر بن محمد–٦٣٢هـ/١٢٣٤م	١٠٠٢
١٥٤٠٨ت	تنبيه الغبي في تنزيه ابن عربي	الجلال السيوطي، عبد الرحمن بن أبي بكر–٩١١هـ/١٥٠٥م	١٠٠٠–١١٠٠
١٥٤٠٨ت١	الأجوبة المفيدة عن الأسئلة العديدة، أو، الأسئلة والأجوبة	الغيطي، محمد بن أحمد–٩٨٤هـ/١٥٧٦م	١١٠٠–١٢٠٠
١٥٤٠٨ت٢	الأجوبة المفيدة عن الأسئلة العديدة، أو، الأسئلة والأجوبة	الغيطي، محمد بن أحمد–٩٨١هـ/١٥٧٣م	١١٠٠–١٢٠٠
١٥٤٠٨ت٣	التحفة السنية بأجوبة الأسئلة المرضية	البشبيشي، أحمد بن عبد اللطيف–١٠٩٦هـ/١٦٨٥م	–
١٥٤٠٨ت٤	رسالة في الفرق بين العام والخاص	تقي الدين السبكي، علي بن عبد الكافي–٧٥٦هـ/١٣٥٥م	١٠٠٠–١١٠٠
١٥٤٠٩	السير والسلوك إلى ملك الملوك	قاسم الخاني، قاسم بن صلاح الدين–١١٠٩هـ/١٦٩٧م	١١٣٥
١٥٤١٠	إرشاد المغفلين من الفقهاء والفقراء إلى آداب صحبة الأمراء	الشعراني، عبد الوهاب بن أحمد–٩٧٣هـ/١٥٦٥م	٩٩٩
١٥٤١١	الأمد الأقصى	الدبوسي، عبد الله بن عمر–٤٣٠هـ/١٠٣٩م	٦٠٠–٧٠٠
١٥٤١٢	مدارج السالكين في شرح منازل السائرين	ابن قيم الجوزية، محمد بن أبي بكر–٧٥١هـ/١٣٥٠م	٧٣١
١٥٤١٣	مدارج السالكين في شرح منازل السائرين	ابن قيم الجوزية، محمد بن أبي بكر–٧٥١هـ/١٣٥٠م	٧٣١
١٥٤١٤ت	الفتوح المصونة والأسرار المخزونة	ابن علوان، أحمد بن علوان–٦٦٥هـ/١٢٦٧م	–
١٥٤١٤ت١	زاد المريدين في معاملة رب العالمين	الجيلاني، إسماعيل	١٠٣٥

رقم الحفظ	عنوان الكتاب	اسم المؤلف	تاريخ النسخ هـ
١٥٤١٤ت٢	نبذة منقولة من كتاب منهاج العابدين للغزالي	–	–
١٥٤١٤ت٣	أحاديث شريفة	–	–
١٥٤١٤ت٤	التصفية عن الموانع المهلكة المردية	الديلمي، محمد بن الحسن– ٧١١هـ/١٣١١م	–
١٥٤١٤ت٥	الرسالة القشيرية	القشيري، عبد الكريم بن هوازن–٤٦٥هـ/١٠٧٢م	١٠٣٥
١٥٤١٥	كناش فيه نقول من كتب متعددة الموضوعات	–	١٠٣٨
١٥٤١٦ت	شرح الدرة الفاخرة في تحقيق مذهب الصوفية والمتكلمين والحكماء للجامي	–	–
١٥٤١٦ت١	شق الجيوب عن أسرار معاني الغيوب وتجلي المحبوب في أفق سماء القلوب	الشعيبي، محمد بن شعيب– حي ١٠٣٠هـ/١٦٢١م	–
١٥٤١٧	بقية الله خير بعد الغناء في السير	عبد الغني النابلسي، عبد الغني بن إسماعيل– ١١٤٣هـ/١٧٣١م	١١٢٧
١٥٤١٨	عوارف المعارف	السهروردي، عمر بن محمد– ٦٣٢هـ/١٢٣٤م	١١٠٠–١٢٠٠
١٥٤١٩	رسالة في التجريد وإرشاد المريد	–	١١٠٠–١٢٠٠
١٥٤٢٠	بستان الفقراء ونزهة القراء	الكتامي، صالح بن عبد الله– حي ٩٩١هـ/١٥٨٣م	١١٠٠–١٢٠٠
١٥٤٢١	شرح الحكم العطائية	العباس، محمد	١١٢٨
١٥٤٢٢	الفتوحات المكية في معرفة أسرار المالكية والملكية	ابن عربي، محمد بن علي– ٦٣٨هـ/١٢٤٠م	١٠٠٠–١١٠٠
١٥٤٢٣ت	عنقاء مغرب في معرفة ختم الأولياء وشمس المغرب	ابن عربي، محمد بن علي– ٦٣٨هـ/١٢٤٠م	–

رقم الحفظ	عنوان الكتاب	اسم المؤلف	تاريخ النسخ هـ
١٥٤٢٣ت١	بدء الأمالي، أو، قصيدة يقول العبد	الأوشي، علي بن عثمان–حي ٥٦٩هـ/١١٧٣م	–
١٥٤٢٣ت٢	درر النحور في طاعة الملك الغفور، أو، معشرات الحروف	الطواوي، يوسف بن سعيد–حي ٩٧١هـ/١٥٦٣م	–
١٥٤٢٤	مختصر إحياء علوم الدين	**/تأليف	–
١٥٤٢٥	مختصر إحياء علوم الدين للغزالي	–	١٠٣٤
١٥٤٢٦	بستان العارفين	أبو الليث السمرقندي، نصر بن محمد–٣٧٣هـ/٩٨٣م	–
١٥٤٢٧	القول الفصيح في شرح بردة المديح	المقدسي، يوسف بن أبي اللطف–١٠٠٦هـ/١٥٩٨م	١١٢٨
١٥٤٢٨	أفضل القرى لقراء أم القرى، أو، المنح المكية في شرح الهمزية	ابن حجر الهيتمي، أحمد بن محمد–٩٧٤هـ/١٥٦٧م	٩٨٠
١٥٤٢٩	أفضل القرى لقراء أم القرى، أو، المنح المكية في شرح الهمزية، أو، شرح أم القرى	ابن حجر الهيتمي، أحمد بن محمد–٩٧٤هـ/١٥٦٧م	١٠٧٦
١٥٤٣٠ت	شرح الكواكب الدرية في مدح خير البرية، أو، شرح البردة	أبو شامة، عبد الرحمن بن إسماعيل–٦٦٥هـ/١٢٦٧م	١١٠٠–١٢٠٠
١٥٤٣٠ت١	شرح أيها الولد للغزالي	الخادمي، محمد بن محمد–١١٧٦هـ/١٧٦٣م	١١٨٧
١٥٤٣١	الأنوار المضية في مدح خير البرية، أو، شرح الكواكب الدرية في مدح خير البرية، أو، شرح البردة	جلال الدين المحلي، محمد بن أحمد–٨٦٤هـ/١٤٥٩م	٩٩٢
١٥٤٣٢	تسبيع الكواكب الدرية في مدح خير البرية، أو، تسبيع البردة	–	١١٠٠–١٢٠٠
١٥٤٣٣	مصباح الظلام في فضل الصلاة والسلام على النبي خير الأنام، أو، مطالع الأنوار ومسالك الأبرار في فضائل الصلاة على النبي المختار	القرطبي، جبر بن محمد–٦١٥هـ/١٢١٨م	١١٦٧

رقم الحفظ	عنوان الكتاب	اسم المؤلف	تاريخ النسخ هـ
١٥٤٣٤	الدرة المضية في الزيارة المصطفوية	الملا علي القاري، علي بن (سلطان) محمد-١٠١٤هـ/١٦٠٦م	١٠٦٣
١٥٤٣٥ت	زبدة الأفكار في مدح النبي المختار، أو، تخميس الوترية في مدح خير البرية	الفيومي	١١٠٠-١٢٠٠
١٥٤٣٥ت١	مخمسة إستغفار أبي مدين	الإدلبي، محمود بن عبد الرحيم	١١٠٠-١٢٠٠
١٥٤٣٥ت٢	تخميس قصيدة الصالح أيوب	الإدلبي، محمود بن عبد الرحيم	١١٢٤
١٥٤٣٥ت٣	الكواكب الدرية في مدح خير البرية	البوصيري، محمد بن سعيد-٦٩٦هـ/١٢٩٦م	١١٠٠-١٢٠٠
١٥٤٣٦	نجاة القاري من فضل الباري والحاوي لأنوار التنزيل والصلاة على النبي الجليل	الشيخاني، محمود بن محمد	١١٠٠-١٢٠٠
١٥٤٣٧	أصل عمل المولد، أو، مولد النبي صلى الله عليه وسلم	-	-
١٥٤٣٨ت	أدل الخيرات والأقرب الى الحسنات في الصلاة على محمد سيد السادات	القادري، محمود بن محمد-١١١٠هـ/١٦٩٨م	-
١٥٤٣٨ت١	حزب مبارك	-	-
١٥٤٣٩ت	دلائل الخيرات وشوارق الأنوار في ذكر الصلاة على النبي المختار	الجزولي، محمد بن سليمان-٨٧٠هـ/١٤٦٥م	١٣٠٢
١٥٤٣٩ت١	الصلاة الكبرى	عبد القادر الجيلاني، عبد القادر بن موسى-٥٦١هـ/١١٦٦م	١٣٠٢
١٥٤٤٠	دلائل الخيرات وشوارق الأنوار في ذكر الصلاة على النبي المختار	الجزولي، محمد بن سليمان-٨٧٠هـ/١٤٦٥م	١١٠٠-١٢٠٠
١٥٤٤١	دلائل الخيرات وشوارق الأنوار في ذكر الصلاة على النبي المختار	الجزولي، محمد بن سليمان-٨٧٠هـ/١٤٦٥م	١١٠٠-١٢٠٠
١٥٤٤٢	دلائل الخيرات وشوارق الانوار في ذكر الصلاة على النبي المختار	الجزولي، محمد بن سليمان-٨٧٠هـ/١٤٦٥م	١١٣٥

رقم الحفظ	عنوان الكتاب	اسم المؤلف	تاريخ النسخ هـ
١٥٤٤٣	دلائل الخيرات وشوارق الأنوار في ذكر الصلاة على النبي المختار	الجزولي، محمد بن سليمان–٨٧٠هـ/١٤٦٥م	–
١٥٤٤٤	نبذة جليلة في الصلاة على النبي صلى الله عليه وسلم	القليوبي، أحمد بن أحمد–١٠٦٩هـ/١٦٥٩م	١١٢١
١٥٤٤٥ت	المقصد الأسنى في شرح أسماء الله الحسنى	الديريني، عبد العزيز بن أحمد–٦٩٤هـ/١٢٩٥م	٩٨٦
١٥٤٤٥ت١	معاني الحروف في أوائل السور	–	٩٠٠–١٠٠٠
١٥٤٤٥ت٢	دعاء بأسماء الله الحسنى	–	–
١٥٤٤٥ت٣	شرح أسماء الله الحسنى والدعاء بها	–	٩٠٠–١٠٠٠
١٥٤٤٥ت٤	شرح اسم الله الأعظم المقيت	–	٩٠٠–١٠٠٠
١٥٤٤٦	شرح أسماء الله الحسنى	الرحماوي، محمد بن بهاء الدين–حي ٩٥٢هـ/١٥٤٥م	١١٤٩
١٥٤٤٧ت	أدعية منقولة عن الأئمة العلماء	–	–
١٥٤٤٧ت١	أسماء الله الحسنى	–	–
١٥٤٤٧ت٢	أسماء الله الحسنى	–	–
١٥٤٤٨	الطريق الواضحة إلى أسرار الفاتحة	الزبيدي، أحمد بن أحمد–٨٩٣هـ/١٤٨٨م	–
١٥٤٤٩ت	أدعية وأوراد	–	–
١٥٤٤٩ت١	الأوراد	–	–
١٥٤٥٠ت	الحزب الأعظم والورد الأفخم	الملا علي القاري، علي بن (سلطان) محمد–١٠١٤هـ/١٦٠٦م	١٢٠٢
١٥٤٥٠ت١	أوراد	–	–
١٥٤٥٠ت٢	إنعام مختصر	–	–
١٥٤٥٠ت٣	حزب النصر	أبو الحسن الشاذلي، علي بن عبد الله–٦٥٦هـ/١٢٥٨م	–

رقم الحفظ	عنوان الكتاب	اسم المؤلف	تاريخ النسخ هـ
١٥٤٥١ت	درة عقد النحر في أسرار حزب البحر	البسطامي، عبد الرحمن بن محمد–٨٥٨هـ/١٤٥٤م	١٢٦٤
١٥٤٥١ت١	حزب البحر	أبو الحسن الشاذلي، علي بن عبد الله–٦٥٦هـ/١٢٥٨م	١٢٠٠–١٣٠٠
١٥٤٥١ت٢	حزب الحفظ والصون	أبو الحسن الشاذلي، علي بن عبد الله–٦٥٦هـ/١٢٥٨م	١٢٥٤
١٥٤٥٢ت	أوراد وأذكار	–	١٢٠٠–١٣٠٠
١٥٤٥٢ت١	قصيدة في التوسل	–	١١٠٠–١٢٠٠
١٥٤٥٢ت٢	حزب النووي	النووي، يحيى بن شرف–٦٧٦هـ/١٢٧٧م	١٢٠٠–١٣٠٠
١٥٤٥٢ت٣	حزب الدسوقي، أو، ورد الدسوقي	الدسوقي، إبراهيم بن أبي المجد–٦٧٦هـ/١٢٧٧م	–
١٥٤٥٢ت٤	الدور الأعلى، أو، حزب الدور الأعلى	ابن عربي، محمد بن علي–٦٣٨هـ/١٢٤٠م	١٢٠٠–١٣٠٠
١٥٤٥٢ت٥	المنظومة الدمياطية، أو، الدمياطية، أو، القصيدة الدمياطية في التوسل بأسماء الله الحسنى	الدمياطي، محمد بن أحمد–٩٢١هـ/١٥١٥م	١٢٠٠–١٣٠٠
١٥٤٥٢ت٦	القصيدة المنفرجة	ابن النحوي، يوسف بن محمد–٥١٣هـ/١١١٩م	١٢٠٠–١٣٠٠
١٥٤٥٢ت٧	الكواكب الدريّة في مدح خير البريّة، أو، البردة	البوصيري، محمد بن سعيد–٦٩٦هـ/١٢٩٦م	١٢٠٠–١٣٠٠
١٥٤٥٣ت	المولد الشريف	الحلوي، أحمد بن محمد–١١٩٥هـ/١٧٨١م	١١٩٩
١٥٤٥٣ت١	مولد النبي، أو، مولد العروس	ابن الجوزي، عبد الرحمن بن علي–٥٩٧هـ/١٢٠١م	١١٣٩
١٥٤٥٣ت٢	مولد النبي صلى الله عليه وسلم	ابن حجر الهيتمي، أحمد بن محمد–٩٧٤هـ/١٥٦٧م	١١٠٠–١٢٠٠

رقم الحفظ	عنوان الكتاب	اسم المؤلف	تاريخ النسخ هـ
١٥٤٥٣ت٣	الكواكب الدرية في مدح خير البرية، أو، البردة	البوصيري، محمد بن سعيد–٦٩٦هـ/١٢٩٦م	١٢٠٠–١٣٠٠
١٥٤٥٣ت٤	المولد النبوي الشريف	ابن عربي، محمد بن علي–٦٣٨هـ/١٢٤٠م	١٢٠٠–١٣٠٠
١٥٤٥٤	المولد الشريف	ابن حجر الهيتمي، أحمد بن محمد–٩٧٤هـ/١٥٦٧م	١١٧٤
١٥٤٥٥	شرح مشكلات الفتوحات المكية وفتح الأبواب المغلقات من العلوم اللدنية	القطب الجيلي، عبد الكريم بن إبراهيم–٨٣٢هـ/١٤٢٨م	١١٠٠–١٢٠٠
١٥٤٥٦	مولد النبي، أو، مولد العروس	ابن الجوزي، عبد الرحمن بن علي–٥٩٧هـ/١٢٠١م	١٢٠٤
١٥٤٥٧ت	الأوراد	–	–
١٥٤٥٧ت١	العقيدة الشيبانية، أو، القصيدة الشيبانية	الشيباني، محمد بن الحسن–١٨٩هـ/٨٠٤م	–
١٥٤٥٧ت٢	الصلوات الإبراهيمية	–	–
١٥٤٥٧ت٣	صلوات شريفة مأخوذة من فم النبي	ابن عربي، محمد بن علي–٦٣٨هـ/١٢٤٠م	–
١٥٤٥٧ت٤	الصلوات المباركة (الكيمائية)	الرملي، يحيى بن عبد الرحمن	–
١٥٤٥٧ت٥	الصلاة الكبرى، أو، الكنز الأعظم والطلسم المبهم	عبد القادر الجيلاني، عبد القادر بن موسى–٥٦١هـ/١١٦٦م	–
١٥٤٥٧ت٦	الفقه الأكبر	أبو حنيفة، النعمان بن ثابت–١٥٠هـ/٧٦٧م	–
١٥٤٥٨ت	كفاية المؤمنين، أو، ختام المسك، أو، العروة الوثقى	القادري، محمود بن محمد–١١١٠هـ/١٦٩٨م	–
١٥٤٥٨ت١	الصلاة الكبرى، أو، الكنز الأعظم والطلسم المبهم	عبد القادر الجيلاني، عبد القادر بن موسى–٥٦١هـ/١١٦٦م	–

رقم الحفظ	عنوان الكتاب	اسم المؤلف	تاريخ النسخ هـ
١٥٤٥٨ت٢	حزب النووي	النووي، يحيى بن شرف- ٦٧٦هـ/١٢٧٧م	–
١٥٤٥٩ت	الورد الشريف	القادري، علي بن عبد الفتاح	–
١٥٤٥٩ت١	أوراد البكري، أو، ورد السحر، أو، الفتح القدسي والكشف الأنسي	مصطفى البكري، مصطفى بن كمال الدين-١١٦٢هـ/١٧٤٩م	–
١٥٤٥٩ت٢	القصيدة المضرية في الصلاة على خير البرية صلى الله عليه وسلم	البوصيري، محمد بن سعيد- ٦٩٦هـ/١٢٩٦م	–
١٥٤٦٠	معراج النبي صلى الله عليه وسلم	–	–
١٥٤٦١	درة التاج في قصة الإسراء والمعراج	طه ابن مهنا، طه بن محمد- ١١٧٨هـ/١٧٦٤م	١١٦١
١٥٤٦٢	شمس المعارف وعوارف اللطائف، أو، شمس المعارف ولطائف العوارف	البوني، أحمد بن علي- ٦٢٢هـ/١٢٢٥م	١١٩٥
١٥٤٦٣	شمس المعارف ولطائف العوارف، أو، شمس المعارف ولطائف العوارف	البوني، أحمد بن علي- ٦٢٢هـ/١٢٢٥م	١٠١٣
١٥٤٦٤ت	الغاية القصوى في أسرار الحروف والأسماء	البوني، أحمد بن علي- ٦٢٢هـ/١٢٢٥م	١١٠٤
١٥٤٦٤ت١	المنهج الحنيف في معنى اسمه تعالى اللطيف و ما قيل فيه من الخواص و التصريف	الكتامي، محمد بن صالح- ١٠٥١هـ/١٦٤١م	١١٠٤
١٥٤٦٥	السبعيات في مواعظ البريات	عين القضاة، محمد بن عبد الرحمن-حي ٩٦٦هـ/١٥٥٩م	–
١٥٤٦٦ت	منتخب البداية والنهاية لابن كثير	ابن الأثير، أحمد بن إسماعيل- ٧٣٧هـ/١٣٣٦م	٩٠٠–١٠٠٠
١٥٤٦٦ت١	الرسالة القلمية	الحنائي، علي جلبي	٩٧٣
١٥٤٦٦ت٢	المختصر المختار من وفيات الاعيان لابن خلكان	ابن الأثير، أحمد بن إسماعيل- ٧٣٧هـ/١٣٣٦م	٩٨٦

رقم الحفظ	عنوان الكتاب	اسم المؤلف	تاريخ النسخ هـ
١٥٤٦٧ت	جواهر العقد الفريد	النمازي، صالح بن صديق–٩٧٥هـ/١٥٦٧م	١١٠٠–١٢٠٠
١٥٤٦٧ت١	نقولات من كتاب المقترح في جوامع الملح	–	١٢٠٠–١٣٠٠
١٥٤٦٧ت٢	تحفة الأصحاب ونزهة ذوي الألباب	السروجي، أحمد بن إبراهيم–٧١٠هـ/١٣١٠م	١٢٠٨
١٥٤٦٧ت٣	خطبتان منبريتان	محمد مشحم، محمد بن أحمد–١١٨١هـ/١٧٦٧م	١٢٠٠–١٣٠٠
١٥٤٦٧ت٤	رسالة الصنعاني إلى محمد بن عبد الوهاب التميمي	الصنعاني، محمد بن إسماعيل–١١٨٢هـ/١٧٦٨م	١٢٢٩
١٥٤٦٧ت٥	الوسيلة	إبراهيم بن ناصر	–
١٥٤٦٧ت٦	فضائل حصن كوكبان	العباسي، يحيى بن أحمد–حي ١٠٩٩هـ/١٦٨٨م	١٢٣٣
١٥٤٦٧ت٧	حكايات	–	١٢٠٠–١٣٠٠
١٥٤٦٧ت٨	جدول أحكام الكف والخيلان	الفخر الرازي، محمد بن عمر–٦٠٦هـ/١٢١٠م	١٢٠٠–١٣٠٠
١٥٤٦٧ت٩	رسالة في فضائل أهل البيت	–	١٢٠٠–١٣٠٠
١٥٤٦٧ت١٠	رسالة في فضائل أهل البيت	الديلمي، حسين بن يحيى–١٢٤٩هـ/١٨٣٤م	١٢٠٠–١٣٠٠
١٥٤٦٧ت١١	قصة عبد الرحمن بن شادان البلخي	–	١٢٠٠–١٣٠٠
١٥٤٦٨	النوادر، أو، أمالي القالي	أبو علي القالي، إسماعيل بن القاسم–٣٥٦هـ/٩٦٧م	١٠٤١
١٥٤٦٩ت	محاضرة الأبرار ومسامرة الأخيار	ابن عربي، محمد بن علي–٦٣٨هـ/١٢٤٠م	١١٠٩
١٥٤٦٩ت١	محاضرة الأبرار ومسامرة الأخيار	ابن عربي، محمد بن علي–٦٣٨هـ/١٢٤٠م	١١١٠

رقم الحفظ	عنوان الكتاب	اسم المؤلف	تاريخ النسخ هـ
١٥٤٧٠ت	تحفة الأنام في فضائل الشام	ابن الإمام، أحمد بن محمد–١٠١٥هـ/١٦٠٦م	٩٧٨
١٥٤٧٠ت١	مختصر في التاريخ	–	–
١٥٤٧٠ت٢	مجموع حسن ظريف	–	–
١٥٤٧١	مجمع الأمثال	الميداني، أحمد بن محمد–٥١٨هـ/١١٢٤م	١٠٠٣
١٥٤٧٢	محجة القرب إلى محبة العرب	الحافظ العراقي، عبد الرحيم بن الحسين–٨٠٦هـ/١٤٠٤م	٩٧٣
١٥٤٧٣	تحفة الألباب ونخبة الإعجاب	ابن أبي الربيع، محمد بن عبد الرحيم–٥٦٥هـ/١١٧٠م	–
١٥٤٧٤	الشقائق النعمانية في علماء الدولة العثمانية	طاشكبري زاده، أحمد بن مصطفى–٩٦٨هـ/١٥٦١م	١٠١٦
١٥٤٧٥	فضل الخيل، أو، فضل الخيل ومايستحب ومايكره من ألوانها وشيامها وماجاء في كراهة أكل لحومها وإباحتها وماورد في سباقها وسهامها وصدقاتها	الدمياطي، عبد المؤمن بن خلف–٧٠٥هـ/١٣٠٦م	–
١٥٤٧٦	غنية الرامي وغاية المرام للمعاني، أو، رمي النشاب	طيبغا الأشرفي	٨٠٥
١٥٤٧٧	نفح الطيب في غصن الأندلس الرطيب والتعريف بذكر وزيرها لسان الدين بن الخطيب	المقري، أحمد بن محمد–١٠٤١هـ/١٦٣١م	١٠٠٠–١١٠٠
١٥٤٧٨	نفح الطيب في غصن الأندلس الرطيب والتعريف بذكر وزيرها لسان الدين بن الخطيب	المقري، أحمد بن محمد–١٠٤١هـ/١٦٣١م	١٠٣٩
١٥٤٧٩	الأنس الجليل بتاريخ القدس والخليل	أبو اليمن العليمي، عبد الرحمن بن محمد–٩٢٨هـ/١٥٢٢م	١١٥٦
١٥٤٨٠	روح الروح فيما حدث بعد المائة التاسعة من الفتن والفتوح	ابن المطهر، عيسى بن لطف الله–١٠٤٨هـ/١٦٣٨م	١١٤٨

رقم الحفظ	عنوان الكتاب	اسم المؤلف	تاريخ النسخ هـ
١٥٤٨١	أطباق الذهب	الأصفهاني، عبد المؤمن بن هبة الله–٦٠٠هـ/١٢٠٤م	٨٧٠
١٥٤٨٢	المثل السائر في أدب الكاتب والشاعر	ابن الأثير، محمد بن نصر الله–٦٢٢هـ/١٢٢٥م	–
١٥٤٨٣	يتيمة الدهر في محاسن أهل العصر	الثعالبي، عبد الملك بن محمد–٤٢٩هـ/١٠٣٨م	١٠٩٢
١٥٤٨٤	يتيمة الدهر في محاسن أهل العصر	الثعالبي، عبد الملك بن محمد–٤٢٩هـ/١٠٣٨م	١٠٩٢
١٥٤٨٥	حياة الحيوان	الدميري، محمد بن موسى–٨٠٨هـ/١٤٠٥م	٩٩١
١٥٤٨٦ت	روض الأنام في فضائل الشام	ياسين البقاعي، ياسين بن مصطفى–١٠٩٥هـ/١٦٨٤م	١١٤٧
١٥٤٨٦ت١	مسألة في حيض المرأة في الحج وجوابها	ابن البارزي، هبة الله بن عبد الرحيم–٧٣٨هـ/١٣٣٨م	–
١٥٤٨٧	مختصر إغاثة اللهفان في مصايد الشيطان لابن قيم الجوزية	–	١٢٠٠–١٣٠٠
١٥٤٨٨	الحلية الشريفة	–	–
١٥٤٨٩	شرح حماسة أبي تمام	الخطيب التبريزي، يحيى بن علي–٥٠٢هـ/١١٠٩م	١٢٠٠–١٣٠٠
١٥٤٩٠	القاموس المحيط والقاموس الوسيط الجامع لما ذهب من كلام العرب شماطيط	الفيروز أبادي، محمد بن يعقوب–٨١٧هـ/١٤١٥م	١٠٠٤
١٥٤٩١	القاموس المحيط والقابوس الوسيط الجامع لما ذهب من كلام العرب شماطيط	الفيروزابادي، محمد بن يعقوب–٨١٧هـ/١٤١٥م	–
١٥٤٩٢	القاموس المحيط والقابوس الوسيط الجامع لما ذهب من كلام العرب شماطيط	الفيروز أبادي، محمد بن يعقوب–٨١٧هـ/١٤١٥م	١٠٦٣

رقم الحفظ	عنوان الكتاب	اسم المؤلف	تاريخ النسخ هـ
١٥٤٩٣	مجمل اللغة	ابن فارس، أحمد بن فارس -٣٩٥هـ/١٠٠٤م	٥٨٦
١٥٤٩٤ت	المثلث المتفق المعاني والمثلث المختلف المعاني	البطليوسي، عبد الله بن محمد-٥٢١هـ/١١٢٧م	١٠٧٦
١٥٤٩٤ت١	إكمال الإعلام في تثليث الكلام	ابن مالك، محمد بن عبد الله-٦٧٢هـ/١٢٧٤م	–
١٥٤٩٤ت٢	مثلثة في اللغة	الديريني، عبد العزيز بن أحمد-٦٩٤هـ/١٢٩٥م	–
١٥٤٩٤ت٣	شرح القصائد التسع المشهورات، أو، شرح قصيدة "قفا نبك"	النحاس، أحمد بن محمد-٣٣٨هـ/٩٥٠م	–
١٥٤٩٥	كتاب الغريبين : غريب القرآن وغريب الحديث	الهروي، أحمد بن محمد-٤٠١هـ/١٠١١م	٥٠٠–٦٠٠
١٥٤٩٦	أساس البلاغة	الزمخشري، محمود بن عمر-٥٣٨هـ/١١٤٤م	١١١٠
١٥٤٩٧	كتاب ألف باء	أبو الحجاج البلوي، يوسف بن محمد-٦٠٤هـ/١٢٠٧م	١١٢٤
١٥٤٩٨	ألف باء	أبو الحجاج البلوي، يوسف بن محمد-٦٠٤هـ/١٢٠٧م	١١٢٥
١٥٤٩٩	نهج البلاغة	علي بن أبي طالب -٤٠هـ/٦٦١م • الشريف الرضي، محمد بن الحسين-٤٠٦هـ/١٠١٥م/جمع	١٠٧٣
١٥٥٠٠	فقه اللغة وسر العربية	الثعالبي، عبد الملك بن محمد-٤٢٩هـ/١٠٣٨م	٥٠٠–٦٠٠
١٥٥٠١	مختار الصحاح، أو، المختار من الصحاح	الرازي، محمد بن أبي بكر-حي ٦٦٦هـ/١٢٦٨م	٩٥٣
١٥٥٠٢	مختار الصحاح، أو، المختار من الصحاح	الرازي، محمد بن أبي بكر-حي ٦٦٦هـ/١٢٦٨م	٩٤٧
١٥٥٠٣	مختار الصحاح، أو، المختار من الصحاح	الرازي، محمد بن أبي بكر-حي ٦٦٦هـ/١٢٦٨م	–

رقم الحفظ	عنوان الكتاب	اسم المؤلف	تاريخ النسخ هـ
١٥٥٠٤	المزهر في اللغة وأنواعها	الجلال السيوطي، عبد الرحمن بن أبي بكر–٩١١هـ/١٥٠٥م	٩٨٢
١٥٥٠٥	مختار الصحاح، أو، المختار من الصحاح	الرازي، محمد بن أبي بكر–حي ٦٦٦هـ/١٢٦٨م	٩٧٧
١٥٥٠٦	مقامات الحريري	الحريري، القاسم بن علي–٥١٦هـ/١١٢٢م	١٠٧٤
١٥٥٠٧ت	شرح المعلقات السبع	النحاس، أحمد بن محمد–٣٣٨هـ/٩٥٠م	–
١٥٥٠٧ت١	رسالة في النحو	–	–
١٥٥٠٧ت٢	رسالة في النحو	–	–
١٥٥٠٧ت٣	منظومة بالعروض	–	–
١٥٥٠٧ت٤	رسالة في العروض	–	–
١٥٥٠٨	المصباح، أو، شرح مفتاح العلوم للسكاكي	الجرجاني، علي بن محمد–٨١٦هـ/١٤١٣م	٨٠٠–٩٠٠
١٥٥٠٩ت	حاشية محققة على الشرح الجديد للتجريد	صدر الدين الكبير، محمد بن إبراهيم–٩٠٣هـ/١٤٩٨م	١٠٢٩
١٥٥٠٩ت١	حاشية الخفري على إلهيات شرح التجريد	محمد الخفري، شمس الدين٨١٠هـ–١٤٠٧م	١٠٣٠
١٥٥١٠	شرح نظم التلخيص	المجيري، أحمد بن عبد الفتاح–١١٨١هـ/١٧٦٧م	١١٤٥
١٥٥١١	شرح مفتاح العلوم للسكاكي	السعد التفتازاني، مسعود بن عمر–٧٩٣هـ/١٣٩٠م	٩٠٠–١٠٠٠
١٥٥١٢	شرح تلخيص المطول	العصام الأسفراييني، إبراهيم بن محمد–٩٤٥هـ/١٥٣٨م	٩٦٤
١٥٥١٣	شرح مفتاح العلوم للسكاكي	السعد التفتازاني، مسعود بن عمر–٧٩٣هـ/١٣٩٠م	٨٧٢
١٥٥١٤	حاشية على شرح المطول للتفتازاني	الفناري، حسن بن محمد شاه–٨٨٦هـ/١٤٨١م	٩٧٣

رقم الحفظ	عنوان الكتاب	اسم المؤلف	تاريخ النسخ هـ
١٥٥١٥	المطول	السعد التفتازاني، مسعود بن عمر-٧٩٣هـ/١٣٩٠م	٨٠٠
١٥٥١٦	المطول	السعد التفتازاني، مسعود بن عمر-٧٩٣هـ/١٣٩٠م	٩٩٩
١٥٥١٧	مختصر شرح تلخيص المفتاح، أو، مختصر المطول	السعد التفتازاني، مسعود بن عمر-٧٩٣هـ/١٣٩٠م	٩٠٠-١٠٠٠
١٥٥١٨ت	الإيضاح، أو، شرح تلخيص المفتاح	القزويني، محمد بن عبد الرحمن-٧٣٩هـ/١٣٣٨م	٨٠٠-٩٠٠
١٥٥١٨ت١	تعليقات على بعض ما جاء في الإيضاح	-	٨٠٠-٩٠٠
١٥٥١٩	شرح الفوائد الغياثية للايجي	طاشكبري زاده، أحمد بن مصطفى-٩٦٨هـ/١٥٦١م	١١١٦
١٥٥٢٠ت	شرح الفوائد الغياثية للإيجي	الحسني، محمد بن شريف	١٠٠٠-١١٠٠
١٥٥٢٠ت١	رسالة في تحقيق الكليات	-	١٠٠٠-١١٠٠
١٥٥٢١ت	شرح مفتاح العلوم للسكاكي	ابن الخطيب، محمد	١٠٠٠-١١٠٠
١٥٥٢١ت١	رسالة في المنطق	-	١٠٠٠-١١٠٠
١٥٥٢٢	الهوادي في شرح المسالك	ابن طورغود، حمزة بن طورغود-٩٧٩هـ/١٥٧١م	١٠٠٠-١١٠٠
١٥٥٢٣	حاشية على شرح التلخيص للتفتازاني، أو، حاشية على المطول	ملا خسرو، محمد بن فرامرز-٨٨٥هـ/١٤٨٠م	-
١٥٥٢٤ت	مفتاح العلوم	السكاكي، يوسف بن أبي بكر-٦٢٦هـ/١٢٢٩م	١٠٢٤
١٥٥٢٤ت١	مفتاح العلوم	السكاكي، يوسف بن أبي بكر-٦٢٦هـ/١٢٢٩م	١٠٢٤
١٥٥٢٥ت	تغيير المفتاح للسكاكي	ابن كمال باشا، أحمد بن سليمان-٩٤٠هـ/١٥٣٤م	٩٨٦
١٥٥٢٥ت١	حاشية على المفتاح للسكاكي	ابن كمال باشا، أحمد بن سليمان-٩٤٠هـ/١٥٣٤م	٩٨٦

رقم الحفظ	عنوان الكتاب	اسم المؤلف	تاريخ النسخ هـ
١٥٥٢٦	مختصر شرح تلخيص المفتاح، أو، مختصرالمطول	السعد التفتازاني، مسعود بن عمر-٧٩٣هـ/١٣٩٠م	٨٢٢
١٥٥٢٧	مختصر شرح تلخيص المفتاح، أو، مختصر المطول	السعد التفتازاني، مسعود بن عمر-٧٩٣هـ/١٣٩٠م	-
١٥٥٢٨	حاشية على شرح مفتاح العلوم للجرجاني	مصنفك، علي بن محمد-٨٧٥هـ/١٤٧٠م	٩٧٨
١٥٥٢٩ت	حاشية على شرح التلخيص المطول في المعاني والبيان	مصنفك، علي بن محمد-٨٧٥هـ/١٤٧٠م	-
١٥٥٢٩ت١	شرح تلخيص المفتاح للقزويني، أو، المطول	السعد التفتازاني، مسعود بن عمر-٧٩٣هـ/١٣٩٠م	-
١٥٥٣٠	حاشية على المطول	حسام زاده، مصطفى بن حسين-١٠٣٥هـ/١٦٢٦م	-
١٥٥٣١	معاهد التنصيص على شواهد التلخيص	العباسي، عبد الرحيم بن عبد الرحمن-٩٦٣هـ/١٥٥٦م	١٠٧١
١٥٥٣٢	تلخيص المفتاح	القزويني، محمد بن عبد الرحمن-٧٣٩هـ/١٣٣٨م	١١٠٠-١٢٠٠
١٥٥٣٣	تلخيص المفتاح	القزويني، محمد بن عبد الرحمن-٧٣٩هـ/١٣٣٨م	٩٥٤
١٥٥٣٤ت	تلخيص المفتاح	القزويني، محمد بن عبد الرحمن-٧٣٩هـ/١٣٣٨م	١٠٩٢
١٥٥٣٤ت١	شرح الأندلسية	القيصري، عبد المحسن بن مجد الدين-٨٧٢هـ/١٤٦٧م	١١٠٠-١٢٠٠
١٥٥٣٤ت٢	التذهب شرح التهذيب	الخبيصي، عبيد الله بن فضل الله-حي ١٠٥٠هـ/١٦٤٠م	١١٠٠-١٢٠٠
١٥٥٣٥	خزانة الأدب، أو، شرح بديعية تقديم أبي بكر	ابن حجة الحموي، أبو بكر بن علي-٨٣٧هـ/١٤٣٣م	٩٠٠-١٠٠٠
١٥٥٣٦ت	ملخص تلخيص المفتاح	زكريا الأنصاري، زكريا بن محمد-٩٢٦هـ/١٥٢٠م	١١٩٦

رقم الحفظ	عنوان الكتاب	اسم المؤلف	تاريخ النسخ هـ
١٥٥٣٦ت١	حاشية الشرواني على أنوار التنزيل وأسرار التأويل	الشرواني، محمد أمين بن صدر الدين–١٠٣٦هـ/١٦٢٦م	١١٩٦
١٥٥٣٦ت٢	شرح كتاب في الهندسة	–	١١٩٧
١٥٥٣٦ت٣	تهذيب المنطق والكلام		١١٩٧
١٥٥٣٦ت٤	حاشية على الفوائد الفنارية، أو، حاشية على شرح إيساغوجي للفناري	ابن خضر، أحمد بن محمد–٧٨٥هـ/١٣٨٣م	١١٨٣
١٥٥٣٦ت٥	رسالة في الوعظ والإرشاد بفضائل الأعمال	–	١١٨٣
١٥٥٣٦ت٦	شرح عروض الشاهدي، أو، حاشية على تحفة الشاهدي	العينتابي، عبد الرحمن بن علي–حي ١١٦٨هـ/١٧٥٥م	١١٩٢
١٥٥٣٦ت٧	القسطاس المستقيم	الزمخشري، محمود بن عمر–٥٣٨هـ/١١٤٤م	١١٩٧
١٥٥٣٦ت٨	مفاتيح الدرية في إثبات القوانين الدرية	خيرت، مصطفى بن أبي بكر–١٢٣٩هـ/١٨٢٤م	١١٩٧
١٥٥٣٦ت٩	ترجمة الرسالة الولدية	العصام الأسفراييني، إبراهيم بن محمد–٩٤٥هـ/١٥٣٨م	١١٩٧
١٥٥٣٦ت١٠	رسالة في الوعظ والإرشاد	–	١١٩٩
١٥٥٣٦ت١١	فوائد في الوعظ والإرشاد واللغة	–	١١٩٨
١٥٥٣٦ت١٢	شرح منظومة ابن فرح الإشبيلي، أو، شرح غرامي صحيح، أو، شرح المنظومه الغراميه	–	١١٩٧
١٥٥٣٦ت١٣	حزب النووي	النووي، يحيى بن شرف–٦٧٦هـ/١٢٧٧م	١١٠٠–١٢٠٠
١٥٥٣٦ت١٤	الاصطلاحات المتداولة في كتب الفقه	خلي زاده، علي جلبي	١١٩٧
١٥٥٣٦ت١٥	أرجوزة في التصوف	–	١١٩٧

رقم الحفظ	عنوان الكتاب	اسم المؤلف	تاريخ النسخ هـ
١٥٥٣٦ت١٦	الرسالة العضدية، أو، آداب العلامة عضد الدين	عضد الدين الإيجي، عبد الرحمن بن أحمد–٧٥٦هـ/١٣٥٥م	–
١٥٥٣٦ت١٧	شرح الرسالة العضدية	البردعي، محمد بن محمد–٩٢٧هـ/١٥٢١م	–
١٥٥٣٦ت١٨	حاشية على شرح الرسالة العضدية لمنلا حنفي، أو، الفتحية	الأردبيلي، محمد بن أمين–حي ٨٧٥هـ/١٤٧٠م	١١٨١
١٥٥٣٦ت١٩	شرح الرسالة الترشيحية، أو، شرح السمرقندية، أو، شرح رسالة الاستعارات	العصام الأسفراييني، إبراهيم بن محمد–٩٤٥هـ/١٥٣٨م	–
١٥٥٣٦ت٢٠	الرسالة الترشيحية، أو، السمرقندية، أو، رسالة الاستعارات	السمرقندي، أبو القاسم بن أبي بكر–حي ٨٨٨هـ/١٤٨٣م	–
١٥٥٣٦ت٢١	شرح الرسالة الترشيحية، أو، شرح رسالة الاستعارات، أو، شرح السمرقندية	ابن خضر، أحمد بن محمد–٧٨٥هـ/١٣٨٣م	–
١٥٥٣٦ت٢٢	شرح الرسالة العضدية الوضعية	السمرقندي، أبو القاسم بن أبي بكر–حي ٨٨٨هـ/١٤٨٣م	–
١٥٥٣٦ت٢٣	عصمة الزهان في علم الميزان	المرعشي، محمد بن أبي بكر–١١٤٥هـ/١٧٣٢م	–
١٥٥٣٦ت٢٤	الرسالة الحسينية، أو، الحسينية في الآداب	الأنطاكي، حسين بن عبد الله–١١٣٠هـ/١٧١٨م	–
١٥٥٣٦ت٢٥	شرح الرسالة الحسينية	–	–
١٥٥٣٦ت٢٦	الرسالة الولدية	المرعشي، محمد بن أبي بكر–١١٤٥هـ/١٧٣٢م	١١٧٨
١٥٥٣٦ت٢٧	شرح آداب المولى أبي الخير، أو، شرح رسالة آداب البحث لطاشكبري زاده	طاشكبري زاده، أحمد بن مصطفى–٩٦٨هـ/١٥٦١م	–

رقم الحفظ	عنوان الكتاب	اسم المؤلف	تاريخ النسخ هـ
١٥٥٣٧ت	مختصر لطائف الطرائف وعوارف المعارف ونفائس العبارات ودقائق الاعتبارات، أو، شرح السمرقندية	المجيري، أحمد بن عبد الفتاح–١١٨١هـ/١٧٦٧م	–
١٥٥٣٧ت١	شرح البسملة	–	–
١٥٥٣٧ت٢	امتحان الأذكياء، أو، شرح لب الألباب في علم الإعراب	البركلي، محمد بن بير علي–٩٨١هـ/١٥٧٣م	–
١٥٥٣٨ت	تلخيص المفتاح	القزويني، محمد بن عبد الرحمن–٧٣٩هـ/١٣٣٨م	–
١٥٥٣٨ت١	شرح الرسالة الولدية	الآمدي، عبد الوهاب بن حسين–١٢٠٠هـ/١٧٨٥م	–
١٥٥٣٩	حاشية على السمرقندية	الباجوري، إبراهيم بن محمد–١٢٧٧هـ/١٨٦٠م	١٢٧١
١٥٥٤٠ت	حاشية على شرح الرسالة الترشيحية للإسفراييني	–	١٢٠٠–١٣٠٠
١٥٥٤٠ت١	شرح خطبة المطول	الخطابي، عثمان نظام الدين–٩٠١هـ/١٤٩٥م	١٢٠٠–١٣٠٠
١٥٥٤١	كنز الإيجاز في شرح علاقة المجاز	الديركوشي، حسن بن جمال الدين	١٢٣١
١٥٥٤٢	حاشية على شرح الرسالة الترشيحية للاسفراييني	العُليمي، ياسين بن زين الدين–١٠٦١هـ/١٦٥١م	١٢٠٠–١٣٠٠
١٥٥٤٣	حاشية على شرح الألفية للأشموني	المدابغي، حسن بن علي–١١٧٠هـ/١٧٥٦م	١٢٠٠–١٣٠٠
١٥٥٤٤	حاشية على شرح الألفية للأشموني	المدابغي، حسن بن علي–١١٧٠هـ/١٧٥٦م	١٢٠٠–١٣٠٠
١٥٥٤٥	شرح كافية ابن الحاجب	الرضي الاستراباذي، محمد بن الحسن–حي ٦٨٦هـ/١٢٨٧م	١١٢٧
١٥٥٤٦	تنوير الحالك على منهج السالك إلى ألفية ابن مالك	الأسقاطي، أحمد بن عمر–١١٥٩هـ/١٧٤٦م	١١٣٥

رقم الحفظ	عنوان الكتاب	اسم المؤلف	تاريخ النسخ هـ
١٥٥٤٧	تنوير الحالك على منهج السالك الى ألفية ابن مالك	الأسقاطي، أحمد بن عمر–١١٥٩هـ/١٧٤٦م	١١٣٦
١٥٥٤٨	المفصل في صنعة الإعراب	الزمخشري، محمود بن عمر–٥٣٨هـ/١١٤٤م	٧٣٨
١٥٥٤٩	الإيضاح، أو، شرح المفصل في صنعة الاعراب للزمخشري	ابن الحاجب، عثمان بن عمر–٦٤٦هـ/١٢٤٩م	٦٨٤
١٥٥٥٠	الإقليد، أو، شرح المفصل للزمخشري	الجندي، أحمد بن محمود–حي ٧٠٠هـ/١٣٠٠م	٨٥٤
١٥٥٥١	شرح كافية ابن الحاجب	الدولتا بادي، أحمد بن عمر–٨٤٩هـ/١٤٥٥م	١٠٢٤
١٥٥٥٢	شرح كافية ابن الحاجب	الدولتا بادي، أحمد بن عمر–٨٤٩هـ/١٤٥٥م	١٠٨٠
١٥٥٥٣	مجيب النداء إلى شرح قطر الندى	الفاكهي، عبد الله بن أحمد–٩٧٢هـ/١٥٦٤م	١١٢٦
١٥٥٥٤ت	الأنموذج في العلوم لأرباب الفهوم في أربعة وعشرين علما	الطرسوسي، إبراهيم بن علي–٧٥٨هـ/١٣٧٥م	١٢١٨
١٥٥٥٤ت١	حاشية على شرح تصريف العزي للتفتازاني، أو، دده جونكي	دده خليفة، كمال الدين–٩٧٣هـ/١٥٦٥م	١١٩٦
١٥٥٥٤ت٢	متقارض اللفظين	–	–
١٥٥٥٥	حاشية على امتحان الأذكياء في شرح مختصر الكافية	–	١١٠٠–١٢٠٠
١٥٥٥٦	تمرين الطلاب في صناعة الاعراب	خالد الأزهري، خالد بن عبد الله–٩٠٥هـ/١٤٩٩م	١١٣٧
١٥٥٥٧	العقود الجوهرية في حل الأزهرية	الطبلاوي، منصور–١٠١٤هـ/١٦٠٦م	١٠١٢
١٥٥٥٨	فوائد العقود العلوية لحل ألفاظ شرح الأزهرية	نور الدين الحلبي، علي بن إبراهيم–١٠٤٤هـ/١٦٣٥م	١١٣٦

رقم الحفظ	عنوان الكتاب	اسم المؤلف	تاريخ النسخ هـ
١٥٥٥٩	حاشية على الفوائد الضيائية، أو، حاشية على شرح الكافية للجامي	العصام الإسفراييني، إبراهيم بن محمد–٩٤٥هـ/١٥٣٨م	١١٠٠–١٢٠٠
١٥٥٦٠	شرح ضوء المصباح للمطرزي، أو، حاشية على ضوء المصباح للاسفراييني	–	١٠٧٥
١٥٥٦١	حاشية على الفوائد الضيائية، أو، حاشية على شرح الكافية للجامي	العصام الإسفراييني، إبراهيم بن محمد–٩٤٥هـ/١٥٣٨م	–
١٥٥٦٢ت	نتائج الأفكار في شرح الإظهار	أطه لي، مصطفى بن حمزة–حي ١٠٨٥هـ/١٦٧٤م	١١٣٨
١٥٥٦٢ت١	رسالة في الاستغفار	–	–
١٥٥٦٣	نتائج الأفكار في شرح الإظهار	أطه لي، مصطفى بن حمزة–حي ١٠٨٥هـ/١٦٧٤م	١١٦٩
١٥٥٦٤ت	نتائج الأفكار في شرح الإظهار	أطه لي، مصطفى بن حمزة–حي ١٠٨٥هـ/١٦٧٤م	١١١٢
١٥٥٦٤ت١	شرح مختصر عوامل البركوي	–	١١١٥
١٥٥٦٥ت	شرح قطر الندى وبل الصدى، أو، نكت على قطر الندى وبل الصدى	ابن هشام، عبد الله بن يوسف–٧٦١هـ/١٣٦٠م	١٠٤٠
١٥٥٦٥ت١	مرقاة الوصول إلى علم الأصول	ملا خسرو، محمد بن فرامرز–٨٨٥هـ/١٤٨٠م	١١٠٠–١٢٠٠
١٥٥٦٦	شرح قطر الندى وبل الصدى، أو، نكت على قطر الندى وبل الصدى	ابن هشام، عبد الله بن يوسف–٧٦١هـ/١٣٦٠م	١٠٢٢
١٥٥٦٧	شرح قطر الندى وبل الصدى، أو، نكت على قطر الندى وبل الصدى	ابن هشام، عبد الله بن يوسف–٧٦١هـ/١٣٦٠م	١١٠٠–١٢٠٠
١٥٥٦٨	شرح قطر الندى وبل الصدى، أو، نكت على قطر الندى وبل الصدى	ابن هشام، عبد الله بن يوسف–٧٦١هـ/١٣٦٠م	١١٤١

رقم الحفظ	عنوان الكتاب	اسم المؤلف	تاريخ النسخ هـ
١٥٥٦٩	شرح الأزهرية	خالد الأزهري، خالد بن عبد الله–٩٠٥هـ/١٤٩٩م	١١١٩
١٥٥٧٠	شرح الأزهرية	خالد الأزهري، خالد بن عبد الله–٩٠٥هـ/١٤٩٩م	١١٥٠
١٥٥٧١ت	شرح الأزهرية	خالد الأزهري، خالد بن عبد الله–٩٠٥هـ/١٤٩٩م	١٢٥٥
١٥٥٧١ت١	حاشية على شرح المقدمة الأزهرية لخالد الأزهري	القليوبي، أحمد بن أحمد–١٠٦٩هـ/١٦٥٩م	١٠٦٨
١٥٥٧٢	شرح الآجرومية	خالد الأزهري، خالد بن عبد الله–٩٠٥هـ/١٤٩٩م	–
١٥٥٧٣	شرح الآجرومية	نجم الدين الغزي، محمد بن محمد–١٠٦١هـ/١٦٥١م	١١٧٦
١٥٥٧٤ت	شرح الآجرومية	خالد الأزهري، خالد بن عبد الله–٩٠٥هـ/١٤٩٩م	١٢٦٦
١٥٥٧٤ت١	فوائد على شرح الآجرومية للأزهري	القليوبي، أحمد بن أحمد–١٠٦٩هـ/١٦٥٩م	–
١٥٥٧٥	شرح الآجرومية	خالد الأزهري، خالد بن عبد الله–٩٠٥هـ/١٤٩٩م	١١٢٥
١٥٥٧٦ت	شرح الآجرومية	الشهاب الأبذي، أحمد بن محمد–٨٦٠هـ/١٤٥٦م	١١٠٠–١٢٠٠
١٥٥٧٦ت١	الحدود النحوية	الشهاب الأبذي، أحمد بن محمد–٨٦٠هـ/١٤٥٦م	١١٠٠–١٢٠٠
١٥٥٧٧	تمرين أذهان الزكية على الكتاب المسمى بالآجرومية، أو، شرح الآجرومية	البندقاوي، إبراهيم بن أحمد	١١٧٩
١٥٥٧٨	شرح الآجرومية	المنوفي، علي بن محمد–٩٣٩هـ/١٥٣٢م	١١٥٦
١٥٥٧٩ت	شرح الآجرومية	المنوفي، علي بن محمد–٩٣٩هـ/١٥٣٢م	–

رقم الحفظ	عنوان الكتاب	اسم المؤلف	تاريخ النسخ هـ
١٥٥٧٩ت١	تصريف العزي، أو، العزي في التصريف	الزنجاني، عبد الوهاب بن إبراهيم–٦٥٥هـ/١٢٥٧م	–
١٥٥٨٠	الفوائد السنية في إعراب أمثلة الآجرومية، أو، شرح الآجرومية	النجم الفرضي، محمد بن يحيى–١٠٩٠هـ/١٦٧٩م	–
١٥٥٨١	شرح الآجرومية	المكودي، عبد الرحمن بن علي–٨٠٧هـ/١٤٠٥م	–
١٥٥٨٢	ملحة الإعراب	الحريري، القاسم بن علي–٥١٦هـ/١١٢٢م	–
١٥٥٨٣ت	شرح العنقود في نظم العقود لشمس الدين الموصلي	–	١١٣٩
١٥٥٨٣ت١	أذكار الأذكار في الليل والنهار	الجلال السيوطي، عبد الرحمن بن أبي بكر–٩١١هـ/١٥٠٥م	–
١٥٥٨٤	موصل الطلاب إلى قواعد الإعراب	خالد الأزهري، خالد بن عبد الله–٩٠٥هـ/١٤٩٩م	١٠٧٦
١٥٥٨٥ت	شذور الذهب في معرفة كلام العرب	ابن هشام، عبد الله بن يوسف–٧٦١هـ/١٣٦٠م	١٢٦٣
١٥٥٨٥ت١	التحفة السنية بقراءة الآجرومية	يحيى المسالخي، يحيى بن محمد–١٢٢٥هـ/١٨١٠م	١١٩١
١٥٥٨٦	فرائد القلائد في مختصر شرح الشواهد الصغرى	بدر الدين العيني، محمود بن أحمد–٨٥٥هـ/١٤٥١م	١١٣٧
١٥٥٨٧	فرائد القلائد في مختصر شرح الشواهد الصغرى	بدر الدين العيني، محمود بن أحمد–٨٥٥هـ/١٤٥١م	١٠٥٣
١٥٥٨٨ت	العنقود في نظم العقود	الموصلي، محمد بن الحسين–٧٣٥هـ/١٣٣٥م	٩٧١
١٥٥٨٨ت١	شرح دعاء الأنوار	–	٩٠٠–١٠٠٠
١٥٥٨٨ت٢	رسالة في الصرف	–	٩٠٠–١٠٠٠
١٥٥٨٩	الفوائد الضيائية	الجامي، عبد الرحمن بن أحمد–٨٩٨هـ/١٤٩٢م	١١٨١

رقم الحفظ	عنوان الكتاب	اسم المؤلف	تاريخ النسخ هـ
١٥٥٩٠	الفوائد الضيائية	الجامي، عبد الرحمن بن أحمد–٨٩٨هـ/١٤٩٢م	١٠٨٧
١٥٥٩١	الموشح في شرح الكافية	الخبيصي، محمد بن أبي بكر–٧٣١هـ/١٣٣١م	٨٧٩
١٥٥٩٢	الفوائد الضيائية، أو، شرح كافية ابن الحاجب	الجامي، عبد الرحمن بن أحمد–٨٩٨هـ/١٤٩٢م	٨٦٥
١٥٥٩٣	حاشية على الفوائد الضيائية، أو، حاشية على شرح الكافية للجامي	العصام الأسفراييني، إبراهيم بن محمد–٩٤٥هـ/١٥٣٨م	١٠٩٧
١٥٥٩٤	الفوائد الضيائية	الجامي، عبد الرحمن بن أحمد–٨٩٨هـ/١٤٩٢	٩٠٠–١٠٠٠
١٥٥٩٥	حاشية على شرح الفوائد الضيائية، أو، حاشية على شرح الكافية للجامي	العصام الأسفراييني، إبراهيم بن محمد–٩٤٥هـ/١٥٣٨م	١٠٨٤
١٥٥٩٦	شرح الأنموذج	الأردبيلي، محمد بن عبد الغني–٦٤٧هـ/١٢٤٩م	١١٠٠–١٢٠٠
١٥٥٩٧	حاشية على الفوائد الضيائية، أو، حاشية على شرح الكافية للجامي	اللاري، عبد الغفور بن صلاح–٩١٢هـ/١٥٠٧م	٩٧٠
١٥٥٩٨	حاشية على الفوائد الضيائية، أو، حاشية على شرح الكافية للجامي	اللاري، عبد الغفور بن صلاح–٩١٢هـ/١٥٠٧م	١٠٢٦
١٥٥٩٩	الكافية	ابن الحاجب، عثمان بن عمر–٦٤٦هـ/١٢٤٩م	١٠٦٦
١٥٦٠٠	الكافية	ابن الحاجب، عثمان بن عمر–٦٤٦هـ/١٢٤٩م	٩٩٢
١٥٦٠١	الكافية	ابن الحاجب، عثمان بن عمر–٦٤٦هـ/١٢٤٩م	–
١٥٦٠٢	الكافية	ابن الحاجب، عثمان بن عمر–٦٤٦هـ/١٢٤٩م	١٠٧٣

رقم الحفظ	عنوان الكتاب	اسم المؤلف	تاريخ النسخ هـ
١٥٦٠٣ت	الكافية	ابن الحاجب، عثمان بن عمر–٦٤٦هـ/١٢٤٩م	–
١٥٦٠٣ت١	المصباح	المطرزي، ناصر بن عبد السيد–٦١٠هـ/١٢١٣م	–
١٥٦٠٣ت٢	العوامل المئة	عبد القاهر الجرجاني، عبد القاهر بن عبد الرحمن–٤٧١هـ/١٠٧٨م	–
١٥٦٠٤ت	الكافية	ابن الحاجب، عثمان بن عمر–٦٤٦هـ/١٢٤٩م	١٢٣٢
١٥٦٠٤ت١	إظهار الأسرار، أو، رسالة فيما يحتاج إليه كل معرب	البركلي، محمد بن بير علي–٩٨١هـ/١٥٧٣م	١٢٣٦
١٥٦٠٤ت٢	نقولات من كتاب إظهار الأسرار للبركوي	–	–
١٥٦٠٤ت٣	نقولات من كتاب إظهار الأسرار للبركوي	–	١٣٣٤
١٥٦٠٤ت٤	نقولات وفوائد نحوية متنوعة	–	–
١٥٦٠٤ت٥	مراح الأرواح	صاحب المراح، أحمد بن علي–٧٠٠هـ/١٣٠٠م	١٢٣٤
١٥٦٠٤ت٦	الكفاية	–	–
١٥٦٠٤ت٧	رسالة في الصرف	–	–
١٥٦٠٤ت٨	رسالة في الصرف	–	–
١٥٦٠٤ت٩	رسالة في الصرف	–	–
١٥٦٠٤ت١٠	رسالة في الأوزان الصرفية	–	١٣٢٤
١٥٦٠٤ت١١	كناش	–	–
١٥٦٠٥	أوضح المسالك إلى ألفية ابن مالك	ابن هشام، عبد الله بن يوسف–٧٦١هـ/١٣٦٠م	١٠٢٣

رقم الحفظ	عنوان الكتاب	اسم المؤلف	تاريخ النسخ هـ
١٥٦٠٦	الكافية	ابن الحاجب، عثمان بن عمر–٦٤٦هـ/١٢٤٩م	١٠٠٠–١١٠٠
١٥٦٠٧	المصباح في النحو	المطرزي، ناصر بن عبد السيد–٦١٠هـ/١٢١٣م	٩٢٥
١٥٦٠٨	حاشية على شرح الكافية للجامي، أو، حاشية على حاشية اللاري على الفوائد الضيائية	الميموني، إبراهيم بن محمد–١٠٧٩هـ/١٦٦٩م	١١٠٠–١٢٠٠
١٥٦٠٩	شرح ضوء المصباح للمطرزي	سروري، مصطفى بن شعبان–٩٦٩هـ/١٥٦٢م	–
١٥٦١٠	شرح أبيات ضوء المصباح	–	١١٠٠–١٢٠٠
١٥٦١١	المصباح في النحو	المطرزي، ناصر بن عبد السيد –٦١٠هـ/١٢١٣م	١٠٠٠–١١٠٠
١٥٦١٢	الرسالة السلطانية في شرح كتاب النورانية	الطوسوي، حاجي بابا بن شيخ إبراهيم	١٠٠٧
١٥٦١٣	الافتتاح، أو، شرح المصباح	الأسود، حسن بن علاء الدين–١٠٢٥هـ/١٦١٦م	١٠٧٤
١٥٦١٤	شرح المصباح	–	١١٠٠–١٢٠٠
١٥٦١٥ت	فوائد على شرح ديباجة المصباح	البروسوي، يعقوب بن علي–٩٣١هـ/١٥٢٤م	١٠٠٠–١١٠٠
١٥٦١٥ت١	شرح العوامل	يحيى بن نصوح	١١٠٠–١٢٠٠
١٥٦١٦ت	شرح المغني، أو، مغني الأكراد	العمري، محمد بن عبد الرحيم–٨١١هـ/١٤٠٨م	١٠٨٨
١٥٦١٦ت١	الإعراب عن قواعد الإعراب، أو، قواعد الإعراب	ابن هشام، عبد الله بن يوسف–٧٦١هـ/١٣٦٠م	١٠٠٠–١١٠٠
١٥٦١٧	كشف الوافية في شرح الكافية	الحلبي، محمد بن عمر–٨٥٠هـ/١٤٤٦م	٨٧٠
١٥٦١٨	منية الراغب وبغية الطالب	القاري، عبد الرحمن بن محمد	١٠٨٢

رقم الحفظ	عنوان الكتاب	اسم المؤلف	تاريخ النسخ هـ
١٥٦١٩ت	شرح أبيات ضوء المصباح	–	–
١٥٦١٩ت١	عون الوافيه في شرح الكافيه	كمال بن علي	–
١٥٦١٩ت٢	مبادئ في الصرف	الزنجاني، عبد الوهاب بن إبراهيم–٦٥٥هـ/١٢٥٧م	٨٦١
١٥٦٢٠ت	امتحان الأذكياء، أو، شرح لب الألباب في علم الإعراب للبيضاوي	البركلي، محمد بن بير علي–٩٨١هـ/١٥٧٣م	–
١٥٦٢٠ت١	حاشية على الفوائد الضيائية، أو، حاشية على شرح الكافية للجامي	اللاري، محمد بن صلاح–٩٧٩هـ/١٥٧١م	–
١٥٦٢١	شرح مختصر عوامل البركوي	–	–
١٥٦٢٢	إعراب العوامل المئة للجرجاني، أو، شرح العوامل المئة	ابن المدرس، حسين بن عبد الله–٩٢٦هـ/١٥٢٠م	١٠٥٣
١٥٦٢٣	شرح الأنموذج	الأردبيلي، محمد بن عبد الغني–٦٤٧هـ/١٢٤٩م	٩٥٣
١٥٦٢٤ت	شرح ديباجة ضوء المصباح للمطرزي	–	–
١٥٦٢٤ت١	المصباح في النحو	المطرزي، ناصر بن عبد السيد–٦١٠هـ/١٢١٣م	–
١٥٦٢٤ت٢	الآجرومة، أو، المقدمة الآجرومية	ابن آجروم، محمد بن محمد–٧٢٣هـ/١٣٢٣م	١١٦٥
١٥٦٢٥	الإعراب عن قواعد الإعراب	ابن هشام، عبد الله بن يوسف–٧٦١هـ/١٣٦٠م	١٠٦٩
١٥٦٢٦	تعليق الفواضل على إعراب العوامل	زيني زادة، حسين بن أحمد–١١٦٨هـ/١٧٥٥م	١٢٠١
١٥٦٢٧ت	ألفية ابن مالك، أو، الخلاصة الألفية	ابن مالك، محمد بن عبد الله–٦٧٢هـ/١٢٧٤م	–
١٥٦٢٧ت١	ملحة الإعراب	الحريري، القاسم بن علي–٥١٦هـ/١١١٢م	–

رقم الحفظ	عنوان الكتاب	اسم المؤلف	تاريخ النسخ هـ
١٥٦٢٧ت٢	الرحبية، أو، بغية الباحث، أو، الفرائض الرحبية؛ غنية الباحث	ابن المتقنة، محمد بن علي-٥٧٧هـ/١١٨٢م	-
١٥٦٢٧ت٣	إهداء المهدي في تخميس لامية ابن الوردي	المغربي، يوسف بن زكريا-١٠١٩هـ ١٦١١م	-
١٥٦٢٧ت٤	رسالة في الروحانيات	-	١١٥٤
١٥٦٢٨	مغني اللبيب عن كتب الأعاريب	ابن هشام، عبد الله بن يوسف-٧٦١هـ/١٣٦٠م	٩٧٠
١٥٦٢٩	المنتخب من مغني اللبيب	-	-
١٥٦٣٠ت	رسالة في النحو	الحجار، أحمد	-
١٥٦٣٠ت١	رسالة الاستعارة، أو، متن العلاقة	الأنطاكي، محمود بن عبد الله-١١٦٠هـ/١٧٤٧م	١٢٣٦
١٥٦٣٠ت٢	شرح رسالة الاستعارة	ابن قره تبه لي، حسين بن مصطفى-١١٩١هـ/١٧٧٧م	-
١٥٦٣٠ت٣	الرسالة الشريفة، أو، حاشية على العضدية	الجرجاني، علي بن محمد-٨١٦هـ/١٤١٣م	١١٧٨
١٥٦٣٠ت٤	الرسالة العضدية، أو، آداب العلامة عضد الدين	عضد الدين الإيجي، عبد الرحمن بن أحمد-٧٥٦هـ/١٣٥٥م	١١٧٨
١٥٦٣١	عون الوافية في شرح الكافية	كمال بن علي	٨٩٩
١٥٦٣٢	المناهل الصافية في كشف معاني الشافية، أو، شرح شافية ابن الحاجب	لطف الله، لطف الله بن محمد الغياث-١٠٣٥هـ/١٦٢٦م	١٠٦٦
١٥٦٣٣	شرح الشافية	الرضي الأستراباذي، محمد بن الحسن-حي ٦٨٦هـ/١٢٨٧م	-
١٥٦٣٤ت	شرح الشافية	النقرة كار، عبد الله بن محمد-٧٧٦هـ/١٣٧٤م	١٠٩٧
١٥٦٣٤ت١	شرح الأمثلة المختلفة	سروري، مصطفى بن شعبان ٩٦٩هـ/١٥٦٢م	-
١٥٦٣٤ت٢	شرح الأمثلة المختلفة	-	-

رقم الحفظ	عنوان الكتاب	اسم المؤلف	تاريخ النسخ هـ
١٥٦٣٤ت٣	الأمثلة المختلفة	–	١١٠٠–١٢٠٠
١٥٦٣٥ت	شرح تصريف العزي للزنجاني	–	١١٦٣
١٥٦٣٥ت١	روح الشروح في شرح المقصود	السبروي، عيسى	١١١٣
١٥٦٣٥ت٢	شرح الأمثلة المختلفة	سروري، مصطفى بن شعبان–٩٦٩هـ–١٥٦٢م	–
١٥٦٣٦	شرح الشافية	الجاربردي، أحمد بن الحسن–٧٤٦هـ/١٣٤٦م	١٠٠٠–١١٠٠
١٥٦٣٧	شرح مراح الأرواح	الرومي، عبد الرحمن بن خليل	١٠٣٩
١٥٦٣٨ت	حاشية على شرح تصريف العزي للتفتازاني	اللقاني، محمد–٩٥٨هـ/١٥٥١م	١٠٩٤
١٥٦٣٨ت١	بناء الأفعال	–	١١٠٠–١٢٠٠
١٥٦٣٩	الشافية	ابن الحاجب، عثمان بن عمر–٦٤٦هـ/١٢٤٩م	١١٣٥
١٥٦٤٠	شرح تصريف العزي	السعد التفتازاني، مسعود بن عمر–٧٩٣هـ/١٣٩٠م	٩٩٨
١٥٦٤١	شرح التصريف الملوكي	ابن يعيش، يعيش بن علي–٦٤٣هـ/١٢٤٥م	٦٧٨
١٥٦٤٢ت	المفراح شرح مراح الأرواح	ابن الأسود، حسن باشا بن علي–١٠٢٥هـ/١٦١٦م	–
١٥٦٤٢ت١	رسالة في النحو	–	٨١٧
١٥٦٤٢ت٢	رسالة في النحو	–	٨١٧
١٥٦٤٣	شرح الشافية	الجاربردي، أحمد بن الحسن–٧٤٦هـ/١٣٤٦م	٩٣٣
١٥٦٤٤ت	المطلوب شرح المقصود	–	–
١٥٦٤٤ت١	المفراح شرح مراح الأرواح، أو، شرح مراح الأرواح	ابن الأسود، حسن باشا بن علي–١٠٢٥هـ/١٦١٦م	–

رقم الحفظ	عنوان الكتاب	اسم المؤلف	تاريخ النسخ هـ
١٥٦٤٥	شرح مراح الأرواح لأحمد علي بن مسعود	سروري، مصطفى بن شعبان–٩٦٩هـ/١٥٦٢م	٩٣٢
١٥٦٤٦ت	الفلاح في شرح المراح	ابن كمال باشا، أحمد بن سليمان–٩٤٠هـ/١٥٣٤م	–
١٥٦٤٦ت١	شرح الأمثلة المختلفة	–	–
١٥٦٤٧ت	بغية الطالب في الرد على تعريف ابن الحاجب	ابن الناظم، محمد بن محمد–٦٨٦هـ/١٢٨٧م	–
١٥٦٤٧ت١	باب جيرون	ابن قاضي عجلون، أبو بكر بن عبد الله–٩٢٨هـ/١٥٢٢م	–
١٥٦٤٨ت	مراح الأرواح	صاحب المراح، أحمد بن علي–٧٠٠هـ/١٣٠٠م	١٠٤٤
١٥٦٤٨ت١	بناء الأفعال	–	–
١٥٦٤٩ت	تعليم المتعلم طريق التعلم	الزرنوجي، برهان الدين–حي ٥٩٣هـ/١٥٦٥م	١٠٥٣
١٥٦٤٩ت١	المضبوط، أو، شرح المقصود	قره سنان، يوسف بن عبد الملك–٨٥٢هـ/١٤٤٨م	١٠٥٣
١٥٦٥٠	شرح تصريف العزي	السعد التفتازاني، مسعود بن عمر–٧٩٣هـ/١٣٩٠م	١٢٤١
١٥٦٥١ت	الشافية	ابن الحاجب، عثمان بن عمر–٦٤٦هـ/١٢٤٩م	٨٩١
١٥٦٥١ت١	حاشية على الشرح المتوسط لحسن بن محمد الأسترابادي	الجرجاني، علي بن محمد–٨١٦هـ/١٤١٣م	–
١٥٦٥١ت٢	كشف الوافية في شرح الكافية	الحلبي، محمد بن عمر٨٥٠هـ/١٤٤٦م	–
١٥٦٥٢	شرح تصريف الغزي	الأفزري، علي بن محمد–٨١٥هـ/١٤١٢م	٩٩٧
١٥٦٥٣	شرح مراح الأرواح	ديكقوز، أحمد بن عبد الله–حي ٨٥٥هـ/١٤٥١م	١٠٩٧

رقم الحفظ	عنوان الكتاب	اسم المؤلف	تاريخ النسخ هـ
١٥٦٥٤	رسالة في الصرف	–	–
١٥٦٥٥	الشافية	ابن الحاجب، عثمان بن عمر–٦٤٦هـ/١٢٤٩م	١٢٦٥
١٥٦٥٦	زهرة القلوب، أو، شرح الأمثلة المختلفة	–	١١٥٨
١٥٦٥٧	الحواشي العصامية على الشافية الحاجبية	ابن صدر الدين، علي بن صدر الدين	–
١٥٦٥٨	مراح الأرواح	صاحب المراح، أحمد بن علي–٧٠٠هـ/١٣٠٠م	–
١٥٦٥٩	المفراح شرح مراح الأرواح، أو، شرح مراح الأرواح	ابن الأسود، حسن باشا بن علي–١٠٢٥هـ/١٦١٦م	–
١٥٦٦٠	الشافية	ابن الحاجب، عثمان بن عمر–٦٤٦هـ/١٢٤٩م	–
١٥٦٦١	حاشية على شرح إيساغوجي للكاتي	التالجي، محيي الدين	١١١٠
١٥٦٦٢	شرح تصريف العزي	الكيلاني، علي بن هشام	–
١٥٦٦٣ت	حاشية على شرح تهذيب المنطق والكلام للجلال الدواني	الخلخالي، حسين بن حسن–١٠١٤هـ/١٦٠٥م	–
١٥٦٦٣ت١	شرح الرسالة الشمسية في القواعد المنطقية للقزويني	–	–
١٥٦٦٤ت	حاشية على الفوائد الفنارية، أو، حاشية على شرح إيساغوجي للفناري	ابن خضر، أحمد بن محمد–٧٨٥هـ/١٣٨٣م	١٠٩١
١٥٦٦٤ت١	حاشية على شرح إيساغوجي للكاتي	التالجي، محيي الدين	١٠٩٠
١٥٦٦٥	حاشية على الفوائد الفنارية، أو، حاشية على شرح إيساغوجي للفناري	ابن خضر، أحمد بن محمد–٧٨٥هـ/١٣٨٣م	١١٠٠–١٢٠٠

رقم الحفظ	عنوان الكتاب	اسم المؤلف	تاريخ النسخ هـ
١٥٦٦٦	حاشية على شرح الرسالة الشمسية للقطب التحتاني، أو، حاشية على تحرير القواعد المنطقية في شرح الرسالة الشمسية	الجرجاني، علي بن محمد–٨١٦هـ/١٤١٣م	٩٧٥
١٥٦٦٧	حاشية على تصورات الشمسية للتفتازاني	الفارسي، عماد بن محمد	٩٦٩
١٥٦٦٨	حاشية على شرح الرسالة الشمسية للقطب التحتاني، أو، حاشية على تحرير القواعد المنطقية في شرح الرسالة الشمسية	الجرجاني، علي بن محمد–٨١٦هـ/١٤١٣م	٨٩٣
١٥٦٦٩	حاشية على شرح إيساغوجي للكاتي	التالجي، محيي الدين	١٠٠٠–١١٠٠
١٥٦٧٠	الدر الناجي على متن إيساغوجي، أو، شرح إيساغوجي	التوقادي، عمر بن صالح–١٢٦٥هـ/١٨٤٩م	١٢٠٠–١٣٠٠
١٥٦٧١	حاشية على الفوائد الفنارية، أو، حاشية على شرح إيساغوجي	ابن خضر، أحمد بن محمد–٧٨٥هـ/١٣٨٣م	١٠٨١
١٥٦٧٢	شرح السلم المنورق	المجيري، أحمد بن عبد الفتاح–١١٨١هـ/١٧٦٧م	١٢٧٩
١٥٦٧٣	شرح السلم المنورق	الأخضري، عبد الرحمن بن محمد–٩٨٣هـ/١٥٧٥م	١٠٧٣
١٥٦٧٤	إيساغوجي	أثير الدين الأبهري، المفضل بن عمر–٦٦٣هـ/١٢٦٤م	١٠٨٦
١٥٦٧٥	تحرير القواعد المنطقية في شرح الرسالة الشمسية	القطب التحتاني، محمد بن محمد–٧٦٦هـ/١٣٦٥م	١٢٣٧
١٥٦٧٦	حاشية على شرح الرسالة الشمسية للقطب التحتاني الرازي، أو، حاشية على تحرير القواعد المنطقية في شرح الرسالة الشمسية	–	٩٢٤

رقم الحفظ	عنوان الكتاب	اسم المؤلف	تاريخ النسخ هـ
١٥٦٧٧ت	حاشية على شرح إيساغوجي للكاتي	التالجي، محيي الدين	١٠٨٧
١٥٦٧٧ت١	شرح إيساغوجي، أو، تعليقات الكاتي على إيساغوجي	الكاتي، حسن–٧٦٠هـ/١٣٥٩م	١٠٨٧
١٥٦٧٧ت٢	حاشية على شرح إيساغوجي للكاتي	البردعي، محمد بن محمد–٩٢٧هـ/١٥٢١م	١٠٨٧
١٥٦٧٧ت٣	إيساغوجي	أثير الدين الأبهري، المفضل بن عمر–٦٦٣هـ/١٢٦٤م	١٠٨٧
١٥٦٧٧ت٤	حاشية على الفوائد الفنارية، أو، حاشية على شرح إيساغوجي للفناري	ابن خضر، أحمد بن محمد–٧٨٥هـ/١٣٨٣م	١٠٢٦
١٥٦٧٨ت	حاشية على شرح الرسالة الشمسية للقطب التحتاني الرازي، أو، حاشية على تحرير القواعد المنطقية في شرح الرسالة الشمسية	–	١١٠٠–١٢٠٠
١٥٦٧٨ت١	حاشية على شرح السعد التفتازاني على العقائد النسفية	–	١١٠٠–١٢٠٠
١٥٦٧٩	البهشتي، أو، حاشية على شرح السمرقندية للشرواني	عماد المسعود	١٠٨٧
١٥٦٨٠ت	حاشية على الفوائد الفنارية، أو، حاشية على شرح إيساغوجي للفناري	ابن خضر، أحمد بن محمد–٧٨٥هـ/١٣٨٣م	١١٠٠–١٢٠٠
١٥٦٨٠ت١	الفوائد الفنارية على الرسالة الأثيرية، أو، شرح إيساغوجي	الفناري، محمد بن حمزة–٨٣٤هـ/١٤٣١م	١٢٠٠–١٣٠٠
١٥٦٨٠ت٢	حاشية على شرح الرسالة الشمسية للقطب التحتاني الرازي، أو، حاشية على تحرير القواعد المنطقية في شرح الرسالة الشمسية	الدواني، محمد بن أسعد–٩١٨هـ/١٥١٢م	٩٧٤

رقم الحفظ	عنوان الكتاب	اسم المؤلف	تاريخ النسخ هـ
١٥٦٨١	حاشية ابن خضر على حاشية الخيالي على شرح السعد التفتازاني على العقائد النسفية، أو، حاشية قول أحمد على حاشية الخيالي على شرح السعد التفتازاني على العقائد النسفية	ابن خضر، أحمد بن محمد–٧٨٥هـ/١٣٨٣م	–
١٥٦٨٢	حاشية على شرح الرسالة الشمسية للقطب التحتاني الرازي، أو، حاشية على تحرير القواعد المنطقية في شرح الرسالة الشمسية، أو، حاشية كوجك	الجرجاني، علي بن محمد–٨١٦هـ/١٤١٣م	٩٨٥
١٥٦٨٣	حاشية على السلم المنورق للأخضري	الباجوري، إبراهيم بن محمد–١٢٧٧هـ/١٨٦٠م	–
١٥٦٨٤	حاشية على شرح الشمسية للقطب التحتاني الرازي، أو، حاشية على تحرير القواعد المنطقية في شرح الشمسية	الحسني، حسن بن مهدي	–
١٥٦٨٥	إيساغوجي	أثير الدين الأبهري، المفضل بن عمر–٦٦٣هـ/١٢٦٤م	–
١٥٦٨٦ت	حاشية على الفوائد الفنارية، أو، حاشية على شرح إيساغوجي للفناري	ابن خضر، أحمد بن محمد–٧٨٥هـ/١٣٨٣م	١٢٥٧
١٥٦٨٦ت١	مختصر شرح تلخيص المفتاح، أو، مختصر المطول	السعد التفتازاني، مسعود بن عمر–٧٩٣هـ/١٣٩٠م	١٢٥٧
١٥٦٨٦ت٢	أحوال القيامة	–	١٢٥٣
١٥٦٨٦ت٣	تحرير القواعد المنطقية في شرح الرسالة الشمسية	القطب التحتاني، محمد بن محمد–٧٦٦هـ/١٣٦٥م	–
١٥٦٨٧	الوشي المرقوم في حل المنظوم	ابن الأثير الكاتب، نصر الله بن محمد–٦٣٧هـ/١٢٣٩م	١١٦٩

رقم الحفظ	عنوان الكتاب	اسم المؤلف	تاريخ النسخ هـ
١٥٦٨٨	تحرير القواعد المنطقية في شرح الرسالة الشمسية	القطب التحتاني، محمد بن محمد–٧٦٦هـ/١٣٦٥م	–
١٥٦٨٩ت	رسالة في بيان أقيسة إيساغوجي، أو، شرح إيساغوجي	–	١١٠٠–١٢٠٠
١٥٦٨٩ت١	شرح رسالة الآداب للبركوي	القاز آبادي، أحمد بن محمد–١١٦٣هـ/١٧٥٠م	١٢٠٠–١٣٠٠
١٥٦٩٠ت	مطالع الأفكار، أو، شرح إيساغوجي	رضي الدين ابن الحنبلي، محمد بن إبراهيم–٩٧١هـ/١٥٦٣م	٩٧٩
١٥٦٩٠ت١	الفوائد الفنارية على الرسالة الأثيرية، أو، شرح إيساغوجي	الفناري، محمد بن حمزة–٨٣٤هـ/١٤٣١م	٩٧٨
١٥٦٩٠ت٢	حاشية على الفوائد الفنارية شرح الرسالة الأثيرية	ابن خضر، أحمد بن محمد–٧٨٥هـ/١٣٨٣م	٩٧٨
١٥٦٩٠ت٣	الفوائد البرهانية في تحقيق الفوائد الفنارية، أو، حاشية على الفوائد الفنارية	برهان الدين، إبراهيم بن كمال الدين	–
١٥٦٩٠ت٤	شرح إيساغوجي، أو، مير إيساغوجي	الجرجاني، علي بن محمد–٨١٦هـ/١٤١٣م	٩٧٨
١٥٦٩١	حاشية على شرح إيساغوجي للكاتي	التالجي، محيي الدين	١٠٨٨
١٥٦٩٢	حاشية على كتاب في المنطق	الزيات، محمد	١١٧٧
١٥٦٩٣ت	الدر الناجي على متن إيساغوجي، أو، شرح إيساغوجي	التوقادي، عمر بن صالح–١٢٦٥هـ/١٨٤٩م	–
١٥٦٩٣ت١	شرح الرسالة الولدية	الآمدي، عبد الوهاب بن حسين–١٢٠٠هـ/١٧٨٥م	–
١٥٦٩٣ت٢	الرسالة الشمسية في القواعد المنطقية	القزويني، علي بن عمر–٦٧٥هـ/١٢٧٧م	١٢٤٢
١٥٦٩٣ت٣	آداب المؤلفين والمتعلمين	–	١٢٣٥

رقم الحفظ	عنوان الكتاب	اسم المؤلف	تاريخ النسخ هـ
١٥٦٩٣ت٤	رسالة في بيان تعاريف التقدم وأقسامه	أرذادة، إسماعيل بن يحيى	–
١٥٦٩٣ت٥	الرسالة العضدية، أو، آداب العلامة عضد الدين	عضد الدين الإيجي، عبد الرحمن بن أحمد–٧٥٦هـ/١٣٥٥م	–
١٥٦٩٣ت٦	شرح الرسالة العضدية الوضعية	السمرقندي، أبو القاسم بن أبي بكر–حي٨٨٨هـ/١٤٨٣م	١٢٣٥
١٥٦٩٣ت٧	الفوائد الفناوية على الرسالة الأثيرية، أو، شرح إيساغوجي	الفناري، محمد بن حمزة–٨٣٤هـ/١٤٣١م	١٢٠٠–١٣٠٠
١٥٦٩٣ت٨	شرح جهة الوحدة، أو، شرح جملة في المبادئ العامة	الاسكداري، محمد أمين	١٢٠٠–١٣٠٠
١٥٦٩٣ت٩	تقرير قوانين المناظرة، أو، الرسالة الولدية	المرعشي، محمد بن أبي بكر–١١٤٥هـ/١٧٣٢م	١٢٠٠–١٣٠٠
١٥٦٩٣ت١٠	رسالة في آداب البحث، أو، آداب المولى أبي الخير	طاشكبري زاده، أحمد بن مصطفى–٩٦٨هـ/١٥٦١م	–
١٥٦٩٣ت١١	إيساغوجي، أو، الرسالة الأثيرية	أثير الدين الأبهري، المفضل بن عمر–٦٦٣هـ/١٢٦٤م	١٢٠٠–١٣٠٠
١٥٦٩٣ت١٢	رسالة في القياس غير المتعارف، أو، الرسالة الموسوية في القياس، أو، الرسالة القياسية	بهلوان، موسى بن عبد الله–١١٣٣هـ/١٧٢١م	١٢٠٠–١٣٠٠
١٥٦٩٣ت١٣	آداب الكلنبوي	الكلنبوي، إسماعيل بن مصطفى–١٢٠٥هـ/١٧٩١م	١٢٠٠–١٣٠٠
١٥٦٩٤	حاشية على شرح الرسالة الشمسية للقطب التحتاني الرازي، أو، حاشية على تحرير القواعد المنطقية في شرح الرسالة الشمسية	الدواني، محمد بن أسعد–٩١٨هـ/١٥١٢م	١٠٣٤
١٥٦٩٥	تحرير القواعد المنطقية في شرح الرسالة الشمسية	القطب التحتاني، محمد بن محمد–٧٦٦هـ/١٣٦٥م	٩٤٧
١٥٦٩٦ت	شرح تهذيب المنطق والكلام للتفتازاني	الدواني، محمد بن أسعد–٩١٨هـ/١٥١٢م	–

رقم الحفظ	عنوان الكتاب	اسم المؤلف	تاريخ النسخ هـ
١٥٦٩٦ت١	حاشية على شرح تهذيب المنطق والكلام للدواني	الأردبيلي، محمد بن أمين–٨٧٥هـ/١٤٧٠م	–
١٥٦٩٧	حاشية على مطالع الأنظار شرح طوالع الأنوار للأصبهاني	السمرقندي، أبو القاسم بن أبي بكر–حي ٨٨٨هـ/١٤٨٣م	٩٠٠–١٠٠٠
١٥٦٩٨	حاشية على شرح الرسالة الشمسية للقطب التحتاني الرازي، أو، حاشية على تحرير القواعد المنطقية في شرح الرسالة الشمسية	العصام الأسفراييني، إبراهيم بن محمد–٩٤٥هـ/١٥٣٨م	١١١٤
١٥٦٩٩ت	حاشية على التصديقات	العصام الإسفراييني، إبراهيم بن محمد٩٤٥–١٥٣٨م	١٢٢٨
١٥٦٩٩ت١	الفرائد	العصام الأسفراييني، إبراهيم بن محمد–٩٤٥هـ/١٥٣٨م	١٢٠٠–١٣٠٠
١٥٦٩٩ت٢	الرسالة الحسينية، أو، الحسينية في الآداب	الأنطاكي، حسين بن عبد الله–١١٣٠هـ/١٧١٨م	١٢٠٠–١٣٠٠
١٥٦٩٩ت٣	الدر الناجي على متن إيساغوجي، أو، شرح إيساغوجي	التوقادي، عمر بن صالح–١٢٦٥هـ/١٨٤٩م	١٢٣١
١٥٦٩٩ت٤	حاشية على شرح إيساغوجي للفناري	الكليسي، عبد الرحمن	١٢٠٠–١٣٠٠
١٥٦٩٩ت٥	حاشية على شرح الرسالة العضدية لملا حنفي	الأردبيلي، محمد بن أمين–٩٥٠هـ–١٥٤٣م	١٠٦٩
١٥٦٩٩ت٦	حاشية على شرح الرسالة الشمسية للقطب التحتاني الرازي، أو، حاشية على تحرير القواعد المنطقية في شرح الرسالة الشمسية، أو، حاشية كوجك الصغرى	الجرجاني، علي بن محمد–٨١٩هـ/١٤١٣م	١٢٠٠–١٣٠٠
١٥٧٠٠	الفرائد البرهانية في تحقيق الفوائد الفنارية	برهان الدين بن كمال الدين، ابراهيم بن كمال الدين	١٢٠٠–١٣٠٠

رقم الحفظ	عنوان الكتاب	اسم المؤلف	تاريخ النسخ هـ
١٥٧٠١ت	حاشية الخيالي على شرح السعد التفتازاني على العقائد النسفية	الخيالي، أحمد بن موسى-٨٦٢هـ/١٤٥٨م	٩٤٢
١٥٧٠١ت١	حاشية على شرح السمرقندية للشرواني، أو، قرة حاشية، أو، الحاشية السوداء	الكاشي، يحيى بن أحمد-حي ٧٤٥هـ/١٣٤٤م	–
١٥٧٠٢	رسالة في المنطق	قاسم الخاني، قاسم بن صلاح الدين-١١٠٩هـ/١٦٩٧م	١٢٥٨
١٥٧٠٣ت	إيساغوجي	أثير الدين الأبهري، المفضل بن عمر-٦٦٣هـ/١٢٦٢م	–
١٥٧٠٣ت١	شرح إيساغوجي، أو، تعليقات الكاتي على إيساغوجي	الكاتي، حسن-٧٦٠هـ/١٣٥٩م	–
١٥٧٠٤	رسالة في المنطق	قاسم الخاني، قاسم بن صلاح الدين-١١٠٩هـ/١٦٩٧م	١٢٢٩
١٥٧٠٥	رسالة في المنطق	قاسم الخاني، قاسم بن صلاح الدين-١١٠٩هـ/١٦٩٧م	–
١٥٧٠٦	شرح إيساغوجي	الكاتي، حسن-٧٦٠هـ/١٣٥٩م	١١٢٢
١٥٧٠٧	حاشية المولى ميرزاجان على الحاشية القديمة على التجريد	ميرزاجان، حبيب الله بن عبد الله-٩٩٤هـ/١٥٨٦م	١٠٨١
١٥٧٠٨ت	حاشية على الديباجة المتعلقة بالبسملة والحمدلة والتصلية	–	–
١٥٧٠٨ت١	حاشية على حاشية ابن خضر على الفوائد الفنارية	شيخي زاده، عبد الرحمن بن محمد-١٠٧٨هـ/١٦٦٧م	–
١٥٧٠٨ت٢	رسالة في البلاغة	–	١٢١٠
١٥٧٠٨ت٣	أبحاث الإمتحان	الكلنبوي، إسماعيل بن مصطفى-١٢٠٥هـ/١٧٩١م	–
١٥٧٠٨ت٤	إيساغوجي	أثير الدين الأبهري، المفضل بن عمر-٦٦٣هـ/١٢٦٤م	١٢٠٨

رقم الحفظ	عنوان الكتاب	اسم المؤلف	تاريخ النسخ هـ
١٥٧٠٨ت٥	الفوائد الفنارية على الرسالة الأثيرية، أو، شرح إيساغوجي	الفناري، محمد بن حمزة-٨٣٤هـ/١٤٣١م	١٢٠٨
١٥٧٠٨ت٦	الرسالة الولدية	المرعشي، محمد بن أبي بكر-١١٤٥هـ/١٧٣٢م	١٢٠٨
١٥٧٠٨ت٧	آداب المولى أبي الخير، أو، رسالة طاشكبري زادة في فن المناظرة	طاشكبري زاده، أحمد بن مصطفى-٩٦٨هـ/١٥٦١م	–
١٥٧٠٨ت٨	شرح رسالة في علم المناظرة والآداب	–	–
١٥٧٠٨ت٩	بدء الأمالي، أو، قصيدة يقول العبد	الأوشي، علي بن عثمان-حي ٥٦٩هـ/١١٧٣م	١٢٠٨
١٥٧٠٩ت	تقرير القوانين المتداولة من علم المناظرة	المرعشي، محمد بن أبي بكر-١١٤٥هـ/١٧٣٢م	–
١٥٧٠٩ت١	ديباجة روزنامة جديدة محمدية	–	١١٦٥
١٥٧١٠	تعليقة على حاشية الكاشي على شرح آداب الفضل شمس الدين للشرواني	العجمي، شاه حسين-٩٢٠هـ/١٥١٤م	١٠٦٣
١٥٧١١	شرح تحفة الطلاب في نظم الآداب للكواكبي	–	١١٨٢
١٥٧١٢ت	الرسالة الحسينية، أو، الحسينية في الآداب	الأنطاكي، حسين بن عبد الله-١١٣٠هـ/١٧١٨م	١١٠٠-١٢٠٠
١٥٧١٢ت١	شرح الرسالة الحسينية	–	١١٨٣
١٥٧١٢ت٢	الرسالة الولدية	المرعشي، محمد بن أبي بكر-١١٤٥هـ/١٧٣٢م	١١٨٣
١٥٧١٢ت٣	شرح آداب المولى أبي الخير، أو، شرح رسالة آداب البحث لطاشكبري زاده	طاشكبري زاده، أحمد بن مصطفى-٩٦٨هـ/١٥٦١م	١١٨٠
١٥٧١٣	شرح آداب الفاضل شمس الدين	الشرواني، مسعود بن حسين-٩٠٥هـ/١٤٩٩م	١٠٦٥

رقم الحفظ	عنوان الكتاب	اسم المؤلف	تاريخ النسخ هـ
١٥٧١٤ت	شرح الرسالة العضدية	السمرقندي، أبو القاسم بن أبي بكر–حي ٨٨٨هـ/١٤٨٣	١١١٢
١٥٧١٤ت١	حاشية على الفوائد الفنارية، أو، حاشية على شرح إيساغوجي للفناري	ابن خضر، أحمد بن محمد–٧٨٥هـ/١٣٨٣م	١١٢٠
١٥٧١٤ت٢	الفوائد الفنارية على الرسالة الأثيرية، أو، شرح إيساغوجي	الفناري، محمد بن حمزة–٨٣٤هـ/١٤٣١م	١١٢١
١٥٧١٤ت٣	حاشية على شرح إيساغوجي للكاتي	التالجي، محيي الدين	١١٢٢
١٥٧١٤ت٤	شرح إيساغوجي، أو، شرح على الرسالة الأثيرية	الكاتي، حسن–٧٦٠هـ/١٣٥٩م	١١٢١
١٥٧١٤ت٥	إيساغوجي	أثير الدين الأبهري، المفضل بن عمر–٦٦٣هـ/١٢٦٤م	١١٢١
١٥٧١٥ت	الرسالة العضدية، أو، آداب العلامة عضد الدين	عضد الدين الإيجي، عبد الرحمن بن أحمد–٧٥٦هـ/١٣٥٥م	١١٠٠–١٢٠٠
١٥٧١٥ت١	شرح الرسالة العضدية	السمرقندي، أبو القاسم بن أبي بكر–حي ٨٨٨هـ/١٤٨٣م	١١٠٠–١٢٠٠
١٥٧١٥ت٢	الرسالة الولدية	المرعشي، محمد بن أبي بكر–١١٤٥هـ/١٧٣٢م	١١٠٠–١٢٠٠
١٥٧١٥ت٣	تعليقات على الفتحية على الحنفية على الرسالة العضدية	الحسين آبادي، عبد الله بن حيدر–حي١١٠٤هـ/١٦٩٢م	١١١٢
١٥٧١٦	تقرير القوانين المتداولة في علم المناظرة	المرعشي، محمد بن أبي بكر–١١٤٥هـ/١٧٣٢م	١١٠٠–١٢٠٠
١٥٧١٧ت	شرح آداب المولى أبي الخير، أو، شرح رسالة آداب البحث لطاشكبري زاده	طاشكبري زاده، أحمد بن مصطفى–٩٦٨هـ/١٥٦١م	١١١٩
١٥٧١٧ت١	شرح الرسالة الحسينية	–	١١٠٠–١٢٠٠
١٥٧١٧ت٢	الرسالة الشريفة	الدواني، محمد بن أسعد–٩١٨هـ/١٥١٢م	١١٠٠–١٢٠٠

رقم الحفظ	عنوان الكتاب	اسم المؤلف	تاريخ النسخ هـ
١٥٧١٧ت٣	المشبه والمشبه به	–	١١٠٠–١٢٠٠
١٥٧١٧ت٤	الحاشية الفردية لرسالة الحسينية	فردي، علي بن مصطفى–١١٢٧هـ/١٧١٥م	١١٠٠–١٢٠٠
١٥٧١٨ت	تعليق على الرامزة في علم العروض والقافية	–	١١٠٠–١٢٠٠
١٥٧١٨ت١	شرح نظم حل الأعداد	الدمشقي، عبد اللطيف أحمد بن محمد	١١٠٠–١٢٠٠
١٥٧١٩	الجواهر السنية في شرح الخزرجية	العباسي، عبد الرحيم بن عبد الرحمن–٩٦٣هـ/١٥٥٦م	١١٨٢
١٥٧٢٠	شرح الأندلسية، أو، حل مشكلات المختصر، أو، شرح عروض الأندلسي	القيصري، عبد المحسن بن محمد–٧٥٥هـ/١٣٥٤م	١١٧٠
١٥٧٢١	مختصر الحدائق الأنسية في كشف الحقائق الأندلسية، أو، شرح الأندلسية لابن الحنبلي	حسبي زداه، عبد القادر بن محمد	١٢٢٦
١٥٧٢٢	الرامزة في علمي العروض والقافية، أو، القصيدة الخزرجية، أو، الخزرجية	الخزرجي، عبد الله بن محمد–٦٢٦هـ/١١٢٩م	١٢٢٧
١٥٧٢٣ت	الكافي في علمي العروض والقوافي، أو، الوافي في العروض والقوافي	الخطيب التبريزي، يحيى بن علي–٥٠٢هـ/١١٠٩م	١١٠٠–١٢٠٠
١٥٧٢٣ت١	تعليق على الرامزة في علمي العروض والقافية	–	١١٠٠–١٢٠٠
١٥٧٢٤ت	شرح تجريد العقائد، أو، شرح تجريد الكلام	القوشجي، علي بن محمد٨٧٩هـ–١٤٧٤م	١١٠٠–١٢٠٠
١٥٧٢٤ت١	شرح حكمة العين للقزويني	حكيم شاه، محمد بن مبارك شاه–٩٢٨هـ/١٥٢٢م	١١٠٠–١٢٠٠
١٥٧٢٥	حاشية على التجريد	–	٩١٤

رقم الحفظ	عنوان الكتاب	اسم المؤلف	تاريخ النسخ هـ
١٥٧٢٦	شرح هداية الحكمة	الهروي، أحمد بن محمود–حي ٨٦٣هـ/١٤٥٨م	٨٩٦
١٥٧٢٧ت	شرح مختصر منتهى السول والأمل في علمي الأصول والجدل لابن الحاجب، أو، شرح مختصر ابن الحاجب	–	١١٠٠–١٢٠٠
١٥٧٢٧ت١	حاشية على شرح حكمة العين لمباركشاه	ميرزاجان، حبيب الله بن عبد الله–٩٩٤هـ/١٥٨٦م	١١٠٠–١٢٠٠
١٥٧٢٧ت٢	شرح المختصر في أصول الفقه المالكي	المالقي، محمد بن الحسن–٧٧١هـ/١٣٧٠م	١١٠٠–١٢٠٠
١٥٧٢٨	شرح هداية الحكمة للأبهري، أو، قاضي مير على الهداية	قاضي مير، حسين بن معين الدين–٩١٠هـ/١٥٠٤م	٩٨٨
١٥٧٢٩ت	حاشية على شرح حكمة العين لمحمد بن مبارك	–	١١٠٠–١٢٠٠
١٥٧٢٩ت١	شرح حكمة العين للقزويني	حكيم شاه، محمد بن مبارك شاه–٩٢٨هـ/١٥٢٢م	١١٠٠–١٢٠٠
١٥٧٢٩ت٢	كتاب في العقائد والتوحيد	–	١١٠٠–١٢٠٠
١٥٧٢٩ت٣	شرح جهة الوحدة، أو، شرح جملة في المبادىء العامة	–	١٠٨٤
١٥٧٢٩ت٤	الرسالة الشمسية في القواعد المنطقية	القزويني، علي بن عمر–٦٧٥هـ/١٢٧٧م	١٠٠٠–١١٠٠
١٥٧٢٩ت٥	تحرير القواعد المنطقية في شرح الرسالة الشمسية	القطب التحتاني، محمد بن محمد–٧٦٦هـ/١٣٦٥م	١٠٠٠–١١٠٠
١٥٧٢٩ت٦	حاشية على شرح الرسالة الشمسية للقطب التحتاني الرازي	ابن كمال باشا، برهان الدين بن كمال الدين	١٠٨٤
١٥٧٣٠	شرح أشكال التأسيس	فصيح الدين، محمد–حي ٨٧٩هـ/١٤٧٤م	١١٠٠–١٢٠٠

رقم الحفظ	عنوان الكتاب	اسم المؤلف	تاريخ النسخ هـ
١٥٧٣١ت	حاشية على شرح حكمة العين	ميرزاجان، حبيب الله بن عبد الله–٩٩٤هـ/١٥٨٦م	١١٠٠–١٢٠٠
١٥٧٣١ت١	شرح حكمة العين للقزويني	حكيم شاه، محمد بن مبارك شاه–٩٢٨هـ/١٥٢٢م	١١٠٠–١٢٠٠
١٥٧٣١ت٢	شرح أشكال التأسيس للسمرقندي	قاضي زاده، موسى بن محمد–حي ٨٤٠هـ/١٤٣٦م	١١٢٥
١٥٧٣١ت٣	خلاصة الحساب	بهاء الدين العاملي، محمد بن حسين–١٠٣١هـ/١٦٢٢م	١١٠٠–١٢٠٠
١٥٧٣١ت٤	الملخص في الهيئة	الجغميني، محمود بن محمد–٦١٨هـ/١٢٢١م	١١٠٠–١٢٠٠
١٥٧٣٢	شرح هداية الحكمة	الحسيني، محمد بن حسين–حي ٩٦٨هـ/١٥٦٠م	١٠٨٦
١٥٧٣٣ت	حاشية على شرح حكمة العين	ميرزاجان، حبيب الله بن عبد الله–٩٩٤هـ/١٥٨٦م	١١٠٠–١٢٠٠
١٥٧٣٣ت١	شرح حكمة العين للقزويني	حكيم شاه، محمد بن مبارك شاه–٩٢٨هـ/١٥٢٢م	١١٠٠–١٢٠٠
١٥٧٣٤	حاشية على شرح هداية الحكمة للقاضي مير	مصلح الدين اللاري، محمد بن صلاح–٩٧٩هـ/١٥٧١م	١١٠٠–١٢٠٠
١٥٧٣٥	شرح هداية الحكمة للأبهري، أو، قاضي مير على الهداية	قاضي مير، حسين بن معين الدين–٩١٠هـ/١٥٠٤م	١١٠٠–١٢٠٠
١٥٧٣٦ت	حاشية على شرح آداب الفاضل شمس الدين للشرواني، أو، الحاشية السوداء	الكاشي، يحيى بن أحمد–حي ٧٤٥هـ/١٣٤٤م	١١٢٣
١٥٧٣٦ت١	شرح آداب المولى أبي الخير، أو، شرح رسالة آداب البحث لطاش كبرى زاده	طاشكبري زادة، أحمد بن مصطفى–٩٦٨هـ/١٥٦١م	١١٢٢
١٥٧٣٦ت٢	تعليقات على آداب المولى أبي الخير وشرحها	المرعشي، محمد بن أبي بكر–١١٤٥هـ/١٧٣٢م	١١٢٢

رقم الحفظ	عنوان الكتاب	اسم المؤلف	تاريخ النسخ هـ
١٥٧٣٦ت٣	تلخيص المفتاح	القزويني، محمد بن عبد الرحمن–٧٣٩هـ/١٣٣٨م	١١٠٠–١٢٠٠
١٥٧٣٦ت٤	شرح الرسالة العضدية	البردعي، محمد بن محمد–٩٢٧هـ/١٥٢١م	١١٠٠–١٢٠٠
١٥٧٣٦ت٥	رسالة في الحساب	–	١١٣١
١٥٧٣٦ت٦	رسالة مختصرة في أسماء الرسوم المرسومة على الإسطرلاب الشمالي ذات الصفائح وبعض أعمالها، أو، الإسطرلاب الشمالي	النصير الطوسي، محمد بن محمد–٦٧٢هـ/١٢٧٤م	١١٠٠–١٢٠٠
١٥٧٣٧ت	تحفة الرئيس في شرح أشكال التأسيس، أو، شرح أشكال التأسيس للسمرقندي	قاضي زاده، موسى بن محمد–حي ٨٤٠هـ/١٤٣٦م	١٠٧٥
١٥٧٣٧ت١	رسالة في الفلك	–	١٠٧٥
١٥٧٣٧ت٢	رسالة في تحقيق أسماء الله تعالى	–	–
١٥٧٣٨	شرح الملخص في الهيئة للجغميني	الجرجاني، علي بن محمد–٨١٦هـ/١٤١٣م	٩٠٤
١٥٧٣٩ت	العيون الغامزة على خبايا الرامزة، او، شرح الخزرجية	البدر الدماميني، محمد بن أبي بكر–٨٢٧هـ/١٤٢٤م	١١٠٤
١٥٧٣٩ت١	موصل الطلاب إلى قواعد الإعراب	خالد الأزهري، خالد بن عبد الله–٩٠٥هـ/١٤٩٩م	٩٦٦
١٥٧٣٩ت٢	خلاصة الحساب	بهاء الدين العاملي، محمد بن حسين–١٠٣١هـ/١٦٢٢م	–
١٥٧٤٠	تعليقات على المواضع المشكلة من شرح الملخص في الهيئة لقاضي زاده، أو، حاشية على شرح الملخص لقاضي زاده	البرجندي	١١٠٠–١٢٠٠
١٥٧٤١ت	شرح الملخص في الهيئة للجغميني	الجرجاني، علي بن محمد–٨١٦هـ/١٤١٣م	٨٩٥
١٥٧٤١ت١	المقاييس	–	٨٠٠–٩٠٠

رقم الحفظ	عنوان الكتاب	اسم المؤلف	تاريخ النسخ هـ
١٥٧٤١ت٢	شرح الملخص في الهيئة	قاضي زاده، موسى بن محمد– حي ٨٤٠هـ/١٤٣٦م	٨٩٥
١٥٧٤١ت٣	رسالة في علم الهيئة	–	–
١٥٧٤٢	شرح التذكرة النصيرية للنصير الطوسي	الجرجاني، علي بن محمد– ٨١٦هـ/١٤١٣م	٨٩٣
١٥٧٤٣	حاشية على الملخص للجغميني	العبيدي، فضل الله	–
١٥٧٤٤	الجامع لمفردات الأدوية والأغذية، أو، مفردات ابن البيطار، أو، الأدوية المفردة	ابن البيطار، عبد الله بن أحمد–٦٤٦هـ/١٢٤٨م	–
١٥٧٤٥	شفاء الأسقام ودواء الآلام	حاجي باشا، خضر بن علي– ٨٢٠هـ/١٤١٧م	١١٧٠
١٥٧٤٦	شفاء الاسقام ودواء الآلام	حاجي باشا، خضر بن علي– ٨٢٠هـ/١٤١٧م	١١٧٠
١٥٧٤٧ت	تلخيص القانون لابن سينا	–	١١١٤
١٥٧٤٧ت١	رسالة في الفلك	–	–
١٥٧٤٨	الطب النبوي	الجلال السيوطي، عبد الرحمن بن أبي بكر–٩١١هـ/١٥٠٥م	١٠٨٣
١٥٧٤٩	أدوية الأدوية	التفليسي، حبيش بن إبراهيم– حي ٦٢٩هـ/١٢٣١م	١٠٩١
١٥٧٥٠ت	أقدار الرائض على الفتوى في الفرائض	السوبيني، إبراهيم بن عمر– ٨٥٨هـ/١٤٥٤م	٨٠٠–٩٠٠
١٥٧٥٠ت١	تلخيص أعمال الحساب	ابن البناء، أحمد بن محمد– ٧٢١هـ/١٣٢١م	٨٤٥
١٥٧٥١	التحفة الخيرية على الفوائد الشنشورية	الباجوري، إبراهيم بن محمد– ١٢٧٧هـ/١٨٦٠م	١٢٧٠
١٥٧٥٢	شرح السراجية، أو، شرح فرائض السجاوندي	ابن أمين الدولة، الحسن بن أحمد–٦٥٨هـ/١٢٦٠م	٧١٩

رقم الحفظ	عنوان الكتاب	اسم المؤلف	تاريخ النسخ هـ
١٥٧٥٣	شرح السراجية، أو، شرح فرائض السجاوندي	الجرجاني، علي بن محمد–٨١٦هـ/١٤١٣م	٩٨٥
١٥٧٥٤ت	المختصر في علم الحساب	السخاوي، عبد القادر بن علي	–
١٥٧٥٤ت١	الفوائد الشنشورية في شرح المنظومة الرحبية، أو، شرح الرحبية	الشنشوري، عبد الله بن محمد–٩٩٩هـ/١٥٩١م	–
١٥٧٥٥	الفوائد الشنشورية في شرح المنظومة الرحبية، أو، شرح الرحبية	الشنشوري، عبد الله بن محمد–٩٩٩هـ/١٥٩١م	١٠٨٩
١٥٧٥٦ت	شرح السراجية، أو، شرح فرائض السجاوندي	السجاوندي، محمد بن محمد. حي ٦٠٠هـ/١٢٠٤م	١٠٢٤
١٥٧٥٦ت١	رسالة بالفارسية	–	–
١٥٧٥٦ت٢	رسالة في الفرائض	–	–
١٥٧٥٧ت	شرح السراجية، أو، شرح فرائض السجاوندي	ابن كمال باشا، أحمد بن سليمان–٩٤٠هـ/١٥٣٤م	١٠٠٠–١١٠٠
١٥٧٥٧ت١	حاشية على شرح السراجية لابن كمال باشا، أو، حاشية على شرح فرائض السجاوندي لابن كمال باشا	–	١٠٠٠–١١٠٠
١٥٧٥٨	الفوائد المرضية لشرح الدرة المضية في علم القواعد الفرضية، أو، شرح مختصر الرحبية	البعلي، عبد الرحمن بن عبد الله–١١٩٢هـ/١٧٧٨م	١١٨٢
١٥٧٥٩	شرح السراجية، أو، شرح فرائض السجاوندي	الجرجاني، علي بن محمد–٨١٦هـ/١٤١٣م	١٠٦٥
١٥٧٦٠ت	شرح السراجية، أو، شرح فرائض السجاوندي	الجرجاني، علي بن محمد–٨١٦هـ/١٤١٣م	١٠٧٢
١٥٧٦٠ت١	مسائل تشبيب البنات	–	–
١٥٧٦٠ت٢	رسالة في الفرائض	القرشهري، محمود	١٠٧٧

رقم الحفظ	عنوان الكتاب	اسم المؤلف	تاريخ النسخ هـ
١٥٧٦٠ت٣	رسالة في الحساب	عبد العزيز الأشنهي، عبد العزيز بن علي-٥٥٠هـ/١١٥٥م	١٠٩٤
١٥٧٦١	الفوائد الشنشورية في شرح المنظومة الرحبية، أو، شرح الرحبية	الشنشوري، عبد الله بن محمد-٩٩٩هـ/١٥٩١م	١٠٢٩
١٥٧٦٢	حاشية على شرح السراجية للسيد الشريف الجرجاني	البروسوي، يعقوب بن علي-٩٣١هـ/١٥٢٤م	١٠٥٨
١٥٧٦٣	شرح الفرائض الرحبية، أو، شرح غنية الباحث، أو، شرح الرحبية	سبط المارديني، محمد بن محمد-٩١٢هـ/١٥٠٦م	٩٧٧
١٥٧٦٤	فرائض شهاب الدين، أو، مختصر في الفرائض	شهاب الدين، محمد بن أحمد	١٢٠٦
١٥٧٦٥ت	رسالة في علم الفرائض	–	–
١٥٧٦٥ت١	السراجية، أو، فرائض السجاوندي	السجاوندي، محمد بن محمد-حي ٦٠٠هـ/١٢٠٤م	–
١٥٧٦٥ت٢	شرح السراجية، أو، شرح فرائض السجاوندي	–	–
١٥٧٦٥ت٣	معجم فارسي تركي	–	–
١٥٧٦٦	السراجية، أو، فرائض السجاوندي	السجاوندي، محمد بن محمد-حي ٦٠٠هـ/١٢٠٤م	١٢٧٥
١٥٧٦٧	بغية الراغب في شرح مرشدة الطالب لابن الهائم	الشنشوري، عبد الله بن محمد-٩٩٩هـ/١٥٩١م	١٠٦٤
١٥٧٦٨	الاعتضاد في شرح الإرشاد	الرشيدي، عبد الرحمن بن محمد-٨٠٣هـ/١٤٠٠م	٧٧٦
١٥٧٦٩	نزهة الحساب، أو، نزهة النظار في قلم الغبار، أو، مختصر مرشدة الطالب إلى أسنى المطالب	ابن الهائم، أحمد بن محمد-٨١٥هـ/١٤١٢م	٨٨٨
١٥٧٧٠ت	رسالة في علم الفرائض	–	١١٣٠

رقم الحفظ	عنوان الكتاب	اسم المؤلف	تاريخ النسخ هـ
١٥٧٧٠ت١	رسالة في الحساب	–	–
١٥٧٧٠ت٢	شرح السراجية، أو، شرح فرائض السجاوندي	الآمدي، عبد الرحمن بن عبد الكريم–١١٩٠هـ/١٧٧٦م	–
١٥٧٧١	تحفة الطلاب في شرح نزهة الحساب لابن الهائم	البيروتي، أحمد	١١١٩
١٥٧٧٢	نزهة الحساب، أو، نزهة النظار في قلم الغبار، أو، مختصر مرشدة الطالب إلى أسنى المطالب	ابن الهائم، أحمد بن محمد–٨١٥هـ/١٤١٢م	١١٣٠
١٥٧٧٣ت	السخاوية، أو، المقدمة في علم الغبار	السخاوي، عبد القادر بن علي–حي ١٠٠٠هـ/١٥٩١م	١٢٦٥
١٥٧٧٣ت١	الرحبية، أو، بغية الباحث، أو، الفرائض الرحبية؛ غنية الباحث	ابن المتقنة، محمد بن علي–٥٧٧هـ/١١٨٢م	١٢٦١
١٥٧٧٣ت٢	شرح الأرجوزة في حل الأعداد للكتبي	الكتبي، عبد اللطيف بن أحمد–١١٦٢هـ/١٧٤٩م	–
١٥٧٧٣ت٣	شباك ابن الهائم، أو، شرح ألفية ابن الهائم في الفرائض، أو، عمل المناسخات بالجدول؛ شرح كفايه الحفاظ	ابن الهائم، أحمد بن محمد–٨١٥هـ/١٤١٢م	–
١٥٧٧٣ت٤	رسالة في علم الكسور	–	–
١٥٧٧٤ت	نزهة الحساب، أو، نزهة النظار في قلم الغبار، أو، مختصر مرشدة الطالب إلى أسنى المطالب	ابن الهائم، أحمد بن محمد–٨١٥هـ/١٤١٢م	١٠٩٣
١٥٧٧٤ت١	تهذيب المنطق والكلام	السعد التفتازاني، مسعود بن عمر–٧٩٣هـ/١٣٩٠م	–
١٥٧٧٥	السخاوية، أو، المقدمة في علم الغبار	السخاوي، عبد القادر بن علي–حي ١٠٠٠هـ/١٥٩١م	١٢٢٦
١٥٧٧٦	البيان والتذكار في صناعة عمل المسائل بالغبار، أو، الحصار في علم الغبار	الحصار، محمد بن عبد الله–حي ٧٧٢هـ/١٣٧٠م	٧٧٢

رقم الحفظ	عنوان الكتاب	اسم المؤلف	تاريخ النسخ هـ
١٥٧٧٧	السخاوية، أو، المقدمة في علم الغبار	السخاوي، عبد القادر بن علي–حي ١٠٠٠هـ/١٥٩١م	١٢٧٧
١٥٧٧٨	تذكرة الإخوان	السفيري، محمد بن عمر–٩٥٦هـ/١٥٤٩م	٨٩٥
١٥٧٧٩	اللمع في الحساب	ابن الهائم، أحمد بن محمد–٨١٥هـ/١٤١٢م	٩٠٠–١٠٠٠
١٥٧٨٠ت	المقالة، أو، مختصر كتاب الجواهر	الكارزياني، محمود بن محمد	١١٠٠–١٢٠٠
١٥٧٨٠ت١	رسالة في بيان حقيقة الإيمان والاختلافات فيها	ابن كمال باشا، أحمد بن سليمان–٩٤٠هـ/١٥٣٣م	١١٠٠–١٢٠٠
١٥٧٨٠ت٢	رسالة في تحقيق المناظره	كمال الفاضل	١١٠٠–١٢٠٠
١٥٧٨٠ت٣	العقد الجوهري في الفرق بين قدرتي الماتريدي والأشعري	الشيخ خالد النقشبندي، خالد بن أحمد–١٢٤٢هـ–١٨٢٧م	١٢٠٠–١٣٠٠
١٥٧٨١	منهاج المتعلم	الغزالي، محمد بن محمد–٥٠٥هـ/١١١١م	١٠٠٠–١١٠٠
١٥٧٨٣	مراح الأرواح	صاحب المراح، أحمد بن علي–٧٠٠هـ/١٣٠٠م	١١٠٠–١٢٠٠
١٥٧٨٤	عجائب صنع الله	الأسبيري، عمر بن علي–١٢٠٢هـ/١٧٨٨م	١١٠٠–١٢٠٠
١٥٧٨٥	مرشد المتأهل	الأزنيقي، محمد بن محمد–٨٨٥هـ/١٤٨٠م	١٢٠٠–١٣٠٠
١٥٧٨٦ت	مواعظ وشواهد ونكت ظريفة وتفسير	–	–
١٥٧٨٦ت١	مولد أحمد الخطيب	الخطيب، أحمد بن محمد–حي ١٢٣٩هـ/١٨٢٣م	١٢١٠
١٥٧٨٦ت٢	أوراد أيام الأسبوع ولياليه	ابن عربي، محمد بن علي–٦٣٨هـ/١٢٤٠م	–
١٥٧٨٧ت	مواعظ	–	–

رقم الحفظ	عنوان الكتاب	اسم المؤلف	تاريخ النسخ هـ
١٥٧٨٧ت١	كناش فيه حديث وتفسير وأوراد وأذكار	–	–
١٥٧٨٧ت٢	مختصر شفاء الأسقام ودواء الآلام لحاجي باشا	حاجي باشا، خضر بن علي–٨٢٠هـ/١٤١٧م	–
١٥٧٨٧ت٣	أهم الأمور	–	–
١٥٧٨٧ت٤	عقيدة الشيخ علوان، أو، العقيدة الصغرى، أو، العقيدة العلوانية	علوان، علي بن عطية–٩٣٦هـ/١٥٣٠م	–
١٥٧٨٧ت٥	رسالة في أمور الاعتقاد	–	–
١٥٧٨٧ت٦	وصية الإمام الشافعي	الإمام الشافعي، محمد بن إدريس–٢٠٤هـ/٨٢٠م	–
١٥٧٨٧ت٧	وصية الخضر لموسى عليه السلام	–	–
١٥٧٨٧ت٨	وصية السهروردي	السهروردي، عمر بن محمد–٦٣٢هـ/١٢٣٤م	–
١٥٧٨٨ت	الكواكب الدرية في مدح خير البرية، أو، البردة، أو، قصيدة البردة	البوصيري، محمد بن سعيد–٦٩٦هـ/١٢٩٦م	١٢٣٧
١٥٧٨٨ت١	أسماء الصحابة البدريين	–	١٢٤٣
١٥٧٨٨ت٢	دعاء الاستسقاء	–	–
١٥٧٨٨ت٣	رسالة في شرح قول البركوي لاإله إلا الله	القره حصاري، عبده صالح بن أحمد	–
١٥٧٨٨ت٤	شرح رسالة في الاستعارة في الحقيقة والمجاز والكناية لمحمود بن عبد الله الأنطاكي	–	–
١٥٧٨٨ت٥	رسالة في الاستعارات	–	١١٣٣
١٥٧٨٨ت٦	انتخاب الامتحان	الكلنبوي، إسماعيل بن مصطفى–١٢٠٥هـ/١٧٩١م	–
١٥٧٨٨ت٧	أسئلة وأجوبة حول حاشية على رسالة في البلاغة	–	–

رقم الحفظ	عنوان الكتاب	اسم المؤلف	تاريخ النسخ هـ
١٥٧٨٨ت٨	رسالة في أفعال العباد، أو، رسالة في مسألة خلق الأعمال	الدواني، محمد بن أسعد–٩١٨هـ/١٥١٢م	١٢٢١
١٥٧٨٨ت٩	تعليقات على المطول	–	–
١٥٧٨٨ت١٠	رسالة في النحو	–	–
١٥٧٨٨ت١١	شرح الرسالة العضدية لعضد الدين الإيجي	السمرقندي، أبو القاسم بن أبي بكر–حي ٨٨٨هـ/١٤٨٣م	١٢٣٣
١٥٧٨٨ت١٢	شرح الرسالة العضدية لعضد الدين الإيجي	–	١٢٣٠
١٥٧٨٨ت١٣	الرسالة الترشيحية، أو، السمرقندية، أو، رسالة الإستعارات	السمرقندي، أبو القاسم بن أبي بكر–حي٨٨٨هـ/١٥٢١م	–
١٥٧٨٨ت١٤	شرح الرسالة الترشيحية، أو، شرح السمرقندية، أو، شرح رسالة الإستعارات	العصام الإسفراييني، إبراهيم بن محمد–٩٤٥هـ/١٥٣٨م	–
١٥٧٨٨ت١٥	رسالة في بيان الحاصل بالمصدر، أو، نقولات من حاشية حسن جلبي على المطول	–	–
١٥٧٨٨ت١٦	الرسالة الحرفية	الجرجاني، علي بن محمد–٨١٦هـ/١٤٢٣م	١٢٣٣
١٥٧٨٨ت١٧	رسالة في الحقيقة والمجاز	–	–
١٥٧٨٨ت١٨	رسالة في مصطلح الحديث	–	١٢٣٥
١٥٧٨٨ت١٩	رسالة في علم البيان والبديع	الكلنبوي، إسماعيل بن مصطفى–١٢٠٥هـ/١٧٩١م	–
١٥٧٨٨ت٢٠	قصيدة في المؤنثات السماعية	–	–
١٥٧٨٨ت٢١	رسالة في أفعال العباد	–	١٢٢٧
١٥٧٨٨ت٢٢	شرح رسالة البركوي في أصول الحديث	داوود بن القرصي	–

رقم الحفظ	عنوان الكتاب	اسم المؤلف	تاريخ النسخ هـ
١٥٧٨٨ت٢٣	موهبة الفياض في بيان فرق الألفاظ	العينتابي، محمد الباقي بن محمد الطاهر	١١٣٢
١٥٧٨٨ت٢٤	رسالة في علم إسناد الحديث	–	١٢٢٨
١٥٧٨٨ت٢٥	رسالة في التصديق عند الحكماء	–	–
١٥٧٨٨ت٢٦	رسالة في أفعال العباد	الخادمي، أحمد بن مصطفى– حي ١١٦٥هـ/١٧٥٢م	–
١٥٧٨٨ت٢٧	رسالة في أصول الحديث	البركلي، محمد بن بيرعلي– ٩٨١هـ/١٥٧٣م	–
١٥٧٨٩ت	طلب السلامة في ترك الإمامة	تقي الدين السبكي، علي بن عبد الكافي–٧٥٦هـ/١٣٥٥م	١٠١٤
١٥٧٨٩ت١	أسئلة وأجوبة عن الروح، أو، رسالة في الروح وتطوراتها	ابن حجر العسقلاني، أحمد بن علي ٨٥٢هـ/١٤٤٩م	–
١٥٧٨٩ت٢	دعاء	النووي، يحيى بن شرف– ٦٧٦هـ/١٢٧٧م	–
١٥٧٨٩ت٣	أوراد	–	–
١٥٧٨٩ت٤	أسئلة وأجوبة على أوائل الكافية	–	١٣٣٣
١٥٧٨٩ت٥	كناش	–	–
١٥٧٨٩ت٦	رسالة في التربية والأخلاق	–	١٢٢٠
١٥٧٨٩ت٧	مجموعة من الفوائد	–	–
١٥٧٨٩ت٨	رسالة باللغة التركية	–	–
١٥٧٨٩ت٩	تفسير بعض الآيات القرآنية	–	–
١٥٧٨٩ت١٠	رسالة في فضائل عيد الفطر	الخادمي	–
١٥٧٩٠ت	تفسير خواتم سورة الحشر	–	١٠٠٠–١١٠٠
١٥٧٩٠ت١	تفسير سورة الأحزاب	–	١٠٠٠–١١٠٠
١٥٧٩٠ت٢	تفسير سورة القدر	–	١٠٠٠–١١٠٠
١٥٧٩٠ت٣	تفسير سورة التين	–	١٠٠٠–١١٠٠

رقم الحفظ	عنوان الكتاب	اسم المؤلف	تاريخ النسخ هـ
١٥٧٩٠ت٤	تفسير سورة الزلزلة	–	١٠٠٠–١١٠٠
١٥٧٩٠ت٥	تفسير سورة التكاثر	–	١٠٠٠–١١٠٠
١٥٧٩٠ت٦	تفسير سورة الإخلاص	–	١٠٠٠–١١٠٠
١٥٧٩٠ت٧	تفسير سورة الفلق	–	١٠٠٠–١١٠٠
١٥٧٩٠ت٨	تفسير سورة الناس	–	١٠٠٠–١١٠٠
١٥٧٩٠ت٩	تضرعات مولانا أبي السعود	أبو السعود، محمد بن محمد–٩٨٢هـ/١٥٧٤م	١٠٠٠–١١٠٠
١٥٧٩٠ت١٠	تفسير سورة الفاتحة	ابن كمال باشا، أحمد بن سليمان–٩٤٠هـ/١٥٣٤م	١٠٠٠–١١٠٠
١٥٧٩٠ت١١	رسالة في علوم الحقائق وحكم الدقائق	ابن العربي، محمد بن علي–٦٣٨هـ/١٢٤٠م	١٠٠٠–١١٠٠
١٥٧٩٠ت١٢	تحفة السفرة إلى حضرة البررة	جلال الدين، أحمد	١٠٠٠–١١٠٠
١٥٧٩٠ت١٣	أقرب الطرق إلى الله، أو، رسالة الطرق	الكبري، أحمد بن عمر–٦١٨هـ/١٢٢١م	–
١٥٧٩٠ت١٤	وصية النبي لعلي بن أبي طالب	–	١٠٠٠–١١٠٠
١٥٧٩٠ت١٥	وصية علي بن أبي طالب لابنه الحسين	علي بن أبي طالب–٤٠هـ/٦٦١م	١٠٠٠–١١٠٠
١٥٧٩٠ت١٦	وصية أبي حنيفة لإخوانه	أبو حنيفة، النعمان بن ثابت–١٥٠هـ/٧٦٧م	١٠٠٠–١١٠٠
١٥٧٩٠ت١٧	أيها الولد، أو، الولدية	الغزالي، محمد بن محمد–٥٠٥هـ/١١١١م	١٠٠٠–١١٠٠
١٥٧٩٠ت١٨	وصية السهروردي	السهروردي، عمر بن محمد–٦٣٢هـ/١٢٣٤م	١٠٠٠–١١٠٠
١٥٧٩٠ت١٩	تعليم المتعلم	محرم بن محمد–حي ١٠١٠هـ/١٦٠١م	٩٨٣
١٥٧٩٠ت٢٠	العوامل في النحو	البركلي، محمد بن بيرعلي–٩٨١هـ/١٥٧٣م	١٠٠٠–١١٠٠

رقم الحفظ	عنوان الكتاب	اسم المؤلف	تاريخ النسخ هـ
١٥٧٩٠ت٢١	تلخيص الكافية	ظهير الدين	–
١٥٧٩٠ت٢٢	راحة الأرواح في دفع عاهة الأشباح، أو، رسالة في الطاعون	ابن كمال باشا، أحمد بن سليمان–٩٤٠هـ/١٥٣٣م	١٠٠٠–١١٠٠
١٥٧٩٠ت٢٣	رسالة في بيان حشر الأجساد	ابن كمال باشا، أحمد بن سليمان–٩٤٠هـ/١٥٣٤م	١٠٠٠–١١٠٠
١٥٧٩٠ت٢٤	سقطات العوام	ابن كمال باشا، أحمد بن سليمان–٩٤٠هـ/١٥٣٤م	١٠٠٠–١١٠٠
١٥٧٩٠ت٢٥	رسالة التعريب	ابن كمال باشا، أحمد بن سليمان–٩٤٠هـ/١٥٣٤م	١٠٠٠–١١٠٠
١٥٧٩٠ت٢٦	رسالة في بيان الأسلوب الحكيم وتميزه على غيره من الأساليب	ابن كمال باشا، أحمد بن سليمان–٩٤٠هـ/١٥٣٣م	٩٨٧
١٥٧٩٠ت٢٧	آداب المولى شمس الدين	ابن كمال باشا، أحمد بن سليمان–٩٤٠هـ/١٥٣٣م	٩٠٠–١٠٠٠
١٥٧٩٠ت٢٨	رسالة في آداب البحث	الجرجاني، علي بن محمد–٨١٦هـ/١٤١٣م	٩٠٠–١٠٠٠
١٥٧٩٠ت٢٩	رسالة في آداب البحث	فاضل دبكر	٩٠٠–١٠٠٠
١٥٧٩٠ت٣٠	مسألة حصول ولد البنت في الموقوف على أولاد الأولاد، أو، رسالة في بيان وقف الأولاد	ابن كمال باشا، أحمد بن سليمان–٩٤٠هـ/١٥٣٣م	٩٠٠–١٠٠٠
١٥٧٩٠ت٣١	رسالة في بيان أحوال الشهداء	ابن كمال باشا، أحمد بن سليمان–٩٤٠هـ/١٥٣٣م	٩٠٠–١٠٠٠
١٥٧٩٠ت٣٢	رسالة في إيمان فرعون	الدواني، محمد بن أسعد–٩١٨هـ/١٥١٢م	٩٠٠–١٠٠٠
١٥٧٩٠ت٣٣	رسالة في الولاء	ملا خسرو –حي ٩٧٣هـ/١٥٦٥م	٩٠٠–١٠٠٠
١٥٧٩٠ت٣٤	شروط الصلاة، أو، خلاصة الكيداني	ابن كمال باشا، أحمد بن سليمان–٩٤٠هـ/١٥٣٣م	٩٠٠–١٠٠٠

رقم الحفظ	عنوان الكتاب	اسم المؤلف	تاريخ النسخ هـ
١٥٧٩٠ت٣٥	رسالة في تكفير شاه إسماعيل، أو، الرسالة المولية الوزيرية	ابن كمال باشا، أحمد بن سليمان–٩٤٠هـ/١٥٣٣م	٩٠٠–١٠٠٠
١٥٧٩٠ت٣٦	وصية علي بن أبي طالب لابنه الحسن	علي بن أبي طالب–٤٠هـ/٦٦١م	٩٠٠–١٠٠٠
١٥٧٩٠ت٣٧	خواص القرآن الكريم وسورة الفاتحة	–	٩٠٠–١٠٠٠
١٥٧٩٠ت٣٨	جواهر الفتاوى	الكرماني، محمد بن عبد الرشيد–٥٦٥هـ/١١٧٠م	٩٠٠–١٠٠٠
١٥٧٩٠ت٣٩	رسالة في التيمم عند عدم الماء	–	٩٠٠–١٠٠٠
١٥٧٩٠ت٤٠	الضوء المنير على المصباح، أو، شرح المصباح	الإسفراييني، محمد بن محمد–٦٨٤هـ/١٢٨٥م	٩٠٠–١٠٠٠
١٥٧٩٠ت٤١	رسالة في التصوف	–	–
١٥٧٩١ت	الإعلام بمصطلح الشهود والحكام	الطرسوسي، إبراهيم بن علي–٧٥٨هـ/١٣٥٧م	–
١٥٧٩١ت١	خاتم سليمان	–	–
١٥٧٩٢	الرامزة في علمي العروض والقافية، أو، القصيدة الخزرجية، أو، الخزرجية	الخزرجي، عبد الله بن محمد–٦٢٦هـ/١٢٢٩م	١٢١٣
١٥٧٩٣	سلوان المطاع في عدوان الاتباع	ابن ظفر، محمد بن عبد الله–٥٦٥هـ/١١٧٠م	١١٧٧
١٥٧٩٤	تذكرة السامع والمتكلم في آداب العالم والمتعلم	ابن جماعة، محمد بن إبراهيم–٧٣٣هـ/١٣٣٣م	–
١٥٧٩٥	عبرة اللبيب بمصرع الكئيب	صلاح الدين الصفدي، خليل بن أيبك–٧٦٤هـ/١٣٦٣م	٧٤١
١٥٧٩٦	منازل الحج	محمد بن عبد القادر–حي ١١٤٣هـ/١٧٣٠م	–
١٥٧٩٧	مجموعة خطب دينية	–	–

رقم الحفظ	عنوان الكتاب	اسم المؤلف	تاريخ النسخ هـ
١٥٧٩٨ت	إجازة ابن القلقشندي إلى عمر بن أبي البقاء محمد بن حمزة الحسيني الشافعي	ابن القلشندي، إبراهيم بن علي–٩٢٢هـ/١٥١٦م	–
١٥٧٩٨ت١	إجازة ابن طولون إلى محمد بن أحمد الكردي الصالحي الشافعي	ابن طولون، محمد بن علي–٩٥٣هـ/١٥٤٦م	٩٤٦
١٥٧٩٨ت٢	إجازة الفرقندي إلى محمد بن محمد بن عبد القادر الحنبلي النابلسي	الفرقندي، عبد الله بن محمد–حي ٨٦٧هـ/١٤٦٢م	٨٦٧
١٥٧٩٨ت٣	صورة سماع	–	–
١٥٧٩٨ت٤	إجازة لمحمد بن الرحيمي الحنبلي	–	–
١٥٧٩٩ت	ديوان ابن العربي، أو، ديوان الشيخ الأكبر	ابن عربي، محمد بن علي–٦٣٨هـ/١٢٤٠م	–
١٥٧٩٩ت١	نهاية القصد في صناعة الفصد	ابن ساعد السنجاري، محمد بن إبراهيم–٧٤٩هـ/١٣٤٨م	١٢٧٦
١٥٧٩٩ت٢	حل مشكلات القرآن العظيم	–	–
١٥٧٩٩ت٣	الشمعة المضية في علم العربية	الجلال السيوطي، عبد الرحمن بن أبي بكر–٩١١هـ/١٥٠٥م	–
١٥٧٩٩ت٤	ضوء الشمعة في حل بعض رموز الشمعة المضية	الطبلاوي، محمد بن سالم–٩٦٦هـ/١٥٥٩م	–
١٥٨٠٠	مختصر فضائل الذين يقضون حوائج المسلمين	–	–
١٥٨٠١	الوسيلة العثمانية إلى باني جامع الرضائية، أو، حاشية الملطي على تفسير البيضاوي لسورة الضحى	الملطي، مصطفى بن أحمد–حي ١١٥٢هـ/١٦٤٢م	١١٥٢
١٥٨٠٢	رسالة الخضري إلى تقي الدين باشا	الخضري، معروف بن عبد الله	–

رقم الحفظ	عنوان الكتاب	اسم المؤلف	تاريخ النسخ هـ
١٥٨٠٣	فوائد عظيمة	السنوسي، محمد بن يوسف–٨٩٥هـ/١٤٩٠م	–
١٥٨٠٤	رسالة في العمل بالربع المجيب	المارداني، عبد الله بن خليل–٨٠٩هـ/١٤٠٦م	١١٨٦
١٥٨٠٥ت	الفوائد الفنارية على الرسالة الأثيرية، أو، شرح إيساغوجي	الفناري، محمد بن حمزة–٨٣٤هـ/١٤٣١م	٩٧٧
١٥٨٠٥ت١	شرح الرسالة الشمسية في القواعد المنطقية	–	–
١٥٨٠٦	خافية أفلاطون	أفلاطون الحكيم	١٠٣٨
١٥٨٠٧	شرح الإرشاد الهادي للتفتازاني	–	–
١٥٨٠٨ت	أرجوزة ذكر الضروب المنتجة من الأشكال الأربعة ونتائجها	المغربي، شهاب الدين بن يونس	–
١٥٨٠٨ت١	حاشية على نزهة النظار في قلم الغبار لابن الهائم	–	–
١٥٨٠٩	منهاج المتعلم	الغزالي، محمد بن محمد–٥٠٥هـ/١١١١م	١١٣٠
١٥٨١٠	شرح تعليم المتعلم	ابراهيم بن إسماعيل–حي ٩٩٦هـ/١٥٨٧م	١٠٠٩
١٥٨١١	أختري كبير	أختري، مصطفى بن أحمد–٩٦٨هـ/١٥٦١م	–
١٥٨١٢	أختري كبير	أختري، مصطفى بن أحمد–٩٦٨هـ/١٥٦١م	–
١٥٨١٣	كتاب في الفقه، أو، رسالة في التركية	–	–
١٥٨١٤	كتاب في الفقه، أو، رسالة في التركية	–	١١٠٣
١٥٨١٥	كتاب النغموي	–	–

رقم الحفظ	عنوان الكتاب	اسم المؤلف	تاريخ النسخ هـ
١٥٨١٦	كتاب في الفقه، أو، رسالة في الفارسية	–	–
١٥٨١٧	كتاب في الفقه، أو، رسالة في الفارسية	–	١١٢٣
١٥٨١٨	رسالة في التركية، أو، شرح التعريف في مذهب التصوف	–	٨٥٥
١٥٨١٩	رسالة في التركية	–	–
١٥٨٢٠	رسالة في التركية، أو، فتاوى كبير	يحيى أفندي	١٨٠٤
١٥٨٢١	فتاوي الآقرماني	الآقرماني، علي بن عبد الله–١٠٢٨هـ/١٦١٩م	١٠٩٥
١٥٨٢٢	فتاوى	أبو السعود، محمد بن محمد–٩٨٢هـ/١٥٧٤م	١١١٨
١٥٨٢٣ت	اختيارات بديعي في الحكم	الهروي، محمد	٩٥٥
١٥٨٢٣ت١	اختيارات بديعي في الحكم	الهروي، محمد	٩٥٥
١٥٨٢٤	تاريخ خواجه	–	–
١٥٨٢٥	تاريخ مصر	ابن يوسف المصري	–
١٥٨٢٦	تاريخ الأكراد	الهادي، شرف بن شمس الدين	١٢٧٠
١٥٨٢٧ت	ديوان شعر	–	٨٤٧
١٥٨٢٧ت١	ديوان شعر	–	–
١٥٨٢٨	ديوان جامي	الجامي، عبد الرحمن بن أحمد–٩٨٨هـ/١٥٨٠م	٩٨٤
١٥٨٢٩ت	ديوان شعر	–	١٠٧٣
١٥٨٢٩ت١	ديوان شعر	–	–
١٥٨٢٩ت٢	ديوان شعر	–	–
١٥٨٢٩ت٣	ديوان شعر	–	١٠٧٤

رقم الحفظ	عنوان الكتاب	اسم المؤلف	تاريخ النسخ هـ
١٥٨٣٠	بوستان	الشيرازي، عبد الله بن مشرف–٦٩٥هـ/١٢٩٥م	١٣٠٠–١٤٠٠
١٥٨٣١	شرح بوستان	سودي	١٠٦١
١٥٨٣٢	منتخب همايون نامة	–	–
١٥٨٣٣	يوسف زليخا	الجامي، عبد الرحمن بن أحمد–٨٩٨هـ/١٤٩٢م	–
١٥٨٣٤ت	رسالة باللغة الفارسية	–	٩٥٥
١٥٨٣٤ت١	جداول سلسلة الذهب	الجامي، عبد الرحمن بن أحمد–٨٩٨هـ/١٤٩٢م	٩٥٥
١٥٨٣٤ت٢	جلد دوم مراز سلسلة الذهب	الجامي، عبد الرحمن بن أحمد–٨٩٨هـ/١٤٩٢م	٩٥٥
١٥٨٣٤ت٣	جلد سيومرار سلسلة الذهب	الجامي، عبد الرحمن بن أحمد–٨٩٨هـ/١٤٩٢م	٩٥٥
١٥٨٣٤ت٤	كتاب سلامان وأبسال	الجامي، عبد الرحمن بن أحمد –٨٩٨هـ/١٤٩٢م	٩٥٥
١٥٨٣٤ت٥	ديباجة خمسة مولانا جامي	الجامي، عبد الرحمن بن أحمد–٨٩٨هـ/١٤٩٢م	٩٥٥
١٥٨٣٤ت٦	تحفة الأحرار	الجامي، عبد الرحمن بن أحمد–٨٩٨هـ/١٤٩٢م	٩٥٥
١٥٨٣٤ت٧	سبحة الأبرار	الجامي، عبد الرحمن بن أحمد –٨٩٨هـ/١٤٩٢م	٩٥٥
١٥٨٣٤ت٨	كتاب يوسف وزليخا	الجامي، عبد الرحمن بن أحمد–٨٩٨هـ/١٤٩٢م	٩٥٥
١٥٨٣٤ت٩	كتاب ليلى ومجنون	الجامي، عبد الرحمن بن أحمد–٨٩٨هـ/١٤٩٢م	٩٥٥
١٥٨٣٤ت١٠	كتاب خردنامه اسكندري	الجامي، عبد الرحمن بن أحمد–٨٩٨هـ/١٤٩٢	٩٥٥
١٥٨٣٥	شرح ديوان جامي	–	–

رقم الحفظ	عنوان الكتاب	اسم المؤلف	تاريخ النسخ هـ
١٥٨٣٦ت	كناش	–	–
١٥٨٣٦ت١	طب النبي	أبهري، أبو الوزير بن أحمد	–
١٥٨٣٦ت٢	تجليات برهان الدين وسلطان أهل اليقين هدايتي محمود الاسكداري	الجلوتي، يعقوب بن مصطفى	–
١٥٨٣٦ت٣	وحدة الوجود	ابن عربي، محمد بن علي– ٦٣٨هـ/١٢٤٠م	–
١٥٨٣٦ت٤	فائدة جليلة وموعظة بليغة	العاملي	–
١٥٨٣٦ت٥	رسالة باللغة الفارسية	–	–
١٥٨٣٦ت٦	مؤنس العشاق	السهروري، شهاب الدين– حي ١٠٧٣هـ/١٦٦٢م	–
١٥٨٣٦ت٧	رسالة باللغة الفارسية	–	–
١٥٨٣٦ت٨	رسالة في التصوف	–	–
١٥٨٣٦ت٩	سمت امتاع	–	–
١٥٨٣٦ت١٠	مجموعة نقولات وأشعار وحكايات	–	–
١٥٨٣٧	ديوان جامي	الجامي، عبد الرحمن بن أحمد– ٨٩٨هـ/١٤٩٢م	–
١٥٨٣٨	رسالة في مفهوم الفرائض	–	–
١٥٨٣٩	غاية البيان في تدبير بدن الإنسان	صالح سلوم، صالح بن نصر الله–١٠٨١هـ/١٦٧٠م	١١٣٩
١٥٨٤٠	حديقة السعداء	فضولي، الواعظ	–
١٥٨٤١ت	نظم العلوم	التوقادي، إسحاق بن حسن– حي ١١٠٠هـ/١٦٨٨م	–
١٥٨٤١ت١	نظم اللآلىء	–	١٢٤١
١٥٨٤١ت٢	رسالة في علم العروض	–	–

رقم الحفظ	عنوان الكتاب	اسم المؤلف	تاريخ النسخ هـ
١٥٨٤١ت٣	كتاب شاهدي	–	–
١٥٨٤١ت٤	تحفة وهبي	–	١٢٤١
١٥٨٤١ت٥	كتاب حياتي	–	–
١٥٨٤١ت٦	مفاتيح الدّرية في إثبات القوانين الدرية	خيرت، خيرت أفندي–١٢٣٩هـ/١٨٢٤م	١٢٤٣
١٥٨٤٢	المسالك والممالك	الخراساني، عبيد الله بن عبد الله	١٠٧٤
١٥٨٤٣ت	رسالة في علم الفلك	–	–
١٥٨٤٣ت١	رسالة في علم الفلك	–	–
١٥٨٤٣ت٢	رسالة في علم الفلك	–	–
١٥٨٤٣ت٣	رسالة في علم الفلك	–	١٢٤٥
١٥٨٤٣ت٤	رسالة في علم الفلك	–	–
١٥٨٤٤	الطامة الكبرى وعجائب الدنيا والآخرة	–	–
١٥٨٤٥	مجموع العقائد	البركلي، محمد بن بيرعلي–٩٨١هـ/١٥٧٣م	٩٧٠
١٥٨٤٦	حاشية على الكافية في النحو لابن الحاجب	–	٨٩٤
١٥٨٤٧ت	رسالة في علم الحساب	–	–
١٥٨٤٧ت١	مسائل الفرائض	الفرضي، محمد بن محمد	–
١٥٨٤٨	بحر الغرائب في اللغة	الحليمي، لطف الله بن يوسف–٩٠٠هـ/١٤٩٥م	١٠٣٠
١٥٨٤٩	مجموعة قوانين	التوقيعي، عبد الرحمن	–
١٥٨٥٠ت	تحفة السنية إلى حضرة الحسنية	الحليمي، لطف الله بن يوسف–٩٠٠هـ/١٤٩٥م	١٠٩٨
١٥٨٥٠ت١	رسالة في الفارسية	–	–
١٥٨٥١	دولة عثمانية تاريخي	عمر	–

رقم الحفظ	عنوان الكتاب	اسم المؤلف	تاريخ النسخ هـ
١٥٨٥٢	غاية الإتقان في تدبير بدن الإنسان	صالح سلوم، صالح بن نصر الله١٠٨١هـ/١٦٧٠م	١١٠٧
١٥٨٥٣	كتاب كيمياي سعادت	–	–
١٥٨٥٤	مناف الناس	روحي قيسوني زاده	١١٨٥
١٥٨٥٥ت	رسالة سيدر	علي جلبي	١٠٨٥
١٥٨٥٥ت١	مرآة الممالك	الغلطه جي، علي بن حسين–٩٨٩هـ/١٥٨١م	–
١٥٨٥٦	فتاوى اسكوبي	أسكوبي زاده	١٠٥٧
١٥٨٥٧	كلستان	الشيرازي، عبد الله بن مشرف–٦٩٠هـ/١٢٩٠م	–
١٥٨٥٨	تواريخ جديد ولاية انكروس	جلبي، جعفر	١٠٩٨
١٥٨٥٩ت	فتاوى	أسكوبي زاده	–
١٥٨٥٩ت١	منظومة باللغة التركية في مدح الرسول عليه الصلاة و السلام	–	–
١٥٨٥٩ت٢	المقدمة الجزرية	ابن الجزري، محمد بن محمد–٨٣٣هـ/١٤٢٩م	–
١٥٨٥٩ت٣	غلطات العوام، أو، التبيين على غلط الجاهل والبنيه	ابن كمال باشا، أحمد بن سليمان ٩٤٠هـ/١٥٣٤م	–
١٥٨٦٠	شرح بستان خيال	–	–
١٥٨٦١ت	كتاب الأصول، أو، رسالة بالفارسية	–	١٠٢٣
١٥٨٦١ت١	رسالة بالفارسية	–	–
١٥٨٦١ت٢	رسالة بالفارسية	–	٩٧٣
١٥٨٦٢ت	رسالة بالفارسية، أو، اختلاج نامه من تأليفات الحكماء	–	–
١٥٨٦٢ت١	الإشارة في علم العبارة	–	١٠٦٩

رقم الحفظ	عنوان الكتاب	اسم المؤلف	تاريخ النسخ هـ
١٥٨٦٣ت	مختصر اسطرلاب، أو، رسالة في علم الهيئة	–	–
١٥٨٦٣ت١	رسالة بالفارسية، أو، رسالة في علم الهيئة	البرجندي، عبد العلي بن محمد–حي٩٣٥هـ/١٥٢٨م	–
١٥٨٦٤	رسالة فيضية، أو، رسالة بالتركية	حياتي زاده، مصطفى بن محمد–١١٥١هـ/١٧٣٨م	–
١٥٨٦٥ت	رسالة في علم الحساب	صالح	–
١٥٨٦٥ت١	رسالة باللغة التركية	–	–
١٥٨٦٦ت	فتاوى	–	–
١٥٨٦٦ت١	مفيدة الأنام ليستفيد بها الخاص والعام	محمد بن مصلح الدين	٩٨٤
١٥٨٦٧ت	شروط الصلاة	الفناري، محمد بن حمزة ٨٣٤هـ/١٤٣١م	١١٣٥
١٥٨٦٧ت١	تفسير سورة الفاتحة	–	–
١٥٨٦٧ت٢	رسالة باللغة التركية	رومي أفندي	–
١٥٨٦٧ت٣	وصية	البركلي، محمد بن بيرعلي– ٩٨١هـ/١٥٧٣م	١١٣٣
١٥٨٦٧ت٤	رسالة باللغة التركية	–	١١٣٣
١٥٨٦٨ت	تخميس قصيدة البردة، أو، تخميس الكواكب الدرية في مدح خير البرية	سليمان بن عبد الرحمن	١١٤٨
١٥٨٦٨ت١	تخميس قصيدة البردة، أو، تخميس الكواكب الدرية في مدح خير البرية	–	١١٤٨
١٥٨٦٨ت٢	تخميس قصيدة البردة، أو، تخميس الكواكب الدرية في مدح خير البرية	سليمان بن عبد الرحمن	١١٤٨

رقم الحفظ	عنوان الكتاب	اسم المؤلف	تاريخ النسخ هـ
١٥٨٦٩	دقائق الحقائق	ابن كمال باشا، أحمد بن سليمان–٩٤٠هـ/١٥٣٤م	٩٨١
١٥٨٧٠ت	قلوب العارفين	–	–
١٥٨٧٠ت١	منظومة في العقائد	–	–
١٥٨٧٠ت٢	مجيب النداء إلى شرح قطر الندا	الفاكهي، عبد الله بن أحمد–٩٧٢هـ/١٥٦٤م	–
١٥٨٧١	كتاب في الحساب	الكاتب، محمد بن الحاجي اكمجه	٩٢٤
١٥٨٧٢	وصية	البركلي، محمد بن بيرعلي–٩٨١هـ/١٥٧٣م	–
١٥٨٧٣	ديوان يحيى	يحيى بن عبد الله	٩٨٧
١٥٨٧٤	قانون بودركه	عبد الرحمن	–
١٥٨٧٥ت	هداية المتحيرين في الصنعة	فضلي، عثمان بن فتح الله ١١٠٢هـ/١٦٩١م	–
١٥٨٧٥ت١	رسالة في الروح	–	–
١٥٨٧٥ت٢	رسالة باللغة التركية	–	–
١٥٨٧٥ت٣	درر الأنوار في أسرار الأحجار	علي جلبي، علي جلبي بن خسرو–١٠١٨هـ/١٦٠٩م	–
١٥٨٧٥ت٤	أحكام النجوم	علي جلبي، علي جلبي بن خسرو–١٠١٨هـ/١٦٠٩م	–
١٥٨٧٥ت٥	رسالة في الكيمياء	–	–
١٥٨٧٥ت٦	مفتاح الرحمة	الجلدكي، علي بن محمد–حي ٧٤٢هـ/١٣٤١م	–
١٥٨٧٥ت٧	البدر المنير في ينبوع الإكسير	الجلدكي، علي بن محمد–حي ٧٤٢هـ/١٣٤١م	–
١٥٨٧٥ت٨	الدرة البيضاء	–	–
١٥٨٧٥ت٩	رسالة في الكيمياء باللغة التركية	–	–

رقم الحفظ	عنوان الكتاب	اسم المؤلف	تاريخ النسخ هـ
١٥٨٧٥ت١٠	رسالة باللغة التركية	كفري	–
١٥٨٧٦	تسهيل من الطب	حاجي باشا، خضر بن علي–٨٢٠هـ/١٤١٧م	١٠٠٩
١٥٨٧٧	المصادر	–	–
١٥٨٧٨	أسماء فارسية مترجمة إلى التركية	–	–
١٥٨٧٩ت	تاريخ دول وأتباعها	–	–
١٥٨٧٩ت١	دستور العمل لإصلاح الحلل	–	–
١٥٨٧٩ت٢	رسالة باللغة الفارسية	–	–
١٥٨٨٠	معجم عربي فارسي	أختري، مصطفى بن أحمد–٩٦٨هـ/١٥٦١م	٩٢٣
١٥٨٨١	خواص أسماء الحسني من تأليفات ابن عيسي	ابن عيسى	١٠٤٠
١٥٨٨٢ت	رسالة أبي السعود، أو، رسالة بالفارسية	أبو السعود	١٠٧٢
١٥٨٨٢ت١	رسالة بالفارسية	–	–
١٥٨٨٣	رسالة طريقت نامه شريف بودر	–	–
١٥٨٨٤	رسالة بالفارسية، أو، شرح بوستان للعلامة سعدي الشيرازي	–	١٠٢٨
١٥٨٨٥	الملل والنحل	نوح الرومي، نوح بن مصطفى–١٠٧٠هـ/١٦٦٠م	–
١٥٨٨٦	كليات سعدي	الشيرازي، سعدي	–
١٥٨٨٧	كتاب في السيرة	ويس افندي	١٠٤٢
١٥٨٨٨	قانون نامه	التوقيعي، عبد الرحمن	٩٣٩
١٥٨٨٩	ديوان قدوري	القدوري، الفارسي	–
١٥٨٩٠	منتخب حديقة حكيم	سناني، حكيم	١٠٤٤
١٥٨٩١	حكايات جند نامه	–	–

رقم الحفظ	عنوان الكتاب	اسم المؤلف	تاريخ النسخ هـ
١٥٨٩٢	ديوان شعر	–	–
١٥٨٩٣	رسالة في التركية، أو، مقطعات شعرية	–	–
١٥٨٩٤	رسالة في التركية، أو، كتاب علم حال	–	–
١٥٨٩٥ت	رسالة في الفارسية	–	–
١٥٨٩٥ت١	ديوان شعر	–	–
١٥٨٩٦	ديوان شعر، أو، ديوان صائب	–	–
١٥٨٩٧	وقايع شفيق	محمد شفيق	–
١٥٨٩٨	رسالة في التركية	–	–
١٥٨٩٩	رسالة في التركية	–	–
١٥٩٠٠	رسالة في الفارسية	–	١١٥٩
١٥٩٠١	رسالة بالفارسية، أو، رموز الكنوز	–	–
١٥٩٠٢	جداول تقويم الأوقات	الشيخ وفا	–
١٥٩٠٣	كتاب سبعيات	–	–
١٥٩٠٤	سبحة الأخبار، أو، رسالة بالتركية	يوسف بن عبد اللطيف	–
١٥٩٠٥٢ت	تاريخ سلاطين آل عثمان	ميرزا بن علي شاه	–
١٥٩٠٥ت	تاريخ سلاطين آل عثمان	ميرزا بن علي شاه	–
١٥٩٠٥ت١	وضع شهر قسطنطينية وهيات بناها من آن، أو، رسالة بالفارسية	–	–
١٥٩٠٦	فتوحات الرشدية	–	١٢٩٠
١٥٩٠٧	كتاب الهندسة، أو، رسالة بالفارسية	–	–

رقم الحفظ	عنوان الكتاب	اسم المؤلف	تاريخ النسخ هـ
١٥٩٠٨	رسالة بالفارسية، أو، رسالة في الهندسة	الفارسي، محمد بن محمد	–
١٥٩٠٩	كناش	–	–
١٥٩١٠ت	شرائط أسماء الله الحسنى، أو، منظومة في أسماء الله الحسنى	–	–
١٥٩١٠ت١	كتاب فال نامة، أو، تفسير آيات من القرآن الكريم	–	–
١٥٩١٠ت٢	كتاب قانون نامه درنهان مرحوم سلطان سليم خان	–	١٠٣٣
١٥٩١١ت	الدور الأعلى، أو، حزب الدور الأعلى	ابن عربي، محمد بن علي–٦٣٨هـ/١٢٤٠م	–
١٥٩١١ت١	حزب البحر، أو، الحزب الصغير	أبو الحسن الشاذلي، علي بن عبد الله–٦٥٦هـ/١٢٥٨م	–
١٥٩١٢	كتاب تجويد	–	–
١٥٩١٣	شروط الصلاة	–	–
١٥٩١٤ت	الصلاة الربانية في حكم من أدرك ركعة من الثلاثية أو الرباعية	نوح الرومي، نوح بن مصطفى–١٠٧٠هـ/١٦٦٠م	١٠٧٧
١٥٩١٤ت١	ردع الراغب عن الجمع في صلاة الرغائب	ابن غانم المقدسي، علي بن محمد–١٠٠٤هـ/١٥٩٦م	–
١٥٩١٤ت٢	أشعار مختلفة	–	–
١٥٩١٤ت٣	الشمائلية	سعدي أفندي	١٠٧٦
١٥٩١٤ت٤	فصل في بيان الاستخارة للسفر	السندي، عبد الله بن سعد الدين–٩٨٤هـ/١٥٧٦م	–
١٥٩١٤ت٥	فتوى في صلاة الرغائب	–	–
١٥٩١٤ت٦	عقيدة في الخلاف بين الأشعرية والماتردية	تاج الدين السبكي، عبد الوهاب بن علي–٧٧١هـ/١٣٧٠م	١٠٧٧

رقم الحفظ	عنوان الكتاب	اسم المؤلف	تاريخ النسخ هـ
١٥٩١٤ت٧	رسالة عمر بن الخطاب إلى أمين الأمة، أو، إسلام جبلة بن الأيهم	عمر بن الخطاب–٢٣هـ/٦٤٤م	–
١٥٩١٤ت٨	المسائل التي خالف فيها الأشعري أبا حنيفة	–	–
١٥٩١٤ت٩	بيان مذهب التصوف	النسفي، عمر بن محمد–٥٣٧هـ/١١٤٢م	–
١٥٩١٤ت١٠	بيان الفرق الضالة	–	–
١٥٩١٤ت١١	وصية الإمام الأعظم	–	١٠٩٠
١٥٩١٥	تحفة الملوك في علم النحو، أو، شرح شاهدي	المغنيساوي، عبد الرحمن بن عبد الله–١٠٨٠هـ/١٦٦٩م	–
١٥٩١٦	كلستان	الشيرازي، عبد الله بن مشرف–٦٩٠هـ/١٢٩٠م	١٠٧٣
١٥٩١٧ت	شرح مثنوي للقونوي	سينه جاك، يوسف–٩٥٣هـ/١٥٤٦م	–
١٥٩١٧ت١	شرح روزنامه	–	–
١٥٩١٧ت٢	الدرر والغرر	الجلال السيوطي، عبد الرحمن بن أبي بكر–٩١١هـ/١٥٠٥م	–
١٥٩١٧ت٣	كتاب الملاحم	–	–
١٥٩١٧ت٤	كناش	–	–
١٥٩١٨	كتاب في الطب	الحسني، عبد الله بن أحمد	١٢٣١
١٥٩١٩	نظم اللآل في لغة الترل والأمثال	التركي، أحمد جاربين	–
١٥٩٢٠ت	أدعية	–	–
١٥٩٢٠ت١	دعاء آيات القرآن	–	–
١٥٩٢١	كتاب مناجاة موسى عليه السلام	–	–
١٥٩٢٢	صورة الرمل	–	–

رقم الحفظ	عنوان الكتاب	اسم المؤلف	تاريخ النسخ هـ
١٥٩٢٣	أحوال الطريقة، أو، رسالة بالفارسية	–	–
١٥٩٢٤	رسالة بالفارسية	العطائي، شرف	–
١٥٩٢٥	بحر الغرايب	الحليمي، لطف الله بن يوسف–٩٠٠هـ/١٤٩٥م	–
١٥٩٢٦ت	رسالة بالفارسية	–	–
١٥٩٢٦ت١	رسالة بالفارسية، أو، شيخ الإسلام مرحوم أسعد أفندي استعطاني مشعرت سنامه لريدر	استعطاني، أسعد أفندي	–
١٥٩٢٦ت٢	رسالة بالفارسية	–	–
١٥٩٢٦ت٣	رسالة بالفارسية	–	–
١٥٩٢٦ت٤	ورزمز سر عسكره مكتوب صور تبدر، أو، رسالة بالتركية	–	–
١٥٩٢٧ت	رسالة بالفارسية	–	–
١٥٩٢٧ت١	غرّه نامه	–	–
١٥٩٢٧ت٢	كتاب روزنامه	أبو معشر الفلكي، جعفر بن محمد–٢٧٢هـ/٨٨٦م	–
١٥٩٢٧ت٣	رسالة بالفارسية	–	–
١٥٩٢٧ت٤	رسالة بالفارسية	–	–
١٥٩٢٨	خواب نامه، أو، رسالة بالفارسية	–	–
١٥٩٢٩	رسالة في اللغة التركية	–	–
١٥٩٣٠ت	رسالة بالتركية	–	١٠٩١
١٥٩٣٠ت١	كتاب قرق سوال فراتي	–	١٠٩١
١٥٩٣١	الرموز في اللغة الفارسية	–	–
١٥٩٣٢	كناش	–	–

رقم الحفظ	عنوان الكتاب	اسم المؤلف	تاريخ النسخ هـ
١٥٩٣٣	حاشية على شرح كتاب في النحو	–	–
١٥٩٣٤	الترصيف في التصريف	أبو الوجاهة المرشدي، عبد الرحمن بن عيسى–١٠٣٧هـ/١٦٢٨م	–
١٥٩٣٥	الوعظ والإرشاد	منلا مصطفى، الواعظ – حي–١١٣٩هـ/١٧٢٦م	١١٣٩
١٥٩٣٦ت	سراج المصلي وبدر المبتدي والمنتهي، أو، مختصر في الصلاة وما يتعلق بها	–	–
١٥٩٣٦ت١	الآجرومية، أو، المقدمة الآجرومية	ابن آجروم، محمد بن محمد–٧٢٣هـ/١٣٢٣م	–
١٥٩٣٧ت	المصباح في النحو	المطرزي، ناصر بن عبد السيد–٦١٠هـ/١٢١٣م	–
١٥٩٣٧ت١	إعراب ديباجة المصباح في النحو للمطرزي	–	–
١٥٩٣٧ت٢	شرح المصباح للمطرزي	–	–
١٥٩٣٨	أمالي السهيلي	السهيلي، عبد الرحمن بن عبد الله–٥٨١هـ/١١٨٥م	–
١٥٩٣٩ت	إيساغوجي	أثير الدين الأبهري، المفضل بن عمر٦٦٣هـ/١٢٦٤م	–
١٥٩٣٩ت١	الكافية	ابن الحاجب، عثمان بن عمر–٦٤٦هـ/١٢٤٩م	–
١٥٩٣٩ت٢	الإعراب عن قواعد الإعراب	ابن هشام، عبد الله بن يوسف–٧٦١هـ/١٣٦٠م	–
١٥٩٣٩ت٣	شرح كافية ابن الحاجب	–	١١٨٩
١٥٩٣٩ت٤	قاعدة شاش في النحو	شاش	–
١٥٩٣٩ت٥	منظومة في مبحث الظروف والعبارة	سليم بن محمود	–

رقم الحفظ	عنوان الكتاب	اسم المؤلف	تاريخ النسخ هـ
١٥٩٣٩ت٦	مراح الأرواح	صاحب المراح، أحمد بن علي–٧٠٠هـ/١٣٠٠م	–
١٥٩٣٩ت٧	العوامل المائة	عبد القاهر الجرجاني، عبد القاهر بن عبد الرحمن–٤٧١هـ/١٠٧٨م	١٢٨٦
١٥٩٣٩ت٨	كتاب ظروف	–	١٢٨٦
١٥٩٣٩ت٩	وريقات مشتملة على العلل في تصدير العوامل، أو، حاشية العوامل	عبد الرحمن	١٢٨٧
١٥٩٤٠ت	موصل الطلاب إلى قواعد الإعراب، أو، شرح الإعراب عن قواعد الإعراب لابن هشام الأنصاري	خالد الأزهري، خالد بن عبد الله–٩٠٥هـ/١٤٩٩م	–
١٥٩٤٠ت١	الآجرومية، أو، المقدمة الآجرومية	ابن آجروم، محمد بن محمد–٧٢٣هـ/١٣٢٣م	١١٩٠
١٥٩٤١ت	رسالة في العقائد	–	–
١٥٩٤١ت١	رسالة في العقائد	–	–
١٥٩٤١ت٢	رسالة في الفقه	–	–
١٥٩٤١ت٣	رسالة في الصرف	–	–
١٥٩٤١ت٤	رسالة في مناسك الحج	المؤلف/**	–
١٥٩٤١ت٥	رسالة في الفقه	–	–
١٥٩٤١ت٦	مسألة الفرائض	–	–
١٥٩٤١ت٧	رسالة في اللغة	–	–
١٥٩٤١ت٨	رسالة في العقائد	–	–
١٥٩٤١ت٩	دعاء	–	–
١٥٩٤١ت١٠	رسالة باللغة التركية	قاضي زاده	–

رقم الحفظ	عنوان الكتاب	اسم المؤلف	تاريخ النسخ هـ
١٥٩٤١ت١١	وصية رسول الله صلى الله عليه وسلم	–	١٣٠٠
١٥٩٤٢	حاشية على مقدمة أبي الليث السمرقندي	–	–
١٥٩٤٣	حاشية على شرح مختصر منتهى السؤل والأمل في علمي الأصول والجدل لابن الحاجب	شيخ زادة، عبد الرحمن بن مصطفى	–
١٥٩٤٤	حاشية على السراجية، أو، حاشية على فرائض السجاوندي	–	٩٥٣
١٥٩٤٥	كشف القناع عن متن وشرح أبي شجاع	المحلي، عبد الرحمن بن محمد–١٠٩٨هـ/١٦٨٧م	١٠٠٠–١١٠٠
١٥٩٤٦	كتاب في الفرائض	–	١٢٠٠–١٣٠٠
١٥٩٤٧	شرح كتاب في المنطق	–	١٠٣٠
١٥٩٤٨	أطباق الذهب	الأصفهاني، عبد المؤمن بن هبة الله–٦٠٠هـ/١٢٠٤م	١٠٠٩
١٥٩٤٩	الطريقة المحمدية والسيرة الأحمدية	البركلي، محمد بن بير علي–٩٨١هـ/١٥٧٣م	١٠٠٠–١١٠٠
١٥٩٥٠	أيها الولد، أو، الولدية	الغزالي، محمد بن محمد–٥٠٥هـ/١١١١م	١١٠٠–١٢٠٠
١٥٩٥١	ترتيب الفتاوى النووية، أو، ترتيب عيون المسائل المهمة للنووي	ابن العطار، علي بن إبراهيم–٧٢٤هـ/١٣٢٤م	٨٨٨
١٥٩٥٢ت	منظومةماانفرد به أبان بن يزيد الذي خالف فيه عاصما	ابن الجزري، محمد بن محمد–٨٣٣هـ/١٤٢٩م	١٠٢٦
١٥٩٥٢ت١	المقدمة الجزرية	ابن الجزري، محمد بن محمد–٨٣٣هـ/١٤٢٩م	١٠٢٦
١٥٩٥٢ت٢	منظومة في التجويد	–	١٠٠٠–١١٠٠
١٥٩٥٣ت	فوائد ملتقطة من كتاب أنوار الأنوار	القناتقي الدين	١١٠٠–١٢٠٠

رقم الحفظ	عنوان الكتاب	اسم المؤلف	تاريخ النسخ هـ
١٥٩٥٣ت١	إجازة	–	–
١٥٩٥٤	جلاء القلوب	البركلي، محمد بن بير علي–٩٨١هـ/١٥٧٣م	١١٠٠–١٢٠٠
١٥٩٥٥	المفصل في صنعة الإعراب	الزمخشري، محمود بن عمر–٥٣٨هـ/١١٤٤م	٦٧٤
١٥٩٥٦	شرح رسالة في الفرائض	–	٩١٩
١٥٩٥٧	منية المصلي وغنية المبتدي	الكاشغري، محمد بن محمد–٧٠٥هـ–١٣٠٥م	٨٢٣
١٥٩٥٨ت١	رسالة في علم الفرائض	–	٨٤٣
١٥٩٥٩	كتاب في الحساب	–	١٠٠٠–١١٠٠
١٥٩٦٠	إرشاد الفارض إلى كشف الغوامض، أو، شرح كشف الغوامض	سبط المارديني، محمد بن محمد–٩١٢هـ/١٥٠٦م	١٢٠٠–١٣٠٠
١٥٩٦١	ضياء القلوب	التوقادي، إسحاق بن حسن–حي ١١٠٠هـ/١٦٨٨م	–
١٥٩٦٢	شرح الآجرومية	خالد الأزهري، خالد بن عبد الله–٩٠٥هـ/١٤٩٩م	١١٤٣
١٥٩٦٣	كفاية المبتدي	البركلي، محمد بن بير علي–٩٨١هـ/١٥٧٣م	١١٤٣
١٥٩٦٤ت	نبذة في علم الحرف الوضعي	افلاطون الحكيم	–
١٥٩٦٤ت١	رسالة في باب للتوابع من الجن ولإبطال السحر والمحبة	–	–
١٥٩٦٥	شرح الحدود النحوية	الفاكهي، عبد الله بن أحمد–٩٧٢هـ/١٥٦٤م	١٢٦٢
١٥٩٦٦ت	حاشية على شرح الرسالة الشمسية للقطب التحتاني الرازي، أو، حاشية على تحرير القواعد المنطقية في شرح الرسالة الشمسية، أو، حاشية كوجك الصغرى		–

رقم الحفظ	عنوان الكتاب	اسم المؤلف	تاريخ النسخ هـ
١٥٩٦٦ت١	الرسالة الشمسية في القواعد المنطقية	القزويني، علي بن عمر- ٦٧٥هـ/١٢٧٧م	–
١٥٩٦٦ت٢	حاشية على شرح الرسالة الشمسية للقطب التحتاني الرازي، أو، حاشية على تحرير القواعد المنطقية في شرح الرسالة الشمسية	برهان الدين بن كمال الدين، ابراهيم بن كمال الدين	–
١٥٩٦٦ت٣	حاشية على شرح الرسالة الشمسية للجرجاني	قره داوود	–
١٥٩٦٧	الجامع الصحيح، أو، صحيح البخاري	البخاري، محمد بن إسماعيل- ٢٥٦هـ/٨٧٠م	–
١٥٩٦٨	مناجات	–	–
١٥٩٦٩	المطول	السعد التفتازاني، مسعود بن عمر-٧٩٣هـ/١٣٩٠م	–
١٥٩٧٠ت	مشارق الأنوار النبوية من صحاح الأخبار المصطفوية	الرضي الصاغاني، الحسن بن محمد-٦٥٠هـ/١٢٥٢م	٩٩١
١٥٩٧٠ت١	الفتوحات الإلهية في نفع أرواح الذوات الإنسانية	زكريا الأنصاري، زكريا بن محمد-٩٢٦هـ/١٥٢٠م	–
١٥٩٧٠ت٢	فتح الرحمن بشرح رسالة الولي رسلان	زكريا الأنصاري، زكريا بن محمد-٩٢٦هـ/١٥٢٠م	–
١٥٩٧١	كلستان	الشيرازي، عبد الله بن مشرف-٦٩٥هـ/١٢٩٥م	–
١٥٩٧٢	رسالة في أحكام التجارة والمزارعة	–	–
١٥٩٧٣	رسالة بالفارسية	محمد مهدي	–
١٥٩٧٤ت	رسالة بالفارسية	–	–
١٥٩٧٤ت١	رسالة بالفارسية	–	–
١٥٩٧٥ت	رسالة بالفارسية	–	–

رقم الحفظ	عنوان الكتاب	اسم المؤلف	تاريخ النسخ هـ
١٥٩٧٥ت١	القواعد والاختبارات في كلية علم النجوم والحساب الفلكي بالتقويم	أبري خواجه، ابن عادل	–
١٥٩٧٦ت	كناش	–	–
١٥٩٧٦ت١	رسالة بالفارسية	–	–
١٥٩٧٧ت	رسالة في علم الفلك	–	–
١٥٩٧٧ت١	رسالة بالفارسية	–	–
١٥٩٧٨ت	رسالة بالفارسية	–	–
١٥٩٧٨ت١	رسالة بالفارسية	–	–
١٥٩٧٩	شعر فارسي	–	–
١٥٩٨٠	كلستان، أو، ديوان شعر	الشيرازي، عبد الله بن مشرف–٦٩٥هـ/١٢٩٥م	–
١٥٩٨١ت	مصابيح السنة	البغوي، الحسين بن مسعود–٥١٠هـ/١١١٧م	–
١٥٩٨١ت١	الأربعون حديثًا النووية	النووي، يحيى بن شرف–٦٧٦هـ/١٢٧٧م	١٢٧٨
١٥٩٨٢ت	حاشية على شرح نخبة الفكر في مصطلح أهل الأثر لابن حجر العسقلاني	ابن حيدر، إبراهيم بن حيدر–١١٥١هـ/١٧٣٨م	١١١٤
١٥٩٨٢ت١	نزهة النظر في توضيح نخبة الفكر في مصطلح أهل الأثر، أو، شرح نخبة الفكر	ابن حجر العسقلاني، أحمد بن علي–٨٥٢هـ/١٤٤٩م	–
١٥٩٨٢ت٢	شرح كلام علي بن أبي طالب	عبد الوهاب بن إبراهيم	–
١٥٩٨٢ت٣	خزائن الجواهر ومخازن الزواهر، أو، شرح البسملة	الخادمي، محمد بن محمد–١١٧٦هـ/١٧٦٣م	١٢٣٤
١٥٩٨٢ت٤	رسالة في بيان الاعتقاد والأخلاق والأعمال على الترتيب والإجمال	أوغلي، نجار	١٢٣٠

رقم الحفظ	عنوان الكتاب	اسم المؤلف	تاريخ النسخ هـ
١٥٩٨٢ت٥	رسالة مختصرة في أسماء الرسوم المرسومة على الاسطرلاب الشمالي ذات الصفائح وبعض أعمالها، أو، الاسطرلاب الشمالي	النصير الطوسي، محمد بن محمد-٦٧٢هـ/١٢٧٤م	١١٣٧
١٥٩٨٢ت٦	خلاصة في علم الحساب، أو، كلمات في الحساب	العلائي، إبراهيم بن عبد القادر	–
١٥٩٨٣ت	شرح بدء الأمالي، أو، شرح قصيدة يقول العبد	–	٨٦١
١٥٩٨٣ت١	مختصر منار الأنوار للنسفي	ابن حبيب، طاهر بن الحسن-٨٠٨هـ/١٤٠٦م	٨٦١
١٥٩٨٤ت	النفحة القدسية في حل ألفاظ السنوسية	–	–
١٥٩٨٤ت١	العقائد النسفية	النسفي، عمر بن محمد-٥٣٧هـ/١١٤٢م	–
١٥٩٨٤ت٢	عقيدة الشيخ علوان، أو، العقيدة الصغرى، أو، العقيدة العلوانية	علوان، علي بن عطية-٩٣٦هـ/١٥٣٠م	–
١٥٩٨٤ت٣	العقيدة الشيرازية	الشيرازي، إبراهيم بن علي-٤٧٦هـ/١٠٨٣م	١٠٧٨
١٥٩٨٤ت٤	أم البراهين، أو، العقيدة الصغرى، أو، السنوسية	السنوسي، محمد بن يوسف-٨٩٥هـ/١٤٩٠م	–
١٥٩٨٥	شرح وقاية الرواية في مسائل الهداية لبرهان الشريعة محمود بن عبيد الله المحبوبي	–	١١٥٠
١٥٩٨٦ت	التعريفات	الجرجاني، علي بن محمد-٨١٦هـ/١٤١٣م	–
١٥٩٨٦ت١	شرح ديباجة كلستان	–	–
١٥٩٨٧	رسالة في الفقه الحنفي	–	١٠٥٤

مكتبة مدرسية في حلب نهاية العهد العثماني ٣٨٢

تاريخ النسخ هـ	اسم المؤلف	عنوان الكتاب	رقم الحفظ
١٢٤٤	السعد التفتازاني، مسعود بن عمر–٧٩٣هـ/١٣٩٠م	شرح السعد التفتازاني على العقائد النسفية	١٥٩٨٨
١١٤٤	الملا الياس	حواش على نخبة الفكر وشرحها	١٥٩٨٩
١١٠٠–١٢٠٠	البخاري، محمد عصمة الدين بن محمود	حاشية على شرح الكافية	١٥٩٩٠
–	–	شرح أسماء الله الحسنى	١٥٩٩١ت
١١٠٠–١٢٠٠	–	شرح الألفاظ المشكلات في الأربعين حديثا	١٥٩٩١ت١
١١٠٠–١٢٠٠	–	شرح البسملة والحمدلة	١٥٩٩١ت٢
١١٦٨	النووي، يحيى بن شرف ٦٧٦هـ/ ١٢٧٧م	الأربعون حديثًا النووية	١٥٩٩١ت٣
١١٠٠–١٢٠٠	الملا علي القاري، علي بن (سلطان) محمد– ١٠١٤هـ/١٦٠٦م	أربعون حديثًا من جوامع الكلم	١٥٩٩١ت٤
١١٠٠–١٢٠٠	–	أحاديث نبوية مشروحة بالتركية	١٥٩٩١ت٥
–	–	رسالة في التفسير	١٥٩٩١ت٦
١١٠٠–١٢٠٠	قاضنجي زاده، مصطفى	رسالة في الورع	١٥٩٩١ت٧
١١٠٠–١٢٠٠	أبو حنيفة، النعمان بن ثابت– ١٥٠هـ/٧٦٧م	وصية أبي حنيفة لابنه حمّاد	١٥٩٩١ت٨
–	–	نقولات من شرح المشكاة لعلي القاري	١٥٩٩١ت٩
١١٠٠–١٢٠٠	–	فوائد الصلاة على النبي	١٥٩٩١ت١٠
١١٠٠–١٢٠٠	كعب بن زهير٢٦هـ–٦٤٥م	قصيدة بانت سعاد	١٥٩٩١ت١١
١١٠٠–١٢٠٠	–	قصة النبي سليمان عليه السلام وبناء بيت المقدس	١٥٩٩١ت١٢
١١٠٠–١٢٠٠	الغزالي، محمد بن محمد– ٥٠٥هـ/١١١١م	منهاج المتعلم	١٥٩٩١ت١٣

رقم الحفظ	عنوان الكتاب	اسم المؤلف	تاريخ النسخ هـ
١٥٩٩١ت١٤	رسالة في مصطلح الحديث	–	١١٦١
١٥٩٩١ت١٥	فضيلة نصف شعبان	–	١١٠٠–١٢٠٠
١٥٩٩١ت١٦	رسالة في التفسير	–	–
١٥٩٩١ت١٧	روضات الجنات في أصول الإعتقادات	الأقحصاري، حسن بن طورخان–١٠٢٥هـ/١٦١٦م	١١٠٠–١٢٠٠
١٥٩٩١ت١٨	جواهر الفرائض	–	١١٠٠–١٢٠٠
١٥٩٩١ت١٩	رسالة بالتركية	ساجقلي زادة، محمد–١١٥٠هـ/١٧٣٧م	–
١٥٩٩٢	حاشية العصام الاسفراييني على شرح السعد التفتازاني على العقائد النسفية	العصام الإسفراييني، إبراهيم بن محمد–٩٤٥هـ/١٥٣٨م	١١١٣
١٥٩٩٣ت	شرح مختصر منتهى السؤل والأمل في علمي الأصول والجدل لابن الحاجب، أو، شرح مختصر ابن الحاجب	عضد الدين الإيجي، عبد الرحمن بن أحمد–٧٥٦هـ/١٣٥٥م	–
١٥٩٩٣ت١	حاشية على شرح مختصر منتهى السول والأمل في علمي الأصول والجدل للإيجي	الجرجاني، علي بن محمد٨١٦هـ ١٤١٣م.	–
١٥٩٩٣ت٢	حاشية على شرح مختصر منتهى السول والأمل في علمي الأصول والجدل لعضد الدين الإيجي	السامسوني، حسن بن عبد الصمد–٨٩١هـ/١٤٨٦م	–
١٥٩٩٣ت٣	حاشية على شرح مختصر منتهى السول والأمل في علمي الأصول والجدل لعضد الدين	–	–
١٥٩٩٤	سفينة العلماء واستشارة الفضلاء	–	١١٩٤
١٥٩٩٥ت	مجموعة أشعار	–	–
١٥٩٩٥ت١	رسالة باللغة التركية	–	–

رقم الحفظ	عنوان الكتاب	اسم المؤلف	تاريخ النسخ هـ
١٥٩٩٥ت٢	رسالة في مواضع الوقف في القرآن الكريم	الماتريدي، محمد بن محمد–٣٣٣هـ/٩٤٤م	–
١٥٩٩٥ت٣	أحاديث شريفة	الروشني، أحمد بن نصوح	–
١٥٩٩٦	الجامع الصحيح، أو، صحيح البخاري	البخاري، محمد بن إسماعيل–٢٥٦هـ/٨٧٠م	١٠٦٨
١٥٩٩٧	رسالة في علم الحساب	النظام النيسابوري، الحسن بن محمد–حي ٨٥٠هـ/١٤٤٦م	–
١٥٩٩٨	مختصر في علم الفقه	–	١٢٠٠–١٣٠٠
١٥٩٩٩	مصحف شريف		١٢٦٦
١٦٠٠٠	فهرس بأسماء كتب متنوعة	–	–
١٦٠٠١	دفتر أسماء كتب جامع العثمانية	–	١٢٥٢
١٦٠٠٢	مصحف شريف	–	–
١٦٠٠٣	مصحف شريف	–	–
١٦٠٠٤	مصحف شريف	–	–
١٦٠٠٥	مصحف شريف	–	–
١٦٠٠٦	مصحف شريف	–	–
١٦٠٠٧	مصحف شريف	–	١٤٠٠–١٥٠٠
١٦٠٠٨	مصحف شريف	–	١٣٠٤
١٦٠٠٩	مصحف شريف	–	–
١٦٠١٠	مصحف شريف	–	١٠٨٨
١٦٠١١	مصحف شريف	–	–
١٦٠١٢	مصحف شريف	–	–
١٦٠١٣	مصحف شريف	–	–
١٦٠١٤	مصحف شريف	–	–
١٦٠١٥	مصحف شريف	–	–

رقم الحفظ	عنوان الكتاب	اسم المؤلف	تاريخ النسخ هـ
١٦٠١٦	مصحف شريف	–	–
١٦٠١٧	مصحف شريف	–	١٠٠٠–١١٠٠
١٦٠١٨	مصحف شريف	–	–
١٦٠١٩	مصحف شريف	–	١١٠٠–١٢٠٠
١٦٠٢٠	مصحف شريف	–	١١٠٠–١٢٠٠
١٦٠٢١	مصحف شريف	–	١٢٠٠–١٣٠٠
١٦٠٢٢	أنوار التنزيل وأسرار التأويل، أو، تفسير البيضاوي	البيضاوي، عبد الله بن عمر–٦٨٥هـ/١٢٨٦م	٧٧٠
١٦٠٢٣	المواهب اللدنية بالمنح المحمدية	القسطلاني، أحمد بن محمد–٩٢٣هـ/١٥١٧م	١٠٣٤
١٦٠٢٤	حاشية الباجوري على أم البراهين، أو، حاشية على متن السنوسية	الباجوري، إبراهيم بن محمد–١٢٧٧هـ/١٨٦٠م	١٣٠٠–١٤٠٠
١٦٠٢٥	بذل الماعون في فضل الطاعون	ابن حجر العسقلاني، أحمد بن علي–٨٥٢هـ/١٤٤٩م	١٠٦٦
١٦٠٢٦	الصحاح في اللغة، أو، تاج اللغة وصحاح العربية	الجوهري، إسماعيل بن حماد–٣٩٣هـ/١٠٠٣م	٩٢٥
١٦٠٢٧	مقامات الحريري	الحريري، القاسم بن علي–٥١٦هـ/١١٢٢م	–
١٦٠٢٨	البحر الرائق شرح كنز الدقائق	ابن نجيم، زين الدين بن إبراهيم–٩٧٠هـ/١٥٦٣م	١٠٨٤
١٦٠٢٩	العيون الغامزة على خبايا الرامزة، أو، شرح الخزرجية	البدر الدماميني، محمد بن أبي بكر–٨٢٧هـ/١٤٢٤م	٨٥١
١٦٠٣٠	بحر الكلام	النسفي، ميمون بن محمد–٥٠٨هـ/١١١٥م	–
١٦٠٣١ت	كتاب في أصول الفقه	–	٧٣١
١٦٠٣١ت١	رسالة في أصول الفقه	–	–

رقم الحفظ	عنوان الكتاب	اسم المؤلف	تاريخ النسخ هـ
١٦٠٣٢ت	كتاب في الفقه الحنفي	–	١١١٨
١٦٠٣٢ت١	رسالة في الفقه	–	١١١٩
١٦٠٣٣ت	التعريفات	الجرجاني، علي بن محمد–٨١٦هـ/١٤١٣م	١١٨٨
١٦٠٣٣ت١	تلخيص المفتاح	القزويني، محمد بن عبد الرحمن–٧٣٩هـ/١٣٣٨م	–
١٦٠٣٣ت٢	شرح الرسالة العضدية	البردعي، محمد بن محمد–٩٢٧هـ/١٥٢١م	–
١٦٠٣٣ت٣	الرسالة العضدية، أو، آداب العلامة عضد الدين	عضد الدين الإيجي، عبد الرحمن بن أحمد–٧٥٦هـ/١٣٥٥م	١١٩٩
١٦٠٣٣ت٤	حاشية على شرح الرسالة العضدية لمنلا حنفي، أو، الفتحية	الأردبيلي، محمد بن أمين–حي ٨٧٥هـ/١٤٧٠م	–
١٦٠٣٣ت٥	شرح الرسالة العضدية	السمرقندي، أبو القاسم بن أبي بكر–حي ٨٨٨هـ/١٤٨٣م	–
١٦٠٣٣ت٦	رسالة في الوضع	–	–
١٦٠٣٤	رسالة بالتركية	–	–
١٦٠٣٥	شرح كتاب في الفقه الحنفي	–	٩٠٠–١٠٠٠
١٦٠٣٦	مجمع البحرين وملتقى النيرين	ابن الساعاتي، أحمد بن علي–٦٩٤هـ/١٢٩٥م	٩٤٣
١٦٠٣٧	نور الإيضاح ونجاة الأرواح	الشرنبلالي، حسن بن عمار–١٠٦٩هـ/١٦٥٩م	١١٠٠–١٢٠٠
١٦٠٣٨	حاشية على أنوار التنزيل وأسرار التأويل	–	١٠٩٧
١٦٠٣٩	بدء الأمالي	الألبستاني، عثمان بن عمر	١١٨٧
١٦٠٤٠	شرح الآجرومية، أو، شرح المقدمة الآجرومية	خالد الأزهري، خالد بن عبد الله–٩٠٥هـ/١٤٩٩م	–
١٦٠٤١	شرح كافية ابن الحاجب	–	–

رقم الحفظ	عنوان الكتاب	اسم المؤلف	تاريخ النسخ هـ
١٦٠٤٢ت	رسالة في بعض الآيات المتشابهة	–	٨٥٥
١٦٠٤٢ت١	رسالة في ظاءات القرآن الكريم	أحمد	–
١٦٠٤٣ت	رسالة في السجود	الهبراوي، أحمد بن محمد– ١٢٢٤هـ/١٨٠٩م	–
١٦٠٤٣ت١	إدراك المسبوق في الصلاة مع الامام	الهبراوي، أحمد بن محمد– ١٢٢٤هـ/١٨٠٩م	–
١٦٠٤٣ت٢	رسالة في رؤية الأنثى حيضًا وهي حامل	–	–
١٦٠٤٣ت٣	رسالة في الوعظ	–	١١٥٩
١٦٠٤٤ت	الفقه الأكبر	أبو حنيفة، النعمان بن ثابت– ١٥٠هـ/٧٦٧م	١١٠٠–١٢٠٠
١٦٠٤٤ت١	أدعية وأذكار	–	١١٧٢
١٦٠٤٤ت٢	صلاة جليلة على النبي الجليل وفضائلها وذكر ما وعده الله تعالى من الثواب والأجر على قراءتها	–	١١٧٢
١٦٠٤٤ت٣	الدور الأعلى، أو، حزب الدور الأعلى	ابن عربي، محمد بن علي– ٦٣٨هـ/١٢٤٠م	١١٠٠–١٢٠٠
١٦٠٤٤ت٤	الصلاة الكبرى	عبد القادر الجيلاني، عبد القادر بن موسى– ٥٦١هـ/١١٦٦م	١١٠٠–١٢٠٠
١٦٠٤٤ت٥	كيمياء السعادة لمن أراد الحسنى وزيادة	المقدسي، يحيى بن عبد الرحمن–حي ٨٨٣هـ/١٤٧٨م	١١٠٠–١٢٠٠
١٦٠٤٤ت٦	بدء الأمالي، أو، قصيدة يقول العبد	الأوشي، علي بن عثمان–حي ٥٦٩هـ/١١٧٣م	١١٠٠–١٢٠٠
١٦٠٤٤ت٧	القصيدة المضرية في الصلاة على خير البرية	البوصيري، محمد بن سعيد– ٦٩٦هـ/١٢٩٦م	١١٠٠–١٢٠٠
١٦٠٤٤ت٨	أوراد وأذكار وصلوات	–	١٢٦٩

مكتبة مدرسية في حلب نهاية العهد العثماني ٣٨٨

تاريخ النسخ هـ	اسم المؤلف	عنوان الكتاب	رقم الحفظ
–	–	قصائد	١٦٠٤٥
–	وهبي، حسين	تاريخ السلاطين من بني عثمان وقادتهم من العسكريين	١٦٠٤٦
١٣٠٠–١٤٠٠	–	فهرس المكتبة العثمانية بحلب	١٦٠٤٧
١٣٠٠–١٤٠٠	يكن، نوري	فهرس المكتبة العثمانية بحلب	١٦٠٤٨
١٣٠٠–١٤٠٠	اليكن، نوري	مفهرس المكتبة العثمانية بحلب	١٦٠٤٩
–	–	دفتر أسماء كتب مكتبة الرضائية الشهير وبالعثمانية الذي جرى عمله في أواخر سنة ١٣٥٥م	١٦٠٥٠
–	–	أسماء الكتب التي استعارها أساتذة وطلاب المدرسة العثمانية من مكتبتها	١٦٠٥١
–	–	أسماء الكتب المستعارة وأسماء المستعيرين من المدرسة العثمانية بحلب	١٦٠٥٢
١١٧٨	البخشي، حسن بن عبد الله–١١٩٠هـ/١٧٧٦م	غياث المكروبين في التوسل بالسادة البدريين	١٦٠٥٣
١٢٥٧	عبد الغني النابلسي، عبد الغني بن إسماعيل–١١٤٣هـ/١٧٣١م	العبير في التعبير	١٦٠٥٤
١٢٩٢	–	مصحف شريف	١٦٠٥٥
١٢٠٠	–	مصحف شريف	١٦٠٥٦
١١٤٤	الواني، محمد بن بسطام–١٠٩٦هـ/١٦٨٥م	عرائس القرآن ونفائس الفرقان وفراديس الجنان	١٦٠٥٧
١٢٧٧	–	تفسير جزء تبارك وجزء عم	١٦٠٥٨
–	البغوي، الحسين بن مسعود–٥١٠هـ/١١١٧م	معالم التنزيل، أو، تفسير البغوي	١٦٠٥٩
٧٣٤	البغوي، الحسين بن مسعود–٥١٠هـ/١١١٧م	معالم التنزيل، أو، تفسير البغوي	١٦٠٦٠

رقم الحفظ	عنوان الكتاب	اسم المؤلف	تاريخ النسخ هـ
١٦٠٧٥	التيسير في القراءات السبع	أبو عمرو الداني، عثمان بن سعيد–٤٤٤هـ/١٠٥٣	–
١٨٩١١	المجمع المؤسس للمعجم المفهرس	ابن حجر العسقلاني، أحمد بن علي–٨٥٢هـ/١٤٤٩م	٨٩٤
١٨٩١٢	شرح أرجوزة في الحساب والمساحة	الضميري، أحمد بن يحيى	٧٩٠
ت١٤٧٦٥ت١	حاشية شيخ زادة على أنوار التنزيل وأسرار التأويل	شيخ زادة، محمد بن مصطفى–٩٥١هـ/١٥٤٤م	١١٧٨
ت١٤٨٦٠ت١	كنز الوفا في شرح الشفا	ابن محمد، عبد الله بن محمد–حي ١٢٠٥هـ/١٧٩٠م	–
ت١٥٠٩٩ت١	الضياء المعنوي على مقدمة الغزنوي	ابن الضياء، محمد بن أحمد–٨٥٤هـ/١٤٥٠م	١٠٤٣
ت١٥٢٧٢ت٢	بيان الاعتقاد ومايكثر إليه احتياج العباد	العامري الحرضي، يحيى بن أبي بكر–٨٩٣هـ/١٤٨٨م	–
ت١٥٣٥٣ت١	حاشية في التوحيد	–	–